Peter Becker (Hg.)
Sprachvollzug im Amt

**1800 | 2000**
Kulturgeschichten der Moderne | Band 1

## Editorial

Die Reihe 1800 | 2000. **Kulturgeschichten der Moderne** reflektiert die Kulturgeschichte in ihrer gesamten Komplexität und Vielfalt. Sie versammelt innovative Studien, die mit kulturwissenschaftlichem Instrumentarium neue Perspektiven auf die Welt des 19. und 20. Jahrhunderts erschließen: die vertrauten und fremden Seiten der Vergangenheit, die Genese der Moderne in ihrer Ambivalenz und Kontingenz. Dazu zählen Lebenswelten und Praxisformen in Staat und Gesellschaft, Wirtschaft und Wissenschaft ebenso wie Fragen kultur- und sozialwissenschaftlicher Theoriebildung. Die Reihe weiß sich dabei einer Verbindung von strukturalistischen und subjektbezogenen Ansätzen ebenso verpflichtet wie transnationalen und transdisziplinären Perspektiven.
Der Bandbreite an Themen entspricht die Vielfalt der Formate. Monographien, Anthologien und Übersetzungen herausragender fremdsprachiger Arbeiten umfassen das gesamte Spektrum kulturhistorischen Schaffens.

Die Reihe wird herausgegeben von Peter Becker, Jane Caplan, Alexander C.T. Geppert, Martin H. Geyer und Jakob Tanner.

PETER BECKER (HG.)

# Sprachvollzug im Amt

## Kommunikation und Verwaltung im Europa des 19. und 20. Jahrhunderts

[transcript]

Gedruckt mit großzügiger Unterstützung des Amtes der oberösterreichischen Landesregierung, Linz

**Bibliografische Information der Deutschen Nationalbibliothek**
Die Deutsche Nationalbibliothek verzeichnet diese Publikation in der
Deutschen Nationalbibliografie; detaillierte bibliografische Daten
sind im Internet über http://dnb.d-nb.de abrufbar.

Umschlaggestaltung: Kordula Röckenhaus, Bielefeld
Umschlagabbildung: Speisekammer-Fragebogen – wenig gefragt,
Bild Nr. 183-R69160 vom 27.2.1948, Abdruck mit freundlicher
Bewilligung des Bundesarchiv Koblenz.
Korrektorat: Laura Kampmann, Bielefeld
Satz: Mark-Sebastian Schneider, Bielefeld
Druck: Majuskel Medienproduktion GmbH, Wetzlar
ISBN 978-3-8376-1007-9

Gedruckt auf alterungsbeständigem Papier mit chlorfrei gebleichtem
Zellstoff.
Besuchen Sie uns im Internet: *http://www.transcript-verlag.de*
Bitte fordern Sie unser Gesamtverzeichnis und andere Broschüren
an unter: *info@transcript-verlag.de*

# Inhalt

# Vorwort

Dieser Band hat eine lange Geschichte. Sie beginnt mit dem Kulturge-
schichtetag 2007 in Linz und einer kleinen Gruppe von Vortragenden,
die sich mit der Kulturgeschichte der Verwaltung aus unterschiedlichen
Perspektiven auseinandersetzten. Die Einbeziehung von zusätzlichen Au-
torinnen und Autoren ermöglichte eine stärkere inhaltliche Profilierung
des Bandes in Richtung einer Kommunikationsgeschichte der Verwaltung. Das hat leider zu einer Verzögerung der Fertigstellung geführt, für
die alle Beiträger großes Verständnis aufgebracht haben. Dafür möchte
ich ihnen allen herzlich danken. Der Beitrag von Patrick Joyce zur Archivierung Indiens ist eine Übersetzung einer englischsprachigen Publikation. Sie erschien kürzlich unter
dem Titel Filing the Raj: Political Technologies of the Imperial British
State in dem von Tony Bennett und Patrick Joyce herausgegebenen Sammelband Material Powers. Cultural Studies, History and the Material Turn
im Routledge Verlag. Ich danke dem Verlag für die Erlaubnis, die Über-
setzung in diesen Band aufnehmen zu dürfen. Während der Arbeit an diesem Projekt konnte ich von der anregenden Diskussionskultur am Wiener Internationalen Forschungszentrum
Kulturwissenschaften und am Europäischen Hochschulinstitut in Florenz
profitieren. Die produktive Arbeitsatmosphäre in der österreichischen Nationalbibliothek in Wien hat zum erfolgreichen Abschluss des Projektes
ebenso beigetragen wie das Eintauchen in die Welt der Deutschen Hochschule für Verwaltungswissenschaften in Speyer, wo dieser Sammelband
seinen letzten Schliff erhielt. Den Mitarbeiterinnen und Mitarbeitern dieser Einrichtungen sowie
den Kolleginnen und Kollegen, die mit mir am Konferenztisch, in der Tee-
küche und in elektronischer Form über die Kommunikationsgeschichte
der Verwaltung diskutierten, möchte ich auf diesem Weg für ihre Anregungen und ihre Unterstützung danken. Ebenso danken möchte ich dem
Team des transcript Verlags, das die Fertigstellung des Projektes durch die
kompetente und verständnisvolle Betreuung wesentlich erleichtert hat.

*Wien und Speyer, November 2010*

# Sprachvollzug:
# Kommunikation und Verwaltung[1]

Peter Becker

Eine Frau, die trotz des etwas zu warmen Wetters mit Kopftuch, Mantel und Wollhandschuhen gekleidet war, die Handtasche über der rechten Hand haltend, ein Beamter mit weißem Hemd, dunklem Sakko und pomadiertem Haar, ein Stapel mit Formularen, ein Büro mit Schalter und einer Verordnung auf weißem Untergrund, im Eingangsbereich ein Kleiderständer mit dunklen Mänteln – das sind die Akteure auf dem Titelbild aus dem Hamburg des Jahres 1948.

Die Kommunikation bezieht sich mit zunehmender Expansion der Verwaltung immer häufiger direkt auf die Bürger, von denen Informationen eingeholt, denen Bescheide ausgestellt und denen Dienstleistungen angeboten werden. Die interaktionistischen Aspekte dieser Beziehung werden von Autoren im Umfeld von Ethnomethodologie und Mikrosoziologie untersucht.[2] Mit den konzeptuellen Hilfsmitteln dieser Studien könnte man die in dem Bild dargestellte Kommunikationssituation ausführlich kommentieren. Sie wurde aus der Perspektive eines teilnehmenden journalistischen Beobachters aufgenommen, der links hinter dem Beamten sitzend die Abwicklung des Parteienverkehrs verfolgt. Wenn es sich um einen Soziologen oder Ethnologen gehandelt hätte, wäre wohl die sprachliche und nicht-sprachliche Interaktion das Hauptthema gewesen. So lieferte das Bild einen Beitrag zur Kritik der Verwaltung in der unmittelbaren Nachkriegszeit.

1 | Ich danke Alexander Geppert für seine kritische Lektüre und seine Anregungen.
2 | Michael Lipsky: Street-Level Bureaucracy. Dilemmas of the Individual in Public Services, New York: Russell Sage Foundation 1980; Jean Marc Weller: L'État au guichet. Sociologie cognitive du travail et modernisation administrative des services publics, Paris: Desclee de Brouwer 1999; vgl. auch den Beitrag von Robert Garot in diesem Band.

Welche Fragestrategien nutzte nun der Beamte, um festzustellen, ob die vor ihm erscheinende Klientin unter die Kriterien des Speisekammergesetzes aus dem Jahre 1948 fiel? Gab es Anhaltspunkte, die für ihn die ablehnende Haltung der Frau plausibel machten? Die Kommunikation zwischen Beamten und Klientinnen war und ist nicht nur in einem normativen, sozialen und kulturellen Raum, sondern auch in einem architektonischen Raum situiert.[3] Dieser Raum wird hier durch das Pult strukturiert, das eine klare Trennung zwischen der Klientin und dem Beamten etabliert. Die Trennung wird noch weiter akzentuiert durch die privilegierte, sitzende Position des Beamten. Zur Bewältigung des Parteienverkehrs konnte der Beamte auf eine Reihe von Unterlagen zurückgreifen – ein Teil davon war vor ihm sichtbar und ordentlich aufgereiht. Zusätzliche Hilfsmittel waren sicherlich außerhalb des Bildausschnittes abgelegt oder konnten bei Bedarf rasch herbeigeschafft werden.

Der normative Raum, in dem die Begegnung zwischen der Klientin und dem Beamten stattfand, war bestimmt durch Verfahrensvorschriften und die Durchführungsbestimmungen der Gesetze. In diesem Fall handelte es sich um das »Nothilfegesetz zur Ermittlung, Erfassung und Verteilung von Lebensmitteln«, das so genannte Speisekammergesetz, das am 23. Januar 1948 vom Wirtschaftsrat der deutschen Bizone gebilligt wurde. Das Gesetz reagierte auf die Unterversorgung der deutschen Bevölkerung. Nach der Missernte des Jahres 1947 hatte sich die Versorgungslage noch einmal verschlechtert – dagegen wollte man mit einer besseren Erfassung und Verteilung von Lebensmitteln vorgehen.[4]

In der Mitte des Bildes – am Kreuzungspunkt der beiden Bildachsen – befindet sich das Formular, das die Vorratshaltung der deutschen Bevölkerung erheben sollte. 25 Millionen solcher Fragebögen wurden gedruckt, um die Speisekammern dem neugierigen Blick der Beamten zugänglich zu machen. Die zentrale Position des Formulars im Bild entspricht seiner Funktion im Kontext der Amtshandlung. Die räumliche Nähe zum Gesetz, auf das es in der Bildachse von links unten nach rechts oben hinweist, stimmt überein mit der engen funktionalen Beziehung zwischen den gesetzlichen Bestimmungen und ihrer Umsetzung im Fragebogen. Das Formular verbindet jedoch nicht nur die papierene Welt des Büros mit den gesetzlichen Vorgaben, sondern auch die Welten der Verwaltung und des Bürgers. Deshalb vermittelte der Fragebogen – in der leicht aus-

---

**3** | Anne-Marie Châtelet: »Jalons pour une histoire de l'architecture de l'administration publique en France au 19e siècle«, in: Jahrbuch für Europäische Verwaltungsgeschichte 6 (1994), S. 215-242; Nico Randeraad: »In Search of a National Building Style. Administrative Architecture in the Netherlands in the Second Half of the 19th Century«, in: Jahrbuch für Europäische Verwaltungsgeschichte 6 (1994), S. 243-260; vgl. auch den Beitrag von Thomas Buchner in diesem Band.

**4** | Harald Winkel: »Wirtschaftsgeschichte Deutschlands 1945-1965«, in: Willi Albers (Hg.), Handwörterbuch der Wirtschaftswissenschaft, Bd. 9, Göttingen: Vandenhoeck & Ruprecht 1982, S. 100-119, hier S. 103.

gestreckten Hand des Beamten – zwischen ihm und der Klientin. Das Formular repräsentiert hier ein Kommunikationsangebot, das die Betroffenen amtlich dazu verpflichtete, bestimmte Aspekte ihrer Lebenswelt, wie etwa den Inhalt ihrer Speisekammern, für die Programmlogik der Verwaltung zu öffnen.

Mit der Verbindung von vier unterschiedlichen Medien wird in diesem Bild die Kommunikation zwischen dem Beamten und der Klientin gesteuert: mit dem verbalen wie gestischen Austausch; mit dem architektonischen Setting; mit der Bekanntmachung/Amtsblatt/Anschlag an der Wand und schließlich mit dem Formular in der Bildmitte. Die Kommunikationssituation war zusätzlich geprägt durch das Selbstverständnis von Beamten und Bürgerin, das die Wahl der Kleidung ebenso mit beeinflusste wie die Körperhaltung des Verwaltungsmitarbeiters. Die Gestik der Frau als Partei fiel deutlich aus dem Rahmen, weil offene, wenn auch lächelnde Verweigerung gegenüber den Angeboten der Behörden nicht selbstverständlich war und als Provokation aufgefasst werden konnte.

Die Tätigkeit der Verwaltung war in den späten 1940er Jahren erneut zum Gegenstand öffentlicher Debatten geworden. Das zeigt sich in dem Bild in indirekter Weise. Es war Teil der Illustrationen, die der Deutsche Pressedienst (dpd) – der Vorläufer der Deutschen Presse-Agentur – den Zeitungen zur Verfügung stellte. Die Botschaft, die der dpd mit diesem Bild vermitteln wollte, wird in der vorgeschlagenen Bildunterschrift deutlich:»Speisekammer-Fragebogen – wenig gefragt. Bis zum 20. Februar 1948 müssen sämtliche Haushalte, die einen Speisekammerfragebogen ausfüllen müssen, das entsprechende Formular abholen. In diesem Hamburger Bezirk hat der ausgebende Beamte nicht viel zu tun, denn hier besitzt niemand mehr als ihm zusteht.«[5]

Die Einschreibung dieser Kommunikationssituation in eine mediale Thematisierung von Verwaltung erklärt die auffällige und faszinierende Gestik der Klientin. Dem Ansinnen eines Beamten, ein Formular zum Ausfüllen entgegenzunehmen, wurde kaum in dieser Form begegnet. Denn die Fotografie zeigt kein realistisches Szenario im Hinblick auf das Speisekammergesetz. Dort waren nur jene Personen aufgefordert, sich einen Fragebogen aushändigen zu lassen, die diesen tatsächlich ausfüllen mussten. Um mangelnde Akzeptanz für ein Massenmedium aufzubereiten, wurde die Abwesenheit von Klienten in eine ablehnende Klientin umgedeutet.

## ZUR KOMMUNIKATIONSGESCHICHTE DER VERWALTUNG

Öffentliche Verwaltungen entfalten ihre Wirksamkeit über Kommunikation nach außen wie nach innen. Kommunikation bezieht sich dabei auf vielfältige Inhalte: auf die Umsetzung gesetzlicher Vorgaben, auf die

---

5 | Vgl. Bild Nr. 183-R69160 vom 27.2.1948, Digitales Bildarchiv des Bundesarchiv Koblenz.

Durchsetzung politischer Interessen wie privater Belange, auf die Vermittlung von Wertvorstellungen, aber auch auf das Aushandeln von Geltungsansprüchen mit den ›Klienten‹ und auf die Suche nach Lösungswegen
bei der Fallbearbeitung. Die Art der Kommunikation reicht von formellen
Bescheiden, offiziellen Anfragen bis hin zur Verständigung mit Politikern
und Interessensvertretern als den wesentlichen *stakeholders*, individuellen Beratungsgesprächen mit den ›Kunden‹ und informellen Gesprächen
zwischen den Mitarbeitern selbst. Für den Historiker vermittelt die Erforschung der Kommunikationsformen von Verwaltung nicht nur Einblicke
in den Auf- und Ausbau bürokratischer Apparate und deren Funktionieren, sondern ermöglicht auch einen differenzierten Zugang zur Geschichte von Staatsbildung und von Herrschaft als sozialer Praxis, zur Untersuchung der Beziehungen zwischen Politik, Wirtschaft und Verwaltung,
und zur Analyse der Technologienutzung innerhalb von Behörden.

Anregungen für eine Kommunikationsgeschichte der Verwaltung
finden sich bei den Klassikern der Verwaltungsforschung ebenso wie bei
aktuellen Studien zu neuen Steuerungsformen und französischen und
angloamerikanischen Studien zur Kommunikation in der Verwaltung.
Die Überlegungen von Max Weber zur Bedeutung regelgebundener Kommunikation innerhalb der Verwaltung sind hier ebenso zu nennen wie
Niklas Luhmanns systemtheoretische Auseinandersetzung mit verwal-
tungsinternen Kommunikationsbeziehungen und mit der Kommunikation zwischen Verwaltung und Umwelt.[6] Einen differenzierten, politik-
wissenschaftlichen Blick auf die Medienverwendung der Behörden zur
Organisation ihres Austausches mit Politik und Klienten bietet die Studie von Doris Graber.[7] Ihre empirisch gesättigte politik- und kommuni-

---

**6** | Vgl. Max Weber: Wirtschaft und Gesellschaft. Grundriss der verstehenden
Soziologie, 4. Aufl., Tübingen: Mohr 1956, S. 559-561, sowie S. 129 zu den Kom-
munikationstechnologien der bürokratischen Verwaltung. Niklas Luhmann entwickelte während seiner Tätigkeit in Speyer 1962-65 einen systemtheoretischen
Zugang zur Verwaltung. Dabei beschrieb er den Arbeitsfluss der Verwaltung als
»Sammelpunkt von Kommunikationen« (Niklas Luhmann: Recht und Automation in der öffentlichen Verwaltung. Eine verwaltungswissenschaftliche Untersuchung, Berlin: Duncker & Humblot 1966, S. 104).

**7** | Vgl. Doris Graber: The Power of Communication. Managing Information in
Public organizations, Washington, DC: Congressional Quarterly Press 2003;
Eileen M. Milner: Managing Information and Knowledge in the Public Sector, Lon-
don/New York: Routledge 2000. Historiker haben sich vereinzelt mit diesem Thema auseinandergesetzt. Vgl. die Studien zum Einsatz von Massenmedien durch
die Polizei bei der Bekämpfung und Prävention von Verbrechen sowie von Forschungen zu Bildprogrammen in Verwaltungsgebäuden: Philipp Müller: »Journalistische Vermittlung und ihre Aneignung: öffentliche Verhandlungen über den Fall
Wilhelm Voigt in Berlin 1906/08«, in: Österreichische Zeitschrift für Geschichtswissenschaften 13 (2002), S. 35-56; Peter Becker: Dem Täter auf der Spur.
Eine Geschichte der Kriminalistik, Darmstadt: Primus 2005, Kap. 7; Erk Volkmar

kationswissenschaftliche Reflexion über das Verhältnis von Verwaltung, Politik und zivilgesellschaftlichen Akteuren lässt sich als analytische Ergänzung zur großen Zahl von Studien zur strategischen Steuerung von Verwaltungen lesen. Die Veränderungen in der politischen Kultur und in der Verwaltungskultur, die im so genannten neuen Steuerungsmodell ihren Ausdruck finden,[8] haben das Interesse von Historikern für Kooperationsbeziehungen zwischen der Verwaltung und ihren Nutzern im langen 19. Jahrhundert geweckt.

Das Bild von einer »autoritären, nur mit den Mitteln des Befehls agierenden Verwaltung der Vergangenheit« wird durch den Blick auf verständigungsorientierte Kommunikation zwischen Verwaltung und ihren Klienten hinterfragt.[9] In der historischen Annäherung geht es um »eine genaue Analyse von Arten und Umfängen von Kommunikationsvorgän-

Heyen (Hg.): Bilder der Verwaltung. Memoiren, Karikaturen, Romane, Architektur (Jahrbuch für Europäische Verwaltungsgeschichte, Bd. 6), Baden-Baden: Nomos 1994; Erk Volkmar Heyen: »Amtsrationalität und Malerei: ästhetische Kommunikation als Aspekt europäischer Verwaltungsgeschichte«, in: Jahrbuch für Europäische Verwaltungsgeschichte 14 (2002), S. 337-354; Erk Volkmar Heyen/ Matthias Müller: »Zum Wandel der Selbstdarstellung von Städten des Ostseeraums in den Bildprogrammen ihrer Rathäuser: Danzig (1600) und Oslo (1950)«, in: Jahrbuch für Europäische Verwaltungsgeschichte 16 (2004), 291-309.

**8** | Vgl. dazu Helge Rossen-Stadtfeld: »Kooperation als Handlungsstil der Verwaltung«, in: Martina Althoff u.a. (Hg.), Zwischen Anomie und Inszenierung. Interpretationen der Entwicklung der Kriminalität und der sozialen Kontrolle, Baden-Baden: Nomos 2004, S. 205-221, mit weiteren Nachweisen.

**9** | Vgl. dazu Peter Collin/Klaus-Gert Lutterbeck: »Handlungsorientierungen moderner Verwaltung – eine Problemdarstellung«, in: dies. (Hg.), Eine intelligente Maschine? Handlungsorientierungen moderner Verwaltung (19./20. Jh.), Baden-Baden: Nomos 2009, S. 1-22, hier S. 21; Pascale Cancik: Verwaltung und Öffentlichkeit in Preußen. Kommunikation durch Publikation und Beteiligungsverfahren im Recht der Reformzeit, Tübingen: Mohr Siebeck 2007; zu den Expertennetzwerken in der französischen Kriminalpolitik und ihren kommunikativen Beziehungen zu Politik und Verwaltung vgl. Martine Kaluszynski: »Entre philanthropie et politique. La Société Générale des Prisons«, in: Paedagogica Historica 38 (2002), S. 67-84; zu den neuen Regulierungsformen im Technikbereich vgl. Miloš Vec: Recht und Normierung in der industriellen Revolution. Neue Strukturen der Normsetzung im Völkerrecht, staatlicher Gesetzgebung und gesellschaftlicher Selbstnormierung, Frankfurt a.M.: Vittorio Klostermann 2006; Peter Collin/ Thomas Horstmann (Hg.): Das Wissen des Staates. Geschichte, Theorie, Praxis, Baden-Baden: Nomos 2004; Stefan Fisch: »Vom Fürstenratgeber zum Politikberater: Perspektiven einer Geschichte der Politikberatung«, in: Stefan Fisch/ Wilfried Rudloff (Hg.), Experten und Politik. Wissenschaftliche Politikberatung in geschichtlicher Perspektive, Berlin: Duncker & Humblot 2004, S. 7-11; Nico Randeraad (Hg.): Formation und Transfer städtischen Verwaltungswissens (Jahrbuch für Europäische Verwaltungsgeschichte, Bd. 15), Baden-Baden: Nomos 2002.

gen,« wie Pascale Cancik treffend formuliert. Damit lassen sich neue Erkenntnisse über die Bearbeitung von Ansprüchen, über die Integration
von Wissen und Kompetenz von Bürgern bei der Entscheidungsfindung
der Behörden wie auch über die lokalen, nationalen und internationalen
Netzwerke von Beamten gewinnen.[10]

Politikwissenschaftlich orientierte Analysen blenden die praxeologi-
schen Aspekte von Verwaltungtätigkeit und Kommunikationsprozessen
auf der *street-level* Ebene aus. Das hat Auswirkungen auf die Konzeptua-
lisierung von Kommunikation und auf das Forschungsdesign, weil die
grundsätzliche Möglichkeit einer erfolgreichen Vermittlung von normativen Anweisungen an die lokalen Behörden vorausgesetzt und nach den
Gründen für beobachtbare Abweichungen gesucht wird.[11] Ethnomethodologische und mikrosoziologische Studien verstehen dagegen Kommuni-
kations- und Arbeitsprozesse als eigenständige Praxisformen, welche von
zahlreichen Faktoren und nicht nur von normativen Vorgaben bestimmt
sind. Die teilnehmende Beobachtung in Behörden stellt die empirische
Grundlage für eine Vielzahl von Untersuchungen bereit: die Rolle der
Selbst- und Fremdbilder von Verwaltungsmitarbeitern und ihren Klienten
kommt ebenso zur Sprache wie die Auswirkungen neuer Technologien
auf die Organisation und Praxis von Verwaltungsarbeit. Der ›klinische‹
Blick‹ (Fabienne Hanique) auf Sprechakte und Interaktionen wird dazu
genutzt, um ein besseres Verständnis von gesellschaftlichen und politischen Transformationsprozessen zu gewinnen.[12]

In historischen Studien ist teilnehmende Beobachtung schlechter-
dings nicht möglich. Dennoch bietet eine mikrohistorische Analyse des

---

**10** | Pascale Cancik: »Preußische Wirtschaftsverwaltung im frühen 19. Jh. – Ein
Beispiel für ›kommunikative Verwaltung‹?«, in: P. Collin/K.-G. Lutterbeck (Hg.),
Eine intelligente Maschine? Handlungsorientierungen moderner Verwaltung
(19./20. Jh.), Baden-Baden: Nomos 2009, S. 265-279, hier S. 277. Zur Integration von Bürgern in die Entscheidungsprozesse der Verwaltung vgl. Rüdiger
von Krosigk: Bürger in die Verwaltung! Bürokratiekritik und Bürgerbeteiligung in
Baden. Zur Geschichte moderner Staatlichkeit im Deutschland des 19. Jahrhunderts, Bielefeld: transcript 2010; aus der großen Zahl von Studien zu internationalen Expertennetzwerken möchte ich auf eine Arbeit besonders hinweisen: Jens
Jäger: Verfolgung durch Verwaltung. Internationales Verbrechen und internationale Polizeikooperation 1880-1933, Konstanz: UVK 2006.
**11** | Vgl. exemplarisch: George C. Edwards III:»Problems in Bureaucratic Com-
munications«, in: Francis E. Rourke (Hg.), Bureaucratic Power in National Policy
Making, 4. Aufl., Boston/Toronto: Little, Brown and Company 1986, S. 410-433,
sowie die kritischen Bemerkungen im Beitrag von Robert Garot in diesem Band.
**12** | M. Lipsky: Street-Level Bureaucracy; J.M. Weller: L'État au guichet; Bruno
Latour: La fabrique du droit. Une ethnographie du Conseil d'État, Paris: Decouverte 2004. Zu Latours Argument vgl. Ron Levi/Marina Valverde:»Studying Law
by Association. Bruno Latour Goes to the Conseil d'État«, in: Law & Social Inquiry
33 (2008), S. 805-825.

Schrifttums der Verwaltung, von Konflikten und deren Lösung, von Kommentaren in der Presse und Anleitungen in Mitarbeiterzeitungen gemeinsam mit der Nutzung von Autobiographien und Interviews mit Beamten die Möglichkeit, sich den Praxisformen von Behörden auch aus der zeitlichen Rückschau anzunähern. Im deutschsprachigen Raum sind diese neuen Ansätze zu einer Kommunikationsgeschichte der Verwaltung bereits genutzt worden. Ein gutes Beispiel ist Wilfried Rudloffs beeindruckende Analyse der kommunalen Sozialverwaltung, die den Veränderungen von Handlungsorientierungen im Spannungsfeld von gesellschaftlichen Leitdiskursen, rechtlichen Handlungsprogrammen, politischer Feinsteuerung, institutionell vorgegebenen Handlungsprämissen und personellen Akteursbedingungen nachspürt.[13] Wertvolle Beiträge finden sich außerdem in dem von Ralf Pröve und Norbert Winnige herausgegebenen Sammelband, der nach Kommunikationsphänomenen innerhalb der »Verdichtungsmechanismen der frühmodernen Staatsbildung« fragt und sich dabei für *Herrschaft als sozialer Praxis* interessiert.[14] Mit diesem Schlagwort bezeichnet Alf Lüdtke »ein Kräftefeld, in dem Akteure in Be-

---

**13** | Wilfried Rudloff: »Ebenen der Handlungsorientierung in der kommunalen Sozialverwaltung in Deutschland im frühen 20. Jh.«, in: P. Collin/K.-G. Lutterbeck (Hg.), Eine intelligente Maschine? Handlungsorientierungen moderner Verwaltung (19./20. Jh.), Baden-Baden: Nomos 2009, S. 105-135, bes. S. 106, mit weiteren Nachweisen zu sozial- und mikrohistorischen Studien zum Wohlfahrtsstaat. David Sabeans mikroanalytischer Blick auf Kommunikationsformen vor Gericht und Martin Schaffners Auseinandersetzung mit der Arbeitsweise einer königlichen Kommission in Irland zeigen das analytische Potenzial, das die Verbindung von historischer Anthropologie und Textanalyse schafft: David Warren Sabean: »Peasant Voices and Bureaucratic Texts. Narrative Structures in Early Modern German Protocols«, in: Peter Becker/William Clark (Hg.), Little Tools of Knowledge. Historical Essays on Academic and Bureaucratic Practices, Ann Arbor: University of Michigan Press 2001, S. 67-93; Martin Schaffner: »The Figure of the Questions versus the Prose of the Answers. Lord Devon's Inquiry in Skibbereen, 10 September 1844«, in: P. Becker/W. Clark (Hg.), Little Tools of Knowledge. Historical Essays on Academic and Bureaucratic Practices, Ann Arbor: University of Michigan Press 2001, S. 237-257. Die sprachlichen Formen dieser Kommunikation werden von Lutz Raphael und David Sabean aus sozial- und kulturgeschichtlicher Sicht reflektiert: Lutz Raphael: »Die Sprache der Verwaltung‹. Politische Kommunikation zwischen Verwaltern und Landgemeinden zwischen Maas und Rhein (1814-1880), in: Norbert Franz u.a. (Hg.), Landgemeinden im Übergang zum modernen Staat. Vergleichende Mikrostudien im linksrheinischen Raum. Mainz: Von Zabern 1999, S. 183-206; David Warren Sabean: »Soziale Distanzierungen. Ritualisierte Gestik in deutscher bürokratischer Prosa der Frühen Neuzeit«, in: Historische Anthropologie 4 (1996), S. 216-233.
**14** | Ralf Pröve/Norbert Winnige (Hg.): Wissen ist Macht. Herrschaft und Kommunikation in Brandenburg-Preußen, 1600-1850, Berlin: Berlin Verlag 2001.

ziehung treten und stehen, in dem sie miteinander umgehen [...]«[15] Die
Autoren dieses Sammelbandes unternehmen analytische Explorationen
in diesem Kräftefeld, wobei sie die Rolle von Institutionen, Medien und
Infrastruktur für die Strukturierung von Kommunikation zwischen Ämtern und Untertanen analysieren. Sie verabsäumen jedoch, die gestaltende und nicht nur strukturierende Rolle von Technologien und anderen
›Dingen‹ in den Blick zu nehmen.

Die Kommunikationsgeschichte der Verwaltung nähert sich mit neu-
en konzeptuellen und methodischen Instrumenten jenen Quellen, die
bereits Generationen von Historikern und Hilfswissenschaftlern wertvolle Dienste geleistet hatten: dem Verkehrsschriftgut der Behörden und
seinen Aktenstilformen.[16] Aus einer kulturwissenschaftlichen Perspektive
befragt, vermitteln diese Schriftstücke Einblicke in die Verwaltungspraxis und erlauben deren Rückbindung an kulturelle Praktiken in anderen
Bereichen: Die veränderten Kommunikationsformen innerhalb der Verwaltung lassen sich etwa mit veränderten Anredeformen innerhalb der
Familie und zwischen sozialen Gruppen in Verbindung setzen.[17]

Die Autoren des vorliegenden Bandes greifen die Anregungen aus der
ethnografischen, politik- und kommunikationswissenschaftlichen Debatte auf und erkunden mit unterschiedlichen Methoden und Formaten
die Kommunikationsgeschichte der Verwaltung. Die Textsorte des fach-
wissenschaftlichen Beitrags steht neben der essayistischen Reflexion über
die Auseinandersetzung mit schriftlichen Überresten von zwei Verwal-
tungs- und Kommunikationskulturen. Dem noch wenig strukturierten
Charakter des Forschungsfeldes gemäß sind Texte von erfahrenen Kollegen ebenso vertreten wie das Erstlingswerk einer jungen, talentierten
Historikerin. Der Band ist nicht als systematische Dokumentation eines
Forschungsstandes konzipiert, sondern als Zusammenstellung von Fallstudien, die zu weiteren Forschungen anregen sollen.

Die Beiträge sind einem kulturwissenschaftlichen Interesse an der
Verwaltungsgeschichte[18] verpflichtet. Wie der Titel *Sprachvollzug im Amt*
signalisiert, ist das weite Feld einer Kulturgeschichte der Verwaltung auf
den Aspekt Sprache und Kommunikation beschränkt. Sprache interes-

---

**15** | Alf Lüdtke:»Einleitung: Herrschaft als soziale Praxis«, in: ders. (Hg.), Herr-
schaft als soziale Praxis. Historische und sozial-anthropologische Studien, Göttingen: Vandenhoeck & Ruprecht 1991, S. 9-63, hier S. 12.
**16** | Vgl. Lorenz Beck:»Geschäftsverteilung, Bearbeitungsgänge und Aktenstil-
formen in der Kurmärkischen und Neumärkischen Kriegs- und Domänenkammer
vor der Reform (1786-1806/1808)«, in: Friedrich Beck (Hg.), Brandenburgische
Landesgeschichte und Archivwissenschaft, Weimar: Böhlau 1997, S. 417-438,
hier S. 419.
**17** | Vgl. etwa D.W. Sabean: Soziale Distanzierungen, bes. S. 222.
**18** | Vgl. dazu Peter Becker:»Überlegungen zu einer Kulturgeschichte der Ver-
waltung«, in: Jahrbuch für Europäische Verwaltungsgeschichte 15 (2003),
S. 311-336.

siert in ihrem Vollzug. Der pragmatische Zugang lässt sich zuspitzen auf das »Bild von der Sprache als Verkörperung«, das Sybille Krämer näher konkretisiert: »Im Horizont der Leitidee von der verkörperten Sprache treten Medien nicht erst da auf den Plan, wo wir von einer medienunabhängig konzipierten Sprache in konkreten Situationen Gebrauch machen wollen. Denn Medien realisieren Sprache nicht einfach, sondern konstituieren sie.«[19] Im Amt war und ist der Sprachvollzug bestimmt von Rahmungen[20] und (medien-)technologischen Voraussetzungen, die bei einem kulturwissenschaftlichen und sprachpragmatischen Blick auf Kommunikation und Verwaltung ein wichtiges Thema sind.

Die Autoren verbindet ein gemeinsames Interesse an den Praxisformen der Verwaltung, ihren diskursiven wie normativen Strukturierungen sowie ihren technologischen und medialen Modulierungen. Mit dieser Ausrichtung bezieht der Band implizit Stellung zu Schlüsselbegriffen in der aktuellen Debatte um die Reform der Verwaltung, in der es um veränderte Interaktionsformen zwischen Behörden und ihren Klienten sowie die Nutzung neuer Technologien geht.[21] Trotzdem ist der Band weder als kritischer Kommentar noch als Genealogie zu den gegenwärtigen Transformationsprozessen in der Verwaltung angelegt. Der kulturwissenschaftliche Blick bezieht vielmehr Theorie und Praxis der Verwaltung auf zeitgenössische politische, gesellschaftliche, kulturelle und technologische Entwicklungen. Bei den einzelnen Beiträgen steht kein gemeinsamer systemtheoretischer Zugriff auf »Kommunikation als Operation sozialer Systeme« im Vordergrund, sondern die Analyse von konkreten Kommunikations- und Austauschbeziehungen und deren Verortung innerhalb eines politisch, sozial wie kulturell strukturierten Raumes.[22]

---

19 | Sybille Krämer: »Gibt es eine Sprache hinter dem Sprechen?«, in: Herbert Ernst Wiegand (Hg.), Sprache und Sprachen in den Wissenschaften. Geschichte und Gegenwart, Berlin, New York: Walter de Gruyter 1999, S. 372-403, hier S. 379.

20 | Zu den *frame rules* im Sprachvollzug vgl. die Bemerkungen von Stephan Grotz: Vom Umgang mit Tautologien. Martin Heidegger und Roman Jacobson, Hamburg: Meiner 2000, bes. S. 205.

21 | Exemplarisch für eine große Zahl von Projekten weise ich auf die Einrichtung eines *Call Center* am Magistrat der Stadt Linz (Österreich) hin, das durch die Anbindung an eine Wissensdatenbank, sorgfältige Steuerung und Qualitätssicherung kompetente Auskünfte und in vielen Fällen sogar Enderledigungen vornehmen kann. Das Linzer *Teleservice Center* wurde im Jahr 2007 mit dem Cat-Award der deutschsprachigen Call-Center-Branche ausgezeichnet: oesterreich. gv.at/site/cob__27688/currentpage__0/5917/default.aspx, zuletzt besucht: 14.9.2010.

22 | Vgl. zur Charakterisierung der systemtheoretischen Position: Wolfgang Ludwig Schneider: Grundlagen der soziologischen Theorie. Bd. 2, Wiesbaden: Verlag für Sozialwissenschaften 2005, Kap. 9. Mein Zugang ist nicht systemtheoretisch ausgerichtet. Das Soziale konstituiert sich zwar aus einer abstrakten Perspekti-

Diese Verortung erfolgt entlang von drei Themenfeldern, die dem
Band seine Struktur geben. Die Bedeutung von Diskursen und politischen Programmen bei der Strukturierung von Verwaltung, ihren Räumen und ihrer Kommunikation untersuchen Mario Wimmer, Klaus Margreiter, Florian Schui und Veronika Duma. Die Interaktion zwischen den
Beamten und ihren Klienten in verschiedenen institutionellen *Settings*
wird in den Beiträgen von Robert Garot, Barbara Lüthi, Andreas Fahrmeir
und Peter Becker diskutiert. Mit der gestaltenden Rolle von Architektur,
Schreib- und Registraturtechnologien und juristischen Programmierun-
gen setzen sich Stefan Nellen, Patrick Joyce, Thomas Buchner und Peter
Collin auseinander.

## STRUKTURIERUNG VON KOMMUNIKATIONSRÄUMEN

Die Bedeutung des politischen Diskurses und der Akteure in Regierung
und Legislative zur Strukturierung der Verwaltungsorganisation und zur
Festlegung der Leitlinien des Verwaltungshandelns ist unumstritten. Die
aktuelle Debatte um die Neukalibrierung des schwerfälligen Apparates
und seiner Handlungslogik durch die Einführung neuer Steuerungsins-
trumente in der westlichen Welt liefert immer wieder Hinweise auf die
Rolle der Politik, aber auch auf die widerständige Eigenlogik eingeübter
Verfahren, lieb gewordener Selbstbilder und mühsam erworbener Kompetenzen der Mitarbeiter.

Aus historischer Perspektive haben sich zahlreiche Studien mit diesem Thema auseinandergesetzt. Dazu zählen die klassischen Arbeiten
von Reinhard Koselleck über die preußischen Reformen im Anschluss
an die napoleonischen Kriege, Thomas Ellweins monumentales Werk zur
Verwaltungsentwicklung in Deutschland und John Brewers bahnbrechen-
de Studie zur Etablierung des britischen Staatsapparates im 18. Jahrhundert.[23] Alle diese Analysen zeichnen sich durch eine multiperspektivische
Zugangsweise aus. Die Gestaltung des Staatsapparates und seiner Hand-

ve durch einen Kommunikationsprozess in den Medien von Macht, Geld, Wissen,
Recht und Liebe, wie Niklas Luhmann argumentiert. Doch bleiben aus diesem
Blickwinkel die Verwerfungen und Widersprüche, das Dysfunktionale und die kul-
turell modulierten Aushandelungsbeziehungen weitgehend ausgeblendet: Rudolf
Helmstetter: »Der gordische Knoten von Kultur & Gesellschaft und Luhmanns
Rasiermesser. Fragen eines fluchenden Ruderers«, in: Albrecht Koschorke/Cor-
nelia Vismann (Hg.), Widerstände der Systemtheorie. Kulturtheoretische Analy-
sen zum Werk von Niklas Luhmann, Berlin: Akademie Verlag 1999, S. 77-95, bes.
S. 84 u. 91f.

**23** | John Brewer: The Sinews of Power. War, Money, and the English State, Lon-
don: Unwin Hyman 1989; Thomas Ellwein: Der Staat als Zufall und als Notwendigkeit. Die jüngere Verwaltungsentwicklung in Deutschland am Beispiel Ostwestfalen-Lippe, 2 Bde, Opladen: Westdeutscher Verlag 1993/1997; Reinhart

lungsleitlinien wird nicht als Ausdruck normativer Setzung seitens der Regierung verstanden, sondern als Resultat komplexer Aushandlungsprozesse zwischen gesellschaftlichen Gruppen und politischen Akteuren innerhalb eines wirtschaftlich, politisch und kulturell strukturierten Raumes, wobei dem Veränderungspotenzial des Verwaltungsapparates und dem Veränderungsdruck aufgrund von Richtungsentscheidungen besondere Aufmerksamkeit geschenkt wird.

Spätestens seit den einflussreichen Überlegungen von Lutz Raphael zur »Verwissenschaftlichung des Sozialen«[24] wurde das *Wissen des Staates*, seine Generierung und seine Bedeutung für die Programmentwicklung und Entscheidungsfindung zum Thema für Historiker.[25] Die einschlägigen Studien beschäftigen sich mit der zunehmenden Differenzierung des modernen Staates, mit den sich immer stärker formalisierenden Beziehungen zu den Wissenschaften sowie mit den Auswirkungen dieser Prozesse auf die Organisation und Praxis der Verwaltung. Ihre konkreten Bezugspunkte sind die Erschließung neuer Verwaltungsfelder und die Integration von Wissensbeständen wie der Statistik in die Verfahren von Behörden. Jon Agars anregende Untersuchung zur Rolle der Statistik als Steuerungsinstrument verfolgt die interdependenten Veränderungen im Bereich der politischen Kultur, der wissenschaftlichen Statistik und ihrer Nutzung innerhalb der Verwaltung. Diese Veränderungen stellt er schließlich in Verbindung zu den Herausforderungen, die im Zuge der Modernisierung von Wirtschaft und Gesellschaft entstanden.[26]

Koselleck: Preußen zwischen Reform und Revolution. Allgemeines Landrecht, Verwaltung und soziale Bewegung von 1791 bis 1848, Stuttgart: Klett 1967.

**24** | Lutz Raphael: »Die Verwissenschaftlichung des Sozialen als methodische und konzeptionelle Herausforderung«, in: Geschichte und Gesellschaft 22 (1996), S. 165-193; vgl. zur Rolle von Expertise in der Politik: Rüdiger vom Bruch/Aleksandra Pawliczek: »Einleitung: Zum Verhältnis von politischem und Wissenschaftswandel«, in: Rüdiger vom Bruch/Uta Gerhard/Aleksandra Pawliczek (Hg.), Kontinuitäten und Diskontinuitäten in der Wissenschaftsgeschichte des 20. Jahrhunderts, Stuttgart: Steiner 2006, S. 9-17; Alexander Nützenadel: Stunde der Ökonomen. Wissenschaft, Politik und Expertenkultur in der Bundesrepublik 1949-1974, Göttingen: Vandenhoeck & Ruprecht 2005, bes. S. 12-15 u. S. 124-135; Hans Jörg Budischin: Die Formung der staatlichen Sozialpolitik in der Bundesrepublik Deutschland, Berlin: Duncker & Humblot 1976, S. 156f; Gabriele Metzler/Dirk van Laak: »Die Konkretion der Utopie. Historische Quellen der Planungsutopien der 1920er Jahre«, in: Isabel Heinemann/Patrick Wagner (Hg.), Wissenschaft – Planung – Vertreibung. Neuordnungskonzepte und Umsiedlungspolitik im 20. Jahrhundert, Stuttgart: Steiner 2006, S. 23-44.

**25** | Vgl. dazu die Beiträge in P. Collin/Th. Horstmann (Hg.): Das Wissen des Staates.

**26** | Vgl. Jon Agar: The Government Machine. A Revolutionary History of the Computer, Cambridge, Mass.: MIT Press 2003; zur Rolle der Statistik innerhalb der französischen Verwaltung vgl. die Bemerkungen von Fabrice Bardet: »De la

Selbst die innerhalb von Behörden lancierten Rationalisierungsprojekte müssen in einen umfassenden politischen und kulturellen Kontext gestellt werden, um sie angemessen zu verstehen. Das zeigt der Beitrag von *Mario Wimmer* zur Einführung einer Archivberufssprache in den späten 1920er und frühen 1930er Jahren. Die Archivare bezogen sich auf die zeitgenössischen Rationalisierungsdebatten und verstanden gleichzeitig Staaten und Behörden als Organismen mit einer eigenständigen Existenz. Ihre Bestrebungen zur Standardisierung der lokalen Archivsprachen erscheinen aus dieser Perspektive nicht nur einem kommunitaristischen Verständnis von Objektivität[27] sondern auch einem politischen Denkstil verbunden, der den Archivaren eine erhebliche Verantwortung für die Bewahrung, Verwaltung und Gestaltung des Wissens über den Staat und seine spezifische Existenz zuschrieb. Wimmer zeigt, wie Rationalisierung der Kommunikation innerhalb der Verwaltung bei der Sprache ansetzte.

Schon lange vor den Anstrengungen der Archivare, eine standardisierte Fachterminologie einzuführen, gab es eine lebhafte Diskussion über die Sprache der Verwaltung, die sich an gesellschaftliche und politische Veränderungen anpassen sollte. Diese Debatte wird in dem Beitrag von *Klaus Margreiter* für den Zeitraum des späten 18. und frühen 19. Jahrhunderts verfolgt. Diese Zeit war geprägt von nachhaltigen Veränderungen im Bereich der Sprache, der Verwaltungsorganisation und des Staatsaufbaus. Mit einer Verbindung von Diskurs- und Politikanalyse reflektiert Margreiter die Möglichkeiten politischer Gestaltung, der im Bereich der Verwaltungssprache durch etablierte Praxisformen und durch die ›symbolische Politik‹ sprachlicher Distinktion deutliche Grenzen gesetzt waren.

Die Auseinandersetzung mit dem Wissen des Staates und mit der Expertise innerhalb der Verwaltung öffnet den Blick auf die vielfältigen Schnittstellen zwischen Beamten, Wissenschaftlern und politischen Akteuren auf lokaler, nationaler und internationaler Ebene. Eine andere Form der Vernetzung von Verwaltung und Politik wird von jenen Autoren in den Blick genommen, die sich mit den Grenzen und Möglichkeiten der Implementierung von politischen Programmen befassen.[28] *Florian*

---

territorialité des sciences de gouvernement. L'installation des directions régionales de la Statistique«, in: Olivier Ihl/Martine Kaluszynski/Gilles Pollet (Hg.), Les Sciences de gouvernement, Paris: Economica 2003, S. 181-193, mit weiteren Nachweisen. Die zunehmende Bedeutung statistischer Verfahren in den Wissenschaften und in der Verwaltung ist Thema der Studie von Theodore M. Porter: Trust in Numbers. The Pursuit of Objectivity in Science and Public Life, Princeton: Princeton University Press 1995.

**27** | Lorraine Daston: »Scientific Objectivity with and without Words«, in: P. Becker/W. Clark (Hg.), Little Tools of Knowledge. Historical Essays on Academic and Bureaucratic Practices, Ann Arbor: University of Michigan Press 2001, S. 259-284, hier S. 263.

**28** | Dazu zählt das anregende Buch von Stefan Haas, das die Umsetzung der preußischen Reformen in der ersten Hälfte des 19. Jahrhunderts aus der Innen-

*Schui* setzt sich damit aus einer ungewöhnlichen Perspektive auseinander. Er verfolgt nämlich die finanzwissenschaftlichen Debatten über den Steuerstaat, die durch den Ersten Weltkrieg und seine finanzpolitischen Auswirkungen hervorgerufen wurden. Es handelt sich um eine wissenschaftliche Debatte, deren politische Relevanz bis heute ungebrochen ist und die wichtige Impulse für die Festlegung von Handlungsräumen für die Verwaltung im Beziehungs- und Spannungsfeld von Besteuerung, Demokratie und Kapitalismus bereitstellt.

Aushandlungsprozesse zwischen staatlichen Akteuren und lokalen Eliten sind wichtige analytische Bezugspunkte, um die Durchsetzung von Herrschaftsansprüchen vor Ort zu verstehen.[29] Schriftliche Kommunikation spielte eine zentrale Rolle, um Herrschaft über große Distanzen hinweg aufzubauen und zu stabilisieren. Das anregende Buch von Miles Ogborn mit dem Titel *Indian Ink* untersucht die Integration von kolonialer Herrschaft in die lokale Politik, Wirtschaft und Kultur anhand der Korrespondenzen zwischen den indischen Repräsentanten der East India Company und der Londoner Zentrale. Aus diesem Blickwinkel verändert sich der Charakter von globalen Netzwerken, die als eine Reihe von lokalen Schnittstellen begriffen werden. Für Kathleen Wilson ist es daher notwendig, jedes Empire als ›lokal‹ zu verstehen.[30]

---

sicht der Verwaltung erschließt und dabei auf die Prozesse von Aneignung und Übersetzung der politischen Vorgaben hinweist. Stefan Haas: Die Kultur der Verwaltung. Die Umsetzung der preußischen Reformen 1800-1848, Frankfurt a.M.: Campus 2005; zur normativen Programmierung des Verwaltungshandelns vgl. Peter Becker:»Beschreiben, Klassifizieren, Verarbeiten. Zur Bevölkerungsbeschreibung aus kulturwissenschaftlicher Sicht«, in: Arndt Brendecke/Markus Friedrich/Susanne Friedrich (Hg.), Information in der Frühen Neuzeit. Status, Bestände, Strategien, Münster: LIT 2008, S. 393-419.

**29** | Vgl. dazu die anregende Studie von Chandra Mukerji zur Expansion staatlicher Herrschaft und Kontrolle im Frankreich des 17. Jahrhunderts: Chandra Mukerji: Impossible Engineering. Technology and Territoriality on the Canal du Midi, Princeton: Princeton University Press 2009; zu den Aushandlungsprozessen in der Habsburgermonarchie vgl. Anton Tantner: Ordnung der Häuser, Beschreibung der Seelen: Hausnummerierung und Seelenkonskription in der Habsburgermonarchie, Innsbruck: Studienverlag 2007, sowie die konzeptuellen Überlegungen bei Peter Becker:»›Kaiser Josephs Schreibmaschine‹. Ansätze zur Rationalisierung der Verwaltung im aufgeklärten Absolutismus«, in: Jahrbuch für Europäische Verwaltungsgeschichte 12 (2000), S. 223-254; zum kulturwissenschaftlichen Blick auf den Aufbau einer kolonialen Verwaltungsorganisation vgl. Miles Ogborn: Indian Ink. Script and Print in the Making of the English East India Company, Chicago: University of Chicago Press 2007.

**30** | M. Ogborn, Indian Ink, S. 3; er bezieht sich dabei auf Kathleen Wilson: The Island Race. Englishness, Empire and Gender in Eighteenth Century, London: Routledge 2003, S. 213.

Das Interesse für die Zirkulation von Personen, Wissen und Technologien ist nicht auf die *colonial studies* beschränkt. Kommunikationsnetze
werden in deutschsprachigen Studien zur Herrschaft als sozialer Praxis
thematisiert, wie ein von Ralf Pröve und Norbert Winnige herausgegebe-
ner Sammelband zeigt.[31] Das analytische Potenzial für eine dialogische
Kommunikation zwischen Herrschaftsträgern und Untertanen wird dort
jedoch kaum entwickelt.[32] Der Beitrag von *Veronika Duma* im vorliegenden Band vollzieht einen solchen Perspektivenwechsel. Sie untersucht den
Dialog zwischen staatlichen Akteuren und Bürgern im Zusammenhang
mit der Einführung des provisorischen Gemeindegesetzes vom 17. März
1849 in den cisleithanischen Ländern der Habsburgermonarchie.[33] Wirte,
Lehrer und andere politisch aktive Bürger erhielten in den Vermittlungs-
strategien der Wiener Zentralstellen eine nicht gesetzlich definierte Möglichkeit der Mitwirkung, die auch genutzt wurde. Solche Partizipationsmöglichkeiten werden jetzt zunehmend sichtbar – nicht zuletzt aufgrund
der Sensibilisierung von Historikern durch die politik- und kulturwissenschaftliche Auseinandersetzung mit neuen Formen von Governance.[34]

---

**31** | Ralf Pröve:»Herrschaft als kommunikativer Prozess. Das Beispiel Bran-
denburg-Preußen«, in: R. Pröve/N. Winnige (Hg.), Wissen ist Macht. Herrschaft
und Kommunikation in Brandenburg-Preußen, 1600-1850, Berlin: Berlin Verlag
2001, S. 11-21, bes. S. 16-18. Eine systemtheoretische Untersuchung von politischer Kommunikation findet sich bei Uwe Goppold: Politische Kommunikation
in den Städten der Vormoderne. Zürich und Münster im Vergleich, Köln/Weimar/
Wien: Böhlau 2007.

**32** | Vgl. P. Cancik: Verwaltung und Öffentlichkeit in Preußen, S. 155-195; Timo
Holzborn: Die Geschichte der Gesetzespublikation – insbesondere von den Anfängen des Buchdrucks um 1450 bis zur Einführung von Gesetzesblättern im 19.
Jahrhunderts, Berlin: Tenea Verlag 2003, bes. S. 133-163; Bernd Wunder:»Vom
Intelligenzblatt zum Gesetzblatt. Zur Zentralisierung inner- und außeradministrativer Normkommunikation in Deutschland (17./18. Jahrhundert)«, in: Jahrbuch für
Europäische Verwaltungsgeschichte 9 (1997), S. 29-82; Reiner Prass:»Die Brieftasche des Pfarrers. Wege der Übermittlung von Informationen in ländlichen Kirchengemeinden des Fürstentums Minden«, in: R. Pröve/N. Winnige (Hg.), Wissen
ist Macht. Herrschaft und Kommunikation in Brandenburg-Preußen, 1600-1850,
Berlin: Berlin Verlag 2001, S. 69-82, bes. S. 73-81.

**33** | Zum provisorischen Gemeindegesetz vgl. Jiří Klabouch:»Die Lokalverwal-
tung in Cisleithanien«, in: Adam Wandruszka/Peter Urbanitsch (Hg.), Die Habsburgermonarchie 1848-1918, Bd. 2, Wien: Akademie der Wissenschaften 1975,
S. 270-305, bes. S. 274f.

**34** | Vgl. Liesbet Hooghe/Gary Marks:»Unraveling the Central State, but How?
Types of Multi-Level Governance«, in: American Political Science Review 97
(2003), S. 233-243; vgl. dazu auch die Argumentation von Adrienne Héritier:
»The institutional provision of common goods increasingly has to be organized
across national boundaries, across levels of government, across sectors, and in
collaboration of public and private actors [...] This means that hierarchical means

## BEGEGNUNGS- UND KOMMUNIKATIONSRAUM VERWALTUNG

Die Interaktion zwischen den Mitarbeitern der Verwaltung und ihren Klienten ist vor allem Gegenstand mikrosoziologischer und ethnomethodologischer Studien. Sie beschäftigen sich mit der Präsenz des Staates in Behörden mit Publikumsverkehr – den *street-level bureaucracies* in der Diktion von Michael Lipsky. Trotz ihrer zentralen Stellung in der Kontaktzone zwischen Staat und Gesellschaft sind diese Einrichtungen von der Forschung bisher zuwenig beachtet worden. Darauf hat Göran Therborn in seiner Studie zum schwedischen Wohlfahrtsstaat hingewiesen. Er macht den Fokus auf die politischen Vorgaben sowie die makrosoziologische Implementationsforschung verantwortlich für das Desinteresse an den Aushandlungsprozessen zwischen wohlfahrtsstaatlichen Programmen und den Lebensentwürfen ihrer Klienten, die in diesen Behörden stattfinden.[35]

Das analytische Potenzial des mikrosoziologischen Forschungsdesigns erschöpft sich nicht in einer Erweiterung des Aufmerksamkeitsrasters hin zu den Interaktionen zwischen Bürgern und Beamten vor Ort. Für Petra Hiller ist damit ein grundsätzlich anderes Verständnis von Behörden verbunden, die nicht mehr länger als selbstverständlicher, normativ definierter Handlungsraum vorausgesetzt werden. Sie existieren zwar in materieller und verfahrensmäßiger Hinsicht, indem sie mit Räumlichkeiten, Technologien und einem Personal ausgestattet sind, dessen Handeln von gesetzlichen Vorgaben und Durchführungsbestimmungen angeleitet wird. Als Handlungs- und Kommunikationsraum konstituieren sich diese Behörden jedoch immer wieder aufs Neue – indem Sachbearbeiter mit Klienten, Vorgesetzten und Experten Fälle konstituieren, diskutieren und entscheiden. Die Beamten nutzen die normativen Vorgaben als Ressource, um sich im undurchsichtigen Feld konkurrierender Ansprüche abzusichern.[36] Die dabei in Gang gesetzten Prozesse der Generierung,

---

of guidance, like those that can be applied within the classical nation-state, are harder to employ here, while negotiation and self-regulation that rely heavily on the interaction of independent public and private actors increase in importance.« (Adrienne Héritier: »Introduction«, in: dies. (Hg.), Common Goods. Reinventing European and International Governance, Lanham: Rowman & Littlfield 2002, S. 1-12, hier S. 1.)

**35** | M. Lipsky: Street-Level Bureaucracy; die mikroanalytische Studie von Jean-Marc Weller trägt den bezeichnenden Titel L'Etat au Guichet (J.-M. Weller: L'État au guichet); Göran Therborn: »Social Steering and Household Strategies. The Macropolitics and the Microsociology of Welfare States«, in: Journal of Public Policy 9 (1989), S. 371-397, hier S. 371.

**36** | Petra Hiller: Organisationswissen. Eine wissenssoziologische Neubeschreibung der Organisation, Wiesbaden: Verlag für Sozialwissenschaften 2005, S. 143. In ihrer Analyse des amerikanischen Methadon-Programms sehen Paul Attewell und Dean Gerstein die Herausforderung auf Seiten der Legislative, den lokalen Akteuren jene Handlungsräume zu schaffen, die für eine erfolgreiche Um-

Stabilisierung und des Wandels von Kommunikations- und Handlungsräumen sind die Untersuchungsgegenstände für mikrosoziologische und
ethnomethodologische Verwaltungsforschung.[37]
Damit ist ein zentrales methodisches Instrument der mikrosoziologischen Verwaltungsforschung angesprochen: die performative Distanz
des Forschers gegenüber einem allgemeinen Wissen über Behörden bei
gleichzeitigem Eintauchen in die Institutionen während der teilnehmenden Beobachtung. Der französische Soziologe Jean-Marc Weller hat diese
Zugangsweise im Schlusswort seiner Studie zum *Staat am Schalter* ausführlich kommentiert. Er hält einen unvoreingenommenen, naiven Blick
auf die Behörden und ihre Praxisformen für unverzichtbar. Nur so lassen
sich die sonst nicht sichtbaren »Rätsel« und »Geheimnisse« der Verfahren, die in der Kommunikation zwischen Sachbearbeiter und Klienten, in
der Produktion von Fällen und in der telefonischen Auskunftserteilung
zum Ausdruck kommen, wahrnehmen und aus einer ethnografischen
Perspektive kommentieren.[38]
Die französische Soziologin Fabienne Hanique vergleicht die teilnehmende Beobachtung in Ämtern und Behörden mit der klinischen Untersuchung. Ihre mikrosoziologische Untersuchung eines Postamtes in
einem Pariser Vorort in den 1990er Jahren beschreibt sie daher als einen
Beitrag zur klinischen Soziologie, der ganz ähnliche Resultate zeitigt, wie
die ethnografische Exploration von Weller. Beide produzieren eine differenzierte Bestandsaufnahme der Veränderungen, die durch die Abwen-
dung von einem bürokratischen Amtsverständnis und die Einführung
eines marktwirtschaftlichen Geschäftsmodells bewirkt wurden.[39]

---

setzung der Programme notwendig ist: Paul Attewell/Dean R. Gerstein: »Government Policy and Local Practice«, in: American Sociological Review 44 (1979),
S. 311-327, hier S. 325f.

**37 |** Michael Lipsky hat diese Überlegungen noch weiter zugespitzt. Für ihn ent-
steht durch die lokal bzw. individuell spezifische Anwendung von Regeln die Politik im eigentlichen Sinn, während die konventionelle Sichtweise lediglich eine
Anwendung von politischen Vorgaben sieht: »[...] the decisions of street-level bureaucrats, the routines they establish, and the devices they invent to cope with
uncertainties and work pressure, effectively *become* the public policies they car-
ry out.« (M. Lipsky: Street-Level Bureaucracy, S. xii.)

**38 |** J.-M. Weller: L'État au guichet, S. 233: »[...] recevoir le public au guichet,
instruire des demandes, traiter des dossiers, répondre au téléphone sont appa-
rus comme des mystères authentiques à élucider, et non plus comme des évi-
dences qu'on peut tranquillement ignorer. Pour apprécier l'activité de travail,
nous nous sommes intéressé aux interactions verbales entre agents et usagers,
aux supports matériels et autres technologies qui fournissent des guides pour
agir et s'avèrent indissociables des interactions entre les personnes.«

**39 |** Fabienne Hanique: Le sens du travail. Chronique de la modernisation au
guichet, Ramonville Saint-Agne: Éditions èrés 2004, bes. S. 270-279.

Die ethnografisch-mikrosoziologische Beschäftigung mit öffentlicher Verwaltung geht von einem nicht-normativen Verständnis von dem Funktionieren einer Behörde aus. Das betrifft die Verfahren ebenso wie das Selbstverständnis und Verhalten der Mitarbeiter und schließlich auch die Subjektpositionen und Handlungsmöglichkeiten der Klienten.[40] Die Begegnungen zwischen Beamten und Bürgern im Kommunikationsraum der Verwaltung werden grundsätzlich als gemeinsames Aushandeln von Geltungsansprüchen verstanden, das Fälle generiert, die den Programmvorgaben entsprechen müssen. Die Verfahren, die Verwaltungskultur und das architektonische Setting geben Akteuren ein bestimmtes Repertoire an Verhaltensweisen vor, ohne diese vollständig zu determinieren. Aus mikrosoziologischer Perspektive sind nicht die Rollenvorgaben interessant, sondern die konkreten Interaktionsformen und ihre spezifische Logik. Der Blick hinter die normativen Kulissen ist selbstverständlich sensibel für die ungleichmäßige Verteilung von Macht in diesen Aushandlungsprozessen. Darauf hat Thomas Scheffer am Beispiel der Beantragung von Asyl hingewiesen.[41]

Die Einschätzung der Klienten durch die Mitarbeiter der Verwaltung ist in Zeiten knapper Mittel ein wichtiges Instrument zur Feststellung von Anspruchsberechtigung. Sie beruht nicht nur auf der Anwendung von formalen Vorgaben, sondern bezieht sich auf ein von Stereotypen moduliertes Erfahrungswissen über Normalität.[42] Während der Fallbearbeitung werden komplexe Persönlichkeiten zu Klienten umgestaltet, die standardisierten Erwartungen genügen müssen, wie Michael Lipsky argumentiert:»Thus the need to routinize, simplify, and differentiate in the context

**40** | Vgl. dazu die Beiträge in Peter Becker/Rüdiger v. Krosigk (Hg.): Figures of Authority. Contributions towards a cultural history of governance from the 17th to 19th century, Bern u.a.: Lang 2008. Zur systematischen Reflexion über Subjektpositionen aus systemtheoretischer Perspektive vgl. Christine Weinbach: Systemtheorie und Gender. Das Geschlecht im Netz der Systeme, Wiesbaden: Verlag für Sozialwissenschaften 2004, S. 146-154.

**41** | Er sieht einen partiellen Kontrollverlust der Antragsteller bereits in ihrer beschränkten Einflussmöglichkeit auf die sprachliche Weiterverarbeitung der eigenen Aussagen: Thomas Scheffer: Asylgewährung. Eine ethnographische Verfahrensanalyse, Stuttgart: Lucius und Lucius 2001, S. 221 u. 231.

**42** | Die sprachlichen und schriftlichen Repräsentationen von Wirklichkeit und die damit verbundenen Aushandlungsprozesse sind ganz wesentlich auf die Mitarbeiter bzw. später auch auf die weiblichen Mitarbeiterinnen und deren Einstellungen, Vorurteile, Erfahrungen in der effizienten Bewältigung von Aufgaben bezogen: vgl. dazu die konzeptuellen Reflexionen von Alf Lüdtke zur Sprache und Herrschaft in der DDR: Alf Lüdtke:»Sprache und Herrschaft in der DDR. Einleitende Überlegungen«, in: Alf Lüdtke/Peter Becker (Hg.), Akten. Eingabe. Schaufenster. Die DDR und ihre Texte. Erkundungen zu Herrschaft und Alltag, Berlin: Akademie Verlag 1997, S. 11-26; sowie Ralph Jessen:»Diktatorische Herrschaft als kommunikative Praxis«, in: ebda, S. 57-75.

of inequality leads to the institutionalization of the stereotypical tendencies that permeate the society [...] The need for simplification exists, so to speak, prior to the stereotype.«[43]

Die Interaktion zwischen Sachbearbeitern und Klienten untersucht der Beitrag von *Robert Garot* anhand einer Feldstudie in einem kalifornischen Wohnungsamt. Er interessiert sich für die Rolle von Normalitätserwartungen bei der Einschätzung von Klienten und der Anwendung von Programmvorgaben durch die Mitarbeiter des Amtes. Die Kommunikationssituationen, in denen Bedürftigkeit festgestellt und Angaben zur Erwerbstätigkeit hinterfragt wurden, bilden den empirischen Bezugspunkt für seine Überlegungen zum reflektierten, situationsspezifischen Gebrauch von Regeln. Die Abweichungen von den normativen Vorgaben, die er bei der Evaluierung von Anträgen beobachtet, sind aus seiner Sicht unerlässliche Bestandteile der Regelanwendung und als solche unverzichtbar für das Funktionieren der Behörde innerhalb eines Handlungsrahmens, der von der Politik, der Einkommenslage und der Wohnungssituation bestimmt ist.

Die von Lipsky und Garot angesprochene Notwendigkeit zur Nutzung von verfahrensexternen Wissensbeständen für die situationsbezogene Evaluierung der Glaubwürdigkeit von Ansprüchen lässt sich auch in anderen Begegnungsräumen beobachten. Ein gutes Beispiel stellt der Beitrag von *Barbara Lüthi* zum Kommunikationsraum Ellis Island dar. In dieser »largest ever medical screening facility« mussten die Mediziner, die für das United States Public Health Service im Einsatz waren, die ankommenden Immigranten auf ihrem Weg durch das Gebäude rasch auf Anzeichen von Defekten und Krankheiten hin überprüfen. Dabei bildete sich eine Form medizinischer Stereotypisierung aus, die es ermöglichen sollte, in zwei Minuten Beobachtungszeit eine möglichst substantielle Erfassung der vorbeidefilierenden Immigranten leisten zu können.

Zum Verständnis des Begegnungs- und Kommunikationsraums der Verwaltung sind neben mikrosoziologischen auch vergleichende kulturwissenschaftliche Untersuchungen wichtig. Sie tragen mit zur Distanzierung von Selbstverständlichkeiten bei, wie der Essay von *Andreas Fahrmeir* anschaulich zeigt. Indem er seine eigenen Erfahrungen in der Arbeit mit deutschen und englischen Archiven zur Ausländerpolitik deutscher Staaten und Großbritanniens im frühen 19. Jahrhundert reflektiert, vermittelt er Einblicke in die unterschiedlichen Handlungsspielräume für die Bürger als Klienten der Verwaltung. So hing die Erreichbarkeit der Entscheidungsträger für die Bürgerinnen und Bürger ganz wesentlich von der politischen Kultur und der Verwaltungskultur ab.

Im Kommunikationsraum der Verwaltung wird gesprochen und geschrieben. Die Sprechakte der Ämter als Mittel der Kommunikation zwischen *dem* Staat und *den* Bürgern sind wesentlich für die Erhebung, Bearbeitung und Übermittlung von Information innerhalb der Verwaltung

---

43 | M. Lipsky: Street-Level-Bureaucracies, S. 115.

sowie zwischen Verwaltung und Politik bzw. Bürgern. Die Verwaltungssprache ist Ausdruck der politischen Kultur und der Verwaltungskultur,
wie die beiden Sprachwissenschaftler Srikant Sarangi und Stefaan Slem-
brouck betonen: »Whether it is institutions relating to clients, or institutions relating to other institutions, we strongly believe that language use
is at issue.«[44] In der Forschung finden sich Beiträge aus verschiedenen
Disziplinen zur Verwaltungssprache. Für den amtlichen Sprachgebrauch
interessieren sich Historiker, Verwaltungswissenschaftler und Linguisten,[45] während Soziologen und Anthropologen aus systemtheoretischer
Perspektive die Rolle der Sprache für eine erfolgreiche Interaktion des
Verwaltungssystems mit seiner Umwelt diskutieren.[46]

In seinen Überlegungen zur politischen Kommunikation sieht Lutz
Raphael die Verwaltungssprache als ein Instrument zur besseren Integration der Lokalverwaltung in das staatliche Verwaltungssystem. Das Vor-
dringen dieser Sprachform in die dörflichen Gemeinden führte aus seiner
Sicht zur zeitgleichen Koexistenz mehrerer Schreib- und Sprachstile. Die
Gemeindevertreter vor Ort begannen zunehmend die »politische Sprache
der Verwaltung« zu sprechen und wurden dadurch zu Übersetzern und
Vermittlern zwischen der staatlichen Bürokratie und der lokalen Bevölkerung. Das führte zu Verschiebungen in der Rollenverteilung auf der

**44** | Srikant Sarangi/Stefaan Slembrouck: Language, Bureaucracy, and Social
Control, London: Longman 1996, S. 6.

**45** | Peter Becker: »Un nouveau langage pour l'administration: Joseph von Son-
nenfels et la création d'une chaire de langage et prose bureaucratique à Vienne
à la fin du 18e siècle«, in: O. Ihl/M. Kaluszynski/G. Pollet (Hg.), Les Sciences de
gouvernement, Paris: Economica 2003, S. 89-107; P. Collin/Th. Horstmann (Hg.):
Das Wissen des Staates; Michael Niehaus: Das Verhör. Geschichte – Theorie –
Fiktion, München: Fink 2004; D. W. Sabean: Soziale Distanzierungen; Cornelia
Vismann: Akten. Medientechnik und Recht, Frankfurt a.M.: Fischer 2000. Thomas
Tinnefeld: Die Syntax des ›Journal officiel‹: eine Analyse der Fachsprache des
Rechts und der Verwaltung im Gegenwartsfranzösischen, Bochum: AKS 1993; Silvia Sechi: Verständlichkeit und Höflichkeit in der deutschen Verwaltungssprache
der Gegenwart, Phil. Diss. Bochum 2003; Margret Selting: Verständigungsprobleme. Eine empirische Analyse am Beispiel der Bürger-Verwaltungs-Kommunikation, Tübingen: Niemeyer 1987; Hildegard Wagner: Die deutsche Verwaltungssprache der Gegenwart. Eine Untersuchung der sprachlichen Sonderform und
ihrer Leistung. Düsseldorf: Schwann 1970. Eine historische Analyse dieser Codes
und ihrer Veränderung wurde bereits von Peter Burke in seinen Überlegungen zur
social history of language gefordert: Peter Burke: The Art of Conversation, Ithaca:
Cornell University Press 1993, Kapitel 1.

**46** | Vgl. David John Farmer: The Language of Public Administration. Bureaucra-
cy, Modernity, and Postmodernity, Tuscaloosa: University of Alabama Press 1995;
Jack Goody: The Logic of Writing and the Organization of Society, Cambridge:
Cambridge University Press 1986; D. Graber: The power of communication.

örtlichen politischen Bühne und im verfügbaren – sprachlichen – Hand-
lungsrahmen.[47]

Der Beitrag von *Peter Becker* setzt auf der meta-sprachlichen Ebene
an, um die Sprache der Verwaltung über einen längeren Zeitraum hin
zu untersuchen. Seine Argumentation verfolgt die unterschiedlichen
Schwerpunktsetzungen in den Debatten über die Verwaltungssprache in
der Zeit des Josephinismus, der Zeit vor dem Ersten Weltkrieg und der
Nachkriegszeit. Die Sprachreformer waren getrieben von der Angst vor
politischer Destabilisierung und artikulierten Wunschvorstellungen nach
einer Integration von Staat und Gesellschaft durch die Verwaltung. Ihre
Reformprojekte griffen zeitgenössische kulturelle und politische Anliegen auf, wie etwa die Beseitigung von Fremdworten aus dem Wortschatz
der Verwaltungssprache.

## KOMMUNIKATIONSTECHNOLOGIEN

Im Kommunikations- und Begegnungsraum der Verwaltung sind Technologien zur Aufzeichnung, Bearbeitung, Speicherung und Übermittlung von
Informationen allgegenwärtig. Sie werden als Kontroll- und Steuerungsins-
trumente innerhalb der Behörden ebenso genutzt wie zur Fallbearbeitung
und zur Informationsbeschaffung für die politischen Akteure. Die Auswir-
kung dieser Technologien – von der Schreibfeder über Schreibmaschine,
Telefon und Telegraf bis hin zu einer Vielzahl von Ablagesystemen – auf die
Strukturierung der Arbeits- und Kommunikationsprozesse in Behörden ist
bisher noch nicht eingehend erforscht worden.[48] Ein anregender Versuch,

---

**47** | Vgl. L. Raphael: Die Sprache der Verwaltung, S. 189; zur Logik der Über-
setzung im Bereich der Gerichtssprache des 19. Jahrhunderts vgl. Peter Becker:
»Objective Distance and Intimate Knowledge: On the Structure of Criminalistic
Observation and Description«, in: P. Becker/W. Clark (Hg.), Little Tools of Knowledge. Historical Essays on Academic and Bureaucratic Practices, Ann Arbor:
University of Michigan Press 2001, S. 197-235; sowie Regina Schulte: Das Dorf
im Verhör. Brandstifter, Kindsmörderinnen und Wilderer vor den Schranken des
bürgerlichen Gerichts. Oberbayern 1848-1910, Reinbek bei Hamburg: Rowohlt
1989.

**48** | Ein mangelndes Interesse der Forschung ließ sich laut Mark Rose selbst für
die Rolle des Staates in der Technologieentwicklung feststellen: Mark H. Rose:
»Machine Politics. The Historiography of Technology and Public Polity«, in: The
Public Historian 10 (1988), S. 27-47, hier S. 27f: »The historical literature of engineering accomplishment has generally failed to highlight the role of government
or public policy in the initiation, financing, construction, operation, and regulati-
on of technological systems. The omission is a curious one, because large engineering projects often relied on action taken in governmental arenas, especially
public works such as bridges and roads, as well as sewer, water, electric and gas
system.«

sich aus einer internationalen Perspektive mit diesem Thema zu befassen, findet sich im Band neun des Jahrbuchs für europäische Verwaltungsgeschichte, der zwölf Fallstudien zu den Informations- und Kommunikationstechniken der öffentlichen Verwaltung versammelt.[49]

Die Nutzung von Kommunikations- und Speicherungstechnologien hat weitreichende Auswirkungen auf die Gestaltung von Geschäftsprozessen und auf das Management von Organisationen, wie die faszinierende Studie von JoAnne Yates am Beispiel von großen amerikanischen Firmen des 19. Jahrhunderts zeigt. Diese Auswirkungen bleiben einem technik- und verwaltungsgeschichtlichen Blick verschlossen, wenn dieser nur die Erfindung und Verbreitung der Technologien verfolgt. Yates plädiert daher für eine holistische Perspektive, die sich für die Wechselwirkung zwischen technologischer Innovation und neuen Steuerungsformen interessiert.[50]

Eine solche Sichtweise ist auch für die Kulturgeschichte der Verwaltung erforderlich. Die Funktionsweise einer Behörde lässt sich nur dann angemessen verstehen, wenn Technologien als Teil der materiellen Grundlagen des Verwaltungshandelns ebenso untersucht werden wie soziale Herkunft, Ausbildung, Karrieremuster, Einstellungen, Denkhorizonte und Handlungsweise von Mitarbeitern. Neue Technologien müssen ganz im Sinne von Yates auf ihre Gestaltungskraft für die Verfahren der Behörden, auf ihren Einfluss auf das Gesamtsystem der öffentlichen

---

**49** | Vgl. etwa: Vida Azimi:»De la plume d'oie à la souris: révolution technique et modernisation de l'administration en France (18e-20e siècles)«, in: Jahrbuch für Europäische Verwaltungsgeschichte 9 (1997), S. 1-28; Josef Reindl:»Telegrafie, Regierung und Verwaltung in den Ländern des Deutschen Bundes, 1848-1871«, in: Jahrbuch für Europäische Verwaltungsgeschichte 9 (1997), S. 121-140; Ursula Nienhaus:»Telegraf, Telefon und Funk im Dienst der preußischen Polizeiverwaltung, 1914-1945«, in: Jahrbuch für Europäische Verwaltungsgeschichte 9 (1997), S. 141-160; Edward Higgs:»The Determinants of Technological Innovation and Dissemination. The Case of Machine Computation and Data Processing in the General Registrar Office, London, 1837-1920«, in: Jahrbuch für Europäische Verwaltungsgeschichte 9 (1997), S. 213-222; Arre Zuurmond:»From Bureaucracy to Infocracy. Administrative Reform by Technological Innovation in the Netherlands«, in: Jahrbuch für Europäische Verwaltungsgeschichte 9 (1997), S. S. 223-230.

**50** | JoAnne Yates: Control through Communication. The rise of system in American management, Baltimore: Johns Hopkins University Press 1993, S. XVI:»Historians of technology have examined the invention and dissemination of some key communication technologies, such as the typewriter or telephone, but have not pursued the evolving interactions between communication technology and managerial uses and forms of communication within firms [...] This book focuses on the evolution of the communication systems as an integrated whole – its functions, technologies, and genres – in conjunction with the rise of system in American management.«

Verwaltung und auf die Schaffung eines neuen Rollenverständnisses hin befragt werden.[51]

Die Einführung der elektronischen Datenverarbeitung in den Behörden in den 1960er Jahren führte zu einer neuen Dynamik, die Niklas Luhmann in seiner systemtheoretischen Deutung des Technologieeinsatzes in der Verwaltung pointiert charakterisierte. Er verwies auf die »hohe Unbestimmtheit« dieser neuen Technologie und die damit verbundene Herausforderung für die Verwaltung, ihr Rollenverständnis und ihre Verfahren.[52] Die Offenheit der Technologie im Hinblick auf mögliche Einsatzformen steht auch im Mittelpunkt der Überlegungen der amerikanischen Kommunikations- und Organisationsforscherin Wanda Orlikowski, die mit JoAnne Yates eng zusammenarbeitet. Sie fragt nach der Emergenz neuer Praxisformen durch die Nutzung solcher Instrumente. Dabei wendet sie sich entschieden gegen die Vorstellung, dass in den neuen Technologien alle Auswirkungen auf die Arbeitsabläufe bereits als ein Potenzial angelegt sind, das es nur zu aktualisieren gilt. Entscheidend ist für sie die Interaktion zwischen den neuen Technologien und den Nutzern mit ihren Kompetenzen, Arbeitsroutinen und ihrem Selbstverständnis:

»While a technology can be seen to embody particular symbol and material properties, it does not embody structures because those are only instantiated in practice. When humans interact regularly with a technology, they engage with (some or all of) the material and symbol properties of the technology. Through such repeated interaction, certain of the technology's properties become implicated in an ongoing process of structuration. The resulting recurrent social practice produces and reproduces a particular structure of technology use. Thus, structures of technology use are constituted recursively as humans regularly interact with certain properties of a technology and thus shape the set of rules and resources that serve to shape their interaction. Seen through a practice lens, technology structures are emergent, not embodied.«[53]

Es zeichnet sich hier ein Blickwechsel in der Auseinandersetzung mit Technologien ab, der ihre gestaltende Rolle ernst nimmt. Eine solche Perspektive steht in engem Zusammenhang mit den Deutungsangeboten der *Akteur-Netzwerk-Theorie*, wie man dem leidenschaftlichen Plädoyer von Bruno Latour für die Berücksichtigung von nicht-menschlichen Akteuren entnehmen kann. Aus seiner Sicht entfalten *Dinge* im Sinne von materiel-

---

**51** | Vgl. dazu meine Überlegungen und weitere Nachweise: P. Becker: Kulturgeschichte der Verwaltung, S. 312-317.

**52** | Zu den Herausforderungen der Integration der elektronischen Datenverarbeitung in die Verwaltung vgl. N. Luhmann: Recht und Automation in der öffentlichen Verwaltung, S. 9 und passim.

**53** | Wanda Orlikowski:»Using Technology and Constituting Structures. A Practice Lens for Studying Technology in Organizations«, in: Organization Science 11 (2000), S. 404-428, hier S. 406f.

len Hilfsmitteln der wissenschaftlichen und administrativen Tätigkeit ein eigenes Handlungspotenzial, indem sie die Strukturierung von Praxisformen mit bestimmen.[54] Für die Untersuchung von Staatsbildung und Verwaltungsausbau können diese Anregungen in zwei Richtungen weiter verfolgt werden: Erstens zur Rekonstruktion eines arbeitsteiligen Kommunikationsraums, in dem Evidenz erhoben und mit standardisierten Hilfsmitteln über große Distanzen kommuniziert wurde. Die Einrichtung von zentralen Sammel- und Verarbeitungsstellen ermöglichte in Verbindung mit einem neuen Verständnis von Evidenz als standardisierten und damit vergleichbaren Informationseinheiten – inscriptions in der Diktion Latours – die Schaffung eines Zyklus beständiger Akkumulation von Wissen, was erst die gezielte Regierungstätigkeit an räumlich getrennten Orten möglich machte: »[...] a small provincial town, or an obscure laboratory [...] that were at first as weak as any other place will become centres dominating at a distance many other places.«[55]

Zweitens lassen sich Latours Überlegungen dazu nutzen, um eine differenzierte Vorstellung von Geschäftsprozessen, Technologienutzung und Interaktionsformen innerhalb einzelner Behörden zu entwickeln. Die Einführung neuer Technologien verläuft auch heute nicht friktionsfrei, weil sie auf Widerstände stößt, die mit den funktionalen Aspekten dieser Instrumente nichts zu tun haben. Ein gutes Beispiel bietet die Einführung der Schreibmaschine in der deutschen Verwaltung. Noch in der Weimarer Republik wies Hans Wuenschel, Rechnungsoberinspektor im bayerischen Innenministerium auf ein weit verbreitetes Vorurteil hin, dass nämlich »die Selbstbedienung der Schreibmaschine eines gehobenen Beamten unwürdig sei.«[56]

---

54 | Bruno Latour: Reassembling the Social. An Introduction to Actor-Network-Theory, New York: Oxford University Press 2005, S. 72. Zur Überwindung der modernistischen Subjekt-Objekt-Dichotomie bei Latour vgl. Peter-Paul Verbeek: What Things Do. Philosophical reflections on technology, agency, and design, University Park: Pennsylvania State University Press 2005, bes. S. 152-158. Zum Potenzial von Latours Konzepten für die Organisationsanalyse vgl. James R. Taylor/Elizabeth J. van Every: The Emergent Organization. Communication as its site and surface, Mawah, NJ: Lawrence Erlbaum 2000, S. 165:»Latour's version of the structuring of society [...] has a good deal to recommend it to a communication researcher [...]«
55 | Bruno Latour: Science in Action. How to follow scientists and engineers through society, Cambridge, Mass.: Harvard University Press 1987, S. 223.
56 | Hans Wuenschel:»Wege zur Büroreform in der öffentlichen Verwaltung«, in: Verwaltungsakademie München (Hg.), Wirtschaftliche Arbeit in der öffentlichen Verwaltung. Ein Beitrag zur Verwaltungs- und Büroreform, München: Bayerischer Kommunalschriftenverlag 1929, S. 15-38, hier S. 32. Ein Beispiel für die Anwendung der Akteur-Netzwerk-Perspektive zur Analyse der Einführung neuer erkennungsdienstlicher Verfahren in der Polizei findet sich bei Peter Becker:»Les

Die Schreibmaschine ist in der heutigen Verwaltung ein Relikt vergangener Abläufe. Zu Beginn des vergangenen Jahrhunderts war sie eine neue Technologie, mit der in der öffentlichen Verwaltung viele Hoffnungen, aber auch Ängste verbunden waren. Die unterschiedlichen Bedeutungsebenen dieser Schreibtechnologie rekonstruiert *Stefan Nellen* ausgehend von der Debatte über die Verwendbarkeit der Schreibmaschine für die Anfertigung von Protokollen über die Verhandlungen des Basler Regierungsrates. Das handschriftliche Protokoll wird von seinen Verfechtern zum Produkt einer freien persönlichen Tätigkeit stilisiert. Dieser freien Tätigkeit wird die Dissoziation von Körper und Schrift beim Maschinschreiben gegenübergestellt.

Literarische Thematisierungen der neuen Schreibtechnologie und chemische Untersuchungen zur Haltbarkeit der produzierten Texte werden von Nellen in seine analytische Netzwerksperspektive integriert. Zugleich nutzt er den Netzwerkansatz dazu, Schreibtechnologien als eigenständige Akteure innerhalb einer Behörde zu positionieren. Dieses Thema wird von *Patrick Joyce* in seiner Untersuchung zum britischen India Office weiterverfolgt. Joyce setzt sich sowohl mit der Funktion dieser Behörde als Zentralstelle innerhalb der Kolonialverwaltung, als auch mit den Techniken der Aktenproduktion innerhalb des India Office auseinander. Als *center of calculation* fungierte es als Sammelpunkt von Anfragen, Beschwerden und Mitteilungen ebenso wie als Referenzpunkt in der Entwicklung von neuen politischen Programmen. Der ethnografische Blick auf die Praxisformen innerhalb des India Office ermöglicht die Analyse der strukturierenden Rolle von Schreib- und Registertechnologien. Sein Kommentar zu den Laufzetteln auf den Akten dieser Behörde, der die Reflexionen von *Andreas Fahrmeir* in diesem Band fortsetzt, vermittelt einen anregenden Eindruck von dem Potenzial kulturwissenschaftlicher Analysen der Verwaltung und ihrer Verfahren.

In den Beiträgen von Joyce und Nellen werden die Behörden in ihrer architektonischen Organisation als black-box vorausgesetzt. Zum Verständnis des Kommunikationsraums der Verwaltung ist eine Öffnung dieser black-box erforderlich. In der Geschichte der Architektur gibt es dazu kaum eine Hilfestellung. Wenn die kunst- und allgemeinhistorische Forschung die Bauwerke aus einer – im weiteren Sinne – politischen Perspektive betrachtet, geht es vor allem um die symbolische Kommunikation von Herrschaftsansprüchen, um die Beziehung zwischen Architekturstil und politischer Kultur sowie um die Funktionalität von – im weitesten Sinne – politischer Architektur.[57]

---

étranges chemins de la perfection. L'innovation criminologique en Allemagne et en Autriche au XIXe siècle«, in: Gérard Noiriel (Hg.), L'identification. Genèse d'un travail d'État, Paris: Belin 2007, S. 97-123.

**57** | Vgl. dazu N. Randeraad: In Search of a National Building Style; Peter Haiko/ Hannes Stekl: »Architektur in der industriellen Gesellschaft«, in: Hannes Stekl (Hg.), Architektur und Gesellschaft von der Antike bis zur Gegenwart, Salzburg:

Die soziologische und anthropologische Forschung kann für die Reflexion über die Wechselwirkung zwischen Raumgestaltung einerseits und Arbeitskultur sowie Interaktions- und Kommunikationsmustern andererseits eher als Orientierungshilfe herangezogen werden. Für wissenschaftliche Arbeitsräume haben Heidrun Friese und Peter Wagner die enge Verbindung zwischen der Organisation von Arbeitsräumen, dem Rollen- und Selbstverständnis der darin tätigen Personen und deren Sozialverhalten herausgearbeitet.[58] Die von den Arbeiten von Michel Foucault und Norbert Elias inspirierte Studie von Hans-Joachim Fritz beschäftigt sich aus einer historischen Perspektive mit den räumlichen Bedingungen zwischenmenschlicher Arbeitsbeziehungen. Er plädiert für eine doppelgleisige Untersuchungsstrategie, die gleichermaßen eine »menschenbezogene Analyse des Räumlichen«, wie auch eine »raumbezogene Untersuchung zwischenmenschlicher Beziehungsformen« unternimmt.[59] Im Hinblick auf die Büroarbeitsräume der Staatsbehörden kommt er zu dem folgenden Schluss:

»[...] daß mit der Herausbildung einer kontinuierlichen, streng geregelten Büroarbeit, dem Entstehen der behördentypischen Büroräume, sich auch der Typ des bürgerlichen ›Büromenschen‹ bildet, wie ihn die Beamtenliteratur des 19. Jahrhunderts immer wieder geschildert hat [...] Und genauso zeigt sich das ganze Ausmaß dieses Zivilisations- und Bürokratisierungsschubes an dem Charakter und dem Erscheinungsbild der Büroarbeitsräume, die ein Jahrhundert zuvor noch vollständig andere waren.«[60]

In diesem Band öffnet der Beitrag von *Thomas Buchner* die black-box der Architektur von Behörden. Am Beispiel der zeitgenössischen Diskussionen über die bauliche Gestaltung von Arbeitsämtern rekonstruiert er die Zuschreibungen, die den jeweiligen Gestaltungen Sinn verliehen. Als fundamentale Analogie beschreibt Buchner jene zwischen dem Arbeitsnachweis und den Finanz- wie Warenbörsen. Auf der Ebene der konkreten

Wolfgang Neugebauer 1980, S. 251-341, hier S. 264-271; Wolfgang Hardtwig: »Bürgertum, Staatssymbolik und Staatsbewußtsein im Deutschen Kaiserreich 1871-1914«, in: Geschichte und Gesellschaft 16 (1990), S. 269-295; Barbara Miller Lane: »Government Building in European Capitals 1870-1914«, in: Hans Jürgen Teuteberg (Hg.), Urbanisierung im 19. und 20. Jahrhundert. Historische und geographische Aspekte, Köln/Wien: Böhlau 1983, S. 517-560; Nikolaus Pevsner: A History of Building Types, London: Thames und Hudson 1976, bes. S. 27-62.

**58** | Heidrun Friese/Peter Wagner: Der Raum des Gelehrten: eine Topographie akademischer Praxis, Berlin: Edition Sigma 1993.

**59** | Hans-Joachim Fritz: Menschen in Büroarbeitsräumen. Über langfristige Strukturwandlungen büroräumlicher Arbeitsbedingungen mit einem Vergleich von Klein- und Großraumbüros, München: Heinz Moos Verlag 1982, S. 13.

**60** | H.-J. Fritz: Menschen in Büroarbeitsräumen, S. 66f.

baulichen Gestaltung betont er die Bedeutung von praktischer Erfahrung mit Arbeitsvermittlung und die Abbildung von zentralen Prämissen des Arbeitsmarktes als einem geschlechtlich segregierten und verberuflichten Markt in der Architektur der Arbeitsämter.

Der kulturwissenschaftliche Blick auf die Verwaltung eröffnet neue Perspektiven, die den politik- und rechtswissenschaftlichen Zugang ergänzen und häufig auch herausfordern. Dabei darf jedoch nicht der besondere Charakter der Verwaltung vernachlässigt werden, auf den Bernd Wunder in seiner ausführlichen Besprechung von Stefan Haas hingewiesen hat.[61] Mit dem plakativen Hinweis, dass die öffentliche Verwaltung kein *Grottenolm* sei, fordert er dazu auf, den rechtlich strukturierten Charakter von Kommunikations- und Entscheidungsprozessen in den Behörden anzuerkennen. Die Kenntnis dieser Strukturierungen ist nicht ausreichend, um das Funktionieren einer Behörde zu verstehen. Das machen die Beiträge in diesem Band deutlich. Gleichzeitig darf diese Strukturierung nicht ignoriert werden. Darauf weist der letzte Beitrag von *Peter Collin* zum Recht als Technologie zur Strukturierung von Kommunikation innerhalb hierarchischer und nicht-hierarchischer Beziehungen hin.

Im Kommunikationsraum der Verwaltung spielen rechtliche Vorgaben und Weisungen eine zentrale Rolle. Sie legen den Rahmen fest, innerhalb dessen sich eine komplexe und nicht immer normkonforme Arbeits- und Kommunikationspraxis erst entfalten kann. Die Beiträge in diesem Band wenden sich aus kulturwissenschaftlicher Sicht gegen eine Überschätzung des Rechts als entscheidende Ressource zur Festlegung von Kommunikation und Interaktion. Collins Argumentation mahnt uns dazu, das Recht in seiner modulierenden Funktion aus kulturwissenschaftlicher Sicht dabei nicht zu unterschätzen.

## LITERATUR

Agar, Jon: The Government Machine. A Revolutionary History of the Computer, Cambridge, Mass.: MIT Press 2003.

Attewell, Paul/Gerstein, Dean R.: »Government Policy and Local Practice«, in: American Sociological Review 44 (1979), S. 311-327.

Azimi, Vida: »De la plume d'oie à la souris: révolution technique et modernisation de l'administration en France (18e-20e siècles)«, in: Jahrbuch für Europäische Verwaltungsgeschichte 9 (1997), S. 1-28.

Bardet, Fabrice: »De la territorialité des sciences de gouvernement. L'installation des directions régionales de la Statistique«, in: Olivier Ihl/Martine Kaluszynski/Gilles Pollet (Hg.), Les Sciences de gouvernement, Paris: Economica 2003, S. 181-193.

---

61 | Bernd Wunder: »Verwaltung als Grottenolm? Ein Zwischenruf zur kulturhistorischen Verwaltungsgeschichtsschreibung«, in: Jahrbuch für Europäische Verwaltungsgeschichte 19 (200), S. 333-344.

Beck, Lorenz:»Geschäftsverteilung, Bearbeitungsgänge und Aktenstilformen in der Kurmärkischen und Neumärkischen Kriegs- und Domänenkammer vor der Reform (1786-1806/1808)«, in: Friedrich Beck (Hg.), Brandenburgische Landesgeschichte und Archivwissenschaft, Weimar: Böhlau 1997, S. 417-438.

Becker, Peter:»Beschreiben, Klassifizieren, Verarbeiten. Zur Bevölkerungsbeschreibung aus kulturwissenschaftlicher Sicht«, in: Arndt Brendecke/Markus Friedrich/Susanne Friedrich (Hg.), Information in der Frühen Neuzeit. Status, Bestände, Strategien, Münster: LIT 2008, S. 393-419.

Becker, Peter:»Les étranges chemins de la perfection. L'innovation criminologique en Allemagne et en Autriche au XIXe siècle«, in: Gérard Noiriel (Hg.), L'identification. Genèse d'un travail d'État, Paris: Belin 2007, S. 97-123.

Becker, Peter:»Kaiser Josephs Schreibmaschine‹. Ansätze zur Rationalisierung der Verwaltung im aufgeklärten Absolutismus«, in: Jahrbuch für Europäische Verwaltungsgeschichte 12 (2000), S. 223-254.

Becker, Peter:»Objective Distance and Intimate Knowledge: On the Structure of Criminalistic Observation and Description«, in: Peter Becker/William Clark (Hg.), Little Tools of Knowledge. Historical Essays on Academic and Bureaucratic Practices, Ann Arbor: University of Michigan Press 2001, S. 197-235.

Becker, Peter: Dem Täter auf der Spur. Eine Geschichte der Kriminalistik, Darmstadt: Primus 2005.

Becker, Peter:»Überlegungen zu einer Kulturgeschichte der Verwaltung«, in: Jahrbuch für Europäische Verwaltungsgeschichte 15 (2003), S. 311-336.

Becker, Peter:»Un nouveau langage pour l'administration: Joseph von Sonnenfels et la création d'une chaire de langage et prose bureaucratique à Vienne à la fin du 18e siècle«, in: O. Ihl/M. Kaluszynski/G. Pollet (Hg.), Les Sciences de gouvernement, Paris: Economica 2003, S. 89-107.

Becker, Peter/Krosigk, Rüdiger von (Hg.): Figures of Authority. Contributions towards a cultural history of governance from the 17th to 19th century, Bern u.a.: Lang 2008.

Brewer, John: The Sinews of Power. War, Money, and the English State, London: Unwin Hyman 1989.

vom Bruch, Rüdiger/Pawliczek, Aleksandra:»Einleitung: Zum Verhältnis von politischem und Wissenschaftswandel«, in: Rüdiger vom Bruch/Uta Gerhard/Aleksandra Pawliczek (Hg.), Kontinuitäten und Diskontinuitäten in der Wissenschaftsgeschichte des 20. Jahrhunderts, Stuttgart: Steiner 2006, S. 9-17.

Budischin, Hans Jörg: Die Formung der staatlichen Sozialpolitik in der Bundesrepublik Deutschland, Berlin: Duncker & Humblot 1976.

Burke, Peter: The Art of Conversation, Ithaca: Cornell University Press 1993.

Cancik, Pascale:»Preußische Wirtschaftsverwaltung im frühen 19. Jh. – Ein Beispiel für ›kommunikative Verwaltung‹?«, in: P. Collin/K.-G. Lutterbeck (Hg.), Eine intelligente Maschine?, S. 265-279.

Cancik, Pascale: Verwaltung und Öffentlichkeit in Preußen. Kommunikation durch Publikation und Beteiligungsverfahren im Recht der Reformzeit, Tübingen: Mohr Siebeck 2007.

Châtelet, Anne-Marie:»Jalons pour une histoire de l'architecture de l'administration publique en France au 19e siècle«, in: Jahrbuch für Europäische Verwaltungsgeschichte 6 (1994), S. 215-242.

Collin, Peter/Horstmann, Thomas (Hg.): Das Wissen des Staates. Geschichte, Theorie, Praxis, Baden-Baden: Nomos 2004.

Collin, Peter/Lutterbeck, Klaus-Gert:»Handlungsorientierungen moderner Verwaltung – eine Problemdarstellung«, in: dies. (Hg.), Eine intelligente Maschine? Handlungsorientierungen moderner Verwaltung (19./20. Jh.), Baden-Baden: Nomos 2009, S. 1-22.

Daston, Lorraine:»Scientific Objectivity with and without Words«, in: P. Becker/W. Clark (Hg.), Little Tools of Knowledge. Historical Essays on Academic and Bureaucratic Practices, Ann Arbor: University of Michigan Press 2001, S. 259-284.

Edwards, George C. III:»Problems in Bureaucratic Communications«, in: Francis E. Rourke (Hg.), Bureaucratic Power in National Policy Making, 4. Aufl., Boston/Toronto: Little, Brown and Company 1986, S. 410-433.

Ellwein, Thomas: Der Staat als Zufall und als Notwendigkeit. Die jüngere Verwaltungsentwicklung in Deutschland am Beispiel Ostwestfalen-Lippe, 2 Bde., Opladen: Westdeutscher Verlag 1993/1997.

Farmer, David John: The Language of Public Administration. Bureaucracy, Modernity, and Postmodernity, Tuscaloosa: University of Alabama Press 1995.

Fisch, Stefan:»Vom Fürstenratgeber zum Politikberater: Perspektiven einer Geschichte der Politikberatung«, in: Stefan Fisch/Wilfried Rudloff (Hg.), Experten und Politik. Wissenschaftliche Politikberatung in geschichtlicher Perspektive, Berlin: Duncker & Humblot 2004, S. 7-11.

Friese, Heidrun/Wagner, Peter: Der Raum des Gelehrten: eine Topographie akademischer Praxis, Berlin: Edition Sigma 1993.

Fritz, Hans-Joachim: Menschen in Büroarbeitsräumen. Über langfristige Strukturwandlungen büroräumlicher Arbeitsbedingungen mit einem Vergleich von Klein- und Großraumbüros, München: Heinz Moos Verlag 1982.

Goody, Jack: The Logic of Writing and the Organization of Society. Cambridge: Cambridge University Press 1986.

Goppold, Uwe: Politische Kommunikation in den Städten der Vormoderne. Zürich und Münster im Vergleich, Köln/Weimar/Wien: Böhlau 2007.

Graber, Doris: The Power of Communication. Managing Information in Public organizations, Washington, DC: Congressional Quarterly Press 2003.

Grotz, Stephan: Vom Umgang mit Tautologien. Martin Heidegger und Roman Jacobson, Hamburg: Meiner 2000.

Haas, Stefan: Die Kultur der Verwaltung. Die Umsetzung der preußischen Reformen 1800-1848, Frankfurt a.m.: Campus 2005.

Haiko, Peter/Stekl, Hannes:»Architektur in der industriellen Gesellschaft«, in: Hannes Stekl (Hg.), Architektur und Gesellschaft von der Antike bis zur Gegenwart, Salzburg: Wolfgang Neugebauer 1980, S. 251-341.

Hanique, Fabienne: Le sens du travail. Chronique de la modernisation au guichet, Ramonville Saint-Agne: Éditions èrés 2004.

Hardtwig, Wolfgang:»Bürgertum, Staatssymbolik und Staatsbewußtsein im Deutschen Kaiserreich 1871-1914«, in: Geschichte und Gesellschaft 16 (1990), S. 269-295.

Helmstetter, Rudolf:»Der gordische Knoten von Kultur & Gesellschaft und Luhmanns Rasiermesser. Fragen eines fluchenden Ruderers«, in: Albrecht Koschorke/Cornelia Vismann (Hg.), Widerstände der Systemtheorie. Kulturtheoretische Analysen zum Werk von Niklas Luhmann, Berlin: Akademie Verlag 1999, S. 77-95.

Héritier, Adrienne:»Introduction«, in: dies. (Hg.), Common Goods. Reinventing European and International Governance, Lanham: Rowman & Littlfield 2002, S. 1-12.

Heyen, Erk Volkmar:»Amtsrationalität und Malerei: ästhetische Kommunikation als Aspekt europäischer Verwaltungsgeschichte«, in: Jahrbuch für Europäische Verwaltungsgeschichte 14 (2002), S. 337-354.

Heyen, Erk Volkmar (Hg.): Bilder der Verwaltung. Memoiren, Karikaturen, Romane, Architektur (Jahrbuch für Europäische Verwaltungsgeschichte, Bd. 6), Baden-Baden: Nomos 1994.

Heyen, Erk Volkmar/Müller, Matthias:»Zum Wandel der Selbstdarstellung von Städten des Ostseeraums in den Bildprogrammen ihrer Rathäuser: Danzig (1600) und Oslo (1950)«, in: Jahrbuch für Europäische Verwaltungsgeschichte 16 (2004), 291-309.

Higgs, Edward:»The Determinants of Technological Innovation and Dissemination. The Case of Machine Computation and Data Processing in the General Registrar Office, London, 1837-1920«, in: Jahrbuch für Europäische Verwaltungsgeschichte 9 (1997), S. 213-222.

Hiller, Petra: Organisationswissen. Eine wissenssoziologische Neubeschreibung der Organisation, Wiesbaden: Verlag für Sozialwissenschaften 2005.

Holzborn, Timo: Die Geschichte der Gesetzespublikation – insbesondere von den Anfängen des Buchdrucks um 1450 bis zur Einführung von Gesetzesblättern im 19. Jahrhunderts, Berlin: Tenea Verlag 2003.

Hooghe, Liesbet/Marks, Gary:»Unraveling the Central State, but How? Types of Multi-Level Governance«, in: American Political Science Review 97 (2003), S. 233-243.

Jäger, Jens: Verfolgung durch Verwaltung. Internationales Verbrechen und internationale Polizeikooperation 1880-1933, Konstanz: UVK 2006.

Jessen, Ralph: »Diktatorische Herrschaft als kommunikative Praxis«, in: Alf Lüdtke/Peter Becker (Hg.), Akten. Eingaben. Schaufenster. Die DDR und ihre Texte. Erkundungen zu Herrschaft und Alltag, Berlin: Akademie Verlag 1997, S. 57-75.

Kaluszynski, Martine: »Entre philanthropie et politique. La Société Générale des Prisons«, in: Paedagogica Historica 38 (2002), S. 67-84.

Klabouch, Jirí: »Die Lokalverwaltung in Cisleithanien«, in: Adam Wandruszka/Peter Urbanitsch (Hg.), Die Habsburgermonarchie 1848-1918, Bd. 2, Wien: Akademie der Wissenschaften 1975, S. 270-305.

Koselleck, Reinhart: Preußen zwischen Reform und Revolution. Allgemeines Landrecht, Verwaltung und soziale Bewegung von 1791 bis 1848, Stuttgart: Klett 1967.

Krämer, Sybille: »Gibt es eine Sprache hinter dem Sprechen?«, in: Herbert Ernst Wiegand (Hg.), Sprache und Sprachen in den Wissenschaften. Geschichte und Gegenwart, Berlin, New York: Walter de Gruyter 1999, S. 372-403.

Krosigk, Rüdiger von: Bürger in die Verwaltung! Bürokratiekritik und Bürgerbeteiligung in Baden. Zur Geschichte moderner Staatlichkeit im Deutschland des 19. Jahrhunderts, Bielefeld: Transcript 2010.

Latour, Bruno: La fabrique du droit. Une ethnographie du Conseil d'État, Paris: Decouverte 2004.

Latour, Bruno: Reassembling the Social. An Introduction to Actor-Network-Theory, New York: Oxford University Press 2005.

Latour, Bruno: Science in Action. How to follow scientists and engineers through society, Cambridge, Mass.: Harvard University Press 1987.

Levi, Ron/Valverde, Marina: »Studying Law by Association. Bruno Latour Goes to the Conseil d'État«, in: Law & Social Inquiry 33 (2008), S. 805-825.

Lipsky, Michael: Street-Level Bureaucracy. Dilemmas of the Individual in Public Services, New York: Russell Sage Foundation 1980.

Lüdtke, Alf: »Einleitung: Herrschaft als soziale Praxis«, in: ders. (Hg.), Herrschaft als soziale Praxis. Historische und sozial-anthropologische Studien, Göttingen: Vandenhoeck & Ruprecht 1991, S. 9-63.

Lüdtke, Alf: »Sprache und Herrschaft in der DDR. Einleitende Überlegungen«, in: Alf Lüdtke/Peter Becker (Hg.), Akten. Eingaben. Schaufenster. Die DDR und ihre Texte. Erkundungen zu Herrschaft und Alltag, Berlin: Akademie Verlag 1997, S. 11-26.

Luhmann, Niklas: Recht und Automation in der öffentlichen Verwaltung. Eine verwaltungswissenschaftliche Untersuchung, Berlin: Duncker & Humblot 1966.

Metzler, Gabriele/Laak, Dirk van: »Die Konkretion der Utopie. Historische Quellen der Planungsutopien der 1920er Jahre«, in: Isabel Heinemann/Patrick Wagner (Hg.), Wissenschaft – Planung – Vertreibung. Neuordnungskonzepte und Umsiedlungspolitik im 20. Jahrhundert, Stuttgart: Steiner 2006, S. 23-44.

Miller Lane, Barbara:»Government Building in European Capitals 1870-1914«, in: Hans Jürgen Teuteberg (Hg.), Urbanisierung im 19. und 20. Jahrhundert. Historische und geographische Aspekte, Köln/Wien: Böhlau 1983, S. 517-560.

Milner, Eileen M.: Managing Information and Knowledge in the Public Sector, London/New York: Routledge 2000.

Müller, Philipp:»Journalistische Vermittlung und ihre Aneignung: öffentliche Verhandlungen über den Fall Wilhelm Voigt in Berlin 1906/08«, in: Österreichische Zeitschrift für Geschichtswissenschaften 13 (2002), S. 35-56.

Mukerji, Chandra: Impossible Engineering. Technology and Territoriality on the Canal du Midi, Princeton: Princeton University Press 2009.

Niehaus, Michael: Das Verhör. Geschichte – Theorie – Fiktion, München: Fink 2004.

Nienhaus, Ursula:»Telegraf, Telefon und Funk im Dienst der preußischen Polizeiverwaltung, 1914-1945«, in: Jahrbuch für Europäische Verwaltungsgeschichte 9 (1997), S. 141-160.

Nützenadel, Alexander: Stunde der Ökonomen. Wissenschaft, Politik und Expertenkultur in der Bundesrepublik 1949-1974, Göttingen: Vandenhoeck & Ruprecht 2005.

Ogborn, Miles: Indian Ink. Script and Print in the Making of the English East India Company, Chicago: University of Chicago Press 2007.

Orlikowski, Wanda:»Using Technology and Constituting Structures. A Practice Lens for Studying Technology in Organizations«, in: Organization Science 11 (2000), S. 404-428.

Pevsner, Nikolaus: A History of Building Types. London: Thames and Hudson 1976.

Porter, Theodore M.: Trust in Numbers. The Pursuit of Objectivity in Science and Public Life, Princeton: Princeton University Press 1995.

Prass, Reiner:»Die Brieftasche des Pfarrers. Wege der Übermittlung von Informationen in ländlichen Kirchengemeinden des Fürstentums Minden«, in: Ralf Pröve/Norbert Winnige (Hg.), Wissen ist Macht. Herrschaft und Kommunikation in Brandenburg-Preußen, 1600-1850, Berlin: Berlin Verlag 2001, S. 69-82.

Pröve, Ralf:»Herrschaft als kommunikativer Prozess. Das Beispiel Brandenburg-Preußen«, in: R. Pröve/N. Winnige (Hg.), Wissen ist Macht. Herrschaft und Kommunikation in Brandenburg-Preußen, 1600-1850, Berlin: Berlin Verlag 2001, S. 11-21.

Pröve, Ralf/Winnige, Norbert (Hg.): Wissen ist Macht. Herrschaft und Kommunikation in Brandenburg-Preußen, 1600-1850, Berlin: Berlin Verlag 2001.

Randeraad, Nico (Hg.): Formation und Transfer städtischen Verwaltungswissens (Jahrbuch für Europäische Verwaltungsgeschichte, Bd. 15), Baden-Baden: Nomos 2002.

Randeraad, Nico:»In Search of a National Building Style. Administrative Architecture in the Netherlands in the Second Half of the 19th Century«, in: Jahrbuch für Europäische Verwaltungsgeschichte 6 (1994), S. 243-260.

Raphael, Lutz: »Die Sprache der Verwaltung‹. Politische Kommunikation zwischen Verwaltern und Landgemeinden zwischen Maas und Rhein (1814-1880)«, in: Norbert Franz u.a. (Hg.), Landgemeinden im Übergang zum modernen Staat. Vergleichende Mikrostudien im linksrheinischen Raum. Mainz: Von Zabern 1999, S. 183-206.

Raphael, Lutz: »Die Verwissenschaftlichung des Sozialen als methodische und konzeptionelle Herausforderung«, in: Geschichte und Gesellschaft 22 (1996), S. 165-193.

Reindl, Josef: »Telegrafie, Regierung und Verwaltung in den Ländern des Deutschen Bundes, 1848-1871«, in: Jahrbuch für Europäische Verwaltungsgeschichte 9 (1997), S. 121-140.

Rose, Mark H.: »Machine Politics. The Historiography of Technology and Public Polity«, in: The Public Historian 10 (1988), S. 27-47.

Rossen-Stadtfeld, Helge: »Kooperation als Handlungsstil der Verwaltung«, in: Martina Althoff u.a. (Hg.), Zwischen Anomie und Inszenierung. Interpretationen der Entwicklung der Kriminalität und der sozialen Kontrolle, Baden-Baden: Nomos 2004, S. 205-221.

Rudloff, Wilfried: »Ebenen der Handlungsorientierung in der kommunalen Sozialverwaltung in Deutschland im frühen 20. Jh.«, in: P. Collin/K.-G. Lutterbeck (Hg.), Eine intelligente Maschine?, S. 105-135.

Sabean, David Warren: »Peasant Voices and Bureaucratic Texts. Narrative Structures in Early Modern German Protocols«, in: P. Becker/W. Clark (Hg.), Little Tools of Knowledge. Historical Essays on Academic and Bureaucratic Practices, Ann Arbor: University of Michigan Press 2001, S. 67-93.

Sabean, David Warren: »Soziale Distanzierungen. Ritualisierte Gestik in deutscher bürokratischer Prosa der Frühen Neuzeit«, in: Historische Anthropologie 4 (1996), S. 216-233.

Sarangi, Srikant/Slembrouck, Stefaan: Language, Bureaucracy, and Social Control, London: Longman 1996.

Schaffner, Martin: »The Figure of the Questions versus the Prose of the Answers. Lord Devon's Inquiry in Skibbereen, 10 September 1844«, in: P. Becker/W. Clark (Hg.), Little Tools of Knowledge. Historical Essays on Academic and Bureaucratic Practices, Ann Arbor: University of Michigan Press 2001, S. 237-257.

Scheffer, Thomas: Asylgewährung. Eine ethnographische Verfahrensanalyse, Stuttgart: Lucius und Lucius 2001.

Schneider, Wolfgang Ludwig: Grundlagen der soziologischen Theorie. Bd. 2, Wiesbaden: Verlag für Sozialwissenschaften 2005.

Schulte, Regina: Das Dorf im Verhör. Brandstifter, Kindsmörderinnen und Wilderer vor den Schranken des bürgerlichen Gerichts. Oberbayern 1848-1910, Reinbek bei Hamburg: Rowohlt 1989.

Sechi, Silvia: Verständlichkeit und Höflichkeit in der deutschen Verwaltungssprache der Gegenwart, Phil. Diss. Bochum 2003.

Selting, Margret: Verständigungsprobleme. Eine empirische Analyse am Beispiel der Bürger-Verwaltungs-Kommunikation, Tübingen: Niemeyer 1987.

Tantner, Anton: Ordnung der Häuser, Beschreibung der Seelen: Hausnummerierung und Seelenkonskription in der Habsburgermonarchie, Innsbruck: Studienverlag 2007.

Taylor, James R./Every, Elizabeth J. van: The Emergent Organization. Communication as its site and surface, Mawah, NJ: Lawrence Erlbaum 2000.

Therborn, Göran: »Social Steering and Household Strategies. The Macropolitics and the Microsociology of Welfare States«, in: Journal of Public Policy 9 (1989), S. 371-397.

Tinnefeld, Thomas: Die Syntax des ›Journal officiel‹: eine Analyse der Fachsprache des Rechts und der Verwaltung im Gegenwartsfranzösischen, Bochum: AKS 1993.

Vec, Miloš: Recht und Normierung in der industriellen Revolution. Neue Strukturen der Normsetzung im Völkerrecht, staatlicher Gesetzgebung und gesellschaftlicher Selbstnormierung, Frankfurt a.M.: Vittorio Klostermann 2006.

Verbeek, Peter-Paul: What Things Do. Philosophical reflections on technology, agency, and design, University Park: Pennsylvania State University Press 2005.

Vismann, Cornelia: Akten. Medientechnik und Recht, Frankfurt a.M.: Fischer 2000.

Wagner, Hildegard: Die deutsche Verwaltungssprache der Gegenwart. Eine Untersuchung der sprachlichen Sonderform und ihrer Leistung. Düsseldorf: Schwann 1970.

Weber, Max: Wirtschaft und Gesellschaft. Grundriss der verstehenden Soziologie, 4. Aufl., Tübingen: Mohr 1956.

Weinbach, Christine: Systemtheorie und Gender. Das Geschlecht im Netz der Systeme, Wiesbaden: Verlag für Sozialwissenschaften 2004.

Weller, Jean Marc: L'État au guichet. Sociologie cognitive du travail et modernisation administrative des services publics, Paris:Desclee de Brouwer 1999.

Wilson, Kathleen: The Island Race. Englishness, Empire and Gender in Eighteenth Century, London: Routledge 2003.

Winkel, Harald: »Wirtschaftsgeschichte Deutschlands 1945-1965«, in: Willi Albers (Hg.), Handwörterbuch der Wirtschaftswissenschaft, Bd. 9, Göttingen: Vandenhoeck & Ruprecht 1982, S. 100-119.

Wuenschel, Hans: »Wege zur Büroreform in der öffentlichen Verwaltung«, in: Verwaltungsakademie München (Hg.), Wirtschaftliche Arbeit in der öffentlichen Verwaltung. Ein Beitrag zur Verwaltungs- und Büroreform, München: Bayerischer Kommunalschriftenverlag 1929, S. 15-38.

Wunder, Bernd: »Vom Intelligenzblatt zum Gesetzblatt. Zur Zentralisierung inner- und außeradministrativer Normkommunikation in

Deutschland (17./18. Jahrhundert)«, in: Jahrbuch für Europäische Verwaltungsgeschichte 9 (1997), S. 29-82.

Wunder, Bernd: »Verwaltung als Grottenolm? Ein Zwischenruf zur kulturhistorischen Verwaltungsgeschichtsschreibung«, in: Jahrbuch für Europäische Verwaltungsgeschichte 19 (200), S. 333-344.

Yates, JoAnne: Control through Communication. The rise of system in American management, Baltimore: Johns Hopkins University Press 1993.

Zuurmond, Arre: »From Bureaucracy to Infocracy. Administrative Reform by Technological Innovation in the Netherlands«, in: Jahrbuch für Europäische Verwaltungsgeschichte 9 (1997), S. S. 223-230.

# Strukturierung von Kommunikationsräumen

# Die kalte Sprache des Lebendigen

Über die Anfänge der Archivberufssprache (1929-1934)[1]

Mario Wimmer

»Kälte ist nicht der Nullzustand der Kultur, sie muß erzeugt werden.«[2] Diese Bemerkung formuliert die Voraussetzung für Jan Assmanns Überlegungen zu den »heißen« und »kalten« Formen von Erinnerung. Sie führt eine Unterscheidung aus dem wilden Denken weiter, die Claude Lévi-Strauß gemacht hatte, um eine Zeit wieder zu finden, die lange als »geschichtslos« gegolten hatte. Assmann wie Lévi-Strauss wandten sich gegen die Vorstellung eines »historischen Sinns« der dem Menschen an sich zu Eigen sei. Diese Vorstellung hatte seit dem 19. Jahrhundert einen Rassismus befördert, der die Geschichtswissenschaften in ihrem Innersten betraf: Die Geschichte, hieß es spätestens seit Johann G. Droysen, sei die zweite Natur des Menschen. Wer dieser Bestimmung nicht entsprach, konnte und sollte kein Mensch sein.[3] Die Geschichte selbst aber ist vielmehr kulturelle Erzeugung einer Epoche, eine Vorstellung, die historisiert werden kann.[4] Diese Historisierung müsse, so Assmann, von der Frage ausgehen, »in welchem Umfang und in welchen Formen, mit Hilfe welcher Institutionen und Sozialmechanismen, eine Gesellschaft den Wandel ›eingefroren‹ hat.« Um in einfachen Gegensätzen zu sprechen: »Kalte« Kulturen sind nicht einfach »geschichtslos«, sie haben nicht

---

1 | Ich danke dem Herausgeber sowie Monika Dommann, Beate Fricke, Julia Herzberg und Christine Hikel für Hinweise zu diesem Text.

2 | Jan Assmann: Das kulturelle Gedächtnis: Schrift, Erinnerung und politische Identität in den frühen Hochkulturen, München: C.H. Beck 1992, S. 68.

3 | Vgl. dazu Mario Wimmer: »Die Lagen der *Historik*«, in: Österreichische Zeitschrift für Geschichtswissenschaften 2 (2007), S. 106-125; in dieser Traditionslinie sind vermutlich die bei Assmann zitierten Arbeiten von Erich Rothacker und womöglich auch von Rüdiger Schott zu lesen.

4 | Reinhart Koselleck u.a.: »[Art.] Geschichte, Historie«, in: Otto Brunner u.a. (Hg.), Geschichtliche Grundbegriffe, Bd. 2, Basel, Stuttgart: Klett-Kotta 1975, S. 647-717.

jene Geschichte vergessen, die »heiße« Kulturen antreibt.[5] Die Wirklichkeit war komplexer als die Unterscheidung, die sie zu beschreiben hilft. Auch wenn ›die‹ Moderne in ihrer linearen Fortschrittserzählung »heiß« erscheinen mochte und die Dampfmaschine zu einem ihrer Embleme wurde, wenn sie im 19. Jahrhundert »entschlossen das geschichtliche Werden« verinnerlichte, »um es zum Motor ihrer Entwicklung zu machen«[6], so wird sich im Verlauf meiner Argumentation zeigen, wie in der Selbstbeobachtung der Zeitgenossen »heiße« und »kalte« Elemente gemeinsam und zur gleichen Zeit auftauchten. Es gilt, unter anderem den Ort zu bestimmen, an dem die Entstehung von »Wärme« selbst zum Gegenstand einer skeptischen Reflexion wurde.

Aus diesen gesellschaftlichen Selbstbeobachtungen lässt sich ein analytisches Instrument entwickeln, um das Geschichtsdenken und die Sprache deutscher Archivare in den 1920er und 1930er Jahren zu beschreiben. Kulturen sind nie zur Gänze »kalt« oder »heiß«. Ihre Temperierung ist vor allem als Modus ihrer Selbstbeschreibung aufzufassen. In der konkreten Situation wurde von Zeitgenossen die Ungleichzeitigkeit als spezifisch für die politische Kultur am Übergang von der Weimarer Republik zum Nationalsozialismus wahrgenommen.[7] Das lässt sich am Beispiel der Archive zeigen: Für deren Geschichtskultur galt, was für den Denkstil der Archivare nicht folgenlos blieb, nämlich eine enge Verschränkung technischer Rationalität mit vitalistischem Geschichtsdenken.[8]

## WEISSE FLECKEN

Im Rahmen der Expertengespräche beim 34. Deutschen Archivtag in Augsburg 1955, drei Jahrzehnte nach den Anfängen der Debatte um eine Archivberufssprache, ging es erneut um die Ausarbeitung einer Terminologie – diesmal noch stärker mit internationalen Bezügen. Meisner führte aus, wie nach der Ausarbeitung von Verzeichnissen der nationalen Archivterminologien ein Abgleich zwischen den unterschiedlichen Sprachen stattfinden sollte: Es würden dabei »weiße Flecken« sichtbar werden, »weil die Sprachbildung auf Grund des verschiedenen Standes der gedanklichen und praktischen Arbeit einen verschiedenen Umfang ange-

---

5 | J. Assmann: Das kulturelle Gedächtnis, S. 69.

6 | Claude Lévi-Strauss: Das wilde Denken, Frankfurt a.M.: Suhrkamp 1968, S. 309.

7 | Ernst Bloch: Erbschaft dieser Zeit, Zürich: Oprecht & Helbling 1935.

8 | In anderem Zusammenhang ließe sich für eine derartige Analyse zusätzlich Marshall McLuhans Unterscheidung von »heißen« und »kalten« Medien berücksichtigen; vgl. dazu Marshall McLuhan: »Heiße Medien und kalte«, in: M. McLuhan, Die magischen Kanäle. Understanding Media, Dresden und Basel: Verlag der Kunst 1995, S. 44-61.

nommen hat«.[9] Das sollte die Archivare nicht daran hindern, eine internationale Terminologie zu entwickeln, um die Topographie der Archive möglichst umfassend und zunehmend differenziert zu beschreiben. Lange Zeit hatte für die deutschen Archivare das Prinzip der Geheimhaltung im Vordergrund gestanden, wodurch die lokalen Bezüge des Archivwesens besonders wichtig wurden. Das hatte auch Auswirkungen auf den Sprachgebrauch. Die Unterschiede in der Bezeichnung waren ein Resultat der Abgeschlossenheit der Verwaltungs- und Archivsysteme der deutschen Kleinstaaten. Es entstanden dadurch lokale Archivsprachen, deren Unterschiedlichkeit erst in jenem Moment erkennbar wurde, als sie die Grenzen des Lokalen überschritten.

Bei der Systematisierung des Sprachgebrauchs in den Archiven sollten stets die konkreten Umgebungen ebenso wie die lokalen Praktiken berücksichtigt werden. Bei den deutschen Archivaren sollte die Verständigung über eine gemeinsame Berufssprache zur Integration lokaler Praktiken führen. Der Archivar und Archivwissenschaftler Johannes Papritz hatte dazu angemerkt, dass es zumeist die Praktiker seien,»die zu Neuerungen schreiten, die erst nachträglich von der Theorie aufgegriffen«[10] würden. Diesem Argument folgt die Bemerkung des Verwaltungswissenschaftlers Arnold Brecht, dem maßgeblichen Fürsprecher der deutschen Büroreform,»Kunst und Technik einer guten Verwaltung« hätten sich in Deutschland bis Anfang des 20. Jahrhunderts nicht in»Theorie und Lehre, sondern in der Praxis herausgebildet und durch Tradition von einer Generation auf die andere vererbt«; allerdings ohne viel darüber zu schreiben. Die bewährten Verfahrensweisen deutscher Verwaltung beruhten auf Grundsätzen, von denen man nicht»recht wußte, wann und wie« sie entstanden waren.[11] Ein Aspekt der Debatte um eine gemeinsame Archivberufssprache bestand darin, die verstreuten Arbeits- und Ausdrucksweisen vor Ort zu sammeln und zu diskutieren. Ziel war schließlich die systematische Verbindung der Daten.

---

**9** | Wolfgang Leesch/Heinrich Otto Meisner:»Grundzüge einer deutschen Archivterminologie, Referentenentwurf des Ausschusses für deutsche Archivsprache«, in: Archivmitteilungen, 5 (1955), Beilage, S. 1-14, hier: S. 3.

**10** | Johannes Papritz:»[Rezension] von Adolf Brenneke/Wolfgang Leesch: Archivkunde. Ein Beitrag zur Theorie und Geschichte des europäischen Archivwesens, Berlin und Leipzig: Koehler & Amelang 1953«, in: Archivalische Zeitschrift 52 (1956), S. 237-244, hier: S. 241.

**11** | Arnold Brecht: Aus nächster Nähe. Lebenserinnerungen 1884-1927, Stuttgart: Deutsche Verlagsanstalt 1966, S. 425.

## MELANCHOLISCHE LEIDENSCHAFT

Die Geschichte der Fachsprachen wurde bislang kaum, die Geschichte der Archivberufssprache überhaupt nicht mit kulturwissenschaftlichen Methoden beschrieben.[12] Sie blieb entweder Teil einer konventionellen sprach- und verwaltungswissenschaftlichen Diskussion, oder sie wurde innerhalb der engen Grenzen der Archivwissenschaft als Teil disziplinärer Vergewisserung geschrieben. Ich möchte die Debatte um eine gemeinsame Archivberufssprache zunächst kulturhistorisch situieren und anschließend verwaltungsgeschichtlich beschreiben. Die Berufssprache deutscher Archivare erweist sich in ihren Anfängen als *kalte Sprache des Lebendigen*.[13]

Ähnliche Beobachtungen machte Wolfgang Ernst in seinen Arbeiten zur Mediengeschichte deutscher Archive. Typisch für die preußische Archivästhetik und die damit verbundenen Praktiken[14] war die anthropomorphe Semantisierung des Archivs als Institution. Ernst orientiert sich an der kargen Ästhetik technischer Medien und kommt zu einem negativen – medienphänomenologischen und damit nicht zuletzt ästhetischen – Urteil. Sein Projekt hatte das ehrgeizige Ziel, eine nicht narrative Geschichtsschreibung, wenn nicht zu verwirklichen, so doch zumindest zu entwerfen. Angesichts dieses Anspruchs wird nachvollziehbar, warum er dem Lebendigen weniger Sympathie entgegenbrachte als jener Technik, die im Inneren der Phänomene eine andersartige, nicht weniger ästhetische Oberfläche bildete.

Es ist erstaunlich, welche Leidenschaft[15] in der kalten Sprache archivwissenschaftlicher Rationalität beheimatet war. Dabei geht es nicht um einen Gegensatz zwischen kalter Rationalität und heißer, irrationaler Leidenschaft. Vielmehr ist es konstitutiv für die kalte und definitorische Sprache, dass sie Raum für Verschiebungen in den Ordnungssystemen des Archivs gibt, die nichts anderes sind als Phantasmen einer »lebendi-

---

12 | Ausnahmen sind beispielsweise Markus Krajewskis Bemerkungen zu den Welthilfssprachen in Restlosigkeit. Weltprojekte um 1900, Frankfurt a.M.: S. Fischer 2006 oder Leslie Bodi: »Sprachregelung als Kulturgeschichte. Sonnenfels: Über den Geschäftsstil (1784) und Ausbildung der österreichischen Mentalität«, in: Gotthart Wunberg/Dieter A. Binder (Hg.), Pluralität: Eine interdisziplinäre Annäherung. Festschrift für Moritz Csáky, Wien u.a.: Böhlau 1996, S. 122-135.

13 | Vgl. Michael Hampe: »Die Sprache des Lebendigen«, in: Jürgen Mittelstrass (Hg.): Wohin geht die Sprache? Wirklichkeit – Kommunikation – Kompetenz, Köln: Hanns Martin Schleyer-Stiftung 1989, S. 100-111.

14 | Wolfgang Ernst: »Nicht Organismus und Geist, sondern Organisation und Apparat. Plädoyer für archiv- und bibliothekswissenschaftliche Aufklärung über Gedächtnistechniken«, in: Sichtungen 2 (1999), S. 129-139, hier: S. 134.

15 | Zur Verschränkung von Bürokratie, Archivierung und Leidenschaft vgl. die Beiträge in Sven Spieker (Hg.): Bürokratische Leidenschaften. Kultur- und Mediengeschichte im Archiv, Berlin: Kulturverlag Kadmos 2004.

gen« Geschichte. Kälte war in den zwanziger Jahren keine akzidentelle Metapher. Sie umgab das Archiv und durchdrang es zugleich, nicht ohne Auswirkungen für die Vorstellungen von Zeitlichkeit und Geschichte. Archive verwalteten Geschichte und betrieben Geschichtsschreibung im übertragenen Sinn. Archivare waren seit dem 19. Jahrhundert zumeist nicht nur ausgebildete Historiker, sie *machten* Geschichte,[16] indem sie – innerhalb rechtlicher Grenzen – über den Raum der Überlieferung bestimmten. Aus ihren Praktiken, ihrem Denken und ihren Debatten lassen sich Vorstellungen von Geschichte rekonstruieren. Hierbei gilt meine Aufmerksamkeit jenen Aspekten, die für das Entstehen des Begriffs »Archivkörper« wichtig waren.

In der Debatte um die Archivberufssprache kann man kennzeichnende Elemente des Denkstils der Archivare besonders anschaulich beschreiben. Es ist spezifisch für den archivarischen Denkstil, dass es – im Unterschied zu den Historikern – überhaupt Diskussionen um eine gemeinsame, verbindliche Begriffssprache gab.[17] Hinzu kamen internationale Sprachregelungen in den angrenzenden Bereichen der Bibliotheks- und Dokumentationswissenschaft, wie insgesamt in jener Zeit tausende, vornehmlich naturwissenschaftliche und technische Terminologien entstanden.[18] Nicht zuletzt hatte auch der Verein deutscher Ingenieure mit verschiedensten Standardisierungs- und Normierungsmaßnahmen begonnen; so gab es etwa erste Bestrebungen zur Normierung für Terminologien. Schließlich lassen sich über die Bezüge, in denen die Debatte

---

**16** | Ich verwende die Wendung in dem Sinn, wie sie etwa Philipp Müller in einem Literaturüberblick zur neueren Historiographiegeschichte vorgeschlagen hat, der etwa auf die berechtigte Kritik Hans-Ulrich Gumbrechts an dieser Formulierung und ihrer Verwendung im Kontext des New Historicism ausreichend reagiert; vgl. Philipp Müller: »Geschichte machen. Überlegungen zu lokal-spezifischen Praktiken in der Geschichtswissenschaft und ihrer epistemischen Bedeutung im 19. Jahrhundert. Ein Literaturbericht«, in: Historische Anthropologie 12 (2004), S. 415-433.

**17** | Für Ansätze derartiger Debatten bei Historikern vgl. Hans Schleier:»Die Terminologie in der Wissenschaftssprache des Historikers«, in: Mariana Drozdowskiego (Hg.), Między historią a teorią: Refleksje nad problematyka dziejów i wiedzy historycznej Studia ofiarowane Profesorowi Jerzemu Topolskiemu w sześćdziesiątą rocznicę urodzin Praca zbiorowa pod, Warszawa u.a.: Państwowe Wydawn 1988, S. 389-395 [Übers. d. Titels: Zwischen Geschichte und Theorie: Reflexionen über historische Probleme und historisches Wissen. Studien zum 60. Geburtstag von Prof. Jerzy Topolski]; Peter Schöttler:»13 rue du Four – die *Encyclopédie Française* als Mittlerin französischer Wissenschaft in den 1930er Jahren«, in: Elisabeth Nemeth/Nicolas Roudier (Hg.), Paris – Wien. Enzyklopädien im Vergleich, Wien: Springer 2005, S. 179-204.

**18** | Vgl. die Dissertation von John L. Harvey: The Common Adventure of Mankind: Academic Internationalism and Western Historical Practice from Versailles to Potsdam, PhD Thesis: Pennsylvania State University 2003.

steht, verwaltungs-, wissenschafts- und kulturhistorische Zusammenhänge beschreiben, in denen die Archivwissenschaft jener Zeit stand.
Die preußischen Archivare bildeten eine Sprache aus, die kaum anders als »kalt« charakterisiert werden konnte. Ihr Verlangen nach defi-
nitorischer Genauigkeit, Eindeutigkeit und Akribie verlieh den Debatten
um eine Berufssprache für Archivare eine kühle und technische Gestalt. Deutlich wird das am Titel eines Artikels für das *Handwörterbuch
der Arbeitswissenschaft*, in dem unter dem Lemma *Archivtechnik, rationelle*
der Stand der Archivwissenschaft und des deutschen Archivwesens von
Meisner akkurat und doch in anheimelnden Metaphern beschrieben wurde. Um ein Beispiel aus diesem Handbucheintrag zu geben: Ein Archiv
war keine Sammlung. Das war eine der grundlegenden Unterscheidungen der Archivwissenschaft zu Beginn des 20. Jahrhunderts, die Meisner
teilte. Für ihn erweckte der Begriff Sammlung die »zu enge Vorstellung
von etwas Abgeschlossenem«, als ob es sich bei einem Archiv um eine
Art kollektiven Zettelkasten handelte, das nur ein Studiengebiet abdecken
müsste, wohingegen »das Wort Behörde« – anstelle von Sammlung! –
dem »lebendig-organischen Moment« besser entsprechen würde.

Diese Unterscheidung spielte auf die Bibliothek an, die häufig als
Gegenmodell für die Selbstbeschreibung der deutschen Archive verwendet wurde. Die große Ähnlichkeit dieser beiden Institutionen in vielen
Bereichen machte das Bedürfnis nach Unterscheidung umso größer. Der
Unterschied zwischen Archiv und Bibliothek, so Meisner, zeige sich auch
an der Medialität der aufbewahrten Objekte. In der Bibliothek sei auf der
einen Seite »das mit dem Druck in der Regel gegebene ›Typische‹ im doppelten Sinne« bedeutsam, beim Archiv auf der anderen Seite »das handschriftlich Individuelle und aktenmäßig Singuläre«. Für Meisner, einem
Archivar und leidenschaftlichen Verwaltungshistoriker, waren Archive
jene »Körper«, die den »schriftlichen Niederschlag«, wie er mit einer Formulierung Droysens sagte, »oft jahrhundertelanger behördlicher Arbeit
für die staatliche Gemeinschaft« in sich aufnahmen und überlieferten,
aus welchem Forscher später »das lebendige Bild« der Vergangenheit zu
rekonstruieren versuchten.[19]

Die Rationalität gerade einer der Verwaltung nahe stehenden Wissenschaft sollte vor allem rationell sein. Eine dieser rationellen Logik angemessene Sprache musste Abschweifungen und Redundanzen vermeiden. Meisner verstand die Ausarbeitung einer Archivberufssprache als
Abstraktionsprozess, der eine Verbindung an die historische und lokale
Entwicklung behalten sollte. Zudem sollte ›die‹ Geschichte als »absolute
Metapher« umschlossen werden und das bei aller Genauigkeit, ohne die
weder eine Terminologie denkbar war, noch die Verwaltungsaufgaben –
gerade zur Zeit der Büroreform – ausreichend rechtsförmig ausgedrückt

---

19 | Alle Zitate Heinrich Otto Meisner: »Archivtechnik, rationelle«, in: Fritz Giese
(Hg.), Handwörterbuch der Arbeitswissenschaft, Halle: Marhold 1930, Sp. 491
und 493.

werden konnten. Die Ästhetik der Archivberufssprache war komplexer:
durch das Gestell der Begriffe ergab sich ein Raum, der – trotz seiner
Technizität – auch die »lebendige« Geschichte einschloss. Dieses dichte
Geflecht von kalten Begriffen und vitalistischer Sprache charakterisierte
den Anfang einer Debatte über die Fachsprache der Archive, deren Be-
schreibungsgenauigkeit mittels zunehmender Differenzierung inzwischen beeindruckende Ausmaße angenommen hat.

Hatte die Debatte bescheiden mit vier Thesen begonnen, so waren
es im Terminologieentwurf von Meisner und Wolfgang Leesch von 1960
bereits 196 Begriffe. Die aktuelle Datenbank der US-amerikanischen Ar-
chivarsvereinigung enthält Definitionen für 2.617 Begriffe.[20] Wirft man
zudem einen Blick auf die Entstehungsbedingungen des Terminologie-
entwurfs, konkret in die Korrespondenzen zwischen Meisner und Leesch
und liest die Anmerkungen zu den Konzepten, kann man die akribische
Leidenschaft erkennen, mit der die Auseinandersetzung um Bedeutungen geführt wurde.

## KALTE MODERNE

Es gab eine Angst vor der Kälte. Zu Beginn des 20. Jahrhunderts hatte
sich eine Furcht vor dem Hereinbrechen einer neuen Eiszeit verbreitet.
Seitdem die Geschichte der Welt als eine Abfolge von Eiszeiten geschrieben werden konnte, gab es auch eine überraschende Faszination für das
Kalte und das Eis. Mitte der 1830er Jahre durch den Botaniker und Geo-
logen Karl Friedrich Schimper entdeckt, führte die Vorstellung einer Abfolge von Eiszeiten im Verlauf des 19. Jahrhunderts zur verbreiteten Angst
vor einer Abkühlung der Welt.[21] Sie entstand nicht ohne gleichzeitige
Faszination für die unbekannte Welt des Eises und der Kälte. Das zeigte
sich Anfang des 20. Jahrhunderts im ungeheuren Erfolg verschiedener
*Verhaltenslehren der Kälte*[22] oder der Welteislehre von Hans Hörbiger, die

**20** | Vgl. archivists.org/glossary/list.asp vom 31. Oktober 2008. Zum Stand
der internationalen Terminologie vgl. Jean Dryden:»A Tower of Babel: Standardizing Archival Terminology«, in: Archival Science 5 (2005), S. 1-16. Siehe auch
die dritte, aktualisierte Ausgabe des Dictionary of Archival Terminology (DAT III)
einer Arbeitsgruppe des International Council on Archives unter www.staff.uni-
marburg.de/~mennehar/datiii/intro.htm vom 31. Oktober 2008.
**21** | Vgl. Peter Schnyder:»Die Dynamisierung des Statischen. Geologisches Wis-
sen bei Goethe und Stifter«, in: Zeitschrift für Germanistik 19 (2009), S. 540-
555; ders.:»Schrift - Bild - Sammlung - Karte. Medien geologischen Wissens
in Stifters Nachsommer«, in: Michael Gamper, Karl Wagner (Hg.), Figuren der
Übertragung. Adalbert Stifter und das Wissen seiner Zeit, Zürich: Chronos 2009,
S. 235-248.
**22** | Vgl. Helmut Lethen: Verhaltenslehren der Kälte. Lebensversuche zwischen
den Kriegen, Frankfurt a.M.: Suhrkamp 1994.

die Wissenschaften an ihre rationalen Grenzen trieb. Hörbigers Theorie
wurde Vorbild für zahlreiche fiktionale Verarbeitungen der Vorstellung,
der Kosmos sei nichts anderes als Kälte und Eis.[23]

Metaphern der Kälte wurden, Helmuth Lethen zufolge, verwendet,
um die Atmosphäre der Modernisierung zu reflektieren. War die »kalte«
Moderne Ende des 19. Jahrhunderts noch negativ besetzt, so wurde die
»Kälte« in der Zeit der Weimarer Republik zu einem Kampfbegriff der
Avantgarde.[24] Die »Kälte« beschrieb nicht nur die Atmosphären, sie drang
in der Vorstellungswelt auch ins Innere der Personen vor. Ein Beispiel
dafür war der Theoretiker der deutschen Bürokratie Max Weber. Dieser
Vertreter rationaler Durchdringung der Welt sah in seinem Gehirn ein
Kühlaggregat seines Temperaments. Es sei wie ein »Eisschrank«, der die
Hitzigkeit seiner psychischen Erkrankung abzukühlen vermochte.[25]

Es lässt sich zeigen, wie in den zwanziger Jahren drei große Narrative
von der Erkaltung der Welt aufeinander trafen.[26] Nimmt man sie zusammen, zeigen sich Charakteristika, die für die Welt der Archive und für die
Sprache in und über sie bedeutsam wurden. Erstens war es die Rationalisierung in Gestalt von Bürokratisierung, Beschleunigung oder Steigerung
der Effizienz, die den Zeitgenossen »kalt« erschienen. James R. Beniger
hat in Fortführung von Max Webers Thesen zur rationalen Herrschaft die
Nachwirkungen dieses Modernisierungsprozesses als Kontrollrevolution
bezeichnet.[27] Dieser Umbruch im Bereich der Transport- und Kommunikationsmittel genauso wie der bürokratischen Organisation datierte er
auf die Zeit zwischen 1880 und 1930. Anfang des 19. Jahrhunderts waren
Wachstums- und Vermehrungsphänomene entstanden, die nicht nur die
Dampf-, sondern auch die Wunschmaschinen antrieben. Diese Entwick-

---

**23** | Vgl. die Arbeiten von Christina Wessely: »Karriere einer Weltanschauung.
Die Welteislehre 1894-1945«, in: Zeitgeschichte 1 (2006), S. 25-39; dies.: »Welteis. Die ›Astronomie des Unsichtbaren‹ um 1900«, in: Dirk Rupnow u.a. (Hg.),
Pseudo-Wissenschaft. Konzeptionen von Nicht-Wissenschaftlichkeit in der Wissenschaftsgeschichte. Frankfurt a.m.: Suhrkamp 2009, S. 163-193.

**24** | Helmut Lethen: »Lob der Kälte. Ein Motiv der historischen Avantgarden«,
in: Dietmar Kamper/Willem van Reijen (Hg.), Die unvollendete Vernunft. Moderne versus Postmoderne, Frankfurt a.m.: Suhrkamp 1987, S. 282-325; erneut
in: Helmut Lethen: Unheimliche Nachbarschaften. Essays zum Kälte-Kult und der
Schlaflosigkeit der philosophischen Anthropologie im 20. Jahrhundert, Freiburg
u.a.: Rombach 2009, S. 59-97.

**25** | Joachim Radkau: Max Weber. Die Leidenschaft des Denkens, München:
Hanser 2005, S. 204.

**26** | Hier folge ich der Argumentation Lethens in: Helmut Lethen: »Kälte. Eine
Zentralmetapher der Erfahrung der Modernisierung, in: Dogilmunhak. Koreanische Zeitschrift für Germanistik (2002), S. 78-94.

**27** | Vgl. hierzu und im Folgenden James R. Beniger: The Control Revolution.
Technological and Economic Origins of the Information Society, Cambridge, MA:
Harvard University Press 1986.

lungen wurden als unumkehrbarer Fortschritt wahrgenommen. Beniger meinte, darin eine Reaktion auf den Verlust von wirtschaftlicher und politischer Kontrolle durch die Auswirkungen der Industriellen Revolution erkennen zu können. Ohne Steuerung wäre es zu einem Zusammenbruch des Systems gekommen. Neue Infrastrukturen und industrielle Technologien, die eine unglaubliche Menge an Dingen in Bewegung setzten, konnten nicht ohne Informationstechnologien gesteuert werden. Darunter versteht Beniger Bürokratie, genauso wie die Standardisierung von Produkten oder mechanische Infrastrukturen. Ohne Steuerung wäre es zu einem Zusammenbruch dieses Systems gekommen. Noch nie da gewesene Multiplikations- und Beschleunigungsvorgänge[28] ließen die Welt schneller werden und etablierten eine neue Erzählung, in der sich Staat und Gemeinschaft zu einem neuen,»kalten« Konzept der Gesellschaft vereinten.

Das Entstehen von»Gesellschaft« wurde, zweitens, als Entfremdung von einer ursprünglichen Gemeinschaft wahrgenommen, in der die»wirtschaftlich erzwungene Loslösung von primären Gruppen wie Familien, Verwandtschaftssystemen, Zünften; die Notwendigkeit der Mobilität der Arbeitskraft, die Mechanisierung der Fabriken, die Einführung einer Zeit-Disziplin, die Erfassung in Statistik etc.« als Verlust von sozialer Wärme beschrieben wurde. Dieser Eindruck von Kälte entstand in einem Prozess mit verschlungener Zeitstruktur: die als ursprünglich wahrgenommene Gemeinschaft war in Erzählungen über Gesellschaft erst im Nachhinein hergestellt worden.[29]

Drittens hätte man es mit dem lebensweltlich empfundenen Verlust von Religion zu tun, der durch Säkularisierungs- und gesellschaftliche Ausdifferenzierungsprozesse entstanden war. Auch diese Erzählung wurde, wie die beiden anderen Narrative, durch ein Moment der Trennung strukturiert. Kälte war also die metaphorische Umschreibung einer Vorstellung von gesellschaftlicher Differenzierung, die als Trennung, Ab- und Auflösung wahrgenommen wurde.[30]

## GEMEINSAME SPRACHE

Nicht nur die Geschichte selbst, auch die anderen Seiten des Archivs, Verwaltung und Bürokratie wurden in jener Zeit zu einer kalten Maschine

---

**28** | Vgl. Christoph Asendorf: Batterien der Lebenskraft. Zur Geschichte der Dinge und ihrer Wahrnehmung im 19. Jahrhundert, Gießen: Anabas-Verlag 1984; Jakob Tanner:»Multiplikationsprozesse in der Moderne – Plädoyer für ein Analysekonzept«, in: Historische Anthropologie 16 (2008), S. 2-7.
**29** | Vgl. dazu auch die Habilitationsschrift von Ingo Stöckmann: Der Wille zum Willen. Der Naturalismus und die Gründung der literarischen Moderne 1880-1900, Berlin: de Gruyter, 2009.
**30** | H. Lethen: Lob der Kälte, S. 86.

der Sachlichkeit. Durch die Restrukturierung der Verwaltung wurde »die Sache« zur zentralen Ordnungsinstanz bürokratischer Vorgänge. Formen direkter Kommunikation zwischen Beamten und Elemente der Selbstorganisation wurden aufgelöst, um »angeblich«, wie Angelika Menne-Haritz retrospektiv zweifelte, »der Sachbearbeitung mehr Kompetenzen einzuräumen«[31]. Die Versuche höhere Effizienz bürokratischer Vorgänge zu veranlassen, wirkten sich auch auf die sprachliche Kommunikation in der Verwaltung aus.

»Die eigentliche Grundlage des Geschäftsverkehrs bildeten aber nicht diese zerstreuten vielen hunderte von Verfügungen, sondern die *Tradition*, in der das Staatsrechtliche, Formale und Geschäftstechnische, das Sachliche und Persönliche *kaum noch unterschieden* waren.«[32]

Wer als Hilfsarbeiter in ein Ministerium eintrat, war zunächst irritiert durch die seltsam anmutenden Kommunikationsformen der Behörde. Diese unheimlich anonyme Sprachform generierte Witze über das, was längst zum gemeinsamen Selbstverständnis geworden war. Je länger die Beamten in der Behörde arbeiteten, desto mehr eigneten sie sich diese sprachlichen Formen an, bis sie zum kaum noch unterscheidbaren Teil ihres Habitus geworden waren. Im Witz konnte sich die Absurdität des Unhintergehbaren der gemeinsamen Sprache zeigen, zugleich mochte sich darin auch ein flüchtiges Aufbegehren gegen die Autorität des Amts aussprechen. Was wie eine vorübergehende Befreiung aus sprachlichen Zwängen der Bürokratie wirkte, führte doch zurück in eine gemeinsame Sprache.

»Das Eindringen in diese Geheimwissenschaft färbte unmerklich auf die Persönlichkeit ab. Worüber man zuerst scherzte, das nahm man allmählich als selbstverständlich und vermisste es schließlich, wenn es fehlte.«[33]

Ziel der *Gemeinsamen Geschäftsordnung* für alle Behörden war, das Denken der Beamten durch reibungslose Kommunikationsabläufe zu ersetzen. Auf sprachliche Aushandlungsprozesse und Lösungsversuche sollte keine Zeit verschwendet werden. So etwas musste »mechanisch richtig laufen«.[34]

---

**31** | Angelika Menne-Haritz: Autonomie und selbstreferentielle Steuerung in der Entscheidungsproduktion der Verwaltung. Grundlagen zu einem Referenzmodell für Elektronische Bürosysteme. Speyer (Habilitationsschrift an der Hochschule für Verwaltungswissenschaften Speyer) 1998, S. 145.

**32** | Arnold Brecht: Die Geschäftsordnung der Reichsministerien. Ihre staatsrechtliche und geschäftstechnische Bedeutung. Zugleich ein Lehrbuch der Büroreform, Berlin: Carl Heymann 1927, S. 2; meine Kursivsetzung, M.W.

**33** | A. Brecht: Büroreform, S. 1.

**34** | Ebd., S. 9.

Diese Beobachtungen galten fraglos auch für die deutschen Archivare. Ihr Denkstil organisierte sich homolog zu ihren Kommunikationsformen. Über eine gemeinsame Berufssprache sollte zugleich die Wissenschaftlichkeit der Archivwissenschaft abgesichert werden. Der Weg dahin verlief über die Festschreibung des konventionellen Sprachgebrauchs. Überträgt man die Debatte der Archivare in das Modell der Historisierung von Objektivität von Peter Galison und Lorraine Daston so zeigt sich, dass sich in diesem Fall kommunitaristische und mechanische Elemente überlagern. Galison und Daston hatten ein »kommunitaristisches« – im Unterschied zu einem »mechanischen« – Wissenschaftsverständnis unterschieden.[35] Das Modell der kommunitaristischen Objektivität privilegierte die Sprache. Sie wurde zu einem Instrument, um die in Raum und Zeit verstreuten Beobachtungen zueinander in Beziehung zu setzen. Die Subjektivität des Beobachters, die im Modell der mechanischen Objektivität durch die Zwischenschaltung eines Apparats eliminiert wurde, musste und konnte sprachlich integriert werden.[36] Im Fall der Archivberufssprache wurde das Begriffssystem zu einem Beobachtungsapparat, der die lokalen Praktiken zu ordnen und beobachten half.

Für die Archivare hatte die »kalte«, sachlich bürokratische Sprache einen doppelten – wie Meisner sich ausdrückte – »Grund«, nämlich die Geschichte: Die bürokratischen Praktiken der Archivare wurden über einen geschichtlichen Bezug auf Tradition begründet, genauso wie die Debatte um eine gemeinsame Sprache nicht ohne Bezüge auf die Geschichte auskam. In diesem Standardisierungsprozess spielte auch die Vereinheitlichung durch die Büroreform und vermutlich mehr noch durch neue Kommunikationstechniken eine Rolle. Durch sie wurden die Standardisierungsprozesse teilweise vorweggenommen, die in den Debatten um eine gemeinsame Sprache nachvollzogen werden mussten. Wie hatte diese Geschichte ihren Anfang genommen?

## FRAGEBÖGEN

Am 17. Mai 1929 wurden von Berlin-Charlottenburg aus Briefe an alle deutschsprachigen Staats- und Stadtarchive verschickt. Sie enthielten je einen mit Maschine getippten Fragebogen und ein Begleitschreiben. Absender war der bereits erwähnte Staatsarchivrat Meisner, der auf dem Archivtag in Marburg »auf Wunsch des Vorstandes« über »archivalische Terminologie« sprechen sollte. Um große Anschlussfähigkeit seiner The-

---

**35** | Peter Galison/Lorraine Daston: »The Image of Objectivity«, in: Representations 40 (1992), S. 81-128.

**36** | Lorraine Daston: »Scientific Objectivity with and without Words«, in: Peter Becker/William Clark (Hg.), Little Tools of Knowledge. Historical Essays on Academic and Bureaucratic Practices, Ann Arbor/Michigan: University of Michigan Press 2001, S. 259-284, hier v.a. S. 263.

sen möglich zu machen, beteiligte er jene Archivare, deren gemeinsame Sprache er festschreiben wollte: Ziel war es, ihre Zustimmung zu Meisners Entwurf zu erhalten. Im Vorfeld wollte Meisner außerdem »eine gewisse Klärung des Materials« erreichen. Zu diesem Zweck verschickte er einen Fragebogen, in dem der gegenwärtige deutsche Sprachgebrauch in den Archiven festgestellt werden sollte – mit dem Ziel »Begriff und Name für die wichtigeren Objekte archivalischen Denkens« in richtige Verbindung zu bringen.

Es war ein ungewöhnlicher Schritt, den die Archivare damit versuchten; auch wenn sie seit Ende des 19. Jahrhunderts, wie ihre Kollegen an den Universitäten, in der Regel promovierte Historiker waren, stand die Forschung nicht im Vordergrund ihrer Aufgaben; am allerwenigsten die zur Verwissenschaftlichung des Archivwesens. Sie waren Verwaltungsbeamte, die, sofern sie überhaupt die Zeit zu wissenschaftlichen Arbeiten fanden, diese nicht, wie an den Universitäten üblich, in einer Umgebung relativer Autonomie ausüben konnten. Zudem interessierten sie sich im Zweifelsfall eher für die Vergangenheit ihres »Volkes« als die ihrer eigenen Profession und deren Sprache.

Im Anschreiben zu den Fragebögen sprach Meisner das Ziel seines Vorhabens aus. Sein Referat sollte die »Feststellung des gegenwärtigen deutschen Sprachgebrauchs« im Archivwesen dokumentieren.

»Angesichts seiner eingewurzelten territorialen Besonderheiten wird auf Normung von vornherein häufig verzichtet werden müssen. Es ist schon viel erreicht, wenn Begriff und Name für die wichtigeren Objekte archivalischen Denkens in richtige Verbindung gebracht werden können.«[37]

Meisners Ziel war nicht die Festsetzung einer Sprachnorm, wie das zu dieser Zeit im Verein Deutscher Ingenieure und anderen Orts angestrebt wurde, sondern die Etablierung einer gemeinsamen Standardsprache, auf die von verschiedenen lokalen Sprachgebräuchen und Praktiken her Bezug genommen werden konnte.[38]

Wilhelm Fürst, Archivar am Bayerischen Hauptstaatsarchiv in München, und Meisners Koreferent in Marburg, hielt die Archivberufssprache für eine bedeutsame Frage, zum einen im Sprachverkehr von Archiv zu Archiv, zum anderen für die Steigerung der Qualität der Fachliteratur. Noch ehe die deutschen Archivare erstmals gemeinsam und öffentlich über eine Archivberufssprache diskutierten, schrieb Meisner in dieser

---

**37** | Alle vorstehenden Zitate aus: Archiv der BBAW, Nl. Heinrich Otto Meisner, Schachtel 60, Briefentwurf von Heinrich Otto Meisner, Berlin, nicht datiert, Hervorhebung im Original.

**38** | Das Prinzip der Standardisierung anstatt Normierung hat sich in der nationalen wie internationalen Zusammenarbeit von Archiven bewährt und durchgesetzt. Vgl. dazu die Erläuterungen zu Standardisierungsprozessen beim International Council on Archives: www.ica.org/en/standards vom 31.10.2008.

Sache an seinen Kollegen Fürst. Dieser antwortete im April 1929: »Die Archivterminologie ist ein Kapitel, mit dem Herr Dr. Striedinger auch mir schon länger anliegt.« Fürst zeigte sich mit beiden einer Meinung über die Unzulänglichkeit sprachlicher Kommunikationsmittel in und zwischen deutschen Archiven. »Die Begriffsbezeichnungen sind eben bei unserem bislang stark zersplitterten Archivwesen oft recht verschieden und sicher nicht immer eindeutig.«[39] Er hielt Meisners Plan, einen Fragebogen zu verschicken, für die beste Lösung, um den lokalen Sprachgebrauch und die disparaten Praktiken zu erheben. Bezüglich der Formatierung des Fragebogens antwortete er behutsam aber bestimmt:

»Ich möchte es für ertragreich halten, wenn wir in dem Fragebogen weniger einzelne Schlagwörter anführen als vielmehr *Gruppen bilden*, zu denen jeder Kollege *ergänzend* die ihm bekannten oder die ihm wünschenswert erscheinenden Bezeichnungen beifügt; *Synonyma* können dabei wohl auch hinter die von Ihnen aufgeführten Ausdrücke gesetzt werden.«[40]

In diesem Sinn war der Fragebogen schließlich aufgebaut. Auf fünf Seiten fragte Meisner seine Kollegen nach der Verwendung von Begriffen und möglichen Synonymen, die gegebenenfalls an der entsprechenden Stelle eingetragen werden sollten. Darüber hinaus bat er um begriffliche Erläuterungen. Der Fragebogen gliederte sich in insgesamt sechs Abschnitte mit etwas mehr als hundert Begriffen: 1. Archiv im Allgemeinen, 2. Archivalien (innerlich), 3. Archivalien (äußerlich), 4. archivalische Hilfsmittel, 5. Bestandsveränderungen, 6. Unterbringung der Archivalien, 7. Kanzlei- und Registraturbegriffe.

Der Fragebogen funktionierte ähnlich wie ein Formular. Seit der Frühen Neuzeit waren Formulare in der Verwaltung gebräuchlich. Sie entwickelten sich aus sogenannten *formulae*, die als standardisierte Elemente der Rechtssprache Verwaltungsabläufe abkürzten. Dabei kam ihnen eine doppelte Funktion zu: sie beschleunigten die Verfahren und halfen dabei, Einzelfälle auf allgemeine Richtlinien zu beziehen. Formulare und auch Fragebögen wandten dieses Prinzip an, indem sie vorgeschriebene Textpassagen, *formulae*, und Leerräume kombinierten.[41] Die Leerräume boten jenen Platz für die Empirie des Lokalen, der die einzelnen archivarischen Dialekte an eine Standardsprache koppelte. Solche Vordrucke erfreuten sich im Zeitalter rationeller Arbeitseffizienz und der Standardisierung von Verwaltungsabläufen gewisser Beliebtheit. Rundfragen zu veranstal-

---

**39** | Archiv der BBAW, Nl. Heinrich Otto Meisner, Schachtel 60, Brief Wilhelm Fürst an Heinrich Otto Meisner.

**40** | Ebd.; meine Hervorhebungen, M.W.

**41** | Zur Geschichte des Formulars vgl. Peter Becker: »Le charme discret du formulaire. De la communication entre administration et citoyen dans l'après-guerre«, in: Michael Werner (Hg.), Politiques et usages de la langue en Europe, Paris: Éditions de la Maison des sciences de l'homme 2007, S. 217-240.

ten, war nicht ungewöhnlich. Für die fachlichen Debatten von Archivaren waren sie aber ein neues Instrument der gemeinschaftlichen Kommunikation. Die Standardisierung der Archivberufssprache verlief, wie oben angedeutet, auf doppelte Weise: zum einen über Kommunikationstechniken und zum anderen über gemeinschaftliche Aushandlungsprozesse.

Das hauptsächliche Ergebnis der Rundfrage war die – teils explizite, meist aber implizite – Zustimmung zur Liste jener Begriffe, aus denen sich künftig die Archivsprache zusammensetzen sollte, sowie, eng damit verbunden, die Etablierung der ersten Elemente eines terminologischen Kanons. Das Formular hatte seine Aufgabe erfüllt, Verbindlichkeit für beide Seiten herzustellen. Eine Voraussetzung dafür war sicher, dass Fürst und Meisner eine Liste von Begriffen, Dingen und Praktiken deutscher Archive erstellt hatten, die ausreichend anschlussfähig war, um evident zu wirken. In diesem Aushandlungsprozess artikulierten sich nicht Auffassungsunterschiede, sondern es zeigte sich, dass die deutschen Archivare bei allen Unterschieden einen gemeinsamen Horizont teilten.

Das war auch Meisner klar, wenn er deutlich machte, es wäre an der Zeit, eine gemeinsame Verständigung über den deutschen Sprachgebrauch zu finden und nicht wie »die Franzosen durch Dekret die eine, unveränderliche Archivsprache zu verkünden«. Es durfte keine »theoretische Zwangsnormierung« geben. Gerade deshalb war die Ausarbeitung einer *deutschen* Archivterminologie für ihn nicht nur eine wissenschaftliche, sondern auch eine politische Frage. Dies nicht zuletzt, weil sich abzeichnete, dass über kurz oder lang internationale Verhandlungen über eine Terminologie beginnen würden, in denen Deutschland führend sein sollte.[42] Bereits 1910 hatte im Rahmen der Weltausstellung von Brüssel ein internationaler Kongress der Archivare stattgefunden. Delegierte aus vielen, vor allem europäischen Ländern einigten sich auf eine Konvention zur Erfassung, Ordnung, Verzeichnung von Archivmaterial: das Provenienzprinzip.[43] Mit ihm wurde der Herkunftszusammenhang gegenüber anderen Ordnungsmöglichkeiten bevorzugt. In Preußen wurde es in singulärer Weise interpretiert. Dort wurde der »Archivkörper« zum Ordnung ermöglichenden Bild eines organischen Ganzen.[44]

---

**42** | J.L. Harvey: The Common Adventure of Mankind.

**43** | Lawrence D. Geller: »Joseph Cuvelier, Belgian Archival Education and the First International Congress of Archivists, Brussels, 1910«, in: *Archivaria* 16 (1983), S. 26-34.

**44** | Brüssel, nebenbei bemerkt, war jene Stadt, in der Paul Otlet und Henri La Fontaine 1895 sozusagen aus bibliothekarischer oder dokumentarischer Sicht beschlossen hatten, ein Repertorium des Weltwissens zu erstellen, das Répertoire Bibliographique Universel. Mit dieser Dokumentation wurde ein konkurrierendes, an Aktualität orientiertes Prinzip der Organisation von institutionellen Gedächtnissen populär, das die Archive vielfältig herausforderte. Vgl. zur Verwaltungsgeschichte der Dokumentation: Monika Dommann: »Dokumentieren: die Arbeit am institutionellen Gedächtnis in Wissenschaft, Wirtschaft und Ver-

Die Debatte um eine archivarische Berufssprache war von der Gemeinschaft der Archivare, die sie gebrauchen, nicht zu trennen und so führte das Reden über die gemeinsame Sprache zurück in die Gemeinschaft der Sprecher:»Was als Ziel gelten muß, ist die *freiwillige Einigung* zunächst auf bestimmte Grundbezeichnungen, deren Anerkennung im allgemeinen deutschen archivarischen Sprachbezirk es keineswegs ausschließt, für den engeren Kreis gewisse lokale Eigentümlichkeiten beizubehalten.« Am Beispiel der ersten beiden von vier Thesen Meisners zur Archivberufssprache, die Meisner 1929 am Archivtag vorgetragen hatte, lässt sich das Auftauchen und die Karriere eines Begriffs andeuten, der vorübergehend zu einem zentralen Begriff, vermutlich sogar zu einer absoluten Metapher[45] in der Welt der Archive werden sollte.

## LEERSTELLEN UND »ARCHIVKÖRPER«

Ebenso wichtig wie die Liste der Synonyme war, dass viele der aufgeführten Begriffe nicht verwendet wurden und daher gestrichen werden konnten. Das erinnert an Meisners eingangs zitierte Beobachtung, die weißen Flecken seien ebenso bedeutsam wie die kartierten Begriffe. Einer der auf dem Rundfragebogen häufig gestrichenen Begriffe war »Archivkörper«, der trotzdem gewisse Prominenz erfahren sollte. Heute ist er in der deutschen Archivsprache kaum mehr gebräuchlich. Er lässt sich weder in den *Schlüsselbegriffen der Archivterminologie* noch im Entwurf der deutschen Liste der Projektgruppe für Terminologie des *International Council on Archives* nachweisen.[46] Dem definierten Gegenstand entsprach die Formulierung »abgeschlossener Bestand«, ohne dass damit auch nur ansatzweise jene Konnotationen mit aufgerufen würden, die der Begriff »Archivkörper« zweifellos bekommen konnte. Am nächsten war ihm das französische *fonds*, das Meisner auch als Synonym für Archivkörper angab.[47] In anderen Sprachen, etwa der englischen Archivterminologie hat die Formulierung »(*archival*) *body*« eine wichtige Stellung, wenngleich das englische *body* – zumal in diesem Zusammenhang – nur eine ungenaue

waltung (1895-1945)«, in: Jahrbuch für Europäische Verwaltungsgeschichte 20 (2008), S. 277-299.

**45** | Vgl. zum Konzept der absoluten Metapher als Teil einer Metaphorologie Hans Blumenberg: Paradigmen zu einer Metaphorologie, Bonn: Bouvier 1960.

**46** | Vgl. die entsprechende Liste auf der Homepage von Menne-Haritz: www.staff.uni-marburg.de/~mennehar/datiii/germanterms.htm vom 31.10.2008.

**47** | Zu den unterschiedlichen Konzepten in Deutschland und Frankreich vgl. Wolfgang Hans Stein:»Thesen zur Logik der Archive«, in: Michel Espagne u.a. (Hg.), Archiv und Gedächtnis: Studien zur interkulturellen Überlieferung, Leipzig: Leipziger Universitätsverlag 2000, S. 58-62; sowie auch Eckhart G. Franz:»Aktenverwaltung und Zwischenarchiv in Frankreich«, in: Der Archivar 24 (1971), Sp. 275-288.

Übersetzung für den deutschen Begriff des Körpers bietet. »Archivkörper« war eine häufig auftauchende Wendung, nicht aber ein feststehender Begriff.[48] Was mit dieser Formulierung sicherlich betont werden sollte, war die Integrität von Behördenschriftgut, wie sie durch das Provenienzprinzip festgelegt worden war.

Die erste These zur Berufssprache regelte, was überhaupt unter Archiv zu verstehen sei. Das galt sowohl für den vorläufigen Entwurf Meisners wie für spätere Versionen nach der ersten Debatte auf dem Archivtag 1929 sowie für eine überarbeitete Fassung, die 1934 in der *Archivalischen Zeitschrift* abgedruckt wurde. Diese Frage hatte eine bemerkenswerte Tradition. Kaum eine theoretische Abhandlung der Archivwissenschaft und keine der Geschichten des Archivwesens übergingen dieses Problem.

Das Wort Archiv konnte in drei Bedeutungen vorkommen: Es konnte sich dabei erstens um ein Archivgebäude handeln; zweitens um das Magazin, also den Ort, in dem Archivalien gelagert waren, das verstand Meisner als Archiv »im engeren Sinn«. Ein Archiv im »engsten Sinn« hingegen ergaben, drittens, jene Papierberge im Magazin, die ehemals »selbständige ›Archive‹« waren. Es waren also »Archive im Archiv«, die ein Archiv im innersten konstituierten.[49]

Die zweite These schloss direkt an diese sprachliche Differenzierung an und unterschied erneut zwischen den Archiven im Archiv. Denn das Archiv im engeren Sinn konnte nur aus einem Archiv, aber auch aus mehr als einem Archiv im engsten Sinn bestehen. Sprachlich vollzog Meisner diese Differenzierung nach und unterschied »Einheitsarchive« und »zusammengesetzte (Vielheits-)Archive«. »Vom Archivar geformte Archivteile heißen Archiv-›Bestände‹, organisch gewachsene oder als solche durch den Archivar nur wiederhergestellte Archivteile heißen ›Archivkörper‹ (Fonds)«.[50]

»Archivkörper« – hier tauchte der Begriff an zentraler Stelle auf und das, obwohl nahezu alle Kollegen ihn *nicht* als gebräuchlich angegeben hatten. Eine der wenigen Rückmeldungen in den Fragebögen zum gefragten Begriff kam aus dem Staatsarchiv Hannover. Ihr Autor war Adolf Brenneke, dessen archivwissenschaftliche Vorlesungen nur wenige Jahre später ungemein prominent werden sollten. Er schrieb an Meisner: »Archivkörper ist m.E. ein umfassenderer Begriff als Fonds, da ein Archivkörper mehrere Fonds umschließen kann. Er nähert sich hierdurch dem Begriff ›Archivabteilung‹«. Er unterscheide sich allerdings von »Be-

---

**48** | Vgl. www.staff.uni-marburg.de/~mennehar/datiii/engterm.html; www.archi vists. org/glossary/vom 31.10.2008.

**49** | Heinrich Otto Meisner: »Elemente der archivarischen Berufssprache«, in: Archivalische Zeitschrift 39 (1930), S. 260-273, hier: S. 261.

**50** | Vgl. ebd.

stand«, der ganz allgemein alles bezeichnen könnte, was in einem Archiv liegt. Ein »Archivkörper« konnte eben auch ein Bestand sein.[51] Eine zweite Antwort kam aus dem Haus-, Hof- und Staatsarchiv in Wien. Dort war man in der Lage, eine fein säuberlich mit Maschine getippte Definition zu liefern. Das widerspricht Walter Goldingers Behauptung, das österreichische Archivwesen hätte sich in einem vorbegrifflichen, wenn nicht vortheoretischen Zustand befunden.[52] Im Antwortschreiben der Wiener Kollegen wird »Archivkörper« definiert als die

»Gesamtheit aller Schriftbestände, die aus der schriftl. Tätigkeit und dem schriftl. Verkehr einer physischen oder juristischen Person organisch [von Meisner grün markiert] erwachsen sind und bestimmungsgemäss bei dieser verbleiben sollen«.[53]

Sie schlossen sich damit der Argumentation an, die der Direktor des Haus-, Hof- und Staatsarchivs, Ludwig Bittner, in seinem Aufsatz über die Folgen des Ersten Weltkriegs für das Archivwesen vertreten hatte und die für Meisners Argumentation eine zentrale Referenz geworden war:

»Man unterscheidet zwischen Archiv im engeren Sinne oder Archivkörper (der Gesamtheit aller Schriftbestände, die aus der schriftlichen Tätigkeit und dem schriftlichen Verkehr einer physischen oder juristischen Person organisch erwachsen sind, soweit sie bestimmungsgemäß bei dieser verbleiben sollten), und Archiven im weiteren Sinne oder Archivanstalten, in denen ein oder mehrere solcher Archivkörper verwahrt und verwaltet werden.«[54]

Wiener und Berliner Archivare waren seit einigen Jahren in regem Austausch gestanden. Im September 1924 hatten Berliner Beamte umfangreiche Archivaliendiebstähle entdeckt.[55] Seitdem standen das Hausarchiv

---

**51** | Archiv der BBAW, Nl. Heinrich Otto Meisner, Schachtel 60, fol. 45f.; Schreiben des Staatsarchivs Hannover (Adolf Brenneke) an Heinrich Otto Meisner vom 18. Juli 1929; Hervorhebung im Original.

**52** | Walter Goldinger: »Archivterminologie in österreichischer Sicht«, in: Der Archivar 10 (1957) 1, Sp. 51-52; ders.: »Fragen der Archivterminologie in österreichischer Sicht«, in: Archivalische Zeitschrift 55 (1959), S. 128-146.

**53** | Archiv der Berlin-Brandenburgischen Akademie der Wissenschaften, Nl. Heinrich Otto Meisner, Schachtel 60, fol. 89-90, Schreiben des HHStA Wien an Heinrich Otto Meisner vom 10. Juli 1929.

**54** | Ludwig Bittner: »Das Wiener Haus-, Hof- und Staatsarchiv in der Nachkriegszeit«, in: Archivalische Zeitschrift 35 (1925), S. 141-203, hier: S. 147; meine Hervorhebungen, M.W.

**55** | Vgl. dazu umfassend die Dissertation des Verfassers: Mario Wimmer, Archivkörper. Eine Kultur- und Wissenschaftsgeschichte des historischen Denkens. Deutschland und Österreich 1881-1941, Phil. Diss.: Universität Bielefeld 2010; Vgl. weiters Heinrich Otto Meisner: »Die Archivdiebstähle Haucks. Tatsachen und

in Charlottenburg und dessen Archivar Heinrich Otto Meisner in Kontakt mit dem Wiener Haus-, Hof- und Staatsarchiv, um die Diebstähle bei der Polizei zur Anzeige zu bringen und die Entwendung der Stücke aus den jeweiligen Archiven nachzuweisen. Was wie eine Fingerübung archivarischer Tätigkeit aussehen mochte, nämlich nachzuweisen, dass einzelne Archivalien tatsächlich in das jeweilige Archiv gehörten, stellte sich als unerwartet aufwendige, monatelange Prozedur heraus, in deren Verlauf sich die Kollegen in Wien und Berlin beständig über archivwissenschaftliche wie -technische Praktiken und Prinzipien auszutauschen hatten. Eines der entscheidenden Probleme war, wie im Detail das alles bestimmende Provenienzprinzip konkret und Stück für Stück anzuwenden war, um dadurch die Diebstähle überhaupt erst belegen zu können.

Das Provenienzprinzip strukturierte maßgeblich die Ordnung der Archive und damit auch der Begriffe in der Debatte um eine gemeinsame Berufssprache. Es beschrieb in der preußischen Auffassung die »organische Einheit« des Archivkörpers. Seit 1881 war es durch Anordnung Heinrich von Sybels zum verbindlichen Regulativ für die Ordnungsarbeiten im Preußischen Geheimen Staatsarchiv geworden. Im Paragraph 2 hieß es dort: »Die Aufstellung des Geheimen Staatsarchivs erfolgt nach der Provenienz seiner Bestände.«[56] Es ist hier nicht der Ort, um eine Geschichte des Provenienzprinzips auch nur anzudeuten.[57] Wichtig für den Zusammenhang der Debatte ist die Bedeutung und Geltung, die dem Provenienzprinzip zu jener Zeit zukam. Es wurde, wie von Meisner mehrfach erwähnt, vom französischen »*respect des fonds*« hergeleitet, »d.h. die äußere Gliederung eines staatlichen Archivs ist durch die Sonderung der verschiedenen Behördenarchive (Fonds) gegeben«.[58] Was sich in der preußischen Interpretation des Fondsprinzips mit einschrieb, war die Unantastbarkeit des überlieferten Zustandes eines »Archivkörpers«. Nach den neuen Grundsätzen des Geheimen Staatsarchivs durfte – im

Folgerungen«, in: Archivalische Zeitschrift 36 (1926), S. 178-187; am Rand sind die Diebstähle auch erwähnt in Michael Hochedlinger/Thomas Just: »›Diese Diebstähle sind einzig in der Geschichte aller Archive der Welt‹. Die Affäre Grill 1951-1953«, in: Mitteilungen des Instituts für Österreichische Geschichtsforschung 113 (2005), S. 362-388.

**56** | Gedruckt in den Mitteilungen der K. Preußischen Archivverwaltung, 10 (1908), S. 16.

**57** | Zum aktuellen Stand der internationalen archivwissenschaftlichen Debatten um das Provenienzprinzip vgl. Shelley Sweeney: »The Ambiguous Origins of the Archival Principle of ›Provenance‹«, in: Libraries & the Cultural Record 43 (2008), S. 193-213; sowie den Standard *International Standard Archival Authority Record for Corporate Bodies, Persons, and Families* des internationalen Archivrates.

**58** | Johannes Schultze: »Gedanken zum Provenienzprinzip«, in: Hans Beschorner (Hg.), Archivstudien. Festschrift W. Lippert, Dresden: Wilhelm und Bertha v. Baensch Stiftung 1931, S. 225-237, hier: S. 226.

wörtlichen Sinn – kein von einer Behörde oder aus einem Nachlass »geheftet übernommenes oder von Alters her geheftetes Faszikel ... *zerschnitten* werden«[59]. Der »provenienzmäßige Zustand wurde als verbindlich erklärt und damit das freie Schalten des Archivars mit dem Bestande einer Registratur eingeengt oder aufgehoben«.[60] Das Provenienzprinzip wurde als sogenanntes Registraturprinzip strenger definiert.

Die Vorstellung eines organischen Zusammenhangs der Archive mit Verwaltungsbehörden ließ sich weiter zurückdatieren, was Meisner überraschenderweise nicht tat. Bereits knapp mehr als hundert Jahre zuvor war diese Vorstellung in der archivwissenschaftlichen Diskussion erstmals aufgetaucht (sieht man von fünf Jahrzehnte früheren archivtechnischen Vorschlägen zur Ordnung in der Art des Provenienz- oder Registraturprinzips[61] ab). Das Archiv war für den Archivtheoretiker Friedrich Ludwig von Medem ein »Spiegel des Staates in allen seinen Beziehungen und Lebens-Äußerungen«.[62]

»Unter ›Archivkörper‹«, so Meisner, im Anschluss an Bittner und in Fortführung der preußischen Instruktion zur Ordnung der Archive, »verstehen wir die organische Einheit (Körper!)[63] im Sinne archivalischer Provenienz«. In diesem Satz wurden mehrere Begriffe nahezu synonym verwendet.

Der »Archivkörper« war offensichtlich »lebendig« und »warm«; zugleich war er aber ins archivische Jenseits überführt worden und von daher »tot«. Denn nur ein »toter« Körper konnte seziert werden. Mit dem Begriff »Archivkörper« konnte jener ontologische Charakter des archivischen Wesens beschrieben werden, der mit dem Wort Bestand nicht ausreichend deutlich wurde, denn letzterem fehlte »die innere Bindung im Sinne der Provenienz«, er beschrieb »rein sprachlich« nicht, was für Meisner entscheidend war. An einem »Archivkörper« konnte und durfte man nämlich nicht »herumsezieren«. Es musste einen begrifflichen Unterschied geben zwischen jenen Archiven, die »organisch erwachsen« waren, und jenen, »die ihre Existenz erst der ordnenden Hand des Archivars« verdankten. Die Bestände sollten anhand des Materials und nicht durch den Archivar geordnet werden; durch ihn drohte die Gefahr, unzulässig in die überlieferte Ordnung einzugreifen. Das konnte einem »Sezieren, einem Zerreißen alter Zusammenhänge« gleichkommen, die den »Archivkörper« entstellten.[64]

**59** | Regulativ für die Ordnungsarbeiten, § 12; meine Hervorhebung, M.W.

**60** | J. Schultze: Provenienzprinzip, S. 226.

**61** | Philipp Ernst Spieß: Von Archiven, Halle: Gebauer 1777: dort hieß es, »[...] daß der beste Plan derjenige ist, den die Urkunden selbst an die Hand geben«.

**62** | Friedrich Ludwig von Medem: »Über den organischen Zusammenhang der Archive mit den Verwaltungsbehörden«, in: Zeitschrift für Archivkunde, Diplomatik und Geschichte 2 (1835), S. 1-28, hier S. 6.

**63** | Klammerausdruck im Original.

**64** | Alle vorstehenden Zitate H. O. Meisner: Berufssprache, S. 262.

Meisner sprach sich im Sinn sprachlicher Präzision dafür aus, mit jedem Wort »nur einen einzigen Sinn zu verknüpfen«. Dementsprechend schlug er vor, »künstlich geformte« und »organisch erwachsene« Archivabteilungen zu unterscheiden, im ersten Fall sollten sie »Bestand«, im zweiten eben »Archivkörper« heißen.[65] In diesem Argument zeigte sich noch einmal das Verlangen nach möglichst großer Effizienz der Berufssprache, die – jedenfalls in ihren Anfängen – nicht ohne einen »pittoresken« Überschuss[66] auskam.

Ein »Archivkörper« war zunächst für Meisner nichts anderes als eine »Registratur«. Es handelte sich eigentlich um »völlige Synonyma«. Und doch waren sie unterscheidbar und sollten entgegen des Prinzips der Effizienz eben doch mit zwei unterschiedlichen Namen belegt werden. Der »Archivkörper« und die »Registratur« befanden sich in unterschiedlichen epistemischen Umgebungen oder – um es mit Meisners Worten zu sagen – »in zwei verschiedenen Welten«: einmal die Welt der Behörde, das andere Mal die des Archivs. Auch wenn er auf einen gemeinsamen »*Character indelebilis*«, nämlich die »organische Einheit«, beider Dinge bestand, gab es eine Möglichkeit ihrer Unterscheidbarkeit, nämlich Zeit. »Die organische Einheit der ›Registratur‹ wird *nach ihrer Überführung* in das Archiv zum Archivkörper oder Fonds.«[67] Diese Überführung war eine *doppelte* Übertragung, durch die eine paradoxe Struktur entstand, die genau jenen Charakter der Debatte ausmachte, die ich als kalte Sprache des Lebendigen bezeichne. Meisner beschreibt diese Paradoxie selbst ohne sie als solche zu erkennen:

> »Weil und insofern man den Terminus Registratur auf die lebende Akteneinheit einer Behörde anwendet, hat das besondere Wort *Archivkörper* für dieselbe Einheit, nachdem sie gleichsam abgestorben und ins archivalische Jenseits überführt worden ist, Sinn und Berechtigung.«[68]

In dem Moment, in dem der »lebendige«, »warme« Organismus einer Behörde abstirbt und ins Archiv gelangt, endet zwar sein Leben, im archivalischen Jenseits wird er aber durch die historisierende Hinsicht des Archivars und die Lektüre des Historikers zu neuem »Leben« erweckt, die ganz positivistisch nichts anderes will als das »Leben« des Archivkörpers als »lebendigen« Organismus einer Behörde festzuschreiben. Der Staat findet darin zu sich selbst und zu seiner Geschichte. Der Historiker Ernst Troeltsch hatte diese Logik in seinem Rückblick auf den Ersten Weltkrieg im Bild eines Antagonismus zwischen Deutschland und Frankreich

---

**65** | Ebenda, S. 263.

**66** | Vgl. dazu Gaston Bachelard: Die Bildung des wissenschaftlichen Geistes. Beitrag zu einer Psychoanalyse der objektiven Erkenntnis, Frankfurt a.M.: Suhrkamp, 1978, S. 67.

**67** | H.O. Meisner: Berufssprache, S. 263; meine Hervorhebung, M.W.

**68** | Ebenda, S. 263.

beschrieben. Das politische Wesen der Deutschen sei von romantischen Vorstellungen durchdrungen gewesen, die dem »kahlen Rationalismus und egalitären Atomismus« Frankreichs ein organisches Ideal des »Gemeingeistes« entgegengesetzt hätten.

## POLITISIERUNG

Meisners vorläufig resümierender Text über die *Archivarische Berufssprache* erschien 1934, ein Jahr nach der nationalsozialistischen Machtergreifung und kurz nachdem der *Deutsche Archivtag* mit dem mehrdeutigen Hinweis eröffnet worden war, dass der Archivar »heutzutage eine Fülle von Aufgaben zu bewältigen« hätte. Konkret argumentierte der damalige Direktor der preußischen Archivverwaltung, Albert Brackmann, dass der Archivar

»stärker in das praktische Leben hineingezogen ist oder werden wird, und daß er auch von der Problematik der heutigen Wissenschaft nicht unberührt geblieben ist. Die Zeiten sind vorbei, in denen der Archivar sich darauf beschränken konnte, sein Archiv in Ordnung zu halten und die weitere Entwicklung wird ihn voraussichtlich in steigendem Maße in die Welt hineinziehen.«[69]

Wie diese Politisierung der Archive und der Archivwissenschaft zu verstehen war, kann ich hier nur exemplarisch deutlich machen. In einer Konferenz am 15. Juli des folgenden Jahres stellte Brackmann als neuer Direktor der preußischen Archivverwaltung das »Ostprogramm« für das Archivwesen vor, das etwa die »Abwehrarbeit« gegen Polen organisieren sollte. 1939 legte er im Auftrag der SS eine Broschüre mit dem Titel *Krisis und Aufbau in Osteuropa* vor, die den deutschen »Anspruch« auf polnische Gebiete historisch belegen sollte.[70]

---

**69** | Albert Brackmann: »Das Institut für Archivwissenschaft und archivwissenschaftliche Fortbildung im Geheimen Staatsarchiv in Berlin-Dahlem. Vortrag gehalten auf dem XXII. Archivtag zu Linz a.D. am 15. September 1930«, in: Archivalische Zeitschrift 40 (1931), S. 1-16, hier: S. 1.

**70** | Albert Brackmann: Krisis und Aufbau in Osteuropa. Ein weltgeschichtliches Bild, Berlin-Dahlem: Stiftung Ahnenerbe 1939. Vgl. hierzu Michael Burleigh: »Albert Brackmann (1871-1952) Ostforscher: The Years of Retirement«, in: Journal of Contemporary History 23 (1988), S. 573-588, hier S. 579. Zu Brackmann insgesamt vor allem Torsten Musial: Staatsarchive im Dritten Reich. Zur Geschichte des staatlichen Archivwesens in Deutschland 1933-1945, Potsdam: Verlag für Berlin-Brandenburg 1996; zusammenfassend den Eintrag zu Brackmann von Jörg Wollhaf in: Michael Fahlbusch/Ingo Haar (Hg.), Handbuch der völkischen Wissenschaften: Personen - Institutionen - Forschungsprogramme - Stiftungen, Bd. 1, München: K.G. Saur 2008, S. 76-81.

Brackmann hatte bereits 1933 als Generaldirektor der preußischen Archivverwaltung eine Verfügung erlassen, mit der die ersten sechs Thesen zur Berufssprache in die preußische Verwaltung eingeführt wurden. Sie revidierten einige der Überlegungen bei Meisner unter anderem zum »Archivkörper«. Johannes Papritz zufolge, der seit 1929 mit dem Aufbau eines Archivs für die Provinz Grenzmark Posen-Westpreußen beschäftigt war, sind in diese Verfügung Überlegungen von Brenneke eingegangen. Meisner nahm in seinem abschließenden Bericht in der *Archivalischen Zeitschrift* darauf Bezug. In der Verfügung hieß es:

»Zu den künstlich geschaffenen Archivabteilungen werden [...] alle Abteilungen gerechnet, bei deren Bildung das Provenienzprinzip nicht bewußt zugrunde gelegt wurde.«[71]

Die Verfügung unterschied zwei Formen der Ordnung von Archiven: erstens die Bildung von Archivabteilungen »auf der Grundlage objektiver Gegebenheiten im praktisch-induktiven Verfahren«, das entsprach in etwa dem Konzept des »Archivkörpers«; zweitens Archivabteilungen »nach deduktiv gewonnenen Gesichtspunkten«. In diese »künstlich geschaffenen« Archivabteilungen wurden auch Sammlungen gerechnet. Diese wurden als Restklasse behandelt, sie bestimmten keinesfalls den Kern des Archivs, es kam ihnen nur »akzessorische«[72] Bedeutung zu. Brenneke bemühte sich um eine weiterführende begriffliche Klärung, indem er versuchte, die Thesen zur Archivberufssprache mit seiner Theorie abzugleichen. »Das ist«, wie Papritz bemerkt, »nicht gelungen.«[73] Meisner hat in seinem abschließenden Aufsatz die Brennekeschen Ergänzungen wenigstens zum Teil zu berücksichtigen versucht, ohne zu der gewandelten Betrachtungsweise explizit Stellung zu nehmen.

In seinen Vorlesungen am *Institut für Archivwissenschaft und geschichtliche Fortbildung* in Berlin-Dahlem führte Brenneke diese Überlegungen weiter. Überliefert sind die Vorlesungen Ende der dreißiger Jahre, in denen sich die Politisierung der Archivwissenschaft bis in die Einzelheiten archivarischer Praktiken konkretisiert hatte. Im Brenneke-Leesch finden sich Bemerkungen zur Terminologie an zahlreichen Orten; häufig sind sie sehr wahrscheinlich dem Editor der Vorlesungen, Leesch, zu verdanken. Die Korrespondenz mit Meisner zur Edition kreuzt sich mit jener zur Archivterminologie. Es ließe sich vermutlich zeigen, dass die Terminologiedebatte nach 1945 ihren Entstehungszusammenhang zu einem Teil in der Edition der *Archivkunde* hatte; zahlreiche Briefe im Nachlass Meisners belegen die enge Zusammenarbeit zwischen den beiden.

---

71 | Zitiert nach H.O. Meisner: Berufssprache, S. 262.

72 | Ebenda, S. 263.

73 | Johannes Papritz: Archivwissenschaft, Bd. 1, Marburg: Archivschule Marburg 1986, S. 36.

Erhalten ist schließlich ein weiterer Beitrag zur Archivterminologie von Brenneke. Es handelt sich um 15 – geplant waren 18 – Artikel für ein Wörterbuch der Archivkunde, das noch während des Nationalsozialismus konzipiert worden war und auch in der Bibliografie seiner Festschrift aufgeführt ist. Der Entwurf für die 15 fertig gestellten Artikel kursierte als Typoskript, das »nur für den Dienstgebrauch« verwendet werden durfte, das Zitieren in der Literatur war als »unzulässig« verboten.[74] Dabei handelte es sich um die niedrigste Geheimhaltungsstufe innerhalb der deutschen Bürokratie, die den Text jedem Mitarbeiter einer Behörde im Rahmen seiner Dienstgeschäfte zugänglich machte.[75]

Brenneke hatte sich in seinen Vorlesungen deutlich gegen ein aus seiner Sicht organizistisches Verständnis des Archivs und damit explizit gegen die *Handleiding* der niederländischen Archivare Samuel Muller, Johan Feith und Robert Fruin ausgesprochen. Die Niederländer würden zu sehr der Logik der Verwaltung trauen und der Geschichte und damit dem Archivar nicht ausreichend Bedeutung zumessen. Brenneke führte diese Überlegungen in die poetologische Welt der Geschichte. Der Archivar konnte, wenn er wollte, zum Künstler werden: »So wird die Tätigkeit des Archivars [...] zu einer schöpferischen Aufgabe; es gilt, mit künstlerischem Einfühlungsvermögen dem Bestande die geheimen Gesetze seines Werdens und Wachsens abzulauschen und in den Formen zum Ausdruck zu bringen.«[76] Zusammen genommen ergibt das eine Verschiebung des archivarischen Selbstverständnisses von der rechtsförmigen Verwaltung des Bestehenden hin zu einem geschichtspolitischen Denken des Augenblicks, oder in den Worten Brennekes:

»die Gliederung des Staatsarchivs oder des Stadtarchivs wird jetzt zum Ausdruck des Aufbaus und der Geschichte des Staates oder des städtischen Gemeinwesens mit allen ihren Einrichtungen«.[77]

Das sogenannte »freie« Provenienzprinzip war in seinem Verständnis der einzige Weg, gerade »wenn die Quellen sehr zerstreut«[78] waren. Nach 1933 erlaubte die Freiheit des Provenienzprinzips mehr als einmal die Archivwissenschaft als Politik mit anderen Mitteln fortzuführen, wie die Raubzüge deutscher Archivare im Osten deutlich machen. In dieser Hinsicht ist Wolfgang Ernsts Einschätzung zu widersprechen, dass die Tech-

---

**74** | Vgl. den entsprechenden Vermerk auf dem Vorsatzblatt des Typoskripts.

**75** | Vgl. in § 2 der Geheimschutzordnung des Deutschen Bundestages (Anlage 3 zur Geschäftsordnung des Bundestags) oder in § 4 des Sicherheitsüberprüfungsgesetzes (SÜG).

**76** | Adolf Brenneke/Wolfgang Leesch: Archivkunde. Ein Beitrag zur Theorie und Geschichte des europäischen Archivwesens, Berlin und Leipzig: Koehler & Amelang 1953, S. 86-87

**77** | A. Brenneke/W. Leesch: Archivkunde, S. 88.

**78** | Ebenda, S. 89.

niken und Methoden der Archivwissenschaft vom Nationalsozialismus nicht beeinflusst seien.[79]

## SCHLUSS

Der Versuch der Verwissenschaftlichung über die Definition einer gemeinsamen Sprache hatte Auswirkungen auf den Denkstil der Archivare. Die dabei entstandene *kalte Sprache des Lebendigen* bewegte sich zwischen »kalter«, technischer Bürokratie und »warmer«, lebendiger Geschichte. Die deutsche Debatte stand dabei in internationalen Zusammenhängen. Die Internationalisierung des Archivwesens war eine der Voraussetzungen dieser Debatte und hatte Auswirkungen auf Organisationsform, Sprachgebrauch und Kommunikationsformen der Archivare. Sie waren anfänglich im Rahmen des internationalen Historikerverbands organisiert, später aber auch als Teil des *Internationalen Komitees für intellektuelle Zusammenarbeit*. Internationale Organisationen waren in allen gesellschaftlichen Bereichen zu einer wichtigen Instanz der Standardisierung von Wissen geworden.[80] Die Standardisierung und Verrechtlichung hatte alle Lebensbereiche erfasst.

Bereits im letzten Drittel des 19. Jahrhunderts hatte sich eine Art »Weltgemeinschaft« begründet, die im letzten Viertel des 19. Jahrhunderts in internationalen Verträgen die Realisierung vormals noch utopischer Vorstellungen der Vereinheitlichung vorantrieben. Die Vertreter der deutschen Archivare sahen diese Internationalisierung als Bedingung, aber auch als Ressource zur Durchsetzung ihrer Vorstellungen und Interessen. Es ging ihnen nicht allein um internationale Verständigung. Unterhalb der Oberfläche ging es auch um Machtinteressen und mithin um revanchistische Politik gegen die Verträge von Versailles, die im Namen einer hegemonialen Geschichtsschreibung und dem Provenienzprinzip als deren objektiviertem Derivat durchgesetzt werden sollte.

Die deutsche Kommission für intellektuelle Zusammenarbeit hatte im Juli 1930 sehr wahrscheinlich auf Initiative von Brackmann und Meisner eine Denkschrift des Reichsarchivs und der preußischen Archivverwaltung verschickt, in der ein Zehn-Punkte-Programm für die internationale Koope-

---

**79** | Vgl. zuletzt Wolfgang Ernst in der Podiumsdiskussion, in: Robert Kretzschmar u.a. (Red.), Das deutsche Archivwesen und der Nationalsozialismus. 75. Deutscher Archivtag 2005 in Stuttgart, Tagungsdokumentationen zum Deutschen Archivtag, Essen: Klartext 2007, S. 486-513, hier: S. 491.

**80** | Vgl. zum Stand bis etwa 1930 Heinrich Otto Meisner:»Internationale Archivorganisationen«, in: Archivalische Zeitschrift 41 (1932), S. 282-289. Zu diesem Phänomen insgesamt: Miloš Vec: Recht und Normierung in der Industriellen Revolution. Neue Strukturen der Normsetzung in Völkerrecht, staatlicher Gesetzgebung und gesellschaftlicher Selbstnormierung, Frankfurt a.M.: Vittorio Klostermann 2006, S. 100.

ration vorgeschlagen wurde. Begleitet wurde sie von dem Versuch, im internationalen Archivwesen die deutsche gegen die französische und polnische Position durchzusetzen. Im Vergleich zur Archivarsausbildung, wo bereits in den zwanziger Jahren Polnisch unterrichtet wurde, um den Kampf um die Akten im Osten vorzubereiten, wurde die internationale Debatte trotz allem relativ verbindlich und auf Verständigung orientiert geführt.

Die deutschen Archivare schlugen die Sammlung von Antiquariatskatalogen, Berichte über Archivalienversteigerungen sowie von Archivalienschutzgesetzen vor, genauso forderten sie den Aufbau einer universalen Bibliothek mit Archivliteratur und archivalischen Zeitschriften, sie kümmerten sich um die Sicherheit der Archivalien und Archivbauten, um Konservierung, Inventarisierung und internationale Ausstellungen etc. Ein eigener Punkt galt einer künftigen einheitlichen archivarischen Terminologie. Die Denkschrift war der Versuch der deutschen Kommission ihre Stellung zu stärken und Themen zu lancieren. Meisner, der Deutschland beim Internationalen Archivausschuss vertrat, verstand dies zunächst als Hinweis auf die grundlegende Verschiedenheit der archivalischen Terminologie in den einzelnen Staaten. Die Methoden der deutschsprachigen Debatte wurden auf internationale Ebene gehoben und kaum weiter modifiziert.

Nach den hier beschriebenen Anfängen nahm die Berufssprache der Archivare zunehmend den Charakter einer internationalen »Welthilfssprache«[81] an. Meisner verglich die internationale Archivterminologie mit der bekanntesten Plansprache: Ziel sei ein »archivarische(s) Esperanto, das die sofortige Verständigung« gewährleisten sollte. Jahrelange Debatten ließen seinen Optimismus, eine gemeinsame Standardsprache zu schaffen, verfrüht erscheinen. Was sie hingegen zeigten, war, dass die »weißen Flecken« auf der Landkarte der Archivsprachen vor allem die Unterschiede der nebeneinander bestehenden Sprachgebräuche sichtbar machen konnten; den unterschiedlichen »Entwicklungsstand«, wie Meisner sich ausdrückte, der verschiedenen Nationen.

## LITERATUR

Eine nahezu vollständige internationale Bibliografie zur Geschichte der Archivterminologie hat die Archivschule Marburg veröffentlicht:
www.archivschule.de/content/331.html
www.staff.uni-marburg.de/~mennehar/datiii/engterm.html
www.archivists.org/glossary/
www.ica.org/en/standards
www.staff.uni-marburg.de/~mennehar/datiii/germanterms.htm

---

**81** | Vgl. dazu u.a. Markus Krajewski: Restlosigkeit. Weltprojekte um 1900, Frankfurt a.M.: Fischer Taschenbuch Verlag 2006.

Asendorf, Christoph: Batterien der Lebenskraft. Zur Geschichte der Dinge und ihrer Wahrnehmung im 19. Jahrhundert, Gießen: Anabas-Verlag 1984.

Assmann, Jan: Das kulturelle Gedächtnis: Schrift, Erinnerung und politische Identität in den frühen Hochkulturen, München: C.H. Beck 1992.

Bachelard, Gaston: Die Bildung des wissenschaftlichen Geistes. Beitrag zu einer Psychoanalyse der objektiven Erkenntnis, Frankfurt a.M.: Suhrkamp 1978.

Becker, Peter:»Le charme discret du formulaire. De la communication entre administration et citoyen dans l'après-guerre«, in: Michael Werner (Hg.), Politiques et usages de la langue en Europe, Paris: Éditions de la Maison des sciences de l'homme 2007, S. 217-240.

Beniger, James R.: The Control Revolution. Technological and Economic Origins of the Information Society, Cambridge, MA: Harvard University Press 1986.

Bericht vom 23. Deutschen Archivtag in Stuttgart vom 11.-13.September 1932, in: Korrespondenzblatt des Gesamtvereins der Geschichts- und Alterthumsvereine 80 (1932), Sp. 138-177.

Berger, Frank u.a.: Carl Weyprecht (1838-1881): Seeheld, Polarforscher, Geophysiker. Wissenschaftlicher und privater Briefwechsel des österreichischen Marineoffiziers zur Begründung der internationalen Polarforschung, Wien: Verlag der Österreichischen Akademie der Wissenschaften 2008.

Bittner, Ludwig:»Das Wiener Haus-, Hof- und Staatsarchiv in der Nachkriegszeit«, in: Archivalische Zeitschrift 35 (1925), S. 141-203.

Bloch, Ernst: Erbschaft dieser Zeit, Zürich: Oprecht & Helbling 1935.

Blumenberg, Hans: Paradigmen zu einer Metaphorologie, Bonn: Bouvier 1960.

Bodi, Leslie:»Sprachregelung als Kulturgeschichte. Sonnenfels: Über den Geschäftsstil (1784) und Ausbildung der österreichischen Mentalität«, in: Gotthart Wunberg/Dieter A. Binder (Hg.), Pluralität: Eine interdisziplinäre Annäherung. Festschrift für Moritz Csáky, Wien u.a.: Böhlau 1996, S. 122-135.

Brackmann, Albert: Krisis und Aufbau in Osteuropa. Ein weltgeschichtliches Bild, Berlin–Dahlem: Stiftung Ahnenerbe 1939.

Brackmann, Albert:»Das Institut für Archivwissenschaft und archivwissenschaftliche Fortbildung im Geheimen Staatsarchiv in Berlin-Dahlem. Vortrag gehalten auf dem XXII. Archivtag zu Linz a.D. am 15. September 1930«, in: Archivalische Zeitschrift 40 (1931), S. 1-16.

Brecht, Arnold: Aus nächster Nähe. Lebenserinnerungen 1884-1927, Stuttgart: Deutsche Verlagsanstalt 1966.

Brecht, Arnold: Die Geschäftsordnung der Reichsministerien. Ihre staatsrechtliche und geschäftstechnische Bedeutung. Zugleich ein Lehrbuch der Büroreform, Berlin: Carl Heymann 1927.

Brenneke, Adolf/Leesch, Wolfgang: Archivkunde. Ein Beitrag zur Theorie und Geschichte des europäischen Archivwesens, Berlin und Leipzig: Koehler & Amelang 1953.

Burleigh, Michael:»Albert Brackmann (1871-1952) Ostforscher: The Years of Retirement«, in: Journal of Contemporary History 23 (1988), S. 573-588.

Daston, Lorraine:»Scientific Objectivity with and without Words«, in: Peter Becker/William Clark (Hg.), Little Tools of Knowledge. Historical Essays on Academic and Bureaucratic Practices, Ann Arbor/Michigan: University of Michigan Press 2001, S. 259-284.

Dommann, Monika:»Dokumentieren. Die Arbeit am institutionellen Gedächtnis in Wissenschaft, Wirtschaft und Verwaltung (1895-1945)«, in: Jahrbuch für Europäische Verwaltungsgeschichte 20 (2008), S. 277-299.

Dryden, Jean:»A Tower of Babel: Standardizing Archival Terminology«, in: Archival Science 5 (2005) 1, S. 1-16.

Ernst, Wolfgang:»Nicht Organismus und Geist, sondern Organisation und Apparat. Plädoyer für archiv- und bibliothekswissenschaftliche Aufklärung über Gedächtnistechniken«, in: Sichtungen 2 (1999), S. 129-139.

Fleck, Ludwik: Entstehung und Entwicklung einer wissenschaftlichen Tatsache. Einführung in die Lehre vom Denkstil und Denkkollektiv. Mit einer Einleitung hg. v. Lothar Schäfer u. Thomas Schnelle, Frankfurt a.M.: Suhrkamp 1999.

Franz, Eckhart G.:»Aktenverwaltung und Zwischenarchiv in Frankreich«, in: Der Archivar 24 (1971), Sp. 275-288.

Galison, Peter/Daston, Lorraine:»The Image of Objectivity«, in: Representations 40 (1992), S. 81-128.

Geller, Lawrence D.:»Joseph Cuvelier, Belgian Archival Education and the First International Congress of Archivists, Brussels, 1910«, in: Archivaria 16 (1983), S. 26-34.

Goldinger, Walter:»Archivterminologie in österreichischer Sicht«, in: Der Archivar 10 (1957), Sp. 51-52.

Goldinger, Walter:»Fragen der Archivterminologie in österreichischer Sicht«, in: Archivalische Zeitschrift 55 (1959), S. 128-146.

Hampe, Michael:»Die Sprache des Lebendigen«, in: Jürgen Mittelstrass (Hg.), Wohin geht die Sprache? Wirklichkeit – Kommunikation – Kompetenz, Köln: Hanns Martin Schleyer-Stiftung 1989, S. 100-111.

Harvey, John L.: The Common Adventure of Mankind: Academic Internationalism and Western Historical Practice from Versailles to Potsdam, PhD Thesis: Pennsylvania State University 2003.

Hochedlinger, Michael/Just, Thomas:»Diese Diebstähle sind einzig in der Geschichte aller Archive der Welt‹. Die Affäre Grill 1951-1953«, in: Mitteilungen des Instituts für Österreichische Geschichtsforschung 113 (2005), S. 362-388.

Koselleck, Reinhart: »[Art.] Geschichte, Historie«, in: Otto Brunner u.a. (Hg.), Geschichtliche Grundbegriffe, Bd. 2., Basel, Stuttgart: Klett-Kotta 1975, S. 647-717.

Krajewski, Markus: Restlosigkeit. Weltprojekte um 1900, Frankfurt a.m.: S. Fischer 2006.

Kretzschmar, Robert u.a. (Red.): Das deutsche Archivwesen und der Nationalsozialismus. 75. Deutscher Archivtag 2005 in Stuttgart, Tagungsdokumentationen zum Deutschen Archivtag, Essen: Klartext 2007.

Leesch, Wolfgang/Meisner, Heinrich Otto: »Grundzüge einer deutschen Archivterminologie, Referentenentwurf des Ausschusses für deutsche Archivsprache«, in: Archivmitteilungen, 5 (1955), Beilage, S. 1-14.

Lethen, Helmut: Verhaltenslehren der Kälte. Lebensversuche zwischen den Kriegen, Frankfurt a.m.: Suhrkamp 1994.

Lethen, Helmut: Lob der Kälte. Ein Motiv der historischen Avantgarden, in: Dietmar Kamper/Willem van Reijen (Hg.), Die unvollendete Vernunft. Moderne versus Postmoderne, Frankfurt a.m.: Suhrkamp 1987, S. 282-325; Wiederabdruck in: Helmut Lethen: Unheimliche Nachbarschaften. Essays zum Kälte-Kult und der Schlaflosigkeit der philosophischen Anthropologie im 20. Jahrhundert, Freiburg u.a.: Rombach 2009, S. 59-97.

Lethen, Helmut: »Kälte. Eine Zentralmetapher der Erfahrung der Modernisierung«, in: Dogilmunhak. Koreanische Zeitschrift für Germanistik (2002), S. 78-94.

Lévi-Strauss, Claude: Das wilde Denken, Frankfurt a.m.: Suhrkamp 1968.

McLuhan, Marshall: »Heiße Medien und kalte«, in: M. McLuhan, Die magischen Kanäle. Understanding Media, Dresden und Basel: Verlag der Kunst 1995, S. 44-61.

Medem, Friedrich Ludwig von: »Über den organischen Zusammenhang der Archive mit den Verwaltungsbehörden«, in: Zeitschrift für Archivkunde, Diplomatik und Geschichte 2 (1835), S. 1-28.

Meisner, Heinrich Otto: »Archivtechnik, rationelle«, in: Fritz Giese (Hg.), Handwörterbuch der Arbeitswissenschaft, Halle: Marhold 1930, Sp. 490-503.

Meisner, Heinrich Otto: »Internationale Archivorganisationen«, in: Archivalische Zeitschrift 41 (1932), S. 282-289.

Meisner, Heinrich Otto: »Die Archivdiebstähle Haucks. Tatsachen und Folgerungen«, in: Archivalische Zeitschrift 36 (1926), S. 178-187.

Meisner, Heinrich Otto: »Elemente der archivarischen Berufssprache«, in: Archivalische Zeitschrift 39 (1930), S. 260-273.

Menne-Haritz, Angelika: Autonomie und selbstreferentielle Steuerung in der Entscheidungsproduktion der Verwaltung. Grundlagen zu einem Referenzmodell für Elektronische Bürosysteme. Speyer (Habilitationsschrift an der Hochschule für Verwaltungswissenschaften Speyer) 1998.

Müller, Philipp: »Geschichte machen. Überlegungen zu lokal-spezifischen Praktiken in der Geschichtswissenschaft und ihrer epistemischen Bedeutung im 19. Jahrhundert. Ein Literaturbericht«, in: Historische Anthropologie 12 (2004), S. 415-433.

Musial, Torsten: Staatsarchive im Dritten Reich. Zur Geschichte des staatlichen Archivwesens in Deutschland 1933-1945, Potsdam: Verlag für Berlin-Brandenburg 1996.

Papritz, Johannes: »[Rezension] von Adolf Brenneke/Wolfgang Leesch: Archivkunde. Ein Beitrag zur Theorie und Geschichte des europäischen Archivwesens, Berlin und Leipzig: Koehler & Amelang 1953«, in: Archivalische Zeitschrift 52 (1956), S. 237-244.Papritz, Johannes: Archivwissenschaft, Bd. 1, Marburg: Archivschule Marburg 1986.

Radkau, Joachim: Max Weber. Die Leidenschaft des Denkens, München: Hanser 2005.

Riedrich, Ramona: Die Deutschen Archivtage (Diplomarbeit an der Fachhochschule Potsdam), Potsdam: unveröff. Typoskript 2004.

Schleier, Hans: »Die Terminologie in der Wissenschaftssprache des Historikers«, in: Mariana Drozdowskiego (Hg.), Między historią a teorią: Refleksje nad problematyka dziejów i wiedzy historycznej Studia ofiarowane Profesorowi Jerzemu Topolskiemu w sześćdziesiątą rocznicę urodzin Praca zbiorowa pod, Warszawa u.a.: Państwowe Wydawn 1988, S. 389-395 [Übers. d. Titels: Zwischen Geschichte und Theorie: Reflexionen über historische Probleme und historisches Wissen. Studien zum 60. Geburtstag von Prof. Jerzy Topolski].

Schnyder, Peter: »Die Dynamisierung des Statischen. Geologisches Wissen bei Goethe und Stifter«, in: Zeitschrift für Germanistik 19 (2009), S. 540-555.

Schnyder, Peter: »Schrift – Bild – Sammlung – Karte. Medien geologischen Wissens in Stifters Nachsommer«, in: Michael Gamper, Karl Wagner (Hg.), Figuren der Übertragung. Adalbert Stifter und das Wissen seiner Zeit, Zürich: Chronos 2009, S. 235-248.

Schöttler, Peter: »13 rue du Four – die Encyclopédie Française als Mittlerin französischer Wissenschaft in den 1930er Jahren«, in: Elisabeth Nemeth/Nicolas Roudier (Hg.), Paris – Wien. Enzyklopädien im Vergleich, Wien: Springer 2005, S. 179-204.

Schultze, Johannes: »Gedanken zum Provenienzprinzip«, in: Hans Beschorner (Hg.), Archivstudien. Festschrift W. Lippert, Dresden: Wilhelm und Bertha v. Baensch Stiftung 1931, S. 225-237.

Spieker, Sven (Hg.): Bürokratische Leidenschaften. Kultur- und Mediengeschichte im Archiv, Berlin: Kulturverlag Kadmos 2004.

Spieß, Philipp Ernst: Von Archiven, Halle: Gebauer 1777.

Stein, Wolfgang Hans: »Thesen zur Logik der Archive«, in: Michel Espagne u.a. (Hg.), Archiv und Gedächtnis: Studien zur interkulturellen Überlieferung, Leipzig: Leipziger Universitätsverlag 2000, S. 58-62.

Stöckmann, Ingo: Der Wille zum Willen. Der Naturalismus und die Gründung der literarischen Moderne 1880-1900, Berlin: de Gruyter, 2009.

Sweeney, Shelley: »The Ambiguous Origins of the Archival Principle of ›Provenance‹«, in: Libraries & the Cultural Record 43 (2008), S. 193-213.

Tanner, Jakob:»Multiplikationsprozesse in der Moderne – Plädoyer für ein Analysekonzept«, in: Historische Anthropologie 16 (2008), S. 2-7.

Vec, Miloš: Recht und Normierung in der Industriellen Revolution. Neue Strukturen der Normsetzung in Völkerrecht, staatlicher Gesetzgebung und gesellschaftlicher Selbstnormierung, Frankfurt a.m.: Vittorio Klostermann 2006.

Wendehorst, Alfred:»150 Jahre Gesamtverein der deutschen Geschichts- und Altertumsvereine«, in: Blätter für deutsche Landesgeschichte 138 (2002), S. 1-65.

Wessely, Christina:»Karriere einer Weltanschauung. Die Welteislehre 1894-1945«, in: Zeitgeschichte 1 (2006), S. 25-39.

Wessely, Christina:»Welteis. Die ›Astronomie des Unsichtbaren‹ um 1900«, in: Dirk Rupnow u.a. (Hg.), Pseudo-Wissenschaft. Konzeptionen von Nicht-Wissenschaftlichkeit in der Wissenschaftsgeschichte, Frankfurt a.m.: Suhrkamp 2009, S. 163-193.

Weyprecht, Carl: Die Nordpol-Expeditionen der Zukunft und deren sicheres Ergebniß verglichen mit den bisherigen Forschungen auf dem arktischen Gebiete. Vortrag gehalten von Carl Weyprecht, Wien, Pest, Leipzig: A. Hartleben's Verlag 1876.

Wimmer, Mario: Archivkörper. Eine Kultur- und Wissenschaftsgeschichte des historischen Denkens. Deutschland und Österreich 1881-1941, Phil. Diss.: Universität Bielefeld 2010.

Wimmer, Mario:»Die Lagen der Historik«, in: Österreichische Zeitschrift für Geschichtswissenschaften 2 (2007), S. 106-125.

Wollhaf, Jörg:»Albert Brackmann«, in: Michael Fahlbusch/Ingo Haar (Hg.), Handbuch der völkischen Wissenschaften: Personen – Institutionen – Forschungsprogramme – Stiftungen, Bd. 1, München: K.G. Saur 2008, S. 76-81.

# Die Diskussion über die deutsche Verwaltungssprache, ca. 1750-1840

Unter besonderer Berücksichtigung der Hand- und Lehrbücher für Beamte[1]

KLAUS MARGREITER

> »Ich habe den Kanzleistil auf mehr als einer Seite [...] betrachtet, und auf jeder sieht er einer alten häßlichen Kokette gleich, die hier eine Warze mit einem Schönpflästerchen, dort das Kupfer der Wangen mit Schminke bedeckt, wol gar ein gläsernes Aug und einen wächsernen Zahn sich eingesezt hat.«
> (Leopold Friedrich Günther von Goeckingk 1779)

Am 12. März 1800 richtete der Berliner Formschneider Johann Lorenz Haf ein Immediatgesuch an die preußische Regierung, in dem er vorschlug, statt der bislang allenthalben üblichen, aber sehr aufwändigen handschriftlichen Ausfertigung des königlichen Namens und Titels in amtlichen Dokumenten, Stempel zu benutzen, in die Name und jeweils erforderliche Titulatur graviert waren. Zugleich erbat er die Erteilung eines Privilegs zu Herstellung der Negative.[2] Haf konnte nicht ahnen, welche Reaktionen er damit auslöste: Friedrich Wilhelm III. von Preußen nahm seine Eingabe zum Anlass, den aktuellen Kanzleibrauch prinzipiell zu hinterfragen und ordnete schon am 18. März an, das Staatsministerium möge prüfen, ob die Verwendung des königlichen Titels überhaupt auf den Schriftverkehr der obersten Landesbehörden beschränkt werden

---

1 | Ich danke Peter Becker für wertvolle Hinweise zum ersten Entwurf dieses Aufsatzes.
2 | Vgl. Hermann Granier: »Ein Reformversuch des preußischen Kanzleistils im Jahre 1800«, in: Forschungen zur brandenburgischen und preußischen Geschichte 15 (1902), S. 168-180, hier S. 168.

könnte. Diese Anregung rief unter den Staatsministern einen Sturm der
Entrüstung hervor. Für sie verkörperte die umständliche Intitulatio den
herrscherlichen Willen selbst, sie wies ein Dokument als allerhöchsten
Befehl aus und verlieh ihm dadurch erst seine unbedingte Verbindlichkeit. So sehr war das autokratische Prinzip in der Mentalität der obersten
Beamten verwurzelt, dass man ernsthaft den Untergang der Monarchie
für den Fall heraufbeschwor, der königliche Name würde nicht mehr
sämtliche amtlichen Schriftstücke einleiten.[3] Nur Karl August von Hardenberg und Karl Friedrich von Beyme begrüßten die Initiative des Königs. Hardenberg dehnte den Einwand des Königs auf den behördlichen
Sprachgebrauch insgesamt aus, indem er feststellte, dieser entspräche
weder der natürlichen Sprache, noch dem Geist der Zeit.

Auch wenn dieser Fall nicht die Verwaltungssprache im engeren Sinn,
sondern den sogenannten Kanzleistil (*Stilus curiae*) betraf, ist er für die
Situation und für die Positionierung der Gegner in der Diskussion, die in
diesem Beitrag behandelt werden soll, exemplarisch. Hardenbergs Vorschlag war couragiert, aber durchaus kein unerhörter Vorstoß zur Modernisierung der Verwaltungssprache. Ebenso wenig war die Initiative des
Königs die erste dieser Art, die von einem Monarchen ausging.[4] Etwas
weniger typisch war vielleicht das Ausmaß der Entrüstung, das sie bei den
Beamten auslöste und vor allem die sehr offene Art, in der sie geäußert
wurde; Beamte begegneten Kritik an ihren Praktiken und Veränderungs-
versuchen gewöhnlich eher mit stiller Resistenz als mit offenem Protest.
Das Unbehagen an der Verwaltungssprache war zu diesem Zeitpunkt
schon mindestens ein halbes Jahrhundert alt, und spätestens seit der Mitte des 18. Jahrhunderts wurde sie permanent thematisiert und problematisiert. Je näher sich das Jahrhundert seinem Ende neigte, umso deutlichere
Worte fanden nicht nur das kritische Publikum, sondern auch Beamte
und Verwaltungsexperten.

Als der Leipziger Rechtsgelehrte Adam Friedrich von Glafey (1692-
1753) im Jahr 1730 seine umfangreiche *Anweisung zu einer weltüblichen
Teutschen Schreibart* erstmals veröffentlichte,[5] war zwar auch er nicht der

---

**3** | Vgl. Martin Haß: »Über das Aktenwesen und den Kanzleistil im alten Preußen«
in: Forschungen zur brandenburgischen und preußischen Geschichte 20 (1910),
S. 201-255, hier S. 227-230.

**4** | Bereits 1779 hatte Friedrich II. von Preußen angeordnet, in verschiedenen
Ausfertigungen (z.B. Bestallungen) den königlichen Titel abzukürzen. Vgl. Johann
N. Bischoff: Handbuch der teutschen Cantzley=Praxis für angehende Staatsbe-
amte und Geschäftsmänner. Erster Theil, von den allgemeinen Eigenschaften des
Cantzley=Styls, Helmstedt: Fleckeisen 1793, S. 372 § 290, Fußnote 2.

**5** | Vgl. Adam Friedrich von Glaffey: Anleitung zu einer welt=üblichen Teutschen
Schreib=Art, Worinnen die Grund=Lehren in Welt=Händeln gebräuchlichsten Stylo enthalten sind, Und so wohl Stückweise mit Exempeln erläutert, als auch am
Ende mit gantzen ausgearbeiteten Proben bestärcket werden, Leipzig: Schuster
1730.

erste, der sich diesem Thema ausführlicher widmete,[6] aber seit seinem Beitrag brach die Reihe der Publikationen zu diesem Thema nicht mehr ab. An instruktiven Lehrbüchern, in denen die Eigenschaften und Erfordernisse der Verwaltungssprache und die Prinzipien eines guten Stils dargestellt waren, hätte es also nicht gefehlt. Man konnte den Autoren dieser Lehrbücher auch kaum vorwerfen, ihre Werke wären zu abstrakt und nicht praxistauglich, denn meistens enthielten sie außer theoretischen Erörterungen Mustertexte für alle oder wenigstens die wichtigsten Gattungen des behördlichen Schriftverkehrs, woraus Sekretäre und Kanzlisten die Anwendung dieser Prinzipien praktisch erlernen hätten können. Umso merkwürdiger war und ist, dass dieser Aufwand an gut gemeinten und vielleicht auch notwendigen Ratschlägen und Vorschlägen in der Praxis kaum gewürdigt wurde. Bis in die Gegenwart wird der öffentlichen Verwaltung vorgeworfen, sie sei, was ihre Sprache betrifft, reformresistent. Andererseits kann man, wenn man die langfristige Entwicklung der Verwaltungssprache beobachtet, besonders im 18. und am Beginn des 19. Jahrhundert durchaus Veränderungen feststellen. Dazu kommt, dass Autoren immer wieder ausdrücklich davor warnten, leichtfertig Sprachmoden zu übernehmen, was sie kaum getan hätten, wenn dazu nicht Anlass bestanden hätte.[7] Wenn die Verwaltungssprache also reformresistent war, dann nicht, weil sie unbeweglich gewesen wäre.

In der zweiten Hälfte des 18. Jahrhunderts waren Autoren, die eine Verbesserung der Verwaltungssprache forderten, mit zwei objektiven Faktoren konfrontiert, die die Realisierung ihrer Vorschläge behindern konnten: Zunächst war das die seit dem Beginn der frühmodernen Verwaltung geübte Praxis. Form und Stil behördlicher Texte wurden von den Formularbüchern bestimmt. Jede Behörde verfügte über einen manchmal recht umfangreichen Fundus von Texten, die sich als besonders rechtssicher erwiesen hatten und daher aufgehoben wurden um als Muster für zukünftige gleichartige Anwendungsfälle zu dienen. Privat angelegte Formularbücher und besonders Titularbücher, die bewährte Anredefloskeln enthielten, wurden an die Nachfolger im Amt oder Protegées weitergegeben und waren sehr begehrt. Solange die diesen Texten zugrunde liegenden Gesetze und Verordnungen galten, brauchten sie nicht geändert zu werden und wurden dementsprechend lange wiederverwendet. Natürlich

---

6 | Schon 1673 war der thüringische Beamte und Gelehrte Caspar von Stieler (1632-1707), der auch unter seinem Gesellschaftsnamen *der Spate* bekannt ist, in seinem umfangreichen Werk *Teutscher Sekretariat=Kunst* auf die Sprache der Verwaltung eingegangen. Vgl. Caspar Stieler: Teutscher Secretariat=Kunst. 4. Aufl. eingerichtet von Joachim Friedrich Feller, Frankfurt a.m.: Andreae und Hort 1726, S. 68-75.

7 | Vgl. dazu die Ausführungen im Abschnitt »Von der guten Schreibart«.

reproduzierten Dokumente, die nach diesen Mustern verfasst wurden, nicht nur deren Inhalte, sondern auch deren Sprache.[8] Wer, wie die Autoren der Ratgeber zur Verwaltungssprache und die Kritiker des Kanzleistils, eine Änderung des sprachlichen Status quo anstrebte, erklärte damit implizit die bewährten Formularbücher zu Makulatur. Sicher war nicht nur kritischen Zeitgenossen wie Joseph von Sonnenfels (1732/33-1817) und Leopold Friedrich Günther von Goeckingk (1748-1828) aufgefallen, dass sich die Sprache insgesamt in den letzten Jahrzehnten stark verändert hatte.[9] Alleine der Hinweis auf die Veränderlichkeit der Sprache machte die alten Mustertextsammlungen ungültig und formulierte einen Reformbedarf. Sonnenfels schrieb 1780:

>»Ich hoffe, ohne jemands Beleidigung sagen zu dürfen: daß der Stil in Geschäften, der sogenannte Kanzleistil, eine Verbesserung zuläßt; [...] zu einer Zeit, wo mit der übrigen Sprache eine so große Veränderung vorgegangen ist, daß die heutigen Aufsäze denen vor 30 Jahren eben so wenig ähnlich sind, als die Zuschnitte der Kleider.«[10]

Den Autoren solcher kritischer Anleitungen musste klar sein, dass sich die Sprache, über deren Prinzipien sie schrieben, in einem Transformationsprozess befand. Anderenfalls wären sie sich nicht über den Entwicklungsrückstand der Verwaltungssprache gegenüber der gesprochenen Sprache und die Notwendigkeit einer Anpassung an sie einig gewesen. Wenn sie nicht annahmen, sich bereits am Ende dieser Entwicklung zu befinden, dann mussten sie erkennen, dass auch die Grundsätze der modernen Sprache, die sie beschrieben, nur zeitlich beschränkt gültig sein würden. Daher ist zumindest merkwürdig, dass auch die meisten modernen Verwaltungshandbücher durch z.T. sehr umfangreiche Mustertextsammlungen ergänzt wurden. Damit widersprachen die Autoren ihren eigenen Erkenntnissen; sie hätten wissen müssen, dass die Sprache ihrer

---

**8** | Vgl. Martin Johannes Heller: Reform der deutschen Rechtssprache im 18. Jahrhundert. Rechtshistorische Reihe 97, Frankfurt a.M. u.a.: Peter Lang 1992, S. 29f. Vgl. ferner: Gottfried Daniel Hoffmann: Vermischte Beobachtungen aus den Deutschen Staats=Geschichten und Rechten. Th. 4.: Geschichte der lateinischen und deutschen Formularbücher von den ältesten Zeiten an bis auf das 17. Jahrhundert, Ulm, Stettin: Gaumische Handlung 1764.
**9** | Vgl. Joseph von Sonnenfels:»Ankündigung der Vorlesungen über den Geschäftsstil«, in: Deutsches Museum 1780, 2. Bd., S. 303-312, hier S. 307. Leopold Friedrich Günther Goeckingk:»Ueber den Kanzleistil«, in: Deutsches Museum 1779, 1. Bd, S. 208-219, hier S. 215. Goeckingks Artikel ist identisch mit dem Text eines Buches, das 1781 in Wien anonym unter dem Titel *Ueber den Kanzleystil und wie derselbe zu verbessern. Etwas für Beamte, Advokaten, Sekretaire, Kanzlisten, Schreiber u. d. gl.* erschienen ist. Es wird Johann N. Lengenfelder zugeschrieben. Diese Zuschreibung ist unwahrscheinlich.
**10** | J. v. Sonnenfels: Ankündigung, S. 207.

Muster in absehbarer Zeit ebenso antiquiert wirken würde, wie die Sprache, die sie kritisierten. Wäre diesen neuen Mustertexten nicht stets eine ausführliche theoretische Erörterung der Eigenschaften eines guten Stils im allgemeinen und einer entsprechenden Verwaltungssprache im besonderen vorangestellt worden, für die sie als Beispiele dienten, so könnte der Eindruck entstehen, den Autoren wäre es lediglich um eine Inventur der alten Formularbücher zu tun gewesen. Nur der Göttinger Staatsrechtslehrer Johann Stephan Pütter (1725-1807) war konsequent genug, auf die Fähigkeit der Beamten zu vertrauen, seine theoretischen Prinzipien selbständig umzusetzen und verzichtete auf Muster in seiner 1753 erstmals erschienen *Anleitung zur juristischen Praxi*.[11] Johann Heinrich Gottlob von Justi (1717-1777) dagegen fügte noch darüber hinaus jedem Kapitel in seiner *Anweisung zu einer guten Deutschen Schreibart* Übungsaufgaben bei, die zur Anwendung des erworbenen theoretischen Wissens aufforderten.[12] Georg Scheidlein konnte 1794 immerhin feststellen:

»Nur der Sprachgebrauch jedes Zeitpunktes ist Gesetz und Richtschnur der zu eben der Zeit lebenden Schriftsteller, weil nur der dem jedesmahligen Zustande der Empfindung und des Geschmackes angemessen ist: Also nicht der ältere, weil er als nicht mehr passend, und der indessen mehr gestiegenen Cultur nicht mehr angemessen, zurück geleget worden ist [...]«[13]

Die Muster in den modernen Handbüchern waren ein Zugeständnis an die Bedürfnisse der Praktiker. Denn die neue, theoretische Zugangsweise zur Verwaltungssprache änderte wenig daran, dass Mustertexte das sicherste und vor allem bequemste Hilfsmittel der Kanzlisten waren und vorläufig auch blieben. Noch im Jahr 1802 kam in Wien in dritter Auf-

---

**11** | Vgl. Johann Stephan Pütter: Anleitung zur juristischen Praxi, wie in Teutschland sowohl gerichtliche als außergerichtliche Rechtshändel oder andere Canzley= Reichs= und Staats-Sachen schriftlich oder mündlich verhandelt und in Archiven beygeleget werden, Band 1, 5. Aufl., Göttingen: Vandenhoeck 1789. Vgl ferner: Michael Wieczorrek: »Stil und Status. Juristisches Schreiben im 18. Jahrhundert«, in: Ulrich Kronauer/Jörn Garber (Hg.), Recht und Sprache in der deutschen Aufklärung. Hallesche Beiträge zur Europäischen Aufklärung Nr. 14. Schriftenreihe des Interdisziplinären Zentrums für die Erforschung der Europäischen Aufklärung Martin-Luther-Universität Halle-Wittenberg, Tübingen: Niemeyer 2001, S. 99-112, hier S. 104.

**12** | Vgl. Johann Heinrich Gottlob v. Justi: Anweisung zu einer guten Deutschen Schreibart und allen in den Geschäfften und Rechtssachen vorfallenden schriftlichen Ausarbeitungen, zu welchem Ende allenthalben wohlausgearbeitete Proben und Beyspiele beygefügt werden, Wien: Trattnern 1774, S. 148.

**13** | Georg Scheidlein: Erklärungen über den Geschäftsstyl in den Österreichischen Erblanden, Wien: Eigenverlag 1794, S. 12. (Mit der Sorgfalt eines ärarischen Beamten fügte Scheidlein hinzu, dass auch der »künftige« Sprachgebrauch nicht adäquat sei, weil man ihn nicht kennen könne.)

lage ein zweibändiges Kompendium von Mustertexten von Johann Georg Christoph von Keßler heraus, das auf eine theoretische Erörterung des Kanzleistils völlig verzichtete. Der Begriff »Kanzleipraxis« erhält durch dieses Werk eine so umfassende Bedeutung, wie in keinem der vorhergegangenen. Es enthält neben den gängigen Dokumententypen noch Mustertexte wie: Beschreibung einer Person, eine Liste von Fragen, die an einen verhafteten Landstreicher zu stellen sind, Neujahrsgrüße an Freunde und Verwandte (mit Antworten), Beschwerden »Wegen einer nicht der Ordnung nach verliehenen Stelle« und »Daß ein Beamter [...] in einer Beförderung übergangen worden sey«, ein Beileidsschreiben an einen in Ungnade gefallenen Minister und dergleichen, die alltäglichen Bedürfnisse eines Beamten berücksichtigenden Texte, wie sie praktischer nicht sein könnten.[14] Einen besonders plastischen Eindruck davon kann ein Ausschnitt aus einem fiktiven Dialog vermitteln, der eine gerichtliche Einvernahme eines Klägers darstellt:

»Mündliches Verfahren in einem Bergprocesse.
Gregor Donnleg, Steiger des Bergwerk zur Hoffnung auf den N. Gebirge, kommt vor den Bergrichter in der Stadt N. [...] und spricht so zu ihm:
Steiger. Glück auf, gestrenger Herr Bergrichter!
Bergrichter. Glück auf, mein lieber Steiger! Was bringt ihr Gutes?
Steiger. Euer Gestreng wissen, daß wir die Grube auf dem N. Gebirge bauen. Die Herrschaft genießt davon ihre 4 freyen Küxen; sie ist daher schuldig, der Grube das nöthige Bauholz nach den Bergrechten unentgeltlich zu liefern.
Bergrichter. Wahr! nun weiter.
Steiger. Unser gnädiger Herr Principal, der so gut ist, und keine Processe haben will, hat dessen ungeachtet mit der Herrschaft einen besondern Vertrag gemacht, und darin sich ausbedungen, daß er den Stamm Zimmerholz samt den Wipfeln und Aesten für 4 kr. das Stück haben könne. Wenn wir also etwas brauchen, so sage ichs den Tag zuvor dem Jäger, gehe darauf mit unsern Hauern hinaus, da schlagen wir die Stämme, so viel wir brauchen; der Jäger gibt mir einen Zettel darüber, daß nicht mehr und nicht weniger geschlagen worden ist, und mit dem Quatember = Anschnitte führe ich so viele 4 kr. an den Rentmeister ab, als Stämme geschlagen worden sind. Und so sind wir immer ohne Irrungen daraus gekommen.
Bergrichter. Was wollt ihr also; mein lieber Steiger?
Steiger. Die Wipfel und Aeste werden immer gesäubert, das brauchbare Holz aufgeschichtet, und die Bürdel zusammen gerichtet, sodann auf Befehl des gnäd. Principals unter die arme Hauerschaft so vertheilt, daß jener, der mehr Lohn hat, weniger Bürdel erhält. Gestern kam der neue Verwalter in den Wald,

---

14 | Johann Georg Christophs von Keßler: Oesterreichisches Geschäften= Lexikon oder Sammlung aller Gattungen schriftlicher Aufsätze, welche in politischen = Finanz = Handlungs = Bergwesens = Land = und Hauswirthschäftlichen Angelegenheiten zum Beispiel dienen können, 1. Teil A–K, Dritte, verbesserte und vermehrte Auflage, Wien: Mößle 1802, S. 93-96, 106f.

sieht, daß die Aeste und Wipfel aufgescheitert, die Bürdel aber alle gebunden und aufgeschlichtet waren. Ich war dabey; da fängt er einen Lärm an, heißt mich einen Vorsteher von Holzdieben, meine Hauerschaft Lumpenkerle und Spitzbuben, uns alle ein Diebsvolk. [...] Darauf sagt ich ihm: Herr Verwalter! wir sehen uns Morgen bey Gerichte. Er: Ja, beym Henker, der dich holen soll! Ich komme also, euer Gestrengen um Gerechtigkeit zu bitten.
Bergrichter. Wo wohnt der Verwalter?
Steiger. In dem herrschaftlichen Schlosse N. Nro 1. zur ebenen Erde [...]
Bergrichter. Wie heiß ihr?
Steiger. E. Gestreng wissens ja.
Bergrichter. Alter, wenn ich es auch weiß, so müßt ihr mir immer vor Gericht euren Tauf= und Zunamen sagen. [...]
Bergrichter. Ihr sagt also, der Verwalter habe euch an der Austheilung des Holzes gehindert, und sey mit euch grob gewesen?
Steiger. Ja, so war es auch.
Bergrichter. Wie könnt ihr aber ihm dies beweisen?
Steiger. Der läugnet es bestimmt nicht.
Bergrichter. Aber wenn er es läugnet?
Steiger. Nun, da sind ja der Herr Rentmeister und der Jäger [...]
Steiger. [...] Damit Ew. Gestreng sehen, daß der Vertrag meines gnädigen Herrn Principals so lautet, so habe ich das Original davon zum Beweise mitgenommen. Hier ist es.
Bergrichter. Von diesem Vertrage müßt ihr eine Abschrift auf einen Groschen=Stämpelbogen machen lassen, und sie mitbringen. [...]
Nunmehr müßt ihr bezahlen; für das Aufnehmen der mündlichen Klage 10 kr., für die Zustellung derselben an den Verwalter 3 kr., für den Protokollauszug 3 kr., für den Stämpel zum Zustellungsschein 3 kr, in allem also 19 kr.
Steiger. Hier sind sie. [...]«[15]

Ob dieser, im Original mehrseitige Dialog wirklich fiktiv ist, lässt sich nur schwer feststellen. Die Muster der Formularbücher und auch der neueren Hand- und Lehrbücher über Verwaltungssprache waren in der Regel besonders gut gelungene Exemplare echter Dokumente, sodass es sich bei diesem Text ebenso um die »dramatisierte Fassung« eines Gerichtsprotokolls handeln könnte. Der eigentliche Wert dieser Quelle aber liegt im Versuch, die Verfahrensregeln, die jeder Beamte in der Theorie beherrschen musste, in ein Beispiel zu transformieren und damit so darzustellen, dass sie für die Amtsorgane anschaulich genug wurden, um in der Praxis umgesetzt werden zu können. Der Beamte lernte nicht nur an einem konkreten Fall, welche Art von Information für das Verfahren relevant ist, sondern auch, wie er sie vom Klienten erfuhr und ihn dazu brachte, sich auf das Wesentliche zu beschränken, vor allem aber, welcher Ton und welche Sprache im Umgang der Autorität mit den Untertanen angemessen war.

---

**15** | Ebd., S. 30-34.

Auf diese Weise wurde veranschaulicht, wie sich die Behörde (oder der
k. k. Hofkammersekretär Keßler) die ideale Interaktion zwischen Untertanen und Behörde vorstellte. Von den Untertanen erwartete sie zwar
nicht die Kenntnis der behördlichen Prozeduren und der juristischen Re-
levanzkriterien, aber Sachlichkeit, uneingeschränkte Kooperationsbereitschaft und ein respektvolles Benehmen. Es wurde vorausgesetzt, dass der
Untertan wusste, was die Behörde unter Sachlichkeit verstand: der Steiger konnte alle Fragen des Bergrichters präzise und schon beinahe proto-
kollreif beantworten, sodass der Beamte nur gelegentlich zu korrigieren
brauchte, etwa wenn der Steiger eine Vorschrift nicht kannte oder, aus der
Perspektive des Beamten, vom Thema abwich. Dafür spricht nicht zuletzt
die für eine derartige Situation manchmal zu »papierene« Wortwahl des
Klägers (»dessen ungeachtet«).

Dieser Praxis und dem anhaltenden Bedarf an praktischen Beispielen
kamen die Verfechter einer *guten Schreibart* mit ihren Mustern entgegen.
Allerdings durften sie nicht davon ausgehen, die Kanzlisten würden ihre
bewährten und durch das Herkommen legitimierten Formularbücher
durch die neuen Muster ersetzten. Änderungen in der Kanzleipraxis waren nur zu erwarten, wenn sie verordnet wurden. Auch das stilistische,
aber ebenso das inhaltliche Ablaufdatum solcher Muster stand ihrer Anwendung im Weg. Fördern konnte ihre Absichten dagegen die gleichzeitig
einsetzende Diskussion über die Rechts- und Gesetzessprache, die mit
den Justizreformen insbesondere in der Habsburgermonarchie und in
Preußen besondere Bedeutung erlangt hatte.[16]

Neben den genannten objektiven Faktoren, die eine Reform der Verwaltungssprache behindern konnten, gab es auch solche, die man als strukturell beschreiben könnte. Sie sind etwas schwieriger zu fassen, weil sie ihre
Ursache in der Tradition und der beruflichen Sozialisation der Beamten
hatten, mit anderen Worten: in der Mentalität und dem Habitus. Beamte
bildeten einen Berufsstand mit ausgeprägten Standesbewusstsein, der,
wie jeder Stand in der vor- und frühmodernen Gesellschaft, verschiedene ritualisierte Praktiken ausübte, mit denen die Mitglieder eines Stands
der Umwelt, ihresgleichen und sich selbst ihre Zugehörigkeit zu diesem
demonstrierten. Zugleich repräsentierten Beamte auch den *Princeps*. Dadurch waren sie Bestandteile der fürstlichen Repräsentation mit ihren
symbolischen und rituellen Praktiken der Herrschaftsdemonstration.
Eine besondere Sprache war eines der Instrumente, mit denen Beamte
sowohl die Herrschaft ihres Fürsten, als auch ihren eigenen, exponierten
Stand demonstrierten.[17] Die Erfordernisse dieser Demonstration zeigten
sich in den Regeln der Verwaltungssprache und dem Umgang mit ihr.
Wie durch Sprache die Würde des Fürsten und des Beamtenstands adäquat ausgedrückt werden könne, war Gegenstand der Erörterungen über

---

**16** | Vgl. M.J. Heller: Reform der deutschen Rechtssprache, S. 347-422.
**17** | Vgl. Cornelia Vismann: Akten. Medientechnik und Recht, Frankfurt a.m.: Fi-
scher Taschenbuch 2000, S. 217-221.

die Verwaltungssprache und das sogenannte Kanzleizeremoniell. Diese Erörterungen sind Gegenstand der folgenden Abschnitte.

## VON DER GUTEN SCHREIBART

Der Begriff »Verwaltungssprache« wurde im hier behandelten Untersuchungszeitraum nicht verwendet. Die gebräuchlichsten Begriffe zur Bezeichnung des behördlichen Sprachgebrauchs waren: *Kanzleistil* (Stilus curiae), *Geschäftsstil* und *Schreibart*. Der Kanzleistil war ein Teil des *Kanzleizeremoniells*, das manchmal auch als *Staatsgrammatik* bezeichnet wurde.[18] Obwohl diese Begriffe allgemein in Gebrauch waren, wurden sie in unterschiedlicher Bedeutung verwendet. So konnte »Kanzleistil« im allgemeinen »die Art und Weise zu verfahren, zu reden und zu schreiben, welche bey Canzeleyen bräuchlich ist« bedeuten,[19] häufiger aber bezeichnete er die Regeln für »Tittulaturen, Unterschriften, gewisse bey dem Eingange oder Schlusse gewöhnliche Formeln u. s. w.«, also die Regeln der *Courtoisie* und der äußeren Form amtlicher Schreiben im besonderen.[20] Der Begriff *Geschäftsstil* bezeichnete den Stil der Geschäftsmänner, worunter Personen verstanden wurden, die Amtsgeschäfte führten.[21] Die Begriffe *Schreibart* und *Stil* wurden in der Regel synonym gebraucht. Eine konzise Definition stammt von August Ludwig Schott (1751-1787):

»Schreibart oder Stil ist daher die Art und Weise, nach welcher die vorzutragenden Begriffe und Gedanken schriftlich abgefasst und ausgedrückt werden.«

Darüber hinaus musste Schreibart/Stil dem Anlass entsprechend gewählt sein, denn:

»Es ist nicht genug, daß die Ausdrücke mit der gehörigen Deutlichkeit und Ordnung vorgetragen werden, die Schreibart selbst muss auch etwas charakteristisches an sich haben; das heißt, die Ausdrücke müssen mit dem eigenen Charakter der Gedanken übereinstimmen.«[22]

---

**18** | Vgl. Friedrich Carl von Moser: Versuch einer Staats-Grammatic, Frankfurt a.M.: Andreae 1749.

**19** | Christian August Beck: Versuch einer Staatspraxis, oder Canzeleyübung, aus der Politik, dem Staats= und Völkerrechte, Wien: Kraus 1754, S. 3f., § XI.

**20** | Carl Franz Boeschen: Ueber die juristische Schreibart, Hale/Saale: Renger 1777, S. 24.

**21** | Vgl. J.N. Bischoff: Handbuch der teutschen Cantzley=Praxis, S. 7.

**22** | August Ludwig Schott: Vorbereitung zur juristischen Praxis besonders in Rücksicht auf die Schreibart in rechtlichen Geschäften, Erlangen: J. J. Palm 1784, S. 80. Etwas allgemeiner und abstrakter die alternative Definition von Justi: »die gute Schreibart ist die Uebereinstimmung des Mannichfachen in dem Zusammenhange der sichtbaren Zeichen, wodurch wir unsre Begriffe und Gedanken zu

Schott unterschied z.b. eine ernsthafte Schreibart von einer scherzhaften, eine natürliche von einer künstlichen usw., wobei sich die Wahl nach dem Gegenstand des zu Behandelnden richten sollte. Die Eigenschaften, die von einer guten Verwaltungssprache erwartet wurden, änderten sich im untersuchten Zeitraum kaum. Das lässt sich anhand eines Vergleichs zwischen der ältesten und der jüngsten Quelle, die für diese Untersuchung herangezogen wurden, zeigen: 1673 verlangte Kaspar von Stieler vom *Deutschen Stylo*, er solle rein und deutlich, zierlich (»eine wohlklingende Zusammensetzung der Sylben und Wörter«) und ungezwungen, wohlanständig und mit einer rechten Connexion (grammatikalisch korrekt) sein.[23] Für Fidel Seng, der 1839 ein Handbuch für den Geschäftsstil für Geistliche heraus brachte, sollten die Texte sprachrichtig (grammatikalisch korrekt), sprachrein (nur erlaubte Wörter und wenig Fremdwörter), wahr (»[...] die Darstellung der Thatsachen muß den Charakter der Wahrhaftigkeit an sich tragen [...]«), deutlich und vollständig sein.[24] Praktisch alle Autoren waren sich – wenig überraschend – darüber einig, dass Deutlichkeit die wichtigste Eigenschaft der Verwaltungssprache sei. Die meisten anderen, wie die Gründlichkeit, die Eindeutigkeit, die Klarheit und die immer wieder (vergeblich) verlangte Kürze, leiten sich, direkt oder indirekt, aus ihr her. Über mehr als ein Jahrhundert änderten sich die Vorstellungen von einer idealen Verwaltungssprache und die Forderungen an sie so gut wie nicht.[25]

Andererseits lassen sich Veränderungen bezüglich der Vorstellung feststellen, welcher Stil der Verwaltung angemessen sei. So wenig wie die Verwaltung selbst und ihre Sprache von gleichzeitigen kulturellen Erscheinungen unabhängig waren, so wenig waren es auch die Autoren, die die Verwaltungssprache reflektierten. Im Lauf der zweiten Hälfte des 18. Jahrhunderts zeigten sich deutliche Einflüsse vieler für diese Epoche typischen kulturellen Strömungen. Zweifellos ist die sehr ausführliche Erörterung der Frage des Fremdwortgebrauchs zu Beginn des Untersuchungszeitraums auf die Aktivitäten der *Fruchtbringenden Gesellschaft* und anderer ähnlicher sprachpuristischer Initiativen zurückzuführen.[26] Die-

---

erkennen geben.« J.H.G. v. Justi: Anweisung zu einer guten Deutschen Schreibart, S. 109.

**23** | Vgl. K. Stieler: Teutscher Secretariat= Kunst, S. 68-70. Zitat S. 69.

**24** | Vgl. Fidel Seng: Geistlicher Geschäfts-Styl für beide christliche Confessionen im Großherzogthum Baden, Freiburg: Waizenegger 1839, § 2, S. 1-2, Zitat S. 2.

**25** | Vgl. die Anforderungen an eine gute Gesetzessprache von Montesquieu: Klarheit, Einfachheit, Verständlichkeit und Genauigkeit. Charles-Louis de Secondat Baron de Montesquieu: Vom Geist der Gesetze, Buch 29, Kap. 16. Vgl. dazu ferner: Hans Hattenhauer: Zur Geschichte der deutschen Rechts- und Gesetzessprache. Berichte aus den Sitzungen der Joachim-Jungius-Gesellschaft der Wissenschaften Jg. 5/2, Hamburg: Vandenhoeck und Ruprecht 1987. S. 38f.

**26** | Vgl. M.J. Heller: Reform der deutschen Rechtssprache, S. 32-59.

ses Thema verlor zwar niemals ganz an Relevanz, trat aber gegenüber anderen Fragen allmählich in den Hintergrund. Im Gegensatz zu den Autoren der Jahrhundertmitte flossen seit ca. 1770 immer häufiger Standpunkte in die Argumentationen ein, die aus den Diskursen der aufklärerischen Öffentlichkeit stammten. Die Autorität besonders von Adelung und Gottsched in Fragen des Sprachstils war so groß, dass ihre Ideale auch für eine gute Verwaltungssprache als verbindlich angesehen wurden. Carl Franz Boeschen und August Ludwig Schott erklärten gar die *edle Einfalt* Winckelmanns zu einem erstrebenswerten Ideal der Schreibart in Kanzleien.[27] Für die Autoren und Kritiker dieser Generation war auch die gute Verwaltungssprache eine Frage des *guten Geschmacks*.[28] Klare Worte fand dazu 1784 wiederum Schott:

»Man hat angefangen, das so lange herrschende grundlose, Vorurtheil, als wenn der gute Geschmack sich mit dem juristischen Vortrag nicht verbinden lasse, zu verbannen [...]«[29]

Noch eine Generation später lässt sich beim badischen Gelehrten Aloys Schreiber (1761-1841) feststellen, dass sich der *gute Geschmack*, der die Station der Aufklärung hinter sich gelassen und die der Weimarer Klassik passiert hatte, nun der Romantik näherte. Zwar verlangte auch Schreiber noch, wie alle seine Vorgänger, grammatikalische Richtigkeit, Reinheit, Würde und Deutlichkeit, aber außerdem noch u.a. Einfachheit, Schönheit, Leichtigkeit, Lebhaftigkeit und Grazie.[30] Als ob er mehr Empfindsamkeit in der Verwaltung einfordern wollte, hatte er die folgenden Erwartungen an Berichte:

»Der Styl ist immer noch der epistolische [sachliche], solange der Gegenstand oder das Materielle eines Berichts keine besondere Wichtigkeit hat. Wo aber dieses der Fall ist, muß nothwendig auch die Sprache einen andern Charakter annehmen. [In einer wichtigen Angelegenheit] würde es keineswegs als ungeeignet zu beurtheilen seyn, wenn die Antworten hierauf in einer lebhaften, kräftigen, mitunter sogar rednerischen Sprache abgefaßt wären, denn in der That

**27** | Vgl. C.F. Boeschen: Ueber die juristische Schreibart, S. 2. A.L. Schott: Vorbereitung zur juristischen Praxis, S. 84.

**28** | Vgl. Ch.A. Beck: Versuch einer Staatspraxis, S. 8. A.L. Schott: Vorbereitung zur juristischen Praxis, S. 1-3, 273. C.F. Boeschen: Ueber die juristische Schreibart, S. 1-2, 21. L.F.G. v. Goeckingk: Ueber den Kanzleistil, S. 208. Johann Friedrich Plitt: Ueber den Geschäftsstil und dessen Anweisung auf hohen Schulen, Frankfurt, Leipzig: Gebrüder van Düren 1785, S. 17. G. Scheidlein: Erklärungen über den Geschäftsstyl, S. 9-16. Vgl. ferner: M. Wieczorrek: Stil und Status, S. 110-112.

**29** | A.L. Schott: Vorbereitung zur juristischen Praxis, S. 110.

**30** | Vgl. Aloys Schreiber: Vom Geschäfsstyl und dem mündlichen Vortrage, Karlsruhe, Baden: D. R. Marx 1824, S. 10-51.

hängt der Styl, auch in Geschäftsaufsätzen, häufig von der größern oder gering-
ern Bedeutsamkeit des Gegenstandes ab, und was das höchste Interesse der
Menschheit berührt, oder auch nur das Wohl und Weh von Individuen, das darf
nicht mit Kälte und Gleichgültigkeit behandelt werden.«[31]

Schreiber verfügte über keine eigene Verwaltungserfahrung und unterlag
somit nicht den modernen Erwartungen, die Kanzleibeamte auf die Rolle
unbeteiligter Schreibmaschinen reduzierten.[32] Sein Standpunkt ist leichter verständlich, wenn man berücksichtigt, dass er seinen Ratgeber ent-
warf, als er als Professor für Ästhetik in Heidelberg über den Geschäftsstil las.[33] Ohne diesen Kontext wäre seine Position mit der vieler Kritiker
vergleichbar, die vom unpersönlichen und wenig ansprechenden Stil der
Verwaltungssprache enttäuscht waren. Eigentlich bemerkenswert aber ist
der Umstand, dass an der Heidelberger Universität die Vorlesung über
den Geschäftsstil nicht von Juristen oder Verwaltungsexperten, sondern
von einem Philosophen gehalten wurde.

Der Gebrauch von Fremdwörtern war während des gesamten Untersuchungszeitraums Thema in Handbüchern über Verwaltungssprache, hatte jedoch die Bedeutung verloren, die diese Frage noch im 17. Jahrhundert
gehabt hatte.[34] Zur Jahrhundertmitte waren diese Erörterungen noch von
jener patriotischen Haltung gekennzeichnet und motiviert, die die lexika-
lische Abhängigkeit der deutsche Sprache von anderen Sprachen, besonders der lateinischen und französischen überwinden wollte. In der zweiten Hälfte des 17. Jahrhundert musste man eingestehen, dass die deutsche
Sprache in vielen Fällen tatsächlich nicht über das Vokabular verfügte, das
eine moderne Verwaltung und Justiz erforderte. Die Sprachgesellschaf-
ten, unter denen die *Fruchtbringende Gesellschaft* die einflussreichste war,
hatten sich mit erheblichem Erfolg bemüht, die Fachsprachen um Wörter
zu ergänzen, für die zuvor nur Fremdwörter verfügbar waren.[35] Ein Jahrhundert später stand dieses Vokabular bereits allenthalben in Gebrauch,
allerdings wurde bemängelt, dass nun zwar jedes Fremdwort durch ein
deutsches substituiert werden könne, die Syntax sich hingegen weiter-

---

**31** | Ebd, § 16, S. 65f.
**32** | Vgl. Peter Becker:»Kaiser Josephs Schreibmaschine. Ansätze zur Rationa-
lisierung der Verwaltung im aufgeklärten Absolutismus«, in: Jahrbuch für europäische Verwaltungsgeschichte 12 (2000), S. 23-54.
**33** | Vgl. A. Schreiber: Vom Geschäfsstyl, Vorrede.
**34** | Vgl. J.H.G. v. Justi: Anweisung zu einer guten Deutschen Schreibart, S. 37,
zur abnehmenden Bedeutung des Fremdwörterproblems. Vgl. ferner: Andreas
Görgen:»Aufklärerische Tendenzen in der Gesetzessprache der frühen Neuzeit«,
in: Ulrich Kronauer/Jörn Garber (Hg.), Recht und Sprache in der deutschen Aufklärung. Hallesche Beiträge zur Europäischen Aufklärung Nr. 14. Schriftenreihe
des Interdisziplinären Zentrums für die Erforschung der Europäischen Aufklärung
Martin-Luther-Universität Halle-Wittenberg. Tübingen 2001, S. 83-88.
**35** | Vgl. M.J. Heller: Reform der deutschen Rechtssprache, S. 46-59.

hin zu häufig an der lateinischen orientiere.[36] Beispielsweise wurde der schon für die Verwaltungssprache des 18. Jahrhunderts typische, übermäßige Gebrauch von Partizipialkonstruktionen mit der großen Bedeutung erklärt, die diese Form im Juristenlatein hatte.[37] Für die aufgeklärten Autoren war ein solcher Sprachgebrauch schlicht ein Fall von Geschmacksverirrung, aber auch ältere Autoren kritisierten die *Sprachmengerey*, wenn Fremdwörter zu häufig verwendet wurden.[38] Die prinzipielle Ablehnung von Fremdwörtern wurde allerdings als genauso unpassend und unrealistisch angesehen, wie deren übermäßiger Gebrauch. Johann N. Bischoff bemerkte 1792, wie leicht forcierte Übersetzungen von lateinischen und französischen Fachtermini ins Lächerliche abgleiten konnten und wandte dagegen ein:

»Oft kann es sogar die Ehre der teutschen Nacion erfordern, die fremden Wörter beyzubehalten, um dadurch den ausländischen Ursprung einer nicht allzurühmlichen Sache sogleich darzuthun. z.B. *Maitresse, Revolution, Vapeurs, Carricatur, Rendez-vous, Boudoir*, u.s.w.«[39]

Bischoffs Standpunkt darf nicht mit dem patriotischen Sprachpurismus des 17. und des 19. Jahrhunderts verwechselt werden. Auch wenn seine Aussage anzudeuten scheint, ein gleichsam politisch korrekter Sprachgebrauch sei nach der Französischen Revolution geboten, so muss gerade deshalb betont werden, dass die Diskussion über den Fremdwörtergebrauch in der Zeit vor den Napoleonischen Kriegen noch keine Züge eines Kulturkampfs trug und von nationalistischen Affekten weitgehend frei war.

## DAS UNBEHAGEN AN DER ANTIQUIERTHEIT DER VERWALTUNGSSPRACHE

Trotz vieler wohl gemeinter Vorschläge mussten die meisten Autoren zugeben, dass sie kaum fruchteten. Der entschiedenste Kritiker der zeitgenössischen Verwaltungssprache, der mit seiner Kritik auch in die Öffentlichkeit ging, war Goeckingk.

---

**36** | Vgl. L.F.G. v. Goeckingk: Ueber den Kanzleistil, S. 208. A.L. Schott: Vorbereitung zur juristischen Praxis, S. 2f.

**37** | Vgl. L.F.G. v. Goeckingk: Ueber den Kanzleistil, S. 208.

**38** | Vgl. A.F. v. Glafey: Anleitung zu einer welt=üblichen Teutschen Schreib=Art, S. 12. 21, 40-43. Friedrich Carl v. Moser: »Gedanken Von dem Cancley=Decoro«, in: Ders.: Kleine Schriften, Zur Erläuterung Des Staats= und Völcker=Rechts, wie auch des Hof= und Canzley= Ceremoniels. 1. Band, Frankfurt a.M.: Andreae 1751, § 62, S. 526f.

**39** | J.N. Bischoff: Handbuch der teutschen Cantzley=Praxis, S. 198, Fußnote 2.

»Die Verfasser der Litteraturbriefe und die Kunstrichter überhaupt, wissen einen Schriftsteller [...] nicht bitterer zu tadeln, als daß sie sagen: Sein Stil sei Kanzleimäßig.«[40]

Goeckingks Urteile waren streng und polemisch. Doch indem er als Dichter und Beamter sowohl über ausgeprägte Sprachkompetenz als auch über Verwaltungspraxis verfügte, sind seine Aussagen eine glaubwürdige Quelle. Mit anderen Autoren war er sich darüber einig, dass das eifersüchtige Festhalten der Juristen an ihrem Fachjargon eine der Hauptursachen für die Antiquiertheit der Verwaltungssprache war.[41] Einige Autoren, wie Bischoff und Justi, gaben historische Gründe für diesen Zustand an. Doch auch für sie hatte die »autolegitimierende Wirkung des Faktischen« seine Grenzen: Oftmals wurde betont, dieser stilistische Konservativismus habe dazu geführt, dass dadurch die Sprache der Verwaltung altmodisch und steif geworden sei.[42] Neben diesen eigentlich ästhetischen Urteilen gab es auch solche, die den konkreten Zweck behördlicher Anordnungen, nämlich deren Befolgung, also ihre Effizienz, gefährdet sahen.[43] Doch anders als Goeckingk, der sie aus demselben Grund nicht nur für unzeitgemäß und unnatürlich, sondern nachgerade für unverständlich hielt, war Bischoff der Meinung, die alte oberdeutsche Sprache habe einen langen Prozess der Konsensfindung durchlaufen und sei somit allgemein akzeptiert:

»Für ein großes, in mehrere Mundarten getheiltes Reich ist es, [...], sehr wichtig, eine eigne, den Geschäftsmännern aller Provinzen gleich verständliche, Canzleysprache zu besitzen, und dies ist die Ursach, warum, aller Ausbildung unsrer Sprache ungeachtet, sich der einmal angenommene Rest der oberdeutschen Mundart, so schwer aus dem Gerichtsstyl und den Canzleyen verbannen läßt. Sie ist daselbst allgemein verständlich, alle ihre Ausdrücke und Biegungen sind durch die Länge der Zeit und unzählige Streitigkeiten endlich aufs genaueste bestimmt. Eine Veränderung würde tausend Unbequemlichkeiten nach sich ziehen, und der Chicane eine neues fruchtbares Feld öffnen.«[44]

---

**40** | L.F.G. v. Goeckingk: Ueber den Kanzleistil, S. 209.
**41** | Vgl. J.H.G. v. Justi: Anweisung zu einer guten Deutschen Schreibart, S. 35, 37; A.L. Schott: Vorbereitung zur juristischen Praxis, 104f.
**42** | Vgl. J.N. Bischoff: Handbuch der teutschen Cantzley=Praxis, S. 190f.
**43** | Vgl. Ulrich Knoop: »Kritik der Institutionensprache am Beispiel der Verwaltungssprache«, in: Lothar Hoffmann/Hartwig Kalverkämper/Herbert Ernst Wiegand (Hg.), Handbücher zu Sprach- und Kommunikationswissenschaft. Fachsprachen. Ein internationales Handbuch zur Fachsprachenforschung und Terminologiewissenschaft, Berlin, New York: 1998, S. 866-874. hier S. 868. J.N. Bischoff: Handbuch der teutschen Cantzley=Praxis, S. 204. Hadwig Schlink-Arnold/Michael Ronellenfitsch: Methoden und Techniken geistiger Arbeit in der Verwaltung, Regensburg: Walhalla Praetoria 1980, S. 67f.
**44** | J.N. Bischoff: Handbuch der teutschen Cantzley=Praxis, S. 190f.

Bischoffs Warnung vor einer Modernisierung der Verwaltungssprache war ernst gemeint. Goecking beschrieb, wie sich ein individueller Vorstoß im Behördenalltag auswirken konnte:

»Als ich nach Vollendung meiner akademischen Studien in Dienste trat, wurden mir [...] Perioden wie die folgende: ›Selbst das Wohl der Unterthanen hängt mit davon ab, daß den Advokaten die Vorschrift gegeben werde,‹ so verbessert: ›Selbst das Wohl derer Unterthanen hängt davon ab, daß denen Advokaten etc.‹«[45]

Goeckingks Kritik wurde von Boeschen, Glafey und Friedrich Carl von Moser indirekt bestätigt. Sie brachten eine prinzipiell konservative Haltung zum Ausdruck, die z.B. im Fall Boeschens eher pragmatisch motiviert war. Er sprach sich grundsätzlich für die Beibehaltung alter, sogar veralteter sprachlicher Wendungen aus, weil man sich anderenfalls der Gefahr aussetzen würde, sich in einem stark von Subordination und Anpassung geprägten sozialen Kontext zu isolieren:

»Sie haben oft und meistentheils ihren Nutzen [...]. Und wo sie auch keinen haben, ist es dennoch thöricht, sich einer unschädlichen Gewohnheit, die man doch nicht abbringen kann, zu widersetzen und dadurch zum Märtyrer seiner sonderbaren Grillen zu werden.«[46]

Weniger resignativ, dafür offen konformistisch argumentierte Glafey gegen Innovationen und tat dabei doch nur, was von einem Staatsdiener erwartet wurde: sich nicht gegen den Konsens zu stellen, auf Trends zu reagieren, anstatt sie zu setzen und vor allem weniger die Präferenzen der Autoritäten in stilistischen Fragen, sondern diejenigen der sozialen Autoritäten zu berücksichtigen:

»Gleichergestalt vergehen sich diejenigen in diesem Stücke, welche im Teutschen Stylo von so großem Ansehen unter denen Gelehrten sich düncken, daß sie meynen, die übrigen alle müssten ihnen, wenn sie neue Worte und Redens= Arten ersinnen, mit einem blinden Gehorsam sogleich nachfolgen, da doch der gesunden Vernunfft gemäß ist, daß man es mit der Nachahmung solcher Wörter, wie bey denen neuen Kleider=Trachten halte. Wer eine neue Mode zuerst trägt, oder ins Land bringt, erregt zwar im Anfange einiges Aufsehen, und ziehet derer andern Augen auf sich; es pflegt aber auch nicht selten zu geschehen, daß er keine Nachfolger findet, und darüber zum Gelächter wird. Dahero es viel sicherer gethan ist, wenn man wartet, biß eine neue Kleider=Tracht von solchen Personen, welche durch ihren Stand über das Urtheil der gemeinen Sorte der Menschen erhaben sind, bereits nachgemacht worden ist, alsdenn man ferner nicht

---

**45** | L.F.G. v. Goeckingk: Ueber den Kanzleistil, S. 210f.
**46** | C.F. Boeschen: Ueber die juristische Schreibart, S. 25. Vgl. ferner F. C. v. Moser: Gedanken, S. 527.

mehr anzustehen hat, dieselbe gleichfalls anzunehmen, anderergestalt man den Nahmen eines eigensinnigen und altväterischen Menschen zu überkommen pfleget.«[47]

Für Glafey waren Reformen ein Balanceakt, bei dem es darauf ankam, den richtigen Moment zu finden, der dann gekommen war, wenn sich eine Mode außerhalb der Behörde durchgesetzt hatte. Was für ihn ein Gebot der »gesunden Vernunfft« und wahrscheinlich auch Sorge um das Ansehen der Verwaltung gewesen war, das war für Goeckingk der »Schlendrian« eines schwerfälligen Apparats, der selbst dringende Reformen verweigerte, wenn dadurch die administrativen und gesellschaftlichen Usancen einer Behörde betroffen oder gar in Frage gestellt wurden. Vermutlich war die Beobachtung korrekt, dass die praktischen Probleme bei der Modernisierung der Verwaltungssprache (die eher eine Angleichung an den aktuellen Stand der Sprachentwicklung als eine genuine Modernisierung sein sollte) nicht nur auf Sprachinkompetenz und Geschmacklosigkeit zurückging, sondern auch auf den sozialen Anpassungsdruck in der Behörde, wo eine Abweichung von den Sprachregeln als Insubordination und auch als Verstoß gegen die Standessolidarität galt. Mit der spezifischen Sprache hätte man den Beamten ein Statussymbol genommen. Statussymbole aber waren Identifikationsobjekte, die mit der sozialen Identität und der Ehre stark verknüpft waren. Eine Änderung der Sprache, die zugleich eine Kalibrierung an die gesprochene, natürliche Sprache gewesen wäre, hätte die Administration und ihre Vertreter nicht mehr von den Untertanen exponiert und somit die Verwaltungssprache als soziales Integrationsmittel und als Statussymbol der Beamten untauglich gemacht.

Die Autoren ermittelten unterschiedliche Gründe für die vermeintlichen Unzulänglichkeiten, insbesondere für die Antiquiertheit der Verwaltungssprache. Sie widersprachen sich dabei zwar nicht offen, blieben jedoch uneinig bezüglich der Schuldfrage. Sofern sie auf dieses Problem überhaupt eingingen, wurde die Verantwortung entweder den graduierten Verwaltungsjuristen oder dem Kanzleibrauch zugeschoben, der von den Sekretären und Kanzlisten gepflegt wurde. Der Rechtswissenschaftler Pütter wies darauf hin, dass es die Kanzleien waren, die Neuerungen verhinderten, weil in ihnen der Sprachgebrauch durch die Tradition und Verordnungen festgelegt sei.[48] Dagegen ging für Justi und Schott der schlech-

---

**47** | A.F. v. Glafey: Anleitung zu einer welt=üblichen Teutschen Schreib=Art, S. 16f. Justi bereitete die Zustimmung der Öffentlichkeit weniger Probleme: »Denn es ist niemandem verboten, neue Worte zu machen, welche, wenn sie wohl gerathen, bald Nachahmer finden und die Sprache mit einem Vorrathe schöner Worte bereichern.« J.H.G. v. Justi: Anweisung zu einer guten Deutschen Schreibart, S. 35.

**48** | Vgl. H. Hattenhauer: Geschichte der deutschen Rechts- und Gesetzessprache, S. 46

te Einfluss von den Juristen aus: die Verwaltungssprache müsse sich des juristischen Vokabulars bedienen, in dem sich zahlreiche archaische Sprachrelikte erhalten hätten.[49] Beide Standpunkte waren berechtigt, zumal Rechts- und Verwaltungssprache durch die Einheit von Justiz und Verwaltung stark verschränkt waren. Der eigentliche Hintergrund dieses Dissenses war ein sozialer Konflikt. Cornelia Vismann hat darauf hingewiesen, dass Juristen und Sekretäre in den Kanzleien konkurrierten.[50] In diesem Konflikt gerieten die graduierten Juristen, die ohne praktische Kenntnisse in die Behörden kamen und dennoch leitende Funktionen beanspruchten, allmählich ins Hintertreffen. Dazu trug zunächst das seit dem 17. Jahrhundert generell geringe Prestige akademischer Qualifikation bei. Darüber hinaus wurden erfahrene Beamte, die wohl in der Regel juristische Grundkenntnisse erworben hatten, die Verwaltung aber in der Praxis erlernten, nicht müde zu betonen, dass ein akademischer Grad noch lange keinen tauglichen Beamten mache. Dieser müsste nicht nur über fachliche Expertise in der Rechtswissenschaft, sondern außerdem über Fähigkeiten verfügen, die es erlaubten, Herrschaft zu repräsentieren und Ansprüche durchzusetzen. Schon Stieler hatte betont, dass Beamte Redner, Sprachmeister und Staatskundige sein müssten,[51] und zunehmend wurde von ihnen auch diplomatisches Können und Handeln erwartet. Diese Kompetenzen rückten sie sozial und kulturell in die Nähe der höfischen Gesellschaft (der wenigstens die hohen Beamten ohnehin angehörten), die Gewandtheit, Geschmeidigkeit und nicht zuletzt hohe Sprachkompetenz schätzte und forderte, Advokatenmentalität und akademische Schulfuchserei aber verachtete. Diese Entwicklung wertete die Beamten gegenüber den Juristen stark auf, juristische Fachkenntnisse aber ab.

## DAS KANZLEIDECORUM

Die soziale und kulturelle Nähe von Hof und Verwaltung äußerte sich besonders in der Bedeutung, die dem Zeremoniell beigemessen wurde. Unter den Bedingungen der frühmodernen Gesellschaft war alleine der Faktor, einer Sphäre unmittelbar anzugehören, in der das Zeremoniell zu beachten war, für die betreffenden Personen statusrelevant. Die administrative Entsprechung zum Hofzeremoniell war das Kanzleizeremo-

---

**49** | Vgl. J.H.G. v. Justi: Anweisung zu einer guten Deutschen Schreibart, S. 35, 37. A.L. Schott: Vorbereitung zur juristischen Praxis, S. 2 f, 21, 104f.

**50** | Vgl. C. Vismann: Akten, S. 219-f. Vgl. ferner M.J. Heller: Reform der deutschen Rechtssprache, S. 52.

**51** | Vgl. K. Stieler: Teutscher Secretariat=Kunst, S. 61-63. Vgl. ferner: Carl Daniel Heinrich Bensen: Theorie des Geschäftsstils, nebst Formularen zu Relationen, Deductionen, Defensionsschriften, wie mehrere Entwürfe zu praktischen Arbeiten, Erlangen: Johann Jacob Palm 1802, §§ 119-147.

niell, und seine strenge Einhaltung war für Beamte ebenso obligat, wie
für Höflinge. Doch anders als für Letztere, die dem Hof meistens durch
Geburtsrecht angehörten, war die strikte Unterwerfung unter die Gesetze
des Kanzleizeremoniells für Beamte wichtig für die Beibehaltung ihres
Status.[52]

Jedoch im Unterschied zur Rolle der Höflinge im Hofzeremoniell
waren Beamte im Kanzleizeremoniell keine selbständigen Akteure. Das
Zeremoniell schützte zwar auch ihre Ehre, aber primär die der Behörde
und des Monarchen, in dessen Auftrag sie handelten und die Adressaten
ihrer Handlungen. Konzise umschrib Bischoff, was darunter zu verstehen war:

»Das Canzley=Ceremoniell besteht also in der wechselseitigen Beobachtung aller der Förmlichkeiten bey Geschäftsaufsätzen, welche durch Gesetze, Verträge,
Herkommen, sowohl im Hof= als Gerichtsstyle, nach den jedesmaligen Verhältnissen des Schreibenden, und dessen, an welchen geschrieben wird, bestimmt
sind. Diese Förmlichkeiten betreffen nun 1) die verschiednen Arten der Expedi-
tionen, welche in bestimmten Fällen erfordert werden, 2) die Sprache, worin die
Aufsätze abzufassen sind, 3) die Titulaturen, Auf= und Unterschriften u. s. w. 4)
verschiedene andre Puncte, z.B. Schreibmaterialien, Besieglung, Format, u. s.
w. Die Nichtbeobachtung eines oder des andern dieser Stücke heißt ein Canz-
ley=Fehler, woraus oft unangenehme Folgen entstehen könnten.«[53]

Die unangenehmen Folgen, die Bischoff ansprach, waren Verletzungen
der Etikette, die die Adressaten brüskierten, was u.U. auf die Behörden
und den fürstlichen Dienstherrn zurückfallen konnte. Das war nicht nur
in bilateralen Angelegenheiten fatal. Auch im Umgang mit hochrangi-
gen Untertanen war der richtige Ton entscheidend. In Preußen sah sich
die Regierung 1764 gezwungen, die Anredeformeln zu regeln, nachdem
sich ein neumärkischer Junker darüber beschwert hatte, von der Behörde
geduzt worden zu sein.[54] Derartige Formfehler konnten zur Beeinspru-
chung von Anordnungen führen und dadurch die Wirksamkeit administrativer Maßnahmen beeinträchtigen.

Das 17. und 18. Jahrhundert verstand unter dem Decorum die Gesamtheit der symbolischen Formen, mit denen Ehre repräsentiert wurde. Eben
dieses Decorum war es, was den Kanzleistil von informellen Schreiben
unterschied und unterscheiden sollte. Während dieses Zeitraums war es
Gegenstand ausführlicher Erörterungen.[55] Bischoff beschrieb die Beziehung zwischen Kanzleistil und Decorum:

---

**52 |** Vgl. H. Hattenhauer: Geschichte der deutschen Rechts- und Gesetzesspra-
che, S. 21.

**53 |** J.N. Bischoff: Handbuch der teutschen Cantzley=Praxis, S. 238.

**54 |** Vgl. M. Haß: Über das Aktenwesen, S. 224.

**55 |** Vgl. bes.: Johann Christoph Lünig: Theatrum Ceremoniale Historico-Politi-
cum, Oder Historisch- und Politischer Schau-Platz Aller Ceremonien, Nebst Un-

»Die äußre Würde des Canzleystyls besteht in der Beobachtung alles dessen, was sowohl dem Range und Stande desjenigen, von welchen eine Schrift kommt, als auch dessen, an den sie gerichtet wird, angemessen, und durch Verträge, Gesetze und Herkommen bestimmt ist. Alle diese Eigenschaften werden unter der Benennung, Curialen, oder Canzley=Ceremoniell, im weitläufigen Verstande, begriffen.«[56]

Als Fußnote fügte er erläuternd hinzu:

»Ceremoniell heißt überhaupt dasjenige Betragen gegen jemanden, woraus dieser und andre schliessen können, daß man ihm eine seinem Stande gemäße Ehre erweisen wolle, oder eine seinem Stande angemeßne Achtung für ihn habe.«[57]

Aus Friedrich Carl von Mosers Schrift *Gedanken Von dem Cancley= Decoro* (1751) wird deutlich, dass praktisch die gesamte Arbeit einer Behörde durch das Zeremoniell bestimmt war. Mosers Schrift liest sich wie eine ideale Hausordnung, die von der »Ordnung und Reinigkeit der Rats=Tische« und »Welchem ein Stuhl angeboten wird« über die »Kleider=Tracht«, bis zur Sprache den gesamten Behördenalltag regeln wollte.[58] Den Stil ordnete er dem *innerlichen Decoro* zu, das er vom äußeren Decorum unterschied, unter das neben dem Erscheinungsbild der Behörde und ihrer Mitarbeiter und das zu verwendende Schreibmaterial ebenso wie die Kalligraphie auch die Kurialien fielen. Auf Letztere gingen die Autoren mit ebenso großer Akribie wie mitunter spürbarem Widerwillen ein. Stets wurde die hohe Komplexität der Materie hervorgehoben und deren verwirrende Vielfalt beklagt. Andererseits wurden die Kurialien nicht in Frage gestellt, sondern lediglich ihre übertriebene und missbräuchliche Anwendung verurteilt. Die Gefahr, dass ihr Gebrauch sowie andere Höflichkeitsfloskeln leicht den Eindruck vermitteln konnten, der Schreiber wolle sich durch devotes Verhalten eine günstige Behandlung durch die Behörde bzw. den Fürsten erschleichen, wurde von allen Autoren erkannt und behandelt. Friedrich Carl von Moser fand für diese Praxis den drastischen Ausdruck

---

terschiedlichen Hof-Ordnungen, Rang-Reglementen, und anderen curieusen Piecen, Wie auch Dem Europäischen Cantzley-Ceremoniel, Elenchis und Registern, Leipzig, 1720, Johann Jacob Moser: Teutsches Staats=Recht ..., Dritter Theil, Von denen Kayserlichen Regierungs= Rechten und Pflichten, Frankfurt: Moritz Georg Weidmann 1772, S. 33-35. F.C.v. Moser: Staatsgrammatik, S. 88-90. J.S. Pütter: Anleitung, S. 37-55. 202-230.

**56** | J.N. Bischoff: Handbuch der teutschen Cantzley=Praxis, S. 327. Vgl. ferner Johann Jacob Moser: Abhandlung verschiedener besonderer Rechts= Materien. 20. Stück, Nr. 2. Frankfurt: Wohler 1772.

**57** | Ebd., Fußnote 1.

**58** | F.C. v. Moser: Gedanken, S. 474f. Ähnlich: C.D.H. Bensen: Theorie des Geschäftsstils, §§ 23-41.

*Canzley=Lüge.*[59] Die praktischen Faktoren der Missbrauchsgefahr und des Aufwands, den die Feststellung der korrekten Anredeform bei jedem amtlichen Schriftstück machen musste, dürften jedoch nicht die einzigen Gründe gewesen sein, warum Autoren nach Argumenten für die Beibehaltung des Kanzleistils suchten. Das eigentlich bemerkenswerte daran ist, dass man in der zweiten Hälfte des 18. Jahrhunderts immer öfter zur Auffassung gelangte, die Praxis der Kurialien bedürften der Verteidigung. Wiederum war es Bischoff, der die wahrscheinlich konkreteste und systematischste Argumentation vorlegte:

»So wenig indessen der Mißbrauch oder übertriebne Gebrauch der Curialien Entschuldigung verdient, [...]; so ist doch auf der andern Seite die gänzliche Aufhebung oder Umformung des üblichen Ceremoniells weit größern Schwierigkeiten unterworfen, als es beym ersten Anblicke scheinen möchte. Denn 1) sind bey allen gesitteten Nationen Unterschiede zwischen den Staatsbürger eingeführt, welche in feyerlichen Aufsätzen durch gewisse Ehrenwörter bezeichnet werden; 2) beruht der größte Theil der teutschen Canzley= Ceremoniells auf dem Europäischen Völkerrechte, wechselseitigen Verträgen oder Herkommen, und kann daher nur mit Einstimmung aller Interessenten aufgehoben oder abgeändert werden; 3) sind Titel und Ehrenworte sehr oft Zeichen hergebrachter Gerechtsame oder Ansprüche, welche den Besitzern ohne Ungerechtigkeit nicht entzogen werden können; 4) Am allerwenigsten dürfen Privatmänner und Staatsdiener, welche nicht in ihrem eignen, sondern im Namen der Landesherrn schreiben, hierin willkürliche Aenderungen wagen, wo selbst den Regenten die Hände gebunden sind; 5) geben oft die Curialien ein Mittel an die Hand, die Aechtheit oder Unächtheit einer Urkunde nach diplomatischen Regeln zu beurtheilen. Endlich sind sie auch 6) ein nützlicher Damm gegen die immer höher strebende Titelsucht.«[60]

Kurialien waren demnach Sachzwänge, die durch das Recht und diplomatische Usancen festgelegt waren und die akzeptiert werden mussten, obwohl ihr Zweck kaum noch erkennbar war und ihre Vorteile in der Praxis von geringer Bedeutung waren.[61] Sie mussten verteidigt werden, weil sie ein allzu offensichtlicher Anachronismus waren, was Bischoff auch offen einräumte:

---

**59** | Vgl. ebd. S. 516.

**60** | J.N. Bischoff: Handbuch der teutschen Cantzley=Praxis, S. 374f.

**61** | Sonnenfels wies darauf hin, dass das Kanzleizeremoniell, ebenso wie das diplomatische Zeremoniell, von den kleinen Reichsständen viel ernster genommen wurde als von den großen, da sie darüber hinaus nur über wenige Mittel verfügten, ihre Souveränität zu demonstrieren. Vgl. Joseph v. Sonnenfels: Über den Geschäftsstyl. Die ersten Grundlinien für angehende österreichische Kanzleybeamten. Zweite und etwas vermehrte Auflage, Wien: J. v. Kurzbek 1785, S. 69.

»Besonders wird hier die schon mehrmals bemerkte Stätigkeit und Vorliebe des Canzleystyls für das Alte recht sichtbar, indem noch jetzt die schriftlichen Verhandlungen großer Herren und ihrer Collegien [...] meistentheils Form und Curialien, wie sie vor hundert und mehr Jahren üblich waren, beybehalten haben, wodurch der Vortrag nicht selten ein steifes und allmodiges [sic!] Ansehen erhält, so wie die zuweilen in der Anrede und Unterschrift gebräuchlichen Ehrenwörter und Dienstbezeugungen mit dem Inhalte sehr sonderbar contrastiren.«[62]

Joseph von Sonnenfels gebrauchte die Begriffe »Zeremoniell« und »Decorum« nicht. Ebenso auffällig ist, dass er auch nicht von Ständen und der ihnen jeweils gebührenden Ehre sprach. Er forderte von der amtlichen Schreibart lediglich *einen gewissen Anstand*,[63] worunter nur auf den ersten Blick dasselbe gemeint war:

»Der Anstand in Geschäftsaufsätzen fordert, daß der Schriftverfasser beständig das *Verhältnis* im Gesichte behalte, worin er, oder der, in dessen Namen er schreibt, mit demjenigen steht, an den sein Aufsatz gerichtet ist. Die Sprache des Niedern an den Höhern muß also, nach dem Maße des Abstands, *ehrerbietig seyn!*«[64]

Unter Ehrerbietung verstand Sonnenfels jedoch nicht die durch die ständische und höfische Hierarchie vorgegebenen zeremoniellen Formen der Ehrerweisung, sondern eine an der natürlichen Würde jedes Menschen orientierte Form der Behandlung, wie sie dem Menschenbild der Aufklärung entsprach. Dass er damit jedenfalls nicht das Kanzleizeremoniell meinte, machte er mit dem Hinweis deutlich, dass in österreichischen Behörden bereits sämtliche Kurialien abgeschafft worden seien, woraus der Leser schließen konnte, was von ihnen zu halten sei.[65]

Mit dieser Einstellung unterschied sich Sonnenfels allerdings nicht grundsätzlich von anderen Autoren, die eine weniger radikale Auffassung bezüglich des Kanzleidecorums vertraten. Gewiss war der jüngere Moser nicht der einzige, der wusste, dass Kurialien und Kanzleistil keine emotional authentische Sprache waren, die echte Gefühle beschrieb, selbst oder gerade wenn gesagt wurde, man würde *in tiefster Affection zu Füßen der Majestät ersterben*. Einen wichtigen Hinweis dafür lieferte Christian Konrad Wilhelm Dohm (1751-1820), der 1778 (zu dieser Zeit bereits Professor für Kameralwissenschaft in Kassel) darauf hinwies,

»daß es in allen Sprachen gewisse Worte und Redensarten gibt, die einen konventionellen Nichtwerth haben, aber doch auch, gleichfalls nach einer Konven-

---

**62** | J.N. Bischoff: Handbuch der teutschen Cantzley=Praxis, S. 273.

**63** | Vgl. J. v. Sonnenfels: Geschäfsstyl. S. 6.

**64** | Ebd. 69. (Betonungen im Original.) Es liegt nahe, dass Sonnenfels typische Begriffe eines voraufgeklären Zeitalters bewusst vermied.

**65** | Vgl. ebd. S. 69f.

tion, bei gewissen Gelegenheiten gebraucht werden müssen. Jedermann weiß, daß sie nichts bedeuten, aber jedermann gebraucht sie. Wir nennen uns alle Tage gehorsamste und unterthänigsten Diener, ohne daß dabei etwas gedacht würde.«[66]

Mit diesem Argument wandte sich Dohm zwar nicht ausdrücklich gegen die Abschaffung der Kurialien, erklärte die Beschäftigung mit ihnen aber für überflüssig, denn Komplimente müssten nicht notwendigerweise devot sein. Ausdruck serviler Untertanenmentalität seien sie nur dann, wenn der Sprecher/Schreiber sie nicht als leere Worthülsen behandle, sondern tatsächlich meine, was er sage, was aber bei *denkenden Köpfen* nicht der Fall sei. Dohms Optimismus wurde nicht von allen geteilt. Nicht jeder vertraute der Mündigkeit und dem selbständigen Vermögen, zwischen Sein und Schein zu unterscheiden, besonders in einer Zeit, in der man davon überzeugt war, dass nur die *gebildeten Stände* über die Fähigkeit zum rationalen Denken und Handeln verfügten.[67] Viel häufiger wurde davor gewarnt, das Komplimentieren mit überschwänglicher Kurialienanwendung zu übertreiben, weil man wohl wusste, wie leicht das enorm umfangreiche Repertoire an Höflichkeitsfloskeln und zeremoniellen Umständlichkeiten zu einer servilen Sprache verleitete. Konnte auch Dohm wissen, wer noch traditionell dachte und für wen die alten Symbole noch eine konkrete Bedeutung hatten (wie für die eingangs erwähnten preußischen Räte, für die der königliche *titulus maior* das war, *was den Soldaten die Fahnen waren*),[68] und wer bereits modern eingestellt war und für den deshalb dieselben Symbole nichts mehr bedeuteten? Außerdem muss berücksichtigt werden, dass eben die Beherrschung dieses Sprachzeremoniells weiterhin ein wichtiges Statussymbol der Beamten und damit ein wesentlicher Bestandteil ihrer sozialen Identität blieb. Beamte hielten nicht zuletzt im eigenen Interesse an den alten Formen fest, auch wenn dadurch zunehmend der Eindruck entstehen konnte, Servilität müsse ein generelles Charakteristikum des Beamtenstands sein.

Knapp ein halbes Jahrhundert später hatte sich dieses Problem quasi von selbst erledigt. Wie so vieles andere waren auch die Kurialien aus der Mode gekommen, und in den meisten Staaten als überflüssiges und lästiges Beiwerk beseitigt. Für Aloys Schreiber war 1824 ein devoter Schreib-

---

66 | [Christian Konrad Wilhelm Dohm]:»Berichtigung einer Berichtigung einer Stelle in den Götting. gelehrt. Anzeigen«, in: Deutsches Museum 1779, März., S. 262-264, hier S. 262.

67 | Vgl. Andreas Gestrich:»Höfisches Zeremoniell und sinnliches Volk. Zur Rechtfertigung des Hofzeremoniells im 17. und frühen 18. Jahrhundert«, in: Jörg Jochen Berns/Thomas Rahn (Hg.), Zeremoniell als höfische Ästhetik in Spätmittelalter und Früher Neuzeit. (Frühe Neuzeit, Bd. 25), Tübingen: Niemeyer 1996, S. 57-73.

68 | Vgl. M. Haß: Über das Aktenwesen, S. 229.

stil bereits eindeutig ein Hinweis auf ein mangelndes Selbstwertgefühl, und er machte die Leser darauf aufmerksam, dass die Adressaten solcher Schreiben jedenfalls so über den Absender denken würden.[69] Er vertrat diese Auffassung zu einer Zeit, in der der barocke Kurialienprunk weitgehend verschwunden war und jemand, der sich trotzdem weiterhin seiner bediente, sich nicht nur in sprachlicher Hinsicht als Relikt eines überwundenen Zeitalters offenbarte. 1810 hatte schließlich auch Hardenberg, der nicht akzeptieren konnte, dass man »die barbarische Schreibart ungebildeter Zeiten beibehalten solle, während man doch sonst hinsichtlich andrer staatlicher Gebräuche fortgeschritten sei«, die Abschaffung der Kurialien in Preußen durchgesetzt.[70] Doch waren die Kurialien nur ein Teil des Kanzleidecorums. Ihre Abschaffung bedeutete nicht die Abschaffung des Kanzleizeremoniells insgesamt. In gewisser Weise entsprach die Verwaltungssprache ohne sie eher dem Ideal der höfischen Ästhetik. Wenn die Autoren der Kanzleihandbücher von der Verwaltungssprache Natürlichkeit des Ausdrucks verlangten, so erfüllten sie damit die wichtigste Forderung der höfischen Ästhetik, für die Eleganz seit Castiglione in der scheinbar zwanglosen Natürlichkeit und Spontaneität des Handelns und der Interaktion (*Sprezzatura*) bestand.[71] Die Starrheit und das gravitätische Pathos der Kurialien widersprachen den Prinzipien des höfischen Ideals. Dieser Widerspruch verstärkte sich im Lauf des 18. Jahrhunderts, je mehr die Natürlichkeit auch zum Ideal der aufgeklärten Gesellschaft wurde. Dass dieser Prozess in der Diskussion über eine gute Verwaltungssprache rezipiert wurde, zeigte sich schon in der ersten Hälfte des 18. Jahrhunderts, als Glafey die *weltübliche Schreibart* von der akademischen unterschied und auf sie explizit das höfische Ideal der Ungezwungenheit angewandt wissen wollte.[72] Eben dieser Widerspruch zwischen dem Stil der Juristen und dem auf das Mittelalter zurückgehenden Kurialstil einerseits und dem Natürlichkeits-

---

**69** | Vgl. A. Schreiber: Vom Geschäfsstyl, S. 59f.

**70** | Zitiert nach M. Haß: Über das Aktenwesen, S. 228. Vgl. ferner: Lorenz Beck: »Geschäftsverteilung, Bearbeitungsgänge und Aktenstilformen in der Kurmärkischen und in der Neumärkischen Kriegs- und Domänenkammer vor der Reform (1786-1806/08)«, in: Friedrich Beck/Klaus Neitmann (Hg.), Brandenburgische Landesgeschichte und Archivwissenschaft, Weimar u.a.: Böhlau 1997, S. 417-438, hier S. 436. Rainer Polley: »Standard und Reform des deutschen Kanzleistils im frühen 19. Jahrhundert. – eine Fallstudie«, in: Archiv für Diplomatik 40 (1994), S. 335-357, hier S. 336.

**71** | Vgl. Ch.A. Beck: Versuch einer Staatspraxis, S. 8. C.F. Boeschen: Ueber die juristische Schreibart, S. 6f. A.F. v. Glafey: Anleitung zu einer welt=üblichen Teutschen Schreib=Art, S. 13f. A.L. Schott: Vorbereitung zur juristischen Praxis, S. 270f.

**72** | Vgl. A.F. v. Glafey: Anleitung zu einer welt=üblichen Teutschen Schreib=Art, S. 27, 30, 39f.

ideal andererseits war es, der Bischoff (in dem oben angeführten Statement) als Kontrast zwischen Form und Inhalt auffiel. Goeckingk empfand diesen Kontrast schlichtweg als peinlich. Er wies darauf hin, dass gedruckte Edikte auch im Ausland bekannt würden, was dem Ansehen einer Regierung abträglich sein müsse, wenn diese Texte weiterhin in der kritisierten Art und Weise abgefasst würden. Auch dem eigenen Publikum sei eine solche Sprache nicht zuzumuten. Seine Kritik setzte die höfische Ästhetik als Maßstab voraus:

»Der Reskriptenstil ist nach dem Kabinettsstile der beste unter allen, [...]. Wie könt' es auch anders sein? Die, welche die Reskripte der Dikasterien angeben, leben gewöhnlich in der Residenz, [...], und der Ton des Hofes, oder der feinen Welt, hat unvermerkt, selbst auf die Schreibart derer, einigen Einflus, welche übrigens ihren Vortrag weder durch Lektüre, noch durch einige Kultur des Geschmacks bilden.«[73]

Der gute Geschmack war für Goeckingk und wohl auch die anderen Autoren, die sich auf ihn beriefen, selbstverständlich der Geschmack der höfischen und der Salongesellschaft. Somit wandte sich seine Kritik auch nicht gegen das Kanzleidecorum insgesamt, sondern plädierte für ein neues, das sich dem Geschmack der Zeit anpasste. So verstanden wäre eine neue Verwaltungssprache weniger eine strukturell moderne im Sinn der Aufklärung gewesen, sondern eher eine oberflächlich modischere, die sich an einer zeitgenössischen Ästhetik orientieren sollte. Pütter, Justi und Schott schlugen explizit Gottsched als Vorbild vor.[74] Auch das war nur scheinbar ein Verweis auf eine außerhöfische Ästhetik, denn die Eliten des ausgehenden 18. Jahrhunderts hatten die klassischen Schönheitsideale längst rezipiert. Der Fall des Philosophen Schreiber demonstriert, in welchem Ausmaß das in der ersten Hälfte des 19. Jahrhunderts bereits geschehen war: Der theoretische Teil seines Handbuchs über den Geschäftsstil (der 54 Seiten umfasst) ist eigentlich eine Einführung in die Ästhetik der Klassik. Anhand von Gedichten und literarischen Prosastücken versuchte er, den Beamten verständlich zu machen, warum ihre Sprache Schönheit, Grazie und Würde haben müsse.[75] Das alte Kanzleidecorum war reformiert und erfüllte – vorläufig – das Bedürfnis nach *Distinction*, ohne lächerlich zu wirken.

---

**73** | L.F.G. v. Goeckingk: Ueber den Kanzleistil, S. 216.

**74** | Vgl. J.H.G. v. Justi: Anweisung zu einer guten Deutschen Schreibart, S. 31. J.S. Pütter: Anleitung, S 24. A.L. Schott: Vorbereitung zur juristischen Praxis, S. 18. Goeckingk lehnte Gottsched als zu pedantisch ab. Vgl. L.F.G. v. Goeckingk: Ueber den Kanzleistil, S. 20.

**75** | Vgl. A. Schreiber: Vom Geschäfsstyl, S. 60.

## SCHLUSS

Im 18. Jahrhundert war die Entwicklung der deutschen Hochsprache durch intensive Bemühungen zur Normierung charakterisiert. Der Erfolg dieser Anstrengungen zeigte sich in der Durchsetzung der *meißnisch-obersächsischen Mundart* als Standard für den gesamten deutschen Sprachraum. Johann Christoph Gottsched und Johann Christoph Adelung waren die einflussreichsten Exponenten dieser Richtung. Die Erörterung, kritische Beschreibung und Normierung der Verwaltungssprache in Handbüchern und ihre öffentliche Diskussion in Zeitschriften stellen somit typische Beispiele für die allgemeine Sprachentwicklung und die Sprachauffassung ihrer Zeit dar. Gelegentlich äußerten sich diese auf recht paradoxe Art. So hat Peter Becker gezeigt, dass Sonnenfels in gewisser Weise zum Opfer dieser Tendenz wurde, indem man ihm vorwarf, er würde in seinem Handbuch über den Geschäftsstil am oberdeutschen Sprachgebrauch festhalten.[76] Die Argumente dieser Polemik waren dieselben, wie die aller Verwaltungssprachkritiker: Der Geschäftsstil sollte von sprachlichen Atavismen gereinigt und dem modernen Sprachgebrauch angepasst werden. Sonnenfels‹ Kritiker befürchteten einen Rückfall in den Status quo ante (vor Gottsched) und bezichtigten den Autor und mit ihm konkludent die Verwaltung der Habsburgermonarchie, deren prominenter Vertreter er war, die Erneuerung der Verwaltungssprache zu verweigern. Aus den Angriffen norddeutscher Kritiker auf gewisse Eigenheiten der österreichischen Verwaltung entsteht der Eindruck, borussischer Chauvinismus, dessen Polemik im 19, Jahrhundert die Überlegenheit der preußischen Verwaltung besonders beharrlich behauptete, könnte bereits in diesem Fall das Motiv dafür gewesen sein, die norddeutschen Verwaltungen gegen die österreichische auszuspielen.[77] Andererseits hatte schon Justi in seiner *Anweisung* explizit auf Besonderheiten der südostdeutschen Sprache im allgemeinen, und der erbländischen Verwaltungsterminologie im besonderen hingewiesen, ohne damit eine vergleichbare Reaktion ausgelöst zu haben.[78] Die Handbuchautoren warnten zwar vor dem Gebrauch von Provinzialismen, enthielten sich aber generell patriotisch motivierter Wertungen, sofern sie sich nicht gegen Frankreich richteten. Tatsächlich

**76** | Vgl. Peter Becker: »›... wie wenig die Reform den alten Sauerteig ausgefegt hat.‹ Zur Reform der Verwaltungssprache im späten 18. Jahrhundert aus vergleichender Perspektive«, in: Hans Erich Bödeker/Martin Gierl (Hg.), Jenseits der Diskurse. Aufklärungspraxis und Institutionenwelt in europäisch komparativer Perspektive. Veröffentlichungen des Max Plank Instituts für Geschichte Nr. 224, Göttingen: Vandenhoeck & Ruprecht 2007, S. 69-97.

**77** | Vgl. ebd. 82-90. Vgl. ferner Bernd Wunder: Geschichte der Bürokratie in Deutschland, Frankfurt a.M.: Suhrkamp1986, S. 17.

**78** | Vgl. J.H.G. v. Justi: Anweisung zu einer guten Deutschen Schreibart, S. 36f. Die letzte Ausgabe der *Anweisungen* erschien 1778 in Leipzig, sechs Jahre vor Sonnenfels‹ *Geschäftsstil*.

setzte sich die obersächsische Sprachnorm in Österreich ebenso schnell durch, wie in anderen ober- und mitteldeutschen Territorien, wenn auch nicht ohne publizistischen Widerstand.[79] Daher konnte sich der zeittypische Normierungseifer im Fall Sonnenfels auch nicht gegen die österreichische Verwaltungssprache wenden, sondern lediglich gegen ihre Terminologie, die allerdings weiterhin Begriffe beibehielt, die aus der älteren Verwaltungssprache und damit aus der oberdeutschen Sprachtradition stammten. Dadurch zeigt diese Auseinandersetzung gleichwohl, dass die österreichische Verwaltungsterminologie, wie die Verwaltung selbst, seit dem Ende des 18. Jahrhundert partiell eine andere Entwicklung nahm, als die der übrigen deutschen Territorien.

In der Gegenwart konzentriert sich die Debatte um eine Verbesserung der Verwaltungssprache auf den Faktor der Verständlichkeit. Neben der Effizienzsteigerung, die man sich durch die Vermeidung der Betreuung verwirrter Klienten erwartet, soll der Gebrauch einer allgemein verständlichen Sprache die Barriere zwischen Bürgern und Administration beseitigen. Dieses Problem ist so alt, wie die Idee der Gleichheit vor dem Gesetz und der Versuch, Untertanen als Bürger in den Staat zu integrieren, anstatt sie von ihm beherrschen zu lassen. Daher verlangte Montesquieu:

»Gesetze dürfen nicht zu ausgetüftelt sein. Sie werden für Leute von mittlerer Fassungskraft geschaffen: sie sind keine Kunstwerke der Logik, sondern sind wie der schlichte Verstand eines Familienvaters.«[80]

Im Projekt für ein *Allgemeines Landrecht* in Preußen war die Allgemeinverständlichkeit ein vom König selbst erklärtes Ziel und wurde hier erstmals in einem größeren Umfang realisiert. Um auch wirklich jeden betroffenen oder interessierten Untertanen zu erreichen, veröffentliche Carl Gottlieb Svarez 1793 einen leicht verständlichen Auszug aus dem *Allgemeinen Landrecht* unter dem Titel »Unterricht über die Gesetze für die Einwohner der preußischen Staaten« und bekräftigte damit die Ernsthaftigkeit seiner Bemühungen um allgemein verständliche und zugängliche Gesetze.

Auch die Handbuchautoren und kritischen Kommentatoren äußerten sich in diesem Sinn. Doch genau in diesem Punkt unterschieden sich die Ansprüche an die Gesetzessprache von den Normen für die Verwaltungssprache: Verständlichkeit wurde auffälligerweise lediglich von den Gesetzen verlangt, nicht aber von der Sprache der Verwaltung.[81] Die Verwaltungssprache sollte, wie oben erwähnt, *ordentlich, rein, korrekt, kurz*, vor

---

79 | Vgl. Peter v. Polenz: Deutsche Sprachgeschichte vom Spätmittelalter bis zur Gegenwart. Band II. 17. und 18. Jahrhundert, Berlin, New York: Walter de Gruyter 1994, S. 171-177.

80 | Ch.-L. de Montesquieu: Vom Geist der Gesetze. 29. Buch, 16. Kapitel.

81 | In den für diesen Beitrag untersuchten Quellen kommt die Kategorie ›Verständlichkeit‹ im Zusammenhang mit Verwaltungssprachnormen nicht vor, während sie von der Gesetzessprache explizit gefordert wurde.

allem aber *deutlich* sein. Hierbei handelt es sich um ästhetische Kriterien im Sinn des 18. Jahrhunderts, d.h. um die Bedingungen des kognitiven Erkennens und damit der Erfassung von Bedeutung (Baumgarten, Kant).

Komplizierte und allzu lange Sätze verstießen, nach Ansicht der Autoren, gegen die Maximen eines vernunftgemäßen Sprachgebrauchs, weil sie den Verstand (nicht nur niedriger Fassungskraft) verwirren und in die Irre leiten können.

An dieser Stelle muss endlich zwischen »Verständlichkeit« und »Allgemeinverständlichkeit« unterschieden werden. Der Begriff »Allgemeinverständlichkeit« wurde zwar im Untersuchungszeitraum nicht gebraucht, doch lässt sich aus der Verwendung des Begriffs »verständlich« in der Paralleldiskussion über die Gesetzessprache schließen, dass darunter nicht »allgemein verständlich« verstanden wurde.[82] »Deutlichkeit« lässt sich in diesem Sinn als Bedingung für Verständlichkeit auslegen, aber nicht notwendigerweise für Allgemeinverständlichkeit. Auch heute kann ein Verwaltungstext für einen Experten deutlich, korrekt und kurz, für einen Laien jedoch völlig unverständlich sein.

Der Grund für den Unterschied zwischen den Anforderungen an die Gesetzes- und die Verwaltungssprache liegt in der Bedeutung des Kanzleidekorums. Während für die Aufklärung das Recht jedermann zugänglich und die Gesetze daher allgemein verständlich sein sollten, musste die Administration *Distinction* wahren. Alle Autoren stimmten darin überein, dass das Kanzleidekorum diesem Zweck diene und dass die Sprache Bestandteil des Kanzleidekorums war. Auch das sprachliche Dekorum hatte die Würde des *Princeps*, seines Staats sowie seiner Administration im allgemeinen, und die seiner Vertreter im besonderen zu schützen. Wenn die Formen des Sprachdekorums kritisiert wurden, dann nicht wegen mangelnder Allgemeinverständlichkeit, sondern wegen seiner Würdelosigkeit. Eine vertrackte, geschraubte und dazu noch antiquierte Sprache wirkte nicht nur lächerlich, sie war auch unvernünftig und konnte somit im Zeitalter der Vernunft ihren Zweck nicht mehr erfüllen. Sie musste folglich durch eine schönere, modernere (d.h. modischere) und damit zugleich würdevollere ersetzt werden. Auch im 19. und 20. Jahrhundert funktionierte die Verwaltungssprache als Dekorum, wurde aber nicht mehr als solches gesehen und benannt. Erst in jüngerer Zeit hat man begonnen, sie wieder als Form des Dekorums zu erkennen und dessen Rolle auch für die Verwaltung der Gegenwart und als Statussymbol der Beamten zu untersuchen.[83]

---

**82** | Vgl. M. Wieczorrek: Stil und Status, S. 112. C.F. Boeschen: Ueber die juristische Schreibart, S. 8. S. ferner: Karl Heinz Göttert: »Ringen um Verständlichkeit. Ein historischer Streifzug«, in: Deutsche Vierteljahrsschrift für Literaturwissenschaft und Geistesgeschichte 65 (1991), S. 1-14.
**83** | Vgl. Peter Heinrich: »Verwaltungssprache zwingt sich auf, um sich nicht aussetzen zu müssen«, in: Detlef Treubrodt/Denis Kirstein (Hg.), Auf dem Weg zur Hochschule für öffentliche Aufgaben – Aufsätze aus Rechts-, Polizei-, Wirt-

## LITERATUR

Anonym: Schreiben an den Herausgeber über den Kanzleistil, in: Deutsches Museum, 1780, 1. Band, S. 284-288.

Beck, Christian August: Versuch einer Staatspraxis, oder Canzeleyübung, aus der Politik, dem Staats= und Völkerrechte, Wien: Kraus 1754.

Beck, Lorenz: »Geschäftsverteilung, Bearbeitungsgänge und Aktenstilformen in der Kurmärkischen und in der Neumärkischen Kriegs- und Domänenkammer vor der Reform (1786-1806/08)«, in: Friedrich Beck/Klaus Neitmann (Hg.), Brandenburgische Landesgeschichte und Archivwissenschaft, Weimar u.a.: Böhlau 1997, S. 417-438.

Becker, Peter: »Kaiser Josephs Schreibmaschine. Ansätze zur Rationalisierung der Verwaltung im aufgeklärten Absolutismus«, in: Jahrbuch für europäische Verwaltungsgeschichte 12 (2000), S. 23-54.

Becker, Peter: »›... wie wenig die Reform den alten Sauerteig ausgefegt hat.‹ Zur Reform der Verwaltungssprache im späten 18. Jahrhundert aus vergleichender Perspektive«, in: Hans Erich Bödeker/Martin Gierl (Hg.), Jenseits der Diskurse. Aufklärungspraxis und Institutionenwelt in europäisch komparativer Perspektive. Veröffentlichungen des Max Planck Instituts für Geschichte Nr. 224, Göttingen: Vandenhoeck & Ruprecht 2007, S. 69-97.

Bensen, Carl Daniel Heinrich: Theorie des Geschäftsstils, nebst Formularen zu Relationen, Deductionen, Defensionsschriften, wie mehrere Entwürfe zu praktischen Arbeiten, Erlangen: Johann Jacob Palm 1802.

Bischoff, Johann Nicolaus: Handbuch der teutschen Cantzley=Praxis für angehende Staatsbeamte und Geschäftmänner. 1. Theil, von den allgemeinen Eigenschaften des Canzley=Styls, Helmstedt: Fleckeisen 1793.

Boeschen, Carl Franz: Ueber die juristische Schreibart, Halle: Renger 1777.

Claproth, Justus: Grundsätze von Verfertigung der Relationen aus Gerichtsacten mit nöthigen Mustern. Zum Gebrauch der Vorlesungen. Nebst einer Vorrede vom Verhältnis der Theorie und der Ausübung der Rechtsgelehrsamkeit, 4. Aufl., Göttingen: Vandenhoek u. Ruprecht 1789.

[Dohm, Christian Konrad Wilhelm]: »Berichtigung einer Berichtigung einer Stelle in den Götting. gelehrt. Anzeigen«, in: Deutsches Museum 1779, März, S. 262-264.

Gestrich, Andreas: »Höfisches Zeremoniell und sinnliches Volk. Zur Rechtfertigung des Hofzeremoniells im 17. und frühen 18. Jahrhundert«, in: Jörg Jochen Berns/Thomas Rahn (Hg.), Zeremoniell als höfische Ästhetik in Spätmittelalter und Früher Neuzeit. (Frühe Neuzeit, Bd. 25), Tübingen: Niemeyer 1996, S. 57-73.

Glaffey, Adam Friedrich v.: Anleitung zu einer welt=üblichen Teutschen Schreib=Art, Worinnen die Grund=Lehren in Welt=Händeln gebräuchlichsten Stylo enthalten sind, Und so wohl Stückweise mit Exempln erläutert, als auch am Ende mit gantzen ausgearbeiteten Proben bestärcket werden, 3. und vermehrte Auflage. Leipzig, Schuster 1747.

Goeckingk, Leopold Friedrich Günther v.:»Ueber den Kanzleistil«, in: Deutsches Museum, 1779, 1. Band, S. 207-245.

Göttert, Karl Heinz:»Ringen um Verständlichkeit. Ein historischer Streifzug«, in: Deutsche Vierteljahrsschrift für Literaturwissenschaft und Geistesgeschichte 65 (1991), S. 1-14.

Granier, Hermann:»Ein Reformversuch des preußischen Kanzleistils im Jahre 1800«, in: Forschungen zur brandenburgischen und preußischen Geschichte 15 (1902), S. 168-180.

Haß, Martin:»Über das Aktenwesen und den Kanzleistil im alten Preußen«, in: Forschungen zur brandenburgischen und preußischen Geschichte 20 (1910), S. 201-255.

Hattenhauer, Hans: Zur Geschichte der deutschen Rechts- und Gesetzessprache. Berichte aus den Sitzungen der Joachim-Jungius-Gesellschaft der Wissenschaften Jg. 5/2, Göttingen: Vandenhoeck und Ruprecht 1987.

Heinrich, Peter:»Verwaltungssprache zwingt sich auf, um sich nicht aussetzen zu müssen«, in: Detlef Treubrodt/Denis Kirstein (Hg.), Auf dem Weg zur Hochschule für öffentliche Aufgaben – Aufsätze aus Rechts-, Polizei-, Wirtschafts-, Verwaltungs- und Sozialwissenschaft. Festschrift für Prof. Hans Paul Prümm, Berlin: Hitit 2008, S. 213-231.

Heller, Martin Johannes: Reform der deutschen Rechtssprache im 18. Jahrhundert. Rechtshistorische Reihe Nr. 97, Frankfurt a.M. u.a.: Peter Lang 1992.

Hoffmann, Gottfried Daniel: Vermischte Beobachtungen aus den Deutschen Staats=Geschichten und Rechten. Th. 4: Geschichte der lateinischen und deutschen Formularbücher von den ältesten Zeiten an bis auf das 17. Jahrhundert, Ulm, Stettin: Gaumische Handlung 1764.

Justi, Johann Heinrich Gottlob v.: Anweisung zu einer guten Deutschen Schreibart und allen in den Geschäfften und Rechtssachen vorfallenden schriftlichen Ausarbeitungen..., Wien: Trattnern 1774.

Kessler, Johann Georg Christoph Edler v.: Oesterreichisches Geschäften= Lexikon oder Sammlung aller Gattungen schriftlicher Aufsätze, welche in politischen = Finanz = Handlungs = Bergwesens = Land = und Hauswirthschäftlichen Angelegenheiten zum Beispiel dienen können, ErsterTheil, A-K. Dritte, verbesserte und vermehrte Aufl, Wien: Mößle 1802.

König, Johann Christoph: Praktisches Handbuch des deutschen Styles. Erster Theil, Nürnberg, Altdorf: Monath u. Kußler 1792.

[Lengenfelder, Johann N.:] Ueber den Kanzleystil und wie derselbe zu verbessern. Etwas für Beamte, Advokaten, Sekretaire, Kanzlisten, Schreiber u. d. gl., Wien: von Trattnern 1781.

Lünig, Johann Christoph: Theatrum Ceremoniale Historico=Politicum, Oder Historisch= und Politischer Schau=Platz Aller Ceremonien, Nebst Unterschiedlichen Hof=Ordnungen, Rang-Reglementen, und anderen curieusen Piecen, Wie auch Dem Europäischen Cantzley= Ceremoniel, Elenchis und Registern, Leipzig: Moritz Georg Weidmann 1720.

Montesquieu, Charles-Louis de Secondat Baron de: Vom Geist der Gesetze, Stuttgart: Reclam 1994.

Moser, Friedrich Carl v.: »Gedanken Von dem Cancley=Decoro«, in: Ders.: Kleine Schriften, Zur Erläuterung Des Staats= und Völcker= Rechts, wie auch des Hof= und Canzley=Ceremoniels, 1. Band, Frankfurt a.M.: Andreae 1751, S. 474-542.

Moser, Friedrich Carl v.: Versuch einer Staats=Grammatik, Frankfurt a.M.: Andreae 1749.

Moser, Johann Jacob: Abhandlung verschiedener besonderer Rechts= Materien. 20. Stück, Nr. 2. Frankfurt a.M.: Wohler 1772.

Moser, Johann Jacob: Einleitung zu denen Cantzley-Geschäfften: Zum Gebrauch der Hanauischen Staats- und Cantzley-Academie, Hanau: o.V. 1750.

Moser, Johann Jacob: Teutsches Staats=Recht ..., 3. Theil, Von denen Kayserlichen Regierungs=Rechten und Pflichten. Frankfurt a.M.: Moritz Georg Weidmann 1772.

Plitt, Johann Friedrich: Ueber den Geschäftsstil und dessen Anweisung auf hohen Schulen, Frankfurt, Leipzig: Gebrüder van Düren 1785.

Polenz, Peter v.: Deutsche Sprachgeschichte vom Spätmittelalter bis zur Gegenwart. Band II. 17. und 18. Jahrhundert, Berlin, New York: Walter de Gruyter 1994.

Polley, Rainer: »Standard und Reform des deutschen Kanzleistils im frühen 19. Jahrhundert. – eine Fallstudie«, in: Archiv für Diplomatik 40 (1994), S. 335-357.

Pütter, Johann Stephan: Empfehlung einer vernünftigen neuen Mode Teutscher Auffschriften auf Teutschen Briefen: 2. Aufl., Göttingen: Vandenhoeck 1784.

Pütter, Johann Stephan: Anleitung zur juristischen Praxi, wie in Teutschland sowohl gerichtliche als außergerichtliche Rechtshändel oder andere Canzley- Reichs- und Staats-Sachen schriftlich oder mündlich verhandelt und in Archiven beygeleget werden, Band 1, 5. Aufl. Göttingen: Vandenhoeck 1789.

Pütter, Johann Stephan: Ueber die Richtigkeit und Rechtschreibung der Teuschen Sprache einige Bemerkungen ..., Göttingen: Vandenhoeck 1780.

Scheidlein, Georg: Erklärungen über den Geschäftsstyl in den Österreichischen Erblanden, Wien: Eigenverlag 1794.

Schlink-Arnold, Hadwig/Ronellenfitsch, Michael: Methoden und Techniken geistiger Arbeit in der Verwaltung, Regensburg: Walhalla Praetoria 1980.

Schott, August Ludwig: Vorbereitung zur juristischen Praxis besonders in Rücksicht auf die Schreibart in rechtlichen Geschäften, Erlangen: J. J. Palm 1784.

Schreiber, Aloys: Vom Geschäfsstyl und dem mündlichen Vortrage, Karlsruhe, Baden: D. R. Marx 1824.

Seng, Fidel: Geistlicher Geschäfts-Styl für beide christliche Confessionen im Großherzogthum Baden, Freiburg: Waizenegger 1839.

Sonnenfels, Joseph v.:»Ankündigung der Vorlesung über den Geschäftstil«, in: Deutsches Museum, 1780, 2. Band, S. 303-312.

Sonnenfels, Joseph v: Über den Geschäfsstyl. Die ersten Grundlinien für angehende österreichische Kanzleybeamte, 2. und etwas vermehrte Auflage, Wien: J. v. Kurzbek 1785.

Stieler, Kaspar: Teutscher Secretariat= Kunst, Vierte/und zwar in eine gantz neue Form veränderte Aufflage. Worinnen dasjenige, was zu eines in öffentlichem Amte stehenden SECRETARII, Verrichtung nicht gehörig/zurükgelassen/das Beybehaltene aber mit neuen/ordentlich=eingetheilten Zusätzen/aus Fürstlichen/und meist Fürstl. Sächsischen Acten, vielfältig vermehret, und überhaupt alles dergestalt, daß nebst einem auserlesenen Vorrath verbindlicher Privat= und Cantzley= Schreiben, gleichsam ein Auszug aus vielerley Cabinetten, zum Gebrauch Für Geheime und Staats= Lehen= Berichts= Cammer= und Renterey=Consistorial= Hof= Kriegs= und Universitäts=Secretarien, auch angehende Räthe/Amt=Leute/Richter und Rechts= Gelehrte/darinnen beysammen zu finden, mit möglichstem Fleiß/und Beyfügung eines guten Registers/eingerichtet/von Joachim Friedrich Fellern, [...], Frankfurt a.M.: Andreae und Hort 1726.

Vismann, Cornelia: Akten. Medientechnik und Recht, Frankfurt a.M.: Fischer Taschenbuch 2000.

Wieczorrek, Michael:»Stil und Status. Juristisches Schreiben im 18. Jahrhundert«, In: Ulrich Kronauer/Jörn Garber (Hg.), Recht und Sprache in der deutschen Aufklärung, Hallesche Beiträge zur Europäischen Aufklärung Nr. 14. Schriftenreihe des Interdisziplinären Zentrums für die Erforschung der Europäischen Aufklärung Martin-Luther-Universität Halle-Wittenberg, Tübingen: Niemeyer 2001, S. 99-112.

Wunder, Bernd: Geschichte der Bürokratie in Deutschland, Frankfurt a.M.: Suhrkamp 1986.

# Zum Begriff des Steuerstaats

Florian Schui

»Der moderne Staat ist wesentlich Steuerstaat.«
(Jürgen Habermas 1990)[1]

Steuerbehörden sind nicht nur das finanzielle Herz moderner Staaten, sie sind auch diejenigen Verwaltungseinrichtungen, mit denen der Bürger den häufigsten und regelmäßigsten Kontakt hat. Die Kommunikation zwischen Staat und Bürger ist häufig eine Kommunikation zwischen Steuerzahler und Steuerbehörde. Steuerrevolten wie die französische und die amerikanische Revolution zeigen, dass es sich hier um einen konfliktträchtigen und für die politische Stabilität zentralen Bereich des Kontaktes zwischen Individuum und Verwaltung handelt. Diese hervorgehobene Rolle fiskalischer Institutionen – zusammen mit den wachsenden Haushaltsproblemen fast aller Industrienationen – hat in den letzten Jahren zu einem verstärkten Interesse an der Geschichte der Besteuerung und ihrer Bedeutung im Kontext des Prozesses der Staatsbildung geführt. Nationale Steuergeschichten liegen mittlerweile für eine Reihe von Staaten vor. Darüber hinaus untersucht die neuere Forschung die Steuergeschichte auch aus komparativer Sicht und interessiert sich für die transnationalen Verbindungen, die zwischen den Entwicklungen fiskalischer Institutionen in einzelnen Staaten bestehen.[2] Kaum eine dieser Arbeiten kommt

---

**1** | Jürgen Habermas: Strukturwandel der Öffentlichkeit, Frankfurt a.M.: Suhrkamp 1990, S. 74.

**2** | Vgl. Richard Bonney (Hg.): Economic systems and state finance, Oxford: Clarendon 1995. Richard Bonney (Hg.): The rise of the fiscal state in Europe, c. 1200-1815, New York: Oxford University Press 1999. W.M. Ormrod/Margaret Bonney/Richard Bonney (Hg.): Crises, revolutions and self-sustained growth. Essays in European fiscal history, 1130-1830, Stamford: Shaun Tyas 1999. W. Elliot Brownlee: Federal taxation in America. A short history, Cambridge: Cambridge University Press 1996. W. Elliot Brownlee (Hg.): Funding the modern American state, 1941-1995. The rise and fall of the era of easy finance, New York, Cam-

dabei ohne den Begriff des »Steuerstaates« als zentralem analytischem Begriff aus. Die Herausbildung des Steuerstaats wird ganz zu Recht als Schlüsselprozess in der Entwicklung moderner Staaten gewertet. Trotzdem wird meist auf eine nähere Bestimmung des Begriffs verzichtet. Soweit Steuerhistoriker den Versuch einer Definition unternehmen, erfolgt die Abgrenzung des Steuerstaats von anderen Staats- und Herrschaftsformen, namentlich vom Domänenstaat, meist über die Zusammensetzung des Staatshaushalts. Solche Staaten, die einen Anteil ihres Budgets durch Steuereinnahmen bestreiten, gelten als Steuerstaaten. Der kritische Anteil, der den Übergang vom Domänenstaat zum Steuerstaat markiert, bleibt jedoch unklar und variiert von Autor zu Autor. Diese Unschärfe resultiert aus der Unangemessenheit des Kriteriums: Mittelalterliche und frühneuzeitliche Herrschaftsformen kannten Steuern, ohne dass daraus die Existenz eines Steuerstaates abgeleitet werden kann und moderne Staaten des 19. und 20. Jahrhunderts bestritten ihre Ausgaben zu signifikanten Anteilen durch nicht-steuerliche Einnahmen aus Regalien, Kreditaufnahme und aus Abgaben, die nicht ohne weiteres als Steuern zu werten sind. Dennoch handelt es sich eindeutig um Steuerstaaten.[3] Jede Definition einer kritischen Schwelle des »Steueranteils« am Haushalt, ab der von einem Steuerstaat gesprochen werden kann, muss notwendigerweise willkürlich bleiben. Dies liegt auch daran, dass der Begriff der Steuer selbst nicht einheitlich verwendet und die Abgrenzung zwischen Steuern und anderen Formen von Abgaben und Gebühren oft unterschiedlich vorgenommen wird.[4]

Eine Bestimmung des Steuerstaats aus der Sicht der Staatseinnahmen ist eine Unmöglichkeit. Es ist gerade die Komplexität des Phänomens und die Vielfältigkeit seiner administrativen Erscheinungsform, die den Steuerstaat aus historischer, soziologischer und ökonomischer Sicht so bedeutend macht. Angesichts dieser konzeptionellen Schwäche der Steuergeschichte, wird es hier darum gehen, zu einer genaueren Bestim-

bridge: Woodrow Wilson Center Press, Cambridge University Press 1996. Martin J. Daunton: Trusting Leviathan. The politics of taxation in Britain, 1799-1914, Cambridge: Cambridge University Press 2001. Martin J. Daunton: Just taxes. The politics of taxation in Britain, 1914-1979, Cambridge: Cambridge University Press 2002. Thomas Piketty: Les hauts revenus en France au XXe siècle inégalités et redistributions, 1901-1998, Paris: B. Grasset 2001. Holger Nehring/ Florian Schui (Hg.): Global debates about taxation, Basingstoke: Palgrave Macmillan 2007. Hans-Peter Ullmann: Der deutsche Steuerstaat. Geschichte der öffentlichen Finanzen vom 18. Jahrhundert bis heute, München: Beck 2005.

**3** | Vgl. Werner Heun: »Die Entwicklung des Steuerstaatskonzepts in theoretischer und tatsächlicher Hinsicht«, in: Ute Sacksofsky/Joachim Wieland (Hg.), Vom Steuerstaat zum Gebührenstaat, Baden-Baden: Nomos 2000, S. 10-21, hier S. 12-15.

**4** | Vgl. ebd., S. 19. Paul Leroy-Beaulieu: Traité de la science des finances, Paris: Guillaumin, Alcan 1906, S. 146.

mung des Begriffs des Steuerstaats beizutragen. Dabei wird zunächst die historische Entwicklung des Begriffs untersucht um dann Vorschläge zu einer konzeptionellen Weiterentwicklung zu formulieren, die die Kommunikationsformen der Steuerverwaltung in die Analyse mit einbezieht.

## DIE GOLDSCHEID-SCHUMPETER-DEBATTE

An Stelle einer näheren Bestimmung des Konzepts des Steuerstaats begnügen sich die meisten Autoren mit dem Verweis auf Joseph Schumpeters klassischen Aufsatz »Die Krise des Steuerstaats«. In einigen Fällen werden die Thesen Schumpeters noch einmal zusammengefasst. Nicht selten findet sich auch Schumpeters Hinweis darauf, dass man an der Steuergeschichte nicht nur ablesen könne »wes Geistes Kind ein Volk ist«, sondern auch »auf welcher Kulturstufe es steht, wie seine soziale Struktur aussieht [und] was seine Politik für Unternehmungen vorbereiten mag«.[5] Dieser rituelle Verweis zur Vermeidung einer notwendigen Begriffsbestimmung ist in mehr als einer Hinsicht problematisch. Zunächst ist zu bedenken, dass sich der Verweis auf einen Ökonom bezieht, der sich mit mittelalterlicher und frühneuzeitlicher Geschichte befasste, ohne dabei auf die entsprechende Fachliteratur oder auf Quellen zu verweisen. Erst seit den 1990er Jahren (Schumpeters Aufsatz ist von 1918) wurde damit begonnen, Schumpeters Thesen systematisch aus mediävistischer und frühneuzeitlicher Sicht zu diskutieren.[6] Trotz der wichtigen Beiträge der letzten Jahre bleibt die Rezeption Schumpeters weitgehend auf Neuzeithistoriker, Soziologen und Wirtschaftswissenschaftler begrenzt. Eine detaillierte und theoretisch fundierte Diskussion von Schumpeters Thesen aus mediävistischer Sicht steht noch aus. Dieser Mangel an gegenseitiger Rezeption zwischen Wirtschaftsgeschichte und vor-moderner Geschichtsschreibung ist leider nicht ungewöhnlich. Bedeutende Teile der aktuellen Theoriebildung in der Wirtschaftsgeschichte, besonders die Institutionenökonomik von Douglass North, stehen im Widerspruch zum mediävistischen Forschungsstand.[7] Es ist allerdings nicht Gegenstand dieses Kapitels Schumpeters Artikel aus mediävistischer Sicht zu beleuchten. Andere haben diese Arbeit mit Erfolg begonnen und es scheint, dass sich Schumpeters Ansatz in vielen Bereichen als solide erweist. Seine theoretische

---

**5** | Joseph Schumpeter: »Die Krise des Steuerstaats«, in: Rudol Hickel (Hg.), Die Finanzkrise des Steuerstaats, Frankfurt: Suhrkamp Verlag 1976, S. 329-79, hier S. 331f. Vgl. u.a. M. Daunton: Leviathan, S. 1. Holger Nehring/Florian Schui: Introduction, in H. Nehring/F. Schui, Global debates, S. 8.

**6** | Vgl. R. Bonney: The rise of the fiscal state.

**7** | Vgl. Florian Schui: »Zur kritischen Analyse der neuen Institutionenökonomik: Douglass Norths Interpretation der frühmittelalterlichen Grundherrschaft«, in: Vierteljahrschrift für Sozial- und Wirtschaftsgeschichte (VSWG) 90 (2003), S. 157-173.

Arbeit zur Wirtschaftsgeschichte hebt sich damit positiv von ähnlichen Bemühungen seiner heutigen Fachkollegen ab.

Es geht hier vielmehr darum, Schumpeters Thesen ideengeschichtlich einzuordnen um so das Konzept des Steuerstaats vollständiger zu verstehen und mögliche Anknüpfungspunkte für eine kommunikative Analyse des Steuerstaats herauszuarbeiten. Das Konzept des Steuerstaats wird hier nicht, wie in den meisten Texten der Steuergeschichte, als zeitloses theoretisches Konzept betrachtet, sondern als Teil einer historischen Debatte, die sich nur durch ihren spezifischen Kontext erschließt. Es geht damit um eine Historisierung des Kernbegriffs der Steuergeschichtsschreibung.

Schumpeter formulierte seine Thesen in turbulenten Zeiten. »Die Krise des Steuerstaats«, von der im Titel seines Aufsatzes die Rede ist, und der »Donner der Weltgeschichte«, den er in der Geschichte der Besteuerung zu hören glaubte, waren keine graue Theorie, sondern politische Realität in Österreich im Jahre 1918.[8] Die absehbare Niederlage der Mittelmächte und der drohende Staatsbankrott Österreichs waren Tagesgespräch. Wer wie der damals 35jährige Schumpeter einen Vortrag zu Steuerfragen hielt, tat dies nicht in erster Linie als Beitrag zu einer ausschließlich wissenschaftlichen Debatte. Obwohl der Vortrag vor der Wiener Soziologischen Gesellschaft gehalten wurde, ist er als eine politische Positionsbestimmung zu verstehen. So wurde er offensichtlich auch von den Zeitgenossen aufgenommen: bereits ein Jahr nach seiner Rede wurde Schumpeter zum österreichischen Finanzminister ernannt.

Die politische Dimension des Aufsatzes wird durch seine Editionsgeschichte illustriert: In gedruckter Form wurde der Text erstmals 1918 als Heft 4 der »Zeitfragen aus dem Gebiet der Soziologie« veröffentlicht. Die meisten Verweise in aktuellen Publikationen beziehen sich jedoch auf die von Richard Musgrave und Alan Peacock besorgte englische Ausgabe von 1954 und auf eine deutschsprachige Neuausgabe von 1976.[9] Die Erscheinungsdaten dieser Ausgaben korrespondieren mit den einschneidenden Krisen des Steuerstaats im 20. Jahrhundert: Sie markieren die Schuldenkrisen nach den beiden Weltkriegen und die Diskussion um die dramatischen Staatsdefizite der 1970er Jahre.

Um den Begriff des Steuerstaats vollständig zu verstehen, muss er in seinen historischen, politischen und diskursiven Kontext eingeordnet werden. Neben der Frage »Was sagt Schumpeter über den Steuerstaat?« muss vor allem auch die Frage gestellt werden »Was tut Schumpeter, indem er über den Steuerstaat in dieser Form spricht?« Im Jahre 1918 antwortete er vor allem Rudolf Goldscheid. Dieser hatte mit seinem Büchlein »Staatssozialismus oder Staatskapitalismus« für Furore gesorgt. In sei-

---

**8** | J. Schumpeter: Krise des Steuerstaats, S. 332.

**9** | Joseph Schumpeter: »Die Krise des Steuerstaats« in: R. Hickel, Die Finanzkrise des Steuerstaats. Joseph Schumpeter: »The crisis of the tax state«, in Richard Musgrave/Allan Peacock (Hg.), International economic papers, no. 4, London: kein Verlag 1954, S. 99-140.

nem »finanzsoziologischen Beitrag zur Lösung des Staatsschulden-Problems« von 1917 hatte Goldscheid nicht nur den Begriff des Steuerstaats bereits zum zentralen Begriff der Analyse gemacht, sondern auch den von Schumpeter aufgegriffenen Ansatz der Finanzsoziologie als erster formuliert.[10] Doch auch im Falle Goldscheids war es nicht ein abstraktes wissenschaftliches, sondern ein politisches Anliegen, welches ihn dazu veranlasste, sich dieser Thematik anzunehmen. Wie er im Vorwort zu der schon nach wenigen Monaten notwendigen Neuauflage klar machte, war er damit unzufrieden, dass man sein Buch zwar »viel gelesen« und »mannigfach besprochen« habe, es jedoch noch nicht »als Arbeitsgrundlage« verwende.[11] Bei beiden Autoren fließen also theoretisches und politisches Interesse zusammen. Der Kern der Auseinandersetzung zwischen Goldscheid und Schumpeter war die konkrete Frage, ob der Steuerstaat in Österreich nach dem unmittelbar bevorstehenden Kriegsende fortbestehen könne. Um diese Frage beantworten zu können, entwickeln beide Autoren historisch fundierte Theorien, auf deren Grundlage sie die Überlebenschance des Steuerstaats diskutieren und die gleichzeitig auch die »Basis für eine neue Staatswissenschaft« (Goldscheid) bilden sollen.[12] Während diese neue Disziplin zwar erfolgreich fiskalische, soziologische und ökonomische Entwicklungen in Beziehung setzte, vernachlässigte Goldscheid jedoch wie fast alle anderen Steuerhistoriker die praxeologische Dimension fiskalischer Entwicklung. Für Goldscheid spielte die administrative Realität, die mit dem fiskalischen Status quo oder seinen Reformvorschlägen einhergeht, kaum eine Rolle. Allerdings bietet seine Finanzsoziologie vielfältige Anknüpfungspunkte, die es erlauben, die Dimension der administrativen Kommunikation von dieser Grundlage aus zu untersuchen.

Goldscheid selbst untersuchte den Steuerstaat vor allem aus sozioökonomischer und politischer Sicht. Er sagte das Scheitern des Steuerstaats nicht nur voraus, sondern forderte es ausdrücklich. Seine Ablehnung gegenüber dem Steuerstaat ergab sich aus seiner Gegenüberstellung von »verschuldetem Steuerstaat« und »kapitalkräftigem Wirtschaftsstaat«. Beim Steuerstaat handelte es sich in Goldscheids Analyse wesentlich um einen armen Staat. Der Begriff wird fast ausschließlich zusammen mit dem Attribut »verschuldet« verwendet, ein Umstand auf den im Zusammenhang mit der Diskussion des von Bonney neuerdings geprägten Konzepts des »fiscal state« noch zurückzukommen sein wird. Im Sinne Goldscheids ist der Steuerstaat ein armer Staat, weil er nicht über eigenes Kapital verfügt, sondern auf Steuereinnahmen und Kredite angewiesen ist. Der Wirtschaftsstaat dagegen verfügt über Eigentum an Produktivkapital. Schumpeter übernahm diese Unterscheidung weitgehend, verwen-

---

10 | Vgl. W. Heun: Entwicklung des Steuerstaatskonzepts, S. 12.

11 | Rudolf Goldscheid: Staatssozialismus oder Staatskapitalismus, Wien, Leipzig: Anzengruber Verlag 1917, S. VII.

12 | R. Goldscheid: Staatssozialismus oder Staatskapitalismus, S. XIII.

dete jedoch als Gegenbegriff zum Steuerstaat den historisch konnotierten Begriff des Domänenstaats, der sich heute durchgesetzt hat und mit dem er auf den direkten Besitzanspruch des Staates auf Domänen und damit verbundene Rechte unter feudalen Bedingungen Bezug nahm.

Die Schlussfolgerungen aus dieser gleichartigen Unterscheidung sind jedoch in beiden Fällen grundsätzlich verschieden. Der Goldscheid'sche »verschuldete Steuerstaat« ist der fiskalische Ausdruck der Furcht der ökonomisch dominierenden Klassen, ihre politische Macht zu verlieren bzw. der Ausdruck des realen Verlusts derselben. Unter feudalen Bedingungen wurde wirtschaftliche und politische Macht weitgehend von denselben gesellschaftlichen Gruppen ausgeübt. Die Herausbildung moderner Staatswesen reduzierte diese weitgehende Deckungsgleichheit. Die Formierung moderner Staaten bedeutete nicht nur, dass diese Staaten selbst mächtiger wurden, sondern auch, dass durch diese Staaten immer größere Anteile der Bevölkerung an der politischen Macht beteiligt wurden. Damit fallen im modernen Staat politische und ökonomische Macht nicht mehr im vollen Umfang derselben Gruppe zu. Wie groß die Diskrepanz ist, hängt dabei von der Verteilung des Produktivkapitals und von Art und Umfang der demokratischen Partizipation ab. In jedem Fall aber wird der politisch zunehmend mächtige Staat aus Sicht der Besitzenden zu einer potentiellen Bedrohung. Es ist daher im Interesse der ökonomischen Elite, dass der Staat möglichst arm bleibt. Die »politische Macht [des Staates] wird eben durch seine wirtschaftliche Ohnmacht lahmgelegt.«[13] Indem der Staat auf Steuereinnahmen und Kredite angewiesen ist, die einen Konsens von Steuerzahlern und Kreditgebern voraussetzen, engt er seinen Handlungsspielraum erheblich ein. So werden für den modernen Staat Maßnahmen, die politisch möglich sind, ökonomisch unmöglich. Der Steuerstaat ist ein »Satyrspiel« in dem der »Staat überall genötigt ist, wo es sich um seine elementarsten Existenzbedürfnisse handelt, unausgesetzt gleichsam als Bettler zum syndizierten Großkapital kommen zu müssen und sich von diesem deren Befriedigung in jeder Einzelheit vorschreiben zu lassen.«[14] Goldscheid beschränkte seine Analyse auf gesellschaftliche und politische Makrozusammenhänge. Wie die Kommunikation zwischen Steuerzahlern und Steuerstaat im Einzelnen stattfindet und durch welche Kanäle die Gläubiger ihre Macht ausüben und dem Steuerstaat Vorschriften machen, blieb offen.

Neben dieser Kontrollfunktion hat der »verschuldete Steuerstaat« auch eine Umverteilungsfunktion. Kreditfinanzierung vertieft die Armut des Staates noch weiter, indem Zinszahlungen als Umverteilungsprozess wirken und das »negative Kapital« des Staates steigt, während der private Reichtum zunimmt. Goldscheids Steuerstaat ist ein »welfare state for the rich« dessen Charakteristika notwendig dazu führen, dass prosperierende

---

**13** |  Ebd., S. 21.
**14** |  Ebd., S. 41.

Privatwirtschaft und arme Staaten parallel existieren und einander bedingen.[15] Goldscheid sah diesen Mechanismus in extremer Form in der österreichischen Kriegswirtschaft am Werk. Durch eine »Besitzverschiebung« in bisher nicht vorgekommenem Umfang wuchsen gleichzeitig mit den Kriegsschulden des Staates auch die Vermögen von Unternehmern und Spekulanten rapide.[16] Goldscheids Vorschläge setzten sich nun damit auseinander, wie das Problem der Kriegsschulden nach Friedensschluss zu lösen sei und wie dabei gleichzeitig das Grundproblem des Steuerstaates angegangen werden könne.

Eine Lösung der Schuldenfrage im institutionellen Rahmen des Steuerstaates war für Goldscheid weder möglich noch wünschenswert. Jede Form von erhöhter Besteuerung zur Rückzahlung der Schulden, unabhängig davon, wo sie ansetzt, werde durch Überwälzung der Steuerlast letztlich zu einer Belastung der Lohneinkommen. Die Reallöhne waren jedoch während des Krieges bereits so stark gesunken, dass eine weitere Belastung dieser Steuerbasis nicht möglich war. Gleichzeitig hatte der Staat der Masse der Bevölkerung im Krieg bereits eine große Zahl anderer Opfer abverlangt: »Menschen, die bereit sein mussten, für den Staat die undenklichsten Qualen zu erleiden, ja selbst ihr Leben für ihn hinzugeben«, konnten nicht zu weiteren finanziellen Opfern verpflichtet werden.[17]

Wegen dieses Problems der Steuerinzidenz, das Goldscheid ausführlich diskutierte, dessen Details hier jedoch nicht von Bedeutung sind, verwarf er eine Lösung des Schuldenproblems im Rahmen des Steuerstaats. Er schlug als Alternative eine Kapitalabgabe vor, durch die ein Drittel des Produktionskapitals in Staatsbesitz überführt werden sollte. Durch diese Maßnahme, die vor allem die Wohlhabenden trifft, wäre der Staat in die Lage versetzt worden, seine Schulden aus denen ihm nun zufließenden Profiten zu tilgen. Vor allem aber würde er dauerhaft vom »verschuldeten und versklavten Staat« zum »schuldenfreien Besitzstaat« oder »Wirtschaftsstaat«. Der Staat, der nun »Mitkontrolleur« der Wirtschaft wäre, könnte auch seine Zoll- und Steuerpolitik freier gestalten, als dies zuvor der Fall war. Er wäre nicht mehr genötigt, schädliche Industrien zu fördern oder zumindest zuzulassen, weil sie eine Steuerquelle darstellen. Goldscheid nannte die Alkoholindustrie, heute stellen wohl die Automobil- und Energieindustrie noch bedeutendere Beispiele dar.[18]

Die Teilhabe des Staats am produktiven Kapital bedeutete jedoch nicht das Ende unternehmerischer Initiative. Sie würde im Gegenteil überall gefördert. Der Staat sollte seine Funktion als »Mitkontrolleur« in erster Linie in zwei Bereichen nutzen. Einerseits um zu verhindern, dass Unterneh-

---

**15** | Michael Kwass: Privilege and the politics of taxation in eighteenth-century France, Cambridge: Cambridge UP 2000, S. 15.

**16** | R. Goldscheid: Staatssozialismus oder Staatskapitalismus, S. 13.

**17** | Ebd., S. XVIII.

**18** | Ebd., S. 46.

men wie in den oben genannten Fällen »auf Kosten sozialer Wirtschaft-lichkeit private Gewinne einzuheimsen versuchen«. Andererseits könnte der Staat seine Wirtschaftsmacht nutzen, um in solchen Bereichen aktiv zu sein, wo dem privaten Kapital »die erzielten Gewinne nicht mehr genü-gen«.[19] Dieser zweite Punkt ist heute angesichts der großen internationa-len Mobilität des nach höchster Rentabilität strebenden Kapitals sicherlich noch bedeutender, als er dies schon zu Goldscheids Zeiten war.

Goldscheid prägte also den Begriff des Steuerstaats im Zusammen-hang mit einer Kritik dieser Institution und einer Vorhersage ihres be-vorstehenden Scheiterns. Wenden wir uns der Frage des Gehalts seiner Begriffsschöpfung zu, so wird deutlich, dass der Begriff »Steuerstaat« weitaus mehr beinhaltet, als nur die Tatsache, dass es sich um einen Staat handelt, der sich durch Steuereinnahmen finanziert. Dies ist lediglich die oberflächlich sichtbare Konsequenz einer Reihe struktureller Merkmale: Erstens setzt der Steuerstaat eine Trennung von politischer Herrschaft und ökonomischer Sphäre voraus; zweitens erhebt die politische Herr-schaft im Rahmen des Steuerstaats nur solche Ansprüche an die ökonomi-sche Sphäre, die nicht über das Wirtschaftswachstum hinausgehen, d.h. Besteuerung führt nicht zu einer Veränderung der Besitzverhältnisse am Produktivkapital; drittens beeinträchtigt der Steuerstaat die Funktion des freien Marktes als ökonomischen Koordinationsmechanismus so wenig wie möglich, insbesondere die Kapitalallokation bleibt dem Streben nach maximaler Rendite bei freiem Kapitalmarkt überlassen. Die hier beschrie-benen Charakteristika sind auch die Hauptmerkmale des Kapitalismus. Der Steuerstaat ist damit diejenige politische Organisationsform, die mit dem Aufstieg des Kapitalismus zum vorherrschenden ökonomischen und gesellschaftlichen System einhergeht. Aus dieser gegenseitigen Bedingt-heit von Steuerstaat und Kapitalismus ergeben sich weitere Charakteristi-ka, die Teil des Begriffs des Steuerstaats sind. Die Gesellschaft des Steuer-staats ist notwendig eine Klassengesellschaft, in der sich die Besitzer des Produktivkapitals und abhängig Beschäftigte in unterschiedlichen ökono-mischen Rollen und mit unterschiedlichen Interessen gegenüberstehen. Gleichzeitig ergibt sich aus der Trennung von ökonomischer und politi-scher Sphäre die Möglichkeit, dass die ökonomisch dominante Gruppe einen Teil der politischen Macht abgeben muss. Historisch ist dieser Pro-zess mit der Ausweitung der demokratischen Partizipation vor allem im 19. Jahrhundert verbunden. Aus Sicht der Kapitaleigner besteht daher das Risiko, dass die Masse der Bevölkerung ihre politische Macht dazu nutzt, die ökonomischen Besitzverhältnisse zu ihren Gunsten zu verändern. In dieser labilen Konstellation ist der Steuerstaat im Sinne Goldscheids als jene Form von politischer Herrschaft zu verstehen, die eben dies nicht zu-lässt. Das politische Bekenntnis zur privatwirtschaftlichen Organisierung und zur Unantastbarkeit des privaten Eigentums ist wesentlicher Teil des Begriffs und der Realität des Steuerstaats. Ebenso wie dieses Bekenntnis

---

**19** | Ebd., S. 47.

sind auch die Mechanismen, die seine Einhaltung garantieren, wesentlicher Teil des Steuerstaats. Die Verschuldung des Steuerstaats ist kein zufällig auftretendes Phänomen: Es handelt sich dabei um den Mechanismus, der es den ökonomischen Eliten als den Gläubigern des Staates erlaubt, die Handlungsfähigkeit des Staates zu begrenzen. Schulden sind also ein Wesensmerkmal des Steuerstaats. Steuerhistoriker wie Richard Bonney stellen heute den Begriff des »fiscal state« als eine auf den »tax state« folgende Staatsform dar, die durch »dynamic interaction of expenditure, revenues and credit« gekennzeichnet sei.[20] Aus Goldscheids Sicht ist diese Begriffsschöpfung überflüssig und beschönigend.

Es war Goldscheids »geistvolles Buch«, das Schumpeter zu seiner Entgegnung veranlasste, die in weiten Teilen mehr Anerkennung als Kritik enthält. Schumpeter widersprach Goldscheid nur in einem sehr spezifischen Punkt: Im Gegensatz zu seinem Kontrahenten hielt er es für möglich, das Problem der österreichischen Kriegsschulden im Rahmen der Institution des Steuerstaates zu lösen.[21] Und selbst wenn es zu einem Staatsbankrott käme, so sei dies allenfalls als Scheitern des österreichischen Steuerstaats und nicht des Steuerstaats schlechthin zu werten.[22]

Schumpeter legte zwei Vorschläge für Rückzahlung der Kriegsschulden vor, wobei er der zweiten Lösung den Vorzug gab. Gemeinsam ist beiden Lösungen, dass es sich um eine Rückzahlung durch Besteuerung handelte, d.h. eben im Rahmen des Steuerstaats funktionierte. Das erste Szenario besteht in einer dramatischen Erhöhung der Steuereinnahmen durch Inflation. Steigende Preise und Einkommen bedeuten auch proportional steigende Steuereinnahmen, die eine Rückzahlung der Kriegsschulden erlauben sollten. Die Möglichkeit einer starken Inflation nach Kriegsende ergab sich dadurch, dass die Geldmenge während des Kriegs stark gestiegen war und dass ein Ende der Preiskontrollen nach dem Friedensschluss anzunehmen war. Dieses Szenario einer fortgesetzten Inflation erlaubte die Rückzahlung der Staatsschulden durch Besteuerung. Allerdings räumte Schumpeter die negativen Auswirkungen dieses Weges – der nach dem Kriege von Österreich, aber auch von Deutschland und anderen Staaten beschritten wurde – auf das Geldwesen ein. Er gab daher einer anderen Lösung den Vorzug. Dabei handelte es sich um eine einmalige Kapitalabgabe, wie sie auch von Goldscheid gefordert wurde. Allerdings unterscheidet sich Schumpeters Vorschlag wesentlich darin, dass das Ziel seiner Kapitalabgabe nicht die dauerhafte Verstaatlichung von Produktionskapital ist. Anders als bei Goldscheid sollen die Staatsschulden direkt aus den durch die Kapitalsteuer geschaffenen Staatseinnah-

**20** | W.M. Ormrod/Richard Bonney: »Introduction: Crises, revolutions and self-sustained growth: towards a conceptual model of change in fiscal history«, in: W.M. Ormrod/M. Bonney/R. Bonney (Hg.), Crises, revolutions and self-sustained growth, S. 18.

**21** | J. Schumpeter: Krise des Steuerstaats, S. 371.

**22** | Vgl. ebd., S. 352-4.

men beglichen werden. Der Staat wird nicht dauerhaft zum Mitbesitzer von Unternehmen. Im Unterschied zu Goldscheid erhält Schumpeters Plan die »freie Wirtschaft«, die in seinen Augen das »Komplement des Steuerstaats« bildet.[23] Steuerstaat und Kapitalismus bleiben erhalten. Dabei verteidigte er letzteren mit der gleichen Verve mit der Goldscheid seine Mängel geißelte: Die vordringlichsten Aufgaben des ökonomischen Wiederaufbaus seien die Erneuerung des Kapitalstocks und die Beschaffung von Rohmaterialien aus dem Ausland. Gerade diese seien aber Herausforderungen, denen der Unternehmer mit seiner »verzweifelten Energie« am besten gewachsen sei, besser jedenfalls als eine geplante Wirtschaft.[24] Für den Begriff des Steuerstaats ist dies in sofern wesentlich, als auch Schumpeter in der Trennung zwischen Staat und Wirtschaft das zentrale Wesensmerkmal des Steuerstaates sieht. Die Trennlinie liegt dort, wo der Staat selbst als Unternehmer auftritt, d.h. Produktivkapital an sich bringt und damit über seine eigenen Grenzen hinausgeht.[25] Im Rahmen des Steuerstaates müssen die finanziellen Ansprüche des Staates an die Wirtschaft streng begrenzt bleiben: »Der Steuerstaat darf den Leuten nicht so viel abfordern, dass sie das finanzielle Interesse an der Produktion verlieren oder doch aufhören, ihre beste Energie daran zu setzen«.[26] Überschritt der Staat das akzeptable Maximum an Besteuerung, auch wenn das nur eine substantielle Verringerung des Unternehmensprofits bedeutete ohne zu einer Verstaatlichung von Produktionskapital zu führen, dann gefährdete er für Schumpeter die gesamte industrielle Entwicklung.[27] Vor allem aber bedeutete eine solche Ausdehnung der Ansprüche des Staates das Ende des Steuerstaates:

»Wenn nun der Wille des Volkes nach immer höheren gemeinwirtschaftlichen Ausgaben geht und immer größere Mittel für Zwecke verwendet werden, für die sie der Private nicht geschaffen hat, und immer größere Macht hinter jenem Willen steht und schließlich ein Umdenken über Privateigentum und Lebensformen alle Kreise des Volkes ergreift – dann ist der Steuerstaat überwunden und die Gesellschaft auf andere Triebfedern der Wirtschaft angewiesen als die der Individualegoismus.«[28]

Schumpeter definierte den Steuerstaat also wie Goldscheid als politisches Pendant des Kapitalismus und insbesondere als diejenige Staatsform, die ihre finanziellen Ansprüche an die Wirtschaft eng begrenzte. Dabei verteidigte er diese Form von ökonomischer und politischer Organisation für den konkreten historischen Augenblick, sagte jedoch gleichzeitig ihr

---

**23** | Ebd., S. 364.

**24** | Ebd., S. 368.

**25** | Vgl. ebd., S. 351.

**26** | Ebd., S. 346.

**27** | Vgl. ebd., S. 114.

**28** | Ebd., S. 113.

Scheitern voraus:»Über Privatunternehmung und Steuerstaat wächst –
nicht infolge, sondern trotz des Krieges – die Gesellschaft hinaus: Das ist
auch sicher«.[29] Goldscheid und Schumpeter widersprachen sich also vor allem in der
Frage, in welchem Umfang der Wiederaufbau Österreichs nach dem Ersten Weltkrieg durch freie Unternehmer bzw. durch den Staat organisiert
werden und welche ökonomische Rolle der Staat mittelfristig spielen sollte. In ihrer Analyse über das Wesen des Steuerstaats stimmten sie jedoch
überein.»Schumpeter is Marx with the adjectives changed«, soll die Öko-
nomin Joan Robinson einmal angemerkt haben. Dies gilt sicherlich auch
für das Verhältnis zwischen Goldscheids und Schumpeters Ansichten
über den Steuerstaat.

Der Begriff des Steuerstaats hat also zwei Väter, die sich trotz oberflächlicher Gegensätze weitgehend über die Bedeutung des Begriffs einig
waren. Die Verknüpfung des Steuerstaats, den beide nicht nur mit einer
spezifischen politischen Realität (dem modernen Staat), sondern auch mit
einer bestimmten ökonomischen Entwicklungsform (dem Kapitalismus)
in Beziehung setzten, wird in der heutigen Verwendung des Begriffs jedoch häufig nicht beachtet oder ausdrücklich verneint. Hans-Peter Ull-
manns aktuelle Monographie»Der deutsche Steuerstaat« schweigt sich
weitgehend über das Verhältnis dieses Kernbegriffs seiner Untersuchung
zur ökonomischen Entwicklung aus. Erst in den letzten Kapiteln wird,
im Zusammenhang mit der Diskussion der DDR und auch hier nur en
passant, auf den Nexus von Wirtschaftsform und Staatsform eingegangen.[30] Explizit negiert wird dieses Verhältnis dagegen von Bonney und
Ormrod. Sie verwenden zwar den Begriff des Steuerstaats und berufen
sich unter anderem auf Schumpeter, postulieren jedoch:»There is no necessary connection between a predominant fiscal system and a period or
stage of development.«[31] Damit wird der Begriff des Steuerstaats von seinem weiteren historischen und ökonomischen Kontext entkoppelt und so
der Beitrag, den die Steuergeschichtsschreibung zum Verständnis lang-
fristiger historischer Transformationen leisten kann, erheblich geschmä-
lert. Konnte man in der historischen Finanzsoziologie Goldscheids und
Schumpeters noch den»Donner der Weltgeschichte« hören, so kann man
in der heute vielfach betriebenen fiskalischen Politikgeschichte nur noch
das Papierrascheln in den Amtsstuben der Vergangenheit vernehmen.
Mit der Umdefinierung des Begriffs des Steuerstaates verabschiedet sich
die Steuergeschichtsschreibung von einer Frage, die stets eine zentrale
Rolle in der theoretischen Auseinandersetzung mit Besteuerung gespielt
hat und zu deren Beantwortung der empirische Ansatz der Geschichtsschreibung in einzigartiger Weise beitragen kann.

---

29 | Ebd., S. 371.
30 | Florian Schui:»Hans-Peter Ullmann: Der deutsche Steuerstaat, München:
Beck 2005«, in Bankhistorisches Archiv 32 (2006), S. 17-20.
31 | W.M. Ormrod/Richard Bonney: Introduction, S. 2.

## DIE DEBATTE UM DAS »DEMOKRATIE-PROBLEM DES STEUERSTAATS« SEIT TOCQUEVILLE

Goldscheids und Schumpeters Analysen der fiskalischen Problematik, die sich aus der Dichotomie von politischer und wirtschaftlicher Sphäre bzw. aus der Spaltung von politischer und wirtschaftlicher Macht ergibt, reihen sich in eine Diskussion ein, die mit dem Demokratisierungsprozess der europäischen Staaten seit der Französischen Revolution begann und bis heute anhält. Einer der ersten und gleichzeitig vielleicht der prominenteste Autor, der sich dieses Themas angenommen hat, war Alexis de Tocqueville. In seinem Werk »Über die Demokratie in Amerika« warnte er eindringlich vor der »Tyrannei der Mehrheit«, die in Demokratien drohe. Dieser neue Begriff wäre vor seiner Zeit noch als in sich widersprüchlich angesehen worden. Um die Mitte des 19. Jahrhunderts war seine These den Zeitgenossen jedoch sofort eingängig: Birgt nicht die Demokratie als Regierungsform die Gefahr, dass die Gleichheit der Freiheit vorgezogen wird? Mit anderen Worten: Besteht nicht die Gefahr, dass in einer Demokratie alle Macht in der Legislative konzentriert wird und dass die Gesetzgebung ohne Einschränkungen den Launen der Wähler folgt? Das beinhaltet auch das Problem, dass die arme Mehrheit, ausgestattet mit politischer Macht, darangehen könnte, Staatsausgaben zu ihren eigenen Gunsten immer weiter zu steigern und dazu die Reichen zu besteuern.[32] Diese Analyse war eine eindringliche Warnung vor den möglichen Konsequenzen einer Übertragung des demokratischen politischen Modells aus den Vereinigten Staaten nach Europa. Die Gefahr lag dabei aus Tocquevilles Sicht in der Verbindung der politischen Gleichberechtigung, die in den Vereinigten Staaten mit relativ gleichmäßig verteiltem Reichtum einherging, mit der enormen und stetig wachsenden ökonomischen Ungleichheit europäischer Gesellschaften.

Zunehmende demokratische Partizipation war in Europa spätestens seit der Französischen Revolution nicht nur eine hypothetische Möglichkeit. Mit der Erweiterung des Wahlrechts in den europäischen Staaten im Laufe des 19. und der ersten Hälfte des 20. Jahrhunderts wurde sie zu einem realen Problem, das sich vor allem in fiskalischer Form äußerte. Tocqueville sah diesen Zusammenhang, der seither ein Kernproblem in theoretischen Debatten über Besteuerung geblieben ist, als einer der ersten. In der Kontroverse zwischen Schumpeter und Goldscheid geht es exakt um dieses Problem. Der Begriff des Steuerstaats wurde für einen demokratischen Staat geprägt, der jedoch seine politische Macht maßvoll nutzt und nicht den Versuchungen der »Tyrannei der Mehrheit« erliegt. Tocqueville, wie die meisten der Theoretiker, die sich implizit oder explizit mit dieser Problematik beschäftigt hatten, analysierte die »Tryrannei der Mehrheit« ausschließlich als politisches Problem. Die Frage, welche Rolle

**32** | Alexis de Tocqueville: Democracy in America, London: Penguin 2003, S. 287-322.

Verwaltungen und ihre Kommunikation mit den Bürgern in einer solchen Tyrannei spielen, sowie die Möglichkeit eines Eigenlebens der Verwaltung oder gar einer »Tyrannei der Verwaltung« untersuchte er nicht. Nach Tocquevilles allgemeiner Formulierung der Problematik wurde diese erstmals von Lorenz von Stein und Adolph Wagner in einem spezifisch fiskalischen Kontext diskutiert. Die Kontroverse zwischen von Stein und Wagner in den letzten Jahrzehnten des 19. Jahrhunderts nahm die Auseinandersetzung zwischen Goldscheid und Schumpeter vorweg, ohne jedoch den Begriff des Steuerstaats bereits einzuführen.[33] Im Zentrum ihrer Auseinandersetzung stand der Begriff des Staatssozialismus. Die beiden wichtigsten Schriften von Steins und Wagners erschienen in den Jahren 1885 und 1887 beide unter dem Titel »Finanzwissenschaft und Staatssozialismus«.[34] Goldscheid nahm ausdrücklich auf diese Debatte Bezug, indem er sein etwa dreißig Jahre später erscheinendes Buch »Staatssozialismus und Staatskapitalismus« nannte. Allerdings war der historische Kontext der Debatten jeweils verschieden. Tocqueville genauso wie von Stein und Wagner schrieben unter dem Eindruck wachsender demokratischer Partizipation. Tocquevilles Analyse war noch im wesentlichen eine Reaktion auf die Französische Revolution und die Frage der Anwendbarkeit des amerikanischen Modells in Europa. Von Stein und

---

**33** | Wo und wann der Begriff des »Steuerstaats« zum ersten Mal verwendet wurde, ist nicht bekannt. Ullmann gibt an, dass Albert Schäffle den Begriff erstmals in seinem Buch »Die Steuern« von 1895 verwendet. Allerdings wird er hier nur als Teil des Terms »Steuerstaatslehre« verwendet. Der Kontext legt dabei nahe, dass es sich dabei nicht um die Lehre vom Steuerstaat als Konzept handelt, sondern um eine Disziplin, die sowohl von Steuern als auch vom Staat handelt. Die Frage nach der ersten Verwendung muss daher wohl zunächst noch ungeklärt bleiben. Diese Forschungslücke wird jedoch kaum unser Verständnis des Begriffs und seiner Entwicklung beeinträchtigen. Ganz im Gegenteil. Viel zu oft hat sich die Begriffsgeschichte durch eine unnütze Jagd nach dem »ersten Mal« von anderen, wesentlicheren Fragen ablenken lassen. Franco Venturi warnt in diesem Zusammenhang vor einer von ihm diagnostizierten »Germanic nostalgia for the *Ur*«, die auch schon Johann Gottfried Herder einen ironischen Kommentar wert war: »Mit welchem Vergnügen lesen wir einzelne dichterische Erzählungen, vom Ursprung einzelner Dinge, den ersten Schiffer, den ersten Kuß, den ersten Garten, den ersten Todten, das erste Kameel, die erste Schöpfung des Weibes und andre Erdichtungen, in denen die Poeten unserer Sprache noch so sparsam sind.« (Vgl. Albert Schäffle: Die Steuern, Leipzig: Hirschfeld 1895, S. 74. Ullmann: Der deutsche Steuerstaat, S. 7. Franco Venturi: Utopia and reform in the Enlightenment, Cambridge: Cambridge UP 1971, S. 3. Johann Gottfried Herder: Versuch einer Geschichte der lyrischen Dichtkunst, in: Bernhard Suphan (Hg.), Sämtliche Werke – Johann Gottfried Herder, Berlin: Weidemann 1877, Bd. XXXII, S. 85.

**34** | Lorenz von Stein: »Finanzwissenschaft und Staatssozialismus«, in: Adolph Wagner, Finanzwissenschaft und Staatssozialismus, Frankfurt a.M.: Vittorio Klostermann 1948, S. 100-108.

Wagner wurden durch die Einführung des allgemeinen Wahlrechts für Männer im neu geeinten Deutschen Reich und durch den rapide wachsenden Erfolg der Arbeiterbewegung beeinflusst. Im Fall Schumpeters und Goldscheids war es hingegen der dramatisch angestiegene Umfang der Staatsschulden, der die Debatte auslöste.

Der Staatssozialismus, so wie er von Wagner und von Stein diskutiert wurde, verkörperte in gewisser Weise das Gegenteil des Steuerstaates. Es handelte sich um eine Form des Sozialismus, der nicht durch Revolution, sondern durch den Staat, vor allem durch die Steuerpolitik, soziale Ziele verfolgte. Von Stein hat den Ursprung und Kerngedanken des Staatssozialismus in solcher Klarheit in einem Abschnitt seines finanzwissenschaftlichen Lehrbuchs dargestellt, dass ein ausführliches Zitat gerechtfertigt ist:

»Der Grundgedanke [der sozialistischen Auffassung] ist, eben [die] aufsteigende Klassenbewegung der Nichtbesitzenden vermöge der Herstellung einer wirtschaftlich gesicherten Existenz durch den Staat zu fördern. Dieser Gedanke hat nun in seiner rein ethischen Gestalt schon seit Jahrhunderten allen sozialen Forderungen zu Grunde gelegen. Um die Mitte des 19. Jahrhunderts aber hat er sich ein neues Gebiet gewonnen. Er hat sich an die Verfassung gewendet, in der ziemlich klaren Erkenntnis, dass die nichtbesitzende Klasse durch ihre numerische Majorität die Staatsgewalt in jeder Verfassung in ihre Hände bekommen und dann ihre Auffassung auf gesetzlichem Wege [...] verwirklichen werde. Dadurch ist derselbe nun auch in das Finanzwesen eingetreten, das ja unter allen Umständen auch dafür die materiellen Grundlagen hergeben muss; und aus dieser Verbindung der sozialistischen Frage an sich mit der Finanzgesetzgebung und ihren Prinzipien hat sich die finanzielle Voraussetzung dessen erzeugt, was wir heute Staatssozialismus nennen.«[35]

Die Gefahr, die der Staatssozialismus für von Stein darstellte, ergab sich für ihn nicht aus seinen menschenfreundlichen Zielen, sondern aus der Tatsache, dass die Möglichkeiten, die Lage der »nichtbesitzenden Klasse« durch Staatsausgaben zu verbessern, per se unbegrenzt waren. Daraus ergab sich das Risiko, dass die Staatsausgaben und damit die Steuern auf die Besitzenden so weit stiegen, dass die private Kapitalbildung und damit die wirtschaftliche Entwicklung behindert werden konnten. Es bestand die Gefahr, dass die Besteuerung ihre eigene Quelle zerstörte. Weil die Mehrheit jedoch nicht in der Lage war, die Notwendigkeiten der Kapitalbildung richtig einzuschätzen, blieb es die »große und ernste Pflicht« der Finanzwissenschaft, das richtige Maß der Besteuerung festzulegen. Das Problem war nicht, »dass der Staatssozialismus an sich etwas Verkehrtes will, sondern dass er für das an sich Richtige das Maß verliert.«[36] Verlor der Staat soweit das Maß, dass die Besteuerung nicht nur die Kapitalbildung behinderte, sondern dass er sogar Produktivkapital in seinen

---

35 | L. von Stein: Finanzwissenschaft, S. 103.
36 | Ebd., S. 108.

Besitz brachte, dann handelte es sich für von Stein um den Übergang zum Kommunismus, der jedoch nicht mehr zum Gegenstand der Finanzwissenschaft taugte, weil eine »sozialistische Finanzwissenschaft ohne Eigentum, Kapital und Einzelrecht ... ein Unding« ist.[37] Mit dieser Abgrenzung der legitimen Besteuerung nahm er die spätere Definition des Steuerstaates vorweg, ohne den Begriff zu verwenden. Seine Position deckt sich weitgehend mit der Schumpeters. Sie unterscheiden sich darin, dass Schumpeter betonte, dass die größere Effizienz der freien Wirtschaft und der darin agierenden Unternehmer bei der Kapitalbildung an den spezifischen historischen Moment und seine Umstände gebunden war, während von Stein diese Überlegenheit als allgemeingültig annahm. Schumpeter argumentierte daher, dass der Steuerstaat langfristig scheitern würde, weil zu einem bestimmten Zeitpunkt die historische Entwicklungsaufgabe des Kapitalismus erfüllt sein würde, und weil als Reaktion darauf der politische Wille der Mehrheit eine Neuordnung der Beziehung zwischen ökonomischer und politischer Sphäre wünschen würde.[38] Auch für von Stein war das Ende des Steuerstaats »soweit es überhaupt noch eine berechenbare Voraussicht in menschlichen Dingen gibt, nicht zu vermeiden«. Zwar könnten politische und verfassungsrechtliche Barrieren für lange Zeit verhindern, dass die »nichtbesitzende Klasse« die Steuergesetzgebung beherrschte. Doch langfristig müssten alle diese Dämme brechen.[39] Von Stein sah diese Entwicklung jedoch nicht wie Schumpeter als Transition zu einer neuen, nach ökonomischen und sozialen Maßstäben überlegenen Wirtschaftsordnung, sondern als politisch motiviertes Ende effizienter ökonomischer Organisation.

Von Steins Kontrahent in dieser Debatte war der Kathedersozialist Wagner, der seine wissenschaftliche Karriere wie auch Schumpeter und Goldscheid in Wien begonnen hatte. 1887 lehrte er jedoch bereits gemeinsam mit Schmoller in Berlin, wo er auch seine Antwort auf von Stein verfasste. Wagner teilte zwar im Prinzip von Steins Zweifel bezüglich der langfristigen Vereinbarkeit von allgemeinem Wahlrecht und ungleich verteiltem Wohlstand, jedoch wies er von Steins Kritik am Staatssozialismus als überzogen zurück.

Er widersprach von Stein in drei Punkten: Erstens bestritt er die zugrunde liegende Annahme der höheren Effizienz der privatwirtschaftlichen Organisation gegenüber der staatlichen. Die am besten geeignete Organisationsform lasse sich nicht a priori bestimmen, sondern müsse von Fall zu Fall bestimmt werden. Damit aber taugte von Steins Maxime der Begrenzung der Steuerlast nicht mehr. Die Staatstätigkeit sei niemals durch Formeln zu begrenzen. An anderer Stelle hatte Wagner sein »Gesetz von der zunehmenden Staatstätigkeit« formuliert, das von einer stetigen Ausweitung der Staatstätigkeit als Ergebnis des allgemeinen ge-

---

**37** | Ebd., S. 102.
**38** | Vgl. J. Schumpeter: Steuerstaat, S. 130f.
**39** | L. von Stein: Finanzwissenschaft, S. 108.

sellschaftlichen Fortschritts ausging.[40] Zweitens überzeichne von Stein den Gegensatz zwischen Arm und Reich. Durch den wachsenden Wohlstand der Lohnarbeiter, zum Teil als Ergebnis staatssozialistischer Politik, verschwimme der Klassengegensatz. Damit verringern sich auch die Risiken des allgemeinen Wahlrechts. Darüber hinaus sei es auch verfehlt, anzunehmen, dass politische Macht stets nur in einem eng verstandenen Klasseninteresse genutzt werde. Wagner zitiert hier die Sozialgesetzgebung des Kaiserreichs als Beispiel für eine Politik, die durch geistige und ökonomische Eliten inspiriert sei, jedoch der breiten Masse der Bevölkerung zugute komme. Drittens räumte Wagner zwar ein, dass der wachsende finanzielle Appetit des Staatssozialismus die private Kapitalbildung theoretisch behindern könnte, wies jedoch darauf hin, dass auch andere Staatsausgaben, wie z.b. der Militäretat, theoretisch unbegrenzt steigen könnten, dies jedoch in der Praxis nicht täten.[41]

Wagner verteidigte das Modell des Staatssozialismus als Lösung des Widerspruchs zwischen allgemeinem Wahlrecht und »Manchesterpolitik des freien Konkurrenzsystems«. Der Maß haltende Steuerstaat von Steins könne diesen Widerspruch nicht lösen, sondern allenfalls verstärken und spiele damit der Sozialdemokratie in die Hände. »Diese fanatische politische Partei« strebe eine weitgehende Verstaatlichung der Wirtschaft an, aus deren Erträgen dann direkt, ohne das Mittel der Besteuerung, die Staatsausgaben gedeckt werden könnten. Dieses sozialistische Modell bezeichnet Wagner mit dem Begriff des »Sozialstaats«. Davon grenzt er den Staatssozialismus ab; dieser »verneint, wenigsten in der Allgemeinheit wie der Sozialismus sie vertritt, die Zweckmäßigkeit wie die Möglichkeit der ökonomischen Rechtsgrundlage des ›Sozialstats‹«. Wagner bekennt sich hier also im Prinzip zum »Maßhalten in der Besteuerung« und damit zum Steuerstaat im Sinne von Steins und Schumpeters. Allerdings ist dieses Bekenntnis gewunden formuliert und Wagner lässt, wie oben diskutiert, Ausnahmen zu. Es müsse von Fall zu Fall entschieden werden. Nirgends wird die zwitterhafte Natur der Kathedersozialisten deutlicher. So wie die Finanzsoziologie die Möglichkeit bietet, die wahre Natur eines Staatswesens und einer Gesellschaft zu erkennen, so trägt sie auch dazu bei, die Phrasen politischer Bewegungen und ihrer Programme zu durchzuschauen.[42]

In der Goldscheid-Schumpeter Kontroverse formulierte Goldscheid sein Programm für den staatskapitalistischen Wirtschaftsstaat sowohl in Abgrenzung gegenüber dem Steuerstaat, wie auch gegenüber dem Staatssozialismus Wagners. Schumpeter nahm dagegen, wie gezeigt, im wesentlichen die Argumente von Steins wieder auf. Eine weitere Parallele zwischen den Wagner-von Stein und der Schumpeter-Goldscheid Kontroversen liegt auch in der fast vollständigen Ausblendung der praktisch-ad-

---

**40** | Vgl. A. Wagner: Finanzwissenschaft, S. 57-70.

**41** | Vgl. ebd., S. 80-92.

**42** | Vgl. ebd., S. 89, 47, 87.

ministrativen Seite fiskalischer Entwicklung. Die »Übersetzung« politischer Entscheidungen und Dynamiken in administrative Realität und die
Kommunikation zwischen Politik und Bürgern durch die Administration
wird nicht problematisiert. Wie weiter unten noch zu diskutieren sein
wird, bieten die hier diskutierten Theorien im Gegensatz zu heute vielfach anzutreffenden Herangehensweisen die Möglichkeit, administrative
Praktiken in die Untersuchung einzubeziehen, weil sie alle die vielfältigen Querverbindungen fiskalischer Entwicklung mit der wirtschaftlichen,
sozialen und politischen Realität zur Grundlage der Analyse machen.

Das »Demokratie-Problem des Steuerstaates«, wie man es kurz benennen kann, blieb auch nach der Lösung der Kriegsschuldenfrage nach dem
Ersten Weltkrieg aktuell. Allerdings hatte sich die politische Ausgangslage
verändert, da nun das allgemeine (männliche) Wahlrecht fast überall in
Europa verwirklicht war. War es im 19. Jahrhundert noch möglich, eine
Lösung des Demokratie-Problems durch Einschränkung des Wahlrechts
anzustreben, war dies im 20. Jahrhundert keine realistische Möglichkeit
mehr. Fortschrittliche Beobachter, wie der schwedische Ökonom Knut Wicksell, hatten schon im ausgehenden 19. Jahrhundert erkannt, dass die
weitere Ausweitung des Wahlrechts unaufhaltsam war. Wicksell schlug
daher bereits 1896 vor, das Problem nicht durch die Einschränkung, sondern die Ausweitung demokratischer Kontrolle zu lösen. Die politische
Entwicklung Europas habe bisher nur dazu geführt, dass die Herrschaft
von »reactionary and obscurantist oligarchies« durch die »tyranny of acci-
dental parliamentary majorities« ersetzt worden sei. Um zu verhindern,
dass Steuerzahler zur Finanzierung von staatlichen Leistungen herangezogen werden, von denen sie nicht profitieren, schlug Wicksell vor, in
allen Steuerfragen das Prinzip der Einstimmigkeit einzuführen. Darüber
hinaus sollten auch Gesetzesvorlagen für neue Staatsausgaben stets mit
der vorgeschlagenen Form der Finanzierung gemeinsam abgestimmt
werden.[43]

Die tatsächliche Entwicklung verlief jedoch anders. Wohlfahrtsstaaten
mit rasch wachsenden Staatsausgaben entwickelten sich in vielen europäischen Ländern und darüber hinaus. Handelte es sich bei dieser Entwicklung der 1960er und 1970er Jahre um das von den hier diskutierten
Theoretikern vorhergesagte Nachgeben des Maß haltenden Steuerstaates
unter dem Druck der Massenpolitisierung? Diese Frage verdient eine ausführliche Antwort, die hier nicht gegeben werden kann. In Kürze lässt
sie sich so beantworten: theoretisch nicht, praktisch zum Teil. Soweit die
theoretische Grundlage des Wohlfahrtsstaats auf Keynes zurückgeht, handelt es sich um eine Form des Steuerstaats, d.h. um einen Staat, der seine Besteuerung so gestaltet, dass die private Kapitalakkumulation nicht
beeinträchtigt wird. Im Kern argumentiert Keynes, dass die Verteilung

---

**43** | Knut Wicksell: »A new principle of just taxation«, in: Richard Musgrave/Alan
Peacock (Hg.), Classics in the theory of public finance, Basingstoke: St. Martin's
Press 1958, S. 72-118.

des Volkseinkommens zwischen Lohn und Profit, wenn sie dem freien Spiel der Marktkräfte überlassen wird, nicht immer zu einer effizienten wirtschaftlichen Entwicklung führt. Insbesondere in den 1930er Jahren führte eine Verteilung zu Gunsten der Gewinne zu einer Unterkonsumptionskrise. Der Staat, so Keynes, müsse regelnd eingreifen und nach den Bedürfnissen der ökonomischen Entwicklung die Verteilung bestimmen und auch die Investitionsentscheidung nicht den privaten Kapitalbesitzern überlassen (wohl aber das Eigentum an den investierten Profiten). Dadurch kam dem Wohlfahrtsstaat weitaus mehr Macht und Verantwortung zu als dem traditionellen Steuerstaat. Gleichzeitig basierte dieses Modell jedoch wie der Steuerstaat auf dem Grundsatz, dass der Kapitalakkumulation der Vorzug vor Konsumausgaben zu geben sei, wenn dies für die ökonomische Entwicklung notwendig ist. In der Praxis wurde die Priorität der Kapitalbildung in vielen Staaten zum Problem. Dies lag weniger an der steuerlichen Belastung der Profite, die jedoch auch eine Rolle spielte, als vielmehr an den Machtverhältnissen zwischen Gewerkschaften und Arbeitgebern. Durch eine Phase stark steigender Löhne wurde in den 6oer und 70er Jahren in Ländern wie Großbritannien die Kapitalakkumulation so stark begrenzt, dass die Arbeitsproduktivität sank und die wirtschaftliche Entwicklung beeinträchtigt wurde. Niedriges Wachstum zusammen mit den wachsenden Staatsdefiziten markierten die Krise des Wohlfahrtsstaates. Diese Probleme machten ein weitgehendes, planendes Eingreifen des Staates in die Lohn und Profitverteilung notwendig. Dafür fehlte jedoch die politische Grundlage.

Die theoretische und politische Reaktion auf die Probleme des Wohlfahrtstaates wurde in den späten 70er und frühen 80er Jahren eingeleitet. Das Demokratie-Problem des Steuerstaates steht hier wiederum im Mittelpunkt der theoretischen Diskussion, jedoch in neuer Form. Aus der Vielzahl von politischen und ökonomischen Argumenten sei hier das einflussreichste und komplexeste herausgegriffen: Es wurde 1980 von James Buchanan und Geoffrey Brennan in ihrem Buch »The power to tax« formuliert und hat seitdem nicht nur ökonomische und politische Debatten geprägt, sondern ist auch von Steuerhistorikern wahrgenommen worden.[44] Buchanan und Brennan gehen dabei nicht der Frage nach, welche die bisher diskutierten Autoren stellten, nämlich »Wie hohe Steuern *sollte* der Staat erheben?«, sondern sie fragen »Wie hohe Steuern *wird* der Staat erheben?«. Trotzdem untersuchen sie, wie ihre Vorgänger, das Verhältnis von Demokratie, Steuern und Staat: Moderne demokratische Staaten, so Buchanan und Brennan, können aus einer Reihe von Gründen keine vollständige demokratische Kontrolle politischer Entscheidungen zulassen. Einer der bedeutendsten Gründe ist dabei das von Tocqueville und von Stein beschriebene Demokratie-Problem des Steuerstaates. Eine Reihe von Verfassungsnormen verhindert eine »Tyrannei der Mehrheit«. Diese Normen führen jedoch dazu, dass die demokratische Kontrolle des Staa-

---

**44** | Vgl. M. Daunton: Trusting Leviathan, S. 6-10.

tes durch die Bürger immer unvollkommen bleiben muss. Der Staat, oder genauer die Akteure in den staatlichen Institutionen, führen daher ein Eigenleben:»Governmental decision makers maximize their own utilities«.[45] Aus einer Reihe von Gründen haben diese Akteure ein Interesse an einer Ausweitung der Staatsausgaben und es gibt keinen Grund anzunehmen, dass dieser Prozess durch die Notwendigkeiten der Kapitalakkumulation oder anderweitige Barrieren eingeschränkt wird, soweit solche Barrieren nicht in der Form von Verfassungsnormen festgeschrieben werden. Der demokratische Staat im Sinne von Buchanan und Brennan ist damit ein»revenue-maximizing leviathan«, dessen Haushalt Tendenzen hat, in den Himmel zu wachsen, wie dies schon bei von Stein beschrieben wurde.[46] Der Unterschied liegt vor allem darin, wessen Interessen die Ausweitung der Staatsausgaben bestimmen. Bei von Stein handelt es sich um die»nichtbesitzenden Klassen«, hier dagegen um die Entscheidungsträger des Staates. Buchanan und Brennan leisten damit einen wichtigen Beitrag zur Theoriebildung, indem sie die»black box« der Steuerverwaltung öffnen. Ihr Modell berücksichtigt, dass Verwaltungen nicht nur ausführende Organe eines politischen Prozesses sind, sondern komplexe Konstrukte mit eigener Dynamik. Diese Einsicht, zusammen mit einem besseren Verständnis der Verhaltensweisen von Steuerzahlern, stellt einen wichtigen Ausgangspunkt zum Verständnis der kommunikativen Dynamik zwischen Steuerzahlern und Steuerbeamten dar.

Kehrt man zum Vergleich der fiskalisch-politischen Analyse bei von Stein und Buchanan zurück, so bleibt festzuhalten, dass es im Kern bei beiden um die gleiche Problemstellung geht. Beide sehen die demokratische Regierungsformen in Verbindung mit einer ungleichen Verteilung des Wohlstands mit erheblichen Risiken für den Bestand des Maß haltenden Steuerstaats verbunden. Wie gezeigt, ist diese Problemstellung zentral für alle hier diskutierten Analysen. Die Vorschläge zur Lösung dieses Widerspruchs gehen im wesentlichen in vier verschiedene Richtungen: (1) Umformung des Steuerstaats in einen Wirtschaftsstaat (Goldscheid und langfristig auch Schumpeter), (2) Einebnung der ungleichen Wohlstandsverteilung durch staatliche Umverteilung (Wagner, auch Keynes), (3) Staatliche Planung der Verteilung des Volkseinkommens und staatliche Planung privater Investitionen (Keynes, auch Wagner in begrenztem Umfang), (4) Beschränkung demokratischer Entscheidungsprozesse durch Verfassungsgrundsätze und Strukturen staatlicher Institutionen (Tocqueville, Wicksell, Buchanan und Brennan).

---

**45** | James Buchanan/Geoffrey Brennan: The power to tax, Cambridge: Cambridge UP 1980, S. 26.
**46** | Ebd., S. xii.

## ZUM BEGRIFF DES STEUERSTAATS

Der Begriff des Steuerstaats bezeichnet also weitaus mehr als nur ein Staatswesen, das »seinen Finanzbedarf im Wesentlichen durch Steuern deckt«.[47] Er umfasst den gesamten Komplex der Beziehungen und Spannungen zwischen Besteuerung, Demokratie und Kapitalismus. Wird diese Komponente vernachlässigt, so wird aus dem finanzsoziologischen Begriff eine Worthülse, deren Bedeutung letztlich auf der notwendigerweise unscharfen Definition des Begriffs Steuer beruht. Das erste Ziel muss also sein, den Begriff des Steuerstaats wieder in seiner vollen Bedeutung zu verwenden und damit aus der Steuergeschichtsschreibung eine historische Finanzsoziologie zu machen. Nur so lassen sich die grundsätzlichen historischen Fragen in diesem Bereich beantworten. Eine der dringlichsten ist die Frage danach, in welchem Umfang die Vorhersagen von Steins über den Zusammenhang von Demokratie und progressiver Besteuerung tatsächlich eingetroffen sind. Erste vergleichende Studien für die Staaten Nord- und Südamerikas und Europas liegen vor. Diese Untersuchungen sind noch unvollständig, weil sie sich zum Teil auf die Budgets der Zentralstaaten beschränken und Gemeinden und andere lokale und regionale Formen staatlicher Organisation nicht berücksichtigen. Vor allem aber steht noch aus, diese statistischen Arbeiten in den Kontext ökonomischer Debatten und politischer Konflikte einzubinden und zu interpretieren.[48]

Doch auch der finanzsoziologische Ansatz in der von Goldscheid und Schumpeter formulierten Form greift noch zu kurz.[49] Er beschränkt sich auf die Untersuchung der Prinzipien und Funktionen des Steuerstaats, lässt jedoch seine konkrete Erscheinungsform ganz außer Acht. Dies ist für jede empirische Arbeit über den Steuerstaat problematisch. Dieser stellt sich in der Praxis eben nicht als Steuerstaat dar, sondern als Netz von Interaktionen zwischen Steuerverwaltung, Regierung und Steuerzahlern bzw. zwischen Unternehmer und Arbeiter, Zöllnern und Schmuggler, Abgeordneten und Wählern, Wählern und Steuerzahlern etc. Sowohl Edwin Seligman wie auch Buchanan und Brenner weisen zu recht darauf hin, dass der Steuerstaat aus Individuen besteht. Andere Finanzwissenschaftler, wie z.B. von Stein, hatten im Staat noch in der Tradition Hegels und

---

**47** | W. Heun: Die Entwicklung des Steuerstaatskonzepts, S. 10.

**48** | Vgl. Kenneth Sokoloff/Eric Zolt: »Inequality and taxation: some evidence from the Americas«, in: Tax Law Review 59 (2006), S. 167-248. Toke Aidt/Jayasri Dutta/Elena Loukoianova: »Democracy comes to Europe: Franchise extension and fiscal outcomes, 1830-1938«, in: European Economic Review 50 (2006), S. 249-283. Toke Aidt/S. Jensen: »Tax structure, size of government and the extension of voting franchise in western Europe 1860«, Working paper (April 2008).

**49** | Zur Entwicklung der Finanzsoziologie seit Goldscheid vgl. John Campbell: »The state and fiscal sociology«, in: Annual Review of Sociology 19 (1993), S. 163-185.

Fichtes eine »self-determined personality« erblickt.[50] Allerdings ist der Staat eben nicht »nur« eine Gruppe von Individuen: Buchanan und Brenner nehmen an, dass Individuen außerhalb und innerhalb der Verwaltung und der politischen Gremien danach trachten, ihren individuellen Nutzen zu maximieren. Dieses Verständnis greift jedoch zu kurz, weil es ein zu simples und unhistorisches Modell menschlichen Handelns zugrunde legt. Außerdem ist es nicht aussagekräftig, weil der subjektive Begriff des Nutzens keine empirische Überprüfung zulässt. Jedes Verhalten lässt sich letztlich als nutzenmaximierend deuten. Wegweisender ist da Seligmans Analyse des Steuerstaats als »public group«. Dabei geht es darum, zu zeigen, wie sich der Steuerstaat historisch aus egoistischen Individuen bildet, die dabei jedoch ihre Handlungsmuster verändern. Der Staat bleibt dabei stets eine Gruppe von Akteuren, ist aber mehr als lediglich ihre Summe: »It is the individual indeed who thinks; but the question is whether he now thinks just as he previously thought [before becoming a member of a group].«[51] Die notwendigen verhaltenstheoretischen Annahmen können hier nicht weiter verfolgt werden. Wie an anderer Stelle gezeigt, bilden die fiskalischen Vorstellungen der beteiligten Individuen aber eine wichtige Ebene bei der Analyse des Steuerstaates und seiner Evolution.[52]

Interpretiert man den Steuerstaat als ein Netz von Interaktionen, so kann dies erst angemessen untersucht werden, wenn der zentrale Begriff des Steuerstaats die Vielfalt der gesellschaftlichen, politischen und ökonomischen Beziehungen beinhaltet, so wie dies beim finanzsoziologischen Verständnis des Begriffs der Fall ist. Andere, engere Fassungen dieses Begriffs lassen eine solche Analyse nicht zu. Insbesondere weist der Begriff in seiner finanzsoziologischen Ausprägung darauf hin, dass die Interaktion an der Trennlinie zwischen ökonomischer und politischer Sphäre, bzw. zwischen Steuerverwaltung und Bürgern besonders kritisch ist. Interaktion nimmt dabei verschiedene Formen an. In erster Linie handelt es sich um den Transfer von ökonomischen Ressourcen (Steuerzahlungen, jedoch auch Empfang von staatlichen Leistungen), die Ausübung von physischem Zwang (selten, jedoch als Möglichkeit von großer Bedeutung, sowohl in der Form der Strafe für Steuerhinterziehung, als auch in der Form der Steuerrevolte) und verbale und non-verbale Kommunikation in verschiedenen Formen.

Gerade die letztgenannte Form der Interaktion zwischen Verwaltung und Steuerzahler ist im Steuerstaat von besonderer Bedeutung. Der Steuerstaat hat kein eigenes Einkommen und ist für sein Überleben auf

---

**50** | Zitiert in Edwin Seligman: »The social theory of fiscal science«, in: Political Science Quaterly 41 (1926), S. 193-210, hier S. 207.

**51** | Vgl. E. Seligman: The social theory, S. 210.

**52** | Vgl. Florian Schui: »French figures of authority and state building in Prussia«, in: Peter Becker/Rüdiger von Krosigk (Hg.), Figures of authority. Contributions towards a cultural history of governance from 17th to 19th century, Frankfurt a.M. u.a.: Peter Lang 2008, S. 153-76.

die Zahlungen der Individuen angewiesen. Da der Steuerstaat mit der Trennung von politischer und wirtschaftlicher Sphäre grundsätzlich anerkennt, dass die ökonomischen Aktivitäten des Einzelnen außerhalb seines primären Wirkungskreises liegen, erfordert jeder Zugriff auf dort erwirtschaftete Ressourcen zumindest implizit die Zustimmung des Einzelnen. Zwang und die Androhung von Zwang spielen hier zwar eine Rolle, jedoch können diese Mittel nicht in größerem Umfang zum Tragen kommen, weil sie kostspielig sind und vor allem, weil ihr Einsatz die langfristige Stabilität des Staates aufs Spiel setzt.

Die Kommunikation der Steuerverwaltung und der Regierung mit den Steuerzahlern kann dabei verschiedene Formen annehmen. Darunter fallen die in diesem Band untersuchten Formulare (am bekanntesten wohl in der Form der Einkommensteuererklärung) und Schalter (heute in Steuersachen weniger häufig anzutreffen, als Teil von Zollämtern jedoch noch weit verbreitet). Dazu zählen aber auch andere Formen, wie das Finanzamt selbst, als Gebäude und Symbol im öffentlichen Raum, die Amtsstuben darin und Aushänge von Steuertarifen und anderen Mitteilungen. Schließlich kommt noch der ganze Komplex der politischen Kommunikation von Gesetzestexten, Wahlprogrammen, öffentlichen Diskussionen und Expertendiskursen hinzu.

Die Steuergeschichtsschreibung muss bei den historischen Erscheinungsformen dieser Kommunikation anknüpfen, um ein volleres Bild der Evolution des Steuerstaates zeichnen zu können. Bisher fehlt »Kommunikation« noch gänzlich in den Untersuchungskategorien der Steuergeschichtsschreibung.[53] Kommunikation und andere Formen der Interaktion können jedoch nur dann Eingang in die Steuergeschichtsschreibung finden, wenn sie von einem Begriff des Steuerstaats ausgeht, der den komplexen Beziehungen zwischen Steuern, Demokratie und Kapitalismus Rechnung trägt.

## LITERATUR

Aidt, Toke/Dutta, Jayasri/Loukoianova, Elena: »Democracy comes to Europe: Franchise extension and fiscal outcomes, 1830-1938«, in: European Economic Review 50 (2006), S. 249-283.
Aidt, Toke/Jensen, S.: Tax structure, size of government and the extension of voting franchise in western Europe 1860, Working paper (April 2008).

---

**53** | R. Bonney/W.M. Ormrod: Introduction, Table 0.1 und 0.2. Kersten Krüger: »Public finance and modernisation: the change from Domain State to Tax State in Hesse in the Sixteenth and Seventeenth Centuries – a case study«, in: Peter-Christian Witt (Hg.), Wealth and taxation in Central Europe. The history and sociology of public finance, Leamington Spa: Berg Publishers 1987, S. 49-62, hier S. 52.

Bonney, Richard (Hg.): Economic systems and state finance, Oxford: Clarendon 1995.

Bonney, Richard (Hg.): The rise of the fiscal state in Europe, c. 1200-1815, New York: Oxford University Press 1999.

Brownlee, W. Elliot: Federal taxation in America. A short history, Cambridge: Cambridge University Press 1996.

Brownlee, W. Elliot (Hg.): Funding the modern American state, 1941-1995. The rise and fall of the era of easy finance, New York, Cambridge: Woodrow Wilson Center Press, Cambridge University Press 1996.

Buchanan, James/Brennan, Geoffrey: The power to tax, Cambridge: Cambridge UP 1980.

Campbell, John: »The state and fiscal sociology«, in: Annual Review of Sociology 19 (1993), S. 163-185.

Daunton, Martin J.: Trusting Leviathan. The politics of taxation in Britain, 1799-1914, Cambridge: Cambridge University Press 2001.

Daunton, Martin J.: Just taxes. The politics of taxation in Britain, 1914-1979, Cambridge: Cambridge University Press 2002.

Goldscheid, Rudolf: Staatssozialismus oder Staatskapitalismus, Wien, Leipzig: Anzengruber Verlag 1917.

Herder, Johann Gottfried: »Versuch einer Geschichte der lyrischen Dichtkunst«, in: Bernhard Suphan (Hg.), Sämtliche Werke – Johann Gottfried Herder, Berlin: Weidemann 1877.

Heun, Werner: »Die Entwicklung des Steuerstaatskonzepts in theoretischer und tatsächlicher Hinsicht«, in: Ute Sacksofsky/Joachim Wieland (Hg.), Vom Steuerstaat zum Gebührenstaat, Baden-Baden: Nomos 2000, S. 10-21.

Krüger, Kersten: »Public finance and modernisation: the change from Domain State to Tax State in Hesse in the Sixteenth and Seventeenth Centuries – a case study«, in: Peter-Christian Witt (Hg.), Wealth and taxation in Central Europe. The history and sociology of public finance, Leamington Spa: Berg Publishers 1987, S. 49-62.

Kwass, Michael: Privilege and the politics of taxation in eighteenth-century France, Cambridge: Cambridge UP 2000.

Leroy-Beaulieu, Paul: Traité de la science des finances, Paris: Guillaumin, Alcan 1906.

Nehring, Holger/Schui, Florian (Hg.): Global debates about taxation, Basingstoke: Palgrave Macmillan 2007.

Ormrod, W.M./Bonney, Margaret/Bonney, Richard (Hg.): Crises, revolutions and self-sustained growth. Essays in European fiscal history, 1130-1830, Stamford: Shaun Tyas 1999.

Piketty, Thomas: Les hauts revenus en France au XXe siècle, inégalités et redistributions, 1901-1998, Paris: B. Grasset 2001.

Schäffle, Albert: Die Steuern, Leipzig: Hirschfeld 1895.

Schui, Florian: »Zur kritischen Analyse der neuen Institutionenökonomik: Douglass Norths Interpretation der frühmittelalterlichen Grundherrschaft«, in: Vierteljahrschrift für Sozial- und Wirtschaftsgeschichte 90 (2003), S. 157-173.

Schui, Florian: »Hans-Peter Ullmann: Der deutsche Steuerstaat, München: Beck 2005«, in: Bankhistorisches Archiv 32 (2006), S. 17-20.

Schui, Florian: »French figures of authority and state building in Prussia«, in: Peter Becker/Rüdiger von Krosigk (Hg.), Figures of authority. Contributions towards a cultural history of governance from 17$^{th}$ to 19$^{th}$ century, Frankfurt u.a.: Peter Lang 2008, S. 153-76.

Schumpeter, Joseph: Die Krise des Steuerstaats, Graz: Leuschner & Lubensky 1918; neu gedruckt in ders.: Aufsätze zur Soziologie, Tübingen: Mohr 1953, S. 1-71.

Schumpeter, Joseph: »The crisis of the tax state«, in: Richard Musgrave/Allan Peacock (Hg.), International economic papers, no. 4, London: kein Verlag 1954, S. 99-140.

Schumpeter, Joseph: »Die Krise des Steuerstaats«, in: Rudolf Hickel (Hg.), Die Finanzkrise des Steuerstaats, Frankfurt: Suhrkamp Verlag 1976, S. 329-79.

Seligman, Edwin: »The social theory of fiscal science«, in: Political Science Quaterly 41 (1926), S. 193-210.

Sokoloff, Kenneth/Zolt, Eric: »Inequality and taxation: some evidence from the Americas«, in: Tax Law Review 59 (2006), S. 167-248.

von Stein, Lorenz: »Finanzwissenschaft und Staatssozialismus«, in: Adolph Wagner, Finanzwissenschaft und Staatssozialismus, Frankfurt a.M.: Vittorio Klostermann 1948, S. 100-108.

de Tocqueville, Alexis: Democracy in America, London: Penguin 2003.

Ullmann, Hans-Peter: Der deutsche Steuerstaat. Geschichte der öffentlichen Finanzen vom 18. Jahrhundert bis heute, München: Beck 2005.

Venturi, Franco: Utopia and reform in the Enlightenment, Cambridge: Cambridge UP 1971.

Wagner, Adolph, Finanzwissenschaft und Staatssozialismus, Frankfurt a.M.: Vittorio Klostermann 1948.

Wicksell, Knut: »A new principle of just taxation«, in: Richard Musgrave/Alan Peacock (Hg.), Classics in the theory of public finance, Basingstoke: St. Martin's Press 1958, S. 72-118.

# »Worauf die Völker schon lange so sehnsüchtig gewartet haben …«

## Zur Kommunikation der neuen Gemeindeordnung

Veronika Duma

> »Ich habe vom Gemeinde Gesetz 5000 Abdrücke in einer gefälligen Form besorgen lassen, und übergebe jedem KV 1000 Exemplare, damit sie dieselben unters Volk bringen können. Es fragt sich, wie man diese Büchlein am schnellsten verbreiten kann [...], auf welche die Völker schon lange so sehnsüchtig gewartet haben [...].«
>
> (Landespräsidium an die Kreisamtsvorsteher 1849)[1]

## Der Staat im Dorf? – Zum »Projekt Gemeindeordnung«

Das einleitende Zitat ist einer Weisung des Landespräsidiums an sämtliche Kreisvorsteher von Österreich ob der Enns entnommen, die diese dazu auffordert, 1000 Exemplare der neuen Gemeindeordnung möglichst rasch »unters Volk« zu bringen. Der in der Ich-Form schreibende Landeschef geht ganz selbstverständlich davon aus, dass die neue politische Ordnung mit großem Enthusiasmus von der Bevölkerung aufgenommen würde. Tatsächlich beseitigte das am 17. März 1849 erlassene, provisorische Gemeindegesetz die letzten Reste des feudalen Regimes im historischen Österreich, und antwortete somit mehr oder weniger auf zentrale Forderungen der Revolution von 1848: auf die Forderung nach der Aufhe-

---

1 | Weisung des oberösterreichischen Landespräsidiums an die Kreisamtsvorsteher vom 25. März 1849, S. 1 (OÖLA, Archiv der Landesregierung, Präsidium, Faszikel 13, 1849, Organisierung der politischen Behörden, Schachtel 123, Nr. 1338).

bung der Grunduntertänigkeit sowie auf den Wunsch nach dem Ausbau politischer Partizipation auch auf lokaler Ebene.[2] Die Auflösung der Grunduntertänigkeit beendete die Patrimonialherrschaft und ihre uneinheitliche Verwaltungsorganisation. Das machte die Schaffung staatlicher Verwaltungseinrichtungen auf der untersten Verwaltungsebene notwendig.[3] Der neue Status der Bauern als Staatsbürger und (potentielle) Besitzer eröffnete zudem neue Möglichkeiten der Mitwirkung und Beteiligung. Den gesetzlichen Rahmen für diese radikale Umgestaltung stellte das provisorische Gemeindegesetz bereit.[4]

Die Grundprinzipien, auf denen das Gemeindegesetz beruhte, zeugen von der Aufnahme liberaler Ideen in die neue politische Ordnung.[5] Die »freie Gemeinde« wurde zum grundlegenden Baustein eines »freien Staates«[6] erhoben, und die lokale Selbstverwaltung rechtlich im Gesetz festgeschrieben. Neben dem zentralisierten bürokratischen Beamtenapparat wurde den Gemeinden als zweites Gleis der öffentlichen Verwaltung ein »natürlicher Wirkungskreis« zugestanden. Während der »übertragene Wirkungskreis« die vom Staat vorgegebenen Aufgaben umfasste, bezeichnete der »natürliche Wirkungskreis« jenen Raum, in dem Gemeindeangelegenheiten selbst verwaltet werden sollten.[7]

Die Neuordnung der untersten Verwaltungsebene war ein Projekt der konservativen Reformer Graf Seraph von Stadion sowie Alexander von Bach, die als k.k. Justiz- bzw. Innenminister für die Einführung des

---

**2** | Vgl. Wolfgang Mommsen: 1848. Die ungewollte Revolution. Die revolutionären Bewegungen in Europa 1830-1849, Frankfurt a.M.: S. Fischer Verlag 1998, S. 25, S. 104ff., S. 132ff.

**3** | Vgl. Ernst Bruckmüller: Sozialgeschichte Österreichs, Wien: Verlag für Geschichte und Politik 2001, S. 281.

**4** | Vgl. Jiri Klabouch: »Die Lokalverwaltung in Cisleithanien«, in: Adam Wandruszka/Peter Urbanitsch (Hg.), Die Habsburgermonarchie 1848-1918. Bd. II, Verwaltung und Rechtswesen, Wien: Verlag der österreichischen Akademie der Wissenschaften 1975, S. 270-305.

**5** | Eine vergleichbare Beobachtung findet sich auch in der Studie von Rüdiger von Krosigk über die liberalen Forderungen nach Einführung einer volkstümlichen Verwaltung und deren Umsetzung im Großherzogtum Baden in den 1860er Jahren: »Mit den Verwaltungsreformen von 1863/64 wurde letzten Endes die Forderung der liberalen Bewegung aus dem Vormärz nach einer ›volkstümlichen‹ Verwaltung wiederbelebt.« (Rüdiger von Krosigk: Bürger in die Verwaltung! Bürokratiekritik und Bürgerbeteiligung in Baden. Zur Geschichte moderner Staatlichkeit im Deutschland des 19. Jahrhunderts, Bielefeld: transcript 2010, S. 12.)

**6** | Provisorisches Gemeindegesetz vom 17. März 1849, RGBl 1849-1929, Nr. 170, S. 203-222, hier S. 203:, online unter: http://alex.onb.ac.at/cgi-content/anno-plus?aid=rgb&datum=18490005&seite=00000203; zuletzt gesehen am 01.04.10.

**7** | Vgl. Jiri Klabouch: Die Gemeindeselbstverwaltung in Österreich 1848-1918, Wien: Verlag für Geschichte und Politik 1968, S. 32.

provisorischen Gemeindegesetzes zuständig waren. Mit der Verlautbarung des Gesetzes einige Monate nach der Revolution war das »Projekt Gemeindeordnung« keinesfalls beendet. Es folgte eine völlig neuartige Vermittlungskampagne.[8] Das Gemeindegesetz erforderte eine – zwar beschränkte, jedoch zur Umsetzung desselben notwendige – Form der Partizipation. Die Bürger[9] sollten auf die Einführung vorbereitet werden, um sich beim Inkrafttreten des Gesetzes ihrer Rechte und Pflichten bewusst zu sein. Aber nicht nur das: Absicht der Kampagne war es außerdem, Begeisterung und Motivation zu vermitteln, sowie Zustimmung bei der Bevölkerung herzustellen – kurz: es ging darum, das durch die Aufhebung der Patrimonialverwaltung entstandene Machtvakuum auf der untersten Verwaltungsebene zu füllen und die Gemeinden in die staatlichen Verwaltungsapparate und Regierungsziele einzubinden.[10]

Der britische Historiker Geoff Eley hat für die deutsche Geschichte des 19. und frühen 20. Jahrhunderts einen Perspektivenwechsel hin zu Untersuchungen zu den Austausch- und Aushandlungsprozessen zwischen Staat und Gesellschaft eingemahnt.[11] Eine kulturgeschichtlich inspirierte Auseinandersetzung mit der provisorischen Gemeindeordnung von 1849 und ihrer Einführung muss sich ebenfalls auf einen derartigen Sichtwechsel einlassen. Die neue Ordnung konnte nur dann zur Grundlage des politischen Lebens und der staatlichen Verwaltung werden, wenn sie von den Bürgern aktiv angenommen und nicht nur hingenommen wurde. Um über die »Fügsamkeit« der Bürger in die neue Ordnung[12] hinauszugelangen und Begeisterung dafür zu erzeugen, waren neue Formen der Kommunikation zwischen der Staatsgewalt, Vertretern gesellschaftlicher und korporativer Interessen und einfachen Bürgern erforderlich. Unter der Anleitung Stadions bzw. Bachs wurden unterschiedliche Mo-

---

**8** | Im Zuge der Revolutionen kam es zu einer Erneuerung der Kommunikationstechniken, etwa in Bezug auf die massenhafte Verfassung von Flugschriften zur Verbreitung politischer Botschaften. Vgl. dazu: Gustav Ortruba: Wiener Flugschriften zur sozialen Frage 1848, I.Teil: Arbeiterschaft, Handwerk und Handel, Wien: Europaverlag 1978. Die staatlich initiierte Vermittlungskampagne zur Propagierung des Gemeindegesetzes ging weit über die Nutzung dieses Mediums hinaus und forcierte die aktive Einbindung der Bürger.

**9** | Ich übernehme in weiterer Folge den Ausdruck Bürger, da in der Regel nur der männliche, besitzende Teil der Bevölkerung gemeint war.

**10** | Vgl. Lutz Raphael: Recht und Ordnung. Herrschaft durch Verwaltung im 19. Jahrhundert, Frankfurt a.M.: Fischer 2000, S. 184.

**11** | Geoff Eley: »The British Model and the German Road: Rethinking the Course of German History before 1914«, in: David Blckbourn/Geoff Eley (Hg.), The Peculiarities of German History. Bourgeois Society and Politics in Nineteenth-Century Germany, Oxford/New York: Oxford University Press 2003, S. 39-155; vgl. dazu auch R. von Krosigk: Bürger in die Verwaltung, S. 14f.

**12** | Vgl. Max Weber: Wirtschaft und Gesellschaft. Grundriß der verstehenden Soziologie, Thübingen: Mohr 1980, S. 19ff.

delle zur Verbreitung und Bewerbung der neuen politischen Ordnung angeregt und ausprobiert. Sie gingen weit über die sonst üblichen Kommunikationsmöglichkeiten der bürokratischen Verwaltung hinaus, indem sie alternative Vermittlungswege erschlossen. Die neuen Kommunikationsstrategien sind Thema dieses Kapitels.[13] Ich interessiere mich besonders für Aushandlungsprozesse und die Herstellung von Kommunikationsnetzwerken. In diesem Sinne begreift sich die Arbeit als Beitrag zu einer Kulturgeschichte der Verwaltung. Die vermeintlich reibungslose Durchsetzung des Rechtsstaates, der Bürokratisierung bzw. eines abstrakten Prinzips der Rationalität wird hinterfragt und stattdessen auf Kontingenz und Widersprüchlichkeit geachtet.[14]

## STRATEGIEN

Zur Frage *wie, durch wen* oder *welche Institutionen* diese neue politische Ordnung kommuniziert werden sollte, um die ambitionierten Ziele der Regierung erreichen zu können, gab es sehr genaue Anweisungen und Vorschläge vom k.k. MdI und vom Landespräsidium. Einerseits wurden die innerbürokratischen Kommunikationsmöglichkeiten im bestehenden Apparat ausgeschöpft. Andererseits finden sich verschiedene Vorschläge für eine informelle, über den bürokratischen Apparat hinausreichende Aktivierung der Bevölkerung.[15]

---

13 | Ich stütze mich dabei vor allem auf die Akten der Präsidialkanzlei der oberennsischen Landesregierung aus dem Landesarchiv in Linz, in denen Anweisungen gegeben wurden, wie das neue Gemeindegesetz einzuführen, zu vermitteln bzw. zu verbreiten sei, und in denen Berichte bzw. Fragen und Anmerkungen zur Einführung und Vermittlung des Gesetzes von den politischen Behörden sowie von bestimmten Teilen der Bevölkerung zu finden sind. Die quer zur bürokratischen Kommunikation liegende, informelle und mündliche Kommunikation kann nur indirekt rekonstruiert werden.
14 | Vgl. Peter Becker: »Überlegungen zu einer Kulturgeschichte der Verwaltung«, in: Jahrbuch für europäische Verwaltungsgeschichte 14 (2003), S. 311-337, hier S. 335.
15 | Auch innerhalb des bürokratischen Apparates gab es informelle Wege der Kommunikation. Leider würde eine genauere Beschäftigung mit dem Phänomen den Rahmen dieser Arbeit sprengen. Etwas verkürzt steht hier somit der bürokratische Apparat der informellen, mündlichen Kommunikation an all jenen Orten entgegen, die noch nicht von staatlicher Bürokratie bzw. zentralstaatlichen Strukturen durchdrungen waren.

## WEGE UND INSTANZEN DER BÜROKRATIE – UND ÜBER DIESE HINAUS

»Im Anschluße erhalten Eure Wohlgeboren eine entsprechend Anzahl Exemplare des provisorischen Gemeindegesetzes, welches sofort kund zu machen ist. Die Instruktion Behufs der Einführung dieses Gesetzes wird ehestens nachfolgen. Inzwischen wollen Eure Wohlgeboren die Versendung des Gesetzes an alle polit. Behörden veranlassen, weil es unerläßlich ist, daß, ehe zur wirklichen Einführung geschritten wird, dieses umfangreiche und wichtige Gesetz zu genausten Kenntnis aller Behörden komme, und dieses sich vollkommen eigen machen.«[16]

Diese Anordnung aus Wien – von Stadion persönlich unterzeichnet – wurde unmittelbar nach dem Erlass des provisorischen Gemeindegesetzes an den »Herrn Landeschef von Oesterreich ob der Enns« gesendet. Er hatte dafür zu sorgen, dass sämtliche politische Behörden der oberösterreichischen Kreise mit dem Gesetz vertraut wurden, bevor die Vermittlung an die Bevölkerung gestartet werden sollte. Anhand des Weges, den diese Anordnung zurücklegte, lassen sich die Behörden kurz vorstellen, die in die ›Bewerbung‹ der provisorischen Gemeindeordnung involviert waren.

An der Spitze des hier nachverfolgbaren Schriftverkehrs stand das k.k. Ministerium des Inneren (MdI), das seine Anweisungen vom Kabinett Schwarzenberg erhielt. Das MdI hatte eine beherrschende Stellung in der österreichischen Verwaltungsorganisation inne, im Jahr 1848/49 fungierte es als Träger des neuen Verwaltungsaufbaus. Der Wirkungsbereich des Ministeriums war weit gespannt,[17] die Gemeindeorganisation gehörte auch dazu.[18] Vom MdI gingen Schreiben – entweder vom Minister des Inneren[19] oder stellvertretend für diesen – vom Unterstaatssekretär – an den Landeschef Österreichs ob der Enns[20] in Linz. Vom Landespräsidium wiederum wurden diverse Informationen bzw. Anweisungen an die Kreis-

---

**16** | Schreiben aus Wien an den Landeschef von Österreich ob der Enns vom 28. März 1849, S. 1. (OÖLA, Archiv der Landesregierung, Präsidium, Faszikel 13, 1849, Organisierung der politischen Behörden, Schachtel 123, Nr. 2106).

**17** | Er umfasste z.b. Angelegenheiten des Reichstages, das Ständewesen, Polizei und öffentliche Sicherheit, Vereins- und Versammlungswesen, Lehensangelegenheiten, Militärkonskription, Adelssachen usw. (Vgl. Walter Goldinger: »Die Zentralverwaltung in Cisleithanien – Die zivile gemeinsame Zentralverwaltung«, in: Adam Wandruszka/Peter Urbanitsch (Hg.), Die Habsburgermonarchie 1848-1918. Bd. II, Verwaltung und Rechtswesen, Wien: Verlag der österreichischen Akademie der Wissenschaften 1975, S. 100-189, hier S. 126.)

**18** | Vgl. W. Goldinger: Die Zentralverwaltung in Cisleithanien – Die zivile gemeinsame Zentralverwaltung, S. 125ff.

**19** | Nach der Revolution wurde Franz Seraph Stadion Innenminister im Kabinett Schwarzenberg, im Juli 1849 wurde er von Alexander von Bach abgelöst.

**20** | Zu dieser Zeit war das gerade Dr. Alois Fischer (Vgl. Verordnung des Landeschefs von Österreich ob der Enns und Salzburg vom 02. August 1849, (OÖLA,

ämter gesendet. Davon gab es in Oberösterreich im Jahre 1848/49 fünf:
das Innkreisamt in Ried, das Hausruckkreisamt in Wels, das Mühlkreis-
amt in Linz, das Traunkreisamt in Steyr und das Kreisamt Salzburg.[21] Die
Kreisamtsvorstände waren angewiesen, die Anordnungen, Erlässe usw.
vom Landeschef an die untergeordneten politischen Behörden, also etwa
an die Pfleggerichte oder Dekanate weiterzuleiten, die für die Verbreitung
der Nachrichten und Beantwortung der Nachfragen zu sorgen hatten.

Um eine funktionierende Kommunikation zu organisieren, musste
sowohl der Informationsfluss von »oben nach unten«, also vom Ministerium bis zur untersten Verwaltungsebene und weiter zur betroffenen
Bevölkerung, ebenso wie der Informationsfluss von »unten nach oben«,
d.h. von der Bevölkerung bzw. den lokalen Behörden an die vorgesetzten
Stellen gewährleistet sein. »[...] [D]ie jeweils bestehenden Möglichkeiten
und Grenzen von Herrschaft durch bürokratische Verwaltung«, schreibt
Reiner Prass in einem Artikel, »zeigt sich in ihrer Fähigkeit, Informationen schriftlich zu erheben, zu organisieren und weiterzugeben.«[22] Das
Informationsbedürfnis von Zentralstellen und Regierung wurde nicht
nur durch die Weiterleitung von Eingaben und Erledigungen befriedigt.
Kreisbeamte in der Habsburgermonarchie waren angewiesen, ihre Amts-
bezirke regelmäßig zu bereisen, um anschließend über eine Anzahl klar
festgelegter Themen zu berichten.[23] Zweck dieser Visitationen war sowohl
die Beschaffung von Informationen als auch die Kontrolle und Überwachung der Amtsführung untergebener Stellen. Diese Bereisungen ermöglichten eine intensivere bzw. direkte Kommunikation der Regionalbehör-
den mit lokalen Amtsträgern sowie mit der Bevölkerung.[24]

Zur Einführung der Gemeindeordnung reichte eine bloße Vermittlung von Information nicht aus. Die Bevölkerung sollte motiviert
werden, die zukünftige Ordnung auch aktiv herzustellen. Trotz seiner
Überreguliertheit und Schwerfälligkeit stellte der bürokratische Apparat
gewisse Kommunikationsräume bereit und bot Ansatzpunkte für alternative Kommunikationsformen. Neue Strategien wurden ausprobiert und
setzten fallweise sogar den bürokratischen Instanzenzug außer Kraft. Die
Behörden wurden mit Materialien, z.B. mit Exemplaren der Gemeinde-

---

Archiv der Landesregierung, Präsidium, Faszikel 13, 1849, Organisierung der politischen Behörden, Schachtel 123, Nr. 3371).

**21** | Salzburg wurde 1817 als fünfter Kreis des Landes ob der Enns in die Habs-
burgermonarchie eingegliedert, wodurch es kurzfristig ebenfalls der Landesregierung in Linz unterstellt war.

**22** | Reiner Prass: »Die Brieftasche des Pfarrers. Wege der Übermittlung von
Information in ländlichen Kirchengemeinden des Fürstentums Minden«, in: Ralf
Pröve/Norbert Winnige (Hg.), Wissen ist Macht. Herrschaft und Kommunikation
in Brandenburg-Preußen 1600-1850, Berlin: Berlin Verlag 2001, S. 69-83.

**23** | Vgl. P. Becker: Überlegungen zu einer Kulturgeschichte der Verwaltung,
S. 324f.

**24** | Vgl. ebd., S. 326.

ordnung beschickt, »damit sie dieselben unters Volk bringen können.«[25] Die Oberbehörden wiesen dabei auf die Möglichkeit hin, dass sich Beamte wie Bürger mit Bitten und Anliegen doch direkt an die Oberbehörden wenden könnten.[26]

>»Es wird mir sehr willkommen sein, wenn die Herrn Ortsvorstände entweder *unmittelbar*, oder durch die Kreisämter das Ergebnis dieser Beratungen [...] so wie die allenfalls geäußerten Wünsche und Bedenken mitteilen wollen.«[27]

Der Landeschef ob der Enns verlangte in diesem Schreiben an die Kreisämter, vom Ergebnis der Beratungen über das neue Gemeindegesetz unterrichtet zu werden. Er stellte den Ortsvorständen frei, die Resultate entweder vermittelt über das Kreisamt oder aber direkt an ihn selbst zu übermitteln. Zusätzlich zu dieser Durchbrechung des Instanzenzuges kann man bei der ›Bewerbung‹ der Gemeindeordnung eine Öffnung des behördlichen Schriftverkehrs gegenüber Außenstehenden beobachten. So lud das Kreisamt Salzburg alle bei den Beratungen anwesenden Personen dazu ein, dem Amt einen persönlichen Bericht zu erstatten:

>»[I]ch erwarte gleich darnach die mir von einem der bei jeder Berathung anwesenden Herrn Amtsvorstände zu erstattenden Berichte über das Ergebniß der Berathung [...]. Auch werde ich mit Dank etwaige Äußerungen, die *Ein oder der Andere der bei der Berathung anwesenden Herren* mir in der angedeuteten Richtung *unmittelbar übersenden wollte*, annehmen«.[28]

---

25 | Weisung des oberösterreichischen Landespräsidiums an die Kreisamtsvorsteher vom 25. März 1849 S. 1.

26 | Die Kommunikation von der hierarchischen Spitze bis zu der Bevölkerung in den (zum Teil noch nicht bestehenden) Gemeinden verlief sonst indirekt, d.h. vermittelt über die Unterbehörden. Ich orientiere mich an der Studie Ursula Löfflers, auch wenn sie sich auf eine andere Zeit und einen anderen Ort bezieht: Ursula Löffler:»Kommunikation zwischen Obrigkeit und Untertanen: Zum Aufgabenprofil dörflicher Amtsträger in der frühen Neuzeit«, in: Ralf Pröve/Norbert Winnige (Hg.), Wissen ist Macht. Herrschaft und Kommunikation in Brandenburg-Preußen 1600-1850, Berlin: Berlin Verlag 2001, S. 101-121. Der Schluss, den sie zieht, kann durchaus auch auf Basis des hier untersuchten Quellenkorpus gezogen werden.

27 | Weisung des oberösterreichischen Landespräsidiums an die Kreisämter vom 03. April 1849, S. 4f. (OÖLA, Archiv der Landesregierung, Präsidium, Faszikel 13, 1849, Organisierung der politischen Behörden, Schachtel 123, Nr. 1517).; Hervorhebungen V.D.

28 | Dekret des Kreisamts Salzburg an sämtliche k.k. Pfleggerichte vom 01. April 1849, S. 3 (OÖLA, Archiv der Landesregierung, Präsidium, Faszikel 13, 1849, Organisierung der politischen Behörden, Schachtel 123, Nr. 4345), Hervorhebungen V.D.

Das Überspringen von Mittelbehörden und die Berücksichtigung der Einlassungen von Bürgern sollte dazu dienen, den langwierigen (Kommunikations-)Weg der Verwaltung kurzzuschließen. Dieser Aufforderung wurde durchaus nachgekommen. Es existieren zahlreiche Anfragen, die – nur um einige Beispiele zu nennen – direkt von Gemeindemitgliedern an das Ministerium[29], von ehemaligen Partrimonialbeamten an das MdI[30] oder von Bürgermeistern an den Landeschef gesendet wurden, anstatt diese Schreiben vermittelt über das Kreisamt einzureichen. Die wiederholten Aufforderungen zur Überwindung des üblichen Instanzenweges passen durchaus zu der Tatsache, dass, wie es vom Landespräsidium mehrmals hervorgehoben wurde, die Verbreitung und Umsetzung des Gemeindegesetzes sehr schnell realisiert werden musste.

Dem Faktor Schnelligkeit standen nicht nur die langwierig zu durchlaufenden bürokratischen Instanzen im Wege. Auch traditionell übliche Methoden zur Distribution von Informationen wurden – laut manchen Behörden – der gewünschten Anforderung nicht mehr gerecht. In einem Schreiben wurden sämtliche Kreisamtsvorstände vom Landespräsidium dazu aufgefordert, alle Dekane in ihrem Kreise gleichzeitig anzuschreiben, anstatt auf die sonst so beliebten Zirkulare zurückzugreifen. Denn mit dieser Form der Kommunikation, so die Argumentation, würde sich die Vermittlung und Verbreitung des Gesetzes bloß verzögern.

»KV werden so gefällig seyn, an jeden Hr. Decan gleichzeitig zu schreiben, und sich nicht etwa der beliebten Circulare zu bedienen, mit welchen nur ein Zeitverlust verbunden wird.«[31]

Das »Zirkular« bezeichnete in der Habsburgermonarchie in der Regel schlichte Anordnungen auf Länderebene, die, wie der Name andeutet, in einem bestimmten Teil des Landes von Ort zu Ort weitergereicht wurden und von den jeweiligen Amtspersonen zur Kenntnis genommen werden mussten.[32] Zirkulare konnten weder hinsichtlich der Schnelligkeit noch der gewünschten Breitenwirkung die für dieses Unternehmen vorgesehenen Aufgaben erfüllen.

---

**29** | Vgl. Schreiben der Marktgemeinde Haag an das Innenministerium vom 22. März 1849, (OÖLA, Archiv der Landesregierung, Präsidium, Faszikel 13, 1849, Organisierung der politischen Behörden, Schachtel 123, Nr. 1358).
**30** | Vgl. Schreiben von Patrimonialbeamten an das Innenministerium, vom 12. März 1849, (OÖLA, Archiv der Landesregierung, Präsidium, Faszikel 13, 1849, Organisierung der politischen Behörden, Schachtel 123, Nr. 3870).
**31** | Weisung des oberösterreichischen Landespräsidiums an die Kreisamtsvorsteher vom 25. März 1849, S. 2.
**32** | Vgl. M. Hochedlinger: Aktenkunde, S. 200. und R. Prass: Brieftasche des Pfarrers, S. 76.

## KOMITTEEBILDUNG UND PARTIZIPATION

»Ich habe [...] die Kreisämter aufgefordert, Comitis zur Berathung über das Gemeindegesetz zusammenzusetzen. Damit dieses wichtige und umfangreiche
Gesetz leicht an das Leben des Volkes dringen und allenthalber eine gründliche
Würdigung und eine richtige Erkenntniß der dadurch auferlegten Pflichten und
eingeräumte Rechte finde, wird es zweckmäßig seyn, wenn mehrere solche Comitis zum gemeinschaftlichen Studium und zur Erörterung des Gemeindegesetzes errichtet werden.«[33]

Der größte Impuls, das staatliche Projekt auch außerhalb der Strukturen
des bürokratischen Apparates zu propagieren, entstand durch die wieder-
holte Aufforderung der Regierung, Komitees zu bilden und somit Netzwerke zu aktivieren, die für die Gemeindeordnung auf der lokalen Ebene
werben sollten.

Durch die Anregung zur Komiteebildung wurde eine beschränkte Art
von Mitsprache seitens der Bürger ermöglicht. Sie sollten in Gruppen zusammentreten, um die neue Gemeindeordnung zu diskutieren, sowie
Wünsche, Anregungen und Beschwerden zu formulieren, wie das oben
zitierte Dekret des Landespräsidiums an die Kreisämter zum Ausdruck
brachte. Ähnlichkeit mit dieser Art der Versammlung besaßen die frühen
und zum Teil revolutionären Formen bürgerlicher Öffentlichkeit, wie Vereine, Diskussionszirkel oder Lesekreise. Wie auch im provisorischen Gemeindegesetz bürgerliche Forderungen aufgenommen und dann von der
Regierung – wenn auch in etwas abgewandelter Form – verkündet wurden, so wurden Elemente der sich neu formierenden Kultur der bürgerlichen Öffentlichkeit von der Regierung aufgegriffen und für ihre Zwecke
nutzbar gemacht.[34]

Mehrfach wurde vom Landespräsidium darauf hingewiesen, dass die
Beamten »zum gemeinschaftlichen Studium und zur Erörterung des Gemeindegesetzes«[35] zu Beratungen auf Kreisebene zusammentreten sollen. Ausdrücklich betont wurde außerdem, dass zu diesen Beratungen
nicht nur Beamte, sondern auch Geistliche, Lehrer, Gemeindevorstände
»wie überhaupt gebildete Männer aus dem Kreise beigezogen werden

---

**33** | Weisung des oberösterreichischen Landespräsidiums an die Kreisämter
vom 03. April 1849, S. 4f.

**34** | Zur Formierung bürgerlicher Öffentlichkeit vgl. Helmut Rumpler: »Einleitung:
Von der ›bürgerlichen Öffentlichkeit‹ zur Massendemokratie – Zivilgesellschaft
und politische Partizipation im Vielvölkerstaat des Habsburgermonarchie«, in:
Helmut Rumpler/Peter Urbanitsch (Hg.), Die Habsburgermonarchie 1848-1918.
Bd. VIII/1, Politische Öffentlichkeit und Zivilgesellschaft, Wien: Verlag der öster-
reichischen Akademie der Wissenschaften 2006, S. 1-14.

**35** | Weisung des oberösterreichischen Landespräsidiums an die Kreisämter
vom 03. April 1849, S. 2f.

[sollen].«[36] Da die Anweisungen des Landespräsidiums einen gewissen Spielraum bei der Umsetzung offen ließen, gab es Unterschiede in der Zusammensetzung der Komitees in den einzelnen Kreisen. Dies lässt sich anhand der Berichterstattung der Kreisämter rekonstruieren. Wie aus der Lektüre der Berichte hervorgeht, zeigten die Kreisamtsvorsteher sowie einige untergeordnete Funktionsträger bei der Kommunikation des Gesetzes durchaus Eigeninitiative. Ein besonders illustratives Beispiel stellt das Kreisamt Salzburg dar. Dieses erließ kurz nach der Veröffentlichung des provisorischen Gemeindegesetzes ein Dekret an sämtliche k.k. Pfleggerichte, mit der Anweisungen, Abdrücke des provisorischen Gemeindegesetzes

»ungesäumt allen Beamte, dann Gemeinde=Vorständen, insbesondere den Bürgermeistern der Städte und Märkte und anderen durch ihre hohe Bildung, ihren Einfluß und das in sie gesetzte Vertrauen ihrer Mitbürger ausgezeichneten Männer zur genauen Durchstudierung unter Hinweisung auf die hohe Wichtigkeit des Gegenstandes zu übergeben.«[37]

Zudem wurden die Pfleggerichtsvorstände in dem Dekret angewiesen, sich mit der Geistlichkeit in Verbindung zu setzen, die ihrerseits von dem fürsterzbischöflichen Ordinariat mit Exemplaren versorgt würde. Sobald die genannten Personen das Gesetz einstudiert hätten, lautete die Anweisung des Kreisamts, sollten die Vorstände der jeweils geographisch nahe beisammen liegenden Pfleggerichte Zusammenkünfte organisieren. Zu diesem Treffen, so ordnete das Salzburger Amt an, seien

»mehrere in der oben angedeuteten Art [...] geeignet erscheinenden in der Nähe der vorerwähnten Orte sich aufhaltenden Herren aus dem Geistlichen, dem Bürger= und Bauernstande, [und] insbesondern aus der Klasse der Wirthe [...]«[38]

hinzuzuziehen. Diese Komitees waren aufgefordert, das Gemeindegesetz genau durchzugehen, sich über die einzelnen Paragraphen, über die Art der Ausführung sowie über die geeignetste Weise der Weiterverbreitung zu beraten. Über die Ergebnisse der Beratungen, bestimmte Wahrnehmungen, eventuelle Wünsche oder Bedenken sollte das Kreisamt umgehend informiert werden. Sobald die angeordneten Beratungen auf Pfleggerichtsebene abgeschlossen wären, sollten die beteiligten Amtsvorstände in ihre Bezirke zurückkehren und dort, unter Einbeziehung der erwähnten Personen, ebenso Zusammenkünfte einberufen, um das Gemeinde-

---

36 | Weisung des oberösterreichischen Landespräsidiums an die Kreisamtsvorsteher vom 25. März 1849, S. 4.

37 | Dekret des Kreisamts Salzburg an sämtliche k.k. Pfleggerichte vom 01. April 1849, S. 1.

38 | Dekret des Kreisamts Salzburg an sämtliche k.k. Pfleggerichte vom 01. April 1849, S. 2.

gesetz mit Rücksicht auf die Ergebnisse der davor stattgefundenen Treffen zu diskutieren. Jede derartige Versammlung musste nach den Vorstellungen des Kreisamtes mit einem Vortrag »über die hohe Wichtigkeit des Gegenstandes« eingeleitet werden. Am Schluss sollte jedem

»Anwesenden auf das Angelegentlichste zur Pflicht gemacht werden, über das Gemeindegesetz den Kreis seiner Bekannten zu Hause weiter zu belehren, und diese Belehrung durch Einzelne von ihnen wieder weiter verbreiten [zu] lassen [...].«[39]

Das Thema der ›Belehrung‹ wird in mehreren Weisungen des Landespräsidiums angesprochen. Der mündlichen Verbreitung von Informationen und der für die Überzeugung der Bevölkerung notwendigen, politischen Propaganda wurde eine große Wichtigkeit in dem Vermittlungsprojekt zugeschrieben. Dadurch, so die Hoffnung, sollte eine Kommunikationskette angestoßen werden, in der obrigkeitliche Verordnungen nicht nur mündlich übermittelt, sondern auch in ihrer Bedeutung ausführlich erläutert werden. Das kommt in einer Weisung des Landespräsidiums an die Kreisämter deutlich zum Ausdruck:

»auf dem angedeuteten Wege zur Verbreitung der richtigen Begriffe und Ansichten über dasselbe (das Gemeindegesetz; Anmerkung V.D.) unter ihren minder gebildeten Mitbürgern zu wirken.«[40]

Dass auf den unteren Verwaltungsebenen die mündliche Vermittlung eine wesentlich größere Rolle spielte als die schriftliche, hatte mehrere Gründe. In der Umbruchsphase der Jahres 1848/49 bestanden verwaltungsinterne Organisationsprobleme, deren Ursachen im mangelnden Ausbau von Verwaltungsstrukturen und somit in der schwachen bürokratischen Durchdringung vor allem der ländlichen Gegenden lagen. Darüber hinaus mussten die Kommunikationspartner, sollten sie schriftliche Informationen erreichen, bestimmte Erfordernisse, nämlich zumindest Lesefähigkeit, erfüllen.[41]

**39** | Dekret des Kreisamts Salzburg an sämtliche k.k. Pfleggerichte vom 01. April 1849, S. 2.

**40** | Weisung des oberösterreichischen Landespräsidiums an die Kreisämter vom 03. April 1849, S. 4.

**41** | Vgl. R. Prass: Brieftasche des Pfarrers, S. 71. Zum Bildungswesen in der Habsburgermonarchie und die Erreichbarkeit von Bildungseinrichtungen vgl. Helmut Engelbrecht: Geschichte des Österreichischen Schulwesens. Entwicklung und Unterricht auf dem Boden Österreichs, Bd. 3. Von der frühen Aufklärung bis zum Vormärz, Wien: Österreichischer Bundesverlag 1984, S. 70ff, 103ff, 129 u. 224; Helmut Engelbrecht: Geschichte des Österreichischen Schulwesens. Entwicklung und Unterricht auf dem Boden Österreichs, Bd. 4. Von 1848 bis zum Ende der Monarchie, Wien: Österreichischer Bundesverlag 1986, S. 7ff.

Wie sehr die Anweisungen, aktiv Mundpropaganda zu betreiben, tatsächlich in die Realität umgesetzt wurden, ist aufgrund der fehlenden Quellenlage nicht so einfach zu beantworten. Auf jeden Fall implizieren die Aufforderungen zur mündlichen Weitergabe von Informationen jedoch, dass zumindest von einem gewissen Grad an Kooperationsbereitschaft seitens der Bevölkerung ausgegangen wurde, bzw. dass deren Mitwirken bei der Vermittlung des Gesetzes einkalkuliert wurde. Die Propagierung war auf einen beständigen Informationsfluss auf lokaler Ebene, also dort, wo die staatliche Bürokratie (ebenso wie Schriftlichkeit) nur bedingt vorhanden war, angewiesen. Wie Ursula Löffler in einem Artikel hervorhebt, basierte Verwaltungshandeln nicht auf Freiwilligkeit, sondern auf Weisungsgebundenheit. Demgegenüber betont sie die Freiwilligkeit der mündlichen, informellen Kommunikation.[42] Diese freiwillige, mündliche Weitergabe von Informationen wurde jedoch nicht dem Zufall überlassen, sondern es wurde von Seiten der staatlichen Behörden für diese Art der Vermittlung geworben. Die Aufgabe der Belehrung der Mitbürger wurde zur höchsten und »heiligsten« Pflicht stilisiert:

»Es ist also die heiligste Pflicht aller Beamte, so wie aller Gebildeten, die Gemeinden durch passenden Unterricht und Belehrung auf die durch das Gemeindegesetz bewirkte Umstaltung aller Verhältnisse vorzubereiten, und dahin zu wirken, daß dasselbe zu aller Heil und Wohle in Anwendung treten könne.«[43]

Neben der wiederholten Anrufung des Pflichtgefühles der Beamten sowie der gebildeten und besitzenden Bevölkerungteile, wurde in diversen Schreiben immer wieder mit einer positiven Rückmeldung an »höherer Stelle« geworben, wenn sich einzelne Personen besonders bei der Belehrung der Bevölkerung hervortäten. So beschreibt es der Kreisvorsteher von Salzburg als seine Pflicht, um

»für die Belohnung wirklicher Verdienste um das Wohl der Gesammtheit zu sorgen, ich besonders bedacht seyn werde jene Herrn Beamten, welche sich um die Belehrung der Bevölkerung mit Auszeichnung verdient gemacht haben, höheren Orts als Männer namhaft zu machen, welche Beweise ihre Fähigkeit die Ideen und Bedürfnisse der Neuzeit zu erfüllen, geliefert haben.«[44]

---

42 | Vgl. U. Löffler: Kommunikation zwischen Obrigkeit und Untertanen, S. 105.
43 | Dekret des Kreisamts Salzburg an sämtliche k.k. Pfleggerichte vom 01. April 1849, S. 1.
44 | Dekret des Kreisamts Salzburg an sämtliche k.k. Pfleggerichte vom 01. April 1849, S. 3.

## WER KANN ALS MULTIPLIKATOR WIRKEN?

Welche Teile der Bevölkerung – abgesehen von den Beamten – waren aufgefordert, an den Beratungen der Kreisamts- bzw. Pfleggerichtsvorstände teilzunehmen und bei der Verbreitung des neuen Gesetzes »thätigst mitzuwirken«[45]? Um welche Persönlichkeiten handelt es sich, welche beruflichen und sozialen Positionen nahmen sie ein und welche Anforderungen und Erwartungen sollten sie erfüllen – kurz: welche Eigenschaften qualifizierten eine Person dafür, eine Multiplikatorenfunktion auszuüben? Die Weisungen des Landespräsidiums und die Berichte der untergeordneten Stellen nannten Pfarrer bzw. die Geistlichkeit im Allgemeinen, Messner, Lehrer, Beamte, »einflussreiche [...] und intelligente [...] Männer aus dem Bürger- und Bauernstande« und »insbesondere aus der Klasse der Wirthe, und sonst [...] Personen der Nachbarschaft«[46], sowie all jene Menschen, der die Bevölkerung vertraute. Der Aufforderung des Landespräsidiums nach einer möglichst raschen Verbreitung umgehend nachkommend, verteilte die Kreisvorstehung von Salzburg auf eigene Initiative einen Abdruck des Gemeindegesetzes an einen k.k. Pfleggerichtsadjunkten, da dieser als Redakteur des »Volksblattes der Landbothe einen nicht unbedeutenden Einfluß auf die Volksbildung äußert.«[47]

Diesen Personen gemeinsam war ihre besondere gesellschaftliche Stellung bzw. Funktion innerhalb der Gemeinde. Sie waren jedoch auf unterschiedliche Art und Weise privilegiert. Während Lehrer, Beamten oder auch Pfarrer über eine höhere Bildung verfügten und am Herrschaftsapparat teilhatten, wurden »intelligente und einflussreiche«[48] Bürger wegen ihrer sozialen Position und ihres Besitzes einbezogen, da sie von der Neuregelung der Vermögens(selbst)verwaltung im Rahmen des neuen Gemeindegesetzes betroffen waren. Die Wirte wiederum agierten an sozialen Treffpunkten, die sich hervorragend für die Diskussion der neuen Gemeindeordnung eigneten.

Alle diese Personen zeichneten sich aus der Sicht der Zeitgenossen durch ihren Verkehr mit der bzw. ihren Einfluss auf die Bevölkerung aus. In ihrem alltäglichen Leben standen der Pfarrer, der Lehrer, der Wirt usw. in engem Kontakt mit jenen Menschen, denen sie die neue Gemeindeordnung nahe bringen sollten. Das Vermittlungs- und Mobilisierungsprojekt griff somit auf lokal bestehende Kommunikationsstrukturen zurück.

---

**45** | Weisung des oberösterreichischen Landespräsidiums an die Kreisämter vom 03. April 1849, S. 4.

**46** | Weisung des oberösterreichischen Landespräsidiums an die Kreisämter vom 03. April 1849, S. 3.

**47** | Schreiben des Kreisamts Salzburg an das Landespräsidium vom 01. April 1849, (OÖLA, Archiv der Landesregierung, Präsidium, Faszikel 13, 1849, Organisierung der politischen Behörden, Schachtel 123. Nr. 1517/4345).

**48** | Ebd.

Der Pfarrer hatte in den Planungen zur Bewerbung der Gemeindeordnung eine zentrale Rolle. Das hing mit seiner Position an der Schnittstelle von Staat und Gesellschaft zusammen. Vor allem in den ländlichen
Gemeinden hatte der Pfarrer eine einflussreiche Stellung inne. Er war
Seelsorger und Religionslehrer, und sein kirchliches Amt war eng mit
staatlichen Aufgaben verflochten. Aufgrund seines engen Kontaktes mit
den höheren Verwaltungsbehörden wurde er als »Beamter im schwarzen
Rock« bezeichnet.[49] Gleichzeitig war er auch im Armenwesen, im Orts-
schulrat und anderen lokalen Einrichtungen tätig. Manchmal fungierten
Pfarrer als Gründer, Obmänner oder Vorstandsmitglieder von Sparkas-
sen und landwirtschaftlichen Genossenschaften, teilweise betrieben sie
auch selbst Landwirtschaft und Viehzucht. Sie waren lokal verankert, im
Genossenschaftswesen engagiert und mit staatlichen Aufgaben betraut.
Vor diesem Hintergrund empfahl das Landespräsidium den Kreisamtsvorstehern, das gedruckte Gemeindegesetz durch die Pfarrer verteilen zu
lassen:

»Meine Meinung ist, daß es (die Verbreitung; Anmerkung V.D) am leichtes-
ten durch die Pfarrer geschehen könnte, denn diese Männer leben unmittelbar
in den Gemeinden und haben fast täglich lebhaften Verkehr mit der gesamten
Einwohnerschaft.«[50]

Die Personalisierung von Botschaften ist damals wie heute ein wesentliches Element in der erfolgreichen Vermittlung von Einstellungen, Werten und Inhalten.[51] Der Erfolg der Vermittlungstätigkeit ist oft von persönlichen Kontakten zur Zielgruppe abhängig. Das war den staatlichen
Akteuren in der Mitte des 19. Jahrhunderts durchaus bewusst, weshalb
sie die Bedeutung von einflussreichen und in engem Verkehr mit der Bevölkerung stehenden Männern für die Bewerbung der Gemeindeordnung
betonten. Die Entscheidung über die »credibility of the source«[52] also die
Frage danach, welche Personen als informelle Knotenpunkt des Informationsflusses fungieren konnten, wurde dabei den lokalen Behörden überlassen.[53]

---

**49** | Vgl. Peter Leisching: »Die römisch-katholische Kirche in Cisleithanien«,
in: Adam Wandruszka/Peter Urbanitsch, Peter (Hg.), Die Habsburgermonarchie
1848-1918. Bd. IV, Die Konfessionen, Wien: Verlag der österreichischen Akademie der Wissenschaften 1985, S. 1-241, hier S. 96f.
**50** | Weisung des oberösterreichischen Landespräsidiums an die Kreisamtsvor-
steher vom 25. März 1849 S. 1.
**51** | Doris A. Graber: The Power of Communication, Washington: CQ Press 2003,
S. 248.
**52** | Ebd.
**53** | In der Regel wurden von den höher stehenden Behörden nur Vorschläge ge-
macht oder aber auf gebildete und gesellschaftliches Ansehen genießende Männer verwiesen. Wem diese Eigenschaften letztendlich zugestanden wurden, blieb

Der Blick auf die Multiplikatoren vermittelt ein besseres Verständnis von der Art der geplanten Vermittlungstätigkeit. Traditionelle Formate, wie die Information der gebildeten Öffentlichkeit durch die Presse, wurden genutzt. Bei damit nicht erreichbaren Zielgruppen – die Bewohner von ländlichen Gebieten und Angehörige bildungsferner Schichten – setzte man auf die Verkündigung von Gesetzen in der Kirche. Diese Vermittlungsstrategie galt im Fall der Gemeindeordnung als nicht zielführend, weil sie zu wenig dialogisch ausgerichtet war. Hier sollten persönliche Gespräche nicht nur informieren, sondern überzeugen und mobilisieren.

## UNTERSCHIEDLICHE STRATEGIEN: STADT/LAND

Den Behörden war bewusst, dass es Unterschiede zwischen Stadt und Land gab, die für eine erfolgreiche Vermittlung der Gemeindeordnung maßgeblich waren. Aufgrund der Tatsache, dass Salzburg und Oberösterreich vorwiegend agrarisch geprägte Länder waren, die abseits der Zentren politischer Macht und ökonomischer Prosperität im alpinen Gebiet lagen,[54] kam dieser Frage eine besondere Relevanz zu. Die Beamten wiesen vor allem auf drei Unterschiede hin:

- die Verfügbarkeit einer leistungsfähigen Infrastruktur zur Kommunikation, funktionierendes Verkehrs- und Kommunikationsnetz, Erreichbarkeit anstatt Abgelegenheit;[55]
- das jeweilige Bildungsniveau, das man für die Städte und Märkte höher ansetzte und das eng mit Reflexionsvermögen, selbständigem Denken und Mündigkeit in Verbindung gebracht wurde;
- die Selbstverwaltungserfahrung, die nur in den Städten vorhanden war.

Die Unterschiede zwischen Stadt und Land wurden vom Kreishauptmann des Innkreises in einem Bericht an das Landespräsidium über die »Einführung des Gemeindegesetzes von Seiten der Bevölkerung« erläu-

z.T. offen und die Entscheidung darüber somit den lokalen Behörden überlassen. Vgl. Dekret des Kreisamts Salzburg an die k.k. Pfleggerichte vom 20. Mai 1849, S. 3 (OÖLA, Archiv der Landesregierung, Präsidium, Faszikel 13, 1849, Organisierung der politischen Behörden, Schachtel 123, Nr. 2793/6221).

**54 |** Vgl. Hanns Haas: »Politische, kulturelle und wirtschaftliche Gruppierungen in Westösterreich (Oberösterreich, Salzburg, Tirol, Vorarlberg)«, in: Helmut Rumpler/Peter Urbanitsch (Hg.), Die Habsburgermonarchie 1848-1918. Bd. VIII/1, Politische Öffentlichkeit und Zivilgesellschaft, Wien: Verlag der österreichischen Akademie der Wissenschaften 2006, S. 227-395, hier S. 239.

**55 |** Vgl. Ralf Pröve: »Herrschaft als kommunikativer Prozess: das Beispiel Brandenburg-Preußen«, in: Ralf Pröve, Ralf/Norbert Winnige (Hg.), Wissen ist Macht. Herrschaft und Kommunikation in Brandenburg-Preußen 1600-1850, Berlin: Berlin Verlag 2001, S. 11-23, hier S. 16.

tert, wobei er sich sowohl auf mündlich eingezogene Informationen als auch auf schriftliche Äußerungen der Pfleggerichtsvorstände stützte. Er betonte, dass bei der Frage nach der Aufnahme des Gesetzes seitens der Bevölkerung ein Unterschied »zwischen den Bewohnern der beiden Städte, sowie der größeren Märkte und den übrigen Bewohnern des Kreises« gemacht werden müsse. In den Städten und Märkten sei im Gegensatz zu ländlichen Gegenden zumeist eine »bürgerliche Selbstverwaltungstradition« anzutreffen. Dort hätten die Bürger das Gesetz daher mit Befriedigung und Teilnahme aufgenommen:

»Die ersteren, durch ihr engeres Zusammenleben, den dadurch folgenden engeren geistigen Verkehr [...] und durch ihr bisheriges in der Hauptsache doch ihrer eigenen Verwaltung überlassenes bürgerliches Gemeinwesen schon eher an die Besorgung eines gesamt Interesses gewöhnt, folglich zu Selbstverwaltung eher befähigt, und dafür empfänglicher, haben im Allgemeinen das Gesetz, so wie die ihnen daraus zufließend freieren Bewegung und die noch weiter darin gegebenen Rechte und Befugnisse mit Befriedigung und Teilnahme aufgenommen. Es sagt ja so ganz dem uralten Selbstgefühle des Städtebürgers, dessen Streben nach Geltung, und dessen Drängen nach weiterer Wirksamkeit zu [...].«[56]

In den Landgemeinden hingegen sei dies nicht der Fall gewesen. Aufgrund der langjährigen Bevormundung und fehlenden Selbstverwaltung würde der Bevölkerung am Lande die Befähigung zur selbstständigen Verwaltung bzw. Organisierung eines Gemeinwesens fehlen:

»Anders und gerade entgegengesetzt ist es mit den Bewohnern der Dorfschaften und der kleineren, mehr vom Ackerbau denn vom Gewerbebetriebe lebenden Märkten. In der Folge der Zersplitterung der bäuerlichen Ansässigkeiten in eine Unzahl von [...] Dörflein mit 3,5, selten 10-15 Häusern, [...] und in Folge der in den Gesetzen begründeten bisherigen behördlichen Verwaltung der pfarrbezirklichen Gemeindeangelegenheiten der Selbstverwaltung derselben entfremdet, und weil der noch in der Zeit der Unmündigkeit genossene, vom 13. Lebensjahr an allmählich in Vergessenheit gesunkene Unterricht, ihm die hierzu erforderliche geistige Entwicklung zu gewähren nicht hinreicht, ist dieser Teil der Bevölkerung nicht im Besitz der zur Lösung dieser Aufgabe erforderlichen Kenntnisse und Fähigkeiten.«[57]

Neben der dünnen Besiedelung des Landes, die einer raschen Informationsweitergabe nicht unbedingt förderlich war, erwähnte der Kreishauptmann die mangelnde (Schul-)Bildung am Lande als wesentliches Hinder-

---

56 | Schreiben des Kreishauptmanns von Ried an das Landespräsidium vom 18. Juli 1849, S. 2 (OÖLA, Archiv der Landesregierung, Präsidium, Faszikel 13, 1849, Organisierung der politischen Behörden, Schachtel 123, Nr. 7093/3653).
57 | Schreiben des Kreishauptmanns von Ried an das Landespräsidium vom 18. Juli 1849, S. 3f.

nis. In eine ähnliche Kerbe schlug das Kreisamt Salzburg, das in einem Dekret an die Pfleggerichte feststellte:

»Keinem nur halbwegs Gebildeten können die Schwierigkeiten entgehen, welche mit der Einführung dieses, die freie Gemeindeverwaltung ins Leben rufenden Gesetzes in bisher so strenge bevormundeten Gemeinden verbunden sind, zumal, wenn die geringe Stufe politischer Bildung, auf welcher sich leider die Mehrzahl der Bevölkerung befindet, berücksichtigt wird.«[58]

Den Bewohnern von Städten und (größeren) Märkten wurde mehr Selbstständigkeit und Eigeninitiative zugetraut als der Bevölkerung in den Landgemeinden. Dies gilt auch in Bezug auf die Vermittlung des provisorischen Gemeindegesetzes. Während der Landeschef ob der Enns den Kreisamtsvorstehern genaue Anweisungen erteilte, wie die Verbreitung des Gemeindegesetzes in den ländlichen Gemeinden vor sich gehen könnte, überließ er die Vorgehensweise bei der Verbreitung in den Städten und Märkten einfach den Bürgermeistern:

»Anders ist es in den Städten und Märkten, da wären die Abdrücke an die Bürgermeister mit dem nämlichen ersuchen zu versenden. Diese Herren wissen dann am besten, wie die Verbreitung dieser Büchlein [...] am schnellsten geschehen könne.«[59]

Die Regierung ging davon aus, dass die neue Gemeindeordnung besonders von der städtischen Bevölkerung mit Enthusiasmus aufgenommen würde. Davon zeugt die Formulierung des Landeschefs, der annahm, dass das neue Gemeindegesetz, »auf welche[s] die Völker schon lange so sehnsüchtig gewartet haben«[60] auf großen Anklang stoßen würde. Aus diesem Grund empfahl er den Verkauf des Gemeindegesetzes auf den größeren Warenmärkten. Die brennende Nachfrage, so nahm der Landeschef an, würde dann ihrerseits für reißenden Absatz sorgen.

»Die beste Gelegenheit hierzu dürfte sich auf dem Wahrenmarkt in Wels – Ried darbieten. Ich bin überzeugt, daß an einem einzigen solchen Tage einige hundert Exemplare an den Mann gebracht werden, da jeder Kauf und Handelsmann gerne bereit sein wird, KV in dieser Rücksicht zu unterstützen.«[61]

---

**58** | Dekret des Kreisamts Salzburg an sämtliche k.k. Pfleggerichte vom 01. April 1849, S. 1.
**59** | Weisung des oberösterreichischen Landespräsidiums an die Kreisamtsvorsteher vom 25. März 1849, S. 2.
**60** | Weisung des oberösterreichischen Landespräsidiums an die Kreisamtsvorsteher vom 25. März 1849, S. 2.
**61** | Weisung des oberösterreichischen Landespräsidiums an die Kreisamtsvorsteher vom 25. März 1849, S. 2f.

## EVALUATION/DIALOGISCHE KOMMUNIKATION

Die Bildung von Komitees, in denen über die neue Gemeindeordnung diskutiert werden sollte, die in Aussicht gestellten Wahlen, sowie die in der Revolution errungene Versammlungs- und auch Pressefreiheit verweisen auf Formen von Öffentlichkeit, die sich nach 1848 herausbilden konnten. Ralf Pröve beschreibt *Öffentlichkeit* in seiner sozialen und alltagsgeschichtlichen Dimension als

»Raum, in dem Menschen in einen kommunikativen Bezug treten, der Vorgänge und Handlungen auch in einseitiger, zufälliger oder gewollter Informationsübermittlung sichtbar macht. Die Partizipienten einer solchen Öffentlichkeit nehmen politische, ökonomische, und soziale Sachverhalte wahr und können auch als Handlungsgemeinschaft auftreten.«[62]

Als eine solche Handlungsgemeinschaft können die Bürger gelten, die in den – ungleichen – »Dialog« mit den staatlichen Autoritäten eintraten, um die neue Gemeindeordnung zu diskutieren und anschließend die Ergebnisse ihrer Beratungen an die Regierung weiterzuleiten. Die Gelegenheit, an so einer Öffentlichkeit teilzunehmen, wurde von »überraschend« vielen Menschen wahrgenommen, wie der Kreisvorsteher des Hausruckkreisamtes in seinem Bericht über den großen Andrang zu einer solchen Veranstaltung festhielt:

»[...] Es musste überraschen, daß die Gemeinden dabei sehr zahlreich vertreten waren; so dass die Lokalitäten, ungeachtet immer die möglichst räumliche gewählt worden war, die anwesenden Richter und Ausschüsse und sonstigen Gemeindeglieder kaum zu fassen vermochten.«[63]

Die Mitteilung von Wünschen, Anmerkungen und Beschwerden, die in den Diskussionen der Komitees geäußert wurden, an höhere Behörden bzw. eben direkt an den Landeschef ermöglichte der Regierung eine Evaluation dieses politischen Projekts. Zwar gab es keine systematischen Erhebungen – die Rückmeldungen kamen teilweise von Privatpersonen. Die Regierung erhielt Feedback von der Bevölkerung, was auch Eingang in die endgültige Formulierung der Gemeindeordnung fand. So wurde die wichtigste Forderung der oberösterreichischen Bürger und politischen Vertreter nach der Festlegung der Gemeindegrenzen nicht aufgrund der Katastral- sondern der Pfarrgemeinde berücksichtigt.

Die wenigen Bemerkungen der staatlichen Akteure über den Erfolg ihrer Werbekampagne setzen sich kritisch mit der Mobilisierbarkeit der

---

**62** | R. Pröve: Herrschaft als kommunikativer Prozess, S. 15.
**63** | Schreiben des Kreishauptmanns von Wels an das Landespräsidium vom 10. Mai 1849, S. 2 (OÖLA, Archiv der Landesregierung, Präsidium, Faszikel 13, 1849, Organisierung der politischen Behörden, Schachtel 123, Nr. 2315/5757).

Bevölkerung für die neue Gemeindeordnung auseinander. Anfang der 1850er Jahre kritisierte Bach das mangelnde Engagement der gewählten Bürgermeister, das er auf einen Interessenkonflikt zurückführte. Sie würden im Zweifelsfalle viel eher auf der Seite der Gemeinde stehen als die Interessen des Staates zu vertreten. Zudem beklagte er die mangelnde Kenntnis des Gesetzes in ländlichen Gemeinden, sowie den tendenziellen Unwillen, den mit dem neuen Gesetz verbundenen Verpflichtungen nachzukommen. Dörfliche Amtsträger agierten mehr oder weniger an der Nahtstelle zwischen einem sich in die untersten Ebenen der Verwaltung ausdehnenden Staat und gemeindlichen Strukturen. Sie waren somit einerseits Teil der sich formierenden staatlichen Strukturen, andererseits in die lokalen Sozialsysteme eingebunden.[64] Die Rolle der Mittelsmänner zwischen lokalen Verhältnissen und staatlichen Programmen war mit erheblichen Risiken verbunden. Der Kreishauptmann aus Ried beschrieb ausführlich, warum viele Bürger lieber eine Geldstrafe zahlten und das Wahlrecht verloren, als – im Falle einer erfolgreichen Wahl – eine Stelle als Gemeindevorstand oder -ausschuss unter dem provisorischen Gemeindegesetz anzunehmen und damit die Gefahr einzugehen, sich bei der Bevölkerung unbeliebt zu machen.

»Er weiß aus den Erfahrungen der bisherigen Gemeindeobmänner und Gemeinderichter, wie äußerst schwer es einem solchem Vorstand wird, die Pflichten des Amtes treu und gewissenhaft zu erfüllen, ohne von allen Teilen seiner Gemeinde angefochten zu werden, wie schwer es ist, seinen Standesgenossen recht zu tun, ohne gegen die gewonnene Überzeugung, gegen Gewissen und Gesetz zu handeln. [...] Aus diesem Grund entspringt die so häufig erklungene Äußerung, lieber die Strafe von 100 Cm zu zahlen, und das Wahlrecht zu verlieren, als die Stelle eines Gemeinde Vorstandes oder Gemeinde Ausschusses unter dem neuen Gesetze anzunehmen.«[65]

Als Ursache für die Schwierigkeiten bei der Mobilisierung der Bevölkerung für die Gemeindeordnung lassen sich mehrere Faktoren benennen. Über die Umsetzung der Anweisungen kann man nur spekulieren. In den Quellen finden sich nur Anweisungen, wie die Vermittlung von statten gehen *könnte* und weniger Berichte darüber, ob sie auch so durchgeführt wurde. Für die Umsetzung war auch nur eine relativ kurze Zeitspanne vorhanden, um das provisorische Gesetz zu kommunizieren. Nach der

---

**64** | Vgl. U. Löffler: Kommunikation zwischen Obrigkeit und Untertanen, S. 103.
**65** | Schreiben des Kreishauptmanns von Ried an das Landespräsidium vom 18. Juli 1849, S. 8. Eine ähnliche Beobachtung macht Rüdiger v. Krosigk zur Aufgabenerfüllung der Bezirksräte im Großherzogtum Baden. Als ehrenamtliche Mitglieder der Bezirksregierung hatten sie auch polizeiliche Funktionen, die jedoch kaum wahrgenommen wurden, um Konflikte in ihrem sozialen, politischen und geschäftlichen Umfeld zu vermeiden: v. Krosigk: Bürger in die Verwaltung, S. 214-217.

Verkündung sollte die Verbreitung und Umsetzung sehr schnell erfolgen, was angesichts der Möglichkeiten von Informationsübermittlung (sei es per Post oder auch persönlich) kaum realisierbar war. Die Bereitschaft zum Engagement für eine neue Ordnung hing letztlich davon ab, ob sie in die lokalen Beziehungs- und Machtverhältnisse integrierbar war.

## ZUSAMMENFASSUNG

Angestoßen durch die Revolution, waren die im Jahr 1848/49 initiierten Reformen im Verwaltungsapparat von einem Moment des Aushandelns, einer Art dialogischen Kommunikation – wenn auch zwischen ungleichen Partnern – charakterisiert. Diese politische Neuordnung ist ein Beispiel dafür, dass die in Folge der Revolution stattgefundenen, tief greifenden Veränderungen im bürokratischen System der Monarchie nicht zuletzt durch eine Reihe von »Reformen von Oben« ermöglicht bzw. umgesetzt wurden. Die zugestandene Bürgerbeteiligung sollte in den schon vorhandenen bürokratischen Apparat integriert werden. Dort, wo dieses Unternehmen an Grenzen stieß, wurden von der Regierung neue Kommunikationsstrategien ausprobiert, die über den staatlichen Behördenweg hinausreichten. Unter den Ministern Stadion und Bach wurden verschiedene Modelle zur Verbreitung der neuen politischen Ordnung angeregt, die nicht nur Rechte und Pflichte vermitteln, sondern zur Aktivierung und Partizipation – natürlich nur in einem bestimmten, staatlich vorgegebenen Rahmen – motivieren sollten. Obwohl die Herstellung von Kommunikationsnetzwerken in der Bevölkerung eine gewisse Eigendynamik auslöste, fiel der Erfolg bezüglich der Vermittlung des provisorischen Gemeindegesetzes in den verschiedenen Regionen der Monarchie unterschiedlich aus. Nicht überall traf die neue politische Ordnung auf die von der Regierung als Tatsache behandelte Begeisterung der Bevölkerung.

Insgesamt reagierte die Struktur und Praxis der Verwaltung 1848/49 in Bezug auf das Gemeindegesetz relativ flexibel auf die vermehrte Einbindung der männlichen, besitzenden Bevölkerung, ließ diese jedoch – zumindest in den darauf folgenden Jahren des Neoabsolutismus – nicht zu einem fixen Bestandteil Teil der bürokratischen Verwaltung werden.

## LITERATUR

Behringer, Wolfgang: »Bausteine zu einer Geschichte der Kommunikation«, in: Johannes Kunisch/Klaus Luig (Hg.), Zeitschrift für historische Forschung, Bd.21, H1 (1994), S. 92-112.

Becker, Peter: »Überlegungen zu einer Kulturgeschichte der Verwaltung«, in: Jahrbuch für europäische Verwaltungsgeschichte 15 (2003), S. 311-337.

Becker, Peter/Von Krosigk, Rüdiger (Hg.): Figures of Authority, Brüssel: P.I.E. Peter Lang 2008.

Bruckmüller, Ernst: Sozialgeschichte Österreichs, Wien: Verlag für Geschichte und Politik 2001.

Engelbrecht, Helmut: Geschichte des Österreichischen Schulwesens. Entwicklung und Unterricht auf dem Boden Österreichs, Bd. 3. Von der frühen Aufklärung bis zum Vormärz, Wien: Österreichischer Bundesverlag 1984.

Engelbrecht, Helmut: Geschichte des Österreichischen Schulwesens. Entwicklung und Unterricht auf dem Boden Österreichs, Bd. 4. Von 1848 bis zum Ende der Monarchie, Wien: Österreichischer Bundesverlag 1986.

Franz, Norbert/Grewe, Bernd/Knauff, Michael: Landgemeinden im Übergang zum modernen Staat, Tier: Kliomedia 1999.

Graber, A. Doris: The Power of Communication. Managing Information in Public Organisation, Chicago: CQ Press 2003.

Goldinger, Walter: »Die Zentralverwaltung in Cisleithanien – Die zivile gemeinsame Zentralverwaltung«, in: Adam Wandruszka/Peter Urbanitsch (Hg.), Die Habsburgermonarchie 1848-1918. Bd. II, Verwaltung und Rechtswesen, Wien: Verlag der österreichischen Akademie der Wissenschaften 1975, S. 100-189.

Haas, Hans: »Politische, kulturelle und wirtschaftliche Gruppierungen in Westösterreich (Oberösterreich, Salzburg, Tirol, Vorarlberg)«, in: Helmut Rumpler/Peter Urbanitsch (Hg.), Die Habsburgermonarchie 1848-1918. Bd. VIII/1, Politische Öffentlichkeit und Zivilgesellschaft, Wien: Verlag der österreichischen Akademie der Wissenschaften 1975, S. 227-395.

Hochedlinger, Michael: Aktenkunde, Wien, München: Oldenburg 2009.

Joyce, Patrick: »Filing the Raj: political technologies of the Imperial British state«, in: Tony Bennet/Patrick Joyce (Hg.), Material Powers: Cultural Studies Beyond the Material Turn, Routledge, im Druck.

Klabouch, Jiri: Die Gemeindeselbstverwaltung in Österreich 1848-1918, Wien: Verlag für Geschichte und Politik 1968.

Klabouch, Jiri: »Die Lokalverwaltung in Cisleithanien«, in: Adam Wandruszka/Peter Urbanitsch (Hg.), Die Habsburgermonarchie 1848-1918. Bd. II, Verwaltung und Rechtswesen, Wien: Verlag der österreichischen Akademie der Wissenschaften 1975, S. 270-305.

Krosigk, Rüdiger von: Bürger in die Verwaltung! Bürokratiekritik und Bürgerbeteiligung in Baden. Zur Geschichte moderner Staatlichkeit im Deutschland des 19. Jahrhunderts, Bielefeld: transcript 2010.

Lehner, Oskar: Österreichische Verfassungs- und Verwaltungsgeschichte, Linz: Universitätsverlag Rudolf Trauner 1992.

Leisching, Peter: »Die römisch-katholische Kirche in Cisleithanien«, in: Adam Wandruszka/Peter Urbanitsch (Hg.), Die Habsburgermonarchie 1848-1918. Bd. IV, Die Konfessionen, Wien: Verlag der österreichischen Akademie der Wissenschaften 1985, S. 1-247.

Löffler, Ursula: »Kommunikation zwischen Obrigkeit und Untertanen: Zum Aufgabenprofil dörflicher Amtsträger in der Frühen Neuzeit«, in: Ralf Pröve/Norbert Winnige (Hg.), Wissen ist Macht. Herrschaft und Kommunikation in Brandenburg-Preußen 1600-1850, Berlin: Berlin Verlag 2001, S. 101-121.

Mommsen, Wolfgang: 1848. Die ungewollte Revolution. Die revolutionären Bewegungen in Europa 1830-1849, Frankfurt a.m.: S. Fischer 1998.

Ortruba, Gustav: Wiener Flugschriften zur sozialen Frage 1848. I. Arbeiterschaft, Handwerk und Handel, Wien: Europaverlag 1978.

Pröve, Ralf: »Herrschaft als kommunikativer Prozess: das Beispiel Brandenburg-Preußen«, in: Ralf Pröve/Norbert Winnige (Hg.), Wissen ist Macht. Herrschaft und Kommunikation in Brandenburg-Preußen 1600-1850, Berlin: Berlin Verlag 2001, S. 11-23.

Prass, Reiner: »Die Brieftasche des Pfarrers. Wege der Übermittlung von Informationen in ländliche Kirchengemeinden des Fürstentums Minden«, in: Ralf Pröve/Norbert Winnige (Hg.), Wissen ist Macht. Herrschaft und Kommunikation in Brandenburg-Preußen 1600-1850, Berlin: Berlin Verlag 2001, S. 69-83.

Raphael, Lutz: Recht und Ordnung. Herrschaft durch Verwaltung im 19. Jahrhundert, Frankfurt a.m.: Fischer 2000.

Rumpler, Helmut: »Einleitung: Von der »bürgerlichen Öffentlichkeit« zur Massendemokratie – Zivilgesellschaft und politische Partizipation im Vielvölkerstaat der Habsburgermonarchie«, in: Adam Wandruszka/Peter Urbanitsch (Hg.), Die Habsburgermonarchie 1848-1918. Bd. VIII,1. Teilband, Politische Öffentlichkeit und Zivilgesellschaft Wien: Verlag der österreichischen Akademie der Wissenschaften 1975, S. 1-14.

Rumpler, Helmut/Urbanitsch, Peter (Hg.): Die Habsburgermonarchie 1848-1918. Bd. VII/2, Verfassung und Parlamentarismus, Wien: Verlag der österreichischen Akademie der Wissenschaften 2000.

Rumpler, Helmut/Urbanitsch, Peter (Hg.): Die Habsburgermonarchie 1848-1918. Bd. VIII/1, Politische Öffentlichkeit und Zivilgesellschaft. Wien: Verlag der österreichischen Akademie der Wissenschaften 2000.

Scheuch, Manfred: Historischer Atlas Österreich, Wien: Verlag Christian Brandstätter 1994.

Walter, Friedrich/Wandruszka, Adam (Hg.): Österreichische Verfassungs-
und Verwaltungsgeschichte von 1500-1955, Wien, Köln, Graz: Bohlaus
1972.

Wandruszka, Adam/Urbanitsch, Peter (Hg.): Die Habsburgermonarchie
1848-1918. Bd. II, Verwaltung und Rechtswesen, Wien: Verlag der österreichischen Akademie der Wissenschaften 1975.

Wandruszka, Adam/Urbanitsch, Peter (Hg.) (1985): Die Habsburgermonarchie 1848-1918. Bd. IV, Die Konfessionen, Wien: Verlag der österreichischen Akademie der Wissenschaften 1985.

Weber, Max: Wirtschaft und Gesellschaft. Grundriß der verstehenden Soziologie, Tübingen: Mohr 1980.

Winnige, Norbert: »Alphabetisierung in Brandenburg-Preußen 1600-
1850. Zu den Grundlagen von Kommunikation und Rezeption«, in:
Pröve, in: Ralf Pröve/Norbert Winnige (Hg.), Wissen ist Macht. Herrschaft und Kommunikation in Brandenburg-Preußen 1600-1850, Berlin: Berlin Verlag 2001, S. 49-69.

# Begegnungs- und Kommunikationsraum Verwaltung

# Sprachspiele im Wohnungsamt

ROBERT GAROT

»You have to have been working already
before training makes any sense. You can't
tell what they're even talking about if you
haven't already done it. You might understand because you've watched a lot, but
not like a novice worker would.«
(Der Manager eines U.S. federal housing
office in Antwort auf meine Bitte, an einer
Trainingssitzung teilnehmen zu können)

Der britische Rechtsphilosoph Herbert Lionel Adolphus Hart beginnt
seine Argumentation in *Der Begriff des Rechts* mit dem Hinweis auf die
vielfältigen Auffassungen vom Recht: »[...] few questions concerning
human society have been asked with such persistence and answered by
serious thinkers in so many diverse, strange, and even paradoxical ways
as the question, ›What is law?‹«[1] Ein Grund für die Schwierigkeit einer
eindeutigen Bestimmung liegt wohl in der problematischen Vorstellung,
dass das Recht etwas Eigenständiges sei, das von sich aus Handlungen
bestimmen könne. In meiner Analyse wähle ich eine alternative Zugangsweise, indem ich nach der konkreten Rechtsanwendung in spezifischen
Situationen frage. Mich interessieren dabei die nicht durch die Verfahrensvorschriften definierten Ressourcen, die bei der rechtsförmigen Entscheidungsfindung mobilisiert werden.

Studien zur Rechtsanwendung in der öffentlichen Verwaltung gehen
häufig von einer platonischen idealisierten Vorstellung von Regeln aus,
die auf direktem Wege Entscheidungen hervorbringen könnten. Wenn
man aus dieser Perspektive die tatsächliche Anwendung von Verfahrensvorschriften und Entscheidungsregeln untersucht, findet man notwendigerweise Ausnahmen, Widersprüche und offene Missachtung der Vorschriften. Die Autoren solcher Studien suchen nach Regelverletzungen

---

1 | Herbert Lionel Adolphus Hart: The Concept of Law, Oxford: Oxford University
Press 1961, S. 1 (dt.: Der Begriff des Rechts, Frankfurt a.M.: Suhrkamp 1973).

und nach den besten Strategien, um diese einzudämmen. Der amerikanische Rechts- und Politikwissenschafter Joel F. Handler bezeichnet ganz in diesem Sinn die Nutzung von Ermessensspielräumen als zentrale Frage jeder Analyse von Rechtsanwendung im Wohlfahrtsbereich.[2] Diese Studien »conceptualize discretion as decisions made relatively unfettered by rules, and advocate ›confining, structuring, and checking‹ decision-making as an antidote to the resulting ›problems and abuses‹«.[3] Als Beispiel für die Analyse von Entscheidungsfindung in der Verwaltung kann man auf die Studie von Doris Graber verweisen. Sie analysiert die Verständnisprobleme zwischen Beamten und Bürgern anhand unterschiedlicher *encounter types*. Davon ausgehend listet sie die Gründe für das Versagen der Behörden auf, angemessen auf die Bürger einzugehen, und entwickelt Richtlinien zur Verbesserung der Kommunikation. Sie geht jedoch nicht auf die Details der Interaktion zwischen Sachbearbeitern und Bürgern ein, wodurch ihre Empfehlungen einen etwas oberflächlichen Charakter erhalten.[4]

Der von mir favorisierte alternative Zugang zu Regeln sieht »the *insufficiency* of rules as either explanations of, or directives to, human action.«[5] Er schließt an die Überlegungen von Ludwig Wittgenstein an. In den Philosophischen Untersuchungen (1953) reflektierte er über den notwendigerweise begrenzten Charakter von Regeln bei einer gleichzeitig unbegrenzten Variabilität ihrer Anwendung. Daraus folgerte er, dass »eine

---

**2** | Vgl. Joel F. Handler: Protecting the Social Service Client, New York: Academic Press 1979, S. 7.

**3** | Robert M. Emerson: »Organizational Horizons and Complaint-Filing«, in: Keith Hawkins (Hg.), The Uses of Discretion, Oxford: Clarendon Press 1992, S. 231-247, hier S. 231.

**4** | Vgl. Doris A. Graber: The Power of Communication, Washington: CQPress 2003, S. 194ff. Frühere Beispiele für diese Zugangsweise umfassen Handlers Beschreibung der Bedingungen, die Ermessensspielräume schaffen und seine Reflexion über die Beschränkung dieser Spielräume: J.F. Handler: Protecting the Social Service Client, S. 8-25 u. 117-147. In seiner Auseinandersetzung mit dem Versagen des Bostoner Wohnungsamtes, die Rassentrennung in Sozialwohnungsanlagen aufzuheben, unterscheidet Jon Pynoos fünf Typen von Beamten. Die Typologie wurde auf der Grundlage von Interviewdaten entwickelt »in order to predict how various staff members are likely to use discretion.« (Jon Pynoos: Breaking the Rules. Bureaucracy and Reform in Public Housing, New York: Plenum Press 1986, S. 67.) Charles Reich kritisierte die »midnight searches« bei den Empfängern von Wohlfahrtsunterstützung als eklatante Verletzung der Grundrechte: Charles Reich: »Midnight Welfare Searches and the Social Security Act«, in: Yale Law Review 72 (1963), S. 1347.

**5** | John Heritage: Garfinkel and Ethnomethodology, New York: Polity Press 1984, S. 121.

Regel keine Handlungsweise bestimmen könnte, da jede Handlungsweise mit der Regel in Übereinstimmung zu bringen sei.«[6]
Der Philosoph Saul Aaron Kripke sieht einen Ausweg aus diesem
»skeptical paradox« durch die Bezugnahme auf die Deutungsgemein-
schaft.[7] Die von der Gemeinschaft geteilte Einstellung ist demnach aus-
schlaggebend dafür, welche Handlung als regelkonform gelten kann.
Ganz in diesem Sinne argumentiert auch der britische Wissenssoziologe
David Bloor.[8] Ethnomethodologen lehnen eine solche Mobilisierung »ex-
terner Akteure« wie Sozialisierung und Kultur als nicht situativ wirken-
de Determinanten menschlichen Verhaltens ab. John Heritage, Michael
Lynch, Wes Sharrock und Graham Button, sowie Jack Sidnell schlagen
eine alternative Lesart von Wittgenstein vor. Dabei wird die Art der Regelanwendung zu einem bestimmenden Element einer Situation und damit
instrumentell zum Verständnis von Handlungen.[9] Während die Position
von Kripke und Bloor als skeptizistisch bezeichnet wird, gilt die Gegen-
position der Ethnomethodologen als anti-skeptizistisch.

---

6 | Ludwig Wittgenstein: Philosophische Untersuchungen, Oxford: Blackwell
1953, Absatz 201. Vgl. dazu auch Veena Das:»Wittgenstein and Anthropology«,
in: Annual Review of Anthropology 27 (1998), S. 171-195, bes. 175ff. Wittgenstein selbst erläuterte sein Verständnis der Komplexität von Regelanwendung anhand einer fiktiven mathematischen Aufgabe:»Wir lassen nun den Schüler einmal
eine Reihe (etwa ›+2‹) über 1000 hinaus fortsetzen, – da schreibt er: 1000, 1004,
1008, 1012. Wir sagen ihm: ›Schau, was du machst!‹ – Er versteht uns nicht. Wir
sagen: ›Du solltest doch zwei addieren; schau, wie du die Reihe begonnen hast!‹
– Er antwortet: ›Ja! Ist es denn nicht richtig? Ich dachte, so soll ich's machen.‹
– Oder nimm an, er sagte, auf die Reihe weisend: ›Ich bin doch auf die gleiche
Weise fortgefahren!‹« (Ludwig Wittgenstein: Philosophische Untersuchungen,
Oxford: Blackwell 1953, Abs. 185.) Vgl. dazu auch Jack Sidnell:»An Ethnographic
Consideration of Rule Following«, in: Journal of the Royal Anthropology Institute 9
(2003), S. 429-445, der sich anhand überzeugenden ethnografischen Materials
von seiner Feldstudie unter den indischstämmigen Dorfbewohnern in Guyana mit
Regelanwendung auseinandersetzt.
7 | Vgl. Saul Aaron Kripke: Wittgenstein on Rules and Private Language: An El-
ementary Exposition, Cambridge, Mass.: Harvard University Press 1982, S. 55ff.
8 | David Bloor: Wittgenstein. A Social Theory of Knowledge, New York: Columbia
University Press 1983, S. 274.
9 | Vgl. J. Heritage: Garfinkel, S. 103-135; Michael Lynch:»Extending Wittgen-
stein: The Pivotal Move from Epistemology to the Sociology of Science«, in: Andrew Pickering (Hg.), Science as Practice and Culture, Chicago: Chicago University Press 1992, S. 215-265; Wes Sharrock/Graham Button:»Do the Right Thing!
Rule Finitism, Rule Scepticism and Rule Following«, in: Human Studies 22 (1999),
S. 193-210; J. Sidnell: Ethnographic Consideration, S. 429-445.

Harold Garfinkels Arbeit ist entscheidend, um Wittgensteins Einsichten für die Analyse situativer Regelanwendung zu nutzen.[10] Zwei wesentliche Einsichten können von Garfinkels Analyse von Regeln und Handlungen gewonnen werden. Die erste bezieht sich auf die nicht explizierbaren Aspekte der Regelanwendung:»there always remains an open set of unstated conditions of a rule's application«[11] – ein Punkt, auf den bereits Herbert Hart mit einer pointierten Formulierung hingewiesen hat: »no rule can step forward to claim its own instances.« Keine Regel vermag daher umfassend »the character or ›legally possible‹ range of conduct of an activity« vorgeben, wie Hart ebenfalls betont.[12] Ein Beispiel für diese Überlegung findet sich bei Garfinkel. Als er während eines Schachspiels seine Steine vertauschte, war sein Gegenspieler verwirrt, konnte aber nicht vollständig erklären, was nun falsch war.[13] Die zweite Einsicht bezieht sich auf den reflexiven Charakter der Regelanwendung:»the operation of the rule can itself become implicated in the reflexive reformulation of the circumstances,« wie John Heritage ausführt.[14] Mit anderen Worten, eine Regel wird nicht nur nicht als solche umgesetzt, sondern im reflexiven Prozess der Anwendung verändert sich die Situation, in der ein Handelnder operiert. Eine Regel kann in ihrer Anwendung zur Ressource werden, um sich eine Situation verständlich zu machen.

Diese Einsichten wurden zu leistungsfähigen analytischen Hilfsmitteln, um einen besseren Zugang zum Verständnis von alltäglichen Situationen zu gewinnen und andere theoretische Modelle einer grundlegenden Kritik zu unterwerfen. Egon Bittner war einer der ersten, der im Jahr 1965 eine ethnomethodologische Kritik der bisherigen Studien zur Beziehung zwischen Regeln und Handeln formulierte. Er kritisierte die soziologische Forschung dafür, dass sie mit programmatischen Konstruktionen ihr Forschungsfeld bereits vorstrukturierte. Der Soziologe operiert von einer analytischen Position, die Bittner folgendermaßen skizziert:»of having borrowed a concept from those he seeks to study in order to describe what he observes about them.«[15] Analytische Begriffe wie »Arbeitnehmer« oder »Effizienz« werden mit einem erheblichen konzeptuellen Mehrwert aufgeladen, der sich auf eine Vielzahl von Hintergrundinformationen stützt. Das führt zu einer Verfeinerung und Klärung der theoretischen Reflexion, aber gleichzeitig auch zu einem korrumpierten und

---

**10** | Vgl. Harold Garfinkel: Studies in Ethnomethodology, Cambridge: Polity Press 1984.

**11** | Vgl. J. Heritage: Garfinkel, S. 126 u. 124.

**12** | J. Heritage: Garfinkel, S. 123.

**13** | Vgl. Harold Garfinkel:»A Conception of, and Experiments with ›Trust‹ as a Condition of Stable Concerted Actions«, in: O.J. Harvey (Hg.), Motivation and Social Interaction, New York: Ronald Press 1963, S. 199.

**14** | Vgl. J. Heritage: Garfinkel, S. 126.

**15** | Egon Bittner:»The Concept of Organization«, in: Social Research 32 (1965), S. 230-255, bes. S. 240.

unvollständigen Verständnis der untersuchten Realität.[16] Bittner fordert zu einer alternativen Form des Theoretisierens auf, dem nicht die unausgesprochenen Vorannahmen im Weg stehen:»That the meaning of the concept, and of all the terms and determinations that are subsumed under it, must be discovered by studying their use in real scenes of action by persons whose competence to use them is socially sanctioned.«[17]

In meinem Beitrag zum Sprachvollzug im Amt möchte ich die Anregungen von Bittner für eine Analyse des amerikanischen Section-8-Programms – des größten sozialpolitischen Wohnungsprogramms – nutzen.[18] Die jährlichen Kosten des Programms, das etwa 5 % der Wohnungen in den meisten Großstädten – das sind über 2.5 Millionen Wohneinheiten in den USA – bezuschusst, beliefen sich Anfang der 1990er Jahre auf über 10 Mrd. US $.[19] Meine Studie wurde in Uptown City durch-

---

**16** | Vgl. E. Bittner: The Concept of Organization, S. 245f; vgl. dazu auch Hans Heinrich Gerth/Charles Wright Mills: From Max Weber. Essays in Sociology, New York: Oxford University Press 1946, S. 214-216. Als aktuelles Beispiel für diese analytische Tradition kann man die Studie von Doris Graber (The Power of Communication) heranziehen.

**17** | E. Bittner: The Concept of Organization, S. 249; vgl. auch Don H. Zimmerman: Paper Work and People Work. A Study of a Public Assistance Agency, Unpublished PhD, UCLA 1966, S, 11.

**18** | Meine Ausführungen beziehen sich auf das zur Zeit meiner Feldarbeit im Jahre 1994 gültige Regelwerk. Das Section-8-Programm hat seither grundlegende gesetzliche Änderungen erfahren.

**19** | Vgl. U.S. Department of Commerce: Statistical Abstracts of the United States. The national data book, Washington, DC: US Government Print Office 1993. Dieses Programm entstand unter der Regierung Nixon. Damals galten die beiden Vorläufer, das Section-235-Home-Ownership-Program und das Section-236-Rental-Program, die einen Zuschuss zu Kreditzahlungen bereitstellten, als »inequitable, wasteful, and ineffective« in sozialpolitischer Hinsicht. (Vgl. dazu Frederic A. Lazin/Samuel Aroni: The Existing Section 8 Program and Housing Assistance Plans. A Case Study of Los Angeles and HUD 1975-1980, Graduate School of Architecture and Urban Planning, UCLA: Public Affairs Document 1983, S. 2) Das Section-8-Programm zahlt Zuschüsse direkt an Hausbesitzer, deren Mieter in das Programm aufgenommen sind und deren Miete einen lokal fixierten Maximalbetrag nicht übersteigt – die so genannte faire, marktgerechte Miete. Die Mieter zahlen üblicherweise 30 % ihres Einkommens für Miete und können ihre Mietgutscheine in jeder Gemeinde einlösen, wo Vermieter an dem Programm teilnehmen. Das Section-8-Programm kann bestimmte Erwartungen an »racial integration, energy conservation, or environmental amenity« solange nicht erfüllen, als sich die Regierung darauf beschränkt, Gutscheine bereitzustellen, die am Markt eingelöst werden. (Vgl. dazu John R. Logan, Harvey L. Molotoch: Urban Fortunes. The Political Economy of Place, Berkeley: University of California Press 1987, S. 170). Dennoch gibt es keine Anzeichen dafür, dass das Programm nicht fortgesetzt würde.

geführt, einer traditionsreichen städtischen Gemeinde an der Küste mit etwa 50.000 Einwohnern, die in direkter Nachbarschaft zu einer ausgedehnten Großstadtregion liegt. Die Stadt hat eine ethnisch, rassisch und sozial gemischte Bevölkerung; man findet sowohl einen beträchtlichen Anteil wohlhabender Bürger als auch eine große Zahl von Obdachlosen. Das Wohnungsamt betreut etwa 900 Mieter, die Zuschüsse durch das *Section-8*-Programm erhalten. Jeder der drei Mitarbeiter muss daher circa 300 Fälle pro Jahr begutachten.[20]

Die Anspruchsberechtigung auf Zuschüsse im Rahmen des *Section-8*-Programms beruht auf drei Voraussetzungen. Erstens müssen die Antragsteller in der Gemeinde wohnhaft oder obdachlos sein, bzw. dort eine Vollzeitstelle (35 Wochenstunden oder mehr) innehaben. Zweitens darf ihr Jahreseinkommen den vorgesehenen Rahmen nicht überschreiten.[21] Drittens müssen die Antragsteller eine Familie haben,[22] über 62 Jahre alt oder behindert sein. Aufgrund der großen Zahl von Antragstellern wurden zusätzlich zu diesen Grundvoraussetzungen weitere Bedingungen formuliert. Es handelt sich dabei um die so genannten *federal preferences* – im Sprachgebrauch der Mitarbeiter auch *desperate need* genannt. *Federal preferences* gelten für Mieter, die entweder mehr als die Hälfte ihres Haushaltseinkommens für Miete aufwenden, in Substandardwohnungen leben oder durch eine unverschuldete Zwangsräumung ihre Wohnung

---

**20** | Die Mitarbeiter des Wohnungsamtes sind: Maria aus Lateinamerika, der Afroamerikaner Ed, der Angloamerikaner Sidney. Zusätzlich zu diesen drei Spezialisten arbeiten vier weitere Personen im Wohnungsamt: der Angloamerikaner Joe als Manager, die Afroamerikanerin Sara als Kontrolleurin, die Afroamerikanerin Carol als Koordinatorin der Warteliste, sowie der Angloamerikaner Tom als Verwaltungsassistent.

**21** | Zum Zeitpunkt der Feldstudie Anfang der 1990er Jahre bestanden die folgenden Grenzwerte für das Haushaltseinkommen (beruhend auf 50 % des durchschnittlichen Familieneinkommens für die Region, ermittelt durch das US Department of Housing and Urban Development): $ 16.900 für 1 Person, $ 19.300 für 2 Personen, $ 21.750 für 3 Personen, $ 24.150 für 4 Personen, $ 26.100 für 5 Personen, $ 28.000 für 6 Personen.

**22** | Das Lehrgangsbuch von Quadel Consulting betont, dass das *US Department for Housing and Urban Development* keine verbindliche Definition von *Familie* bereitstellt. *Public Housing Agencies* müssen daher selbst Richtlinien entwickeln. Das Buch präsentiert die folgende ›commonly used definition‹: »Two or more persons sharing residency whose income and resources are available to meet the family's needs and who are related by blood, marriage, or operation of law (or who give evidence of a stable relationship which has existed over a period of time).« Anhand dieser Vorgabe lassen sich auch zwei nicht blutsverwandte und auch nicht verschwägerte Freunde als Familie klassifizieren. Vgl. zur Definition von Familie durch die Organisationen Jaber F. Gubrium/James A. Holstein: »Family Discourse, Organizational Embeddedness, and Local Enactment«, in: Journal of Family Issues 14 (1993), S. 66-81.

verloren haben. In der untersuchten Gemeinde waren 9.000 Personen auf der Warteliste für Zuschüsse im Rahmen des Section-8-Programms. Wenn ein Antragsteller alle Voraussetzungen erfüllte, konnte er damit rechnen, innerhalb von ein bis zwei Jahren durch ein computerisiertes Punktesystem an die Spitze der Warteliste gereiht zu werden.[23] Jeden Donnerstagnachmittag zwischen 13:00 und 16:00 durften sich Antragsteller nach ihrer Reihung auf der Warteliste erkundigen. Viele Anrufer, deren Anträge keinen Hinweis auf eine Substandard-Wohnsituation bzw. auf eine überbelegte Wohnung enthielten oder in der Großstadtregion lebten, mussten bei ihren wöchentlichen Nachfragen feststellen, dass sich ihre Position nicht verbessert oder sogar verschlechtert hatte, weil andere vorgereiht wurden.

Ein wichtiger Teil der Arbeit im Wohnungsamt war die Überprüfung der Anspruchsvoraussetzungen. Die Identität jeder Person im Haushalt musste mit einer ID und einer Sozialversicherungsnummer belegt werden; zum Nachweis der Beschäftigung gab es ein eigenes Formular – das *employee verification form*. Das Familieneinkommen musste mit mindestens drei Gehaltschecks nachgewiesen werden, der Wohnsitz mit einem Mietvertrag und Rechnungen von Versorgern belegt werden. Die Mietzahlungen waren ebenfalls mit Zahlungsbelegen nachzuweisen; für die Dokumentation der Vermögenslage gab es eine Reihe von Formularen. Spezielle Formulare gab es für den Nachweis von Zuschüssen der öffentlichen Hand, von Bankkonten und von dem Schulbesuch der Kinder. Sollte einer dieser Nachweise nicht möglich sein, musste eine rechtlich beglaubigte Erklärung als Ersatz vorgelegt werden.

Alle Antragsteller waren sich sicher, dass sie Anspruch auf einen Mietzuschuss hatten. Nur wenige konnten die Mitarbeiter des Wohnungsamtes davon überzeugen. Von 50 Personen, die zu einem Interview eingeladen wurden, erhielten meist nur zwei tatsächlich einen Zuschuss zugebilligt. Einige nahmen den Termin nicht wahr, weil sie verzogen waren oder einfach nicht erschienen. Viele konnten die Nachweise für die *federal preferences* nicht beibringen. Die Mitarbeiter traten üblicherweise den Antragstellern mit Skepsis und Misstrauen gegenüber, besonders wenn diese auf den ersten Blick nicht als bedürftig erschienen.[24] Die für die Feststellung der Anspruchsberechtigung zuständigen Sachbearbeiter waren geschickt darin, berechtigte Gründe dafür zu finden, um die Nachweise in Zweifel zu ziehen. ›Verdächtige‹ Antragsteller wurden solange aufgefordert, zu-

---

**23** | In dem hier untersuchten Wohnungsamt wurden folgende Punkte vergeben: Antragsteller, die unter die *federal preferences* fallen, erhalten 100 Punkte; in der Gemeinde ansässige Antragsteller erhalten 50 Punkte; Veteranen erhalten 10 Punkte.

**24** | Vgl. Robert Garot: »Bias forged through Suspicion. The Housing Gatekeeper Reconsidered«, in: Stacy Burns (Hg.), Sociology of Crime, Law and Deviance, Bd. 6, Greenwich, CT: JAI Press 2005, S. 77-105.

sätzliche Belege beizubringen bis sie entweder des Verfahrens müde wurden oder der Bearbeiter ihr Anrecht auf eine Unterstützung anerkannte. Dieser Beitrag beruht auf einer Fallstudie eines einzigen Wohnungsamtes. Mein langer Aufenthalt in dem Amt erzeugte ein Vertrauensverhältnis zu den Mitarbeitern, was eine wichtige Voraussetzung für eine detaillierte Untersuchung der Praxisformen darstellt.[25] Jedes Wohnungsamt im Rahmen des Section-8-Programms unterscheidet sich von anderen im Hinblick auf die geographische Lage, die ethnische Zusammensetzung der Antragsteller und die Bürokultur. Gleichzeitig ist jedes Wohnungsamt mit denselben Aufgaben konfrontiert, die von der Bundesbehörde definiert und deren Ausführung von Inspektoren des *US Department for Housing and Urban Development* überwacht werden. In einem späteren Forschungsprojekt wird zu klären sein, ob die Praxisformen in den einzelnen Wohnungsämtern sich ähneln oder sich erheblich voneinander unterscheiden.

Vor Beginn der Studie war ich in dem Wohnungsamt für zwei Wochen als Verwaltungsassistent beschäftigt, bis Tom eingestellt wurde. In der ersten Phase der empirischen Feldarbeit arbeitete ich in dem Amt als ›Springer‹, um mich mit der Arbeit und der Persönlichkeit der einzelnen Mitarbeiter vertraut zu machen. In dieser Zeit war ich mit einer Vielzahl von Hilfsarbeiten im Büro betraut. Nach etwa zwei Monaten wurde ich auf eigenen Vorschlag in die von mir als *Intake Interview Team* bezeichnete Gruppe aufgenommen, die über die Aufnahme in das Programm entschied. Ab dann arbeitete ich eng mit Sara und Carol zusammen. Als Gegenleistung für meine Unterstützung bei der bürokratischen Vor- und Nachbereitung der Interviews durfte ich Notizen während der Unterredung mit den Antragstellern und Tonaufzeichnungen von ausführlichen Befragungen der beiden Sachbearbeiterinnen machen. Aufgrund der gesetzlichen Bestimmungen zum Schutz der Privatsphäre war es mir nicht möglich, Ton- oder Videoaufzeichnungen von Interviews mit Antragstellern anzufertigen. Nach über 100 Stunden von teilnehmender Beobachtung im Zeitraum von sechs Monaten kodierte und analysierte ich meine Daten, wobei ich mich an der *grounded theory* und den Grundsätzen der analytischen Induktion orientierte.[26]

---

**25** | Vgl. dazu die Beiträge in den beiden Sammelbänden: Charles C. Ragin/ Howard Becker (Hg.), What is a Case? Exploring the Foundations of Social Inquiry, New York: Cambridge University Press 1992, und Joe R. Feagin/Anthony M. Orum/Gideon Sjoberg (Hg.), A Case for Case Study, Chapel Hill: University of North Carolina Press 1991; sowie die Monographie von Douglas Harper: Working Knowledge. Skill and Community in a Small Shop, Berkeley: University of California Press 1992.

**26** | Zur *grounded theory* vgl. Kathy Charmaz: Constructing Grounded Theory. A Practical Guide through Qualitative Analysis, Los Angeles: Sage 2006; zur analytischen Induktion vgl. Jack Katz: »A Theory of Qualitative Methodology: The Social System of Analytic Fieldwork«, in: Robert M. Emerson (Hg.), Contemporary

## ZUM REFLEKTIERTEN GEBRAUCH VON REGELN UND SEINER BEDEUTUNG FÜR DIE DEFINITION DER SITUATION

Reflexivität spielt eine wichtige Rolle in jenen alltäglichen intellektuellen Operationen, mit denen die Teilnehmer in sozialen Interaktionen ihren sozialen Raum immer wieder neu definieren. Dabei sind Regeln und ihre situative Anwendung von entscheidender Bedeutung.[27] Das soll dieser Beitrag zeigen, der die reflexive Nutzung von Regeln im Wohnungsamt zur Ermittlung der Bedürftigkeit analysiert. Ich konzentriere mich in meiner Argumentation auf die Entscheidung der Sachbearbeiter über den *desperate need*, d.h. über die tatsächlichen Notlagen von Antragstellern, auf die Ermittlung des Einkommens und auf die Feststellung der ethnischen und rassischen Zugehörigkeit.

### TATSÄCHLICHE NOTLAGEN

Mit dem Begriff *tatsächliche Notlage* charakterisieren die Mitarbeiter des Wohnungsamtes diese Antragsteller, die eine so genannte *federal preference* für sich in Anspruch nehmen können – im Gegensatz zu jenen, die nur anspruchsberechtigt sind. In einer ausführlichen Befragung im Anschluss an ein Interview mit einer lateinamerikanischen Familie erläuterte Sara den Unterschied zwischen anspruchsberechtigten Familien und Familien in Not.

RG – into tape recorder:»In the last case, a Latino man, his wife and their baby weren't eligible because he was making too much money.«
S: »Well, the thing about him Bob, he is eligible for the program. Husband and wife, two children. And their yearly income is about $19,500. They're living in a two bedroom unit and the rent is $553 a month. Based on his income that's affordable. He's paying less than 50 % of his income towards rent and utilities, OK? He's income eligible for *Section 8* rental assistance, but he's not in desperate need. Right now, we are assisting families that are in desperate need, with this recession.«

Diese Erklärung orientierte sich an der offiziellen Definition von Notlagen. Die Mitarbeiter des Wohnungsamtes hatten aber auch ihre eigenen, weniger klar definierten Vorstellungen, an denen sie ihre Einschätzun-

---

Field Research. A Collection of Readings, Prospect Heights, Ill.: Waveland Press 1988, S. 127-148; Robert M. Emerson/Rachel I. Fretz/Linda L. Shaw: Writing Ethnographic Fieldnotes. An Interactionist and Interpretative Approach, Chicago: University of Chicago Press 1995, beschreiben dieses analytische Verfahren ausführlich.
**27** | Vgl. dazu die Überlegungen von M. Lynch: Extending Wittgenstein, und J. Sidnell: Ethnographic Consideration.

gen orientierten. Sachbearbeiter, die über Anspruchsberechtigungen entscheiden, müssen in ihren Gesprächen mit den Antragstellern mehr leisten, als nur Felder für Wohnsitz, Einkommen, Familienstand, Alter und besondere Notlagen anzukreuzen. Sie müssen den Klienten vertrauen, dass die vorgelegten Unterlagen nicht gefälscht sind und dass es sich bei dem Antrag nicht um eine Art von Schwindel handelt. In einem von mir beobachteten Fall hatte ein Sohn seiner Mutter alle Vermögenswerte abgenommen, um vom Wohnungsamt einen Mietzuschuss für die Wohnung seiner Mutter in seinem eigenen Mietshaus zu erhalten. »Desperate Need« – tatsächliche Notlage – wurde für die Sachbearbeiter zu einem Kürzel für diejenigen Antragsteller, denen sie vertrauen konnten und die in ihrer Mittellosigkeit wenig oder gar keine anderen Optionen besaßen. Für diese Antragsteller fanden die Mitarbeiter immer eine Unterkunft und waren stolz darauf. Der Manager des Amtes wies mich auf das positive Feedback von den erfolgreichen Bewerbern hin: »You know, when we first put people on the program, it's like building bridges, you get a lot of gratitude from that.«

Manchmal verwendeten die Sachbearbeiter Begriffe wie Gefühl (*vibes*) und Gestalt (*gestalt*), um ihren Zugang zur Feststellung dieser Notlagen zu beschreiben. In dem folgenden Zitat bezog sich Carol mit demselben Begriff *desperate need*, den Sara oben als Regelvorgabe beschrieben hat, auf eine Technik, mit der sie über die bürokratischen Verfahren und Normen hinausgehen konnte, um tatsächliche Notlagen zu ermitteln:

»What's most important is to understand or develop the technique to realize this person really is someone who's in desperate need, not someone who's just trying to scam the program. You start getting more in tune with the people that you're interviewing rather than all this stuff.«

Carol agierte in ihrer Entscheidungsfindung wie ein Jäger, der einen Hasen im Laubwerk sucht;[28] sie äußerte sich nur vage und kurz angebunden über die Art und Weise, wie sie vorging, um im Einklang mit einem Antragsteller zu sein. Als eine Neueinsteigerin in die Befragung von Klienten beschäftigte sie das Problem, auf welcher Grundlage sie bestimmten Antragstellern vertrauen konnte. Ihrer Sympathie traute sie dabei nicht. Sie suchte nach konkreten Hinweisen auf eine Notlage. Im folgenden Zitat korrigierte sie ganz in diesem Sinne meine vorläufige Einschätzung eines Klienten.

»He mentioned he was a widower a couple of times,« I notice. »I could almost feel that he was in grief.«
»We try not to feel. Instead, I look for vibes.«

---

28 | Vgl. Maurice Merleau-Ponty: The Phenomenology of Perception, London: Routledge and Kegan 1962, S. 57.

Kurze Zeit später gab sie mir zusätzliche Anhaltspunkte, was sie unter *Gefühl* verstand, als ich zwei Antragsteller verglich.

»These two men seemed a lot alike,« I say. »Not to me. I think the first one needed it a lot more. The second man didn't seem as desperate to me. I just got different vibes.«

Andere Sachbearbeiter mit mehr Erfahrung waren mitteilsamer über ihre Art der Ermittlung von Notlagen. Ed bezog sich in dem folgenden Zitat auf eine Reihe von Merkmalen in der äußeren Erscheinung, die auf versteckte Einkommensquellen hinwiesen. Während er darüber sprach, reflektierte er über die Beziehung seiner Semiotik zu den normativen Vorgaben. Ihm waren die Beziehungen zwischen diesen beiden Ebenen durchaus bewusst, weil er sich ja gegenüber seinen Vorgesetzten rechtfertigen musste, wie wir später noch sehen werden:

»But if the person's sitting in front of you, the longer you do the job, you have a sense of whether or not a person is living off $500 a month or whether they are living off of much more than that. And none of this is in the regulations but, grooming, skin tone, the clearness of the eyes, the intelligence. A lot of that will tell you the standard of living of the individual in front of you. You can bring me two women in here, both on AFDC[29], both with two children, and I can tell you the one that's living strictly off of their AFDC grant, and the one that at least has a boyfriend that's taking her out to dinner once a week, or giving her some money to get her hair done or get her nails fixed.«

Gemäß den Vorschriften der Bundesbehörde gibt es für Antragsteller um Mietzuschüsse im *Section-8*-Programm eine Einkommensgrenze. Die Antragsteller müssen Belege beibringen, um nachzuweisen, dass diese Grenze nicht überschritten wird. Ein Sachbearbeiter kann sich nicht ausschließlich auf diese Unterlagen verlassen, um nicht als Trottel oder als Opfer von gerissenen Klienten zu gelten.[30] Zu wissen, wann man Verdacht schöpfen muss und wie man in einer solchen Situation agiert, sind entscheidende Fertigkeiten, nach denen die Sozialarbeiter die Kompetenz ihrer Kollegen beurteilen. Keinen Verdacht zu schöpfen, wenn ein erfahrener Kollege einen solchen für gerechtfertigt hält, verweist demnach auf mangelnde Erfahrung oder Sachverstand. Solche Sachbearbeiter vergeuden wertvolle Ressourcen und sind ein Ärgernis für ihre Kollegen, weil sie es ermöglichen, dass verbrecherische Umtriebe unbemerkt bleiben und wohlhabende Klienten Zugang zu staatlichen Leistungen erhalten. Ver-

---

**29** | Zum Zeitpunkt dieser Studie bezeichnete AFDC das Programm *Aid to Families with Dependent Children*, das Unterstützung für notleidende Familien bereitstellte. Es wurde mittlerweile eingestellt und durch das *Welfare to Work Program* ersetzt.

**30** | Vgl. H. Garfinkel: Studies in Ethnomethodology, S. 67f.

fahrensvorschriften sind jedoch vollständig ungeeignet, um diese Fertigkeiten zu vermitteln.[31]

Polizeibeamte verdächtigen Personen, die von der *normal ecology* – von
den üblichen Verhaltensweisen – einer Region abweichen.[32] Um sich die
*normal ecology* anzueignen und Abweichungen davon zu identifizieren,
benötigt der Polizist jahrelange Vertrautheit mit der Region und ihren
Bewohnern. In ähnlicher Form verbringen die Sachbearbeiter des Wohnungsamtes Jahre mit der Ausbildung von Kompetenzen zum Erkennen
von tatsächlichen Notlagen und zum Hinterfragen von nur vorgetäusch-
tem *desperate need*. Ed veranschaulichte seine Strategie in einem Klientengespräch:

>»I'm sitting here with a woman sitting in front of me with a freshly cut hairstyle,
>manicured nails, long nails, where we're talking about the overlays, porcelain
>nails. And she's saying that she's homeless and she has a letter. Now based on
>regulations, I should basically say, ›OK you have a letter verifying you're home-
>less, you're on the program.‹ Well, this particular case sort of hit an emotion,
>and I said, ›I don't see how you're living in a shelter and you haven't broken your
>nails.‹«

Sobald ein Sachbearbeiter Verdacht schöpfte, dass Antragsteller Besitz
oder Einkommen unterschlugen, um den Anspruch auf Unterstützung
nicht zu verlieren, verglich er ihr Verhalten mit einem Standard, wie etwa
dem eigenen Verhalten. Er verwendete eine »contrast structure« im Sinne
von Dorothy Smith.[33] Diese Strukturen bestehen aus einer Beschreibung
von Verhalten, dem eine Feststellung vorangestellt ist, wie man dieses
Verhalten als anormal verstehen kann.[34] In dem Zitat aus dem Klientengespräch von Ed führte die Wahrnehmung der gut gepflegten Fingernägel
dazu, dass der Sachbearbeiter eine solche Kontraststruktur postulierte.

---

**31** | Vgl. R. Garot: Bias forged through Suspicion.

**32** | Vgl. E. Bittner: The Concept of Organization, S. 230-255; Jonathan Rubin-
stein: City Police, New York: Farrar, Straus and Giroux 1973; Harvey Sacks: »Notes
on Police Assessment of Moral Character«, in: David Sudnow (Hg.), Studies in
Social Interaction. New York: Free Press 1972, S. 280-293.

**33** | Dorothy Smith: »K is Mentally Ill. The Anatomy of a Factual Account«, in:
Sociology 12 (1978), S. 23-53, bes. S. 38-47.

**34** | Ein aufschlussreiches Beispiel bietet die Auslassung des Managers über
eine Mieterin im *Section-8*-Programm, die als schwierig galt: »We've done everything we can yet she still complains. She says she's going to Oregon for a few
weeks and hopes we won't have any problem with that. I say, ›You know what that
tells me? That sends up a big red flag for me, that you can afford to leave for a few
weeks for Oregon. I can't afford to go to Oregon. I gotta pay my rent, I got a family.‹
It's just amazing.« (Vgl. dazu auch Gale Miller: Enforcing the Work Ethic. Rhetoric
and Everyday Life in a Work Incentive Program, Albany: State University of New
York Press 1991, S. 105ff).

Ed war sich bewusst, dass eine kritische Einstellung zu den vermeintlichen Ansprüchen der Klienten bestraft werden konnte, obwohl sie in der Kompetenz der Sachbearbeiter lag. Das zeigt der zweite Teil seiner Fallgeschichte:

»Well, she walked out of my office, went back to the person that wrote the letter, and within an hour, my manager at that time called me and said, ›What is this, you told a woman that she wasn't qualified because her nails were manicured?‹ (to the interviewer:) Okay? So, in that instance, you're not allowed to use your common-sense. So your five senses, you know you can see, you think, and sometimes when you're not allowed to use those senses, then that's when fraud can take place. You say, ›I don't care.‹«

Ed präsentierte hier eine Erzählung vom ungerecht verfolgten Beamten. Er zeigte damit aber auch, wie die Sachbearbeiter im Wohnungsamt durch Verfahrensregeln die jeweilige Situation konstituierten. Wenn Ed sich etwas zuschulden kommen ließ, dann höchstens die Heranziehung von Kriterien, die nicht explizit in den Vorschriften genannt waren, um dem Geist der Vorschrift am besten gerecht zu werden: nämlich Unterstützung jenen zukommen zu lassen, die sie am dringendsten benötigen. Garfinkel bezeichnete diese Strategie als *ad-hocing* und bezog sich dabei auf die Praxis der Kodierung von Krankenhausakten durch Studierende, die dabei ein breites Spektrum an Hintergrundwissen über die Aktenführung und das Funktionieren des Krankenhauses nutzten, das mit den Kodes eigentlich erst beschrieben werden sollte.[35] Wie Garfinkel argumentierte, kann man diese Praktiken des *ad-hocing* nicht zum Anlass nehmen, sich über die Unvollständigkeit der Vorgaben zu beschweren. Das wäre aus seiner Sicht ebenso sinnlos, als sich vorzustellen, »that if the walls of a building were only gotten out of the way one could see better what was keeping the roof up.«[36] Für Ed war die Rüge seines Vorgesetzten gleichbedeutend mit dem Einstürzen des Daches und er stellte sich die Frage, wie er seine Arbeit weiterhin in kompetenter Weise verrichten konnte.[37]

Manager von Sozialprogrammen müssen sich nicht in derselben Art mit solchen Fragen befassen, weil sie weniger der Kontrolle durch Vorgesetzte ausgesetzt sind wie ihre Mitarbeiter. In einem Fall setzte sich Joe, der Manager des Uptown Wohnungsamtes, in einem Interview mit einer Frau auseinander, die von Carol an ihn weitergeleitet wurde, weil sie die

---

35 | Vgl. H. Garfinkel: Studies in Ethnomethodology, S. 20.

36 | H. Garfinkel: Studies in Ethnomethodology, S. 22.

37 | Im Vergleich dazu bietet D. Graber (The Power of Communication, S. 174-177) strukturelle Lösungen für dieses Problem der ungenügenden Programmierung an. Das bedeutet mehr Vorschriften zur Koordination des Vollzugs zwischen den Hierarchien, um eine stärkere Kohärenz der Regelanwendung zu erreichen. Das führt zu einer endlosen Schleife, weil auch zur Anwendung der zusätzlichen Vorgaben wieder ad-hoc-Lösungen erforderlich sind.

vorgebliche Obdachlosigkeit der Antragstellerin anzweifelte. Die Klientin, eine etwa zwanzigjährige Afroamerikanerin kam zu dem Gespräch mit ihrem Baby in einem Kinderwagen und erzählte Joe, dass sie mit einem älteren Mann zusammengelebt hatte, der vor zwei bis drei Jahren gestorben war. Sie begegnete dann einem anderen Mann, von dem sie sich erneut trennte, wodurch sie wieder auf sich allein gestellt war. Dennoch lebte sie weiterhin bei der Mutter des Exfreundes, aber sie wusste nicht, wie lange sie dort noch bleiben konnte. Immer wieder verbrachte sie einzelne Nächte in Unterkünften für Obdachlose, in denen es aufgrund der dauernd geöffneten Türen immer kalt war. Sie erwähnte die großen Kakerlaken am Boden der Unterkünfte und die Nähe von Alkoholikern und Drogensüchtigen. Während sie weinend ihre Geschichte erzählte, blätterte Joe durch ihren Akt. Er verließ den Raum, um Kopien anzufertigen, kam zurück und teilte ihr mit, dass sie in das Programm aufgenommen würde. Sie weinte noch mehr, lächelte und ergriff seine Hand, die auf dem Tisch lag. Nachdem sie gegangen war, frage ich ihn, was ihn davon überzeugt habe, dass sie obdachlos sei.

»She really gave up her ego. It was almost like a therapy session[38] – she was bearing her soul. She told me that she slept on the floor of a shelter. She told me that her boyfriend, though he's nice to her, has another woman. He doesn't really need her. And her grandparents. She was like very honest. She was not, there were no airs about that lady at all. She thought she was getting ripped off by the amount of rent she was paying. You know. It was a whole, it was a gestalt. It wasn't any one – I just, it was a gestalt.«

Als er diese »Gestalt« beschrieb, verwendete er einen Begriff, den Carol bei der Beschreibung eines ähnlichen Phänomens abgelehnt hatte:

»The bottom line is, we've made this decision to give her a one [bedroom apartment], which, gut feeling is the right decision, gut feeling, you know. She might be laughing at me now, I don't know. But gut feeling it's the right decision. The person that's number one on the list is gonna wait a month longer sleeping on street. Sounds hard, but that's life.«

Das Ermessen des Managers brachte ihn nicht in eine vergleichbare Verlegenheit wie seine Mitarbeiter, weil er keine direkten Vorgesetzten hatte, die ihn für seine Entscheidung zur Verantwortung ziehen konnten.[39] Carol verließ zwar sein Büro mit einem deutlichen Ausdruck der Missbilligung, sagte aber kein Wort. Anders als die Antragstellerin, mit der Ed

---

**38** | Bevor Joe seine Tätigkeit für HUD begann, arbeitete er als Therapeut in einer psychiatrischen Klinik.

**39** | Vgl. Michael Lipsky: Street Level Bureaucracy. Dilemmas of the Individual in Public Services, New York: Russell Sage 1980, S. 18-23; J.F. Handler, Protecting the Social Service Client, S. 4.

gesprochen hatte, konnte die Klientin von Joe kein Schreiben vorweisen, das sie als obdachlos ausgewiesen hätte. Ihre gegenwärtige Wohnsituation – mit der Mutter ihres Exfreundes – qualifizierte sie ebenfalls nicht für eine bevorzugte Behandlung. Man könnte Ed als Typ II Sachbearbeiter beschreiben, der sich um das Aufdecken von Betrügereien bemühte, während sich Joe als Typ I Beamter mehr mit der Hilfestellung für bedürftige Klienten identifizierte.[40] Das ist aber nicht der entscheidende Punkt. Wesentlich ist für meine Argumentation, dass beide die normativen Vorgaben als wesentliche Elemente der Situationsdefinition verwendeten. Ed wurde von seinem Vorgesetzten für die konkrete Anwendung der Regeln zur Verantwortung gezogen, während Joe sich nur Carols missbilligendem Gesichtsausdruck und meinem Interview aussetzen musste. Aus der Perspektive der Ethnomethodologie ist es nicht von Interesse, ob ein Sachbearbeiter formale oder informelle Regeln anwandte, ob ihre Entscheidungen zu berichtigen waren, oder ob man sie aufgrund ihrer Handlungen verschiedenen Typen von Beamten zuweisen kann. Es interessiert vielmehr, wie die Akteure in diesen Episoden – Ed, sein Vorgesetzter, Joe, Carol und ich selbst – gemeinsam die Situation durch die reflexive Interpretation der Regeln konstruierten. Kurz gesagt, *desperate need* hatte eine spezifische, gesetzlich definierte Bedeutung im *Section-8*-Programm. Die Sachbearbeiter trugen dieser Bedeutung im Zuge ihrer Arbeitspraktiken dadurch Rechnung, dass sie ihre Eindrücke, die sie von einem Antragsteller hatten, persönlich kommentierten.

## ARBEITEN: »ETWAS IST FALSCH HIER«

Zahlreiche Studien haben gezeigt, dass Beamte ihre Klienten häufig danach beurteilen, ob sie »arbeiten«.[41] Wie bei den Angestellten, die der Soziologe Gale Miller in einem *work incentive program* beobachtete,[42] beruhte auch die Bemühung der Sachbearbeiter im Wohnungsamt um einzelne Antragsteller auf diesem traditionellen Kriterium für moralische Integrität. Das drückte sich in der Bereitschaft aus, Überstunden zu machen, um einem arbeitstätigen Klienten Unterstützungen zukommen lassen zu können, selbst wenn er auf den ersten Blick nicht anspruchsberechtigt war. Gelang es letztlich doch noch, eine unterstützungswürdige Person in das Programm aufzunehmen, war das ein Grund zur Freude. Sara erzählte von einem solchen Fall:

**40** | Vgl. Thomas Scheff: Being Mentally Ill. A Sociological Theory, Chicago: Aldine 1966, S. 103ff.

**41** | Vgl. Joel F. Handler/Ellen Jane Hollingsworth: The ›Deserving Poor‹. A Study of Welfare Administration, Chicago: Markham Publishing Company 1971.

**42** | Gale Miller:»Client Attitude and Organizational Process. Staff Assessment and Use of Client Attitude in a Work Incentive Program«, in: Urban Life 13 (1985), S. 367-394; G. Miller, Enforcing the Work Ethic.

»I'm so happy I got them on. The mom is sick, the son goes to school full time and works. The mom is on AFDC, and both of them pay the rent, (emphasized:) like a family's supposed to. (to me:) You writing all this down?« (I smile and put my notepad away.)

Aus der Sicht des Politikwissenschaftlers Michael Lipski lässt sich eine sehr gut abgesicherte Verallgemeinerung über die Bearbeitung von Anträgen machen:»street-level bureaucrats respond to general orientations towards clients' worthiness or unworthiness that permeate society and to whose proliferation they regularly contribute.«[43] In dem folgenden Beispiel berichtet Sara, wie sie Carol bei der Lösung eines komplizierten Falls behilflich war. Es handelte sich um eine Antragstellerin, die weinte und sich weigerte, Carols Büro zu verlassen, nachdem ihr diese mitgeteilt hatte, dass sie nicht anspruchsberechtigt sei.

»She was a single parent working with five children and she wasn't qualified. This was her second interview with Carol. Carol said the woman was in the office crying and she wouldn't stop and she wasn't leaving! I says, ›Wait a minute. Five kids, single parent working? How much money is she making and she's not qualified?‹ I just said, ›Let's look at the papers.‹ So we looked at the papers and she'd only brought in about three pay stubs. I said ›OK, well there you go. You have her bring in as many paychecks as she can so that we can see what her actual income is over the course of a period of time more than just a month and a half.‹ It wasn't enough proof of her income to determine that she had a preference or not. She went home, she brought all the paystubs, like for maybe a year. What the supervisor said that she was earning was about $4,000 off, because she took time off for her kids when she didn't get paid.«

Obwohl Antragsteller nur dazu verpflichtet sind, drei Gehaltsnachweise beizubringen, sahen sich die Sachbearbeiterinnen in diesem Fall dazu motiviert, zusätzliche Belege einzufordern, um das Jahreseinkommen exakt ermitteln zu können. Indem sie freiwillig mehr Zeit in diese Evaluierung investierten, für die üblicherweise nur wenige Augenblicke im Rahmen eines Interviews vorgesehen waren, stellten sie Einkommensausfälle fest. Auf dieser Grundlage konnte die Antragstellerin doch noch in das Programm aufgenommen werden. Was in einer konkreten Situation als ausreichender Nachweis galt, konnte sich unter Umständen von den normativen Vorgaben unterscheiden.

Entscheidend in diesem Fall war nicht das Weinen der Antragstellerin. Es mag dazu geführt haben, dass die noch etwas unerfahrene Sachbearbeiterin bei ihrer Kollegin Hilfe gesucht hatte,[44] es war aber nicht aus-

---

**43** | M. Lipsky: Street Level Bureaucracy, S. 109.

**44** | Vgl. dazu Robert Garot: »›You are not a Stone‹: Emotional Sensitivity in a Bureaucratic Setting«, in: Journal of Contemporary Ethnography 33 (2004), S. 735-766.

schlaggebend für die positive Entscheidung. Das wesentliche Kriterium für die Sachbearbeiterin war die Berufstätigkeit der Antragstellerin, wie sich in einem späteren Interview zeigte. Dabei handelte es sich um die Unterredung mit einer Klientin, die Sozialhilfe bezog und zu weinen begann. Im Anschluss an diese Episode befragte ich Sara danach, wie sie mit dem Weinen der Klienten umging:

»To be honest with you Bob, her situation doesn't affect me as bad as someone who you can see is obviously struggling and they're *working* everyday. That affects me more than someone who is receiving government assistance through welfare, and then they're asking for housing and foodstamps and – anyone who's on AFDC who does not have very young children, and they are single, able-bodied people, I don't really have that much sympathy for them. I just don't. But if they are working everyday, and they're not making ends meet, those people I feel bad. Those people I have to sit back and go, ›Now wait a minute; something's wrong here.‹«

In dieser Textstelle kommt eine verkürzte soziologische Sicht zum Ausdruck.[45] Strukturelle Faktoren, die zu Arbeitslosigkeit führen, werden ignoriert. Stattdessen werden die Opfer für ihre missliche Lage verantwortlich gemacht. Ähnlich wie bei Eds Versuchen, tatsächliche von vorgetäuschten Notlagen zu unterscheiden, spielten auch in Saras Entscheidungen ad-hoc-Ressourcen eine wichtige Rolle, wodurch sie über die Anwendung von Verfahrensregeln deutlich hinausging. Das Kriterium Berufstätigkeit beeinflusste ganz entscheidend das Ausmaß an Zeit, das sie in die Auseinandersetzung mit Klienten investierte. Antragsteller, die nicht arbeiteten, hatten ihre »sympathy credits« verspielt.[46] Da half auch Weinen nicht.

Das folgende Beispiel aus einer auf Tonband aufgenommenen Unterhaltung zwischen den beiden Sachbearbeiterinnen Sara und Maria verdeutlicht weitere Strategien, um berufstätige Antragsteller in das Programm aufnehmen zu können. Die beiden bezogen sich auf ein Interview mit einem Antragsteller lateinamerikanischer Herkunft, der mit seiner Frau und seinem Kind in einer Garage lebte, die er noch vor seiner Eheschließung bezogen hatte. Er hatte keinen Anspruch auf eine bevorzugte Aufnahme in das Programm, weil er weniger als 50 % seines Einkommens für Miete aufwandte. Er verdiente $ 9 pro Stunde als vollbeschäftigter Arbeiter und bezahlte lediglich $ 100 an Miete. Weil die Familie kein Englisch sprach, zog Sara die Spanisch sprechende Kollegin Maria hinzu.

**45** | Vgl. dazu Charles Wright Mills: The Sociological Imagination, New York: Oxford University Press 1959.
**46** | Vgl. Candice Clark: »Sympathy Biography and Sympathy Margin«, in: American Journal of Sociology 93 (1987), S. 290-321.

Sara works quickly on the adding machine, then tells Maria: »You'll have to ex-
plain to them they don't have a preference because their rent's just $100 a
month.«
Maria: »Even considering the condition of the unit?«
Sara: »We can't use substandard.«
Maria: »There's gotta be a way.«
Sara: »We could call the Rent Board to see if there's no bathroom or kitchen.«

Maria setzte sich hier aktiv für die Familie aus Lateinamerika ein. Dabei
ging es um die Suche nach einer Möglichkeit, ihre Wohnsituation mit
den Anforderungen an eine *federal preference* in Einklang zu bringen. Am
häufigsten wurde der hohe Anteil (50 %) von Mietzahlungen am Haus-
haltsbudget als Kriterium herangezogen. Es gab aber noch zwei zusätzliche Kriterien: das Leben in einer Substandardwohnung und die unverschuldete Delogierung. Sie wurden nicht routinemäßig abgefragt, weil sie
relativ selten vorkamen. Im Fall dieser Familie aus der Arbeiterklasse, die
in einer Garage lebte, suchten die beiden Sachbearbeiterinnen aktiv nach
einer Möglichkeit der bevorzugten Aufnahme in das Programm. Überbe-
legung von Wohnraum als Kriterium für Substandardwohnungen wurde
nicht mehr länger akzeptiert, wie Sara in ihrer Antwort zu Marias Frage
betonte. Nach weiterem Drängen von Maria erinnerte sich Sara daran,
dass die Ausstattung der Wohnungen – Fehlen von Badezimmer und Küche – ebenfalls herangezogen werden konnte. Sobald diese Möglichkeit
mit einer Nachfrage beim *rent board* abgeklärt wurde, war der Weg frei
für eine bevorzugte Aufnahme der Familie in das *Section-8*-Programm.
Dieser Fall belegt die umfassende Kenntnis der Regeln von Seiten der
Sachbearbeiter, die rasch und flexibel abgerufen werden können, um Anspruchsberechtigung kompetent und den Anforderungen der einzelnen
Fälle gemäß ermitteln zu können.[47]

## DIE ERMITTLUNG VON GRUPPENZUGEHÖRIGKEIT

Ed: »[...] In this job, you meet people from South America, from Europe,
from Asia, from all over the world, and they bring their customs and cultures
with them. Their approach to this program is based on their opinion towards
government.«

---

47 | Die Schnelligkeit und Gewandtheit, mit der die Sachbearbeiter diese ad-
hoc-Verfahren anwenden, erinnert an Sudnows Beschreibung der Art des Jazz-
Piano-Spiels, das er mit dem Begriff »hands knowing ways« charakterisiert hatte:
David Sudnow: Ways of the Hand, Cambridge, Mass.: Harvard University Press
1978. Vgl. dazu auch Michael Polanyi: The Tacit Dimension, New York: Anchor
Books 1966.

RG: »I'm interested in what you were just saying there. If you want to elaborate a little bit more on like the types of people that you see coming in, and how you learn to expect certain things from certain groups.«
Ed: »Groups of people?«
RG: »Yeah.«
Ed: »How it comes out will be based on your moral conscience.«
RG: »Mm hmm.«
Ed: »Cause here's an example of what I meant when I said you can be burned. And a red flag is going up inside of me now as a person doing this job. Because what I'm about to say are the unspeakables. You don't specify ethnic groups or cultures. But in this job you see patterns.«

Eigenschaften, die nicht den Erwartungen der Sachbearbeiter an eine wirkliche Notlage entsprachen, riefen Verdacht hervor und berufstätige Antragsteller lösten Sympathien aus. Darüber hinaus fanden die Mitarbeiter des Wohnungsamtes manche Klienten verdächtig aufgrund von Zuschreibungen in Verbindung mit deren ethnischer Herkunft bzw. Rasse.[48] Die Verfassung der USA hat sich schon lange mit der Frage auseinandergesetzt, ob Rasse ein Kriterium für eine spezifische Behandlung von Personen sein könnte. Der 14. Zusatz zur US-Verfassung aus dem Jahre 1868 und eine Reihe von oberstgerichtlichen Entscheidungen, vor allem Brown vs. Board of Education (1954) haben Diskriminierung auf Grund von rassischer Zugehörigkeit gesetzlich verboten.[49] Die Mitarbeiter des Wohnungsamtes sind sich der gesetzlichen Vorgaben sehr wohl bewusst, sind diese doch ein wichtiger Bestandteil ihrer Ausbildungsunterlagen und ihrer Belehrungen über die Bundesgesetze. Trotzdem erkannten Sachbearbeiter bestimmte ›Muster‹ im Verhalten ihrer Klienten; sie hatten dieselben Schwierigkeiten wie Soziologen und Demographen, solche Wahrnehmungen zu ignorieren. Tatsächlich wurden sie in ihren internen Beratungen angesprochen und Kompetenz im Umgang mit Klienten wurde – trotz ihrer Vertrautheit mit den gesetzlichen Vorgaben – auch daran gemessen, ob diese Muster Verdachtsmomente gegenüber Antragstellern begründeten.

Verdacht erregten stereotype Vorstellungen von Antragstellern, die Harvey Sacks unter dem Begriff der *membership categorization devices* (MCD) zusammenfasste. Laut Sacks versteht man unter einer MCD »any collection of membership categories, containing at least a category, which may be applied to some population containing at least a member, so as to provide, by the use of some rules of application, for the pairing of at

---

**48** | In dieser Studie unterscheide ich nicht zwischen Rasse und ethnischer Herkunft, weil die Sachbearbeiter des Wohnungsamtes eine solche Unterscheidung nicht machten. Ich werde als ein tragfähigeres analytisches Konzept die weiter unten eingeführten *membership categorization devices* (MCD) verwenden.
**49** | Vgl. Elizabeth Higginbotham: Too Much to Ask: Black Women in an Era of Integration, Chapel Hill, North Carolina: The University of North Carolina Press 2001, S. 1-20.

least a population member and a categorization device member.«[50] Zu diesen Anwendungsregeln zählen sowohl die so genannte *economy rule* und das Konsistenzprinzip. Die erste besagt, dass »a single category from any membership categorization device can be referentially adequate«; während das zweite Prinzip die Generalisierbarkeit von Zuschreibungen ermöglicht: »if some population of persons is being categorized, and if a category from some device's collection has been used to categorize a first member of the population, then that category or other categories of the same collection may be used to categorize further members of the population.« Durch entsprechende Zuordnungen kann ein Sprecher eine breite Palette von Zuschreibungen an Handlungsweisen aktivieren, die man gemeinhin mit »solchen Personen« in Verbindung bringt.

Im Wohnungsamt, wie in jedem Amt mit Parteienverkehr[51], verwendeten die Sachbearbeiter eine Vielzahl von derartigen Zuschreibungen, wenn sie die Behauptungen der Klienten evaluierten und über deren Anspruchsberechtigung entschieden. Die Verwendung dieser Zuschreibungen ist hier nicht von Interesse, um die Beamten zu belasten, sondern um herauszufinden, wie sie in ihrer Arbeitspraxis mit den unvorhersehbaren Herausforderungen ihrer Tätigkeit umgehen. Der erfolgreiche Einsatz von Kategorisierungen ist Teil einer praktischen Lernerfahrung. Laut Robert Emerson handelt es sich dabei um »organizationally-sanctioned devices for assessing ›what is going on‹, and not simply or primarily sources of bias«[52] – selbst wenn die Sachbearbeiter ihre eigenen Zuschreibungen als Vorurteile bezeichneten.

Die Sachbearbeiter im Wohnungsamt gingen bewusst mit ihren eigenen Vorurteilen um und hüteten sich davor, bestimmte Personengruppen zu bevorzugen. Gleichzeitig beobachteten sie wiederkehrende Verhaltensmuster bei Klienten unterschiedlicher rassischer oder ethnischer Zugehörigkeit und diskutierten untereinander und mit mir die Zuverlässigkeit dieser Muster im Sinne der Prognose von Verhalten. Als Carol und Sara über ihre Vorurteile sprachen, wurde deutlich, dass sie viele für ihre

---

**50** | Harvey Sacks: »On the Analyzability of Stories by Children«, in: Roy Turner (Hg.), Ethnomethodology, Harmondsworth, UK: Penguin 1974, S. 218-219.

**51** | Vgl. M. Lipsky: Street Level Bureaucracy, S. 108-116.

**52** | Robert M. Emerson: »Disputes in Public Bureaucracies«. Unveröff. Memorandum für den *Fund for Research on Dispute Resolution*, 1990, S. 39. Selbst wenn man die Handlungsformen der Sachbearbeiter als vorurteilsbehaftet betrachtet und unter normativen Gesichtspunkten als inadäquat behandelt, wird dadurch nicht die Entstehung neuer Praxisformen verhindert, die ebenso nachteilig sein können. Lipsky verweist auf die problematischen Folgen, die entstehen, wenn Beamte im direkten Kontakt mit Klienten angesichts drohender Vorurteilshaftigkeit überreagieren. In San Francisco wurde afroamerikanischen Schülern guter Lernfortschritt bescheinigt, obwohl sie keinen zufriedenstellenden Fortschritt machten. (M. Lipsky: Street Level Bureaucracy, S. 108-9)

Arbeit relevante Vorannahmen über ethnische Gruppen teilten. In dem folgenden Textausschnitt ist Carol die erste, Sara die zweite Mitarbeiterin.

»People have their MO's,[53] which you start to recognize after a while. I hate to be prejudiced, but Ed has said this too, and it's just something you start to see. Hispanics almost never have a lease. They live with other people who help them out. For some reason, they just hardly ever have one. Blacks (said hesitantly, and she laughs), try to pull the game on you. Russians, middle easterners are very persistent. They'll come back everyday to make themselves qualify. After you do this for a while you just start to see it.«
Sara: »I mean I'm not prejudiced, Bob. Carol's not prejudiced. I mean. But you see, it's the Mexican families or Hispanic families that come in, normally, do not have a lease or rental agreement.«
RG: »That's what Carol said.«
Sara: »It's true. Middle Eastern families always have a scam, always in the best apartment, usually have money in the bank, it's usually like with them, it's always questionable. And you're on the alert. You don't want to but you just do. It's like OK, what are you guys gonna try to do today? Um. Usually black families, normally they have a history of generational assistance, you know. It's usually the same situation you see day in, day out. And it's like, I don't know. Kind of--«
RG: »That kind of keys you in on what sort of things to look for-?«
Sara: »Yeah. Mm hm.«

In beiden Einlassungen sind die Sachbearbeiterinnen besorgt, dass ihre Bemerkungen vorurteilsbehaftet erscheinen könnten. Dabei sprachen sie ja nicht von ihnen selbst, sondern von ihrer Arbeit. Wie Michael Lipsky bereits feststellte, sind die Beamten mit Parteienverkehr »particularly inclined to believe that experience provides the basis for knowledge in assessing the client world.«[54]

Dieses lokale Wissen, das in einem Amt zirkuliert, dient als Ausgangspunkt für die Bearbeitung eines Dossiers, kann jedoch jederzeit revidiert werden aufgrund der Wahrnehmungen in der Unterredung mit den Klienten. In dem folgenden Zitat bringt Carol ein solches Vorwissen von Antragstellern zum Ausdruck und gleichzeitig auch das Bewusstsein, dass es negativ wahrgenommen werden könnte. In einer Vorschau auf die Akten von Antragstellern, die zum Interview bestellt waren, wurden die Namen – ganz im Sinne von Sacks *economy rule* – zum ausreichenden Indikator, um ihre afroamerikanische, lateinamerikanische und persische Herkunft zu erschließen und eine Vielzahl von Zuschreibungen aufzurufen.

---

**53** | Diese Abkürzung steht für den in der Kriminalistik gebräuchlichen Begriff *modus operandi*.
**54** | M. Lipsky: Street Level Bureaucracy, S. 115.

Carol pulls the file for her next interview. She tells me she's on the 2 bedroom waiting list, and she's a 65 year-old African-American. She's on the applications with her 47 year old son. »Get a life,« Carol says, and then she follows with, »I shouldn't say that. He's probably helping her.«

Carol tells me about her next interview with an elderly Latino woman who is on the application with her 16 year old daughter. They claim a preference under 50 % and local residency. She's on social security. »Now watch, she won't have a lease,« Carol says.

Carol looks at her schedule. Let's see, she says. She points her finger down the list. I've got 4 in the morning. »Op, that one'll be trouble,« she says, pointing at a Persian name. »No, I don't wanna do that,« she says, laughing, »but it's hard to help it.«

Im ersten und dritten Teil des Auszugs aus dem Gespräch mit Carol könnte man durchaus Anzeichen von diskriminierenden Einstellungen gegenüber Klienten erkennen. Die Sachbearbeiterin gebietet sich selbst Einhalt, weil sie sich darüber im Klaren ist, damit Vorschriften der Bundesbehörden zu verletzen. Im zweiten Teil des Gesprächs kommt ein anderer Aspekt des praktischen Wissens von Sachbearbeitern zum Ausdruck. Ihre Erfahrung, dass lateinamerikanische Antragsteller häufig keine Mietverträge vorweisen konnten, kann der Klientin durchaus helfen, weil Carol bereits auf die Situation vorbereitet ist und nach alternativen Wegen suchen kann, um Wohnsitz und Höhe der Mietzahlungen zu verifizieren.

Sachbearbeiter bringen solche Vorannahmen auch während der Unterredungen mit Antragstellern zum Ausdruck. In dem nächsten Fall diskutierte Carol ihre Einstellung gegenüber dem Klienten, mit dem sie gerade ein Interview führte, während einer Pause, die sie zum Kopieren von Unterlagen benötigte. Obwohl der persische Antragsteller alle Bedingungen für Anspruchsberechtigung erfüllte, hatte sie weiterhin Zweifel, ob sie ihn in das Programm aufnehmen sollte.

»Was he qualified?« I ask.

»It's pretty obvious that he's qualified, but there's always that, you know how it is, that gut feeling of mmm I don't know. It's like, I don't know if I should say this on tape but, everybody has their M.O. Their M.O. is that they've got hidden assets. I don't exactly believe that he has, no money, that he doesn't have any money at all, you know?«

Wenn man diese Stellungnahme ausschließlich vom Gesichtspunkt einer angemessenen Regelanwendung deutet, lässt sie sich als eklatantes Beispiel für Rassismus lesen. Carol war sich einer solchen Lesart durchaus bewusst und brachte das mit der Bemerkung zum Ausdruck: »I don't know if I should say this on tape.« Um besser zu verstehen, wie sie zu dieser Einschätzung des Antragstellers kam, muss man die Vorgeschichte kennen. Sie hatte kurz zuvor Unterredungen mit zwei persischen Klienten, die sie für unterstützungsberechtigt hielt – eine Einschätzung, die

sie später revidieren musste.[55] Ganz im Einklang mit Harvey Sacks Ko-
härenzprinzip ist Carol argwöhnisch, wenn sie mit dem Angehörigen
einer Gruppe konfrontiert ist, mit der sie bereits schlechte Erfahrungen
gemacht hatte. Ihr Argwohn hinderte den Antragsteller nicht daran, in
das *Section-8*-Programm aufgenommen zu werden, wenn er alle Voraussetzungen erfüllte. Die Sachbearbeiterin überprüfte seinen Fall jedoch
eingehender, als die Anträge von nicht-persischen Klienten. Diese Überprüfung war aufgrund der lokalen Erfahrungen durchaus gerechtfertigt,
was außerhalb des Amtes nicht unumstritten blieb. Auf solche Auffassungsunterschiede hat Michael Lipsky bereits hingewiesen: »Clients
and concerned citizens see biased behavior. Street-level bureaucrats see
attitudes forged from experience reinforced in their validity. Clients see
unfairness; street-level bureaucrats see rational responses to bureaucratic
necessities.«[56]

## SCHLUSS

In diesem Beitrag habe ich mich mit drei Arten von reflexiver Nutzung
von Regeln bei der Ermittlung von Anspruchsberechtigung im Wohnungsamt auseinandergesetzt, die aus einer eingeschränkten politischen
Perspektive als strafbar erscheinen. Sie sind dennoch unerlässliche Bestandteile einer situationsbezogenen Regelanwendung. Meine Beobachtungen lassen sich in einen breit gefächerten Vergleichsrahmen stellen.
Er erstreckt sich von Garfinkels Studierenden, die Krankenhausakten nu-
merisch kodieren und dabei Hintergrundwissen über jene Sachverhalte
mobilisierten, die eigentlich durch die statistische Analyse erschlossen
werden sollten, bis hin zu den jüngeren Brüdern verheirateter Männer
aus Guyana, die Wege fanden, mit ihren Schwägerinnen zu kommunizieren, obwohl ihnen das eigentlich verboten war.[57] Lässt sich die Ermittlung
von Anspruchsberechtigung für das menschliche Grundbedürfnis nach
einem Wohnraum in einem Land mit grassierender Obdachlosigkeit[58]
und weit verbreiteter Rassentrennung mit dem Kodieren von Krankenhausakten und der Anrede von Schwägerinnen vergleichen? Wenn man

---

**55** | Einer der Antragsteller besaß zwei Geschäfte und hatte über $ 10.000 in
Aktien investiert. Der andere mietete ein Zimmer in einem der großen Häuser seines Sohnes, die in einer bevorzugten Wohngegend lagen. Gleichzeitig war sich
Carol darüber im Klaren, dass viele persische Antragsteller rechtmäßig Mietbei-
hilfen aus dem *Section-8*-Programm bezogen.

**56** | M. Lipsky: Street Level Bureaucracy, S. 116.

**57** | Vgl. J. Sidnell: Ethnographic Consideration.

**58** | Zur Obdachlosigkeit vgl. Jamshid A. Momeni (Hg.): Homelessness in the
United States, New York: Greenwood Press 1989; zur Rassentrennung vgl. Douglas S. Massey/Nancy A. Denton: American Apartheid. Segregation and the Making of the Underclass, Cambridge, Mass.: Harvard University Press 1993.

sich mit den zahlreichen Studien über Ermessensspielräume in Sozialämtern auseinandersetzt, muss man zu dem Schluss kommen, dass eine
Vergleichbarkeit besteht. Die Arbeit im Wohnungsamt ist entscheidender
für das Überleben der Betroffenen als die beiden vorhin genannten Beispiele, aber auch im Wohnungsamt müssen die Sachbearbeiter Regeln
anwenden und sind dabei mit all den Dilemmas, Schwierigkeiten und
Unvorhersehbarkeiten dieser Aufgabe konfrontiert. Dabei vorkommende
Diskriminierungen sollten mit dieser analytischen Feststellung nicht ent-
schuldigt werden; auch sollte damit nicht intensivierte Aufsicht infrage
gestellt werden.

Sachbearbeiter müssen normative Vorgaben als Hilfsmittel und nicht
als Anleitung für ihre Entscheidungen nutzen; ihre Gewandtheit in der
Entwicklung von ad-hoc-Lösungen gilt innerhalb des Wohnungsamtes als
wichtige Kompetenz.[59] Ihre Entscheidungen werden häufig nach ihrer
Angemessenheit beurteilt, die durch diese Kompetenz sichergestellt werden soll. Ein bekannter Rechtshilfeanwalt sah die Entscheidungen der
Sachbearbeiter als inadäquat, wie er auf einer Tagung über den Schwund
an leistbaren Wohnungen zum Ausdruck brachte.

»[...] I'll tell you a story. I had this young, idealistic attorney in my office who still
felt we lived in a just, rule-governed society.« Some members of the audience
chuckle.»He took a case with a person on Section 8, and he told the Section 8
representative, ›but the regulations says--‹ and she said, ›Oh, we don't follow
those.‹« People in the audience laugh aloud for about thirty seconds.
Afterwards, I ask the lawyer about his comments. I tell him I thought the working
culture has a lot to do with how they run the office.»Are those sorts of problems
like you mentioned common with people on Section 8?«
»Oh, all the time,« he says. »It's endemic to their program. This shit you said
about working culture is everywhere, and it just infuriates me.«

Dieser Konflikt zwischen Rechtshilfeanwälten und den Sachbearbeitern
in Sozialämtern wird wohl nie gelöst werden. Die rechtlichen Grundsätze,
nach denen die Anwälte die Regelanwendung im Wohnungsamt beurteilen, sind aus der Sicht der Beamten ungenügend, um ihre Aufgaben in
kompetenter Weise zu verrichten. Die normativen Vorgaben können die
Sachbearbeiter für frühere Regelverletzungen, für die mögliche Aufsicht
und für drohende Sanktionen sensibilisieren; Verhaltensänderungen
können sie nicht bewirken. Sie können nicht verhindern, dass Beamte
wiederkehrende Muster in ihrer Arbeit finden und sich daran orientieren. Angesichts beschränkter Mittel für die Überwachung der Vergaben
von Sozialwohnungen und anderen Sozialleistungen werden die Sachbearbeiter in den Sozialämtern notwendigerweise weitgehend unabhängig
agieren – mit dem Recht auf Lösungen, die von den normativen *scripts*

---

**59** | Vgl. D. Sudnow: Ways of the Hand, S. 29-33.

abweichen und von ihren eigenen Wahrnehmungen, ihrem Argwohn und selbst ihren Vorurteilen bestimmt sind.[60] Wie sollen wir darauf reagieren? Sollen wir resignieren und diesen Beamten gänzlich das Feld überlassen? Sicherlich nicht, denn anhand der normativen Vorgaben und ihrer Umsetzung können Politikexperten, Politiker, Medien und Öffentlichkeit die Entscheidungen der Sachbearbeiter über Anspruchsberechtigung beurteilen. Wir werden auch weiterhin über die Konstruktion, Implementation und Revision von Regeln ringen, die wesentliche Instrumente für die Rechtfertigung von interpersonaler Herrschaft sind. Regeln sind keine Gebote, sondern Ressourcen. Wer diese Regeln als Ressourcen begreift, stellt sich die Frage nach dem Umgang damit. Wie man diese Regeln rechtfertigt oder ignoriert, darüber kann nur die ethnografische Forschung am Ort ihrer Nutzung Auskunft geben, wo sie in ihrer Anwendung aktiv hergestellt und dadurch zu analytisch zugänglichen Aspekten des Alltagslebens werden.

## LITERATUR

Administrative Plan, Section 8 Existing Housing Certificate and Housing Voucher Programs. Revised 12-92. »Uptown City.«

Bittner, Egon: »The Concept of Organization«, in: Social Research 32 (1965), S. 230-255.

Bloor, David: Wittgenstein: A Social Theory of Knowledge, New York: Columbia University Press 1983.

Charmaz, Kathy: Constructing Grounded Theory: A Practical Guide through Qualitative Analysis, Los Angeles: Sage 2006.

Clark, Candice: »Sympathy Biography and Sympathy Margin«, in: American Journal of Sociology 93 (1987), S. 290-321.

Das, Veena: »Wittgenstein and Anthropology«, in: Annual Review of Anthropology 27 (1998), S. 171-95.

Ekland-Olson, Sheldon/Martin, Steve J.: »Organizational Compliance with Court-Ordered Reform«, in: Law & Society Review 22 (1988), S. 359-383.

Emerson, Robert M.: »Disputes in Public Bureaucracies«. Unveröff. Memorandum für den Fund for Research on Dispute Resolution, 1990.

---

**60** | Als hervorragende Studie über die strukturellen Faktoren, durch die ein Amt der Umsetzung von normativen Vorgaben widersteht vgl. Sheldon Ekland-Olson/ Steve J. Martin: »Organizational Compliance with Court-Ordered Reform«, in: Law & Society Review 22 (1988), S. 359-383; ein Beispiel für die Kapitulation eines Amtes gegenüber den normativen Vorgaben wird von Gilboy (Janet A. Gilboy: »Penetrability of Administrative Systems: Political ›Casework‹ and Immigration Inspections«, in: Law & Society Review 26 (1992), S. 273-314.) präsentiert.

Emerson, Robert M.: »Organizational Horizons and Complaint-Filing«, in: Keith Hawkins (Hg.), The Uses of Discretion, Oxford: Clarendon Press 1992, S. 231-247.

Emerson, Robert M./Fretz, Rachel I./Shaw, Linda L.: Writing Ethnographic Fieldnotes: An Interactionist and Interpretive Approach, Chicago: University of Chicago Press 1995.

Feagin, Joe R./Orum, Anthony M./Sjoberg, Gideon. (Hg.): A Case for Case Study, Chapel Hill: University of North Carolina Press 1991.

Garfinkel, Harold: »A Conception of, and Experiments with ›Trust‹ as a Condition of Stable Concerted Actions«, in: O.J. Harvey (Hg.), Motivation and Social Interaction, New York: Ronald Press 1963, S. 187-238.

Garfinkel, Harold: Studies in Ethnomethodology, New York: Polity Press 1984.

Garot, Robert: »›You're not a Stone‹: Emotional Sensitivity in a Bureaucratic Setting«, in: Journal of Contemporary Ethnography 33 (2004), S. 735-766.

Garot, Robert: »Bias Forged Through Suspicion: The Housing Gatekeeper Reconsidered«, in: Stacy Burns (Hg.), Sociology of Crime, Law and Deviance, Bd. 6, Greenwich, CT: JAI Press 2005, S. 77-105.

Gerth, Hans Heinrich/Mills, Charles Wright (Hg.): From Max Weber: Essays in Sociology, New York: Oxford University Press 1946.

Gilboy, Janet A.: »Penetrability of Administrative Systems: Political ›Casework‹ and Immigration Inspections«, in: Law & Society Review 26 (1992), S. 273-314.

Graber, Doris A.: The Power of Communication, Washington, D.C: CQ-Press 2003.

Gubrium, Jaber F./Holstein, James A.: »Family Discourse, Organizational Embeddedness, and Local Enactment«, in: Journal of Family Issues 14 (1993), S. 66-81.

Handler, Joel F.: Protecting the Social Service Client, New York: Academic Press 1979.

Handler, Joel F./Hollingsworth, Ellen Jane: The ›Deserving Poor‹: A Study of Welfare Administration, Chicago: Markham Publishing Company 1971.

Harper, Douglas: Working Knowledge: Skill and Community in a Small Shop, Berkeley: University of California Press 1992.

Hart, Herbert Lionel Adolphus: The Concept of Law, Oxford: Oxford University Press 1961.

Heritage, John: Garfinkel and Ethnomethodology, New York: Polity Press 1984.

Higginbotham, Elizabeth: Too Much to Ask: Black Women in an Era of Integration, Chapel Hill, North Carolina: The University of North Carolina Press 2001.

Katz, Jack: »A Theory of Qualitative Methodology: The Social System of Analytic Fieldwork«, in: Robert M. Emerson (Hg.), Contemporary Field Research: A Collection of Readings, Prospect Heights, Illinois: Waveland Press Inc. 1988, S. 127-148.

Kripke, Saul Aaron: Wittgenstein on Rules and Private Language: An Elementary Exposition, Cambridge, Mass.: Harvard University Press 1982.

Lazin, Frederic A./Aroni, Samuel: The Existing Section 8 Program and Housing Assistance Plans: A Case Study of Los Angles and HUD 1975-1980, Public Affairs Document, Graduate School of Architecture and Urban Planning, UCLA 1983.

Lipsky, Michael: Street Level Bureaucracy: Dilemmas of the Individual in Public Services, New York: Russell Sage 1980.

Logan, John R./Molotch, Harvey L.: Urban Fortunes: The Political Economy of Place, Berkeley: University of California Press 1987.

Lynch, M: »Extending Wittgenstein: The Pivotal Move from Epistemology to the Sociology of Science«, in: Andrew Pickering (Hg.), Science as Practice and Culture, Chicago: Chicago University Press 1992, S. 215-265.

Massey, Douglas S./Denton, Nancy A: American Apartheid: Segregation and the Making of the Underclass, Cambridge: Harvard University Press 1993.

Merleau-Ponty, Maurice: The Phenomenology of Perception, London: Routledge and Kegan Paul 1962.

Miller, Gale: »Client Attitude and Organizational Process: Staff Assessment and Use of Client Attitude in a Work Incentive Program«, in: Urban Life 13 (1985), S. 367-394.

Miller, Gale: Enforcing the Work Ethic: Rhetoric and Everyday Life in a Work Incentive Program, Albany: State University of New York Press 1991.

Mills, Charles Wright: The Sociological Imagination, New York: Oxford University Press 1959.

Momeni, Jamshid A. (Hg.): Homelessness in the United States, New York: Greenwood Press 1989.

Polanyi, Michael: The Tacit Dimension, New York: Anchor Books 1966.

Pynoos, Jon: Breaking the Rules: Bureaucracy and Reform in Public Housing, New York: Plenum Press 1986.

Quadel Consulting Corporation: Coursebook: Section 8 Existing Certificates and Housing Vouchers, Los Angeles: Quadel 1988.

Ragin, Charles C./Becker, Howard S. (Hg.): What is a Case? Exploring the Foundations of Social Inquiry, New York: Cambridge University Press 1992.

Reich, Charles: »Midnight Welfare Searches and the Social Security Act«, in: Yale Law Review 72 (1963), S. 1347.

Rubinstein, Jonathon: City Police, New York: Farrar, Straus and Giroux 1973.

Sacks, Harvey: »Notes on Police Assessment of Moral Character«, in: David Sudnow (Hg.), Studies in Social Interaction, New York, NY: Free Press 1972, S. 280-293.

Sacks, Harvey: »On the Analyzability of Stories by Children«, in: Roy

Turner (Hg.), Ethnomethodology, Harmondsworth, UK: Penguin 1974, S. 216-232.

Scheff, Thomas J.: Being Mentally Ill: A Sociological Theory, Chicago: Aldine 1966.

Sharrock, Wes/Button, Graham: »Do the Right Thing! Rule Finitism, Rule Scepticism and Rule Following«, in: Human Studies 22 (1999), S. 193-210.

Sidnell, Jack: »An Ethnographic Consideration of Rule Following«, in: Journal of the Royal Anthropology Institute 9 (2003), S. 429-445.

Smith, Dorothy: »K is Mentally Ill: The Anatomy of a Factual Account«, in: Sociology 12 (1978), S. 23-53.

Sudnow, David: Ways of the Hand, Cambridge: Harvard University Press 1978.

U.S. Department of Commerce: Statistical Abstracts of the United States. The national data book, Washington, DC: US Government Print Office 1993.

Wittgenstein, Ludwig: Philosophical Investigations, Oxford: Basil Blackwell 1951.

Zimmerman, Don. H.: Paper Work and People Work: A Study of a Public Assistance Agency, PhD. Dissertation, UCLA 1966.

# Kommunikationsraum Ellis Island

Barbara Lüthi

>»O Elis Ayland/Du grenets fun frayland/
Vi groys und vi shreklech du bist!«
»O Ellis Island/You border of free land/
How big and how fearful you are!«
(Anfangsstrophe des jiddischen Liedes
›Elis Ayland‹)[1]

Ellis Island ist spätestens seit dem ausgehenden 20. Jahrhundert als Sinnbild für Immigrationserfahrung in die Geschichte der U.S.A. eingegangen. Davon zeugt das 1990 gegründete Migrationsmuseum, davon zeugen auch die vielfach reproduzierten Bilder in Kaffeetisch- und Kinderbüchern, Postkarten und Memoiren. Es war und bleibt ein Ort, der vielfach Erinnerungen geweckt, Emotionen ausgelöst und Bilder evoziert hat – und in das sich ein facettenreiches kulturelles Gedächtnis der U.S.A. eingeschrieben hat. Ein medizinischer Mitarbeiter auf Ellis Island, Alfred Reed, beschrieb es um 1913 als eine Insel voller Pathos und Tragödie, »of startling contrasts and unexpected humor«.[2] Die Erzählungen über Ellis Island in Romanen, Kinderbüchern und Selbstzeugnissen schwanken zwischen Tragik und Romantisierung; Tod, Krankheit, Sehnsucht, Familienzusammenführung und ein Aufeinandertreffen verschiedener Bevölkerungsgruppen aus allen Teilen der Welt stellten die eine Seite der Geschichte dar. Die andere Seite war die tagtägliche Auslese der sittlich, physisch und politisch Erwünschten und die Abweisung der Unerwünschten. Auf Ellis Island wurde die Schließung oder Durchlässigkeit der Grenzen offensichtlich. Ein strenges Regime der Immigrationskontrolle prägte die Geschichte von Ellis Island seit ihrer Gründung als Immigrationsstation im Jahre 1892.

1 | »Elis Ayland«, in: Jerry Silverman: The Yiddish Song Book, New York: Stein and Day 1983, S. 161.
2 | Alfred C. Reed: »Going Through Ellis Island«, in: Popular Science Monthly 82 (1913), S. 5-18, hier S. 6.

Mit der Eröffnung von Ellis Island als erste bundesstaatliche Immigrationsstation im Jahre 1892 bis Anfang der 1930er Jahre durchliefen Millionen von Immigrantinnen und Immigranten, nach Nationalität, Geschlecht und Alter höchst unterschiedlich, die Station. Gemeinsam war ihnen die erste Begegnung mit den amerikanischen Beamten und Behörden auf Ellis Island. Um 1900 verbanden sich hier Wissenschaften und bürokratische Effizienz in der Verteidigung der physischen Gesundheit und sozialen Vitalität der Nation.[3] Die der Stadt New York vorgelagerte Insel, die als Vorbild für verschiedene Immigrationsstationen des Landes diente, spiegelte um die Jahrhundertwende den Aufbruch in eine neue Zeit mit einer »self-consciously modern bureaucracy of a young country«.[4] Da sich hier die »Probleme« der Immigration bündelten, war dies auch der Ort, an dem diese Fragen »am besten studiert und eine wirksame Kontrolle der Situation ausgearbeitet« werden konnten, wie es Alfred Reed ausdrückte.[5] Die Historikerin Anne-Emanuelle Birn beschreibt Ellis Island gar als »largest ever medical screening facility«.[6]

Die gesetzlich autorisierten (aber nicht bindenden) medizinischen Untersuchungen dienten den Immigrationsbehörden zu administrativen Zwecken im Sinn einer umfassenden Immigrationskontrolle. Um das administrative System Ellis Island verständlich machen zu können, muss man neben den dortigen Akteuren und ihren diskursiven wie nicht-diskursiven Praktiken auch die Verfahrensregeln, Räumlichkeiten und materiellen Bedingungen thematisieren.

Dieser Beitrag analysiert mit Blick auf die Immigrationsstation Ellis Island die Modernität einer Verwaltung um die Jahrhundertwende und zeigt die vielfältigen und komplexen Dimensionen der Verwaltungskommunikation auf. Im Mittelpunkt steht das Interesse für die »Legitimität« und für den »Wahrheitsanspruch« der in dieser Zeit durchaus umstrittenen medizinischen Untersuchungen als ein wesentliches Moment der Immigrationskontrolle zwischen 1880 und 1920. Wie es der Soziologie Niklas Luhman formuliert hat, rechtfertigt sich administrative Interven-

---

**3** | Siehe Amy L. Fairchild: Science at the Borders: Immigrant Medical Inspection and the Shaping of the Modern Industrial Labor Force, Baltimore, London: Johns Hopkins University Press 2003; Alan M. Kraut: »Silent Travelers: Germs, Genes, and the American Efficiency, 1890-1924«, in: Social Science History 12/4 (1988), S. 377-394, und Barbara Lüthi: Invading Bodies: Medizin und Immigration in den USA, 1880-1920, Frankfurt a.M.: Campus 2009.

**4** | Elizabeth Yew: »Medical Inspection of the Immigrant at Ellis Island, 1891-1924«, in: Bulletin of the New York Academy of Medicine 56/5 (1980), S. 488-510, hier S. 488.

**5** | Alfred C. Reed: »The Relation of Ellis Island to the Public Health«, in: New York Medical Journal 98 (1913), S. 172-175, hier S. 172.

**6** | Anne-Emanuelle Birn: »Six Seconds per Eyelid: The Medical Inspection of Immigrants at Ellis Island, 1892-1914«, in: Dynamis 17 (1997), S. 281-316, hier S. 281.

tion nicht durch spezifische Inhalte, sondern durch Verfahren. Dabei geht
es ihm nicht um Legitimation durch Verfahren im Sinne des Verfahrens-
rechts, sondern um die »Absorption von Ungewissheit durch selektive
Schritte« zur Reduktion von Komplexität. Das macht für ihn den Sinn
des Verfahrens aus. Legitimität einer Institution bzw. eines Verfahrens
begründet sich hier in der Unterstellbarkeit des Akzeptierens.[7]

Ausgehend von diesen Gedanken verfolge ich in diesem Kapitel
hauptsächlich drei Ziele: Erstens analysiere ich die mediale Dimension
der Verwaltung, konkreter noch: die behördliche Personenakte. Sie hatte eine »vermittelnde« Rolle bei den Kommunikationsabläufen zwischen
den involvierten Behörden. Gemeinsam mit den darin enthaltenen Protokollen stellte die Personenakte eine grundlegende kulturelle Praxis zur
Schaffung von Verbindlichkeit und »Wahrheit« dar. Darauf war die Im-
migrationsverwaltung auf Ellis Island angewiesen. Diese Personenakten,
die Logik ihres Funktionierens und ihre interne Struktur gilt es genauer
zu untersuchen.[8] Es stellt sich nicht nur die Frage, was in den Akten zum
Ausdruck kommt sondern auch *wie* sie zustande kommen.

Zweitens benötigten die sogenannten *medical officers* des *United States
Public Health Service* bei der von ihnen durchgeführten medizinischen
Untersuchungen in der *line* ein komplexes Wissen, das auf physiognomi-
schem und sozialem Erfahrungswissen beruhte, um die vielfältigen Zeichen von Krankheit und »Defekten« angemessen lesen zu können. Der
»medizinische Blick« (medical gaze) spielte dabei eine tragende Rolle. Die
Frage stellt sich jedoch, ob und wie dieses Wissen »formalisierbar« war
und in die Protokolle Eingang fand.

Drittens fanden die medizinischen Untersuchungen in spezifischen
institutionellen Settings und unter bestimmten materiellen Bedingungen
statt: Ellis Island mit seinen Techniken der Macht – der asymmetrischen
Autoritätsstruktur, der Organisation und Kontrolle der Wissensproduktion über Menschen und Körper, die sich gerade auch in den behördlichen Akten spiegelte – erinnert daran, dass Räume nicht einfach neutrale
Orte sind, an denen Menschen sich bewegen und agieren. In jedem Raum
werden Beziehungen und Erwartungen hergestellt und das Räumliche ist
immer mit dem Sozialen verbunden.[9] Auf Ellis Island haben Räume – wie
die *line* – eine bestimmte Funktion im Verhältnis zu den sich darin be-
wegenden Menschen.

---

**7** | Niklas Luhmann: Legitimation durch Verfahren, Frankfurt a.M.: Suhrkamp
1983.

**8** | Vgl. Niehaus, Michael/Schmidt-Hannisa, Hans-Walter: »Textsorte Protokoll:
Ein Aufriss«, in: dies. (Hg.), Das Protokoll: Kulturelle Funktionen einer Textsorte,
Frankfurt a.M. u.a.: P. Lang 2005, S. 7-23, hier S. 16.

**9** | Tim Cresswell: In Place/Out of Place: Geography, Ideology, and Transgres-
sion, Minneapolis, London: University of Minnesota Press 1996, S. 3, und Tim
Cresswell: »The Production of Mobilities«, in: New Formations: A Journal of Cultu-
re/Theory/Politics 43 (2001), S. 11-25.

Anhand eines konkreten und alltäglichen Falls, der Behandlung des russisch-jüdischen Immigranten Jankel Plaskowitzky durch die Immigrationsbehörde auf Ellis Island, lassen sich diese Aspekte konkret aufschlüsseln.

## Fall Jankel Plaskowitzky

Der fünfzehnjährige jüdische Russe Jankel Plaskowitzky erreichte auf dem Schiff »SS Rotterdam« am 9. September 1912 Ellis Island. In Russland ehemals als Ladenverkäufer tätig, wurde ihm durch das medizinische Gutachten des *United States Public Health Service* eine »minderwertige physische Konstitution, die die Möglichkeit zum Unterhalt des eigenen Lebens beeinträchtigt«, attestiert.[10] Zudem, so die Meinung des Board of Special Inquiry, hatte er zu wenig Geld bei sich; sein junges Alter verhinderte außerdem, dass er für sich selbst Sorge tragen könnte. Die Behörden schätzten ihn möglicherweise noch jünger als fünfzehn ein. Jankel Plaskowitzky wollte zu seinem Bruder und seinem Onkel, dem Bruder seiner verstorbenen Mutter in New York. Letzterer garantierte vor dem Board of Special Inquiry, ihn bis zu seinem sechzehnten Lebensjahr in die Schule zu schicken.

Der Einspruch gegen das ablehnende Urteil seitens des Anwalts Benjamin Levinson ist ausführlich und umfasst mehrere Seiten. Der Anwalt schlüsselte darin Punkt für Punkt die verschiedenen Aspekte der Ablehnungsbegründung der Behörden auf: von seiner vermeintlichen Unfähigkeit, sich selbst unterstützen zu können, bis hin zu dem ihm attestierten »physischen Defekt«. Einleitend beschrieb er den jungen Mann – ganz im Gegensatz zur Sicht der Behörden und Ärzte – als intelligent, mit einer guten Schulbildung und »in gesundem physischen Zustand«. Zudem führte er aus, dass die Feststellung des »physischen Defekts« »ungerechtfertigt« sei und auch nicht durch Beweise erhärtet werden könnte:

»This boy is not suffering from any physical defect whatever. He is well and strong; he is tall enough for his age and is sufficiently well built. In appearance he is normal. He has color in his face. His eyes are clear. His grip is strong. It is extremely difficult to understand why the medical certificate should certify in such a case ›poor physical development‹. If this boy were diseased in any part, or was otherwise afflicted, the certificate would undoubtedly specify the particular disease or affliction; but ›poor physical development‹ is a term too vague and dangerous upon which to predicate an excluding decision. [...] It may be that the boy is a bit run down for lack of proper care and nourishment, or other privation or fatigue.«

---

**10** | Der englische Wortlaut heißt: »poor physical development, which affects ability to earn a living«.

Der Anwalt fasste das Gesamturteil seines Einspruchs unter »Fakten und Wahrscheinlichkeiten« zusammen und betonte, dass der »alien« keine Gefahr für die U.S.A. darstelle, vielmehr sei er ein kräftiger, gesunder, aufgeweckter, intelligenter junger Bursche. Er hob zudem die Loyalität und die Zahlungsfähigkeit seiner Verwandten hervor. Durch diese Charakterisierung des jungen Mannes und seiner Verwandtschaft zeichnete der Anwalt das Bild einer makellosen und nicht bedrohlichen Person.

Auch der Commissioner of Immigration auf Ellis Island, William Williams, urteilte nach einer persönlichen Untersuchung des jungen Mannes positiv. Für den Immigranten sprach aus seiner Sicht, dass seine Verwandten einigermaßen wohlhabend seien und er intelligent erscheine, seine allgemeine Erscheinung auch »not extremely bad« gewesen sei. Es gab für ihn daher genügend Berechtigung für eine Zurückweisung, aber ebenso Raum für Zweifel an dieser Entscheidung. Deshalb schlug er vor, ihn mit einem Pfandbrief ausgestattet zuzulassen. Jankel Plaskowitzky durfte, nach der Zustimmung des Commissioner-General aus Washington, D.C. am 24. September aus Ellis Island ins Land einreisen.[11]

Wie jedoch kann man eine so unterschiedliche Beurteilung der beteiligten Akteure in diesem Fall erklären?

## DAS MEDIZINISCH-LEGALE SYSTEM »ELLIS ISLAND«

Die Verabschiedung des Immigrationsgesetzes im Jahre 1891 – zu einer Zeit, als die Anzahl an Immigrantinnen und Immigranten massiv zunahm – hatte mit der expliziten Auflage der Regulierung und Kontrolle der Immigration einen unverkennbaren Einfluss auf die behördliche Praxis in den Immigrationsstationen. Die neue Gesetzgebung leitete eine Ära des enormen Kontrollaufwands der Immigration ein.

Die Geschichte von Ellis Island zwischen 1892 und den 1920er Jahren erweist sich aus medizinischer Perspektive zunächst als Markstein in der Geschichte der Konstitution der Migrantinnen und Migranten als Wissenschaftsobjekt innerhalb eines minutiös organisierten bürokratischen Prozesses. Spezifische Technologien spielten bei der Erfassung der Ankommenden ein wichtige Rolle, gerade auch im Rahmen der medizinischen Untersuchungen und insbesondere unter dem medizinischen Blick in der *line inspection*. Die potentiell kranken und körperlich »defekten« Neuankommenden sollten nach möglichst einheitlichen Kriterien beobachtet und nach spezifischen Kategorien beurteilt werden.[12]

---

**11** | Der Fall ist dokumentiert in: National Archives (Washington, D.C.), Record Group 85, Accn 60A600, Box 460, file 53475/758 (Jankel Plaskowitzky).

**12** | Dies muss auch auf dem Hintergrund von ökonomischen und eugenischen Interessen verstanden werden. Die potentiellen Anormalitäten der Migrantinnen und Migranten standen somit in einem breiteren ökonomischen und biologischen Kontext.

Die Zuversicht der medizinischen Experten, die vermeintlichen Gefahren an der Grenze durch Kontrollen beschränken zu können, begegnete über die Jahre einer wachsenden öffentlichen Kritik gegenüber dem medizinisch-juridischen System. Während die Expertendiskurse zweifelsohne wirkungsmächtige und autoritative Diskurse darstellten, hatten auch andere Diskurse gesellschaftliche Auswirkungen. Die bei der »Selektion« und Bewertungen von Menschen festgelegten »lines of difference« (Ong) wurden sowohl von etablierten staatlichen Behörden, aber ebenso von nicht-staatlichen Gruppen und seltener von den Migranten und Migrantinnen selbst auf Ellis Island verhandelt.[13] Die medizinischen Untersuchungen stellten keine völlig homogene und eindeutige Praxis, sondern einen Kompromiss zwischen divergierenden Interessen dar. Der gesamte Prozess erforderte einen langwierigen bürokratischen Ablauf mit komplexen Kommunikationsanforderungen zwischen den involvierten Behörden auf Ellis Island und in Washington, D.C. ebenso wie zwischen den Behörden und den Neuankommenden.

Auf Ellis Island übernahm der *United States Public Health Service* die Verantwortung für die medizinischen Untersuchungen der Neuankommenden. Die Immigrationsinspektoren des *Immigration Service* waren für die Kontrolle weiterer Personaldaten zuständig. Das Board of Special Inquiry, das vom Commissioner of Immigration des Department of Commerce and Labor in Washington, D.C. bestellt wurde und dem ebenfalls Immigrationsinspektoren angehörten, musste in Zweifelsfällen nach einer Befragung der betroffenen Immigrantinnen und Immigranten über deren Zurückweisung oder Zulassung entscheiden. Vor das Board of Special Inquiry traten Personen, die von den *medical officers* oder Immigrationsinspektoren einen negativen medizinischen, politischen oder sittlichen Befund erhalten hatten.[14] Diese Befunde kristallisierten sich entweder im Laufe der medizinischen Untersuchungen oder bei der Kontrolle durch die Immigrationsinspektoren heraus. Wurde vom Board of Special Inquiry die Zurückweisung entschieden, konnte die betroffene Person Einspruch einlegen. In diesem Fall fällte die oberste Behörde unter dem Commissioner-General in Washington, D.C. den Letztentscheid.

---

**13** | Aihwa Ong: Flexible Citizenship: The Cultural Logics of Transnationality, Durham, London: Duke University Press 1999.

**14** | Zu den medizinischen Befunden gehörte eine lange Liste an physischen und mentalen Defekten, die die Arbeitsfähigkeit behindern könnten. Zu den unerwünschten sittlichen oder politischen gehörten zuvorderst Polygamie, Prostitution, Anarchisten, Kriminelle. Siehe dazu Daniel J. Tichenor: Dividing Lines: The Politics of Immigration Control in America, Princeton: Princeton University Press 2002, S. 67ff., und Roger Daniels: Guarding the Golden Door: American Immigration Policy and Immigrants since 1882, New York: Hill and Wang 2004, S. 27ff.

## DIE BEHÖRDLICHE PERSONENAKTE, DAS BEFRAGUNGSPROTOKOLL UND DIE WAHRHEIT

Die Befragung durch das Board of Special Inquiry spielte sich nach stark formalisierten Regeln und innerhalb eines sozial klar determinierten Rahmens ab. Das gesamte Verfahren – von der Befragung über die behördlichen Entscheide bis zur Zurückweisung oder Zulassung wie auch die darin produzierten behördlichen Akten – hat Ähnlichkeiten mit einem Gerichtsverfahren. Zu diesen Ähnlichkeiten gehörten die durch die Raumanordnung hergestellte soziale Asymmetrie, die Befragung nach dem Muster eines gerichtlichen Verhörs einschließlich der Vereidigung des Befragten und der Zeugen, das Urteil des Board of Special Inquiry, das einem richterlichen Urteil nahe kam, das Einspruchsrecht der Immigrantinnen und Immigranten und schließlich, im Zweifelsfall, das Beiziehen von wissenschaftlichen Experten. Die in diesem Prozess produzierten Akten wiesen in Aufbau, Ziel, Inhalt und Sprache bis zu einem gewissen Grad Übereinstimmungen mit Gerichtsakten auf.

Die sogenannten Personenakten (personal files) haben – außer bei sehr langwierigen Fällen – eine festgelegte Struktur: Das erste und zentrale Dokument jeder Personenakte stellt das Befragungsprotokoll des Board of Special Inquiry dar. Wie alle anderen Akten ist es formal stringent aufgebaut und enthält ein Vielzahl an Informationen zur ankommenden Person wie Angaben zu Name, Alter, Geschlecht, Herkunft (und bei jüdischen Personen die Rasse), wie die Reise finanziert wurde, ob verheiratet oder ledig, die Ortsangabe, das Datum und die Zeit der Versammlung des Board of Special Inquiry an der jeweiligen Immigrationsstation (beispielsweise Ellis Island, N.Y.), wie auch die an der Befragung beteiligten Immigrationsinspektoren. Ebenso ist die medizinische Kurzdiagnose vermerkt und wer die zuständigen *medical officers* waren. Mit diesen wenigen Angaben wurden die wichtigsten Informationen gegeben, Verantwortlichkeiten benannt und vor allem die medizinische Diagnose dokumentiert.

Das medizinische Gutachten musste bestimmte Bedingungen erfüllen: Es umfasste Aussagen, die sich auf den psychischen oder physischen Zustand eines Passagiers bezogen. Diese Aussagen mussten auf »proper authenticity« beruhen und auf die jeweilige Person bezogen sein. Die Angaben zum medizinischen Zustand mussten der »genauen Sprache des Gesetzes« und der »medizinischen Nomenklatura« entsprechen.[15] Anschließend folgt die in kurzer und dialogischer Form protokollierte Befragung (Q/A: Question/Answer) zunächst des Betroffenen und dann der Zeugen (witness), die meist aus Verwandten oder Bekannten bestanden. Zum Schluss des Dokumentes wird die Entscheidung des Board of Special Inquiry mit der Begründung über Zulassung oder Abweisung der befrag-

---

**15** | U.S. Treasury Department: U.S. Public Health and Marine-Hospital Service, Book of Instructions for the Medical Inspection of Aliens, Washington, D.C.: Government Printing Office 1910, S. 26f.

ten Person vermerkt und zugleich die medizinische Diagnose wiederholt. Die befragte Person wurde über den Entscheid und ihr Einspruchsrecht informiert. Die Unterschrift des Protokollanten (secretary) beschließt das Dokument. Das ganze Dokument ist jeweils mit Schreibmaschine erstellt.

Die meisten Akten, in denen ein abschlägiger Bescheid gegeben wurde, enthalten einen *Notice of Appeal*: einen Einspruch, der durch einen Migrantenverein, einen Anwalt oder durch (eine oft politisch einflussreiche) Privatperson eingereicht worden war. In wenigen Fällen hatte die betroffene Immigrantin oder der Immigrant einen persönlichen Brief – meist in der Muttersprache verfasst – beigelegt. Das Schreiben, das den Einspruch begründete, war je nach Komplexität des Falles länger oder kürzer.

In einem weiteren Dokument ist der *Appeal* des *Commissioner of Immigration* – in den hier vorliegenden Fällen von Ellis Island – an den Commissioner-General in Washington, D.C. enthalten mit seiner Empfehlung für eine Ablehnung oder Annahme des Einspruchs. Die Begründung fiel in den meisten Fällen sehr knapp aus und beschränkte sich auf die wesentlichen Gründe für eine Zulassung oder Zurückweisung. Die Texte des Commissioner of Immigration sind nicht selten von einer persönlichen Wertung oder Wahrnehmung der Immigrantinnen und Immigranten geprägt.[16] Eine Zurückweisungsempfehlung enthielt zudem den Hinweis auf das nächstmögliche Schiff, das die USA verließ. Auch hier zeugt der offizielle gedruckte Briefkopf von einem standardisierten Formular.

Das *Memorandum* des *Commissioner-General of Immigration* zu Händen des Acting Secretary des Departments of Commerce and Labor stellt schließlich in den meisten Fällen den endgültigen Entscheid über den mit einer Nummer versehenen Fall dar. Mit Bezug auf die ihm vorliegenden Informationen erwähnte der Commissioner-General nochmals die wichtigsten Aspekte und fällte auf Grund der ihm vorliegenden »Fakten« den letztgültigen Entscheid.

Im letzten Dokument, dem *Report of Execution of Department Decision*, ebenfalls ein standardisierter Bogen mit dem Briefkopf des Immigration Service der jeweiligen Immigrationsstation, gibt der Commissioner of Immigration mit seiner Unterschrift dem Commissioner-General einen oder mehrere Tage später den endgültigen Bescheid, ob die Person in Übereinstimmung mit dem Entscheid des Commissioner-General zugelassen oder zurückgewiesen wurde.

Versteht man die Technik des Protokollierens als eine »kulturelle Aufgabe« (Niehaus/Schmidt-Hannisa) und nimmt von dem hier präsentierten Material das Befragungsprotokoll als verwaltungstechnisch relevante Textsorte in Blick, so stellen sich folgende Fragen: Wie wird darin Wahrheit etabliert? Welchen formalen Vorgaben muss das Protokoll genügen? Michael Niehaus und Hans-Walter Schmidt-Hannisa haben darauf verwiesen, dass die Autorität der Protokolle auf zwei Voraussetzungen ba-

---

**16** | Im Falle von Jankel Plaskowitzky hiess es etwa: »[...] the boy seems to be intelligent and his general appearance is not extremely bad.«

siert: Erstens sind es spezifische formale Vorgaben und bestimmte Vorkehrungen, zweitens ist es die »Kopräsenz« des Protokollierenden und seine »Zeugenschaft« der fixierten Ereignisse.[17] Blättert man in den National Archives durch die zehntausendfach fein säuberlich registrierten Daten und Namen, Befragungen und Entscheide, so fällt ein Aspekt sofort auf: Die Texte weisen eine textuelle Eintönigkeit und einen hohen Formalisierungsgrad auf, die offensichtlich einer möglichst routinierten und im Falle von Ellis Island raschen behördlichen Abwicklung eines Sachverhaltes dienlich sein musste. Typische Kennzeichen des bereits erwähnten zentralen Befragungsprotokolls sind zunächst die Stilisierung und die »Dramaturgie des Protokolls«.

Protokolle müssen zunächst in den »terms of narrative strategies« (David Sabean) analysiert werden, um ihre Prägungen erkennbar zu machen. Das bedeutet, die Rolle des Protokollanten und die Sprache der Protokolle zu hinterfragen. Diese Sprache ist weder transparent noch sind die Bedeutungen evident ebenso wenig wie sich die Antworten innerhalb einer Befragung als authentische Wiedergaben der Aussagen von Betroffenen lesen lassen.[18] Die Einlassungen der Befragten werden in die bürokratische Sprache der Behörden übersetzt. Die gestaltenden Eingriffe des Protokollanten wird in den vorliegenden Akten daran erkennbar, dass der Text immer dieselbe äußerliche Form hat. Die Einführung, die Strukturierung von Fragen und Antworten und die Reduktion auf die notwendigsten Informationen zeugen von einem hohen Formalisierungsgrad.

Das behördliche Befragungsprotokoll unterscheidet sich an diesem Punkt auch deutlich vom Verhörprotokoll einer Gerichtsakte: Die Verhörprotokolle sind zwar ebenso stilisiert, die Befragungen sind aber meist ausführlicher und vielschichtiger. Vor allem in komplexen Fällen scheint mehr Interesse am Tatbestand, an den Details der Geschichten und an den involvierten Personen sichtbar zu werden.[19] Einem Verhörprotokoll in einem Gerichtsverfahren entsprechen die Befragungsprotokolle inso-

---

**17** | M. Niehaus/H.-W. Schmidt-Hannisa: Das Protokoll, S. 8.

**18** | Ulrike Gleixner: ›Das Mensch‹ und ›der Kerl‹: Die Konstruktion von Geschlecht in Unzuchtsverfahren der Frühen Neuzeit (1700-1760), Frankfurt a.M.: Campus 1994, S. 20.

**19** | Die Befragten auf Ellis Island besaßen nur wenig Raum für eine »sprachliche Darstellungsleistung« (Hoffmann) oder konkrete Überzeugungsstrategien bei einer Ablehnung ihres Falles. Die Migrantenvereine und andere Personen nahmen in dieser Hinsicht eine Art Ersatzrolle ein. Auf Grund der begrenzten »Aktantenperspektive« (Hoffmann) nahmen bei der Befragung vermutlich Faktoren wie Rasse, Geschlecht, medizinische Aspekte eine umso größere Rolle ein. Unterscheiden tat sich der Ablauf von einem Gerichtsverfahren aber auch insofern, als dass das Board of Special Inquiry auf Ellis Island in dem Sinne keine richterlichen Befugnisse hatte, auch wenn die Ausschaffung bei Fällen ohne Einspruchnahme seitens der Immigrant/innen von ihnen im Alleingang entschieden werden konnte. Die Immigrationsinspektoren waren zudem selten juristisch ausgebildet.

fern, als auch sie für die weitere Beurteilung des Falles für den Adressaten
– im einen Fall für den Richter, im anderen für den Commissioner-General – die entscheidenden Informationen in prägnanter Form enthalten
mussten. Zudem verbrieft die Immigrationsbehörde im Protokoll als
einem zentralen Akt die Richtigkeit des Verfahrens und bietet dem Betroffenen die Möglichkeit zum Rekurs.[20]

Die Stilisierung und Formalisierung der Befragungsprotokolle wird
auch an der Konstruktion einer kohärenten Erzählung sichtbar: Die verschiedenen Zeit- und Raumebenen werden neu konfiguriert, um den
Erfordernissen der jeweiligen Entscheidung gerecht zu werden. Die Produktion des Textes korrespondiert nicht mit der zeitlichen Ankunft, der
medizinischen Untersuchung und der Befragung. Zwischen diesen einzelnen Schritten konnten mehrere Tage verstreichen. Der Protokollant
(vermutlich meist männlich) hatte die Funktion, alle Angaben abschließend in eine schriftliche Form zu bringen. Die Befragungsprotokolle wurden somit erst nach der Verhandlung verschriftlicht. Und während auf
fotografischen Abbildungen meist ein mit einem Stift schreibender Protokollant zu sehen ist, liegt das Endprodukt fein säuberlich mit Schreibmaschine geschrieben vor. Da keine schriftlich verfassten Entwürfe des
Protokolls auffindbar waren, ist unklar was an Kürzungen, Ergänzungen
oder Auslassungen in die maschinelle Endfassung eingeflossen ist.

Ein Merkmal der Verschriftlichung der Befragung scheint die Verkür-
zung der Fragen und Aussagen auf das Notwendigste zu sein. Folgende
Aspekte weisen auf eine Bereinigung und Einflussnahme durch den Protokollanten hin: Obwohl die Wiedergabe der Befragung in dialogischer
Form und direkter Rede eine authentische Atmosphäre des »unmittelbaren Dabeiseins« schafft, verweisen einzelne Sätze auf die »Nicht-Aut-
henzität«. So sind etwa die langen und oftmals verschachtelten Sätze der
Protokolle in mündlicher Sprache kaum vorstellbar. Hier handelt es sich
vermutlich um einen zusammengezogenen Satz, der durch Kommata lesbar gemacht wird. Weder die Pausen, noch die mündlichen Füllwörter,
noch die Übersetzung, die in den meisten Fällen Teil der Befragung war,
sind im Protokoll sichtbar. Die Fragen der Immigrationsinspektoren waren niemals zweckfrei, sondern immer auf einen konkreten Sachverhalt
hin orientiert.[21] Weder die ausführliche Lebensgeschichte noch Details aus
dem Leben der Befragten, sondern eine möglichst prägnante Klärung der
den Befragern vorgelegten Problematik stand im Vordergrund: beispielsweise waren eine Krankheit, eine Schwangerschaft oder ein körperlicher
Mangel vom Board of Special Inquiry zu überprüfen; auf dieser Grund-

---

20 | M. Niehaus/H.-W. Schmidt-Hannisa: Das Protokoll, S. 14.

21 | Siehe dazu auch Wolfgang Naucke: »Die Stilisierung von Sachverhaltsschil-
derungen durch materielles Strafrecht und Strafprozessrecht«, in: Jörg Schönert
(Hg.), Erzählte Kriminalität: Zur Typologie und Funktion von narrativen Darstellungen in Strafrechtspflege, Publizistik und Literatur zwischen 1770 und 1920,
Tübingen: Niemeyer 1991, S. 59-72, hier S. 66.

lage musste entsprechend den Richtlinien über Verbleib oder Zurückweisung entschieden werden. Der Fragekanon, der ihnen in ihrer Funktion als »Richter« zugewiesen wurde, fand sich bis zu einem gewissen Grad bereits durch das medizinische Gutachten der Ärzte und durch die Angaben der Immigrationsinspektoren vorstrukturiert. Im medizinischen Gutachten von Jankel Plaskowitzky etwa wurde festgehalten:

»This is to certify that the above-described person has this day been examined and is found to be afflicted with: Poor physical development, which affects ability to earn a living«.

Um die Frage nach der eigenen Subsistenzfähigkeit klären zu können, lauteten die Fragen des Immigrationinspektors entsprechend:

»How have you been supporting yourself since you left school? For what purpose do you come to America at this time?«

Die Befragung war somit von einem vorgegebenen Interesse geleitet und die Fragen gingen nicht über diesen Sachverhalt hinaus. Das Interesse an diesem spezifischen Fall wurde durch einen festen, vom medizinischen Gutachten vorstrukturierten Fragekanon vor dem Board of Special Inquiry gesteuert. Die Beweisführung drehte sich bei medizinischen Anliegen fast immer um die Frage, ob ein Immigrant oder eine Immigrantin auf Grund des medizinischen Leidens unter die »likely to become public charge«-Klausel fiel und in »ihrer Fähigkeit, den eigenen Lebensunterhalt zu bestreiten« behindert wurde. Deutlich wird in den Befragungsprotokollen somit die Reduktion der Tatsachenmenge auf eine bürokratische Entscheidung.

Während es in den vorliegenden Fällen meist darum ging, anhand der medizinischen Befunde den zukünftigen Lebensunterhalt der vorgeladenen Person überprüfen zu können, fanden auch ökonomische, soziale und andere Begründungen Eingang. Der durch ein medizinisches Gutachten vorstrukturierte Befund behielt jedoch eine zentrale Rolle auch in der Art der Befragung: Die präzisen Fragen zwangen sie zu knappen Antworten. Details und Ausführungen schienen zumindest für die Urteilsfindung vernachlässigbar.

Ziel der Befragung und ihrer Verschriftlichung war eine möglichst präzise, aber knappe Darstellung des Falles für die Entscheidungsträger. Der Protokollant war folglich im gesamten Prozess einer höchst »selektionistischen« Aufzeichnung verpflichtet. Dadurch entstanden serielle und handhabbare »Verwaltungsfälle«, die in den behördlichen Akten auf minimale Informationen reduziert wurden.[22] In der formalisierten Kommunikation mit anderen behördlichen Stellen spielten diese Akten eine

---

22 | Siehe hierzu ausführlicher Barbara Lüthi: »Der Blick, die Normalisierung, der Fall: Medizin und Immigration in den USA (1880-1920)«, in: Sibylle Brändli/ Barbara Lüthi/Gregor Spuhler (Hg.), Zum Fall machen, zum Fall werden: Wissen-

wichtige Rolle. Denn nur derart standardisierte Protokolle konnte den urteilenden Instanzen auf Ellis Island und in Washington, D.C. die notwendigen Informationen liefern, um die Sachverhalte rasch zu beurteilen. Diese Komplexitätsreduktion war deshalb für die arbeitsteilige Bewältigung notwendig.[23] Denn im Zweifelsfall trafen die obersten Behörden in Washington, D.C. den Entscheid ausschließlich auf der Basis dieser Akten – ohne die Person je zu Gesicht bekommen zu haben.

Die standardisierten Definitionen und die mehrmalige Wiederholung von negativen Befunden innerhalb eines Befragungsprotokolls deuten auf die Strukturierung von Bedeutungen nach hierarchischen Aspekten hin.[24] Gerade dadurch zeichnen sich diese Texte aus: Die sich wiederholenden sprachlichen Wendungen – wie »likely to become public charge« oder »physical defect« – entwickeln sich zu einer normierten Sprache, die ein wirkungsvolles Durchsetzungsmittel der Macht der Entscheidungsträger darstellt. Die Definitions- und Wirkungsmacht dieser Sprachregelungen, so meine These, geht über die behördlichen Dokumente hinaus. Sie erfasste auch diejenigen Institutionen und Personen, von denen die Interessen der Migrantinnen und Migranten vertreten wurden. Das zeigt sich in den Einsprüchen der Migrantenvereine, in denen uns eine ähnliche Sprachregelung entgegentrat. Offensichtlich sahen sich die Interessenvertreter – die Anwälte und Migrantenvereine – gezwungen, innerhalb des vorstrukturierten Sachverhalts und der behördlichen (beziehungsweise medizinischen Sprache) zu argumentieren, um sich erfolgreich Gehör zu verschaffen. Das Memorandum des Commissioner-General of Immigration und der Appeal des Commissioner of Immigration bewegten sich innerhalb desselben diskursiven Handlungsrahmens. Die behördliche Sprache reproduzierte sich durch die ständigen Wiederholungen seitens aller Akteure – und damit verfestigte sich die behördliche Textproduktion zu einem Teil der gesellschaftlichen Realität.

Auch der Aspekt der »epistemologischen Nutzbarmachung« wird anhand der Protokolle besonders deutlich. Der Protokollierende trat als Instanz auf, der die »Richtigkeit des Fixierten kraft seiner institutionell definierten Stellung« bezeugte. Das Protokoll hatte letztendlich den Anspruch, institutionelle Prozeduren für alle Beteiligten zu objektivieren und nachvollziehbar zu machen sowie das medizinische Urteil der *medical officers* als gegebenes Faktenwissen zu etablieren.[25] Die »Objektivi-

sproduktion und Patientenerfahrung in Medizin und Psychiatrie des 19. und 20. Jahrhunderts, Frankfurt a.M.: Campus 2009, S. 175-200.

**23** | Vgl. Peter Becker: »›Recht schreiben‹ – Disziplin, Sprachbeherrschung und Vernunft: Zur Kunst des Protokollierens im 18. und 19. Jahrhundert«, in: Michael Niehaus/Hans-Walter Schmidt-Hannisa (Hg.), Das Protokoll (2005), S. 49-76.

**24** | Diese sind auf den ersten Blick erkennbar: Relevantes ist groß geschrieben und dadurch optisch betont, einzelne Formulierungen werden sowohl in der ersten Zeile wie auch in der Entscheidung des Board of Special Inquiry wiederholt.

**25** | M. Niehaus/H.-W. Schmidt-Hannisa: Das Protokoll, S. 11.

tät« des medizinischen Wissens über den Körper und die Krankheiten der Immigrantinnen und Immigranten wurden jedoch nicht erst durch die Verschriftlichung der Diagnose im Protokoll zum Problem. Die medizinische Untersuchung in der *line* konfrontierte die Mediziner mit einem Zeitdruck, der eine gründliche Diagnose unmöglich machte.

## DIE *LINE*, DER »MEDIZINISCHE BLICK« UND DIE INTUITION

Der Auftakt für die Neuankommenden auf Ellis Island war die medizinische Untersuchung in der *line* und diese war fast einzigartig. Die Vorgangsweise der *medical officers* lag deutlich außerhalb der traditionellen medizinischen Verfahren: Die Diagnose von Krankheiten als zentralem Element der medizinischen Praxis fand hier kaum Platz; die Ärzte besaßen keine persönliche Beziehung und keinen wirklichen Kontakt zu den von ihnen untersuchten Immigrantinnen und Immigranten. Die Beamten des United States Public Health Service nahmen die neuen Entwicklungen in der Bakteriologie durchaus wahr, aber sie konnten diese nur in geringem Masse für ihre Arbeit mit der *line* nutzen. Vielmehr mussten sie Krankheiten und »Defekte« bei einer angeblich gesunden Bevölkerung untersuchen und in möglichst kurzer Zeit eine große Anzahl abfertigen. Auch bei den vermuteten Kranken, die einer etwas eingehenderen Untersuchung bedurften, war die Zeit eher knapp.

In Spitzenjahren hatten diese Ärzte durchschnittlich zwei Minuten pro Immigrantin und Immigrant für eine Beobachtung.[26] Ein ehemaliger Arzt des United States Public Health Service, der in den Jahren 1924 bis 1925 auf Ellis Island arbeitete, erinnerte sich an den zeitlichen Druck: alle Ärzte waren mit der medizinischen Untersuchung beschäftigt, – »[s]ometimes too cursory perhaps, but because of necessity.«[27] In den Jahren 1891 bis 1898 untersuchten zwei *medical officers* täglich zwischen 2000 und 5000 Immigrantinnen und Immigranten. Über die Jahre wuchs die Anzahl der *medical officers* parallel zu den steigenden Immigrationszahlen: Um 1912 arbeiteten zwischen 18 und 25 *medical officers* in New York.[28] Der »medical gaze« war gerade deshalb so wichtig, weil innerhalb von Sekunden »Defekte« und Krankheiten erkannt werden sollten.

Im Jahre 1912 beschrieb Alfred Reed die Funktion der *line* und den »medical gaze« der Ärzte auf Ellis Island mit folgenden Worten:

---

**26** | Die großen Immigrationsstationen unterschieden sich dadurch deutlich von den kleinen, wo die Neuankommenden zum Teil – ohne Zeitdruck – jeweils persönlich von den *medical officers* untersucht wurden.

**27** | Dr. John C. Till (Ellis Island Oral History Collection).

**28** | Im Vergleich zu den 523 übrigen Angestellten in den Jahren 1910/11 stellten sie einen kleinen Prozentsatz dar. Siehe beispielsweise A.C. Reed: Going Through, S. 11 und E. Yew: Medical Inspection, S. 496.

»The routine inspection on the line is [...] the most important feature of the medical sieve spread to sift out the physically and mentally defective. The incoming immigrants pass in single file down two lines. Each of these lines makes a right-angled turn midway in its course. At this turn stands a medical officer. He sees each person directly from the front as he approaches, and his glance travels rapidly from feet to head. In this rapid glance he notes the gait, attitude, presence of flat feet, lameness, stiffness at ankle, knee, or hip, malformations of the body, observes the neck for goiter, muscular development, scars, enlarged glands, texture of skin, and finally as the immigrant comes up face to face, the examiner notes abnormalities of the features, eruptions, scars, paralysis, expressions etc. As the immigrant turns, in following the line, the examiner has a side view, noting the ears, scalp, side of neck, examining the hands for deformity or paralysis, and if anything about the individual seems suspicious, he is asked several questions. It is surprising how often a mental aberration will show itself in the reaction of the person to an unexpected question. As the immigrant passes on, the examiner has a rear view which may reveal spinal deformity or lameness. In case any positive or suspicious evidence of defect is observed, the immigrant receives a chalk mark indicating the nature of the suspicious circumstances.«[29]

Die Ärzte nehmen in der *line* einen klinischen Blick ein, bei dem der Immigrant oder die Immigrantin mit seinen körperlichen Einzelteilen analytisch wahrgenommen wird. Dieser Blick hat die Funktion, an den Kranken diejenigen Symptome oder Zeichen von typischen Krankheiten zu erkennen, die es gestatten, sie als Fall einer bestimmten Krankheit zu deklarieren. In der *line* geht es jedoch zunächst nicht darum, zu erkennen, *was* falsch ist, sondern *dass* etwas falsch ist.[30] Nachdem von Kopf bis Fuß durch den ersten Arzt mögliche Zeichen gelesen werden, endet die jeweilige Reihe vor einem zweiten Arzt. Dies erlaubt eine doppelte Kontrolle und mündet in einer Untersuchung der Augen. Es besteht eine klare Arbeitsteilung: Der erste Arzt positioniert sich ungefähr fünfzehn Fußlängen »up the line« und betrachtet die Immigranten während sie in einzelnen Reihen heran laufen. Mit einem Kreidezeichen markiert er auf der Kleidung der Immigrantin oder des Immigranten, wenn ein physischer oder mentaler »Defekt« oder ein verdächtiges Symptom vor-

29 | Alfred C. Reed: »The Medical Side of Immigration«, in: Popular Science Monthly 80 (1912), S. 382-392, hier S. 385 und 386-87. Für weitere Beschreibungen der »line« siehe etwa Victor Heiser: An American Doctor's Odyssey: Adventures in Fourty-Five Countries, New York: Norton 1936, S. 13ff., A.J. Nute: »Medical Inspection of Immigrants at the Port of Boston«, in: Boston Medical and Surgical Journal CLXX/17 (1914), S. 642-646, hier S. 643f., und L.E. Cofer: »The Medical Examination of Arriving Aliens«, in: The Medical Problems of Immigration: Papers of the Annual Meeting of the American Academy of Medicine, Atlantic City, June 1, 1912, S. 31-42, hier S. 34ff.
30 | Victor Safford: Immigration Problems: Personal Experience of an Official. New York: Dodd, Mead & Co 1925, S. 246.

liegt. Anschließend läuft die Person bis ans Ende der *line*, wo der zweite Arzt wartet. Dieser wiederholt und ergänzt die Untersuchung des ersten, untersucht die Augen und führt die medizinisch auffälligen Immigrantinnen und Immigranten für eine eingehendere Untersuchung beiseite.[31] Das Missverhältnis zwischen mangelnder Zeit und der großen Zahl von Neuankommenden erlaubte bei dieser ersten medizinischen »Auslese« keinen Einsatz von wissenschaftlichen Instrumenten.[32] Ein ehemaliger Mitarbeiter auf Ellis Island, Victor Heiser, machte die große Zahl von »Eindringlingen« dafür verantwortlich, dass eingehende Untersuchungen nicht in Frage kamen:

»A snap diagnosis which stood a reasonable chance of proving correct had to be made in the space of a few seconds. I read everything on the subject that I could find, supplementing my own ideas with the experiences of others, and, after much trial and error, developed a system.«[33]

Es existierten keine definitiven Standards, um die »mentale und physische Fitness« einzuschätzen. Diese mussten an den Immigrationsstationen erarbeitet werden. Im Zentrum stand die Entzifferung von Spuren und Indizien; das schien kaum formalisierten oder aussprechbaren Regeln zu folgen. Wichtige Elemente dieses Wissens waren Intuition, Spürsinn und scharfe Beobachtung. Es handelte sich um eine »Wissenschaft« – eine »medizinische Semiotik« –, die es möglich machte, durch direkte Beobachtung »die nicht erreichbaren Krankheiten anhand von Oberflächensymptomen zu diagnostizieren«, die für ein Laienauge kaum sichtbar waren. Das Auge des Arztes ersetzte in der *line* somit die Funktion wissenschaftlicher Instrumente, etwa eines Röntgengerätes oder eines Mikroskops – es imitierte deren technischen Blick. Für ein erfolgreiches Gelingen der Krankheitserkennung gab es die folgenden Voraussetzungen:

**31** | George W. Stoner: »Immigration – The Medical Examination of Immigrants and What the Nation is Doing to Debar Aliens Afflicted with Trachoma«, in: Medical News 86 (1905), S. 1067-1071, hier S. 1069.

**32** | Diagnostische Geräte und Tests kamen vor allem nach dem Ersten Weltkrieg, vermehrt aber dann ab den 1930er Jahren bei medizinischen Untersuchungen zum Einsatz. In den USA beispielsweise wurden serologische Bluttests für die Erkennung von Syphilis oder Röntgenaufnahmen für Tuberkulose eingesetzt. In den 1940er Jahren waren Röntgenaufnahmen bereits Routine. Vor allem bei den jährlichen Gesundheitskontrollen ab den 1950er Jahren – verstärkt bei Kleinkindern und schwangeren Frauen – kamen die diagnostischen Geräte zum Einsatz. Siehe Stanley Joel Reiser: »The Emergence of the Concept of Screening for Disease«, in: Milbank Memorial Fund Quarterly/Health and Society 56 (1978), S. 403-425; ders.: »The Science of Diagnosis: Diagnostic Technology«, in: William F. Bynum/Roy Porter (Hg.), Companion Encyclopedia of the History of Medicine, Bd. 2, London, New York: Routledge 1993, S. 826-851.

**33** | V. Heiser: American Doctor's, S. 13.

Erstens sollten die Immigrantinnen und Immigranten nicht bemerken, dass sie beobachtet wurden; die Gefahr der Manipulation war zu groß. Der *medical officer* war somit für die Immigranten und Immigrantinnen im ersten Moment verborgen, gleichzeitig im Raum aber höchst präsent mit seinem rasternden Blick. Auf diese Weise konnten die Immigrantinnen und Immigranten in Ruhe aus verschiedenen Perspektiven beobachtet werden. Ebenso mussten die Lichtbedingungen gut sein, das heißt, die Untersuchungen sollten bei Tageslicht ausgeführt werden »for under artificial light certain diseases involving different hue or alteration in the skin cannot be noted accurately.«[34] Zweitens war ein genauer Blick nötig, auch wenn er auf Grund des zeitlichen Drucks oft fast in einen flüchtigen Blick zu gleiten schien – die Verwendung unterschiedlicher Begriffe, wie »gaze«, »glance«, »snapshot diagnosis«, scheint nicht ganz zufällig.

Was jedoch genau gelesen und wie in der *line* vorgegangen werden sollte, war in dem »Book of Instructions« (später publiziert unter dem Namen »Regulations Governing the Medical Inspection of Aliens«) niedergeschrieben, das als Richtlinie für die praktizierenden *medical officers* an den Grenzen diente. Diese Instruktionen schrieben den Ärzten ihre Pflichten und Funktionen an den Immigrationsstationen vor und regelten von der medizinischen Untersuchung bis zur Beurteilung des physischen und mentalen Zustandes der Neuankommenden die Aufgaben der Ärzte. Zudem verliehen sie ihnen eine gewisse Autorität. Zum einen hatten die Ärzte eine beratende Funktion gegenüber den Immigrationsinpektoren und dem Board of Special Inquiry, zum anderen galt ihr medizinisches Gutachten, das jeweils von drei Ärzten unterzeichnet wurde, als Grundlage für den Entscheid des Immigration Service. Ihre konkrete Aufgabe war es, »die Information zu sichern und zu übermitteln, die gesetzlich notwendig war für die Entdeckung und den Ausschluss von Ausländern der überall gleichermaßen auszuschließenden Klasse«.[35] Die *medical officers* entschieden somit nicht völlig eigenständig über die Zurückweisung oder Zulassung der Immigrantinnen und Immigranten, ebenso wenig wie sie persönlich an der gesetzlichen Entscheidung teilnahmen. Ihr Gutachten hatte jedoch Gewicht im gesetzlichen Entscheidungsprozess.[36] Das Gutachten folgte der Logik der Klassifikation von Krankheiten und »Defekten«.

Klassifikationen von Krankheiten spielten innerhalb der medizinischen Untersuchung eine entscheidende Rolle. Unterschieden wurde nach A, B und C. *Class A* stellte die Fälle dar, bei denen eine Zurückweisung obligatorisch war. Darunter fielen die »loathesome contagious diseases« und »dangerous contagious diseases«, ebenso wie gewisse mentale »Defekte«. Zu den ersteren gehörten Krankheiten, die Abscheu (abhorrence) im Wissen um die Existenz der Krankheit bei anderen Personen

---

**34** | A.J. Nute: Medical Inspection, S. 643.

**35** | U.S. Treasury Department: Book of Instructions (1910), S. 13.

**36** | V. Safford: Immigration Problems, S. 82.

auslösten, unter letzteren waren übertragbare (communicable) Krankheiten gemeint. Unter *Class B* fielen Krankheiten oder Zustände, die die betroffene Person nach Meinung der Behörden zu einem Sozialfall (»likely to become public charge« bzw. »diseases affecting ability to earn a living«) machen konnten. In *Class C* waren Personen erfasst, die einen »Defekt« oder eine Krankheit ohne schwerwiegenden Charakter hatten, die aber den Immigrationsinspektoren und den Boards of Special Inquiry gemeldet werden musste.[37] Über die Jahrzehnte, so zeigt etwa ein Vergleich der Handbooks von 1910 und 1917, weiteten sich die Krankheitsklassifikationen (und Vorschriften) ständig aus: Nahmen die Krankheiten und »Defekte« 1910 noch 13 Seiten ein, beliefen sie sich 1917 bereits auf 22 Seiten. Die Krankheitskategorien veränderten sich über die Jahrzehnte – parallel zu neuen Erkenntnissen in der Medizin und gesellschaftlich sich wandelnden Diskursen. Die Bestimmung der jeweiligen Krankheit oder eines »Defekts« durch die *medical officers* sollte, so das *Handbook*, möglichst exakt sein für die weitere Handhabung des Gutachtens durch die Behörden.

Krankheitsklassifikationen dienen dazu, zu rationalisieren, zu vermitteln und Beziehungen zwischen Individuen und Institutionen in einer bürokratischen Gesellschaft zu legitimieren.[38] Zugleich sind Klassifikationssysteme aber auch Bedeutungsträger. Sie repräsentieren einen bestimmten Aspekt der Welt und ihrer immanenten Ordnung. Die Anthropologin Mary Douglas hat darauf hingewiesen, dass Institutionen im Prozess des Klassifizierens dynamische – und oftmals auch bedrohliche – Prozesse fixieren.[39] Der Prozess der medizinischen Klassifikation von Krankheiten im Rahmen der medizinischen Untersuchungen erlaubte es den *medical officers*, die von außen kommenden Bedrohungen in Form von Krankheiten, »Defekten« und spezifischen »race tendencies« – zumindest auf den ersten Blick – »zu verwalten«.

Die Symptome, die es hinsichtlich der im »Book of Instructions« festgelegten Klassifikationen zu lesen galt, waren vielfältig: Bewegung, Haltung, Atem, Körperzeichen und Zeichen auf der Haut verwiesen auf eine Abweichung vom gesetzten Standard an Gesundheit und Normali-

---

**37** | Die Class A beinhaltete beispielsweise Trachom, Favus, Geschlechtskrankheiten und Tuberkulose. Eine Untergruppe bildeten »mentale« Zustände: Geisteskrankheit, Schwachsinn (feeblemindedness), Idiotie, Epilepsie usw. Class B umfasste etwa Herzkrankheiten, Senilität, defekte Muskel- oder Skelettentwicklung, Deformitäten, chronische Arthritis, schlechte Augensicht usw. Zu Class C gehörten vor allem Schwangerschaften. Siehe etwa U.S. Treasury Department: Book of Instructions (1910), S. 7ff und Mary T. Mernin: »Medical Inspection of Aliens at Ellis Island, with Special Reference to the Examination of Women and Children«, in: The Medical Women's Journal 31 (1924), S. 172-175, hier S. 173.

**38** | Charles E. Rosenberg/Janet Golden (Hg.): Framing Disease: Studies in Cultural History, New Brunswick: Rutgers University Press 1992.

**39** | Mary Douglas: How Institutions Think, Syracuse: Syracuse University Press 1986.

tät. Die *medical officers* waren sensibilisiert für nicht-sprachliche Äußerungen. Die körperlichen Symptome hatte der Arzt in spezifische Zeichen zu übersetzen und in einer zweiten gründlichen Untersuchung an wissenschaftlichen Maßstäben zu prüfen. Die erste Untersuchung musste die Personen mit potentiellen Krankheiten, »Defekten« oder Anomalitäten von den anderen trennen; die zweite lief auf eine systematische Untersuchung mit einer Diagnose und einem medizinischen Gutachten heraus.[40] Alle körperlichen Details der Neuankommenden mussten durch die ärztliche Diagnostik akribisch festgehalten und die wahrgenommenen Symptome mit denjenigen Ensembles von Zeichen verglichen werden, durch die einzelne Krankheiten im »Book of Instructions« klassifiziert waren: angeschwollene oder entzündete Augenlider als mögliches Zeichen für Trachom; runde, gelbe übelriechende Krüstchen am Haaransatz als Zeichen für Favus und so weiter. Nicht immer sind die Zeichen eindeutig: Die Differenzierung zwischen gesunden und kranken Personen waren oft subtil, jeder *medical officer* eignete sich eine eigene Beobachtungsmethodik an. Diese konkreten Zeichen wurden in einer zweiten Untersuchung genauer überprüft und bei Erhärtung des Verdachts im medizinischen Gutachten in eine bestimmte Krankheit oder einen »Defekt« übersetzt, so dass auch die Immigrationsinspektoren als nicht-medizinische Behörde dies lesen konnten.

Bestimmte Symptome – für »idiots« oder »imbeciles« waren es etwa »obesity« (Fettleibigkeit), »stunted or dwarfed growth«, »lack of proportion of limbs«, eine bestimmte Schädelform oder »Abnormalitäten der sexuellen Organe«[41] – stellten Merkmale dar, die in Abweichung zu einem normalen Körper definiert waren. Die Detailliertheit der möglichen Symptome verwies auf die Genauigkeit, mit der die Neuankommenden gerastert wurden: B steht für »Back«, C für »Conjunctivitis«, CT für »Trachom«, E für »Eyes«, F für »Face«, G für »Goiter«, H für »Heart«, P für »Physical and Lungs«, Pg für »Pregnancy«, Sc für »Scalp Favus«.

Ellis Island bildete somit den »homogenisierten Raum« der Erfassung von relevanten Krankheitsmerkmalen und »Defekten«, die in den medizinischen Gutachten festgehalten wurden. Die Gutachten, die in die Protokolle einflossen, gaben die Kriterien vor, nach denen beurteilt und entschieden werden sollte. Die Krankheiten und »Defekte« zeichneten sich durch spezifische Merkmale aus: Die Immigrantin Chane Wernik wies einen »abdominal tumor with signs of pregnancy« auf, was soviel wie eine Schwangerschaft ausdrückte; der Immigrant David Ostrowitz war mit einer »lack of physical development for age claimed« belastet, Jossel Lichtenstein litt an einem »Leistenbruch« und Jankel Plaskowitzky, der

---

**40** | A.J. Nute: Medical Inspection, S. 643.

**41** | U.S. Treasury Department: Book of Instructions (1910), S. 10.

»Russian-Hebrew boy« sollte auf Grund mangelnder Finanzen und seiner »minderwertigen physischen Entwicklung« zurückgewiesen werden.[42] Die subjektiven Befindlichkeiten der Kranken hatten im Prozess der Objektivierung keine Relevanz. Die standardisierte Beschreibung von Krankheiten führte zu allgemein charakterisierbaren Krankheitsformen – ein nicht unproblematisches Unterfangen in verschiedenster Hinsicht. Denn was passiert, wenn die Zeichen der Krankheiten nicht so eindeutig oder gar nicht erkennbar sind? Der medizinische Blick kann noch so genau und professionell sein, gewisse Dinge sind nicht im Körper eingeschrieben – auch wenn dies stark im Glauben der Zeit verankert war. Der Einzelfall ist nicht auf wenige Variablen reduzierbar, wie dies in idealtypischen und klinischen Studien der Fall sein mag. Zudem wird auf Ellis Island deutlich, dass, wie es verschiedene Ärzte ausdrückten, auch Fehler vorkommen.[43] Dennoch entstand unter den »medical eyes« bei den medizinischen Untersuchungen die Möglichkeit der Transformation von Immigrantinnen und Immigranten in einen behördlich verwaltbaren Fall.

Ein weiteres Problem war die Notwendigkeit einer »Uniformität« der Untersuchungen nicht nur der einzelnen *medical officers*, sondern auch an den unterschiedlichen Immigrationsstationen. Die Einheitlichkeit berührte verschiedene Aspekte: sowohl die einheitliche Bedeutung, die den jeweiligen Krankheiten und »Defekten« zugewiesen werden sollte, als auch die einheitliche Zertifizierung. Sie betraf aber nicht nur die Praxis der Untersuchung, sondern auch die »definitiven physischen und mentalen Standards«; dies umso mehr, da verschiedene Personen – vom *medical officer* über die Immigrationsinspektoren bis hin zu dem Commissioner General in Washington, D.C. im Falle eines Einspruches – an den Entscheidungsprozessen beteiligt waren. Missverständnisse sollten vermieden werden. Wie aber konnte das gewährleistet werden?

Das »Book of Instructions« gab ein uniformes System der Untersuchungen und Dokumente an allen Eingangshäfen vor.[44] Einerseits wurde eine exakte, »uniforme« Sprache vorgeschrieben, die für alle Beteiligten verständlich sein sollte: Neben der Bezeichnung der Krankheit etwa, hielt der *medical officer* fest, ob es sich um »loathesome contagious disease« oder »dangerous contagious disease« handelte. Ebenso sollte eine »appropriate medical nomenclature« angewendet werden. Wesentliches Ziel des medizinischen Gutachtens war »[to] contain sufficient information to enable the immigration officer to arrive at intelligent conclusions in the premises.«[45] Was immer das medizinische Gutachten behauptete, wan-

---

**42** | Siehe dazu die »personal files« in: National Archives (Washington, D.C.), Record Group 85, Accn 60A6000.

**43** | Vgl. A.J. Nute: Medical Inspection, S. 644 und Philip Cowen: Memories of an American Jew, New York: Arno Press 1975, S. 175.

**44** | A.J. Nute: Medical Inspection, S. 642.

**45** | U.S. Treasury Department: Book of Instructions (1910), S. 27.

delte sich in ein offizielles Faktum.[46] Darin lag die eigentliche Macht der *medical officers*: In der Bestimmung der physischen Zeichen von Krankheiten und »Defekten«.

Diesem Prozess kam eine epistemologische Signifikanz und Priorität gegenüber dem Zeugnis der Patienten und Patientinnen zu. Deren Erzählungen und Empfindungen waren von geringem Interesse, da es nicht – wie in der hippokratischen oder galenischen medizinischen Tradition – um die Erkennung ihrer Individualität ging, sondern um das Erkennen einer spezifischen Krankheitseinheit, also einer nosologisch orientierten Diagnose. Schließlich stellt sich auch die berechtigte Frage, ob der Normalisierung des Objektbereiches nicht stets eine Normalisierung der erkennenden Subjekte entspricht. Denn bei der medizinischen Diagnostik war in der *line* eine übereinstimmende Diagnose bei kranken oder »defekten« Individuum nur dann gewährleistet, wenn alle *medical officers* denselben Diagnosevorschriften folgten. Die vorgeschriebenen Kriterien im »Book of Instructions« bestimmten nicht nur den Körper der Immigrantinnen und Immigranten, sondern strukturierten auch den ärztlichen Blick.

## EIGENSINNIGE GESCHICHTEN

Die institutionalisierten Wahrnehmungsmuster, die in der *line*, in den Befragungsprotokollen und schließlich auch im Board of Special Inquiry maßgeblich waren, verdeutlichen, wie die Mediziner und Behörden auf Ellis Island die neuankommenden Immigrantinnen und Immigranten klassifizierten und verwalteten.

Dennoch muss hier eine Einschränkung gemacht werden: Die Definitions- und Wirkungsmacht der normierten Blicke und Sprachregelungen konnten den »Eigen-Sinn« der Migrantinnen und Migranten, der Migrantenvereine und schließlich auch der Ärzte und behördlichen Akteure nicht vollständig ausschalten. Versteht man »Eigensinn« im Sinne des Historikers Alf Lüdtke als die Vieldeutigkeit und Unvereinbarkeit des Verhaltens von einzelnen Akteuren (was weder zu verwechseln ist mit »Emanzipation« noch mit der Vorstellung eines autonomen Subjekts oder dessen konsistenten Verhalten), so erkennt man davon leise Spuren auf Ellis Island im Verhalten der Neuankommenden.[47] Verschiedentlich

---

**46** | Sehr schön beschrieb dies Samuel Grubbs: »As one inspector put it, ›If you certify that a man has lost a leg, and I see him win a hundred-yard dash, still officially he has only one leg‹«: Samuel B. Grubbs: By Order of the Surgeon General: Thirty-Seven Years Active Duty in the Public Health Service, Greenfield: Wm. Mitchell 1943, S. 70.

**47** | Ein hilfreicher Überblick mit weiterführender Literatur zu dem Begriff ist neuerdings zu finden in Belinda Davis/Thomas Lindenberger/Michael Wildt (Hg.): Alltag, Erfahrung, Eigensinn: Historisch-Anthropologische Erkundungen, Frankfurt a.M.: Campus 2008.

wurde seitens der *medical officers* vor den Täuschungen der Immigrantinnen und Immigranten gewarnt:

»The nonchalant individual with an overcoat on his arm is probably concealing
an artificial arm; the child strapped to its mother's back, and who appears old
enough to walk alone, may be unable to walk because of infantile paralysis; a
case of favus may be skillfully prepared for inspection that close scrutiny is required to detect the evidences of recent cleansing [...]«[48]

Aber nicht nur die Neuankommenden zeigten abweichendes Verhalten.
Auch Migrantenvereine wurden auf unkonventionelle Art und Weise im
Namen der abgewiesenen Immigranten und Immigrantinnen aktiv und
sprengten den reibungslosen behördlichen Ablauf: Im Falle des jüdischen
Immigranten Aron Genbarg beispielsweise, der kurz vor Ausbruch des
Ersten Weltkrieges auf Ellis Island ankam, musste Geld für eine langwierige Behandlung seiner Augenkrankheit (Trachom) aufgebracht werden. Nachdem die Unterstützung durch seine Verwandten auf Grund der
wirtschaftlichen Krise bei Ausbruch des Krieges versiegte, schlug die für
den Immigranten zuständige »Hebrew Immigrant Aid Society« vor, eine
Benefizveranstaltung in Form einer Theateraufführung für den Mann zu
veranstalten und das Geld für seine medizinische Behandlung zur Verfügung zu stellen. Man kann diese verschiedenen Aktionsformen auch
als einen kurzen Moment der (oftmals auch körperlichen) Selbstermächtigung der »kleinen Leute« auf Ellis Island deuten, die den permanent
rasternden Blicken der Ärzte und Behörden unterworfen waren.

Auch waren die auf den ersten Blick uniform erscheinenden Texte
nicht immer stringent zu entschlüsseln: Zahlreiche Entscheidungen erscheinen unlogisch, lückenhaft, befremdlich, fast ungerecht, andere hingegen fast zu eindeutig. Die institutionellen Rahmenbedingungen auf Ellis Island strukturierten die Handlungen der Akteure, konnten diese aber
nicht vollständig programmieren. Die vermeintliche rationale behördliche Logik war deshalb nicht das einzige Kriterium, das zum Verständnis
des Kommunikations- und Interaktionssystems Ellis Island herangezogen werden muss.

---

48 | Allan McLaughlin: »How Immigrants are Inspected«, in: Popular Science
Monthly 66/4 (1905), S. 357-361, hier S. 359. Ähnliche Hinweise sind zu finden
bei A.C. Reed: Relation, S. 319.

## Literatur

Becker, Peter: »›Recht schreiben‹ – Disziplin, Sprachbeherrschung und Vernunft: Zur Kunst des Protokollierens im 18. und 19. Jahrhundert«, in: Michael Niehaus/Hans-Walter Schmidt-Hannisa (Hg.), Das Protokoll: Kulturelle Funktionen einer Textsorte, Frankfurt a.M. u.a.: P. Lang 2005, S. 49-76.

Birn, Anne-Emanuelle: »Six Seconds per Eyelid: The Medical Inspection of Immigrants at Ellis Island, 1892-1914«, in: Dynamis 17 (1997), S. 281-316.

Cofer, L.E.: »The Medical Examination of Arriving Aliens«, in: The Medical Problems of Immigration: Papers of the Annual Meeting of the American Academy of Medicine, Atlantic City, June 1, 1912, S. 31-42.

Cowen, Philip: Memories of an American Jew, New York: Arno Press 1975.

Cresswell, Tim: In Place/Out of Place: Geography, Ideology, and Transgression, Minneapolis, London: University of Minnesota Press 1996.

Cresswell, Tim: »The Production of Mobilities«, in: New Formations: A Journal of Culture/Theory/Politics 43 (2001), S. 11-25.

Daniels, Roger: Guarding the Golden Door: American Immigration Policy and Immigrants since 1882, New York: Hill and Wang 2004.

Davis, Belinda/Lindenberger, Thomas/Wildt, Michael (Hg.): Alltag, Erfahrung, Eigensinn: Historisch-Anthropologische Erkundungen, Frankfurt a.m.: Campus 2008.

Douglas, Mary: How Institutions Think, Syracuse: Syracuse University Press 1986.

Fairchild, Amy L.: Science at the Borders: Immigrant Medical Inspection and the Shaping of the Modern Industrial Labor Force, Baltimore, London: Johns Hopkins University Press 2003.

Gleixner, Ulrike: ›Das Mensch‹ und ›der Kerl‹: Die Konstruktion von Geschlecht in Unzuchtsverfahren der Frühen Neuzeit (1700-1760), Frankfurt a.m.: Campus 1994.

Grubbs, Samuel B.: By Order of the Surgeon General: Thirty-Seven Years Active Duty in the Public Health Service, Greenfield: Wm. Mitchell 1943.

Heiser, Victor: An American Doctor's Odyssey: Adventures in Fourty-Five Countries, New York: Norton 1936.

Kraut, Alan M.: »Silent Travelers: Germs, Genes, and the American Efficiency, 1890-1924«, in: Social Science History 12/4 (1988), S. 377-394.

Lüthi, Barbara: Invading Bodies: Medizin und Immigration in den USA, 1880-1920, Frankfurt a.m.: Campus 2009.

Lüthi, Barbara: »Der Blick, die Normalisierung, der Fall: Medizin und Immigration in den USA (1880-1920)«, in: Sibylle Brändli/Barbara Lüthi/Gregor Spuhler (Hg.), Zum Fall machen, zum Fall werden: Wissensproduktion und Patientenerfahrung in Medizin und Psychiatrie des 19. und 20. Jahrhunderts, Frankfurt a.m.: Campus 2009, S. 175-200.

Luhmann, Niklas: Legitimation durch Verfahren, Frankfurt a.M.: Suhrkamp 1983.

McLaughlin, Allan: »How Immigrants are Inspected«, in: Popular Science Monthly 66/4 (1905), S. 357-361.

Mernin, Mary T.: »Medical Inspection of Aliens at Ellis Island, with Special Reference to the Examination of Women and Children«, in: The Medical Women's Journal 31 (1924), S. 172-175.

Naucke, Wolfgang: »Die Stilisierung von Sachverhaltsschilderungen durch materielles Strafrecht und Strafprozessrecht«, in: Jörg Schönert (Hg.), Erzählte Kriminalität: Zur Typologie und Funktion von narrativen Darstellungen in Strafrechtspflege, Publizistik und Literatur zwischen 1770 und 1920, Tübingen: Niemeyer 1991, S. 59-72.

Niehaus, Michael/Schmidt-Hannisa, Hans-Walter: »Textsorte Protokoll: Ein Aufriss«, in: dies. (Hg.), Das Protokoll (2005), S. 7-23.

Nute, A. J.: »Medical Inspection of Immigrants at the Port of Boston«, in: Boston Medical and Surgical Journal CLXX/17 (1914), S. 642-646.

Ong, Aihwa: Flexible Citizenship: The Cultural Logics of Transnationality, Durham, London: Duke University Press 1999.

Reed, Alfred C.: »The Medical Side of Immigration«, in: Popular Science Monthly 80 (1912), S. 382-392.

Reed, Alfred C.: »Going Through Ellis Island«, in: Popular Science Monthly 82 (1913), S. 5-18.

Reed, Alfred C.: »The Relation of Ellis Island to the Public Health«, in: New York Medical Journal 98 (1913), S. 172-175.

Reiser, Stanley Joel: »The Emergence of the Concept of Screening for Disease«, in: Milbank Memorial Fund Quarterly/Health and Society 56 (1978), S. 403-425.

Reiser, Stanley Joel: »The Science of Diagnosis: Diagnostic Technology«, in: William F. Bynum/Roy Porter (Hg.), Companion Encyclopedia of the History of Medicine, Bd. 2, London, New York: Routledge 1993, S. 826-851.

Rosenberg, Charles E./Golden, Janet (Hg.): Framing Disease: Studies in Cultural History, New Brunswick: Rutgers University Press 1992.

Safford, Victor: Immigration Problems: Personal Experience of an Official, New York: Dodd, Mead & Co 1925.

Silverman, Jerry: The Yiddish Song Book, New York: Stein and Day 1983.

Stoner, George W.: »Immigration – The Medical Examination of Immigrants and What the Nation is Doing to Debar Aliens Afflicted with Trachoma«, in: Medical News 86 (1905), S. 1067-1071.

Tichenor, Daniel J.: Dividing Lines: The Politics of Immigration Control in America, Princeton: Princeton University Press 2002.

U.S. Treasury Department: U.S. Public Health and Marine-Hospital Service, Book of Instructions for the Medical Inspection of Aliens, Washington, D.C.: Government Printing Office 1903.

U.S. Treasury Department: U.S. Public Health and Marine-Hospital Service, Book of Instructions for the Medical Inspection of Aliens, Washington, D.C.: Government Printing Office 1910.

U.S. Treasury Department: U.S. Public Health Service, Regulations Governing the Medical Inspections of Aliens, Washington, D.C.: Government Printing Office 1917.

Yew, Elizabeth: »Medical Inspection of the Immigrant at Ellis Island, 1891-1924«, in: Bulletin of the New York Academy of Medicine 56/5 (1980), S. 488-510.

# Beamte oder Persönlichkeiten?

Kommunikation mit den Spitzen der Verwaltung

des 19. Jahrhunderts in deutschen Staaten und in England

ANDREAS FAHRMEIR

Zwei Länder, zwei Archiverfahrungen – das kennt jeder, der vergleichend gearbeitet hat. Die unterschiedliche Verteilung von Archivbeständen auf private, zentrale, regionale oder lokale Archive in den jeweiligen nationalen Archivsystemen macht das Suchen bisweilen schwierig; auf alle Fälle immer anders. Die individuellen – und bisweilen ganz außerordentlich verschiedenen – Ordnungsmuster der Archivbestände bleiben selten ohne Wirkung auf Vergleichsparameter und Vergleichsergebnisse.[1]

Mag sein, dass dieses Erlebnis besonders ausgeprägt ist, wenn man Deutschland mit einer Fragestellung zum 19. Jahrhundert Richtung England verlässt: hier die relativ gut ausgestatteten, jedoch immer nur über partielle Bestände verfügenden Landes-, Staats- und Hauptstaatsarchive, dort das jüngst in National Archive (II) umgetaufte Public Record Office, das im 19. Jahrhundert aus der Touristenattraktion Tower ausgesiedelt wurde[2] und damit beauftragt ist, so viel der nationalen Aktenüberlieferung wie möglich zu sammeln, zu verwalten und einer breiten Öffentlichkeit zugänglich zu machen.

Findet sich etwas in den National Archives nicht, droht der Weg in Lokalarchive, deren Ausstattung ganz davon abhängt, wie viel die jeweilige Grafschaft für Kultur auszugeben bereit ist (und ob sie etwas dafür zur Verfügung hat), oder in kostspielige Privatarchive, in denen sich die

---

1 | Ein interessantes Beispiel zur Ordnung von Archiven findet sich in Johannes Süßmann: Vergemeinschaftung durch Bauen. Würzburgs Aufbruch unter den Fürstbischöfen aus dem Hause Schönborn, Berlin: Dunker & Humblot 2007, S. 158-167.

2 | Vgl. Peter Mandler: History and National Life, London: Profile Books 2002, S. 30.

Nachlässe der großen Familien und damit vieler Politiker und Wissenschaftler finden.

In dieser essayistischen Reflexion über meine Archiverfahrung beziehe ich mich – der Fragestellung des Bandes entsprechend – auf die Frage,
wie Menschen mit (hohen) Beamten kommunizierten. Ich stütze mich
dabei auf Forschungsarbeiten, die ich in den 1990er Jahren zur Ausländerpolitik deutscher Staaten und Großbritanniens im frühen 19. Jahrhundert angestellt habe.[3]

## DIE FORM DER AKTEN

Sie begannen mit Archivbesuchen in Wiesbaden, Marburg, Darmstadt
und München. Jenseits aller Unterschiede war das Bild der Akten, die ich
in den Händen hielt, immer ähnlich. Wenn es an die formale Kommunikation mit Ministerien oder sonstigen hohen Behörden oder mit Monarchen selbst ging, dann hatte man immer schöne, in ihrem Hauptteil sehr
gut lesbare Dokumente vor sich – vielleicht ein wenig angestaubt oder an
den Rändern angefressen, aber klar organisiert und leicht zu verstehen.
Das erste Dokument in einer Überlieferungsfolge war immer so angelegt,
dass es innerhalb einer hierarchisch imaginierten Verwaltung mühelos
weitergeleitet und weiterbearbeitet werden konnte. Dort, wo ein Kommentar erwartet wurde, befand sich der Text fein säuberlich auf einem
Drittel des Blattes, es gab eine klare Überschrift, einen klaren Adressaten
und eine ganze Fülle von Seriennummern. Wenn kein Kommentar erwartet wurde oder wenn sich ein Schriftstück direkt an den König richtete,
dann nahm die Anrede an die höher gestellte Person einen erheblichen
Teil des Blattes ein – wiederum gut ein Drittel, in sehr verschnörkelter
Schrift verzeichnet und durch Strichmuster schön verziert.[4]

Es handelte sich also erkennbar um amtliche Schriftstücke – unabhängig davon, ob sie von Personen ausgingen, die außerhalb der Bürokratie
standen und sich lediglich mit Bitten an sie wandten, oder ob sie innerhalb der Bürokratie weitergereicht wurden. Offenbar wurden die Schreiber in deutschen Amtsstuben eben auch dazu bezahlt, dass sie den Titel
des Königs, Großherzogs oder Herzogs schön ausmalten. Kamen Texte
von außen, fand sich oft ein Stempel, der die Entrichtung der für eine
Eingabe an die Bürokratie fälligen Stempelsteuer quittierte und damit die

---

**3** | Zu den inhaltlichen Ergebnissen und der genauen Liste der Archivalien, von
denen der vorliegende Essay inspiriert wurde, vgl. Andreas Fahrmeir: Citizens and
Aliens: Foreigners and the Law in Britain and the German States, 1789-1870,
New York: Berghahn Books 2000.

**4** | Vgl. z.B. Bayerisches Hauptstaatsarchiv München, MA 60166, bes. fol. 65.

Eingabe legitimierte – oder aber das Fehlen der Steuermarke rechtfertigte.[5]

Das Papier, das eine Auseinandersetzung erforderte, machte es den Angehörigen der Bürokratie somit relativ leicht, sich mit dem Inhalt des Schreibens zu beschäftigen. Zunächst einmal, weil es den Herrschaftsanspruch der monarchischen Exekutive allein durch seine Form anerkannte – etwa in der Gestaltung der Anrede. Notwendige Rückfragen, Kommentare oder Anweisungen konnten ohne Schwierigkeiten von einem oder mehreren Lesern in die Ränder oder auf der Rückseite eingetragen werden, was zudem erlaubte, Entscheidungswege und Entscheidungsbegründungen detailliert nachzuvollziehen.

Die klare hierarchische Ordnung der Geschäftsgänge und Archive hat freilich zur Folge, dass die Identität derer, die Entscheidungen trafen, unklar blieb – bzw. hinter der Beschreibung ihrer Stellung in der Bürokratie zurückblieb. Dokumentiert war vor allem die Amtsstellung, und auch Kommentare zu Eingaben wurden vom »Amt Soden« oder der »Regierung von Oberhessen«, nicht vom Amtmann Schmidt oder dem Rat Pfeiffer verfasst.[6]

Im Public Record Office war die Erfahrung eine völlig andere. Zur großen Überraschung förderten Aktenstücke mit umfassend klingenden Namen nicht, wie in Deutschland meist der Fall, Aktenkonvolute zu Tage, sondern häufig nur einen Brief, meistens mit beiliegendem, aufgerissenem oder zerrissenem Umschlag. Auf den ersten Blick formulierte ein solcher Brief nur ein Problem – er stellte also, in gar nicht amtlicher Form, die Anfrage dar, die in deutschen Archiven bereits als Beginn einer dann entsprechend aufgefüllten Akte erkennbar war. Auf den ersten Blick schien der Public Record Office Katalog also in die Irre zu leiten, da die Antwort auf die Anfrage scheinbar nicht im selben Archivalien-Umschlag enthalten war wie die Anfrage selbst.[7] Nach längerem Grübeln darüber, ob man noch einmal das Findbuch durchsuchen oder um Rat fragen solle, wo denn der Rest des Vorgangs sein könne, fiel (wenn man das oft verblassende blaue Papier schräg hielt) ins Auge, dass auf dem Umschlag nicht

---

**5** | Vgl. z.B. die unterschiedlichen Anträge auf Einbürgerung bzw. Erteilung von Heiratserlaubnissen in: Hessisches Staatsarchiv Marburg, 100/6966 bzw. 16/ II 14/11 oder 16/II 14/15 (letztere Signaturen beziehen sich auf die Sortierung der Archivalien, die in den frühen 1990er Jahren gängig waren. Aufgrund einer Neukatalogisierung der Aktenbestände sind sie ggf. nicht mehr aktuell).

**6** | Vgl. Peter Becker: »›... wie wenig die Reform den alten Sauerteig ausgefegt hat.‹ Zur preußischen und österreichischen Verwaltungsreform des 18. Jahrhunderts im zeitgenössischen und historischen Vergleich«, in: Hans-Erich Bödeker/ Martin Gierl (Hg.), Jenseits der Diskurse. Aufklärungspraxis und die Institutionenwelt in europäisch komparativer Perspektive, Göttingen: Vandenhoeck & Ruprecht 2007, S. 69-97, hier S. 74.

**7** | Vgl. etwa National Archives, Kew, HO 45/2963; HO 45/4494; HO 45/3744; HO 45/3275.

nur die Adresse, sondern auch ein mit schwachem Bleistift geschriebener
Text zu finden war, der so etwas wie eine Antwort skizzierte und mit »P«,
»H.W.« oder »GG« unterzeichnet sein konnte.

Konnte es wirklich sein, dass Prinzipienentscheidungen über – in diesem Fall – Fragen des Aufenthalts-, Auslieferungs- und Staatsangehörig-
keitsrechts von Palmerston, George Grey und (weniger bekannt, aber in
diesem Zusammenhang wesentlich wichtiger) Horatio Waddington nur
mit Bleistift auf dem Rücken von Anfragen, die jeweils am konkreten Anlass ein Problem aufwarfen, dokumentiert waren? Weitere Akten machten klar: so war es in der Tat – nur, wenn der Umschlag nicht reichte
(und sich auch sonst auf dem Brief kein Raum fand, um kompliziertere
Anweisungen aufzuschreiben, oder schriftliche Dialoge zu führen) wurden weitere Blätter angeheftet, die Platz für die vollständige Unterschrift
boten und einen Vergleich der Handschriften erlaubten.[8] Zudem machte
die Tatsache, dass die kleinen Korrespondenzen im Archiv verzeichnet
und aufbewahrt waren, deutlich, dass man sie im 19. Jahrhundert für bedeutsam hielt.

Richteten sich die Schriftstücke in deutschen Archiven an Behörden,
so waren die in London meist an Personen adressiert, in aller Regel an
den zuständigen (oder zuständig scheinenden) Minister, bisweilen auch
an einen höheren Beamten, ganz selten an das (Innen-)Ministerium, in
dessen Bestand sie dann landeten. Vielfach machte das Briefpapier eines
Klubs[9] den Status des Schreibenden deutlich und legte dadurch nahe,
vorherige persönliche Beziehungen zwischen Sender und Empfänger
anzunehmen; es finden sich aber auch kaum zu entziffernde Briefe von
Personen, die offenkundig nicht aus den höheren Ständen kamen, keine
besonders intensive Bildung genossen hatten und offenbar keine Notwendigkeit sahen, die Dienste eines Anwalts, Vermittlers oder Schreibers in
Anspruch zu nehmen.[10]

Die unterschiedlichen Kommunikationsstile laden zu einer Reihe von
Erwägungen ein. Zunächst einmal bestätigen sie ein Gefälle im Profes-
sionalisierungsgrad der kontinentalen und der insularen Bürokratie und
erklären den Respekt vor dem »preußischen« oder napoleonischen Beamten – man kann sich vorstellen, wie viel leichter eine professionelle Akte
zu archivieren, wiederzufinden und zu interpretieren ist als ein kurzer,
kryptischer Kommentar auf der Rückseite eines kleinformatigen Um-
schlags. Dagegen macht die britische Bürokratie den Eindruck größerer
Sparsamkeit und größerer Effizienz – wenn man nur einen kurzen Kom-

---

**8** | Vgl. z.B. National Archives HO 45/8835.

**9** | Reform Club, National Archives HO 45/5627; Athenaum Club, HO 45/6515.

**10** | National Archives, HO 44/1, 20. März 1820; HO 44/8, fols. 36f.; HO 5/21,
fol. 2r.

mentar schmieren muss, kann man mehr Vorgänge bearbeiten als dann, wenn man längere Texte in Schönschrift formulieren muss.[11] Sie laden aber auch dazu ein, darüber nachzudenken, was sich über Amtsverständnis einerseits, das Verhältnis zwischen Beamten und Bürgern andererseits daraus ablesen lässt.

1995 gelang Winston Churchill (dem Enkel des Premiers) ein kommerzieller Coup: er verkaufte Papiere seines Großvaters für insgesamt £12,5 Millionen an die britische Regierung, die sie im Archiv des Churchill College der Öffentlichkeit zugänglich machte.[12] Ein Coup war das deswegen, weil zu vermuten stand, dass die interessanten Papiere letztlich in offiziellem Auftrag erstellt wurden und daher eigentlich bereits in staatlichem Besitz hätten sein sollen – wenn dem nicht so war, dann allein deshalb, weil bis ins 20. Jahrhundert unklar bleiben konnte, ob ein Premierminister mit der Übernahme seines Amtes den Charakter einer Privatperson verlor, oder ob auch seine dienstliche Korrespondenz ihren privaten Charakter behielt und daher in privatem Besitz verbleiben konnte, ja musste.

In der Entscheidung, den Minister oder Beamten primär als Privatmann zu sehen, liegt übrigens ein Grund dafür, warum die Privatarchive in Großbritannien so viel wichtiger sind als in Deutschland. Sie spiegelt das lange Überleben eines vormodernen Amtsverständnisses, das nicht zwischen Amt und Person trennt und das sich in Großbritannien erst im Laufe des langen 19. Jahrhunderts auflöste – zunächst, was die Verpflichtungen von Amtsträgern betraf, für Schulden ihres Amts einzustehen, dann, was die Möglichkeit anging, privat von einem öffentlichen Amt zu profitieren, schließlich bezüglich der Rechte an einem im Rahmen eines Amtes erstellten Schriftstücks.

## DIE SPRACHE DER AKTEN

Fragt man nach konkreten Folgen für die Sprache der Verwaltung, so scheint die Antwort einfach – und erweist sich doch als kompliziert. Im Vergleich mit Deutschland scheint zunächst augenfällig, dass man es in Großbritannien mit erstaunlich flachen Hierarchien in einer aristokratischen Gesellschaft zu tun hatte. Man konnte nicht nur den Innenminister persönlich anschreiben und erwarten, eine Antwort zu bekommen, man konnte das auch unter partieller Missachtung der Umgangsformen tun, indem man etwa auf die eigentlich übliche Anredeform verzichtete und

---

11 | Entsprechende Initiativen im deutschsprachigen Raum, die es durchaus gab, blieben dagegen langfristig offenbar erfolglos. Vgl. dazu Peter Becker: »›Kaiser Josephs Schreibmaschine‹: Ansätze zur Rationalisierung der Verwaltung im aufgeklärten Absolutismus«, in: Jahrbuch für Europäische Verwaltungsgeschichte 12 (2000), S. 223-254, hier S. 239f.

12 | Vgl. New York Times, 28. 4. 1995; The Independent (London), 2. Mai 1995.

einfach »My Lord« schrieb, indem man auf Namen oder Amtsbezeichnung verzichtete oder beim Gegenüber fortgeschrittene paläographische Kenntnisse voraussetzte.[13] Vor allem musste man nicht Papier, Zeit und Geld verschwenden, um Schnörkel zu malen oder malen zu lassen, in denen man »Den erlauchtesten König, gnädigsten König und Herr« anredete, sondern man konnte gleich zum Punkt kommen.

Wenn einmal ein Antwortbrief erhalten ist, wird deutlich, dass die höfliche Antwort oft länger war als eine brüske Bitte um Information. Interessant ist vor allem der Kontrast zwischen den recht informellen Kommunikationen von außen und den förmlichen Korrespondenzen innerhalb der Bürokratie. Wenn man etwa im Innenministerium etwas vom Außenministerium wissen wollte, fragte man ebenfalls in schöner Schrift auf großem Papier als ergebenster Diener nach, ob der Kollege den beiliegenden Vorgang zum folgenden Thema dem Herrn Minister einmal vorlegen könnte und beide dann so nett wären, ihre Meinung mitzuteilen, damit man selbst – usw.[14]

In eine ähnliche Richtung deutet die geringe Rolle, welche der Stand des Anfragenden spielte. Die Ausfälle eines xenophoben Apothekers in der englischen Provinz konnten ebenso zu Grundsatzentscheidungen führen[15] wie Briefe aus dem Reform Club. Wie typisch das eine wie das andere war, ist allerdings wegen der Art und Weise, in der die Archivbestände geordnet wurden, schwer zu sagen. Seit den mittleren Jahren des 19. Jahrhunderts sind nur solche Anfragen überliefert, deren Beantwortung auch in der Zukunft von Bedeutung zu sein schien, d.h. Briefe, die auch beantwortet wurden. An den älteren, vollständige(re)n Beständen (etwa den Serien HO 5 oder HO 44) wird dagegen deutlich, dass bei weitem nicht jede Anfrage eine substantielle Antwort erhielt, und es ist immerhin wahrscheinlich, dass sich die Angehörigen höherer Stände mit sehr viel mehr Gusto (und sehr viel mehr Erfolg) beschwerten, wenn ihnen Dinge zu langsam liefen oder gegen den Strich gingen, als kleine Leute.

Die Frage, warum die englische Verwaltung sich so relativ offen gab, verdient mehr Beachtung, als sie bis jetzt erfahren hat – wie ja der Stil der Kommunikation zwischen Beamten und Bürgern, das Design von Formularen, die Gestaltung von Geschäftsgängen, oder gar die Öffnungszeiten von Behörden relativ wenig untersucht worden ist.[16] Dabei hat jeder seine eigenen Erfahrungen in dieser Hinsicht gemacht und sei es nur beim Versuch, einen Gutschein der deutschen Bahn in einem Dorf, in dem er

---

13 | Vgl. National Archives HO 44/10, fols. 25-28; HO 44/1, 20. März 1820.

14 | Vgl. National Archives HO 45/8198.

15 | In diesem Fall über die Gleichbehandlung von In- und Ausländern in Bezug auf ihren Zugang zu Arbeitsplätzen und Märkten, National Archives, HO 5/21, fol. 2r.

16 | Erste, aber nicht besonders intensiv ausgeführte Ansätze bei Ian F. McNeely: The Emancipation of Writing. German Civil Society in the Making, 1790s-1820s, Berkeley: University of California Press 2003.

seinen Fahrschein nicht gekauft hat, einzulösen. Spätestens dann merkt man, dass die kleinen Freuden der Bürokratie sehr viel wichtiger sind als theoretische Fahrgastrechte.

Eine Hypothese würde auf die besondere politische Stimmung in der liberal geprägten Oberschicht der ›liberalen Ära‹ verweisen, die sich sehr viel auf ihre demonstrative Volksnähe zu gute hielt und die in der Tat danach strebte, ihrem sozial exklusiven Umgang nicht noch eine bürokratische Exklusion an die Seite zu stellen.[17] Wichtig wäre auch, nach indirekten Methoden der Abschirmung zu fragen; allerdings wird man neben dem in Teilen problematischen Schulsystem wenig finden, denn Porto, Verkehrsverbindungen und Briefpapier waren in England relativ effizient und preisgünstig organisiert. Eine andere Hypothese würde darauf abheben, dass eine Verwaltung, die nicht aus Amts-, sondern aus Privatpersonen besteht, höflich zu sein hat: Ein Gentleman muss auch dann an ihn gerichtete Briefe beantworten, wenn sie in die Amtsstube geschickt werden, zumal, wenn er extra zu diesem Zweck Sekretäre hat, und zwar auch dann, wenn in ihnen die Form nicht perfekt gewahrt ist – die Offenheit also als Zeichen eines im Kern exklusiven Standesethos.

In Deutschland dagegen galten steile Hierarchien. Die Form der Kommunikation rückte die strukturell sehr viel näher am Volk angesiedelten Bürokratien kleinräumiger Verwaltungsstrukturen in kleinen oder doch verwinkelten Staaten von den Untertanen ab. Die Hürden, die zu überwinden waren, bevor man sich in wichtigen Fragen an die höchsten Ebenen der Bürokratie wenden konnte, waren erheblich: einen Schreiber zu finden, der einen formgerechten Brief entwerfen konnte, die Stempelsteuer zu bezahlen oder plausibel zu machen, warum sie erlassen werden sollte, dann das Schreiben zur Behörde zu bringen oder bringen zu lassen und auf eine Antwort zu warten: das machte dem Untertan deutlich, dass er kein Bürger war, auch wenn ihn die Gesetze so nannten, und auch, obgleich er vielleicht Gelegenheit hatte, den Herzog jede Woche vorbeireiten zu sehen. Distanz als Mittel der Effizienz, aber auch als Mittel, um dem strukturell dörflichen Charakter der Herrschaft entgegenzuwirken?

Die Folgen des einen oder anderen Systems waren weder eindeutig positiv noch eindeutig negativ. In Großbritannien erlaubten der starke Fokus auf die Person des Entscheidenden und der geringe argumentative Raum für die Begründung einer Entscheidung, persönliche Obsessionen durchzusetzen, also Willkürentscheidungen zu treffen. So schlug Palmerstons Anti-Katholizismus ungehemmt auf seine Behandlung von Einbürgerungsanfragen katholischer Priester durch: »I don't see what advantage a Roman Catholic Priest can derive from naturalization. He

---

**17** | Zur liberalen Ära vgl. Jonathan Parry: The Rise and Fall of Liberal Government in Victorian Britain, New Haven: Yale University Press 1993; zur Whig-Volksnähe vgl. Leslie G. Mitchell: »The Whigs, the People, and Reform«, in: Timothy C.W. Blanning/Peter Wende (Hg.), Reform in Great Britain and Germany 1750-1850, Oxford: Oxford University Press 1999, S. 25-42.

cannot engage in Business he cannot have children to whom it can be of any use. Say I cannot comply. P. 12/1-53« Nach einer kritischen Rückfrage des Unter-Staatssekretärs setzte er noch einen drauf, »I don't see any use in naturalizing foreign Roman Catholic Priests though it may have been done in former cases. It will be enough to say it cannot be done without giving Priesthood as reason. P. 15/1 – 53«, bis in einem anderen Fall die eigentliche Sorge deutlich wurde: »P. 2/9 – 53 He only wants to be able to get some simple minded bigot to leave him his Property«, daher die Ablehnung »Because I did not think fit to grant it. P. 19/9-53«.[18] Katholische Priester werden es daher als Glück empfunden haben, dass Palmerston nur kurz Innenminister war und danach wieder die üblichen bürokratischen Regeln griffen.

Zugleich macht die Präsenz zahlreicher Petitionen von Dienstboten und anderen Angehörigen der Unterschichten in deutschen Archiven deutlich, dass die bürokratischen Hürden nicht unüberwindbar waren, und man kann sich fragen, ob das Vorliegen eines ordentlichen, professionell gestalteten, fehlerfreien Antrags, der die Vorlieben der Bürokratie berücksichtigte, die schließlich eine Minister- oder Monarchenentscheidung vorbereiten würde, nicht eher einen positiven Ausgang förderte, als die englische Einladung, mit einem persönlichen Brief (zu) viel von der eigenen Situation und persönlichen Befindlichkeit offenzulegen.[19]

## SCHLUSS

Ganz gelegentliche Archivfunde machen deutlich, dass gerade die intensive Formalisierung der Sprache der Verwaltung in deutschen Staaten auch bei den Angehörigen der Bürokratie das Bedürfnis weckte, Wege abzukürzen und eine informelle, vielleicht weniger restriktive Welt der mündlichen Kommunikation und Entscheidungsfindung zu nutzen, Entscheidungen also überhaupt nicht zu verschriftlichen und sich somit (da mündliche Entscheidungen nicht kontrollierbar sind) ganz erhebliche Freiräume zu eröffnen.[20]

Dennoch scheint das britische System einen klaren Vorzug zu haben: Es ging davon aus, dass Personen auch im Amt Personen blieben und nicht zu Rädchen in einer großen Bürokratie wurden. Das konnte der persönlichen Willkür dienlich sein, bedeutete aber auch, dass man sich persönlich für seine Entscheidungen verantwortlich fühlen musste. Vor allem erlegte es den Personen einen geringeren Zwang auf, die eigene

---

**18** | National Archives HO 45/4811.

**19** | Vgl. National Archives HO 45/7525, wo ein »Magier« um Einbürgerung nachsuchte – ein Anwalt hätte daraus mit Sicherheit »Geschäftsmann« gemacht.

**20** | Das geht z.B. aus der Anordnung zur Verschriftlichung von Ausweisungsbescheiden hervor, welche die Staatsanwaltschaft Alzey am 9. Juni 1840 erlies, vgl. Stadtarchiv Worms 13/991.

Persönlichkeit abzustreifen, wenn man ins Büro ging. Das Pendant zur Sprache der deutschen Verwaltung ist dagegen der auf das Amt reduzierte Bürokrat, dessen trauriges Dasein als Vertreter des Staates, der keine persönlichen Eigenarten zeigen und keine individuellen Beziehungen pflegen sollte, wie Joachim Eibach in eindringlicher Form aus den Instruktionen für Amtmänner destilliert hat.[21] Vielleicht bietet die Sprache der Verwaltung daher auch einen ganz kleinen Hinweis auf die große Frage, wann und wo unmenschliche Entscheidungen und Befehle leichter zu treffen und durchzusetzen sind und wann und wo nicht.

## LITERATUR

Becker, Peter:»Kaiser Josephs Schreibmaschine‹: Ansätze zur Rationalisierung der Verwaltung im aufgeklärten Absolutismus«, in: Jahrbuch für Europäische Verwaltungsgeschichte 12 (2000), S. 223-254.

Becker, Peter:»›... wie wenig die Reform den alten Sauerteig ausgefegt hat.‹ Zur preußischen und österreichischen Verwaltungsreform des 18. Jahrhunderts im zeitgenössischen und historischen Vergleich«, in: Hans-Erich Bödeker/Martin Gierl (Hg.), Jenseits der Diskurse. Aufklärungspraxis und die Institutionenwelt in europäisch komparativer Perspektive, Göttingen: Vandenhoeck & Ruprecht 2007, S. 69-97.

Eibach, Joachim: Der Staat vor Ort: Amtmänner und Bürger im 19. Jahrhundert am Beispiel Badens, Frankfurt a.M.: Campus 1994.

Fahrmeir, Andreas: Citizens and Aliens: Foreigners and the Law in Britain and the German States, 1789-1870, New York: Berghahn Books 2000.

Mandler, Peter: History and National Life, London: Profile Books 2002.

McNeely, Ian F.: The Emancipation of Writing: German Civil Society in the Making, 1790s-1820s, Berkeley: University of California Press 2003.

Mitchell, Leslie G.:»The Whigs, the People, and Reform«, in: Timothy C.W. Blanning/Peter Wende (Hg.), Reform in Great Britain and Germany 1750-1850, Oxford: Oxford University Press 1999, S. 25-42.

Parry, Jonathan: The Rise and Fall of Liberal Government in Victorian Britain, New Haven: Yale University Press 1993.

Süßmann, Johannes: Vergemeinschaftung durch Bauen. Würzburgs Aufbruch unter den Fürstbischöfen aus dem Hause Schönborn, Berlin: Dunker & Humblot 2007.

---

21 | Joachim Eibach: Der Staat vor Ort. Amtmänner und Bürger im 19. Jahrhundert am Beispiel Badens. Historische Studien, Bd. 1., Frankfurt a.M.: Campus 1994.

# »Das größte Problem ist die Hauptwortsucht«

## Zur Geschichte der Verwaltungssprache und ihrer Reformen, 1750-2000

Peter Becker

Mit feinem linguistischen Spürsinn beschrieben die Autoren der 7. Auflage der *Fingerzeige für die Gesetzes- und Amtssprache* (1955) die Probleme der Verwaltungssprache. Bereits im ersten Absatz kritisierten sie die häufige Verwendung von nominalen Umschreibungen, die sie als »Krebsschaden der Kanzleisprache« identifizierten.[1] Ihre Kritik richtete sich nicht gegen die Amtssprache als Sondersprache, die adäquate linguistische Lösungen für den internen Geschäftsverkehr bereitstellte. Sie bezogen sich, wie alle Reformer der Verwaltungssprache seit der Mitte des 18. Jahrhunderts, auf

---

1 | Gesellschaft für deutsche Sprache (Hg.): Fingerzeige für die Gesetzes- und Amtssprache, 7. vermehrte Aufl., Lüneburg: Heliand 1955, S. 9. Ein häufig wiederkehrender Gegenstand der Sorge war die im Titel angesprochene Hauptwortsucht – von anderen Autoren auch als »Hauptwörterei« bezeichnet. (Ernst-Günther Geyl: Fingerzeige für die Gesetzes- und Amtssprache, 9. Aufl. Lüneburg: Heliand 1967, S. 28) Zu viele Hauptwörter machten die Verwaltungsprosa für den Außenstehenden schwer verständlich – so die Befürchtungen der Autoren. Mit diesen Sorgen standen sie nicht alleine. Die Ratgeberliteratur für Verwaltungsbeamte insistierte bis in die 1970er Jahre auf der Notwendigkeit, die nominalen Umschreibungen aufzugeben, d.h. die Verbindung von bedeutungsschwachen Verben mit sinntragenden nominalen Satzgliedern durch bedeutungtragende Verben zu ersetzen: *Widerspruch einlegen* wird zu *widersprechen*. Die Fingerzeige enthielten bis zur 9. Auflage von 1967 Korrespondenztabellen, um die Transformation vom Nominal- in einen Verbalstil durchzusetzen.

die Sprechakte der Ämter und Behörden als Mittel der Kommunikation
zwischen *dem* Staat und *den* Bürgern.[2]

## VERWALTUNGSSPRACHE – GENERALISIERENDE PERSPEKTIVEN

Wenn man die Sprechakte der Behörden als ein Instrument zur Kommunikation – und was noch wichtiger ist: zum Aushandeln von Ansprüchen und Zumutungen – versteht, muss die Terminologie und Syntax
der Schreiben von Behörden auf einer gemeinsamen Basis mit der Allgemeinsprache aufbauen.[3] Das trifft durchaus zu. Die Verwaltungssprache verfügt über keinen klar abgegrenzten, nur in ihrem Bereich gültigen
Wortbestand. Ihre Fachwörter stammen entweder aus der Fachsprache
der Juristen oder sind Umbildungen geläufiger Begriffe, die entsprechend
verfremdet werden:

»So wird nicht nur eine kurze Notiz, sondern allgemein jede Aufzeichnung *Vermerk* genannt. Die Bedeutung von *Bescheid* ist verengt auf einen Verwaltungs-
akt, in dem Tatbestände gewürdigt und daraus die Konsequenzen gezogen werden. *Vorgang* bezeichnet nicht einen Ablauf, sondern einen Einzelfall, eine Akte
und ist so in seiner Bedeutung verdinglicht.«[4]

Die Syntax der Verwaltungssprache hat ihre Besonderheiten, die sich in
einer – im Vergleich zur Allgemeinsprache – häufigeren Verwendung von
Nominalkonstruktionen, von unpersönlichen Subjektbeschreibungen
und von Passivkonstruktionen ausdrückt. Am stärksten kritisiert wurde

---

**2** | Die Verwaltungssprache als Fachsprache der Behörde »gehört zum sprach-
lichen Leben jedes Einzelnen und sei es nur dadurch, daß er amtliche Hinweis-
schilder, Bekanntmachungen oder Vordrucke liest«, wie die Linguistin Hildegard
Wagner in einer 1970 erschienen Studie argumentiert: Hildegard Wagner: Die
deutsche Verwaltungssprache der Gegenwart. Eine Untersuchung der sprachlichen Sonderform und ihrer Leistung, Düsseldorf: Schwann 1970, S. 7.
**3** | Die Fachsprache der Verwaltung kann sich nicht in einem abgeschlossenen
Feld von Expertise glücklich entfalten. Sie steht in einer doppelten Austauschbe-
ziehung zur Allgemeinsprache: »[...] daß der Verwaltung über die fachsprachliche
Binnenverständigung hinaus die Umsetzung in die Allgemeinsprache des Publikums bzw. umgekehrt die Hereinnahme allgemein-sprachlicher Äußerungen aus
dem Publikum aufgegeben ist.« (Ulrich Knoop: »Kritik der Institutionensprache
am Beispiel der Verwaltungssprache«, in: Lothar Hoffmann u.a. (Hg.), Fachsprachen. Languages for Special Purposes. Ein internationales Handbuch zur Fachsprachenforschung und Terminologiewissenschaft. An International Handbook of
Special-Language and Terminology Research, Bd. 1, Berlin, New York: Walter de
Gruyter 1998, S. 866-874, hier S. 866).
**4** | H. Wagner: Verwaltungssprache, S. 68.

der *Nominalstil*, auf den auch der Titel meines Kapitels anspielt. Kulturkritische Autoren wie Karl Korn sahen diese Stilform als Leitfigur der Sprache in der *verwalteten Welt*, in der Menschen und ihre Handlungen zu abstrakten Größen für statistische und andere Verfahren degradiert werden. Wie der Mensch wurde auch das Wort zum Punkt im Koordinatensystem der Bürokratie – daher auch die Tendenz zum Nominalismus.[5] In der Reaktion auf diese Kritik, die gerade auch von Verwaltungsexperten seit dem späten 19. Jahrhundert geäußert wurde, betonten Linguisten der Nachkriegszeit den funktionalen Charakter dieser Konstruktionen, die sich seit dem 16. Jahrhundert in der deutschen Rechtssprache finden lassen.[6] Nominalkonstruktionen sind aus dieser Perspektive wichtig für die Subsumtion von Evidenzen unter verwaltungsrelevante Tatbestände – und damit für deren Registrierung, Rubrizierung und Klassifikation. Sie entsprechen dem rechtsförmigen Charakter der Verwaltung, in der *Widerspruch einlegen* eine konkretere Bedeutung hat, als das Verb *widersprechen*.[7]

Ein weiteres Stilelement der Verwaltungssprache ist ihre Unpersönlichkeit, die man häufig in Verbindung mit passiven Konstruktionen findet: Subjekte wie Objekte von Verwaltungsakten werden dabei auf Funktionsbezeichnungen – wie Antragsteller usw. – reduziert. Das trägt zur Vereinfachung der Verwaltungsabläufe bei, weil für jeden Sachbearbeiter die verfahrensrelevante Position und nicht die Person wichtig ist. Die passive Form von Narration lässt schließlich die Interpretations- und Übersetzungsleistung der einzelnen amtlichen Akteure und selbst der Verwaltung als Kollektiv aus dem Blick verschwinden.[8] Hinter jedem Bescheid und jeder Kommunikation erscheint dadurch ein labyrinthisches Räderwerk, das mit gleichsam naturgesetzlicher Gewalt amtliche Schriftstücke hervorbringt.[9] Beide Besonderheiten, die häufige Verwendung von unpersönlichen Subjekt- und Objektbezeichnungen und der passive Stil, entsprechen laut Wagner dem nach Objektivität strebenden Stil wissenschaftlicher Fachsprachen.[10]

Für die Kommunikation zwischen Behörde und Bürger stand aus der Sicht der Verwaltungsreformer seit dem späten 18. Jahrhundert die Ver-

---

**5** | Vgl. dazu U. Knoop: Kritik der Institutionensprache, S. 869. Er bezieht sich auf den Klassiker der Kritik an der Verwaltungssprache: Karl Korn: Sprache in der verwalteten Welt, Frankfurt a.M.: Heinrich Scheffler 1958.

**6** | Zu dieser Tradition vgl. Andreas Görgen:»Aufklärerische Tendenzen in der Gesetzessprache der frühen Neuzeit«, in: Ulrich Kronauer/Jörn Garber (Hg.), Recht und Sprache in der deutschen Aufklärung, Tübingen: Niemeyer 2001, S. 72-98, hier S. 94f.

**7** | Vgl. H. Wagner: Verwaltungssprache, S. 26 u. S. 99.

**8** | Vgl. ebd., S. 18.

**9** | Vgl. dazu Michael Herzfeld: The Social Production of Indifference. Exploring the Symbolic Roots of Western Bureaucracy, Chicago: University of Chicago Press 1993, S. 71ff.

**10** | Vgl. H. Wagner: Verwaltungssprache, S. 30.

ständlichkeit im Vordergrund, d.h. die Verwendung einer Sprachform, die Verordnungen und Bescheide dem Adressaten auch linguistisch zugänglich machen. Seit der Nachkriegszeit fürchtet man sich vor der möglichen Entfremdung enttäuschter Bürger, die sich von den Sprachspielen der Verwaltung nicht hinreichend vertreten fühlen:

»Eine einzige mangelhaft begründete Entscheidung kann die betroffene Person zu einem Michael Kohlhaas, zu einem Querulanten oder zu einem Ämterfeind werden lassen«, wie Dr. juris Ulrich Daum als Autor der 11. Auflage der *Fingerzeige* (1998) besorgt anmerkt.[11]

Diese Sorge ist nicht zuletzt im selbstreferentiellen Verweissystem der Verwaltungssprache begründet. Die Verfasser amtlicher Texte beziehen sich auf bereits verschriftlichtes Wissen, auf Verordnungen, Richtlinien, Gesetzestexte, Erlasse usw., das innerhalb eines transtextuellen Bezugssystems reverbalisiert wird.[12] Innerhalb eines Verwaltungsverständnisses, das sich zunehmend als Dienstleistung begreift, trägt der unpersönliche Stil im Umgang mit den »Klienten« zur Entfremdung zwischen benevolenter Behörde und selbstbewusstem Bürger bei.

Verwaltungssprache lässt sich aus dieser Perspektive nicht abgehoben von den konkreten Verwaltungsakten in ihrer institutionellen und kulturellen Situiertheit verstehen. Dabei erweitert sich der Blick zu einer gesamtgesellschaftlichen Perspektive, die sich für die Bedeutung der Sprechakte von Behörden und Ämtern für die Gesellschaft interessiert. Ohne von einer *verwalteten Welt* (Karl Korn) sprechen zu wollen, ist es offensichtlich, dass die Bedeutung der Verwaltung für die Entwicklung von Politikentscheidungen sowie für die Implementation von staatlichen und kommunalen Leistungsprogrammen seit dem späten 19. Jahrhundert, während des Ersten Weltkrieges und nochmals in der Nachkriegszeit zunahm. Durch ihre Funktion als *gatekeeper* für den Zugang zu Handlungsmöglichkeiten und Leistungen – Fahrerlaubnis, Baubewilligung, Sozialhilfe etc. – wirken Ämter und Behörden nachhaltig auf die soziale Identität und die Lebensentwürfe ein. Verwaltungsbehörden und andere Institutionen (NGOs wie Caritas) spielen nicht zuletzt eine wesentliche Rolle bei der Strukturierung von kultureller, sozialer und politischer Integration von sogenannten Minderheiten, indem sie Räume für Interaktion,

---

**11** | Ulrich Daum: Fingerzeige für die Gesetzes- und Amtssprache. Rechtssprache bürgernah, 11. Aufl. Wiesbaden: Quelle & Meyer 1998, S. 74.

**12** | Jochen Rehbein: »Die Verwendung von Institutionensprache in Ämtern und Behörden«, in: Lothar Hoffmann u.a. (Hg.), Fachsprachen. Languages for Special Purposes. Ein internationales Handbuch zur Fachsprachenforschung und Terminologiewissenschaft. An International Handbook of Special-Language and Terminology Research, Bd. 1, Berlin/New York: Walter de Gruyter 1998, S. 660-675, hier S. 666.

Entfaltung kultureller Identität und Vermittlung von kulturellem Wissen bereitstellen.

In der Theorie und Praxis des Verwaltungshandelns spielt Kommunikation eine zentrale Rolle – und zwar Kommunikation nicht als verständigungsorientiertes Aushandeln von Geltungsansprüchen, sondern strategische und regelgebundene Sprechakte in einem sozialen Raum, in dem Kompetenzen, Autorität und Glaubwürdigkeit klar festgelegt sind. Mein Interesse an der Sprache der Verwaltung zielt daher weniger auf eine linguistische, sondern auf eine soziologische Problemstellung. Sprechakte von Ämtern und Behörden verstehe ich dabei:

- aus sprachpragmatischer Perspektive als spezifische Kommunikationsformen, die mit sprachpragmatischen und sprachsoziologischen Konzepten (Bourdieu) analysiert werden können, um Beamten und Klienten als Aktanten in einem gemeinsamen »processus de coproduction« eines Falles verstehen zu können, ohne die überlegene Deutungsmacht der Behörde zu ignorieren;[13]
- aus organisationssoziologischer Sicht als funktionale Elemente einer komplexen, rechtsförmigen Erhebung und Verwaltung von Wissen und als eine Übersetzung von gesellschaftlichen Problemen in entscheidungstechnische Probleme, in der Beamte nicht als Individuen sondern als Personae fungieren;[14]
- aus historischem Blickwinkel als Ansatzpunkt zur Rekonstruktion der – nach Raum und Zeit spezifischen – Position von Verwaltung zwischen Politik und Gesellschaft, für deren Analyse die Interaktion zwischen unterschiedlichen Aktanten mit den Mitteln der neuen Netzwerktheorie erschlossen werden können.[15]

---

**13** | Vgl. Pierre Bourdieu: Langage et pouvoir symbolique, Paris: Seuil 2001; zu Bourdieus sprachsoziologischen Positionen vgl. John B. Thompson: »Préface«, in: Pierre Bourdieu, Langage et pouvoir symbolique, Paris: Seuil 2001, S. 7-51.
**14** | Vgl. Niklas Luhmann: Theorie der Verwaltungswissenschaft, Köln: Grote'sche Verlagsbuchhandlung 1966. Das Konzept der *Personae* ermöglicht eine Analyse der Subjektivität des Beamten und ihrer Beziehung zum Verwaltungssystem, die dem spezifischen Charakter der bürokratischen Rollen Rechnung trägt und die dialektische Interaktion zwischen kollektiven und individuellen Persönlichkeitsaspekten berücksichtigt. Vgl. dazu: Peter Becker: »Überlegungen zu einer Kulturgeschichte der Verwaltung«, in: Jahrbuch für Europäische Verwaltungsgeschichte 15 (2003), S. 311-336, hier S. 329-335; Peter Becker/Rüdiger von Krosigk: »New Perspectives on the History of Bureaucratic and Scientific Subjects«, in: P. Becker/R. v. Krosigk (Hg.), Figures of Authority. Contributions towards a cultural history of governance from the 17th to 19th century, Bern u.a.: Lang 2008, S. 11-26.
**15** | Vgl. Adrienne Héritier: Policy-making and diversity in Europe: escaping deadlock, Cambridge: Cambridge University Press 1999; Michel Callon: Réseau et coordination, Paris: Economica 1999.

In den folgenden Überlegungen werde ich die normativen Anforderungen an die Verwaltungssprache, wie sie aus einer internen Perspektive formuliert und als öffentliche Kritik geäußert wurden, als Basis verwenden, um einige Überlegungen zur Position der Verwaltung innerhalb von Staat und Gesellschaft anzustellen. Es ist offensichtlich, dass sich diese Position seit der Mitte des 18. Jahrhunderts mit der Einführung des Rechtsstaates, mit dem Wandel von einem ordnenden zu einem gestaltenden und fürsorgenden Staat, mit neuen Herausforderungen durch Industrialisierung und Bevölkerungsvermehrung, und mit Technisierung, Expertentum und supranationalen Einflussfaktoren erheblich verändert hat. Ich werde argumentieren, dass die Verwaltungssprache einen Ansatzpunkt bietet, um diese Veränderungen in einer differenzierten Form zu verfolgen und auf die veränderte Position der Verwaltung im Spannungsfeld zwischen Staat und Gesellschaft zu beziehen.

Die Verwaltungsreform war seit dem späten 18. Jahrhundert ein transnationales Projekt – Verwaltungspraktiker waren und sind unterwegs, um sich von neuen Lösungen zu gemeinsamen Problemen inspirieren zu lassen.[16] Jede Geschichte der Verwaltung und ihrer Praktiken muss daher diese Geschichte des Austausches ernst nehmen und nicht nur vergleichend, sondern transnational vorgehen. In diesem Beitrag werde ich generalisierend argumentieren und Merkmale der Verwaltungsreform thematisieren, die in Mittel- und Westeuropa sowie in den USA eine wichtige Rolle für die Entwicklung der Verwaltungspraxis hatten. Angesichts der regional- und später der nationalspezifischen Implementation dieser allgemeinen Grundsätze werde ich diesen generalisierenden Ansatz um eine explizite Vergleichsperspektive erweitern, mit der die Auswirkungen von modellhaften Entwicklungen in Frankreich und den USA auf die deutsche Verwaltung reflektiert werden.

## »DIE GÜTE DER SCHREIBART« – ZUR INNEREN STAATSBILDUNG CA. 1760-1820

Johann Heinrich Gottlieb von Justi, der 1750 eine Berufung an das Theresianum in Wien erhielt, um deutsche Sprache als Verwaltungssprache sowie Kameral- und Polizeywissenschaften zu unterrichten, veröffentlichte wenig später eine systematische und umfassende Anleitung zur deutschen Verwaltungssprache.[17] Er sah die »Güte der Schreibart« durch drei

---

16 | Vgl. exemplarisch: Florian Schui: »Learning from French Experience? The Prussian Régie Tax Administration, 1766-86«, in: F. Schui/Holger Nehring (Hg.), Globald debates about taxation. Basingstole: Palgrave 2007, S. 36-60; Daniel T. Rodgers: Atlantic Crossings. Social Politics in a Progressive Age, Cambridge, Mass.: Harvard University Press 1998.

17 | Johann Heinrich Gottlob von Justi: Anweisung zu einer guten deutschen Schreibart und allen in den Geschäften und Rechtssachen vorfallenden schrift-

Eigenschaften bestimmt:»Sie muß 1) wohl zusammenhängend oder fliessend; 2) deutlich und 3) natürlich seyn.«[18] Er forderte außerdem die Vermeidung von»unnöthiger und verdrießlicher Weitläufigkeit«.[19] Das Ideal einer schlichten, sachlichen und daher»natürlichen Rhetorik« entsprach sowohl dem Ideal der Wissenschaftssprache, wie sie von der *Royal Society of London* festgelegt wurde, als auch Gottscheds Vorstellungen vom vernünftigen und beherrschten Autor, der sich in seinem Lebensentwurf und seinem Sprachstil vom zeitgenössischen *Stürmer und Dränger* deutlich unterschied.[20] Diese Vorstellungen vom idealtypischen *Geschäftsmann* schlugen sich nicht nur in normativen Texten nieder, sondern finden sich ebenso in Nachrufen auf verdiente Beamte.[21]

lichen Ausarbeitungen. Zu welchem Ende allenthalben wohlausgearbeitete Proben und Beyspiele beygefüget werden, Leipzig: Breitkopf 1755. Vgl. dazu auch Grete Klingenstein:»Between Mercantilism and Physiocracy. Stages, Modes, and Functions of Economic Theory in the Habsburg Monarchy, 1748-63«, in: Charles Ingrao (Hg.), State and Society in Early Modern Austria, West Lafayette: Purdue University Press 1994, S. 181-214, hier S. 195. Zu den Lehr- und Handbüchern des 18. Jahrhunderts vgl. auch den Beitrag von Klaus Margreiter in diesem Band.

**18** | H.G. v. Justi: Anweisung zu einer guten deutschen Schreibart, S. 110.

**19** | Ebd., S. 156 u. S. 259. Das Ideal war eine»sobriété austère«, die Fumaroli für die Advokaten des 17. Jahrhunderts als Idealvorstellung ermittelt hat: Bereits in den Kommentaren des späten 16. und des 17. Jahrhunderts zur Tätigkeit der Advokaten findet man diese Forderung nach Knappheit des Stils und nach Konzentration auf das Wesentliche:»Donc, point d'exorde ni de *captatio benevolentiae*, à la maniére cicéronienne, qui viseraient à flatter des Juges, et qui leur feraient perdre un temps précieux.« Das Wesentliche, auf das sich der Vortrag konzentrieren sollte, bezieht sich nur auf den Fall und das juristische Fachwissen, das zum Verständnis erforderlich ist. Alle anderen Bemerkungen, etwa eine unnötige Brillanz im juristischen Fachwissen und rhetorische Figuren, die mit dem Fall nichts zu tun haben, sollten vermieden werden: Marc Fumaroli: L'âge de l'éloquence. Rhétorique et»res literaria« de la renaissance au seuil de l'epoque classique, 3. Aufl., Genève: Droz 2002, S. 487.

**20** | Diese Kluft führt *Peter France* auf den Gegensatz zwischen den rhetorischen Prinzipien der *enargeia* (Klarheit) und *energeia* (Dynamik) zurück: Peter France:»Lumières, politesse et énergie (1750-1776)«, in: Marc Fumaroli (Hg.), Histoire de la rhétorique dans l'Europe moderne, 1450-1950, Paris: PUF 1999, S. 945-999, hier S. 954f. u. S. 980.

**21** | Diese Idealvorstellungen von amtlicher Prosa finden sich nicht nur in Kommentaren zum Geschäftsstil, sondern auch in Nachrufen auf bekannte»Geschäftsmänner«. Als Friedrich Nicolai in der *Neuen Berlinischen Monatsschrift* von 1802 *Einige Blumen auf das Grab Johann Heinrich Wlömers* streute, betonte er gleichermaßen die gedrängte Kürze seines Stils, die Beherrschtheit und Vernunft seiner Lebensführung und die Unparteilichkeit seines beruflichen Handelns: Friedrich Nicolai:»Einige Blumen auf das Grab des Johann Heinrich Wlömers, eines allgemein verehrten Königl. Preußischen Geschäftsmannes«, in:

Die Forderungen der Sprachreformer des 18. Jahrhunderts haben interessante Ähnlichkeiten mit heutigen Reformprojekten. Selbst die Formulierungen in den Anleitungen zur Verbesserung der Amtssprache des späten 20. Jahrhunderts sind teilweise identisch mit den Argumenten von Joseph von Sonnenfels – einem Autor der 1780er Jahre. Diese Ähnlichkeiten weisen auf gemeinsame Erwartungen an einen funktionierenden Verwaltungsapparat hin, dessen wesentliche Tätigkeit damals wie heute in der Produktion und Verarbeitung von verschriftlichtem Wissen besteht. Da Verwaltungspraxis nicht abgehoben von ihrem politischen, sozialen und kulturellen Kontext existiert, sind die Übereinstimmungen zwischen dem 18. und 20. Jahrhundert zwar bemerkenswert, aber gleichzeitig irreführend. Die Aufforderung zu mehr Deutlichkeit, Natürlichkeit und Kürze in der Verwaltungsprosa hat eben unterschiedliche Bedeutungen, abhängig von dem jeweiligen Kontext.

Diese Aufforderung bezog sich im 18. Jahrhundert auf die Kommunikation zwischen der Verwaltung und der Bevölkerung. Sie war damals nicht als Dialog, sondern als *Sermonolog* gedacht – eine pastorale, monologische Form der erzieherischen Ansprache an die Bevölkerung in normativen Texten. Die Verständlichkeit dieser Texte sollte durch einen systematischen Abbau der Fachterminologie und durch eine Reduktion der barocken Satzungetüme erhöht werden. Beide waren ein Relikt der juristischen Fachprosa des 17. Jahrhunderts und galten im späten 18. Jahrhundert bereits nicht mehr mit der Würde des Gesetzes und des Gesetzgebers vereinbar.[22] Durch eine möglichst einfache Sprache und einen logischen sowie kurzen Aufbau der Argumentation sollten Anordnungen leichter zu verstehen sein und daher auch eher befolgt werden können:[23]

»Das Volkswort, das Provinzialwort, das Gewerbswort [...] das in jedermanns Munde ist, muß hier der Sprache der Wielande und Lessinge vorgezogen werden. Die Gangbarkeit unter dem Haufen, für den das Gesetz erlassen wird, behauptet gegen Adelung das Ansehen.«[24]

---

Neue Berlinische Monatsschrift 1 (1802), S. 1-21, bes. S. 8ff. Vgl. dazu auch W. A. Teller:»Zur Biographie und Charakteristik eines verdienstvollen Preussischen Geschäftsmannes«, in: Neue Berlinische Monatsschrift 1 (1802), S. 337-349, bes. S. 342.

**22** | Vgl. A. Görgen: Aufklärerische Tendenzen in der Gesetzessprache, S. 96; Joseph von Sonnenfels: Über den Geschäftsstyl. Die ersten Grundlinien für angehende österreichische Kanzleybeamten. 3. Aufl., Wien: Camesianische Buchhandlung 1802, S. 362. Zur Frage des Dekorums vgl. den Beitrag von Klaus Margreiter in diesem Band.

**23** | Vgl. J. v. Sonnenfels: Über den Geschäftsstyl, S. 367.

**24** | Ebd., S. 287. Karl Philipp Moritz wiederum verstand den performativen Charakter der Verwaltungssprache – »[...] weil das Wort gerade hier in das wirkliche Handeln übergehet [...]« – als eine wesentliche Motivation für einen sorgfältigen Gebrauch der Sprache als Repräsentationsmittel: Karl Philipp Moritz: »Soll die

Kennzeichnend für die Debatte des späten 18. Jahrhunderts ist die weitgehend fehlende Differenzierung zwischen innerer und äußerer Amtssprache. Analytisch ist es dennoch wichtig, diese Unterscheidung zu treffen und nach der Funktion eines gedrängten und inhaltsreichen Stils für die Verarbeitung von Informationen innerhalb des zunehmend komplexen Verwaltungsapparates zu fragen. Dabei muss man zwischen der Reorganisation des *Inputs*, den Anweisungen für Terminologie und Syntax sowie den Vorgaben für die Aufzeichnungspraxis unterscheiden.

Die Verwaltung der Frühen Neuzeit befriedigte ihr zunehmendes Informationsbedürfnis mit denselben Technologien wie der gelehrte Reisende, nämlich mit Reisen, Befragung und systematischer Organisation der erhobenen Information.[25] Die neu entwickelten bzw. adaptierten Verfahren der Visitation und der Befragung wurden als Instrumente zur Mobilisierung und Kontrolle von Ressourcen und Untertanen wie auch als Hilfsmittel zur Überwachung der Amtsführung von Amtsträgern verwendet.[26] Die preußischen Kammerräte und die Beamten der österreichischen Kreisbehörden waren beauftragt, durch Reisen und Gespräche den Kontakt mit der Bevölkerung zu intensivieren und über eine Vielzahl von klar festgelegten Themen zu berichten. Die systematische Erhebung von Informationen im Interesse der Mobilisierung von Ressourcen und der besseren Integration der Länder reflektiert den Prozess der inneren Staatsbildung, die in den deutschen Territorien mit erheblicher Verzögerung gegenüber der französischen Monarchie erfolgte. In Frankreich begann bereits im späten 17. Jahrhundert, unter Colbert, die Zeit der großen Enqueten, die anfangs von den Intendanten durchgeführt wurden; später lag die Verantwortung dafür in der Hand von spezialisierten Beamten, die Manufakturen beaufsichtigten. Sie bereisten ihre Bezirke, um systematische Befragungen mittels Fragebögen durchzuführen: »En somme, ils sont à la fois l'œil et la main de l'Etat sur l'industrie textile.«[27]

Mode auch über die Sprache herrschen?«, in: Deutsche Monatsschrift 2 (1793), S. 221-222.

**25** | Justin Stagl spricht von drei »Basismethoden der Forschung: Reise, Umfrage, Sammeln«: Justin Stagl: Eine Geschichte der Neugier. Die Kunst des Reisens 1550-1800, Wien: Böhlau 2002, S. 124. Zur Genealogie der modernen sozialwissenschaftlichen Umfragemethoden vgl. Justin Stagl: »Vom Dialog zum Fragebogen. Miszellen zur Geschichte der Umfrage«, in: Kölner Zeitschrift für Soziologie und Sozialpsychologie 31 (1979), S. 611-638.

**26** | Vgl. Pierre Bourdieu, Olivier Christin, Pierre-Étienne Will: »Sur la Science de l'État«, in: Actes de la recherche en sciences sociales 133 (2000), S. 3-9, hier S. 7.

**27** | Philippe Minard: »Volonté de savoir et emprise d'Etat«, in: Actes de la recherche en sciences sociales 133 (2000), S. 62-71, S. 66. Diese Beamten repräsentierten Vorformen der Fachverwaltungen, die vor allem in der zweiten Hälfte des 19. Jahrhunderts geschaffen wurden, um fachliches und wissenschaftliches Expertenwissen für die staatliche Verwaltung nutzbar zu machen; vgl. Lutz Ra-

Die zunehmende Erfassung der sozialen, wirtschaftlichen und kulturellen Realitäten produzierte einen ständig wachsenden Papierberg, den die Schreiber in den Behörden der Mittel-, Provinzial- und Zentralverwaltung kaum bewältigen konnten. Kritiker wiesen immer wieder auf die leidige *Vielschreiberei* hin. Dieses Problem wurde im frühen 19. Jahrhundert mit einer autokratischen Regierung aus dem *Bureau* identifiziert, die jeden Kontakt mit gesellschaftlicher Realität verloren hatte. Die Zunahme des Papierberges hatte jedoch viele Gründe: die Inkompetenz und die mangelnde Entscheidungsfreudigkeit der Beamten, die lieber einen Akt weiterleiteten als erledigten, die immer komplexere Behördenstruktur in Verbindung mit einem rigiden Instanzenzug, die Praxis einer schriftlichen Kommunikation, die in ihrem Objektbezug bereits weitgehend versachlicht war, in ihrem Selbstverständnis aber noch Elemente persönlicher Kommunikation des Fürstendiener mit seinem Fürsten hatte.[28]

Zur besseren Organisation des Verwaltungsinputs entwarfen die Zentralbehörden Formulare und Tabellen für eine weitgehend standardisierte Erfassung von Informationen, um diese leichter für die weitere Bearbeitung aufbereiten zu können.[29] Dabei richtete man den Blick der Beamten auf die relevanten Sachverhalte, d.h. auf die Objekte der wirtschafts-, so-

---

phael: Recht und Ordnung. Herrschaft durch Verwaltung im 19. Jahrhundert, Frankfurt a.m.: Fischer 2000, S. 90f. Zur unterschiedlichen Rolle von Expertise in den europäischen Verwaltungseinrichtungen vgl. den kursorischen Überblick bei Corinne Delmas: »L'histoire des ›sciences de gouvernement‹: des sciences d'expertise«, in: Revue européenne d'Histoire sociale 4 (2002), S. 6-16, bes. S. 7ff.

**28** | Vgl. David Warren Sabean: »Soziale Distanzierungen. Ritualisierte Gestik in deutscher bürokratischer Prosa der Frühen Neuzeit«, in: Historische Anthropologie 4 (1996), S. 216-233; Joseph von Sonnenfels erklärte die Motivation für eine grundlegende Neugestaltung der schriftlichen Berichte innerhalb der josephinischen Verwaltung mit der Belastung des Regenten durch die »Weitwendigkeit der Aufsätze« und durch den »Eckel, den der zur Durchlesung verurteilte Mann empfinden, die Verzögerung, die daraus für die Geschäfte entspringen mussten [...]«: Joseph von Sonnenfels: Über den Geschäftsstil: die ersten Grundlinien für angehende österreichische Kanzleibeamten. Wien: von Kurzbek 1784, S. 219. Vgl. den Beitrag von Patrick Joyce in diesem Band zur *Vielschreiberei* in der britischen Kolonialverwaltung in Indien.

**29** | Der preußische und österreichische Staat des 18. Jahrhunderts versuchten, sich durch systematische Einbeziehung der kirchlichen Infrastruktur dauerhafte, zuverlässige Informationen über wichtige soziale Kerndaten, wie die Bevölkerungsentwicklung, zu verschaffen. Die Übermittlung der Informationen an die Zentrale erfolgte bereits in standardisierter Form, auf der Grundlage von Formblättern; die Kommunikation der Regierungen mit den lokalen Amtsträgern nutzte eine Vielzahl von traditionellen und modernen Methoden: Reiner Prass: »Die Brieftasche des Pfarrers. Wege der Übermittlung von Informationen in ländlichen Kirchengemeinden des Fürstentums Minden«, in: Ralf Pröve/Norbert

zial- und kulturpolitischen Anliegen der Regierung. Diese Normierung des bürokratischen Blicks erfolgte durch Anleitungen für die Kreisbereisungen. Karl-Heinz Osterloh sieht in der Übereinstimmung zwischen dem Lehrbuch, das für die Ausbildung der Beamten verbindlich vorgeschrieben war, und diesen Propädeutiken eine wichtige Voraussetzung für eine erfolgreiche Vereinheitlichung des Wahrnehmungsrasters:

»Der Beamte [brauchte] bei seinen Visitationen nur das praktisch anzuwenden, was er vorher auf der Universität in der Theorie gelernt hatte«.[30]

Vorgaben für die Beobachtung und Aufzeichnung von Sachverhalten sollten außerdem ein Korrektiv für die mangelnde Sprach- und Begriffsfähigkeit jener Autoren bereitstellen, die weder über das intellektuelle Potenzial, noch über die Bereitschaft verfügten, komplexe Gegebenheiten verständlich aufzubereiten. Die *Deutlichkeit* ihrer Berichte im Sinne der »Eindeutigkeit der Bedeutung eines Wortes« wurde durch diese Hilfsmittel verbessert.[31]

Zur leichteren Verarbeitung des Verwaltungsschrifttums entwarfen die Fachleute des 18. Jahrhunderts detaillierte Instruktionen für die materielle Form der Schreiben. In seiner gewohnt ironischen Art setzte sich Jean Paul 1797 in seiner Schrift *Das Kampaner Tal* damit auseinander:

»Die neueste preußische Gerichtsordnung gedenkt die Sache noch weiter zu treiben und will für die Welt die besten poetischen Adern öffnen: wenigstens ist es nicht ohne gute Folgen, daß sie alle Kanzleiverwandten anhält, sogar die Akten und Dekrete zu skandieren – indem sie für jede Seite 24 Zeilen fordert und für jede Zeile 12 Silben –, und daß sie dadurch die Dikasterianten zu Rezitativen und didaktischen Gedichten von 24 jambischen Verszeilen (jede zwölfsilbig, d.h. wenigstens sechsfüßig) auffordert und zwingt. Das vom Gesetzgeber vorgeschriebene Metrum nimmt viele poetische Freiheiten an und geniert keinen Kanzlisten; daher glaub' ich selber, daß das ewige Silbenzählen aus den Kopisten, Registratoren und Gegenschreibern am Ende jene schöne Academie des

Winnige (Hg.), Wissen ist Macht. Herrschaft und Kommunikation in Brandenburg-Preußen, 1600-1850, Berlin: Berlin Verlag 2001, S. 69-82, bes. S. 72f.

**30** | Karl-Heinz Osterloh: Joseph von Sonnenfels und die österreichische Reformbewegung im aufgeklärten Absolutismus. Eine Studie zum Zusammenhang von Kameralwissenschaft und Verwaltungspraxis, Lübeck: Matthiesen 1970, S. 238f.; vgl. dazu auch Ignaz Beidtel: Geschichte der österreichischen Staatsverwaltung 1740-1848, Bd. 1, Innsbruck: Wagner 1896, S. 322f.

**31** | Zur Vorstellung der Aufklärung zur Deutlichkeit der Rechtsbegriffe als unmissverständliche Beziehung zwischen Wort und Sache vgl. A. Görgen, Aufklärerische Tendenzen in der Gesetzessprache, S. 97. Vgl. dazu auch die Ausführungen von Klaus Margreiter in diesem Band.

belles lettres, jenen *Zesischen* Blumenorden bilde, den das preußische Gesetz-buch bezielt.«[32]

Die intensive Auseinandersetzung mit der Verwaltungssprache seit der Mitte des 18. Jahrhunderts reflektiert die Veränderungen in der Praxis von Regierung und Verwaltung. Eine Reform der Verwaltungssprache wurde notwendig zur Steigerung der Effizienz der Informationsgewinnung in kognitiver und technischer Hinsicht und zur verbesserten Verarbeitung des Wissens in einem zunehmend komplexen Apparat. Die Neupositio-nierung der Verwaltung von einem Instrument des Fürsten zu einem wichtigen Hilfsmittel der Politik machte eine Vielzahl von Sprachspielen und Höflichkeitsfloskeln überflüssig – die Ent-Personalisierung des Ver-waltungshandelns spiegelte sich nicht zuletzt in der Debatte über die Ku-rialien.[33]

In den deutschsprachigen Ländern fällt die Reform der Verwaltungs-sprache auffällig mit der Spätphase der Aufklärung zusammen, deren Einfluss am deutlichsten in der Sorge um die Verständlichkeit der Geset-ze sichtbar wird. Wenn man die Entwicklung in den deutschen Territorien mit der französischen Debatte vergleicht, lässt sich der Einfluss der Auf-klärung präziser ermitteln. In Frankreich kann man klar zwischen verwal-tungsinternen Reformprojekten und der Kommunikation mit der Bevöl-kerung unterscheiden. Bereits im Edikt von Villers-Cotterêts (1538) wurde die französische Sprache (in Abgrenzung gegenüber der lateinischen) als alleinige Verwaltungssprache festgelegt; das wurde systematisch während des 17. Jahrhundert zur Integration neu erworbener Länder genutzt – ein Vorhaben, an dem Joseph II in Ungarn kläglich scheiterte.[34] Während der französischen Revolution stand in der Debatte um die Sprachreform nicht mehr die Verständlichkeit der Gesetze (und somit der mögliche Gebrauch einer berufs- oder regionalspezifischen Variante) als Mittel der normati-ven Integration der Bevölkerung im Vordergrund, sondern die politisch-ideologische Integration durch eine gemeinsame Sprache mit einer kla-ren politischen Semantik.

---

**32** | Jean Paul: »Das Kampaner Tal (1797)«, in: J. Paul, Werke. Abteilung 1. Bd. 4, Darmstadt: Wissenschaftliche Buchgesellschaft, S. 561-716, hier S. 690.

**33** | Vgl. dazu den Beitrag von Klaus Margreiter in diesem Band.

**34** | Vgl. Michel de Certeau, Dominique Julia, Jacques Revel: Une politique de la langue. La Révolution française et les patois, Paris: Gallimard 1975, 9f. Zu Jo-seph II vgl. Timothy Charles William Blanning: Joseph II, London: Longman 1994, S. 57f. Zu den Reformen in Ungarn und der ungarischen Reaktion vgl. die um-fassende Studie von Eva H. Balázs: Hungary and the Habsburgs 1765-1800. An Experiment in Enlightened Absolutism, Budapest: Central European University Press 1997, S. 196ff.

## »DEIN STIL SEI DEUTSCH!« ZUM AUSBAU VON NATIONAL-
## UND WOHLFAHRTSSTAAT (1890-1950)

In der Debatte um die Reform der Verwaltungssprache in der zweiten
Hälfte des 18. Jahrhunderts gab es zwischen Praktikern und Kritikern von
außerhalb der Verwaltung einen Grundkonsens: eine reformierte Amtssprache sollte sich nicht als eine Sondersprache entwickeln, sondern die
fachsprachlichen Elemente sukzessive ablegen und eine Vorbildwirkung
für die Allgemeinsprache erhalten. Vorbildlich sollte sie vor allem im Hinblick auf Deutlichkeit und Klarheit ihrer Begriffe und in der Kürze und
Prägnanz ihres Stils sein. Die Verwaltungssprache entwickelte sich jedoch
in eine gänzlich andere Richtung. Sie wurde zunehmend zu einer Fachsprache, die zwar ihre barocken Sprachelemente einbüßte, sich dafür aber
an der juristischen Fachsprache orientierte.

Zur Zeit der Reichsgründung hatte sich in den Gliedstaaten des Deutschen Reiches bereits eine differenzierte, fachlich spezialisierte Verwaltungsorganisation ausgebildet, die in den größeren Gliedstaaten dreistu-
fig organisiert war. Auf der Ebene der Zentralverwaltung war sie durch
den Grundsatz der Ministerverantwortlichkeit politisch integriert, im Bereich der Mittelverwaltung gab es in den meisten Staaten eine formalisier-
te Beteiligung der Bürger etwa durch die Einrichtung von Bezirksräten.[35]
In diese Struktur wurden Behörden zur Bewältigung der neuen Aufgaben
im Bereich der Sozialverwaltung, des Verkehrs und der Wirtschaft (Wäh-
rung, Patente, Kartelle) integriert. Das daraus resultierende System der
Behördenorganisation ist von Max Weber in seinem Konzept der *bürokratischen Herrschaft* charakterisiert worden.[36] Was man nicht bei Weber
findet, sind die Tendenzen zur horizontalen Durchbrechung der vertikal-
hierarchischen Struktur durch die Integration von Expertise (Bezirksräte
mit ihrer ortsspezifischen, Beiräte mit ihrer fachspezifischen Kompetenz)
und durch die beginnende internationale Vernetzung von Verwaltungs-
agenden in Zeiten beginnender Europäisierung (Reblaus, Frauenhandel,
Anarchismus) – eine Tendenz, die sich mit der Gründung supranationaler
Organisationen wie dem Völkerbund in der Zwischenkriegszeit noch verstärkte.[37]

---

**35** | Zur Bürgerbeteiligung vgl. Rüdiger v. Krosigk: »Contentious Authority: Bu-
reaucrats and *Bezirksräte* in the Grand Duchy of Baden, c. 1831-1884«, in: P.
Becker/R.v. Krosigk (Hg.), Figures of Authority, S. 229-261.

**36** | Vgl. Max Weber: Wirtschaft und Gesellschaft. Grundriss der verstehenden
Soziologie, 5. rev. Aufl., Tübingen: Mohr 1980, S. 124-130, 551-579.

**37** | Zum gouvernementalen Internationalismus des 19. Jahrhunderts vgl. Ma-
deleine Herren: Hintertüren zur Macht. Internationalismus und modernisierungsorientierte Außenpolitik in Belgien, der Schweiz und den USA, 1865-1914, München: Oldenbourg 2000, S. 40-51; zu den internationalen Verwaltungsunionen
aus einer neuen völkerrechtlichen Perspektive vgl. Milos Vec: Recht und Normierung in der Industriellen Revolution. Neue Strukturen der Normsetzung in Völ-

Aus sprachpragmatischer Perspektive muss man zuerst ein interessantes Manko feststellen. Trotz der intensivierten Interaktion zwischen Behörden und nicht-beamteten Experten sowie zwischen Ämtern und dem Publikum, wie im Fall der Sozialverwaltung, gab es keine Reflexionen über die Implikationen dieser dialogischen Dimension im Bereich der Integration von Expertise und bei der Feststellung des Sachverhaltes. Das lässt sich mit dem festen Glauben des späten 19. Jahrhunderts und der Zwischenkriegszeit an die Macht der Expertise für die Autorität von Sprechakten erklären. In der Auseinandersetzung zwischen den Anspruchsberechtigten und den Mitarbeitern von Unfall-, Kranken- und Invalidenversicherung lag die Deutungsmacht eindeutig bei den Beamten und deren ärztlichen Sachverständigen. Der Beamte fühlte sich nicht dem Klienten, sondern der Behörde und deren knappen Mitteln gegenüber verantwortlich.

Die Verwaltungssprache wurde daher im Hinblick auf ihre Effizienz und ihre Adäquatheit diskutiert sowie in Runderlässen und Geschäftsordnungen normativ festgelegt: Ein Runderlass aus dem Jahre 1897 argumentierte:

»Die Schreibweise der Behörden soll knapp und klar sein, ihre Stellung zueinander und zum Publikum auch in der Form entsprechen und sich der allgemein üblichen Sprache des Verkehrs anschließen. Entbehrliche Fremdwörter, veraltete Kanzleiausdrücke und überflüssige Kurialien sind zu vermeiden.«[38]

In der Diskussion über eine dem Deutschen Reich entsprechende Verwaltungssprache gab es neue Akteure – selbst ernannte »Sprachpfleger« wie den Gymnasiallehrer Gustav Wustmann und den 1885 gegründeten Allgemeinen Deutschen Verein, der sich mit Verdeutschungsbüchern im Kampf gegen die Fremdwörter profilierte.

Wustmann kritisierte die Verwaltungssprache als Fachsprache und forderte ihr Aufgehen in die übliche Schriftsprache. Gemeinsam mit anderen Aktivisten des Allgemeinen Deutschen Vereins wandte er sich gegen Nominalisierungen, Fachwortverwendung und veraltete Pronomina; dem stellten sie eine *natürliche* Sprachverwendung gegenüber, die selbstverständlich *deutsch* war. Diese Initiativen fanden bereitwillige Aufnahme unter den leitenden Beamten, was nach der Lektüre des Buches

---

kerrecht, staatlicher Gesetzgebung und gesellschaftlicher Selbstnormierung, Frankfurt a.M.: Vittorio Klostermann 2006, S. 21-164.

**38** | Runderlaß vom 12. August 1897, zitiert nach Michael Becker-Mrotzek: »Die Sprache der Verwaltung als Institutionensprache«, in: Lothar Hoffmann u.a. (Hg.), Fachsprachen. Languages for Special Purposes. Ein internationales Handbuch zur Fachsprachenforschung und Terminologiewissenschaft. An International Handbook of Special-Language and Terminology Research, Bd. 2, Berlin/New York: Walter de Gruyter 1999, S. 1391-1402, hier S. 1394.

von Moritz Föllmer nicht mehr verblüfft.[39] Diese Beamten verteilten das Wustmannsche Buch in großer Zahl unter ihren Mitarbeitern.[40] Sie hofften dadurch nicht nur die interne Effizienz zu steigern und die Kommunikation mit den Klienten zu verbessern, sondern verliehen ihrem Nationalismus Ausdruck und wollten mit diesen Initiativen den organischen Zusammenhalt zwischen Verwaltung und *Volk* – nicht Bürgern! – wiederbeleben.[41]

Die Fokussierung auf den nationalsprachlichen Charakter der Verwaltungssprache zeigte sich in der Weimarer Republik in der engen Zusammenarbeit zwischen den Reichsbehörden und dem Deutschen Sprachverein bei der Erarbeitung von Hilfsmitteln zur Verbesserung der Amtssprache. Die in der GGO vorgesehenen Grundsätze für den Schriftverkehr der Behörden wurden 1930 außer Kraft gesetzt zugunsten der vom Deutschen Sprachverein herausgegebenen *Fingerzeige*. Diese Betonung der *nationalen* Sprache war nicht auf Deutschland beschränkt und führte zu erheblichen Problemen bei der Festlegung einer offiziellen Sprache in internationalen Kooperationsprojekten. Bei der Gründung der *International Criminal Police Cooperation* 1923 in Wien versuchte Oskar Dressler, ein Mitarbeiter der Wiener Polizeidirektion, die festgefahrenen Positionen der Teilnehmer zu überwinden, indem er Latein als lingua franca ins Spiel brachte.[42]

Aus organisationssoziologischer Perspektive kann man seit dem Kaiserreich eine intensivierte Reflexion über die Angemessenheit der Sprache zur Abbildung komplexer gesellschaftlicher Zustände erkennen. Sie bezog sich auf die zeitgenössischen sprachkritischen Diskussionen und führte zur vermehrten Verwendung von nicht-sprachlichen Mitteln der Dokumentation, wie etwa der Fotografie, und zur Konstruktion von komplexen Formularen, bei denen die Beschreibungskategorien bereits vorgegeben waren. Als Beispiele kann man auf die Reorganisation der Personenbeschreibung im Bereich der Kriminalistik hinweisen, bzw. auf die Definition des Informationsgehaltes auf Ausweisdokumenten.[43]

---

**39** | Vgl. Moritz Föllmer: Die Verteidigung der bürgerlichen Nation. Industrielle und hohe Beamte in Deutschland und Frankreich, 1900-1930, Göttingen: Vandenhoeck & Ruprecht 2002, bes. S. 25-65, 98-150.

**40** | U. Knoop: Kritik der Institutionensprache, S. 868.

**41** | Vgl. dazu Gesellschaft für deutsche Sprache: Fingerzeige für die Gesetzes- und Amtssprache, 7. Aufl., Lüneburg: Heiland 1955, S. 8f.

**42** | Vgl. Friedrich Johannes Palitzsch: Die Bekämpfung des internationalen Verbrechertums, Hamburg: Meissner 1926, S. 92-94.

**43** | Vgl. Peter Becker: »The Standardized Gaze. The Standardization of the Search Warrant in Nineteenth-Century Germany«, in: Jane Caplan/John Torpey (Hg.), Documenting Inividual Identity. The Development of State Practices in the Modern World, Princeton, Oxford: Princeton University Press 2001, S. 139-163, bes. S. 145-159.

Die Rationalisierung der öffentlichen Verwaltung hatte jedoch auch in anderen Verwaltungsbereichen erhebliche Auswirkungen für die Erhebung und Verarbeitung von Informationen. Um den Arbeitsanfall bewältigen zu können, griffen die einzelnen Behörden immer häufiger auf technische Hilfsmittel zurück – neue Registraturtechniken, wie die Einführung von Karteikästen bzw. einer horizontalen Organisation von Karteien mit verschiedenfarbigen Reitern zum schnellen Zugriff auf bestimmte Bevölkerungsgruppen (wie etwa Juden), die Verwendung von Hollerithmaschinen zur Durchführung von Sortierungsaufgaben im Rahmen der Volkszählung, die Einführung von Telefonen und damit die zunehmende Häufigkeit von verbaler Kommunikation in Verwaltungen, sowie die Verwendung von Kurzschrift und Schreibmaschine auch in den Büros der Konzipienten. Diese technologischen Innovationen veränderten die Praktiken der Verwaltung, brachten neue Akteure in die Ämter (wie Frauen) und stellten auf der Ebene der Praktiken neue Allianzen zwischen der Wirtschaft und der Verwaltung her.[44] Die neuen Praktiken setzten sich allerdings nicht sofort durch. Noch in der Weimarer Republik wies Hans Wuenschel, Rechnungsoberinspektor im bayerischen Innenministerium auf ein weit verbreitetes Vorurteil hin, »daß die Selbstbedienung der Schreibmaschine eines gehobenen Beamten unwürdig sei«.[45]

Die deutsche Verwaltung des Kaiserreichs und der Weimarer Republik war aus organisationssoziologischer Perspektive durchaus erfolgreich; sie bewältigte die Expansion der Verwaltungstätigkeit und die Integration neuen Personals sowie die Herausforderungen der Kriegs- und Nachkriegszeit, indem sie innerhalb der Verwaltungstätigkeit auf eine sachliche Pflichterfüllung setzte, die eine politische Zwecksetzung nicht ausschloss, die Erreichung dieser Zwecke jedoch durch die Optimierung der rationalen Verfahren zu erreichen suchte. Wie Steinmetz in seinen Überlegungen zum *Sachzwang* argumentiert, hatte die Sachlichkeit in der Weimarer Republik eine ökonomische Dimension – »die allmähliche Reduktion des Politischen auf Ökonomie«.[46] Diese Dynamik lässt sich in den Publikationen zur Verwaltungsreform ebenfalls ermitteln: Verwaltungsexperten und Kritiker der öffentlichen Verwaltung forderten eine ökonomische,

---

**44** | Vgl. dazu John Agar: The Government Machine. A Revolutionary History of the Computer, Cambridge, Mass.: MIT Press 2003, bes. S. 143-199.

**45** | Hans Wuenschel:»Wege zur Büroreform in der öffentlichen Verwaltung«, in: Verwaltungsakademie München (Hg.), Wirtschaftliche Arbeit in der öffentlichen Verwaltung. Ein Beitrag zur Verwaltungs- und Büroreform, München: Bayerischer Kommunalschriften-Verlag 1929, S. 15-38, hier S. 32.

**46** | Willibald Steinmetz:»Anbetung und Dämonisierung des ›Sachzwangs‹. Zur Archäologie einer deutschen Redefigur«, in: Michael Jeismann (Hg.), Obsessionen. Beherrschende Gedanken im wissenschaftlichen Zeitalter, Frankfurt a.M.: Suhrkamp 1995, S. 293-333, hier S. 317.

leistungsbezogene Organisation, um die Verwaltung zu verschlanken und die Aufwendungen der öffentlichen Hand zu reduzieren.[47]

In der Diskussion über die Verwaltungssprache während des Kaiserreichs und der Weimarer Republik lassen sich drei wesentliche Themen erkennen: Erstens zeigt sich im Fehlen einer Auseinandersetzung mit dem dialogischen Zugang zur Feststellung von Sachverhalten in der Leistungsverwaltung der Anspruch des Beamten, aufgrund seiner Sachkenntnis und seiner ›Objektivität‹ die überlegene Deutungsmacht vor allem gegenüber dem ungebildeten Publikum zu besitzen. Zweitens setzte die deutsche Verwaltung erfolgreich auf instrumentelle Vernunft zur Steigerung der Verarbeitungskapazität innerhalb der Verwaltung. Drittens verfolgte man – teilweise im Widerspruch zu den Leitvorstellungen von Sachlichkeit und Effizienz – das utopische Ziel einer organischen Verschmelzung mit dem Volkskörper, die linguistisch vorbereitet werden sollte. Auf dieser Ebene und nur auf dieser Ebene stellten die Verwaltungsreformer die Existenz eines fachlich (und teilweise auch sprachlich) ausdifferenzierten Verwaltungsapparates infrage.

## VOM BÜRGER ZUR PRIVATPERSON: ZUR ENTPOLITISIERUNG VON ›AKTANTEN‹ IN DER NACHKRIEGSZEIT

Die öffentliche Verwaltung ist seit etwa zwanzig Jahren Objekt weitreichender Reformen, die nicht nur auf die Zurücknahme der Expansion des öffentlichen Sektors, sondern auch auf die Integration der Staatsverwaltung in den institutionellen und politischen Rahmen der EU abzielen.[48] Die damit verbundenen Diskussionen über eine Neuorientierung der

---

**47** | Vgl. Oskar Aust: Die Reform der öffentlichen Verwaltung in Deutschland mit dem Entwurf zu einem Reichsermächtigungsgesetz. Gekrönte Preisschrift, Berlin: Askan Verlag Kindle 1928, S. 239ff. In der Zwischenkriegszeit sieht der ehemalige Regierungspräsident Theodor von Winterstein, Vorsitzender der bayerischen Kommission für Verwaltungsvereinfachung, einen ganz erheblichen Zuwachs an Verwaltungstätigkeit durch zwei Gründe: 1. Die Einbeziehung wirtschaftlicher, sozialer und kultureller Zwecke in den Aufgabenbereich des Staates, was eine zunehmende Gesetzesproduktion und Proliferation von Kontrollstellen geschaffen hatte; 2. die Abwicklung des Krieges, der Kriegsfolgen und der Neuordnung des Reiches. Angesichts der angespannten Finanzlage wird die Forderung nach Abbau der Kosten für Verwaltung laut. Eine Effizienzsteigerung erhoffte sich v. Winterstein auch von der Ersetzung der teuren menschlichen durch mechanische Arbeit und von der Revision der Geschäftsordnung: Theodor von Winterstein: »Zur Einführung in das Problem der Verwaltungsreform«, in: Verwaltungsakademie München (Hg.), Wirtschaftliche Arbeit in der öffentlichen Verwaltung, S. 7-13, hier S. 9 u. 13.

**48** | Als ersten Einstieg in den Themenkomplex Verwaltungsreform in der Nachkriegszeit vgl. Ralf Walkenhaus, Rüdiger Voigt: »Verwaltungsreformen – Einfüh-

Verwaltung sind von einem neuen Verständnis der Verwaltung bestimmt – die zwar weiterhin über eine Zwangsgewalt zur Durchsetzung von Erwartungen verfügt, diese aber gerne zugunsten eines systematischen Aushandelns von Geltungsansprüchen zurückstellt. Der französische Soziologe Jean-Marc Weller bringt dieses neue Credo auf den Punkt:»L'exercice du droit semble dépendre de négociations locale.«[49] Aus der Perspektive der *networks of governance* kann man hinzufügen, dass diese Logik nicht nur für die lokale, sondern ebenso für die nationale und supranationale Ebene gilt.

Die öffentliche Verwaltung in Europa erlebte in diesem Zeitraum auch die Herausforderung der Rezeption grundlegender Neuorientierungen. Unter dem Schlagwort *New Public Administration* begann in den sogenannten *Westminster Staaten* und in den USA seit Anfang der 1980er Jahren eine Reform der Verwaltung, die sich nun als Dienstleistungsanbieter verstand und sich selbst sowie ihre einzelnen Programme einer Kosten-Nutzen-Rechnung unterwarf.[50] Ein Blick in die Anleitungen zur Verbesserung der Amtssprache, die in den letzten zwanzig Jahren erschienen, belegt den nachhaltigen Erfolg der *New Public Administration* auch in Deutschland. Behörden werden aufgefordert, ihr Verhältnis zum Bürger zu revidieren und sich als Dienstleistungsstellen zu verstehen, die ein Monopol für bestimmte Serviceangebote besitzen. Mittel der modernen Werbung – Plakate, Flugblätter etc. – dienen weniger der Kundenwerbung, sondern eher der Vermittlung der jeweiligen Funktionslogik.

Im Zeichen der *New Public Administration* verändert sich die sprachpragmatische Beziehung zwischen dem Mitarbeiter der Behörde und seinen Klienten. In angenehmer Atmosphäre – Servicestellen anstelle von Tresen, die Distanz schaffen – berät der Beamte Antragsteller und Antragstellerinnen. Statt der Schriftform kommt es nun – durchaus parallel zu den ausgebauten Beratungsgesprächen der dienstleistenden Wirtschaft – zum Klientengespräch.[51] Diese Klientengespräche stehen jedoch weiterhin unter dem Diktat der Verwaltungslogik, Sachverhalte festzustellen und auf dieser Grundlage Entscheidungen zu treffen:

---

rung in das Problemfeld«, in: dies. (Hg.), Handwörterbuch zur Verwaltungsreform, Wiesbaden: Verlag für Sozialwissenschaften 2006, S. XI-XXXII.

**49** | Jean-Marc Weller: L'Etat au guichet. Sociologie cognitive du travail et modernisation administrative des services publics, Paris: Desclée de Brouwer 1999, S. 80.

**50** | Vgl. Gernod Grüning: Grundlagen des New Public Management. Entwicklung, theoretischer Hintergrund und wissenschaftliche Bedeutung des New Public Management aus Sicht der politisch-administrativen Wissenschaften der USA, Münster: LIT 2000, S. 14f u. S. 16-23 für eine kurze Diskussion der internationalen Rezeption dieser neuen Richtlinien für die Durchführung von Verwaltungsaufgaben.

**51** | Vgl. U. Knoop: Kritik der Institutionensprache, S. 871.

»Insofern muß der Beamte nicht in jedem Falle zum kommunikativen Ziel eine Problemlösung anbieten [...] vielmehr kann er auch, gerade weil er den Klienten versteht, eine Ablehnung des Antrags formulieren.«[52]

Es ist kein Zufall, dass die Welle der Reformprojekte am Ende der 1970er Jahre mit einer Arbeitstagung zum Formular begann.[53] Der Vordruck ist seit dem 19. Jahrhundert ein wesentliches Hilfsmittel für eine effiziente und damit auch kostengünstige Verwaltung. Entscheidend bei der Entwicklung der Formulare ist aus der Sicht von Experten die geglückte Verbindung von Kundenfreundlichkeit und der Einschränkung der sprachlichen Handlungsmöglichkeiten des Bürgers.[54] Denn der Erfolg des Formulars als Erfassungsinstrument besteht gerade darin, dass der Bürger »seine Wirklichkeit unter institutionelle Kategorien subsumieren [muß]«.[55] Formulare wie Beratungsgespräche konzipieren ihre Klientel als kompetente Teilnehmer an einem verständigungsorientierten Diskurs, in dem die Deutungs- und Entscheidungsmacht der Behörde nicht grundsätzlich infrage gestellt wird. Aus dieser Perspektive kann man durchaus Beamte wie Bürger als Partner in einem gemeinsamen Projekt der Anwendung bestimmter Programme sehen – als *Aktanten*, wie Jochen Rehbein im Rückgriff auf einen Begriff aus der Netzwerktheorie meint.[56]

Diese Zusammenfassung von Agenten (Sachbearbeitern) und Klienten (Bürgern) als Aktanten erscheint aus einer systemtheoretischen Perspektive durchaus legitim. Man muss sich jedoch bewusst sein, dass dadurch nur ein Teil der Beziehung zwischen Verwaltung und Gesellschaft erfasst wird. Denn die Behörden und Ämter verfügen nicht nur über die Hoheitsrechte zur Durchsetzung ihrer Ansprüche gegenüber dem Bürger (die in vielen Fällen zugunsten einer Strategie des Aushandelns nicht genutzt werden), sondern auch über die politische Deutungsmacht bei der Erfassung von gesellschaftlicher Realität zur Vorbereitung neuer Pro-

---

52 | Ebd., S. 872.

53 | In den 1970er Jahren richtete sich der Reformeifer der österreichischen Experten auf den Abbau von Kommunikationsbarrieren zwischen Amt und Bürger. Die Entwicklung von neuen Formularen spielte dabei eine wichtige Rolle. Vgl. dazu Wolfgang Müller: »Aspetti della modernizzazione dell'amministrazione centrale austriaca: dalla disponibilità nei confronti die cittadini alla marketizzazione«, in: Yves Mény/Vincent Wright (Hg.), La riforma amminnistrativa in Europa, Bologna: Mulino 1994, S. 291-316, hier S. 295f.

54 | Vgl. Peter Becker: »Le charme discret du formulaire. De la communication entre administration et citoyen dans l'aprèrs-guerre«, in: Michael Werner (Hg.), Politiques et usages de la langue en Europe, Paris: Éditions de la MSH 2007, S. 217-240, bes. S. 233-236.

55 | M. Becker-Motzek: Die Sprache der Verwaltung, S. 1397.

56 | J. Rehbein: Die Verwendung von Institutionensprache in Ämtern und Behörden, S. 662.

gramme und bei der Klassifikation von spezifischen Problemen entsprechend von Programmrichtlinien.

Der Versuch, die eigene Stellung zum Bürger zu entpolitisieren, ist ein wichtiges Merkmal der *New Public Administration*. Für Deutschland kann man das an einem Beispiel aus dem Arbeitshandbuch der Bundesstelle für Büroorganisation und Bürotechnik zum Thema der Bürgernahen Verwaltungssprache (4. Aufl. 2002) veranschaulichen. Bereits im Vorwort setzen sich die Autoren mit den Anforderungen der neuen Geschlechterverhältnisse an die Verwaltungssprache auseinander. Ein zeitgemäßes Dokument sollte generische Maskulina vermeiden und etwa den Begriff des Bürgers durch denjenigen der *Privatperson* ersetzen.[57] Das Arbeitsbuch weist zwar darauf hin, dass Bürger und Privatperson »nicht genau dieselbe Bedeutung [...] haben«. Dennoch ist die Vorstellung, diese beiden – gerade im Hinblick auf ihre politische Konnotation – völlig unterschiedlichen Begriffe als Synonyme zu verwenden, symptomatisch für die Vorstellung der neuen Verwaltung von ihrer Beziehung zu den Bürgern, die in anderen Kontexten eben als Klienten apostrophiert werden: »Ob Leistungsverwaltung oder Eingriffsverwaltung, die Arbeit einer Behörde ist eine Dienstleistung. Behörden sind in vielen Bereichen des staatlichen Lebens Partner und Anwälte der Menschen«, um nochmals das Arbeitsbuch zu zitieren.

Die politische Dimension wird hier auf den Aspekt der institutionellen Vorgeschichte reduziert, nämlich »die Herausbildung der aktuellen gesellschaftlichen Funktion(en) einer bestimmten Behörde aufgrund der gesetzlichen, verwaltungsrechtlichen, politischen, wirtschaftlichen und nicht zuletzt aufgabenbezogenen Wirkungszusammenhängen«.[58] Aus dieser Perspektive ist Kritik an der Interaktion zwischen der Verwaltung und ihrer Systemumwelt nur mehr aus funktional-technischen Überlegungen möglich. Man kann auf die Probleme der Übersetzungsleistung von *Geschichten* in Sachverhaltsfeststellungen durch die Mitarbeiter von Sozialämtern hinweisen, auf die disparate Wissensverteilung zwischen den Aktanten.[59]

Der zur Privatperson bzw. zum Klienten gewordene Bürger hat aber keine Möglichkeit einer politischen Kritik an der Definition von Interventionen und Leistungen – als Partner in einem ungleichgewichtigen Austausch reduziert sich sein Einspruchsrecht gegen die politischen Prämis-

---

57 | Bundesstelle für Büroorganisation und Bürotechnik: BBB-Arbeitsbuch. Bürgernahe Verwaltungssprache, 4. Aufl., Köln: Bundesverwaltungsamt 2002, S. 6.

58 | J. Rehbein: Die Verwendung von Institutionensprache in Ämtern und Behörden, S. 662.

59 | Kommunikation zwischen Agenten und Klienten ist daher kein Verständigungshandeln, weil die Agenten die Einlassungen und Darstellungen der Klienten gezielt unter ein vorformuliertes, den Klienten aber nicht unbedingt zugängliches Wissen stellen. (J. Rehbein: Die Verwendung von Institutionensprache in Ämtern und Behörden, S. 670f.)

sen dieses Austausches. Der Klient wird aus dieser Perspektive von der Verwaltung vertreten, die alleine die »Intertextualität« von Gesetzen und Verordnungen fallbezogen interpretieren und anwenden kann. Ihr Vertretungsanspruch beruht jedoch nicht auf einer kritischen Distanz zu den Anbietern und Klienten einer Dienstleistung, sondern legitimiert sich mit der benevolenten und gleichzeitig überlegenen Vernunft. Die Vermittlerfunktion der Verwaltung kommt daher, nicht wie Knoop argumentiert, aus technischen und linguistischen Gründen unter Druck,[60] sondern aufgrund der Unvereinbarkeit der beiden Rollen – Vertretungs- und Entscheidungsinstanz gleichzeitig sein zu wollen.

## SCHLUSS

Dieser kurze Streifzug durch die Geschichte der Verwaltungssprache und ihrer Reformen sollte zeigen, dass mit dem Aufbau einer komplexen, hierarchisch strukturierten und fachlich differenzierten Verwaltung auch die Sorge um die Entwicklung einer angemessenen Sprachpraxis einhergeht. Die Amtssprache als Fachsprache übersetzt allgemeinsprachliche Inputs in die Systemlogik der Verwaltungsprogramme und stellt eine Rückübersetzung für die Benutzer bereit. In der Geschichte der Amtssprache zwischen dem 18. und dem 20. Jahrhundert lassen sich wechselnde Modelle erkennen: die französischen Bemühungen um eine einheitliche Sprachverwendung im 17. und 18. Jahrhundert sowie die Rezeption der amerikanischen *New Public Administration*.

Die Verwaltungssprache funktioniert nicht abgehoben von den kulturellen und politischen Praktiken der jeweiligen Zeit. Die Sprechakte der josephinischen und friderizianischen Beamten unterschieden sich deutlich von den Angehörigen der Reichsbehörden zur Zeit der Jahrhundertwende. Diese Situiertheit der Amtssprache ermöglichte die Integration der Verwaltung in zeitgenössische Praktiken: die Bemühungen um eine Rationalisierung der Allgemeinsprache und die Rezeption von Anleitungen zum Beobachten und Klassifizieren in den Apodemiken zur Zeit der Spätaufklärung, die Strategien zur Standardisierung und teilweise Ent-Sprachlichung von Aufzeichnungen sowie die Purifizierung der Amtssprache von fremdsprachlichen Elementen zur Jahrhundertwende und in der Weimarer Republik, und schließlich die Anerkennung als Fachsprache durch die Linguisten der Nachkriegszeit und die Verwendung moderner Werbemittel für die Übersetzung der Bescheide an die Bürger sind hier zu nennen.

Hinter diesen Veränderungen lassen sich wichtige Kontinuitätslinien erkennen: der Anspruch der Behörden, auf der Grundlage ihres prozessualen Sachwissens über Programme und deren Anwendung über die überlegen Situationsdeutung zu verfügen, sowie die Fiktionalität von Ge-

---

**60** | U. Knoop: Kritik der Institutionensprache, S. 872.

waltenteilung und strikter hierarchischer Organisation der Verwaltung. Der Niederschlag dieser Netzwerke und der Autoritätsansprüche von Beamten in die Amtssprache lässt sich aufgrund des normativen Quellenmaterials nur postulieren – überprüft werden muss es anhand einer systematischen Analyse des Verwaltungsschrifttums, die in Vorbereitung ist.

## LITERATUR

Agar, John: The Government Machine. A Revolutionary History of the Computer, Cambridge, Mass.: MIT Press 2003.

Aust, Oskar: Die Reform der öffentlichen Verwaltung in Deutschland mit dem Entwurf zu einem Reichsermächtigungsgesetz. Gekrönte Preisschrift, Berlin: Askan Verlag Kindle 1928.

Balázs, Eva H.: Hungary and the Habsburgs 1765-1800. An Experiment in Enlightened Absolutism, Budapest: Central European University Press 1997.

Becker, Peter: »The Standardized Gaze. The Standardization of the Search Warrant in Nineteenth-Century Germany«, in: Jane Caplan/John Torpey (Hg.), Documenting Inividual Identity. The Development of State Practices in the Modern World, Princeton, Oxford: Princeton University Press 2001, S. 139-163.

Becker, Peter: »Überlegungen zu einer Kulturgeschichte der Verwaltung«, in: Jahrbuch für Europäische Verwaltungsgeschichte 15 (2003), S. 311-336.

Becker, Peter: »Le charme discret du formulaire. De la communication entre administration et citoyen dans l'aprèrs-guerre«, in: Michael Werner (Hg.), Politiques et usages de la langue en Europe, Paris: Éditions de la MSH 2007, S. 217-240.

Becker, Peter/von Krosigk, Rüdiger: »New Perspectives on the History of Bureaucratic and Scientific Subjects«, in: P. Becker/R. v. Krosigk (Hg.), Figures of Authority. Contributions towards a cultural history of governance from the 17th to 19th century, Bern u.a.: Lang 2008, S. 11-26.

Becker-Mrotzek, Michael: »Die Sprache der Verwaltung als Institutionensprache«, in: Lothar Hoffmann u.a. (Hg.), Fachsprachen. Languages for Special Purposes. Ein internationales Handbuch zur Fachsprachenforschung und Terminologiewissenschaft. An International Handbook of Special-Language and Terminology Research, Bd. 2, Berlin/New York: Walter de Gruyter 1999, S. 1391-1402.

Beidtel, Ignaz: Geschichte der österreichischen Staatsverwaltung 1740-1848, Bd. 1, Innsbruck: Wagner 1896.

Blanning, Timothy Charles William: Joseph II, London: Longman 1994.

Bourdieu, Pierre: Langage et pouvoir symbolique, Paris: Seuil 2001.

Bourdieu, Pierre/Christin, Olivier/Will, Pierre-Étienne: »Sur la Science de l'État«, in: Actes de la recherche en sciences sociales 133 (2000), S. 3-9.

Bundesstelle für Büroorganisation und Bürotechnik: BBB-Arbeitsbuch. Bürgernahe Verwaltungssprache, 4. Aufl., Köln: Bundesverwaltungsamt 2002.

Callon, Michel: Réseau et coordination, Paris: Economica 1999.

de Certeau, Michel/Julia, Dominique/Revel, Jacques: Une politique de la langue. La Révolution française et les patois, Paris: Gallimard 1975.

Daum, Ulrich: Fingerzeige für die Gesetzes- und Amtssprache. Rechtssprache bürgernah, 11. Aufl. Wiesbaden: Quelle & Meyer 1998.

Delmas, Corinne: »L'histoire des ›sciences de gouvernement‹: des sciences d'expertise«, in: Revue européenne d'Histoire sociale 4 (2002), S. 6-16.

Föllmer, Moritz: Die Verteidigung der bürgerlichen Nation. Industrielle und hohe Beamte in Deutschland und Frankreich, 1900-1930, Göttingen: Vandenhoeck & Ruprecht 2002.

France, Peter: »Lumières, politesse et énergie (1750-1776)«, in: Marc Fumaroli (Hg.), Histoire de la rhétorique dans l'Europe moderne, 1450-1950, Paris: PUF 1999, S. 945-999.

Fumaroli, Marc: L'âge de l'éloquence. Rhétorique et »res literaria« de la renaissance au seuil de l'epoque classique, 3. Aufl., Genève: Droz 2002.

Gesellschaft für deutsche Sprache: Fingerzeige für die Gesetzes- und Amtssprache, 7. vermehrte Aufl., Lüneburg: Heliand 1955.

Geyl, Ernst-Günther: Fingerzeige für die Gesetzes- und Amtssprache, 9. Aufl. Lüneburg: Heliand 1967.

Görgen, Andreas: »Aufklärerische Tendenzen in der Gesetzessprache der frühen Neuzeit«, in: Ulrich Kronauer/Jörn Garber (Hg.), Recht und Sprache in der deutschen Aufklärung, Tübingen: Niemeyer 2001, S. 72-98.

Grüning, Gernod: Grundlagen des New Public Management. Entwicklung, theoretischer Hintergrund und wissenschaftliche Bedeutung des New Public Management aus Sicht der politisch-administrativen Wissenschaften der USA, Münster: LIT 2000.

Héritier, Adrienne: Policy-making and diversity in Europe: escaping deadlock, Cambridge: Cambridge University Press 1999.

Herren, Madeleine: Hintertüren zur Macht. Internationalismus und modernisierungsorientierte Außenpolitik in Belgien, der Schweiz und den USA, 1865-1914, München: Oldenbourg 2000.

Herzfeld, Michael: The Social Production of Indifference. Exploring the Symbolic Roots of Western Bureaucracy, Chicago: University of Chicago Press 1993.

von Justi, Johann Heinrich Gottlob: Anweisung zu einer guten deutschen Schreibart und allen in den Geschäften und Rechtssachen vorfallenden schriftlichen Ausarbeitungen. Zu welchem Ende allenthalben wohlausgearbeitete Proben und Beyspiele beygefüget werden, Leipzig: Breitkopf 1755.

Klingenstein, Grete: »Between Mercantilism and Physiocracy. Stages, Modes, and Functions of Economic Theory in the Habsburg Monarchy,

1748-63«, in: Charles Ingrao (Hg.), State and Society in Early Modern Austria, West Lafayette: Purdue University Press 1994, S. 181-214.

Knoop, Ulrich:»Kritik der Institutionensprache am Beispiel der Verwaltungssprache«, in: Lothar Hoffmann u.a. (Hg.), Fachsprachen. Languages for Special Purposes. Ein internationales Handbuch zur Fachsprachenforschung und Terminologiewissenschaft. An International Handbook of Special-Language and Terminology Research, Bd. 1, Berlin, New York: Walter de Gruyter 1998, S. 866-874.

Korn, Karl: Sprache in der verwalteten Welt, Frankfurt a.M.: Heinrich Scheffler 1958.

von Krosigk, Rüdiger:»Contentious Authority: Bureaucrats and Bezirksräte in the Grand Duchy of Baden, c. 1831-1884«, in: P. Becker/R.v. Krosigk (Hg.), Figures of Authority, S. 229-261.

Luhmann, Niklas: Theorie der Verwaltungswissenschaft, Köln: Grote'sche Verlagsbuchhandlung 1966.

Minard, Philippe:»Volonté de savoir et emprise d'Etat«, in: Actes de la recherche en sciences sociales 133 (2000), S. 62-71.

Moritz, Karl Philipp:»Soll die Mode auch über die Sprache herrschen?«, in: Deutsche Monatsschrift 2 (1793), S. 221-222.

Müller, Wolfgang:»Aspetti della modernizzazione dell'amministrazione centrale austriaca: dalla disponibilità nei confronti die cittadini alla marketizzazione«, in: Yves Mény/Vincent Wright (Hg.), La riforma amminnistrativa in Europa, Bologna: Mulino 1994, S. 291-316.

Nicolai, Friedrich:»Einige Blumen auf das Grab des Johann Heinrich Wlömers, eines allgemein verehrten Königl. Preußischen Geschäftsmannes«, in: Neue Berlinische Monatsschrift 1 (1802), S. 1-21.

Osterloh, Karl-Heinz: Joseph von Sonnenfels und die österreichische Reformbewegung im aufgeklärten Absolutismus. Eine Studie zum Zusammenhang von Kameralwissenschaft und Verwaltungspraxis, Lübeck: Matthiesen 1970.

Palitzsch, Friedrich Johannes: Die Bekämpfung des internationalen Verbrechertums, Hamburg: Meissner 1926.

Paul, Jean:»Das Kampaner Tal (1797)«, in: J. Paul, Werke. Abteilung 1. Bd. 4, Darmstadt: Wissenschaftliche Buchgesellschaft, S. 561-716.

Prass, Reiner:»Die Brieftasche des Pfarrers. Wege der Übermittlung von Informationen in ländlichen Kirchengemeinden des Fürstentums Minden«, in: Ralf Pröve/Norbert Winnige (Hg.), Wissen ist Macht. Herrschaft und Kommunikation in Brandenburg-Preußen, 1600-1850, Berlin: Berlin Verlag 2001, S. 69-82.

Raphael, Lutz: Recht und Ordnung. Herrschaft durch Verwaltung im 19. Jahrhundert, Frankfurt a.M.: Fischer 2000.

Rehbein, Jochen:»Die Verwendung von Institutionensprache in Ämtern und Behörden«, in: Lothar Hoffmann u.a. (Hg.), Fachsprachen. Languages for Special Purposes. Ein internationales Handbuch zur Fachsprachenforschung und Terminologiewissenschaft. An International

Handbook of Special-Language and Terminology Research, Bd. 1, Berlin/New York: Walter de Gruyter 1998, S. 660-675.

Rodgers, Daniel T.: Atlantic Crossings. Social Politics in a Progressive Age, Cambridge, Mass.: Harvard University Press 1998.

Sabean, David Warren: »Soziale Distanzierungen. Ritualisierte Gestik in deutscher bürokratischer Prosa der Frühen Neuzeit«, in: Historische Anthropologie 4 (1996), S. 216-233.

Schui, Florian: »Learning from French Experience? The Prussian Régie Tax Administration, 1766-86«, in: F. Schui/Holger Nehring (Hg.), Globald debates about taxation. Basingstole: Palgrave 2007, S. 36-60.

von Sonnenfels, Joseph: Über den Geschäftsstil: die ersten Grundlinien für angehende österreichische Kanzleybeamten. Wien: von Kurzbek 1784.

von Sonnenfels, Joseph: Über den Geschäftsstyl. Die ersten Grundlinien für angehende österreichische Kanzleybeamten. 3. Aufl., Wien: Camesianische Buchhandlung 1802.

Stagl, Justin: Eine Geschichte der Neugier. Die Kunst des Reisens 1550-1800, Wien: Böhlau 2002.

Stagl, Justin: »Vom Dialog zum Fragebogen. Miszellen zur Geschichte der Umfrage«, in: Kölner Zeitschrift für Soziologie und Sozialpsychologie 31 (1979), S. 611-638.

Steinmetz, Willibald: »Anbetung und Dämonisierung des ›Sachzwangs‹. Zur Archäologie einer deutschen Redefigur«, in: Michael Jeismann (Hg.), Obsessionen. Beherrschende Gedanken im wissenschaftlichen Zeitalter, Frankfurt a.M.: Suhrkamp 1995, S. 293-333.

Teller, W.A.: »Zur Biographie und Charakteristik eines verdienstvollen Preussischen Geschäftsmannes«, in: Neue Berlinische Monatsschrift 1 (1802), S. 337-349.

Thompson, John B.: »Préface«, in: Pierre Bourdieu, Langage et pouvoir symbolique, Paris: Seuil 2001, S. 7-51.

Vec, Milos: Recht und Normierung in der Industriellen Revolution. Neue Strukturen der Normsetzung in Völkerrecht, staatlicher Gesetzgebung und gesellschaftlicher Selbstnormierung, Frankfurt a.M.: Vittorio Klostermann 2006.

Wagner, Hildegard: Die deutsche Verwaltungssprache der Gegenwart. Eine Untersuchung der sprachlichen Sonderform und ihrer Leistung, Düsseldorf: Schwann 1970.

Walkenhaus, Ralf/Voigt, Rüdiger: »Verwaltungsreformen – Einführung in das Problemfeld«, in: R. Walkenhaus/R. Voigt (Hg.), Handwörterbuch zur Verwaltungsreform, Wiesbaden: Verlag für Sozialwissenschaften 2006, S. XI-XXXII.

Weber, Max: Wirtschaft und Gesellschaft. Grundriss der verstehenden Soziologie, 5. Rev. Aufl., Tübingen: Mohr 1980.

Weller, Jean-Marc: L'Etat au guichet. Sociologie cognitive du travail et modernisation administrative des services publics, Paris: Desclée de Brouwer 1999.

von Winterstein, Theodor: »Zur Einführung in das Problem der Verwaltungsreform«, in: Verwaltungsakademie München (Hg.), Wirtschaftliche Arbeit in der öffentlichen Verwaltung. Ein Beitrag zur
Verwaltungs- und Büroreform, München: Bayerischer Kommunalschriften-Verlag 1929, S. 7-13.

Wuenschel, Hans: »Wege zur Büroreform in der öffentlichen Verwaltung«, in: Verwaltungsakademie München (Hg.), Wirtschaftliche Arbeit in der öffentlichen Verwaltung. Ein Beitrag zur Verwaltungs- und
Büroreform, München: Bayerischer Kommunalschriften-Verlag 1929,
S. 15-38.

# Kommunikationstechnologien

# Mechanisierte Sekretäre

## Verwaltung im Zeichen der Schreibmaschine

STEFAN NELLEN

>»Das ›Kratie‹ im Wort ›Bürokratie‹ ist
>mysteriös und schwer zu erforschen,
>aber das ›Büro‹ ist etwas, das empirisch
>untersucht werden kann und das auf-
>grund seiner Struktur erklärt, weshalb
>etwas Macht an einen durchschnittli-
>chen Geist abgegeben wird, einfach in-
>dem man Akten durchsieht.«
>(Bruno Latour 2006)[1]

Es ist der 2. Januar 1916, ein Sonntag. Im benachbarten Elsass am Hart-
mannsweilerkopf tobt der 1. Weltkrieg. Staatsarchivar Rudolf Wackernagel,
der von 1882 bis 1899 in Personalunion auch Sekretär des Regierungsrates
gewesen ist,[2] entwirft am Schreibtisch in seinem Büro einen Bericht an das
Departement des Innern, das Innenministerium des Kantons Basel-Stadt.
Der promovierte Jurist, Historiker[3] und Philologe[4],»Dr. jur. et phil«,[5] tippt

---

**1** | Bruno Latour:»Drawing Things Together: Die Macht der unveränderlich mo-
bilen Elemente«, in: Andréa Belliger/David J. Krieger (Hg.), ANThology. Ein ein-
führendes Handbuch zur Akteur-Netzwerk-Theorie, Bielefeld: transcript 2006,
S. 259-307, hier S. 296. Für wertvolle Anregungen und Kritik danke ich Caroline
Arni, Peter Becker, Lea Bühlmann und Christoph Hoffmann.
**2** | Vgl. zu Wackernagels Schaffen Rudolf Thommen:»Rudolf Wackernagel. 8.
Juni 1855 bis 18. April 1925«, in: Basler Jahrbuch 1926, S. 1-43.
**3** | Rudolf Wackernagel: Geschichte der Stadt Basel, 3 Bde. (in 4 Tlen.), Basel:
Helbing & Lichtenhahn 1907-1924. 1916 erscheint Bd. 2/II.
**4** | Als korrespondierendes Mitglied der Berlin-Brandenburgischen Akademie
der Wissenschaften für Germanistik und Archivwissenschaft.
**5** | Verzeichnis der Behörden und Beamten des Kantons Basel-Stadt sowie der
Schweizerischen Bundesbehörden für das Jahr 1916. Basel: Benno Schwabe
1916, S. 17.

den Bericht direkt auf seiner Schreibmaschine, vermutlich einer Under-
wood No. 5. Zuerst das Datum: »Basel den 2. Januar 1916.«, dann in Groß-
buchstaben die dienstwegweisende Titulatur, die er auch unterstreicht:
»An das DEPARTEMENT DES INNERN.« Anschließend beginnt er sein
Schreiben, das vom Output seines Schreibinstruments handelt:

»Durch die Aeusserungen eines Beamten der Staatskanzlei ist mir bekannt geworden, dass bei dieser Verwaltung die Absicht besteht, das Protokoll über die
Verhandlungen des h. Regierungsrates von nun an in Maschinenschrift herzustellen./Ich gestatte mir, gegen dieses Vorgehen Einsprache zu erheben.«[6]

Eine nicht weiter belegte Äußerung, eine Kolportage, veranlasst Wackernagel, dieses Schreiben aufzusetzen, das einer typischen Schreibma-
schinenszene gleicht: eine vorgängige mündliche Äußerung, und ihre
nachträgliche maschinenschriftliche Fixierung. Das wäre ein Diktat nach
Vorschrift. Was aber auch immer der Grund für die Äußerung des Beamten gewesen sein mag, es handelt sich bei dieser Büro-Schreibszene nicht
um ein Diktat. Wackernagel entwirft – in der Terminologie der Verwaltung: konzipiert – das Schreiben selbst, tippt es direkt auf der Schreibmaschine. Im Zeitalter mechanisierten Schreibens gibt es neben *Girlkultur*[7]
noch immer eine *Kultur der Sekretäre*, die andere Angestelltenverhältnisse kennt.[8] Im Unterschied zu den Sekretärinnen privatwirtschaftlicher
Unternehmen, deren Vorschrift lautet, exakt und schnell zu notieren und
zu tippen, was ihre Chefs diktieren und unterzeichnen, schreiben die Sekretäre der öffentlichen Verwaltungen mit der Schreibmaschine in eige-
nem Namen oder per procura, tippen nicht nur Reinschriften, sondern
mitunter schon deren Konzepte. Kurz: Sekretäre machen zwar auch Notizen (z.B. für Sitzungsprotokolle), die Kanzlisten mit der Feder anschließend ins Reine schreiben, Sekretäre konzipieren und korrigieren aber
auch Berichte (Akten), die sie selber unterschreiben. Die alte funktionale
Differenz zwischen Schreiber und Sekretär, zwischen Abschrift und Vorschrift, repräsentiert nicht mehr ständische Unterschiede wie vor 1800,[9]
sondern prozessiert um 1900 eine verwaltungstechnische und sozio-pro-
fessionelle Geschlechterdifferenz. Dieses neue Geschlechterverhältnis

---

**6** | Staatsarchiv Basel-Stadt (StABS), Räthe und Beamte Q 1. Staatskanzlei.
Uebergang vom Handgeschriebenen zur Maschinenschrift des Protokolls, 1916-
1919. Copie/Konzept des Staatsarchivars vom 2.1.1916, Typoskript. Handschrift
in den Akten ist jeweils kursiv zitiert.

**7** | Fritz Giese: Girlkultur. Vergleiche zwischen amerikanischem und europä-
ischem Rhythmus und Lebensgefühl, München: Delphin-Verlag 1925.

**8** | Vgl. Ethel Matala de Mazza: »Angestelltenverhältnisse. Sekretäre und ihre
Literatur«, in: Bernhard Siegert/Joseph Vogl (Hg.), Europa. Kultur der Sekretäre,
Zürich, Berlin: diaphanes 2003, S. 127-146.

**9** | Vgl. Rüdiger Campe: »Barocke Formulare«, in: Siegert/Vogl (Hg.), Europa
(2003), S. 79-96, hier S. 83ff.

wird nicht mehr über den exklusiven Zugang zu Diskursen und Schreibinstrumenten geregelt.[10] Es wird vielmehr über konkurrierende Schrifttechnologien sowie über differente Schreibkompetenzen und Verfahren der Aufzeichnung reguliert. Während rechtskundige Sekretäre sich im Schatten der Öffentlichkeit politisch betätigen,[11] sorgen schnell schreibende Sekretärinnen heimlich für ökonomische Effizienz.[12]

Das Konzept von Wackernagel, das der Staatsarchivar und ehemalige Sekretär am folgenden Tag mundiert und expediert, d.h. ins Reine schreibt und absendet, zeitigt jedenfalls das Gegenteil von Ökonomie und Effizienz. Das Schreiben konstituiert ein (wachsendes) Aktendossier und setzt so ein administratives Verfahren in Gang, das sich über mehr als drei Jahre hinzieht. Administrative Verfahren konstituieren sich über Akten, die medientechnisch nichts anderes sind als Briefe (Datum, Titulatur, Begehren, Unterschrift, allenfalls mit Beilagen), die ein Antwortschreiben verlangen, dem alle vorgehenden Akten wieder beiliegen: eine Kaskade von Akten.[13] Dem Bericht des Staatsarchivs folgt ein Reskript des Vorstehers der Staatskanzlei, Hermann Matzinger, J. U. D., das mehrere Gutachten und Protokolle von Experimenten des Kantons-Chemikers mit der Beschaffenheit von Maschinenschrift und Papier nach sich zieht. Schließlich holt die Staatskanzlei, die das Protokoll auch verfasst und mundiert, die entsprechenden Bestimmungen aus Deutschland ein. Danach bleibt das Aktendossier (wahrscheinlich in der Staatskanzlei) liegen, bis Ende April 1919 der Vorsteher der Staatskanzlei einen zweiten Anlauf nimmt. Sein an das vorgesetzte Departement des Innern adressierter Bericht, dem die gesammelten Akten beiliegen, geht postwendend an den Staatsarchivar. Auf Grundlage der Akten verfasst das ›federführende‹ Departement des Innern einen Bericht zu Handen des Regierungsrats, der in seiner Sitzung vom 23. Mai 1919 aufgrund des Berichts »über den Ausfertigungsmodus der Reinschrift des Regierungsratsprotokolls« entscheidet.[14] Gegenstand der Entscheidung ist jenes Protokoll, das selber alle Sitzungen und Entscheide der Basler Regierung dokumentiert und rechtskräftig beurkundet, also auch diese Sitzung mitsamt dem Beschluss über seine zukünftige Verschriftlichung. In den Vorgang sind folglich zwei unterschiedliche

10 | Vgl. soweit Friedrich A. Kittler: Aufschreibesysteme 1800/1900, 3. vollständig überarbeitete Auflage, München: Wilhelm Fink 1995.

11 | Nicht selten steigen Sekretäre in Regierungsämter auf. 1916 sitzen mit Adolf Im Hof (vormals Sekretär des Regierungsrates und Vorsteher der Kanzlei), Hermann Blocher (vormals Sekretär beim Internationalen Arbeitsamt Basel) und Rudolf Miescher (vormals Zivilgerichtsschreiber) drei ehemalige Sekretäre im Regierungsrat des Kantons Basel-Stadt.

12 | Vgl. Delphine Gardey: La dactylographe et l'expéditionnaire. Histoire des employés de bureau 1890-1930, Paris: Editions Belin 2001.

13 | B. Latour: Drawing Things Together, S. 296.

14 | StABS: Räthe und Beamte Q 1. Beschluss des Regierungsrates des Kantons Basel-Stadt vom 23.5. 1919, Typoskriptdurchschlag.

administrative Textsorten, zwei komplementäre Formate administrativer Datenverarbeitung involviert: Akten und Protokolle. Ihre Funktion für die Verwaltung ist entscheidend.

Das Aktendossier über die Maschinenschrift des Protokolls, das den Beschluss des Regierungsrates in Form eines Typoskriptdurchschlags auf Seidenpapier mit dem Eingangsstempel des Departements des Innern enthält, stellt den Ausgangspunkt für einige Erkundungen über Schreibmaschinen und Maschinenschreiben in der öffentlichen Verwaltung zu Beginn des 20. Jahrhunderts dar. Dabei interessiert nicht nur der Gegenstand der Auseinandersetzung, die maschinelle Reinschrift des Regierungsratsprotokolls, sondern auch die Akten und Protokolle, die im Laufe dieses Verfahrens angefertigt, und wie sie abgefasst worden sind: von Hand geschriebene Konzepte und Munda sowie mit der Schreibmaschine getippte Entwürfe, Reinschriften und Durchschläge. Diese Dokumente erlauben einen seltenen Einblick in die Schreibpraktiken und Bürotechniken der Verwaltung, weil die Sekretäre und Beamten, die diese Dokumente verfasst haben, mit dem neuen Medium der Schreibmaschine noch experimentieren und noch keine Routinen für die Ablage von maschinengeschriebenen Akten etabliert haben. Deswegen sind diese Akten in dieser Form überliefert. Denn spätestens seit Mitte der 1920er Jahre werden keine Konzepte mehr, sondern nur »die mittels Durchschlag hergestellte identische Fassung des versendeten Schriftstücks« zu den Akten genommen.[15]

Ich werde die Akten des Dossiers weniger auf ihre Inhalte, d.h. »als Zeugnisse einer wie auch immer gearteten historischen Realität« befragen, sondern vielmehr »als Zeugnisse der durch sie selbst verkörperten Praktiken und Kulturtechniken« analysieren.[16] Akten als Kulturtechniken zu beschreiben, heißt die Praktiken zu rekonstruieren, »in die sie eingebunden sind, die sie konfigurieren oder die sie konstitutiv hervorbringen«.[17] Und in erster Linie stellen diese Schriftstücke keine Geschichte oder Inhalte dar, sondern sind selber – worauf ihr Name schon verweist – Akte: »Akten gemacht für die laufende Verwaltung, eben *actae*, Verhandlungen und keine Ergebnisse«.[18] Akten beschließen nicht, sie übertragen, verfügen und zirkulieren. Und auch Protokolle bezeugen nicht einfach den Verlauf und/oder die Ergebnisse einer Sitzung, sondern halten Ver-

---

**15** | Cornelia Vismann: Akten. Medientechnik und Recht, Frankfurt a.M.: Fischer 2000, S. 275.

**16** | Bernhard Siegert: Passage des Digitalen. Zeichenpraktiken der neuzeitlichen Wissenschaften 1500-1900, Berlin: Brinkmann & Bose 2003, S. 25.

**17** | Bernhard Siegert, Was sind Kulturtechniken? www.uni-weimar.de/medien/kulturtechniken/kultek.html (4.3.2011).

**18** | Cornelia Vismann: »Zeit der Akten«, in: Wolfgang Ernst (Hg.), Die Unschreibbarkeit von Imperien. Theodor Mommsens Römische Kaisergeschichte und Heiner Müllers Echo, Weimar: Verlag und Datenbank für Geisteswissenschaften 1995, S. 113-133, hier S. 117.

lauf wie Ergebnisse erst fest. Performativ ist das Protokoll – Transkription und Urkunde zugleich, es realisiert und konstituiert rechtsgültige Handlungen und Beschlüsse.[19] Anhand der Akten und Protokolle über den »Ausfertigungsmodus der Reinschrift des Regierungsratsprotokolls« geht es im Folgenden um die Mechanisierung der Sekretärstätigkeit zu Beginn des 20. Jahrhunderts. Dabei wird zunächst die Verwaltungspraxis des mechanisierten Schreibens in Augenschein genommen und auf ihre administrativen und gouvernementalen Implikationen und Leitvorstellungen hin befragt. Anschließend werden die beiden grundlegenden administrativen Schreibroutinen, Konzept (Entwurf) und Mundum (Reinschrift), auf ihre Schreibmaschinentauglichkeit geprüft. In einem dritten Schritt werden Akten zu den Verfahren ihrer Aufzeichnung in Beziehung gesetzt, und danach gefragt, wie sich die Verfahren und die Instrumente der Aufzeichnung in Verwaltungsakte einfügen und sie präparieren. Abschließend soll die Frage geklärt werden, in welchem Zusammenhang Schreibmaschine und Bürokratie, Mechanisierung des Schreibens und Herrschaft des Büros stehen.

## MECHANISIERUNG

Wackernagel verfasst seinen Bericht im Register des Rechts: als Einspruch. Der Bericht behandelt so die Äußerung des Beamten bzw. das Vorgehen der Staatskanzlei rückwirkend als Verfügung. Die maschinelle Fixierung eines Einspruchs dokumentiert Wackernagels Begehren, eine Verfügung aufzuheben, produziert das Dokument und bildet die Unterlage des Verfahrens. Seine Expedierung an das Departement des Innern macht die Maschinenschrift des Regierungsratsprotokolls erst zu einem Gegenstand und zu einem Vorgang der Verwaltung macht. Aber macht es einen Unterschied, ob Sekretäre mit Hand und Stahlfeder oder mit Maschine schreiben? Diese Frage beschäftigt auch Wackernagel, wenn er mit den Gründen für seinen Einspruch fortfährt:

»Zunächst ist zu bemerken, dass noch zu wenig genügende Erfahrungen über Dauer und Haltbarkeit der Maschinenschrift bestehen. Die frischen Produkte dieser Kunst, zu Beginn der 1890er Jahre mit blauem Farbstoff angefertigt sind schon jetzt zum Teil ganz abgeblasst; wir wissen nicht, ob die später in Verwendung genommene schwarze Farbe besser Stand hält.«[20]

---

**19** | Vgl. Michael Niehaus/Hans-Walter Schmidt-Hannisa: »Textsorte Protokoll. Ein Aufriß«, in: dies. (Hg.), Das Protokoll. Kulturelle Funktionen einer Textsorte, Frankfurt a.M. u.a.: Peter Lang 2005, S. 7-23, hier S. 9.

**20** | StABS: Räthe und Beamte Q 1. Copie/Konzept des Staatsarchivars vom 2.1. 1916, Typoskript.

Die ersten maschinenschriftlichen Akten der Basler Verwaltung wurden im Dezember 1890 angefertigt, in blauer Schrift getippt – und sind auch heute noch lesbar.[21] 1898 weist der Regierungsrat die Departemente an, »bei den in ihren Verwaltungen gebrauchten Schreibmaschinen nur schwarze Farbe zur Anwendung kommen zu lassen«.[22] Ausgezeichnet informiert und in fast schon medienmaterialistischer Manier identifiziert der Philologe und Historiker Wackernagel die Voraussetzungen und Gegebenheiten der Maschinenschrift. Folglich ist es nur konsequent, wenn der Archivar nach der Haltbarkeit der Schrift auch die Haltbarkeit ihrer Grundlage in Frage stellt:

»Sodann ist die Qualität des für Schreibmaschinen dienlichen Papieres zu bedenken. Den zahlreichen auf das dünne Seidenpapier mit der Maschine geschriebenen Akten ist jedenfalls kein langes Leben beschieden; aber auch das *auf der Maschine* etwa zur Verwendung kommende stärkere Papier hat keineswegs die hohen Vorzüge jenes Handpapiers, in dem auch Akten früherer Jahrhunderte noch völlig intakt sich bis auf uns erhalten haben.«[23]

Zunächst sind es allgemeine und archivarische Einwände, die Wackernagel gegen die Maschinenschrift anführt: Maschinengeschriebenen Dokumenten mangelt es an Dauer und Haltbarkeit. Das gilt folglich ebenfalls für seinen Bericht, der zwar im Büro des Archivs aber im Unterschied zu einem Protokoll offenbar nicht für das Archiv geschrieben worden ist.[24] Wackernagel fordert jedoch kein grundsätzliches Verbot der Maschinenschrift in der Verwaltung, wie es der letzte Satz nahelegen könnte. Er setzt sich nur gegen die Maschinenschrift von Protokollen ein; Hand- und Maschinenschrift sollen vielmehr in der Verwaltung nebeneinander existieren. Auf der Schreibmaschine entwirft der Archivar eine implizite medientechnische Differenzierung des Verwaltungsschriftguts. Und weil Verwaltungen Dokumente nicht nur her- sondern auch bereitstellen, ist damit auch ein medientechnisches Dispositiv der Verwaltung skizziert: Moderne Bürokratien verwalten mit handgeschriebenen Protokollen und maschinengeschriebenen Akten. Protokolle und Akten, Handschrift und Maschinenschrift, verkörpern – so Wackernagels Konzept – unterschied-

**21** | Vgl. z.B. StABS: Bau MM 24. Primarschulhaus zu St. Johann, Sekundarschulhaus zu St. Johann. – Pestalozzischulhaus (1844-1948). Schreiben des Finanzdepartements vom 27.12. 1890, Typoskript. Den Hinweis verdanke ich dem früheren Staatsarchivar von Basel-Stadt Josef Zwicker.

**22** | StABS: Räthe und Beamte V 4. Obrigkeitliche Drucksachen, Bureaumaterialien, Makulatur (1880-1909). Abschrift des Beschlusses des Regierungsrates des Kantons Basel-Stadt vom 16.7. 1898, Typoskript gezeichnet von Kanzleisekretär Adolf Kölner jr.

**23** | StABS: Räthe und Beamte Q 1. Copie/Konzept des Staatsarchivars vom 2.1. 1916, Typoskript.

**24** | Vgl. dazu M. Niehaus/H.-W. Schmidt-Hannisa: Textsorte Protokoll, S. 14.

liche Verwaltungsoperationen, erfüllen unterschiedliche Funktionen. In Wackernagels Argumentation verweisen Protokolle (weil sie haltbar sein müssen) dabei auf das Archiv als den Ort ihrer Bestimmung, derweil (mit der Maschine geschriebene) Akten auf ihre Produktionsvoraussetzungen im Büro verweisen.

Das Konzept des Staatsarchivars verbindet mit der Maschinenschrift (des Protokolls und seines Konzepts) demzufolge die Vorstellung einer einschneidenden Transformation der Verwaltung: die Aufteilung der Kanzlei als integrales Verwaltungszentrum in ein Archiv sowie dezentrale Büros und Registraturen. Tatsächlich ist Wackernagel an dieser Bürokratisierung der Verwaltung selber beteiligt gewesen. Zum einen, indem er die funktionale und räumliche Trennung von Archiv und Registratur vornahm und verfügte, dass laufende Akten die ersten drei Jahre in den Departementssekretariaten und anschließend sieben Jahre in der Registratur der Kanzlei aufbewahrt werden sollen, bevor sie im Archiv *ad acta* gelegt werden.[25] Zum anderen durch seine Vorschläge, die Kanzlei als Sekretariat des Regierungs- und Großen Rates (Exekutive und Legislative) zu reorganisieren.[26] Der Jurist und Historiker geht aber noch weiter:

»Wenn irgendwo, so ist auf diesem Gebiet des amtlichen Schrifttums die Maschine kein Ersatz der freien persönlichen Tätigkeit./Wenn, wie gesagt wurde, die zur Zeit im Ratsprotokoll zur Anwendung kommende Handschrift nicht leicht zu lesen ist, so kann dies nur Folge davon sein, dass bei Anstellung des Kanzleipersonals nicht auf das Vorhandensein *wirk*licher Kanzleimässiger [sic.] Schreibfähigkeit und Schreibfertigkeit gesehen wird und dass diesem Personal dann natürlich das Verständnis für den Wert und die unleugbare Notwendigkeit einer schönen lesbaren Handschrift auf gutem haltbaren Papier abgeht.«[27]

Wackernagel assoziiert das Verfassen von Ratsprotokollen mit freier persönlicher Tätigkeit und stellt dieser die Schreibmaschine als ihr Anderes gegenüber. Wörtlich ersetzt also die Maschine nicht die Hand, sondern tritt an die Stelle der freien persönlichen Tätigkeit. Wackernagel assoziiert – notabene auf der Schreibmaschine – das Schreiben von Hand mit freier persönlicher Tätigkeit. Das Schreiben mit der Hand wird aus der Optik der Schreibmaschine metaphorisch (paradigmatisch) aufgeladen, während das Maschinenschreiben lediglich als metonymisch (syntagmatisch) bestimmtes Anderes der freien persönlichen Tätigkeit, als Maschine, cha-

---

25 | Vgl. Andreas Staehelin: »Die Geschichte des Staatsarchivs Basel 1869-1917. Die Ära Rudolf Wackernagel«, in: Basler Zeitschrift für Geschichte und Altertumskunde 103 (2003), S. 86-148, hier S. 107-111.

26 | Vgl. Räthe und Beamte Q 1. Staatskanzlei. Allgemeines und Einzelnes, 1593-1915. Bericht über die Verhältnisse der Staatskanzlei von Rudolf Wackernagel, Sekretär des Regierungsrates und Staatsarchivar, vom 7.7. 1896, Manuskript.

27 | StABS: Räthe und Beamte Q 1. Copie/Konzept des Staatsarchivars vom 2.1.1916, Typoskript.

rakterisiert wird. Maschinenschreiben unterstützt und steigert offenbar die kognitive Operation der Assoziation, die mechanisiertes Schreiben auch psychomotorisch erfordert, wie der Psychologe Walter Frankfurther zur selben Zeit analysiert:

>Nachdem einmal die Verteilung der Buchstaben auf der Tastatur, die bekannt-lich nicht dem Alphabet entspricht, eingeprägt ist, handelt sich dabei einerseits um den psychischen Vorgang, die Worte in Buchstaben zu zerlegen, andererseits um die psychomotorische Leistung, die entsprechende Taste zu finden und an-zuschlagen, was eine genaue, dabei aber doch möglichst rasche Innervation erfordert. Es kommen also dabei verschiedene assoziative und motorische Vor-gänge in Betracht.«[28]

Die Tastatur fungiert als Benutzeroberfläche, als Schnittstelle der Schreib-maschine, welche die technische Dissoziation von Körper und Schrift be-dingt. Diese Dissoziation definiert die psychotechnischen Bedingungen und Möglichkeiten mechanisierten Schreibens wie z.B. die assoziativen Vorgänge des Maschinenschreibens. Mit der Feder schreibt die Hand; an die Feder gekoppelt wird sie zur Schreibhand, die Buchstaben auf Papier malt oder zeichnet. Mit der Maschine hingegen tippt die Hand; Schreib-maschinenhände drücken Tasten, die über ihre Position auf der Tastatur, ihren Stellenwert, als Buchstaben definiert sind. Die Hand kann mit der Feder alles Mögliche zeichnen, während sie mit der Schreibmaschine nur schreiben kann, sie codiert Buchstaben per Tastendruck. Die paradig-matische »Verteilung der Buchstaben auf der Tastatur« setzt die Einprä-gung dieser Verteilung als psychotechnische Bedingung des Schreibens voraus, was Schreiben zu einer topologischen Angelegenheit der Finger macht. Weiter bedingt »die Verteilung der Buchstaben auf der Tastatur« gemäß Frankfurther auch »den psychischen Vorgang, die Worte in Buch-staben zu zerlegen«, so dass mechanisiertes Schreiben nicht mehr als Zusammenhang eines Schriftzugs begriffen werden kann, sondern syn-tagmatisch auf die »Buchstäblichkeit/Differentialität« der Signifikanten verweist.[29] Diese Signifikantenlogik ist auch das Fundamentalprinzip mechanisierten Schreibens.[30] Damit Schreibmaschinenworte als solche unterscheidbar, signifikant werden, müssen der letzte und erste Buchsta-be eines Wortes durch das Anschlagen einer speziellen Taste von einan-der getrennt werden. Die Leertaste ist nicht nur die größte Taste, sondern auch die einzige, die mit beiden Händen bedient wird. Als letzter Schritt,

**28** | Walter Frankfurther: »Arbeitsversuche an der Schreibmaschine«, in: Emil Kraepelin (Hg.), Psychologische Arbeiten, Bd. 6, Heft 1, Leipzig: Verlag von Wil-helm Engelmann 1910, S. 419-450, hier S. 420.
**29** | Vgl. Martin Stingelin: »Kugeläußerungen. Nietzsches Spiel auf der Schreib-maschine«, in: Hans Ulrich Gumbrecht/K. Ludwig Pfeiffer (Hg.), Materialität der Kommunikation, Frankfurt a.M.: Suhrkamp 1988, S. 326-341, hier S. 337.
**30** | F.A. Kittler: Aufschreibesysteme, S. 238f.

nach Frankfurther, muss also der eingeprägte, isolierte Buchstabe der entsprechenden Taste zugeordnet und die Taste angeschlagen werden. Was
Psychologen 1910 noch neurologisch »Innervation« nennen, heißt ab den
1920er Jahren, im Zeitalter der Rationalisierung, »Mechanisierung der
Bewegungsfolgen«:

»Wie aber immer bei derartigen Vorgängen, tritt die Überlegung bald mit fortschreitender Übung in den Hintergrund. Bei dem Schreiben des Wortes ›das‹ tritt
dann immer mehr mechanisch die Bewegung, die nach dem A[nschlag]. des ›d‹
zu dem A. des ›a‹ notwendig ist, ein [...], die verstandesmäßige Überlegung tritt
langsam zurück, und schließlich kommt es so weit, daß sämtliche Bewegungen
rein mechanisch aus geführt [sic.] werden.«[31]

Mechanisierung ist eine Frage des »Zuordnens der Bewegungen zu den
Tasten« und heißt im Kontext der Schreibmaschine nichts anderes als von
»verstandesmäßige[r] Überlegung« auf Übung, auf mechanische Bewegungen umzuschalten.[32] Ein Kurzschluss der Schreibmaschinenmecha-
nik: Psychotechnik analysiert und generiert Schreibroutinen. Übertragen
auf die Verwaltung bedeutet Mechanisierung bzw. Rationalisierung Probleme der Zuordnung durch routinierte Handgriffe, Automatismen, zu
beheben, »weil ein Gedankenverlauf sich beschleunigt, je öfter er sich
wiederholt«. So »kommt eine wesentliche Mechanisierung auch durch
rein technische Hilfsmittel in Frage. [...] Es gibt Chiffriermaschinen und
Dechiffriermaschinen, Schreib- und Diktiermaschinen, Adressier- und
Briefschlussmaschinen, Frankiermaschinen, Brieföffner, die alle im Bü-
robetrieb zur Mechanisierung des Geschäftsganges mit Vorteil einzu-
schalten sind«, wie der preußische Regierungspräsident und Bürorefor-
mer Hermann Haußmann die neue Bürokratie, d.h. die Herrschaft der
Büros, beschreibt.[33]
     Es sind die rein technischen Hilfsmittel, die »verstandesmäßige Über-
legung« durch mechanische Bewegungen ersetzen. Das legt auch der Li-
terat Alfred Polgar in seiner satirisch überspitzten Ode an »Die Schreibmaschine« nahe:

»Geist, Phantasie, Einfall: alles recht gut. Aber wichtiger ist die Schreibmaschine. Mit ihrer Hilfe geht alles Dichten zwanzigmal so schön. Bleistift und Feder
sind totes Material. Es genügt leider nicht, sie in die Hand zu nehmen und übers
Papier laufen zu lassen, damit sie schreiben. Man muß sie zu Lettern und Worten
zwingen. Das ist mühevoll und belädt mit Verantwortung.

31 | Erich Alexander Klockenberg: Rationalisierung der Schreibmaschine und
ihrer Bedienung. Psychotechnische Arbeitsstudien, Berlin: Julius Springer 1926,
S 163f.
32 | E.A. Klockenberg: Rationalisierung der Schreibmaschine, S. 163.
33 | Hermann Haußmann: »Die Büroreform als Teil der Verwaltungsreform«, in:
Preußisches Verwaltungs-Blatt 46 (1924), S. 71-77 und 138-141, hier S. 138.

Die Schreibmaschine hingegen kann gar nicht anders als schreiben, das ist ihr Mutterlaut, ihre einzige und natürliche Expression. Du phantasierst mit den zehn Fingern über die Tastatur, und wenn du ein bißchen Glück hast, ist eine moderne Dichtung mit vier Durchschlägen fertig.«[34]

Es ist die Schreibmaschine, das Anschlagen ihrer Tasten, das an die Stelle von »Geist, Phantasie, Einfall« tritt. Dabei verleitet der Umstand, dass man mit der Schreibmaschine nur schreiben kann, das einfältige Schreiber-Ich des Textes zu der Annahme, dass man mit ihr »gar nicht anders als schreiben« kann. Als ob man mit ihr nicht auch nicht schreiben könnte. Zudem braucht man wohl mehr als nur »ein bißchen Glück«, z.b. kognitive und motorische Schreibkompetenz, um »mit den zehn Fingern über die Tastatur« phantasierend »eine moderne Dichtung« zu schreiben und keinen Buchstabensalat. Es sei denn moderne Dichtung ist Buchstabensalat: »MELSDN-DRGILSTHCZMOSMJY/EDSLCHMNGRONGRDELSO/ ELSDNM«.[35] So viel zur Leitvorstellung einer *écriture automatique* von Schreibmaschinen.

## HANDSCHRIFT

Während sich Bürokraten, Psychologen, Psychotechniker und Schriftsteller auf die neuen Techniken des Schreibens stürzen, schreiben Archivare und Philologen, und sei es auf der Schreibmaschine, lieber über Handschriften. Nun ist aber das Schreiben eines Protokolls, und sei es von Hand, eher das genaue Gegenteil einer freien und persönlichen Tätigkeit. Regierungsratsprotokolle haben keinen Autor, niemand unterzeichnet sie, und protokollieren heißt nicht frei, sondern mitschreiben, sich sklavisch an die Verhandlungen und Beschlüsse der Regierung zu halten. Das Subjekt, die Person, einer »freien persönlichen Tätigkeit« in Bezug auf das Protokoll kann folglich nicht der Protokollant, sondern nur der Regierungsrat sein, der sich in und mit seinen Protokollen äußert. Was also mit der »im Ratsprotokoll zur Anwendung kommende[n] Handschrift« auf dem Spiel steht, ist die Vorstellung eines Regierungssubjekts, das sich über die Kopplung von Hand, Feder, Tinte und Schrift unmittelbar in seine Protokolle einschreibt, sich buchstäblich in einer Handschrift materialisiert. Denn Handschriften, wie sie das philologische Auge von Wackernagel im Blick hat, zeichnen sich dadurch aus, »daß sie zugleich Dokument der Entstehung eines Textes und Zeugnis eines Schreibers sind,

---

**34** | Alfred Polgar: »Die Schreibmaschine«, in: ders., Kleine Schriften, Bd. 4, hg. von Marcel Reich-Rancki und Ulrich Weinzierl, Reinbeck bei Hamburg: Rowohlt 1984, S. 246-248, hier S. 246.

**35** | Friedrich Nietzsche: 500 AUFSCHRIFTEN/AUF TISCH UND WAND./FUER NARRN/VON/NARRENHAND (eine Mappe mit 32 Seiten Schreibmaschingedicht- und -aphorismenentwürfen), 45, zitiert nach M. Stingelin: Kugeläußerungen, S. 336, Abbildung des Typoskripts S. 335.

von dem das Entstehende durchdrungen ist«.[36] Bemerkenswerterweise ist die Handschrift als ein solcher philologischer Gegenstand »genau in demselben Moment fixiert worden [...], als mit dem Einzug der Schreibmaschine in Dichterhaushalte« und Verwaltungsbüros »Geschriebenes in die Welt kommt, das nicht nur materiell keine Züge einer Handschrift mehr aufweist, sondern im eben beschriebenen, umfassenden epistemologischen Sinne auch nicht zur Handschrift taugt«.[37] Handschriften werden durch Maschinenschriften symbolisch aufgeladen. Der juristisch geschulte Archivar weiß, dass der Akt der Reinschrift nicht ein Akt des Kopierens ist, denn die Reinschrift stellt keine Kopie, sondern das Original, das Protokoll selber, her. Folglich handelt es sich beim Akt der Reinschrift weniger um einen Akt der Abschrift, als vielmehr der Umschrift. Denn die Reinschrift des Protokolls erzeugt die gouvernementale Repräsentation der Basler Regierung, die das Protokoll darstellt. Wackernagel sorgt sich nicht nur um die Qualität von Papier und Tinte, sondern auch um die performative Qualität der Schrift.

Schrift vermag nicht nur (das Innere von) Individuen zu objektivieren, sondern als Handschrift auch Autoren zu subjektivieren, weil deren Handschrift ihre Persönlichkeit ausdrückt. Gleichzeitig lassen Maschinenschriften die Identität von Autoren, ihre Repräsentation in der Schrift, fraglich werden. Insofern verweist Wackernagels Maschinenschrift auf die Krise einer Regierung, eines Subjekts, das nicht mehr (mit sich) eins ist. Wenn der ehemalige Sekretär im Zeitalter der Schreibmaschine auf das »Vorhandensein wirklicher Kanzleimässiger« Schrift, auf Protokolle mit »einer schönen lesbaren Handschrift auf gutem haltbaren Papier« pocht, dann scheint ihm die Fiktion einer souveränen, unmittelbaren Regierung notwendig – gerade weil diese ihre Souveränität verloren hat.

In der Tat lässt sich das 19. Jahrhundert als fortschreitender Souveränitätsverlust der Basler Regierung beschreiben: Verlust der Landschaft 1833, Einschränkung der Autonomie durch die Bundesverfassung 1848, endgültiger Verlust der Souveränität 1875. Mit der Verfassungsrevision von 1875 endete das jahrhundertealte Ratsherrenregiment, das in Basel als souveräne Macht geamtet hatte,[38] und damit auch das Kollegialprinzip der Verwaltung, das politische Entscheide exklusiv in einem Kollegium fällte.[39] Die politische Macht wanderte vom großbürgerlichen ›Patri-

---

36 | Christoph Hoffmann: »Schreibmaschinenhände. Über ›typographologische‹ Komplikationen«, in: Davide Giuriato/Martin Stingelin/Sandro Zanetti (Hg.), »SCHREIBKUGEL IST EIN DING GLEICH MIR: VON EISEN«. Schreibszenen im Zeitalter der Typoskripte, München: Wilhelm Fink 2005, S. 153-167, hier, S. 158.
37 | Ch. Hoffmann: Schreibmaschinenhände, S. 159.
38 | Vgl. Regina Wecker: »Vom Anfang des 19. bis zum Anfang des 20. Jahrhunderts«, in: Georg Kreis/Beat von Wartburg (Hg.), Basel – Geschichte einer städtischen Gesellschaft, Basel: Christoph Merian 2000, S. 196-224, hier S. 220ff.
39 | Rainer Polley: »Kollegialprinzip und Geschäftsgang im 19. Jahrhundert. Eine verfassungs- und verwaltungsgeschichtliche Fallstudie zur Aktenkunde«, in:

ziat‹ in die Hände des Freisinns.[40] Souverän war nun das Volk bzw. im
Klartext »die im Kanton [...] wohnhaften männlichen Schweizerbürger,
welche das 20. Altersjahr zurückgelegt haben«.[41] Basel erhielt eine De-
partementalverwaltung, der ein siebenköpfiger Regierungsrat vorstand,
wobei jeder Regierungsrat eines von sieben Departementen leitete. Das
ist die Geburt der Bürokratie in einem verwaltungstechnischen Sinne:
»eine Organisationsform der Behörde, in der die nach außen gerichtete
Entscheidungsgewalt nur ihrem Leiter zusteht«, der sie »entweder allgemein selbst ausübt« (Büroprinzip im weiteren Sinne) oder »widerrufbar
auf die einzelnen Sachgebietsleiter seiner Behörde [...] delegieren kann
(Bürosystem im engeren Sinne)«. Neu wird »am Schreibtisch im Amts-
zimmer, und nicht wie beim Kollegialprinzip die Regel – am Beratungstisch im Konferenzzimmer verwaltet«.[42] Seit 1905 wählt das Volk den Regierungsrat im Proporzverfahren. Nach und nach verlor der Freisinn sein
Regierungsmonopol, so dass Basel 1916 von zwei Liberal-Konservativen,
zwei Sozialdemokraten, zwei Freisinnigen und einem Parteilosen regiert
wurde.[43] Die Demokratisierung der politischen Repräsentation, die mit
der Alphabetisierung der Bevölkerung, der Demokratisierung der Schrift
einherging,[44] führte zur (Aus-)Differenzierung und Heterogenisierung
der Regierung. Weil im 19. Jahrhundert jeder lesen und schreiben lernte,[45] hörte Schreiben auf, eine Herrschaftstechnik erlesener Sekretäre zu
sein. Schreiben verlieh nicht mehr ständische Herrschaftsmacht, sondern wurde zum Medium der Macht, zur »Schriftmacht«.[46] Akten und
Protokolle regieren politisch souveräne Subjekte, die sich ebenso selbst
verwalten, wie auch schreiblesend selber intervenieren und Macht ausüben können.

Der »Wert und die unleugbare Notwendigkeit einer schönen lesbaren
Handschrift auf gutem haltbaren Papier« überragt denn auch unabweis-

---

Archiv für Diplomatik, Schriftgeschichte, Siegel- und Wappenkunde 42 (1996),
S. 445-488, hier S. 446.

**40** | Vgl. zur »patrizischen« Struktur und der Neuen Elite Philipp Sarasin: Stadt
der Bürger. Bürgerliche Macht und städtische Gesellschaft, Basel 1846-1914, 2.
überarbeitete und erweiterte Auflage, Göttingen: Vandenhoeck & Ruprecht 1997,
S. 91-119.

**41** | § 19 der Kantonsverfassung vom 10. Mai 1875.

**42** | R. Polley: Kollegialprinzip und Geschäftsgang im 19. Jahrhundert, S. 446f.

**43** | Vgl. die Liste der Regierungsräte auf www.staatsarchiv.bs.ch/geschichte-
basels/liste-der-regierungsraete.htm (4.3.2011).

**44** | Vgl. zur Politik der Alphabetisierung der Bevölkerung C. Vismann: Akten,
S. 226f.

**45** | Vgl. Alfred Messerli: Lesen und Schreiben 1700 bis 1900. Untersuchung
zur Durchsetzung der Literalität in der Schweiz, Tübingen: Max Niemeyer 2002,
S. 300-318.

**46** | Michel Foucault: Überwachen und Strafen. Die Geburt des Gefängnisses,
übersetzt von Walter Seitter, Frankfurt a.M.: Suhrkamp 1976, S. 244.

bar das einzige Argument, das Wackernagel gegen die Handschrift des Protokolls zu Ohren gekommen ist. »Wenn, wie gesagt wurde«, die Handschrift »nicht leicht zu lesen ist«, dann kann das nur an der Inkompetenz des Kanzleipersonals liegen, dessen Aufgabe schreiben heißt. Somit ist auch das Argument, dass die Maschinenschrift besser lesbar ist, erledigt. Der Staatsarchivar kann seinen Bericht folglich mit einer ›Schreibmaschinenbedenklichkeit‹ schließen:

»Ich würde die Einführung der Maschinenschrift, deren weitgehende Anwendung für Akten mir schon jetzt zum mindesten bedenklich erscheint, beim Ratsprotokoll für einen Fehler halten und rate dringend davon ab, dieses Experiment zu machen./Sollten aber wirklich persönliche oder sachliche Gründe bestehen, die dem Schreiben des Ratsprotokolls in herkömmlicher Weise entgegen sind, so würde sich das Drucken der Protokolle empfehlen. Andere Regierungen (Baselland, Zürich etc.) haben meines Wissens schon seit Jahren gedruckte Protokolle.«[47]

Wackernagel hält die Maschinenschrift beim Protokoll für einen Fehler und rät dringend von ihr ab. Die Maschinenschrift bei Akten hingegen erscheint ihm nur »bedenklich«. Maschinengeschriebene Akten aber einfach zu verbieten, hält der ehemalige Sekretär offenbar für ebenso bedenklich. Zumindest bleibt er unentschieden in dieser Frage. Dieses Zögern steht in Zusammenhang mit einer anderen Unentschiedenheit, die Wackernagels Schreiben durchzieht. Wackernagel schreibt konsequent aus der Optik der Schrift. Er argumentiert gegen die Maschinenschrift, nicht gegen das Maschinenschreiben, er plädiert für die Handschrift, nicht bzw. nur einmal metaphorisch für das Schreiben mit der Hand. Sein eigenes Schreiben, den mechanisierten Schreibakt, blendet der Archivar aus. Die schreibmaschinentechnische Dissoziation von Körper und Schrift verstellt offenbar den Blick auf den Vorgang des Schreibens, so dass Akten und Protokolle nicht als Vorgänge, sondern bloß als Output behandelt werden. Im Unterscheid zu einem Schriftsteller wie Robert Walser, der seine ›Schreibmaschinenbedenklichkeit‹ mit einem Bleistift mikrographisch skizziert hat und so »eine Erfahrung des Schreibens mit[teilt], die aus der konsequenten *Umschreibung* und damit der *Umgehung* des mechanischen Schreibens entsteht«,[48] teilt der Staatsarchivar in seiner ›Schreibmaschinenbedenklichkeit‹ eine Kritik des Verwaltungsschriftguts mit, die aus der konsequenten Anwendung des mechanischen Schreibens hervorgeht. Im Unterschied zur Poetologie von »Schreib-Szenen«, in denen sich das Schreiben »in seiner Hetero-

**47** | StABS: Räthe und Beamte Q 1. Copie/Konzept des Staatsarchivars vom 2.1.1916, Typoskript.

**48** | Vgl. die Lektüre von Wolfram Groddeck: »Robert Walsers ›Schreibmaschinenbedenklichkeit‹«, in: Giuriato/Stingelin/Zanetti (Hg.), »SCHREIBKUGEL IST EIN DING GLEICH MIR: VON EISEN« (2005), S. 169-182, hier S. 182.

genität und Nicht-Stabilität an sich selbst aufzuhalten beginnt, thematisiert, problematisiert und reflektiert«,[49] zielen »Schreibszenen« im Büro auf instrumentelles Schreiben, d.h. auf das reibungslose Verfassen von Texten, das sich gerade nicht an Widerständen des Schreibakts aufhalten soll. Insofern macht es durchaus Sinn, wenn Wackernagel sich eines Schreibinstruments bedient, das die Aufmerksamkeit auf den Vorgang des Schreibens tendenziell verstellt.

## MASCHINENSCHREIBEN

Wenn der Archivar als letzte Möglichkeit das Drucken der Protokolle der Maschinenschrift vorzieht, ruft er damit ihren zweiten technologischen Gegenspieler auf den Plan und ein kulturtechnisches Dispositiv a.D. an: »Die Druckschrift – ihrerseits wieder verdoppelt in deutschen und lateinischen Lettern – mußte nur gelesen werden, die Handschrift mußte geschrieben (und gelesen) werden.«[50] Handschrift verweist auf Schreibakte; Druckschrift auf Lektüre und Veröffentlichung, sie wird nicht geschrieben, sondern gesetzt. Im Fin de Siècle bringt die Maschinenschrift dieses komplementäre Dispositiv zu Fall. Mit der Schreibmaschine können Sekretäre und Sekretärinnen Gedrucktes auch selber schreiben, sie können nun gleichermaßen Geschriebenes und Gedrucktes lesen und schreiben. Die Kulturtechniken Lesen und Schreiben verteilen sich nicht mehr auf eine eindeutig zugeordnete, charakteristische Technologie und Schrift, Presse/Druckschrift/Fraktur und Feder/Handschrift/Kurrent, sondern erhalten mit der Schreibmaschine eine doppelte Konkurrentin: Hände schreiben oder tippen Briefe und Berichte, Augen lesen gedruckte wie getippte Berichte und handschriftliche wie getippte Briefe. Handschrift und Druckschrift werden gleichermaßen gelesen und geschrieben. Maschinenschrift ersetzt nicht nur die Handschrift, sondern auch die Druckschrift.

Damit einher geht auch die Umstellung von Fraktur auf Antiqua, von deutscher Kurrentschrift auf lateinische Schrift. Mit dem Vormarsch der Antiqua, der lateinischen Schrift, die in Basel seit 1883 und bis 1898 sogar als erste Schulschrift unterrichtet worden ist, gleichen sich auch gedruckte und geschriebene Schrift an. Eine Schriftenquete des Erziehungsdepartements »bezüglich Schreibart im Geschäftsverkehr« bei »150 Firmen (Banken, Fabriketablissements, kaufmännische Geschäfte etc.) der Stadt

---

**49** | Martin Stingelin: »›Schreiben‹. Einleitung«, in: ders. (Hg. in Zusammenarbeit mit Davide Giuriato und Sandro Zanetti), »Mir ekelt vor diesem tintenklecksenden Säkulum«. Schreibszenen im Zeitalter der Manuskripte, München: Wilhelm Fink 2004, S. 7-21, hier S. 15.

**50** | Heinrich Bosse: »›Wie schreibt man Madam?‹ Lenz, *Die Soldaten* I/1«, in: Stingelin, »Mir ekelt vor diesem tintenklecksenden Säkulum« (2004), S. 70-85, hier: S. 72.

Basel« im April 1915 fördert zu Tage, dass mehr als 80% der abgehen-
den und aus Deutschland, Österreich und der Schweiz eingehenden
Geschäftskorrespondenz auf der Schreibmaschine getippt und die rest-
liche Korrespondenz ebenso in deutscher wie in lateinischer Schrift geschrieben wird.[51] Das Antwortschreiben einer Firma präzisiert, dass der
Handschrift »insofern noch große Bedeutung zu[kommt]; sobald es sich
um Arbeiten handelt, wozu die Schreibmaschine nicht verwendet werden
kann. In allen diesen Fällen ist der Einheitlichkeit und Sauberkeit wegen
der lateinischen Schrift der Vorzug zu geben«.[52] Grundsätzlich wird also
mit der Maschine geschrieben, nur wenn das nicht möglich ist, mit der
Hand. Dabei wird »Einheitlichkeit und Sauberkeit«, die auch die Maschinenschrift charakterisiert (die überdies Tintenkleckse gar nicht erst vermeiden muss), zur Eigenschaft der lateinischen Schrift, der Antiqua, in
deren Lettern auch Maschinen schreiben. Deshalb wird der lateinischen
Schrift vermehrt der Vorzug gegeben – auch in der Basler Verwaltung, deren Beamte und Sekretäre seit Ende des 19. Jahrhunderts fast ausnahmslos in lateinischer Schrift schreiben.

Nachdem Wackernagel das Konzept in seine Schreibmaschine getippt hat, trägt er in einem zweiten schreiblesenden Schritt von Hand
seine wenigen Änderungen ein, z.B. fügt er in »Aesserungen« zwischen
Ae und ss ein handschriftliches *u* ein, überschreibt an anderer Stelle die
»Ersten Produkte dieser Kunst« zu »*frischen* Produkte[n] dieser Kunst«
(gemeint ist das Maschinenschreiben), fügt ein *n* und ein *es* in »des für
Schreibmaschinen dienliche*n* Papier*es*« hinzu, präzisiert eine Passage
mit der Einfügung »*auf der Maschine etwa*«. Dieser zweifache Schreible-
se-Vorgang, Tippen mit der Maschine und Korrigieren von Hand, wiederholt sich in der Reinschrift, die Wackernagel ebenfalls selbst besorgt. Bei
ihrer Ausfertigung auf dem offiziellen Papierbogen mit dem Vordruck
»STAATSARCHIV DES KANTONS BASEL-STADT.« entscheidet sich
der Archivar für weitere Änderungen: Aus »h. Regierungsrates« wird
»H. Regierungsrates«, aus dem Einspruch gegen das »Vorgehen« wird
der Einspruch gegen das »Vorhaben«. Wackernagel scheint weniger das
»Vorgehen« zu missfallen, als vielmehr das »Vorhaben«, nicht das Verfahren des Maschinenschreibens bzw. der Staatskanzlei will er anfechten,
sondern die Maschinenschrift des Regierungsrat-Protokolls. Die Reinschrift des Berichts ist folglich mehr als eine reine Abschrift, sie differiert
signifikant mit der Korrektur des Konzepts. In einem letzten schreiblesenden Durchgang bereinigt der Jurist auch noch die Reinschrift von
Hand: Die »frischen Produkte« ändert er nun in die »*frühesten* Produkte«, »Schriftfähigkeit« korrigiert er zu »Schr*eib*fähigkeit«, in »*P*apier« be-

---

**51** | J. Gysin: Die Schriftverhältnisse der Schulen des Kantons Basel-Stadt, Zü-
rich: Druck von Zürcher & Furrer 1916, S. 249.

**52** | Zitiert nach J. Gysin: Schriftverhältnisse, S. 252f.

seitigt er einen Tippfehler.[53] Indem sie dem Bericht seine abschließende
Gestalt verleiht, verkörpert die Reinschrift die Umschrift des Konzepts.
Sie ist mehr als eine Kopie des Konzepts, nur schon weil Wackernagel das
Konzept mit einem roten Stift als »Copie« kennzeichnet. Dieser Vermerk
kommt dem Akt des Cancellierens gleich, der die Reinschrift zum unver-
wechselbaren Original macht.[54] Der Copie-Vermerk weist den Entwurf
erst als Konzept aus, das dem Original vorausgeht, und stellt zugleich
dessen Kopie dar.

Der Entwurf und die Reinschrift des Berichts verkörpern die zwei
grundlegenden Schreibroutinen der Verwaltung. Diese Routinen korrespondieren mit zwei unterschiedlichen Schreibmaschinentypen:

*»Die öffentl. Verwaltung benutzt in ihren Bureaux Maschinen mit sichtbarer und
solche mit nicht sichtbarer Schrift. Bei der Auswahl unter diesen Haupttypen
der Schreibmaschinen hat man auf die Art der Benutzg der betr. Maschine ab-
zustellen. [...] Derartige [verdecktschreibende, SN] Maschinen sind demnach
vorzuziehen, wenn auf ihnen auch~~den~~ sog. ›Durchschläge‹ (Vervielfältigungen)
gemacht werden. [...] Sollte aber eine Maschine ~~die Bestimmung~~ Zahlen- (Ta-
bellen-) oder Concipierarbeiten, ganz oder meistens zu dienen haben, so würden
wir, den auf unserem Stat. Amt gemachten Erfahrungen gemäss Maschinen mit
sichtbarer Schrift dafür vorziehen. Denn bei diesen Arbeiten ist ein steter Überblick über das bereits Geschriebene sehr erwünscht.«*[55]

Bei Reinschriften und Durchschlägen gilt die Aufmerksamkeit der Vor-
lage oder Vorschrift, das gerade Geschriebene braucht folglich nicht
sichtbar zu sein. Deshalb verwendet die Basler Verwaltung für Durchschläge, wie der damalige Kanzleivorsteher Adolf Schneider 1907 in seinem Bericht über die Verwendung von Schreibmaschinen in der Basler
Verwaltung ausführt, Schreibmaschinen der Marken Remington, Smith
Premier und Yost; während Konzepte, die den Abgleich mit dem gerade Geschriebenen erfordern, auf Underwood-Schreibmaschinen getippt
werden. Schreibmaschinen prozessieren Teile von Schreibroutinen, sie
leisten einen Teil des Schreibprozesses selber: zum einen als Schreibins-
trument, das mechanisch den Tastendruck von Schreibmaschinenhän-
den auf Typen überträgt, die schließlich Buchstaben auf Papier drucken.
Technisch gesehen schreiben nicht mehr Hände, sondern Typen (die
Farbe vom Band auf Papier) drucken. Zum anderen (unter)stützen und
ermöglichen Schreibmaschinen neue Verwaltungspraktiken und -rou-
tinen. Zum Schreiben von Konzepten verwenden Sekretäre Maschinen

---

**53** | StABS: Räthe und Beamte Q 1. Uebergang vom Handgeschriebenen zur
Maschinenschrift des Protokolls. Bericht des Staatsarchivars vom 3.1.1916,
Typoskript.

**54** | Vgl. dazu C. Vismann: Akten, S. 44.

**55** | StABS: Räthe und Beamte V 4. Bericht der Staatskanzlei an die Finanzdirek-
tion des Kantons Aargau, 17.5. 1907, Manuskript.

mit sichtbarer Schrift, um zu überblicken, was sie bereits geschrieben haben. Die Dissoziation von schreibendem Körper und Textträger distanziert »das maschinell Geschriebene« schon in der Phase der Produktion, macht es, wie Gottfried Benns Skizze seiner drei Arbeitstische reflektiert, »dem Urteil zugängig, bereitet das Objektive vor«. Mit anderen Worten: »Der entscheidende [Tisch] ist der mit der Schreibmaschine«.[56] Der Schreibmaschine kommt eine entscheidende Funktion zu, sie (unter) stützt die administrative Funktion des Entscheidens, die selber nichts weiter ist als »eine Kommunikation, die an andere Kommunikationen adressiert wird (so, wie die eine Akte auf eine andere Akte verweist und jeder Akt einen anderen Akt fordert und abweist zugleich)«. Eine Entscheidung stellt eine Spezifizierung, »eine Engführung, eine Auszeichnung von Adressen, Inhalten, Bedingungen und Anschlußmöglichkeiten« dar.[57]

Das mechanisierte Schreiben trennt außerdem den Akt des Konzipierens technologisch vom Akt des Korrigierens, es bereitet »die Rückstrahlung vom einfallsbeflissenen zum kritischen Ich vor«.[58] Während mit der Hand Schreiben und Korrigieren im selben Schreibvorgang möglich sind, weil die Feder problemlos vor und zurück gleiten kann, sind die Korrekturmöglichkeiten auf der Schreibmaschine zu dieser Zeit minimal. Zudem verkomplizieren das Aus- und exakte Wiedereinspannen eines Papierbogens eine fortlaufende Korrektur zusätzlich, so dass diese erst nach der Fertigung des Schreibens sinnvoll möglich ist. Wenn Konzipierarbeiten »ein[en] stete[n] Überblick über das bereits Geschriebene« erfordern, darf dieser Überblick nicht durch Korrekturarbeiten verstellt werden. Aus diesem Grund muss der Konzipist vor dem Schreiben seinen Text schon kennen bzw. ihn mit dem Geschriebenen stets abgleichen. Die Schreibmaschine zwingt ihn zur »Innervation«, zur Verinnerlichung seines Textes, was die spärlichen Korrekturen in Wackernagels Entwurf auch belegen.

Der Umstand, dass die Schreibmaschine Geschriebenes objektiviert, verweist darauf, dass Maschinen nicht umsonst wie gedruckt schreiben:

**56** | Gottfried Benn: »›Schreiben Sie am Schreibtisch?‹« [1952], in: ders., Sämtliche Werke, Bd. VI: Prosa 4, in Verbindung mit Ilse Benn hg. von Holger Hof, Stuttgart: Klett-Cotta 2001, S. 95-96, hier S. 95. Weitere Belege in Catherine Viollet: »Mechanisches Schreiben, Tippräume. Einige Vorbedingungen für eine Semiologie des Typoskripts«, in: Giuriato/Stingelin/Zanetti (Hg.), »SCHREIBKUGEL IST EIN DING GLEICH MIR: VON EISEN« (2005), S. 21-47, hier S. 41ff.

**57** | Dirk Baecker: »Durch diesen schönen Fehler mit sich selbst bekannt gemacht«, in: ders., Organisation und Management. Aufsätze, Frankfurt a.M.: Suhrkamp 2003, S. 18-40, hier S. 33.

**58** | G. Benn: ›Schreiben Sie am Schreibtisch?‹, S. 95f.

Sie schreiben Texte[59] mit den Mitteln des Buchdrucks.[60] Texte sind seit den Manuskripten der Scholastik vom physischen Objekt, vom Schriftstück, losgelöste Abstraktionen, die Gedanken sammeln und spiegeln, um die Welt außerhalb zu beschreiben. Auf der Schreibmaschine werden Akten und Protokolle zu einem neuen Format von Texten, das »keinen Anspruch darauf erheben kann, eine Metapher oder ein Original von der Hand eines Autors zu sein«.[61] Akten und Protokolle dokumentieren dann Verhandlungen und Beschlüsse nicht mehr souveräner (Kollektiv-)Subjekte, sondern einer anonymen Bürokratie, deren Texte dem Urteil des Souveräns erst nachträglich zugänglich sind. Die Mittel des Buchdrucks wiederum machen Akten unveränderbar und mobilisierbar, indem auf der Schreibmaschine zum ersten Mal in der Geschichte der Verwaltung in einem Durchgang viele identische Kopien hergestellt werden können.[62] Verhältnismäßig früh operiert die Basler Verwaltung mit Durchschlägen, die Abschriften überflüssig machen, weil auf der Schreibmaschine Reinschrift und Kopien das Produkt ein und desselben Schreibvorganges sind, d.h. Durchschläge auf Seidenpapier dank des Verfahrens mit Kohlestaub beschichtetem Durchschlagpapier.[63]

## BÜROKRATIE

Die Mobilisierung und Unveränderbarkeit von Akten hat weitreichende Folgen für die Verwaltung. Mobilisierung und Unveränderbarkeit führen zur Vervielfachung von Akten und Informationen. Ein Bericht muss nicht mehr von einem Beamten mittels Boten zum nächsten Beamten zirkulieren, bis alle zuständigen Stellen ihn gelesen und verarbeitet haben. Um eine Stellungnahme einzuholen, können alle zuständigen Stellen direkt mit einer identischen Kopie angeschrieben werden. Außerdem führen identische Kopien dazu, dass alle Stellen auf dem exakt gleichen Wissensstand sind. Schließlich führt die Vervielfältigung von Aktenstücken zu einer Redundanz der Informationen in der Verwaltung, die eine Büroreform der Verwaltung, die Einrichtung einer veritablen Bürokratie nicht nur nach sich zieht, sondern erst möglich macht. »Mit Kabinettsorder vom 19. Januar 1917 wird der Staatsminister und Präsident des Oberverwaltungs-

---

**59** | Vgl. dazu Ivan Illich: Im Weinberg des Textes. Als das Schriftbild der Moderne entstand, aus dem Englischen von Ylva Eriksson-Kuchenbuch, Frankfurt a.M.: Luchterhand 1991, S. 121-133.

**60** | Vgl. dazu Elizabeth Eisenstein: The Printing Press as an Agent of Change, Cambridge: Cambridge University Press 1979, S. 508ff.

**61** | I. Illich: Im Weinberg des Textes, S. 125.

**62** | Vgl. dazu B. Latour: Drawing Things Together, S. 272.

**63** | Vgl. JoAnne Yates: Control through Communication. The Rise of System in American Management, Baltimore/London: John Hopkins University Press 1989, S. 45-50.

gerichts Bill Drews, einer der letzten Minister des Kaiserreichs und bis 1937 preußischer Beamter, zur Vorbereitung einer Verwaltungs- und Büroreform eingesetzt.«[64] Diese *Büroreform als Teil der Verwaltungsreform*, wie die programmatische Schrift von Hermann Haußmann lautet, ist konzipiert als eine »Reform der Regeln [...], die sich auf Empfang, Lauf, Verwahrung, Suchen und Wiederfinden der Schriftstücke und die Abfertigung der Schreiben beziehen, also die Reform des Registratur- und Kanzleiwesens«.[65] Dabei gilt: Wenn immer möglich »verwahrt und verwaltet der Expedient selbst die Akten«, nicht mehr die Registratur zentral.[66] Büros im Plural lösen die eine Kanzlei ab. Diese Dezentralisierung der Verwaltung, die auch eine Bürokratisierung der Verwaltung darstellt, ist nur möglich, weil der Expedient, ob er nun Sekretär oder Beamter ist, die Akten in seinem Büro verwahren kann. Erst die Durchschläge der Schreibmaschine liefern die dazu notwendige Vielfalt von Akten. Nur einzigartige Akten müssen zentral verwaltet werden, identische Kopien können Expedienten ruhig in ihren Büros bearbeiten und aufbewahren, ohne dass ein anderer dieselben Akten vermissen würde. Zugleich verstärkt die Multiplikation der Akten »die Unbestimmtheit der übertragenen Informationen«, und zwar gerade wegen ihrer Bürokratisierungseffekte, wie der Bürosoziologe Theo Pirker bereits 1962 analysiert hat: »Die Leichtigkeit der Übertragung, die Reproduktion und Stapelung von Informationen haben die Informationssysteme der Verwaltungen zu undurchschaubaren Gebilden gemacht, in denen die Intensität der Kommunikation zugenommen, die Qualität der Informationen aber abgenommen hat.«[67] So viel zur Realität einer *écriture automatique* von Schreibmaschinen.

Schreibmaschinen sind folglich in aller Ambivalenz Katalysatoren des Büroprinzips der Verwaltung. Laufende Verwaltung und Verhandlungen müssen im Büro, auf dem Schreibtisch, unterbrochen werden, damit Beamte und Sekretäre Akten beschreiben und wieder weiterleiten können. Der Schreibtisch ist mit anderen Worten ein Relais, das die Aktenzirkulation notwendig unterbricht, damit es (weitere, zusätzliche) Akten überhaupt geben kann.[68] Dass Akten folglich liegen bleiben (können), ist Bedingung ihrer Möglichkeit. Auf der zweidimensionalen Oberfläche von Schreibtischen und Akten, d.h. auf Unterlagen, gründen moderne Verwaltungen,

---

**64** | C. Vismann: Akten, S. 272.

**65** | Arnold Brecht: Die Geschäftsordnung der Reichsministerien, ihre staatsrechtliche und geschäftstechnische Bedeutung; zugleich ein Lehrbuch der Büroreform. Schriftenreihe des DIWIV (Deutsches Institut für wirtschaftliche Arbeit in der öffentlichen Verwaltung), Bd. 1, Berlin: Carl Heymanns Verlag 1927, S. 18.

**66** | A. Brecht: Die Geschäftsordnung der Reichsministerien, S. 22.

**67** | Theo Pirker: Büro und Maschine. Zur Geschichte und Soziologie der Mechanisierung der Büroarbeit, der Maschinisierung des Büros und der Büroautomation, Basel: Kyklos 1962, S. 56.

**68** | Vgl. Bernhard Siegert: Relais. Geschicke der Literatur als Epoche der Post, 1751-1913, Berlin: Brinkmann & Bose 1993, S. 16f.

die deshalb zu recht Bürokratien heißen. Flach sind Schreibtische allerdings erst in der Moderne geworden, denn es »war kaum möglich, sitzend
Einträge in die grossflächigen Folianten zu machen«.[69] Protokolle, wie
die des Regierungsrats, wurden an Stehpulten ins Reine geschrieben. Im
Gegensatz dazu ist der »moderne Schreibtisch«, wie der Verwaltungsexper-
te Frank Gilbreth und die Organisationspsychologin Lillian Gilbreth 1916
schreiben, »darum vollkommen flach, ohne jeden Aufbau und ohne kleine
Fächer zum Aufstapeln aller möglichen und unmöglichen Dinge, weil er so
am besten mit den Arbeitsverfahren der heutigen neuzeitigen Verwaltungspraxis übereinstimmt«.[70] Schreibtische mit Aufbau und kleinen Fächern
hießen wie ihre Benutzer: Sekretäre. Die Arbeitsverfahren der neuzeitigen
Verwaltungspraxis hingegen setzen auf Ausdifferenzierung: »Die in Quad-
rate eingeteilte Tischoberfläche dient zur Normalisierung der Bewegungen,
d.h. der Handgriffe nach den Schreibgeräten wie Bleistift, Tinte, Federhalter
usw., die ihren Normalplatz haben. Die ausgezogene Schublade zur Linken
dient der Aufnahme von Bureaumaterialien und ist mit Reservevorräten
versehen.«[71] In den 1920er Jahren befinden sich Schubladen aus Gründen
der Rationalität unter dem Schreibtisch und dienen nur mehr als Vorrats-
kammern für Schreibgeräte, Büroklammern, Papier und andere Büromaterialien. Die Akten laufender Geschäfte werden nicht mehr horizontal in
Fächern, sondern vertikal in Hängeregistern oder Stehordnern abgelegt.[72]
Die Tischoberfläche gehört exklusiv den Schreibgeräten, weshalb sie flach
ist, und für Schreibmaschinen ein eigener Tisch reserviert ist. Folgerichtig
tragen schreibende Angestellte im tayloristischen Amerika nicht den Namen ihres Arbeitsplatzes, sondern ihres Schreibgeräts: *Typewriter*.[73]

Die Oberfläche von Schreibtischen korrespondiert exakt mit der zweidimensionalen Schreibfläche von Papieren. Papier ist dann nicht mehr
bloß ein Kommunikations- und Speichermedium, sondern auf Grund seiner Zweidimensionalität ein Verfahrensprinzip. Auf Papier werden Daten
geschrieben oder getippt. Das ist keine Selbstverständlichkeit. Daten sind
im Wortsinn Gegebenheiten, die auch nicht mehr gegeben sein können.[74]
Daten ist ein Verfallsdatum eingeschrieben. Um auf dem Stand der Dinge zu sein, müssen Büros neue Daten produzieren, d.h. auch alte Daten

**69** | Josef Zwicker: »Der Arbeitsplatz von einst um 1890 und 1930«, in: Perso-
nalinformation Basel-Stadt, Nr. 66 (April 1987), S. 6.

**70** | Frank B. Gilbreth/Lillian M. Gilbreth: Ermüdungsstudium. Eine Einführung in
das Gebiet des Bewegungsstudiums, übersetzt von Irene M. Witte, Berlin: Verlag
des Vereines deutscher Ingenieure 1921 [engl. 1916], S. 37.

**71** | F.B. Gilbreth/L.M. Gilbreth: Ermüdungsstudium, Tafel II, Abb. 4.

**72** | Vgl. dazu J.A. Yates: Control Through Communication, S. 28-39.

**73** | Vgl. Friedrich A. Kittler: Grammophon/Film/Typewriter, Berlin: Brinkmann
& Bose 1986, S. 273.

**74** | Vgl. zu einer Wissensgeschichte der Daten(verarbeitung): David Gugerli et
al. (Hg.): Daten, (Nach Feierabend. Zürcher Jahrbuch für Wissensgeschichte, Bd.
3), Zürich: diaphanes 2007.

überschreiben. Löschen, Überschreiben, oder in Amtssprache: Cancellieren, sind »Praktiken [...] der Platzverschwendung«, weil sie »substantiell mit der Extension der Schreibfläche rechnen«, sie benötigen daher einen Datenträger, der im Unterschied zu Pergament »billig genug ist, um eine solche Verschwendung von Ressourcen zu ermöglichen. Es muß Papier sein«.[75] Aus diesem Grund, der Verschwendung bzw. massenhaften Verwendung von Papier, ist eines der raumgreifendsten Probleme der Verwaltung im Zeitalter der Schreibmaschine die Makulatur.[76]

Wenn »[m]it der Maschine schreiben, heißt [...], durch Leerräume voneinander getrennte Zeichen zu Papier zu bringen, für die gilt, daß nichts *an ihnen* von vornherein auf einen zeit-räumlichen Zusammenhang untereinander hinweist«,[77] dann korrespondiert mechanisiertes Schreiben mit neuzeitlicher Büro-Organisation.[78] Am Schreibtisch im Büro sind Ablagesysteme, Akten (lose Blätter statt Papierbögen), Büromaterialien und Schreibgeräte fein säuberlich von einander getrennt. Wann immer ein Angestellter oder eine Sekretärin etwas bearbeiten will, müssen sie diese Gegenstände auf dem Schreibtisch zusammenbringen und nach getaner Arbeit wieder trennen, die Geräte versorgen, die Akten wieder ablegen, expedieren oder vernichten. Nichts ist so einfach zu verlieren und so schwer wieder zu finden wie lose Blätter, die infolge der Schreibmaschine Folianten und Papierbögen verdrängt haben. Diese Blätter ermöglichen eine Ordnung jenseits chronologischer Register, die in Buchform eingehende und abgehende Akten oder Urkunden verzeichnet haben. Eine Ordnung nach dem Sachprinzip wird nun machbar, Akten eines Geschäfts können am selben Ort, in einem Aktenordner, einem Dossier oder einem Hängeregister verwahrt werden.

> »Maschinenschriften könnten uns deshalb aufgeben, Schreiben als Verfahren zu denken, das nicht einfach etwas anderweitig Gegebenes festhält, sondern durch Zusammenstellung von Schriftzeichen, Operationen der Anordnung und Prozesse der Umordnung eine Leistung vollbringt, Erfahrungen ermöglicht, Systeme unterhält, Komplexität erzeugt.«[79]

Mechanisierte Sekretäre fordern nur noch selten Akten aus der Registratur der Kanzlei an, in Basel nur, wenn sie länger als drei Jahre zurückliegen. Ihre Akten befinden sich prinzipiell im Büro. Wenn Maschinenschreiben folglich die Kulturtechniken des Zusammenstellens, Anordnens, Umord-

---

**75** | B. Siegert: Passage des Digitalen, S. 62.

**76** | Vgl. dazu das Faszikel StABS: Räthe und Beamte V 4. Obrigkeitliche Drucksachen, Bureaumaterialien, Makulatur etc., 1910-1919, das fast ausschließlich Dokumente enthält, die das Problem des Umgangs der Basler Verwaltung mit der Makulatur betreffen.

**77** | Ch. Hoffmann: Schreibmaschinenhände, S. 166.

**78** | Vgl. dazu Irene M. Witte: Amerikanische Büro-Organisation, München/Berlin: Druck und Verlag von R. Oldenburg 1925, S. 19.

**79** | Ch. Hoffmann: Schreibmaschinenhände, S. 167.

nens in den Blick rückt, dann stehen damit neue Praktiken der Aktenproduktion auf dem Spiel. In einem modernen Büro müssen Sekretäre und Sekretärinnen ihre Informationen nicht mehr von außerhalb einholen. Sie haben ihr eigenes, kleines Archiv, das es ihnen möglich macht, ihre neuen Berichte nicht nur anhand der vorliegenden Akte, sondern darüber hinaus mit Hilfe früherer, einschlägiger Berichte zusammenzuschreiben. Gewiss wurden auch schon im Zeitalter der Manuskripte Berichte und Schreiben zitiert, was sich aber mit der Mechanisierung im Zeitalter der Typoskripte abzeichnet, heißt *copy and paste*. Genau daraus beziehen Akten und Büros Bruno Latour zufolge ihre Macht. Dass»sie in einer Kaskade aufgestellt werden können: Akten über Akten können erzeugt werden und man kann diesen Prozess fortsetzen, bis einige Menschen Millionen betrachten, als wären sie in ihrer Handfläche«.[80]

## SCHREIBMASCHINEN

Wie geht die Geschichte über die Maschinenschrift des Regierungsratsprotokolls aus? Das Departement des Innern hat den Bericht von Wackernagel an die Staatskanzlei weitergeleitet. Der Vorsteher der Kanzlei, Hermann Matzinger, J. U. D., antwortet seiner vorgesetzten Stelle am 18. Januar mit einem maschinenschriftlichen Bericht, dem»diverse Akten« beiliegen. Der Bericht basiert auf einem handschriftlichen Konzept, datiert vom selben Tag, obwohl die Staatskanzlei seit Mai 1913 neben»drei Schreibmaschinen (System Yost)« auch im Besitz»einer Underwoodmaschine« ist.[81] Der Bericht simuliert folglich den vorgeschlagen Ausfertigungsmodus des Regierungsratsprotokolls. Denn Matzinger, der als Vorsteher der Kanzlei zugleich Sekretär des Regierungsrats ist,[82] wird die Sitzungsnotizen nach wie vor mit der Hand anfertigen. Lediglich die Reinschrift des Protokolls soll der Kanzleisekretär Adolf Kölner jr. in Zukunft auf der Schreibmaschine tippen dürfen, denn:

»Das handschriftliche Nachführen grosser Protokolle, wie sie hier in Frage stehen, ist notorisch eine so eintönige, langweilige und abstumpfende Beschäftigung, dass der Abschreibende wohl oder übel zur ›menschlichen Schreibmaschine‹ wird und darum in solchen Fällen die Verwendung einer ›wirklichen

---

80 | B. Latour: Drawing Things Together, S. 296.

81 | StABS: Räthe und Beamte V 4. Bericht des Departementes des Innern über die Anschaffung einer Schreibmaschinen für die Staatskanzlei, 3.5.1913, Typoskript mit Regierungsratsbeschluss vom 10.5.1913, Typoskriptdurchschlag auf Seidenpapier.

82 | Verzeichnis der Behörden und Beamten des Kantons Basel-Stadt sowie der Schweizerischen Bundesbehörden für das Jahr 1916, S. 17.

Schreibmaschine‹ das Gegebene ist, es sei denn, dass sich dies aus ganz besondern Gründen verbietet.«[83]

Für die Kanzlisten ist Abschreiben »abstumpfend«, im Gegensatz zu Wackernagel sieht Matzinger darin keine Spur von freier persönlicher Tätigkeit, denn die Tätigkeit des Protokollierens verweist nicht auf die Schreiber selbst, sie sind nur das Medium, das protokollierend von der lenkenden Hand der Regierung zeugt. Viel ökonomischer als ›menschliche‹ sind ›wirkliche‹ Schreibmaschinen, denn sie führen, so das Argument von Matzingers Bericht, zu »[w]esentliche[n] Ersparnisse[n] an Zeit und Arbeitskraft und damit an Besoldungsausgaben, weil das Personal für die Besorgung der anderweitigen, stets sich mehrenden Geschäfte länger verfügbar bleibt und dadurch das Uebel einer Personalvermehrung viel weiter hinausgeschoben werden wird, als dies eben ohne Einführung der Neuerung möglich ist«.[84] Mit dem Einzug der Schreibmaschine erhalten automatisch auch wirtschaftliche Argumente und Rationalisierungshoffnungen Eingang in die Verwaltung. Entscheidend dabei ist weniger, ob die Schreibmaschine tatsächlich ökonomische und Rationalisierungseffekte zeitigt, als vielmehr, dass der Wunsch danach die Einführung von Schreibmaschinen anregt. Damit stehen sich zwei unterschiedliche gouvernementale Verwaltungskonzepte gegenüber: eine auf freier persönlicher Tätigkeit ruhende Verwaltung einerseits (Wackernagel/Archiv) und eine auf Automation und Wirtschaftlichkeit bauende Bürokratie andererseits (Matzinger/Kanzlei).

Die Argumente gegen Dauerhaftigkeit und Haltbarkeit kann der Bericht leicht entkräften, weil die für Maschinen- wie Handschrift gelten. Um die Frage der Maschinenschrift zu ihrem fiktiven historischen Ende zu führen, entwirft der promovierte Jurist Matzinger eine Literaturgeschichte des Schreibens, in der seine zukünftigen Amtsnachfolger »nach Verlauf von Jahrzehnten, wenn nicht von Jahrhunderten« tun, was längst schon evident ist: »die Erzeugnisse des ›tintenklecksenden Säculums‹ auch bei den Regierungsratsprotokollen durch die Produkte des ›Schreibmaschinenzeitalters‹ zu ersetzen.«[85] So klar der Bericht die Widerstände des handschriftlichen Schreibens, die Tintenkleckse, benennt, so tautologisch bleibt er gegenüber den Produkten des Schreibmaschinenzeitalters.

Was den beiden Berichten folgt, ist eine Reihe von Experimenten mit Maschinenschriften zur Ermittlung ihrer Dauer und Haltbarkeit. Bis der Kantonschemiker Prof. Dr. Hans Kreis den Erfolg vermeldet, »dass die mit vorstehend erwähnten Maschinen-Schreibbändern hergestellten Schriften sicher archivalische & dokumentarische Haltbarkeit besitzen &

**83** | StABS: Räthe und Beamte Q 1. Bericht des Vorstehers der Staatskanzlei Basel-Stadt vom 18.1.1916, Typoskript.

**84** | StABS: Räthe und Beamte Q 1. Bericht des Vorstehers der Staatskanzlei Basel-Stadt vom 18.1.1916, Typoskript.

**85** | StABS: Räthe und Beamte Q 1. Bericht der Staatskanzlei vom 18.1.1916, Typoskript.

dass die mit dem Band ›Carters Ideal‹ hergestellte Schrift noch etwas beständiger sein wird, als diejenige mit ›the Webster Star Brand‹«.[86] Dann
bleibt das Dossier drei Jahre liegen – bis eine zusätzliche ›menschliche
Schreibmaschine‹ mit einem Produktionsrückstand von mehr als einem
halben Jahr den promovierten Juristen Matzinger noch einmal beim
Departement des Innern mit der Bitte vorstellig werden lässt, ob nicht
doch »die handschriftliche Ausfertigung des Protokolls durch die maschinenschriftliche zu ersetzen sei«.[87] Die Stellungnahme des Staatsarchivs
fördert wiederum die Wackernagel'schen Gegenargumente zu Tage. In
kanzleimäßiger Handschrift erläutert der neue Staatsarchivar Dr. phil.
August Huber am 2. Mai, dass »in Ansehung der hohen Bedeutung und
außerordentlichen Wichtigkeit desselben als eines Dokumentes erster Bedeutung für die ganze Staatsverwaltung«, nur »die Haltbarkeit des bei der
Ausfertigung des Protokolls verwendeten Materials: des Papiers und der
Tinte« entscheidend sein kann.[88]

Anhand der Berichte, Protokolle und Gutachten verfertigt das Departement des Innern, vermutlich der Departementssekretär Dr. Eduard
Burckhardt,[89] einen eigenen Bericht an den Regierungsrat mittels *copy
and paste* (er zitiert die Berichte und Gutachten nicht), d.h. mittels Anordnung, Umordnung und Zusammenstellung der ihm vorliegenden
Akten: eine Kaskade von Akten, d.h. er zieht Dinge zusammen, indem
er sie homogen und kombinierbar in einer Akte zusammen zeichnet.[90]
Entscheidend ist die »archivalische und dokumentarische Haltbarkeit«
des Protokolls, und weil »aus dem Gutachten von Kantonschemiker Kreis
hervor[geht], dass die benützten Farbbänder diese Haltbarkeit garantieren«, beantragt der Bericht, »dem Begehren der Staatskanzlei zu entsprechen«.[91] Der Bericht geht am 14. Mai als »Ausgang N° 2250« an den Regie-
rungspräsidenten, dieser setzt den Bericht bzw. dessen Durchschlag einen
Tag später »in Zirkulation«.[92] Das Regierungsratsprotokoll von »<u>Freitags,
den 23. Mai 1919</u>« beschließt: »://: Wird diesem Bericht zugestimmt und
demgemäss die Staatskanzlei ermächtigt, die bisherige handschriftliche
Herstellung der Reinschrift des Regierungsratsprotokolls inskünftig und
zwar erstmals pro 1919 durch die maschinenschriftliche Ausfertigung zu

---

86 | StABS: Räthe und Beamte Q 1. Bericht des Laboratoriums des Kantons-
Chemikers Basel-Stadt vom 20.1.1916.

87 | StABS: Räthe und Beamte Q 1. Bericht der Staatskanzlei vom 30.4.1919.

88 | StABS: Räthe und Beamte Q 1. Bericht des Staatsarchivars vom 2.5.1919.

89 | Verzeichnis der Behörden und Beamten des Kantons Basel-Stadt sowie
der Schweizerischen Bundesbehörden für das Jahr 1919. Basel: Benno Schwabe
1919, S. 26.

90 | B. Latour: Drawing Things Together, S. 302.

91 | StABS: Räthe und Beamte Q 1. Bericht des Departementes des Innern an den
Regierungsrat, 14.5.1919, Typoskriptdurchschlag auf Seidenpapier.

92 | StABS: Protokolle Regierungsrat 291 1919/I, Fol. 331, Typoskript.

ersetzen«.[93] Und weil das Protokoll nicht in Echtzeit aufgezeichnet wird, sondern bekanntermaßen mit mehr als sechs Monaten Verzögerung, ist auch dieser Beschluss, nicht nur in den Akten als Durchschlag, sondern schon im Protokoll maschinenschriftlich festgehalten.

Womöglich »wegen der hohen Bedeutung und ausserordentlichen Wichtigkeit« des Regierungsratsprotokolls »für die ganze Staatsverwaltung« steigt im Anschluss an diesen Entscheid die Bestellrate für Schreibmaschinen rasant an. Leider fehlen genaue Zahlen, nur einzelne Anschaffungsanträge finden sich in den Akten über Bureaumaterialien. Im Baudepartement z.b. waren 1904 sechs Schreibmaschinen in Gebrauch,[94] 31 Jahre später sind es 31.[95] 1929 ergibt die erste vollständige Zählung durch die Zentralstelle für Bureaumaterialien 452 Schreibmaschinen,[96] 1935 sind es 597 Stück.[97]

Zusammenfassend werden in der Episode des »Übergang[s] vom Handgeschriebenen zur Maschinenschrift des Protokolls« drei Transformationen der Verwaltung im 20. Jahrhundert vorfällig. Erstens ersetzt Maschinenschrift die Handschrift in der Verwaltung nicht, sondern sie differenziert das Schriftgut der Vewaltung: Handschrift für Konzepte und Korrekturen, Maschinenschrift für Konzepte, Reinschriften und Kopien. Zweitens schaffen Schreibmaschinen den Beruf des reinen Schreibers, des Kanzlisten ab: Schreibmaschinen verfertigen keine Abschriften mehr, sondern Kopien. Drittens verändern Schreibmaschinen mit den Verfahren der Aktenproduktion schließlich auch die Struktur der Verwaltungen: Sie produzieren im Wortsinn Bürokratien.

## LITERATUR

Baecker, Dirk: »Durch diesen schönen Fehler mit sich selbst bekannt gemacht«, in: ders., Organisation und Management. Aufsätze, Frankfurt a.M.: Suhrkamp 2003, S. 18-40.

Benn, Gottfried: »›Schreiben Sie am Schreibtisch?‹« [1952], in: ders., Sämtliche Werke, Bd. VI: Prosa 4, in Verbindung mit Ilse Benn hg. von Holger Hof, Stuttgart: Klett-Cotta 2001, S. 95-96.

---

93 | StABS: Protokolle Regierungsrat 291 1919/I, Fol. 359/verso-360/recto, Typoskript.

94 | StABS: Räthe und Beamte V 4. Umfrage des Baudepartements betr. Schreibmaschinensysteme vom 26.10.1904, Manuskript.

95 | StABS: Räthe und Beamte V 4. Bericht des Schul- und Materialverwalters vom 9.4.1936, Typoskript, S. 1.

96 | StABS: Räthe und Beamte V 4. Bericht des Schul- und Materialverwalters betr. Unterhalt der Büromaschinen vom 30.7.1930, Typoskript, S. 7.

97 | StABS: Räthe und Beamte V 4. Bericht des Schul- und Materialverwalters vom 9.4.1936, Typoskript, S. 1.

Brecht, Arnold: Die Geschäftsordnung der Reichsministerien, ihre staats-rechtliche und geschäftstechnische Bedeutung; zugleich ein Lehrbuch der Büroreform. Schriftenreihe des DIWIV (Deutsches Institut für wirtschaftliche Arbeit in der öffentlichen Verwaltung), Bd. 1, Berlin: Carl Heymanns Verlag 1927.

Rüdiger Campe:»Barocke Formulare«, in: Bernhard Siegert/Joseph Vogl (Hg.), Europa. Kultur der Sekretäre, Zürich, Berlin: diaphanes 2003, S. 79-96.

Eisenstein, Elizabeth: The Printing Press as an Agent of Change, Cambridge: Cambridge University Press 1979.

Foucault, Michel: Überwachen und Strafen. Die Geburt des Gefängnisses, übersetzt von Walter Seitter, Frankfurt a.m.: Suhrkamp 1976.

Frankfurther, Walter:»Arbeitsversuche an der Schreibmaschine«, in: Emil Kraepelin (Hg.), Psychologische Arbeiten, Bd. 6, Heft 1, Leipzig: Verlag von Wilhelm Engelmann 1910, S. 419-450.

Gardey, Delphine: La dactylographe et l'expéditionnaire. Histoire des employés de bureau 1890-1930, Paris: Editions Belin 2001.

Giese, Fritz: Girlkultur. Vergleiche zwischen amerikanischem und europäischem Rhythmus und Lebensgefühl, München: Delphin-Verlag 1925.

Gilbreth, Frank B./Gilbreth, Lillian M.: Ermüdungsstudium. Eine Einführung in das Gebiet des Bewegungsstudiums, übersetzt von Irene M. Witte, Berlin: Verlag des Vereines deutscher Ingenieure 1921 [engl. 1916].

Groddeck, Wolfram:»Robert Walsers ›Schreibmaschinenbedenklichkeit‹«, in: Davide Giuriato/Martin Stingelin/Sandro Zanetti (Hg.), »SCHREIBKUGEL IST EIN DING GLEICH MIR: VON EISEN«. Schreibszenen im Zeitalter der Typoskripte, München: Wilhelm Fink 2005, S. 169-182.

Gugerli, David et al. (Hg.): Daten, (Nach Feierabend. Zürcher Jahrbuch für Wissensgeschichte, Bd. 3), Zürich: diaphanes 2007.

Gysin, J.: Die Schriftverhältnisse der Schulen des Kantons Basel-Stadt, Zürich: Druck von Zürcher & Furrer 1916.

Haussmann, Hermann:»Die Büroreform als Teil der Verwaltungsreform«, in: Preußisches Verwaltungs-Blatt 46 (1924), S. 71-77 und 138-141.

Hoffmann, Christoph:»Schreibmaschinenhände. Über ›typographologische‹ Komplikationen«, in: Giuriato/Stingelin/Zanetti (Hg.), »SCHREIBKUGEL IST EIN DING GLEICH MIR: VON EISEN« (2005), S. 153-167.

Illich, Ivan: Im Weinberg des Textes. Als das Schriftbild der Moderne entstand, aus dem Englischen von Ylva Eriksson-Kuchenbuch, Frankfurt a.M.: Luchterhand 1991.

Kittler, Friedrich A.: Grammophon/Film/Typewriter, Berlin: Brinkmann & Bose 1986.

Kittler, Friedrich A.: Aufschreibesysteme 1800/1900, 3. vollständig überarbeitete Auflage, München: Wilhelm Fink 1995.

Klockenberg, Erich Alexander: Rationalisierung der Schreibmaschine und ihrer Bedienung. Psychotechnische Arbeitsstudien, Berlin: Julius Springer 1926.

Latour, Bruno: »Drawing Things Together: Die Macht der unveränderlich mobilen Elemente«, in: Andréa Belliger/David J. Krieger (Hg.), AN-Thology. Ein einführendes Handbuch zur Akteur-Netzwerk-Theorie, Bielefeld: transcript 2006, S. 259-307.

Matala de Mazza, Ethel: »Angestelltenverhältnisse. Sekretäre und ihre Literatur«, in: Siegert/Vogl (Hg.), Europa (2003), S. 127-146.

Messerli, Alfred: Lesen und Schreiben 1700 bis 1900. Untersuchung zur Durchsetzung der Literalität in der Schweiz, Tübingen: Max Niemeyer 2002.

Niehaus, Michael/Schmidt-Hannisa, Hans-Walter: »Textsorte Protokoll. Ein Aufriß«, in: dies. (Hg.), Das Protokoll. Kulturelle Funktionen einer Textsorte, Frankfurt a.M. u.a.: Peter Lang 2005, S. 7-23.

Pirker, Theo: Büro und Maschine. Zur Geschichte und Soziologie der Mechanisierung der Büroarbeit, der Maschinisierung des Büros und der Büroautomation, Basel: Kyklos 1962.

Polgar, Alfred: »Die Schreibmaschine«, in: ders., Kleine Schriften, Bd. 4, hg. von Marcel Reich-Ranicki und Ulrich Weinzierl, Reinbeck bei Hamburg: Rowohlt 1984, S. 246-248.

Polley, Rainer: »Kollegialprinzip und Geschäftsgang im 19. Jahrhundert. Eine verfassungs- und verwaltungsgeschichtliche Fallstudie zur Aktenkunde«, in: Archiv für Diplomatik, Schriftgeschichte, Siegel- und Wappenkunde 42 (1996), S. 445-488.

Sarasin, Philipp: Stadt der Bürger. Bürgerliche Macht und städtische Gesellschaft, Basel 1846-1914, 2. überarbeitete und erweiterte Auflage, Göttingen: Vandenhoeck & Ruprecht 1997.

Siegert, Bernhard: Relais. Geschicke der Literatur als Epoche der Post, 1751-1913, Berlin: Brinkmann & Bose 1993.

Siegert, Bernhard: Passage des Digitalen. Zeichenpraktiken der neuzeitlichen Wissenschaften 1500-1900, Berlin: Brinkmann & Bose 2003.

Staehelin, Andreas: »Die Geschichte des Staatsarchivs Basel 1869-1917. Die Ära Rudolf Wackernagel«, in: Basler Zeitschrift für Geschichte und Altertumskunde 103 (2003), S. 86-148.

Stingelin, Martin: »›Schreiben‹. Einleitung«, in: ders. (Hg. in Zusammenarbeit mit Davide Giuriato und Sandro Zanetti), »Mir ekelt vor diesem tintenklecksenden Säkulum«. Schreibszenen im Zeitalter der Manuskripte, München: Wilhelm Fink 2004, S. 7-21.

Stingelin, Martin: »Kugeläußerungen. Nietzsches Spiel auf der Schreibmaschine«, in: Hans Ulrich Gumbrecht/K. Ludwig Pfeiffer (Hg.), Materialität der Kommunikation, Frankfurt a.M.: Suhrkamp 1988, S. 326-341.

Thommen, Rudolf: »Rudolf Wackernagel. 8. Juni 1855 bis 18. April 1925«, in: Basler Jahrbuch 1926, S. 1-43.

Viollet, Catherine: »Mechanisches Schreiben, Tippräume. Einige Vorbe-
dingungen für eine Semiologie des Typoskripts«, in: Giuriato/Stinge-
lin/Zanetti (Hg.), »SCHREIBKUGEL IST EIN DING GLEICH MIR:
VON EISEN« (2005), S. 21-47.

Vismann, Cornelia: »Zeit der Akten«, in: Wolfgang Ernst (Hg.), Die Un-
schreibbarkeit von Imperien. Theodor Mommsens Römische Kaiser-
geschichte und Heiner Müllers Echo, Weimar: Verlag und Datenbank
für Geisteswissenschaften 1995, S. 113-133.

Vismann, Cornelia: Akten. Medientechnik und Recht, Frankfurt a.m.: Fischer 2000.

Wackernagel, Rudolf: Geschichte der Stadt Basel, 3 Bde. (in 4 Tlen.), Basel: Helbing & Lichtenhahn 1907-1924.

Wecker, Regina: »Vom Anfang des 19. bis zum Anfang des 20. Jahrhunderts«, in: Georg Kreis/Beat von Wartburg (Hg.), Basel – Geschichte
einer städtischen Gesellschaft, Basel: Christoph Merian 2000, S. 196-
224.

Witte, Irene M.: Amerikanische Büro-Organisation, München/Berlin:
Druck und Verlag von R. Oldenburg 1925.

Yates, JoAnne: Control through Communication. The Rise of System in
American Management, Baltimore/London: John Hopkins University
Press 1989.

Zwicker, Josef: »Der Arbeitsplatz von einst um 1890 und 1930«, in: Perso-
nalinformation Basel-Stadt, Nr. 66 (April 1987), S. 6.

# Die Archivierung Indiens

Zur politischen Technologie des Britischen Kolonialstaats[1]

PATRICK JOYCE

>»Will you state more specifically the causes to which you
attribute the satisfactory working of the Government?
I conceive that there are several causes; probably the
most important is, that the whole Government of India
is carried on in writing. All the orders given, and all the
acts of the executive officers, are reported in writing,
and the whole of the original correspondence is sent
to the Home Government; so that there is no single act
done in India, the whole of the reasons for which are not
placed on record. This appears to me a greater security
for good government than exists in almost any other government in the world, because no other probably has a
system of recordation so complete.«
(John Stuart Mill 1852)[2]

Der Staat erscheint in aktuellen Studien meist in bekannten Gestalten. Er
wird in seinen verfassungs- und verwaltungsmäßigen Erscheinungsformen beschrieben, wird im Hinblick auf seine soziale und wirtschaftliche
Funktion (als Träger von Wohlfahrts-, Bildungs- und Wirtschaftspolitik)
diskutiert und wird als philosophisch-politische Konzeption sowie als

---

1 | Ich danke Gavin Rand für seine unschätzbare Hilfe bei den Forschungsarbei-
ten für diesen Beitrag. Gleichermaßen möchte ich Antonia Moon, der Archivarin
und Bibliothekarin der Asia, Pacific and Africa Collections the British Library für
ihre Unterstützung danken, die mir die Orientierung in den enormen und beinahe
beängstigenden *India Office* Beständen der British Library erleichtert hat. Diese
Bestände werden auch heute noch informell als »India Office Library« bezeichnet.
2 | John Stuart Mill: »Evidence before the Select Committee of the House of
Lords on India affairs«, in: John M. Robson/Martin Moir/Zawahir Moir (Hg.): The
Collected Works of John Stuart Mill, XXX – Writings on India, London: Routledge
and Kegan Paul 1990, S. 31-74, hier S. 33.

konkrete Erfahrung analysiert. Der Staat ist in diesen Gestalten eindeutig ein eigenständiges, abstraktes ›Wesen‹. In ähnlicher Form konzipieren die wichtigsten Staatstheorien das Objekt ihrer Reflexion – unabhängig davon, ob es sich um liberale und pluralistische Theorien handelt, die den Staat als eine autonome und neutrale Regulierungsinstanz zur Sicherstellung von Rechten und Verbindlichkeiten sehen, oder ob marxistische und ›elitistische‹ Konzeptionen den Staat als Spiegelung bzw. Instrument von Interessen und Klassenformationen verstehen.[3]

Neuere historische Arbeiten, die sich mit der Materialität von Politik, Technologie und Wissen auseinandersetzen, haben diese Vorstellungen vom Staat in Frage gestellt. Sie greifen auf Anregungen aus der Wissenssoziologie, der Technologieforschung und der Studien zur Gouvernementalität zurück. Das eröffnet den Blick auf die enge Verbindung zwischen wissenschaftlichen und technologischen Wissens- und Praxisformen einerseits und Formen von Macht und Herrschaft andererseits.[4] Die Beziehung zwischen materieller Gewalt und dem Staat wird dabei zur Diskussion gestellt und die Forscher für die Wahrnehmung von netzwerkartigen, nicht-hierarchischen und nicht-funktionalen Partizipationsmöglichkeiten und Formen der Machtausübung sensibilisiert. Dieser neue Blick auf Partizipation und Herrschaft nimmt eine innovative analytische Perspektive ein, die sich nicht auf die Lokal- und Mikroanalyse beschränkt. Er stellt die Vorstellung vom Staat als einem stabilen einheitlichen Gebilde radikal infrage.

Aufgrund ihres spezifischen Zugangs zur Analyse von Machtverhältnissen haben Studien in der Nachfolge von Michel Foucault herkömmliche Vorstellungen vom Staat dadurch herausgefordert, dass sie die Existenz von allen einheitlich konstruierten Subjekten – Individuen wie auch Kollektive, Klassen und den Staat – bezweifeln. Ein gutes Beispiel ist die

---

**3** | Zu den Auseinandersetzungen mit dem Staat vgl. Kapitel 3 in: Michael Mann: The Sources of Social Power, Bd. 2: The Rise of Classes and Nation States, 1760-1914, Cambridge: Cambridge University Press 1993. Meine Perspektive hat erhebliche Überschneidungen mit derjenigen von Michael Mann, weil beide sich mit spezifischen Formen von Macht auseinandersetzen. Wie meine Argumentation in diesem Beitrag zeigt, geht Mann jedoch von einem anderen Verständnis von Macht, von Materialität und von dem Sozialen aus. Vgl. dazu auch Patrick Joyce: »What ist he social in social history«, in: Past and Present 206 (2010), S. 213-248.

**4** | Zwei hervorragende historische Studien zu dieser Verbindung zwischen Wissen, Materialität, Macht und Politik sind: Christopher Otter: The Victorian Eye. A Political History of Light and Vision in Britain, 1800-1910, Chicago and London: Chicago University Press 2008, und James Vernon: Hunger. A Modern History, Cambridge and London: Harvard University Press 2006.

Studie von Timothy Mitchell zum ›state effect‹ der britischen Kolonial-
herrschaft.⁵

## DAS INDIA OFFICE ALS ZENTRALSTELLE

Dieser Beitrag stützt sich auf Forschungsarbeiten, die ich im Rahmen
meines Buchprojektes The Soul of the Leviathan: Political Technologies of the
Imperial British State unternommen habe. In dem Buch verfolge ich den
Aufstieg und die zunehmende Bedeutung des ›Technischen‹ seit der Mitte des 19. Jahrhunderts. Der Staat selbst wurde zunehmend ›technisch‹
– was gleichermaßen als Ursache und Folge der von mir analysierten Veränderungen verstanden werden muss. Dabei begann sich die materielle
Ausstattung der Behörden zu einer eigenständigen Ordnung der Dinge
zu verfestigen.

Der Begriff des ›Technischen‹ wird hier in einem weiten Sinn verwendet. Ich beziehe mich damit nicht nur auf die zeitgenössische Wahrnehmung der zunehmenden Relevanz von Wissenschaft und Technologie wie
etwa im Bereich der Eisenbahn und der Fabrik. Gleichzeitig spreche ich
damit die rasche Verbreitung von Techniken und Technologien der Macht
an, was auch das Auftreten von Experten in unterschiedlichen Bereichen
– häufig mit einem Bezug zum Staat – einbezieht. In dieser Zeit lässt sich
die endgültige Trennung von Politik und Verwaltung erkennen; das führt
zur Entstehung einer neuen ›professionellen‹ Beamtenschaft und einer
›technischen‹ Form der Verwaltung, die gleichermaßen die Subjekte und
Objekte der Verwaltung veränderte.⁶

Der Staat war bereits vor diesem Zeitpunkt ›technisch‹ und die Veränderung im 19. Jahrhundert erfolgte langsam und keinesfalls radikal.
Wenn man die Beziehung zwischen dem Staat und der materiellen Welt
betrachtet, kann man unschwer erkennen, dass es sich bei den ›Techniken‹ um Low- und nicht um High-Tech-Lösungen handelte. Veränderungen verliefen undramatisch und bedächtig, wenigstens an der Oberfläche
– was vielen, an den heutigen Verhältnissen orientierten Darstellungen
widerspricht. Dort wird dem Telegraph und dem Telefon eine allzu große
Bedeutung zugesprochen.

---

**5** | Vgl. Timothy Mitchell: The Rule of Experts: Egypt, Techno-Politics, Modernity,
Chicago and London: Chicago University Press 2002, S. 9-15.

**6** | Zur Formierung der bürokratischen Persona im Zusammenhang mit der sich
entwickelnden Verwaltungstechnologie vgl. Peter Becker/William Clark: »Introduction«, in: dies. (Hg.): Little Tools of Knowledge. Historical Essays on Academic and Bureaucratic Practices, Ann Arbor/London: University of Michigan Press
2005, S. 1-34, hier S. 2-14; frühere Arbeiten zu diesem Themenfeld sind diskutiert in: Patrick Joyce: The Rule of Freedom: Liberalism and the Modern City, London and New York: Verso 2003, Kapitel 3.

Es ist bezeichnend und durchaus vergleichbar zu der zeitgleich statt-
findenden ›industriellen Revolution‹, dass sich der Wandel vor allem in
der Einübung neuer Handhabungen und Fertigkeiten – damit in einem
neuen Einsatz des Körpers und seiner Kraft niederschlug und nicht in der
wissenschaftlichen und technologischen Durchdringung von Arbeitspro-
zessen. In Analogie zum industriellen Wandel, der mit dem Begriff des
»combined and even development« treffend charakterisiert wurde, konnten auch in der Verwaltung alte und neue Formen des Technischen nebeneinander existieren oder miteinander verbunden werden, wobei zeitliche
und räumliche Unterschiede zwischen dem Alten und dem Neuen sehr
komplex waren.[7]

Tatsächlich erfordert die Klassifikation in ›alte‹ und ›neue‹ Techniken einige Vorsicht: die scheinbar so ›alte‹ Technik der Produktion und
Verwaltung von Akten mittels der altehrwürdigen Handschrift und der
dabei verwendeten Feder erscheint bei näherer Betrachtung der Gegenstand von dauernder Innovation mit einem entsprechend hohen Niveau
an mikro-technischem Wandel. Auf dem Höhepunkt der Entwicklung des
britischen Kolonialstaates, in dem die Herrschaft über Indien das zentrale
Element darstellte, war die handschriftliche Aktenproduktion weiterhin
die entscheidende Technik für die staatliche Verwaltung.[8]

Ein erheblicher Teil der Literatur zur Geschichte des britischen Empires und des Kolonialismus hat sich in den letzten Jahren für Netzwerke,
für den Austausch von Gütern und Informationen, für Verbindungen aller Art und für Diffusionsprozesse interessiert. Dadurch geriet die Kontingenz in der Entwicklung und Praxis kolonialer Herrschaft zunehmend in
den Blick. Die Frage nach der Koordination und Stabilisierung von Aus-
tausch- und Diffusionsprozessen in Zeit und Raum blieb dabei jedoch
weitgehend ausgeblendet. Techniken der Stabilisierung von Herrschaft
haben deshalb weniger Aufmerksamkeit auf sich gezogen als die Frage
nach ihrer Kontingenz. Es ist daher notwendig, Europa nach seiner kürzlich erfolgten Provinzialisierung erneut zu entprovinzialisieren.[9]

Es ist ebenso wichtig, die Analyse des informationsbasierten Empires
um eine Untersuchung von Schreibprozessen und Bürokratisierung in
ihrer Bedeutung für die Generierung und Verarbeitung von Informatio-

---

**7** | Vgl. dazu die grundlegende Studie von Raphael Samuel: »The Workshop of the
World: Steam Power and Hand Technology in Mid-Victorian Britain«, in: History
Workshop Journal 3 (1977), S. 6-72; ein Überblick über diese Beziehungsgeflech-
te findet sich bei Patrick Joyce: »Work«, in: Francis Michael Longstreth Thomson
(Hg.), The Social History of Great Britain 1750-1950, Bd. 2, Cambridge: Cam-
bridge University Press 1990, S. 131-194, hier S. 148-169.

**8** | Vgl. zur Frühgeschichte der Aktenproduktion: Michael T. Clanchy: From Me-
mory to Written Record, 1066-1307, London: Blackwell Wiley 1992, S. 88-115.

**9** | Vgl. Dipesh Chakrabarty: Provincialising Europe. Postcolonial Thought and
European Difference, Princeton and London: Princeton University Press 2007,
S. 3-23.

nen zu ergänzen. Gerade wenn der Kolonialstaat nur so gut funktionieren konnte, als sein Zugriff auf Informationen zu herrschaftsrelevanten Sachverhalten war, dann muss man die Systeme analysieren, die Informationen sammelten und weiter verarbeiteten.[10] Diese Systeme und ihre materiellen Formen waren keineswegs neutrale Werkzeuge in den Händen einer intelligenten Regierung. Sie spielten ihre eigene Rolle und entfalteten eine eigenständige autonome Wirksamkeit. Die kürzlich erschienene Studie von Miles Ogborn zur *British East India Company* mit dem Titel *Indian Ink* ermöglicht die Weiterentwicklung der soeben skizzierten Perspektive, wie das folgende Zitat verdeutlicht:

»[...] the shape and politics of the growing and changing British empire from the seventeenth century onwards is not adequately captured by simple models based upon the assumed centrality of Britain within a hierarchical set of relationships to discrete overseas colonies, territories, and trading zones. Instead, alternative models of ›networks‹ or ›webs‹ seek to explore a different geography that allows a range of competing and contradictory relationships to come into view. These alternatives emphasise the vulnerability of empire as well as its dynamism [...] Investigations of this complex whole refuse, both as impossible and undesirable, calls to provide totalising accounts of this reconceived British empire, or the global geography of which it was a part. Instead the focus is on analysing and tracking particular sites, connections, and movements. As Kathleen Wilson puts it, ›In one sense, empire as a unit was a phantasm of the metropole: all empire is local.‹«[11]

Man könnte jedoch gleichermaßen argumentieren, dass das Empire immer zentral ist. Die wesentliche Herausforderung besteht ja darin, wie Miles Ogborn bereits festgestellt hat, »to find ways to ›treat metropole and colony in a single analytic field‹«.[12] Auf der Grundlage meiner Auseinandersetzung mit dem *India Office* will ich hier einen Beitrag zur Skizzierung eines von Ogborn angesprochenen analytischen Feldes machen. Das *India Office* wurde 1858 als Verwaltungsbehörde eingerichtet, um die frühere Herrschaftsausübung durch die kommerzielle *East India Company* zu ersetzen. In diesem Sinn leitete das *India Office* eine neue Periode in der kolonialen Herrschaft ein, indem es einen direkten Zugriff durch die britische Regierung ermöglichte.

Papier und Schriftlichkeit waren von ganz entscheidender Bedeutung für die Verwaltung von Indien, weil diese erst eine Herrschaftsausübung über große Distanz, ja über vielfältige Distanzen möglich machten. Das

---

**10** | Vgl. M. Clanchy: From Memory to Written Record, S. 29-59, als Beispiel für die Auseinandersetzung mit der langen Tradition informationsbasierten Regierens in England.

**11** | Miles Ogborn: Indian Ink: Script and Print in the Making of the English East India Company, Chicago and London: Chicago University Press 2007, S. 2-3.

**12** | M. Ogborn: Indian Ink, S. 3.

*India Office* regierte anscheinend ganz ›Indien‹, von den Zentralstellen der Kolonialverwaltung in Kalkutta und später in Delhi, bis hin zu den einzelnen Verwaltungseinheiten (Präsidentschaften, Provinzen etc.), aus denen die komplexe politische Formation des kolonialen Indiens bestand. Komplexität charakterisiert den gesamten Aufbau der britischen Kolonialherrschaft – bis hin zu den Bezirkskommissaren, ja selbst bis zu den Ortschaften als unterste politische Einheiten. Wenn man sich die Größe Indiens, die Distanz zur Metropole und die Kompliziertheit der indischen Verwaltung vergegenwärtigt, wird es kaum überraschen, dass die Londoner Zentralstelle wenig bis gar keinen Einfluss auf die tatsächliche Herrschaftsausübung nehmen konnte.[13]

Die Herrschaft der (weißen) Briten wurde nicht nur von den verschiedenen Verwaltungsbehörden der Indischen Kolonialregierung und den bürokratischen Stoßtruppen der viel zu geringen Zahl von Beamten selbst ermöglicht, sondern mehr noch von einer Unzahl von lokalen Vermittlern und ihren Beziehungsgeflechten sowie von einer sehr großen Zahl von indischen Verwaltungsangehörigen in subalternen Positionen.[14] Aus heutiger Sicht stellt sich die Frage, wie der Zusammenhalt des Empires angesichts der starken auseinanderstrebenden Tendenzen sichergestellt wurde? Und wie wurde unter diesen Umständen der Eindruck eines funktionierenden Kolonialstaates aufrechterhalten?

Für die Zeitgenossen stellte sich jedoch eine andere Frage – diejenige nach der Kontrolle über das »Korrespondenzmonster«, wie man das Problem der Vielschreiberei in der britischen Regierung bezeichnete. Dieses Monster war im Mutterland weniger bedrohlich, wenn auch dort bekannt. In Indien bestanden mehr Anreize für die schriftliche Bearbeitung von Fällen als in Großbritannien. Dafür gab es zahlreiche Gründe. Dazu zählten der komplexe Aufbau der indischen Kolonialverwaltung ebenso wie die Entfernung zum Mutterland, die persönliche Unterredungen mit den vorgesetzten Stellen schwierig gestalteten. Außerdem muss hier auf Status und Kompetenz der subalternen nicht-beamteten Verwaltungsangehörigen in Indien hingewiesen werden.[15] Lord Curzon beklagte sich 1898 als Vizekönig von Indien über das Fehlen des praktischen Wissens bei indischen Verwaltungsmitarbeitern, denen im Vergleich zu ihren britischen Kollegen die Sozialisierung durch die Arbeit in einer Behörde mit eigener Tradition und Identität fehlte. Aus diesem Grund waren diese

---

**13** | Zur politischen Organisation und zum Verwaltungsaufbau vgl. Martin Moir: A General Guide to the India Office Records, London: The British Library 1988; Arnold P. Kaminsky: The India Office, 1880-1910, London: Mansell Publishing 1986; David C. Potter: India's Political Administration, Oxford: Oxford University Press 1986. Vgl. dazu auch das »Memorandum on the Home Government of India«, 1887, India Office Records/V/27/220/20.

**14** | Vgl. P. Joyce: Rule of Freedom, S. 250-257.

**15** | Diese Verwaltungsangehörigen wurden als *non-gazettted officials* bezeichnet und waren nicht Teil der Beamtenschaft.

indischen Mitarbeiter geneigt, alle Angelegenheiten schriftlich zu erledigen. Sie wurden richtiggehend abhängig vom Verfassen lang ausgedehnter Schriftsätze. Ihre Neigung zur Vielschreiberei war jedoch auch durch die bestehenden Verfahrensregeln mitbestimmt – war doch die Anzahl der Schriftsätze ein wichtiges Kriterium für die Beförderung. Curzon wie viele vor und nach ihm sah diese Schwatzhaftigkeit als eines der Übel im Britischen Empire.[16] Fast unmittelbar nach seiner Ankunft in Indien wurde er mit diesem schrecklichen Übel konfrontiert. Er fand dort aktenmäßige Vorgänge vor –»prodigious files which start almost from the commencement of time« – einige davon beinahe 30 cm hoch. Er beschrieb in seiner lakonischen, patrizischen Art die Erfahrung, sich in einer»wilderness of diverse opinions« zu befinden und dabei täglich einem»dismal ordeal of irresponsible loquacity« ausgesetzt zu sein. In dieser Geschwätzigkeit der Akten ging der eigentliche Anlass vollständig verloren – dieser wurde»mummified in the Departmental tomb«. Die Zirkulation der Schriftstücke verglich er mit Federball und Tennis – der einzige Grund der Kommunikation erschien die Absicht zu sein, den Vorgang möglichst lange unerledigt zu lassen.

Wie Curzon's lakonische Kritik an der Vielschreiberei zeigt, drückte sich Herrschaft an einigen Schauplätzen in unerwarteter und widersprüchlicher Weise aus. Damit die Macht der britischen Kolonialregierung überhaupt wirksam werden konnte, musste sie sich an konkreten Orten entfalten. Einer dieser Schauplätze war das *India Office*. Es war der wichtigste aller Schauplätze, weil er die Regierung in Indien mit den Institutionen und politischen Prozessen des Mutterlandes in Verbindung setzte. Es erfüllte damit nicht nur eine verwaltungsmäßige, sondern auch eine politische und verfassungsmäßige Erfordernis. Ich werde mich in meinen Ausführungen auf den ersten Aspekt konzentrieren, die beiden anderen Anforderungen dennoch immer mit in die Überlegungen einbeziehen. Die Herrschaft über Indien war in der Tat eine Machtausübung über eine

---

**16** | British Library, Mss.EUR.F.111.239 »Memorandum on the System of Noting in the Departments of the Government of India«. Zur weiteren Diskussion des Memorandums vgl. die Sammlung von Unterlagen unter derselben Klassifikationszahl, vor allem Curzon,»Notes on an Address System of Conducting Official Business« (zitiert im folgenden unter: Curzon,»Memorandum«). Vgl. dazu auch die Verwaltungsvorschriften über die Gestaltung des Schriftverkehrs: Office Order 1 aus dem Jahr 1892, Office Order 20 aus dem Jahr 1889, Office Order 5 aus dem Jahr 1896; frühere Vorschriften finden sich in Curzon's»Memorandum« angesprochen. Vgl. auch F111/158, Schriftverkehr zwischen dem Secretary of State und Curzon, einschließlich eines Schreibens von Sir Arthur Godley. Mss. EUR.F.102/17, Schreiben von Curzon an Sir Arthur Godley, vom 12. Januar 1898. Zu den zahlreichen dringenden verwaltungstechnischen und sonstigen Erfordernissen für die koloniale Herrschaft in Indien aus indischer Sicht vgl. das gedruckte 41-seitige Protokoll unter EUR.F111. 241A, A.P. Mcdonnell, Oktober 1901, Taini Tal, mit dem Vermerk»Strictly Confidential«.

große Distanz. Herrschaft muss jedoch in der einen oder anderen Form immer als eine Handlung auf Distanz verstanden werden. Der Begriff »action at a distance« findet sich häufig in den Schriften von Bruno Latour, wo er den Blick öffnet für die Bedeutung von materiellen Gegenständen, wie etwa Karten und Navigationsinstrumenten, die als sogenannte »immutable mobiles« (d.h. Artefakte zur weitgehend unveränderten Repräsentation von Abwesendem[17]) die Koordination und Kontrolle von räumlich verstreuten Einheiten erst ermöglichen und diese dadurch beherrschbar machen. Zentralstellen fungieren dabei als »centres of calculation« (Bruno Latour), in denen Informationen gesammelt und verarbeitet werden.[18]

Ein Memorandum des *Indian Office* aus dem Jahr 1910 lässt erkennen, dass die Aufrechterhaltung der Informationskanäle mit den indischen Stellen die größtmögliche Ausdehnung der schriftlichen Verwaltungstätigkeit erforderte; das war auch von zentraler Bedeutung für die sogenannte »superintendence of control«, d.h. für die Oberaufsicht über die dortigen Behörden. In diesem Sinn lässt sich das *India Office* durchaus als »centre of calculation« verstehen. Es war darüber hinaus jedoch auch eine Zentralstelle, in der sich Herrschaft – ganz im Sinne von John Stuart Mill – auf dem Weg über den Schriftverkehr dauernd Rechenschaft ablegte.[19]

Zentralstellen sind immer mehr als »centres of calculation«, selbst wenn man die Definition des Begriffs *calculation* sehr weit spannt. Diese Stellen hatten zusätzlich Funktionen, zu denen auch die Erarbeitung von Beschlüssen und deren Umsetzung zählte. Diese drei Funktionen gehörten zum *India Office*, das bewusst als Zentralstelle des Britischen Empire gestaltet war. Es war eine Zentrale nicht nur im herkömmlichen Sinn, d.h. ein aktiver, leitender und empfangender Ausgangspunkt für die Gestaltung und Umsetzung von politischen Programmen. Den darüber hinausgehenden Mehrwert des *India Office* auf einen Begriff zu bringen, um so die vielfältigen Funktionen dieser Behörde zu charakterisieren, ist schwierig.[20] Wenn ich gezwungen wäre, mich festzulegen, würde ich wohl von

---

**17** | Vgl. dazu Jörg Strübing: Pragmatische Wissenschafts- und Technikforschung. Theorie und Methode, Frankfurt a.M., New York: Campus 2005, S. 280-282, 288.

**18** | Zur Definition der *centres of calculation* und der *immutable mobiles* vgl. Bruno Latour: Pandora's Hope. Essays on the Reality of Science Studies, Cambridge/London: Harvard Univ. Press 1999, S. 304, 307, 311.

**19** | John Stuart Mill: Considerations on representative government, London: Parker and Bourn 1861, Kap. 5; John Stuart Mill: »The East India Company's Charter, 1852«, in: John M. Robson/Martin Moir/Zawahir Moir (Hg.), The Collected Works of John Stuart Mill, Bd. 30, Toronto/London: University of Toronto Press 1990, S. 31-74, hier S. 33.

**20** | Wenn wir uns systematisch mit den unterschiedlichen Bedeutungen von Zentrale und Vernetztheit auseinandersetzen und nach deren Relevanz für die

einem Zentrum der Verbindungen oder besser noch der Verbindbarkeit (connectivity) sprechen. Verbindbarkeit ist heute ein Modebegriff, aber trotzdem nützlich und nicht anachronistisch, weil sie die Fähigkeit zum Aufbau von Verbindungen bezeichnet – eine Fähigkeit, die zum unverzichtbaren Teil unserer eigenen Infrastruktur und dadurch zu einem Verbrauchsgut wie Wasser oder Elektrizität geworden ist.

Der Ursprung dieser Infrastruktur lässt sich ziemlich exakt bis in die Mitte der Viktorianischen Epoche zurückverfolgen – bis zur raschen Expansion von Eisenbahn und Telegraphie in den USA und Großbritannien. Das ermöglichte die Integration von Unternehmensorganisation, Kommunikation und Informationsverarbeitung sowie die Entstehung von ersten Kommunikationssystemen und einer neuen Form der systemati-

Stabilisierung des Staates fragen, würden wir wohl jene Vorgänge in den Blick nehmen, die Timothy Mitchell in seiner Arbeit über das Britische Empire, vor allem über die ägyptische Kolonialverwaltung beschrieben hat. Es handelt sich dabei um Integrationsprozesse, die durch die sozialen und wirtschaftlichen Praxisformen einer autonomen, selbst-regulierenden, systemischen, erstmals national begrenzten Wirtschaft bestimmt waren. Der Kolonialstaat war ebenso das Ergebnis als die Ursache jener vielfältigen Kräfte, die zur Ausgestaltung eines nationalen Wirtschaftssystems beitrugen. Der Staat gestaltete nicht die Wirtschaft, sondern formierte sich selbst in Orientierung an der Wirtschaft. Vgl. dazu T. Mitchell: The Rule of Experts. Aus einer anderen Perspektive, die näher an der eigentlichen Bedeutung des Begriffs ›Zentrum‹ liegt, tritt die Arbeit von Chandra Mukerji über den französischen Staat des 17. und 18. Jahrhunderts in den Blick. Sie beschäftigt sich mit den unterschiedlichen Formen, in denen die Macht des französischen Staates in der französischen Landschaft inszeniert wurde. Die ›Territorialisierung‹ des französischen Staates wird von Mukerji anhand der Festungsbauten an der Peripherie und den Gartenbauten im Zentrum des französischen Staates analysiert. Die Macht des Staates wurde in die Landschaft eingeschrieben, wobei die Gärten von Versailles und die Festungen gleichermaßen die Ausrichtung des Landes auf ein Zentrum und die neuen räumlichen Grenzen dieses Zentrums zum Ausdruck brachten. Die Territorialisierung fand ihren sichtbaren Ausdruck auch in der Verbreitung von staatlichen Machtansprüchen durch die Schaffung von neuen ›französischen‹ Produkten und wirtschaftlichen Praktiken, die vom Staat entwickelt und gefördert wurden. Dadurch entstand ein ›zentriertes‹ und auch zentralisiertes Frankreich, wobei Frankreich zu einem eigenständigen wirtschaftlichen Akteur wurde. Dieser neue Staat befand sich auf halbem Wege zwischen einem Staat, der den königlichen Willen zum Ausdruck bringen sollten und einer neuen Form von Herrschaft mit entsprechender Infrastruktur und Personal. Vgl. dazu: Chandra Mukerji: Territorial Ambitions and the Gardens of Versailles, Cambridge: Cambridge University Press 1997; Chandra Mukerji: Impossible Engineering: Technology and Territoriality on the Canal du Midi, Princeton: Princeton University Press 2009.

schen Unternehmensführung.[21] Der Begriff der ›Verbindbarkeit‹ bringt
sehr gut die neue Bedeutung zum Ausdruck, die man bereits damals der
Sicherstellung des Informationsflusses mittels eines Systems zuschrieb.
›Systematizität‹ und ›Verbindbarkeit‹ waren und sind wesentlich für den
Aufbau von unterschiedlichen Formen von Infrastruktur; sie haben auch
eine besondere Beziehung zur liberalen Regierungsform. Darauf habe ich
in einer früheren Studie zur Geschichte der Stadt bereits hingewiesen.[22]
Kommunikation musste jedoch reguliert und Systeme auf ein Zentrum
hin ausgerichtet werden.

Als ein Zentrum, das die anderen Zentren miteinander in Verbindung
setzte, trug das *India Office* dazu bei, dass das bürokratische System realisiert und zu einer ständigen Gegebenheit werden konnte. Unter dem
Druck von rasch wachsenden Anforderungen an die britische Kolonialverwaltung wurde das *India Office* zwischen seiner Gründung und dem Beginn des Ersten Weltkriegs langsam und keineswegs geradlinig zu einer
Zentralstelle. Das bedeutete jedoch nicht, dass sich dadurch eine vollständige Kontrolle, schon gar keine Kontrolle der Vorgänge im indischen
Herrschaftsalltag erreichen ließ. Das neue, um das *India Office* als Netz-
werkzentrum aufgebaute Herrschaftssystem war nicht die einzige Form
der kolonialen Herrschaft. In der unmittelbaren Machtausübung vor Ort
spielte es oft wohl gar keine Rolle. Was dort zählte, war der informelle
Austausch im persönlichen Gespräch – oft zwischen den Gentlemen. Deshalb verfolge ich in dem eingangs erwähnten Buchprojekt diese informellen Aspekte von Herrschaftsausübung im Detail – bis hin zu den pädago-
gischen Praktiken, die den Gentleman und seine Unterhaltung formten.

Das bürokratische System und seine Infrastruktur spielte dennoch
eine Rolle. Um was handelte es sich bei diesem System in praktischer
Hinsicht? Das *India Office*, damit auch seine Zentralfunktion und seine
Verbindungen hingen vor allem ab vom Schreiben und von schriftlichen
Kommunikationen. Der Schriftverkehr in dieser Behörde bezog sich auf
die bereits vorliegenden Abstraktionen von Verwaltung und Herrschaft in
Form von Berichten, Protokollen, Memoranden etc., die weiter verarbeitet
wurden, wodurch die Systematisierung und Unterteilung von Informa-
tion und Wissen eine zentrale Bedeutung erhielt. Die Verfahren dieses
Verbindungszentrums operierten auf einer systemischen Ebene, aber
man kann sie gleichermaßen auf einer symbolischen Ebene ansiedeln. Im
Fall des *India Office* zeigte sich diese symbolische Dimension anhand der

---

21 | Vgl. JoAnne Yates: Control through Communication. The Rise of System in
American Management, Baltimore and London: Johns Hopkins Press 1993, bes.
S. 271-275.

22 | Vgl. P. Joyce: The Rule of Freedom, Kap. 2. In dem Buch *Soul of Leviathan*
beschäftige ich mich zusätzlich mit der Post als dem wichtigsten Kommunika-
tionssystem: Vgl. Patrick Joyce: »Postal communication and the making of the
British technostate«, Centre for Research in Sociocultural Change, Working Paper
No. 54, 2008, bes. S. 16-19 (verfügbar unter: www.cresc.ac.uk).

Repräsentation seiner Funktionen und Funktionalität gegenüber verschiedenen »Öffentlichkeiten« in Großbritannien, in Indien und im Empire.[23] Durch seine Tätigkeit, durch die Darstellung der angeblichen Effizienz, Kohärenz und schließlich der Offenheit seiner Aktenführung inszenierte das *India Office* nicht nur seine Funktionen gegenüber diesen Öffentlichkeiten, sondern fungierte als eine Technologie, um diese Öffentlichkeiten herzustellen. Die Behörde legte großen Wert auf ihre öffentliche Darstellung und beeinflusste die Wahrnehmung durch die Öffentlichkeit sowie das Interesse, das ihr von verschiedenen Gruppen entgegengebracht wurde. Die zentrale Rolle, die der Aktenführung bei der Darstellung des *India Office* zukam, sprach vor allem die Beamten von anderen Behörden an sowie die verschiedenen politischen Akteure, vor allem das Parlament, schließlich die Presse und zuletzt auch die Forscher, darunter wiederum die Historiker wie mich selbst.

Eine angemessene Auseinandersetzung mit dieser Inszenierung erfordert die Analyse der Organisation von Aktenführung, die weit über die Ordnung der einzelnen Dossiers hinausgeht. Nur so lässt sich ein umfassendes Verständnis der Rolle des *India Office* als einem Verbindungszentrum gewinnen. Der Registrierung und Archivierung der Akten kam eine wesentliche Bedeutung zu und ich werde diese Gesichtspunkte später kurz ansprechen. Aufgrund des beschränkten Raumes muss ich mich leider in meinen weiteren Ausführungen auf die Analyse der Ordnung der einzelnen Dossiers beschränken. Diese Beschränkung lässt sich damit begründen, dass das einzelne Dossier eine grundlegende Bedeutung hatte, weil es als Urzelle, als ursprüngliche Einheit des gesamten bürokratischen Systems gesehen werden kann. Wenn man sich mit dem Dossier beschäftigt, muss man jedoch unweigerlich mit der Art des Schreibens selbst beginnen.

## ZUR AUTORITÄT BÜROKRATISCHER PROSA

Bürokratische Autorität und damit der Staat beruhen grundsätzlich auf Schriftlichkeit. Michel Foucault hat bereits auf diese zentrale Rolle von schriftlichen Verfahren hingewiesen. Die »Disziplinarmacht«, die er im siebzehnten und achtzehnten Jahrhundert entstehen sah, ging von Institutionen wie dem Militär, dem Gefängnis, dem Krankenhaus aus. Verschriftlichte Verfahrensabläufe waren ein zentrales Element dieser Insti-

---

**23** | Die in den späten 1850er Jahren eingeführte britische Kolonialverwaltung in Indien – mit ihren Traditionslinien zur Verwaltungstätigkeit der East India Company – setzte auf Transparenz und ›Öffentlichkeit‹, was sich etwa in der Rekrutierung von Beamten auf der Grundlage von Prüfungen ausdrückte. Vgl. dazu P. Joyce: The Rule of Freedom, Kap. 3, und für eine ausführliche Diskussion dieser Fragen: Patrick Joyce: The Soul of Leviathan: Political Technologies of the Imperial British State (im Druck).

tutionen.[24] Die Wertschätzung des Besonderen und des einzelnen ›Falls‹ in diesen Einrichtungen ließ sich ohne Aktenführung, ohne das Schreiben von Berichten nicht realisieren. Schriftlichkeit war immer wichtig – unabhängig davon, ob eine individuelle Biographie, eine Sammlung von medizinischen Symptomen oder eine Institution behandelt wurde. Für Foucault waren die Bürokratie und ihre Schriftkultur Teil einer neuen Sichtbarkeitsökonomie, die bereits vor dem 19. Jahrhundert entstand und in der die Macht vom Zentrum ausstrahlte und nicht mehr länger dort zusammengeballt war. Das war ein deutlicher Unterschied zum traditionellen monarchischen Staat, wo die Macht dem Zentrum eigen war und sich in öffentlichen Inszenierungen artikulierte. Die neuen Herrschaftsformen standen im Widerspruch zu darstellungsorientierten Formen monarchischer Machtausübung, die auf der Repräsentation von Majestät nach außen beruhte. Diese Repräsentation setzte zuerst am Körper des Fürsten an und erstreckte sich später auf die Form des Hofes und, in Frankreich, auf die Gärten von Versailles.[25] Die neue, vom Zentrum ausstrahlende bürokratische Herrschaft führte schließlich zum Rückgang der exklusiven Fokussierung auf die Person des Fürsten und zur Erschließung neuer Herrschaftsobjekte auf dem Wege der Schriftlichkeit.

Alle diskursive Autorität beruht auf Referenzen, die entweder offenbart werden wie im Falle eines Autors oder die bewusst ausgeblendet bleiben wie im Falle des Bürokraten. Bürokratische Machtstellung beruht auf schriftlicher Amtsführung, und zwar auf einer besonderen Art von Schriftlichkeit, die »repetitiv« ist und sich durch Wiederholung und strikte Regelbefolgung auszeichnet.[26] Bürokratisches Schreiben und bürokratische Praktiken im Allgemeinen sind selbst-referentiell: die Autorität der Akten begründet sich auf Beziehungen zu anderen Schriftstücken und auf ihre Stellung innerhalb eines Systems von aktenmäßig erfassten Vorgängen. Die Referenz nach außen ist für ihre Autorität sekundär, selbst wenn es sich dabei um eine Referenz auf den Staat selbst handelt. Deshalb ist es unmöglich, die volle Bedeutung eines Aktenkonvoluts zu rekonstruieren, wenn wir nicht Zugriff auf die Gesamtheit von Akten er-

---

**24** | Vgl. Michel Foucault: Überwachen und Strafen. Die Geburt des Gefängnisses, Frankfurt a.M.: Suhrkamp 1976, S. 251-292.

**25** | Vgl. M. Foucault: Überwachen und Strafen, S. 44-99; vgl. zur Nutzung des Körpers in der politischen Inszenierung von Kontinuität Ernst Kantorowicz: The King's Two Bodies. A Study in Mediaeval Political Theology, Princeton/London: Princeton University Press 1997, S. 419-437.

**26** | Vgl. Ilana Feldman: Governing Gaza. Bureaucracy, Authority and the Work of Rule, 1917-1967, London/Durham: Duke University Press 2008, S. 14-20, zur Generierung von bürokratischer Autorität durch die Autorität von Schriftlichkeit. Ich möchte mich bei Ilana Feldman von New York University für ihre Hilfe und Unterstützung bedanken.

halten, mit denen es in Beziehung steht. Das lässt sich aber kaum leisten. Das verhindert die Selektivität der Archivierung.[27] Die Autorität dieser Bürokratie ist selbst generierend. Sie bedarf auch nicht der von Max Weber beschriebenen Legitimation von Herrschaft.[28] Bürokratische Prosa benötigt nicht die Referenz nach außen zum Staat, weil ihre Autorität auf systemischen Eigenschaften beruht – deshalb auch die beständige Sorge um Akten, die aus der Ablage entnommen wurden und um Akten, die von einem Vorgang zum anderen übertragen werden. Anhand dieser hier nur kurz skizzierten Eigenart des bürokratischen Schreibens lässt sich das Entstehen der systemischen Eigenschaften jener ›Zentren‹ verfolgen, die ich in meinem Beitrag analysiere.

Die Verbindung zwischen der bürokratischen Autorität und dem Staat ist nicht eindeutig vorgegeben und auch nicht zwingend notwendig, wie das Beispiel der sogenannten schwachen Staaten belegt. Ilana Feldman zeigt anhand ihrer Studie über die Verwaltung von Gaza im 20. Jahrhundert, einem Territorium, das in diesem Zeitraum unter anderem eine britische Mandatsherrschaft erlebt hatte, wie bürokratische Autorität abgeschottet vom Staat fortbestehen konnte. Die Administration hielt ihre autonome Befehlsgewalt aufrecht, indem sie sich bewusst nicht auf die jeweiligen Herrschaftssysteme einließ, zu denen sie eigentlich gehörte.[29] Die Beziehung eines mächtigen Staates zu seiner Bürokratie war stärker, doch auch nicht selbstverständlich und letztlich mit Vorbehalten versehen.

Wiederholung, Regelanwendung, Vorschriftsmäßigkeit – das sind die Voraussetzungen für die Autorität der Akten und bilden die Grundlage jeder bürokratischen Organisation. Sie fördern Disziplin ebenso wie die Fügsamkeit in Ordnungen und tragen zu der häufig angesprochenen Erstarrung von bürokratischen Apparaten bei. Indem Autorität auf der exakten Anwendung von Vorschriften beruht, lässt sich diese infrage stellen, wenn die Regeln nicht eingehalten werden. Das bürokratische System bestimmt Ansprüche in dem Maße wie es Disziplin einfordert.

Aufgrund ihrer Selbst-Referentialität existiert die Autorität der schriftlichen Sachbearbeitung innerhalb von bürokratischen Systemen scheinbar abgehoben von politischen Institutionen – gewissermaßen als untrennbarer Bestandteil eines autonomen Systems. Diese Autonomie lässt sich ihrerseits als ein wesentliches Element jener Prozesse identifizieren, die den Staat fest in der modernen Welt verankert haben. Wenn man die Logik des bürokratischen Systems auf seine Implikationen für die Mitarbeiter des Apparates hin befragt, lässt sich unschwer eine Minimierung ihrer eigenständigen Handlungskompetenz erkennen – die Autoren der Texte treten nicht als solche in Erscheinung. Das bürokratische System

---

**27** | Vgl. I. Feldman: Governing Gaza, S. 34-40.

**28** | Max Weber: Wirtschaft und Gesellschaft. Grundriß der verstehenden Soziologie, 5. Aufl., Tübingen: Mohr 1980, S. 122-130.

**29** | Vgl. I. Feldman: Governing Gaza, 2008, S. 31-90.

erfordert die Auslöschung der Individualität der einzelnen Beamten, die nur als neutrale und daher unabhängige Rollenträger – Personae – präsent sind.

Die Autonomie der Autorität von bürokratischer Prosa, die auf ihrem systemischen und selbst-referentiellen Charakter beruht, ist mehr als nur ein schöner Schein. Das scheint der offensichtlichen Bedeutung von politischen Systemen wie dem Staat für die Generierung dieser Autorität zu widersprechen. Brinkley Messicks Studie zur islamischen Gesellschaft in Yemen betont die enge Verbindung zwischen Schriftlichkeit und Textualität im Bezug auf die Sharia. Der Autor spricht in diesem Zusammenhang sogar von einem »kalligraphischen Staat«.[30] Eine autonome, in einer bestimmten Art von Schriftlichkeit begründete Autorität der Verwaltung lässt sich hier kaum aufrechterhalten, weil die Abhängigkeit von staatlichen Einrichtungen so offensichtlich ist. Der britische Staat des 19. Jahrhunderts kann zwar nicht als »kalligraphischer Staat« beschrieben werden, doch lässt sich Messicks Konzept von »textual domination«, d.h. von einer text-basierten Form der Herrschaftsausübung, die politische Verfasstheit, soziale Ordnung und diskursive Formationen miteinander in Beziehung setzt,[31] auch dafür nutzbar machen. Die Autorität der Schriftlichkeit bezieht sich auf die in den Texten implizit kommunizierten »hegemonialen Vorstellungen« und auf den Staat, wobei andere staatliche Einrichtungen wie das Erziehungssystem zur Etablierung und Festigung dieser Hegemonie einen wichtigen Beitrag leisteten.

Die bürokratische Prosa hatte dennoch eine eigenständige Autorität – und das nicht nur im Sinne einer selbstverständlichen Präsenz im modernen Staat. Sie war autonom, weil die systematische Ordnung der Dossiers und der Registraturen eine nicht-menschliche Handlungskompetenz, ja eine eigene materielle Gewalt enthielt. Diese Handlungskompetenz der Akten wurde noch weiter verstärkt durch das Wirken von grundlegenden strukturellen Prozessen, die außerhalb der bewussten Wahrnehmung und Kontrolle menschlicher Akteure lagen und das bürokratische System stabilisierten. Messick beschreibt diese Mechanismen wie folgt:

»A textual habitus, a set of acquired dispositions concerning writing and the spoken word, and the authoritative conveyance of meaning in texts was reproduced in homologous structures and practices across different genres and institutions. It was the resulting, partly implicit, experience of coherence amid diversity, the reaffirming of basic orientations with multiple forms and sites of expression that enhanced the natural qualities of the dispositions themselves. From domain to domain, the quiet redundancies of discursive routines were mutually confirming.«[32]

---

30 | Brinkley Messick: The Calligraphic State. Textual Domination and History in a Muslim Society, Los Angeles/London: University of California Press 1993.

31 | Vgl. B. Messick: The Calligraphic State, S. 1.

32 | Ebd., S. 251f.

Verfahren zur Produktion und Verarbeitung von Texten, die in Geschäftsordnungen und den zugehörigen Archivierungs- und Registraturprakti-
ken festgeschrieben waren und in verschiedenen Zweigen der Verwaltung
gleichermaßen befolgt wurden, vermittelten den Eindruck von Kohärenz
und Zwangsläufigkeit. Die Selbstverständlichkeit der bürokratischen Verfahren und des Staates wurde dadurch ebenso begründet wie eine Form
der konkreten Wirksamkeit, die gleichermaßen auf menschliche wie
nicht-menschliche Akteure bezogen war.

Dieselbe Logik, die den Staat so selbstverständlich werden ließ, führte
auch dazu, das Kapital zum untrennbaren Bestandteil der modernen Welt
zu machen. In beiden Fällen erforderte dies eine neue Form der Kontrolle
über schriftliche Dokumentation und Kommunikation. In dieser Hinsicht
ist die Studie von Ogborn über die Aufschreibesysteme in den Faktoreien
der *East India Company* aufschlussreich. Aus seiner Sicht machten erst
die neuen Buchhaltungsmethoden die scheinbar eigenlogischen Kapital-
bewegungen zur Selbstverständlichkeit:

»The aim was to construct a controlled space for writing and calculation which
would seek to ensure the accessibility of the books, the orderly conduct of ac-
countancy, the absence of the selfish interests of factory chiefs, and all that
depended upon it. Understanding this specific and small-scale geography of
writing and writing practices as an ordering of the relationships between power
and knowledge in the making of global trade, means recognising the social and
cultural relationships that lie right at the heart of the economic arrangements
of mercantile capital. It is also the case that if the ›logic‹ of capital was felt by
those engaged in these forms of exchange as a ›logic‹ – as an impersonal, in-
exorable, and determining force – then that was exactly the effect achieved by
the separations, hierarchies, and controls instituted in the factories' writing
offices as the sites of local practices of abstraction and standardisation per-
formed upon chains and compilations of inscriptions and reinscription [...] It
was within these restricted public spaces, and only within them, that the English
East India Company could turn their concerns into an objective and controlling
profit-seeking force external to their servants' private interests, into the ›logic‹
of capital.«[33]

Das *India Office* lässt sich ebenso als ein neuer, sorgfältig regulierter
Raum für schriftliche Amtsführung und Buchhaltung verstehen, der
durch die Zugänglichkeit und strikte Ordnung der Akten sowie durch das
Fehlen von Eigeninteressen, ja selbst durch das Fehlen von politischen
Interessen gekennzeichnet war. Das Politische wurde in dieser Zeit von
einer neuen ›professionellen‹ Beamtenschaft zunehmend als eine Sonderform des Egoismus verstanden. Bei der Schaffung eines solchen bürokratischen Raumes griff man zur Mitte des 19. Jahrhunderts auf Modelle
aus der nicht-staatlichen kapitalistischen Wirtschaft zurück – in diesem

---

33 | M. Ogborn: Indian Ink, S. 102f.

Fall auf die Verfahren, die von der *East India Company* entwickelt wurden. Ein wesentliches Charakteristikum dieser bürokratischen Verfahren war die Neudefinition der Rolle von Mitarbeitern der Verwaltung. Die Autorität des bürokratischen Schreibens bestimmte nicht nur die Gestalt von Verwaltung und Staat, sondern auch die Gestalt des Beamten und der Beamtin, wobei in dieser Zeit die männlichen Akteure überwogen, was ja mit dem männlichen Ethos der Verwaltung in Übereinstimmung stand. Die Art der Schriftlichkeit in diesen Institutionen trug wesentlich zur Ent-Individualisierung der Mitarbeiter bei, obwohl es nicht das einzige Instrument dafür war. Die materielle Ausstattung der Büroräume, die Gebäude selbst, die Kleidung und die Haltung der Beamten hatten dieselbe Funktion.

## DER AKT

Zur Erkundung der systemischen selbst-referentiellen Autorität von Bürokratien werde ich mich nun den Akten selbst zuwenden. Der Akt ist das Herzstück der bürokratischen Verwaltung; er dient zur Sammlung von Informationen und zur Produktion von Wissen – einem Wissen, das die Behörde benötigt, um sich selbst und ihre Objekte zu verwalten. Mich interessiert nicht der Akt im abstrakten Sinn, weil die Macht, die den Akten inhärent ist, auf ihrer Materialität beruht – auf der räumlichen Verteilung der Dokumente, auf der konkreten Art des Schreibens und besonders auf dem verwendeten Papier, den Federn und anderen Kommunikationsmitteln, die im Gebrauch waren. Es ist mir leider nicht möglich, mehr als nur kurz die bedeutsamen Fortschritte der Technologie der Handschrift und ihre zunehmende Verbreitung in weiten Teilen der Bevölkerung in den 1830er und 1840er Jahren zu streifen. In diesem Bereich fand ein beachtlicher Fortschritt in den Lowtech-Techniken statt, auf den ich eingangs hingewiesen habe. Die erste Hälfte des 19. Jahrhunderts erlebte eine aufeinander bezogene Abfolge von technologischen und industriellen Veränderungen, durch die schließlich die über Jahrtausende währende Vorherrschaft der Federkiele gebrochen wurde – eine Technologie, die so schwerfällig wie traditionsreich war. Federkiele wurden abgelöst durch die Stahlfeder, die als Massenprodukt hergestellt werden konnte und den Zeitgenossen als die »Stricknadel der Zivilisation« galt. Gleichzeitig wurden neue Formen von Papier und Tinte entwickelt, die eine enorme Verbesserung im Hinblick auf die Lesbarkeit und Haltbarkeit von Schriftsätzen mit sich brachte – alles Faktoren, die ganz offensichtlich von wesentlicher Bedeutung für die Bürokratie waren.[34] Im Gefolge dieser neuen

---

**34 |** Von den zahlreichen Veröffentlichungen zu diesem Thema finde ich das Buch von Donald Jackson: The Story of Writing, Monmouth: The Calligraphy Centre 1981, bes. Kap. 9 und 11 empfehlenswert für eine weitergehende Auseinandersetzung mit diesen technologischen Entwicklungen.

Technologien wurden zahlreiche neue Geräte und Verfahren für das Büro und vor allem für die Aktenführung erfunden.[35] Bedeutsam war die uns heute so vertraute horizontale Registratur, die erstaunlich spät, nämlich zwischen 1900 und 1914 eingeführt wurde und einen Meilenstein in der Bürotechnologie bedeutete.»Flache« Ablagesysteme mit Umschlägen wurden etwa um 1880 entwickelt.

Der Akt selbst kann als »black box« im Sinne der Wissenssoziologie beschrieben werden. Er ›rahmt‹ Sachverhalte, indem er sich die Wirkung von menschlichen Akteuren und Dingen zu nutze macht und diese neu konfiguriert. Er verleiht ihnen dadurch eine neue, auf eine Finalität hin orientierte Wirkungsmächtigkeit.[36] Die Produktion von Akten hat ebenso mit Einschluss wie mit Ausschluss von Betreffen zu tun, mit dem Hinein- und Hinausdirigieren von Wissen und Handlungspotenzialen.

Die Anregungen der Wissenschaftsforschung können für die Analyse der Aktenproduktion genutzt werden. Die Wissenssoziologie wendet sich ab von der Vorstellung eines kumulativen Fortschritts im Bereich von Wissenschaft und Technologie. Sie interessiert sich vielmehr für die Hintergründe des Wandels und vor allem für die dazu erforderlichen Allianzen, die hergestellt und stabilisiert werden mussten. Diese Allianzen werden insofern nicht als selbstverständlich gesehen, als sie die spezifischen Macht- und Ressourcenkonstellationen einer bestimmten Zeit widerspiegeln.[37]

Der Akt kann in ganz ähnlicher Form als ein Instrument verstanden werden, um Kontrolle über die behandelten Materien auszuüben und somit die Institutionen und ihre Verfahren zu festigen. Das wird ermöglicht durch eine kontingente und in gewissem Maße willkürliche ›Rahmung‹ der Sachverhalte. Diese Rahmung ist oft unbeständig. Die Zusammensetzung eines Aktes und die Integration von bestimmten Informationen, die dadurch zu relevanten Wissensbeständen wurden, war und ist nicht das Resultat eines notwendigen oder gar unausweichlichen Prozesses. Deshalb ist es notwendig, detailliert die Herstellung von Akten aus zwei Perspektiven zu verfolgen.

---

**35** | Das online zugängliche *Early Office Museum* ist ein wahres Füllhorn an Informationen, wenn auch mit einem starken Schwerpunkt auf Materialien aus den USA. Im späten 19. Jahrhundert übernahmen die USA die Führung im Bereich der Bürotechnologie von Großbritannien und Deutschland. Vgl. dazu J. Yates: Control through Communication, S. 21-64.

**36** | Vgl. Bruno Latour: Science in Action: How to Follow Scientists and Engineers through Society, Cambridge/London: Harvard University Press 1987, S. 215-256; Bruno Latour: Eine neue Soziologie für eine neue Gesellschaft. Einführung in die Akteur-Netzwerk-Theorie, Frankfurt a.M.: Suhrkamp 2007, S. 111-149, hier S. 78, 181.

**37** | Zur Auseinandersetzung mit *agency* in diesem Kontext vgl. Andrew Pickering: The Mangle of Practice. Time, Agency and Science, Chicago/London: Chicago University Press 1995, S. 5-35.

Die erste Perspektive betrifft den mühsamen und jahrzehntelangen Prozess von Erfindungen und praktischen Versuchen zur Verbesserung der Aktenführung. Es handelt sich um eine Art praktischer Aktenkunde, die fast ausnahmslos von Subalternbeamten – den meist vernachlässigten Ingenieuren des Empires – entwickelt wurde. Der Blick auf diese Prozesse vermittelt einen Eindruck von dem hohen Preis, der von einer Behörde zu bezahlen war, um eine wirkungsvolle Zentralstelle zu werden – ein Anspruch, der ja immer wieder unterlaufen wurde durch widersprüchliche Kräfte innerhalb von Behörden in Form von Personen, Abteilungen, Traditionen etc. Deshalb muss man wohl von der Existenz von unterschiedlichen, teils miteinander unvereinbaren Zentren innerhalb einer Zentralstelle ausgehen. Obwohl eine gewisse Vereinheitlichung der Geschäftsordnung innerhalb und zwischen einzelnen Ministerien in den letzten Jahrzehnten des 19. Jahrhunderts erreicht wurde, blieb die Verschiedenartigkeit immer stark ausgeprägt.

Eine detaillierte Auseinandersetzung mit den historischen Praktiken der Aktenführung kann hier leider nicht geleistet werden. Ich werde mich daher auf die zweite Perspektive konzentrieren, nämlich auf die Frage, was einen Akt eigentlich ausmacht und damit auf seinen Aufbau. Wegen des oben angesprochenen dauernden Innovationsprozesses im Bereich der Aktengestaltung ist die Wahl eines konkreten Beispiels letztlich nicht frei von Willkür. Dennoch ist es notwendig, ein solches Beispiel zur ›mikroskopischen‹ Analyse herauszugreifen. Ich habe mich für einen Akt aus dem Jahr 1900 entschieden, als das Registratursystem des *India Office* bereits ein gewisses Maß an Stabilität und Perfektion erreicht hatte, bevor es nach dem Ende des Ersten Weltkriegs erneut destabilisiert wurde. Im Anschluss daran wurde eine neue Ordnung im Zusammenhang mit der ›Indianisierung‹ der Kolonialverwaltung eingeführt. Die Bedeutung des Akts und das Ausmaß der historisch gewachsenen Erfahrung in der Anlage von Dossiers wird deutlich an der außergewöhnlich hohen Aufmerksamkeit, die man in der *India Office Procedure* aus dem Jahr 1910 auf die Gliederung und Ordnung von Schriftstücken legte.[38] Die erste und grundlegende Regel bezog sich auf die Anordnung von Schriftstücken:

»The papers in a file submitted under the Office Procedure Rules should be so arranged that the file, if read from top (the latest papers) to bottom, will present the history of each stage of the case in this Office in strict chronological order.«

---

**38** | Mitteilung des Under Secretary of State, »India Office Procedure«, 1910, India Office Records V/27/220/23. Es zeigt sich hier ein ausgeprägter Gegensatz zwischen der detaillierten Erörterung der Formalitäten im Umgang mit Schriftstücken zu dieser Zeit und den nicht weniger ernsthaften, wenn auch sehr kurzen Vorgaben aus den Anfangszeiten des *India* Office. Vgl. dazu Sir Charles Wood (Permanent Under Secretary), »Memorandum on the Business of the India Office«, 1859, IOR/L./PO/MSC/5, sowie seine »Directions for the transaction of business in the India office«, 7. November 1859.

Jedes Dossier war daher eine Art von Miniaturgeschichte, die einen ›Fall‹ konstituierte. Das Dossier brachte die Konstruktionsbedingungen des ›Falles‹ zum Verschwinden. Die zeitliche Ordnung entlang der Chronologie spiegelte sich in der räumlichen Verteilung der Schriftstücke, die von oben nach unten verlief – die horizontale Ablage war ja zu dieser Zeit noch nicht erfunden. Die »strikte chronologische Ordnung« der Dossiers folgte einem historischen Ordnungsmodell und das zu einer Zeit, in der wissenschaftliche Klassifikationssysteme sehr stark einem geschichtlichen Denkmuster verpflichtet waren; seit dem Beginn des 19. Jahrhunderts orientierten sie sich an linearen und fortschrittsorientierten Vorstellung von Zeit.

Die chronologische Ordnung war keinesfalls ein neutrales Organisationsprinzip, sondern »jeder Teilabschnitt des Falles in dieser Behörde« erforderte einen aktiven Eingriff, indem Schriftstücke zu unterschiedlichen Zeiten und von unterschiedlichen Bearbeitern zusammengesetzt wurden. Jeder Abschnitt – und selbst die Festlegung von einzelnen Abschnitten – war eine nachträgliche Konstruktion, geschaffen auf der Grundlage von Materialien, die selbst keiner strikten chronologischen Ordnung verpflichtet waren.

Ein weiteres Ordnungsprinzip für das Dossier stammte aus dem Bereich der Rechtsprechung. Protokolle und Eingaben wurden gemeinsam mit den Unterlagen und Schreiben abgelegt, auf die Bezug genommen wurde. Dadurch stellte die Registratur – erneut in chronologischer Ordnung – die »Nachweise« bereit, die eine bestimmte Vorgehensweise unterstützten. Ebenso wie im historischen Ordnungsmodell war auch hier die Einbeziehung von Nachweisen äußerst selektiv. Denn die Auswahl der Dokumente erfolgte meist nachträglich und war bestimmt von der rigorosen Vorgabe, eine Entwicklungslinie anhand der Schriftstücke zu konstruieren. Die solcherart hergestellten Fälle und Betreffe waren an der Finalität der Entscheidung orientiert, die sie rechtfertigen mussten. Mehr noch, die Gestaltung der Dossiers war an der Herstellung politischer Entscheidungen beteiligt, die nicht aus den mehr oder weniger weisen Köpfen der Politiker entsprangen. Entscheidend waren vielmehr die Sachbearbeiter und ihre Entscheidungen, nur einen Teil des komplexen Schriftverkehrs und der Sachverhalte, die zu einem politischen Vorhaben führten, in das Dossier aufzunehmen.

Es gab eine erhebliche Zahl von Akten, die technische Fragen im Sinne von Wissenschaft und Technologie behandelten. Darin wurden die grundsätzlichen Punkte kurz zusammengefasst und ein riesiges Ausmaß an Informationen mit angeblich rein technischem Charakter in Anlagen ausgelagert, die voll gestopft mit Statistiken und Tabellen waren.[39] Alle

---

39 | Ein Beispiel für ein solches ›technisches‹ Dossier findet sich unter India Office Records, L.PWD.6.404, File 246/93; es enthält eine Liste von Anlagen zu Despatch No 2 Public Works 1893 – 12 Anlagen insgesamt zu Bewässerungsprojekten in verschiedenen Provinzen und Staaten. Die Anlagen umfassen umfang-

diese Informationen waren jedoch von erheblicher Relevanz für politische Entscheidungen. Die Entscheidung dafür, das ›Technische‹ in dieser Form auszulagern, kann selbst als ein politisch relevanter Aspekt verstanden werden. Die dadurch erfolgte Definition des Technischen als einem Teil der Natur entsprach der Logik der damals im Entstehen begriffenen Herrschaft der Experten, die nicht als eine Form von Herrschaft, sondern als ein Element der natürlichen Ordnung der Dinge in Erscheinung trat.[40] Zusammenfassend lässt sich festhalten, dass sich Dossiers zwar ganz erheblich im Hinblick auf ihre Größe und auf ihre Betreffe unterschieden, dass sich aber dennoch eine gewisse Einheitlichkeit in ihrer Grundstruktur feststellen lässt.

Der von mir für eine detaillierte Untersuchung ausgewählte Akt ist unter der Nummer 2101/1900 im *Judicial and Public Commitee* des *India Office* abgelegt. Er betrifft, wie auf der erste Seite des Dossiers vermerkt ist, die Einführung von indischer Geschichte als Prüfungsgegenstand für angehende Beamte der Kolonialverwaltung:»Subject. ICS Final Examination Proposed Inclusion of Indian History among Compulsory Subjects«.[41] Die Zahl 1900 bezeichnet das Jahr, die Ordnungszahl davor weist dem Dokument seine Stellung in einer chronologisch fortlaufenden Nummerierung innerhalb eines Jahres zu. Die Organisation des Dossiers folgte den Vorgaben der *India Office Procedure* aus dem Jahr 1910:

»The arrangement, in detail, should be as follows:
(I) (Top Paper). The submission docket.
(II) (a) Departmental minute.
 (b) One or more blank foolscap sheets, when necessary.
(III) Draft letters, telegrams or dispatches with half margin.
(IV) The despatch or other documents with which the file originates.
(V) ›Previous‹ papers, among or below which (and not among papers I to IV) any papers added in the course of inter-departmental reference should be placed.«

Die materielle Anordnung des Dossiers leistete selbst einen wesentlichen Beitrag zur Vernetzung des Vorgangs innerhalb der Papierwelt der Bürokratie (vgl. Abbildung 1). Die erste Seite enthielt nicht nur den Betreff, sondern gab auch Hinweise auf frühere und nachfolgende Aktenstücke.[42] Bereits die Zusammensetzung des Aktenstücks ist komplex, weil es einen *anderen Akt*, nämlich die Nummer 791/1900 in sich einschließt, was die Suche nach Akten und die Zusammenführung von Inhalten ganz

---

reiche ›technische‹ Berechnungen zu den Kosten sowie Voranschläge, Karten, Konstruktionspläne etc.

**40** | Vgl. T. Mitchell: The Rule of Experts.

**41** | India Office Records/PJ/6/554, erster Teil.

**42** | Vgl. dazu Abbildung 1. Das Deckblatt, das in der Verfahrensvorschrift als »submission docket« bezeichnet wurde, war tatsächlich die zweite Seite dieses Aktes.

wesentlich erschwerte. Das auf dem Aktendeckel bezeichnete Konvolut wird mit jenen anderen Akten und Aktennummern vernetzt, mit denen es inhaltlich in Beziehung steht. Die genaue Verortung des Dossiers in einem Netzwerk von anderen Aktenstücken ist daher von entscheidender Bedeutung. Bereits auf den ersten Blick erkennt man die Bedeutung der Handschrift an den Verweisen am Deckblatt und bei der Betrachtung des Laufzettels. (Abbildung 2)

*Abbildung 1: Erstes Blatt von Akt 2101/1900*

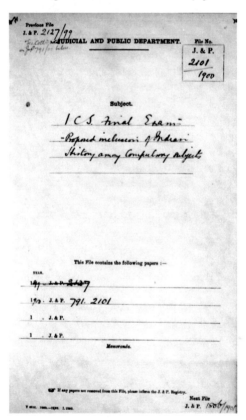

Dort kann man verfolgen, wie die materielle Gestaltung den Geschäftsgang strukturierte. Die linke Spalte war den Einträgen des Kabinettsministers für das *India Office* und seinem Staatssekretär vorbehalten, während in der rechten Spalte eine kurze Zusammenfassung den Weg des Vorschlags unter der Überschrift *Subject* nachvollzieht. Darin hat der ›Fall‹ bereits eine handlungsorientierte Form als »Vorhaben« angenommen. Der Akt wurde damit zu einem Instrument, um in der Welt Wirksamkeit zu entfalten. Es handelt sich um die Papierform des Handelns, die zwar nicht unbedingt die tatsächlichen Handlungsformen vorbestimmt, aber dennoch die Voraussetzung für ein Handeln der Verwaltung in der Welt ist. Die Zusammenfassung auf der rechten Seite wird von der Abteilung verfasst, von der die Initiative ausgeht:»the first entry will be made by the initiating Department at the time of putting forward the file; it should state in terms as brief and precise as possible the nature of the action proposed.« Der ›Akt‹ war in der Tat eine nachträgliche Konstruktion, weil jemand in einer Abteilung – in der Regel deren Vorstand – sich dafür entschied, auf der Grundlage von meist zahlreichen Schriftstücken einen neuen Vorgang anzulegen.

Am deutlichsten zeigt sich die Organisationsfunktion der Aktenführung an der sogenannten ›Leiter‹ (Abbildung 2). Sie nahm ihren Ausgangspunkt am Seitenanfang oberhalb der Teilung der Seite in zwei Spalten. In der rechten Spalte findet sich unter der Überschrift *Subject* ein ausführliches Protokoll zum jeweiligen Akt, das als nicht überarbeiteter Entwurf in Handschrift abgefasst war. Es begann neben dem Raum, der für die beiden leitenden Amtsträger der Behörde, den Kabinettsminister und den Staatssekretär, reserviert war und setzte sich über zwei weitere Spalten fort. Die Verfahrensvorschriften gaben detaillierte Vorgaben zur Gestaltung dieser Protokollnotizen, um das Dauerproblem der Länge und Weitschweifigkeit solcher Einlassungen in den Griff zu bekommen: »minutes should invariably be as precise and brief as possible. Every minute should conclude with a definite statement as to the nature of the proposal for which the approval is sought.«

Die ›Leiter‹ selbst bestand aus den Namen des Staatssekretärs und des Kabinettsministers, dem fachlich einschlägigen Ausschuss des Indienrates, erneut den Namen des Staatssekretärs und des Ministers, gefolgt vom Indienrat. Auf dem hier analysierten Akt befindet sich ein Hinweis auf eine Schachtel und zwar auf die Schachtel mit der Nummer 5. Es handelt sich dabei um Behältnisse mit zusätzlichen Unterlagen, die für die Ratssitzungen auf dem Beratungstisch bereitgestellt wurden.[43] Der Umstand, dass weder die Protokolle der Ausschusssitzungen noch der Beratungen des Rates in den Akt aufgenommen wurden, ist bemerkenswert. Noch bemerkenswerter ist jedoch, dass diese Protokolle nicht einmal archiviert wurden. Es zeigt sich hierin erneut die Willkürlichkeit im Verständnis von Evidenz innerhalb der historischen und juristischen Modelle der Aktengestaltung. Sie war weit davon entfernt, den komplexen und ›mäandernden‹ Durchgang von Schriftstücken durch die Behörde adäquat abzubilden. Ein Zeitgenosse schätzte, dass Akten 90 % der Zeit im Umlauf und nur 10 % tatsächlich in Bearbeitung verbrachten.

---

**43** | Zur Rolle und Funktion der Ratsmitglieder (council) vgl. M. Moir: A General Guide.

*Abbildung 2: Zweites Blatt von Akt 2101/1900*

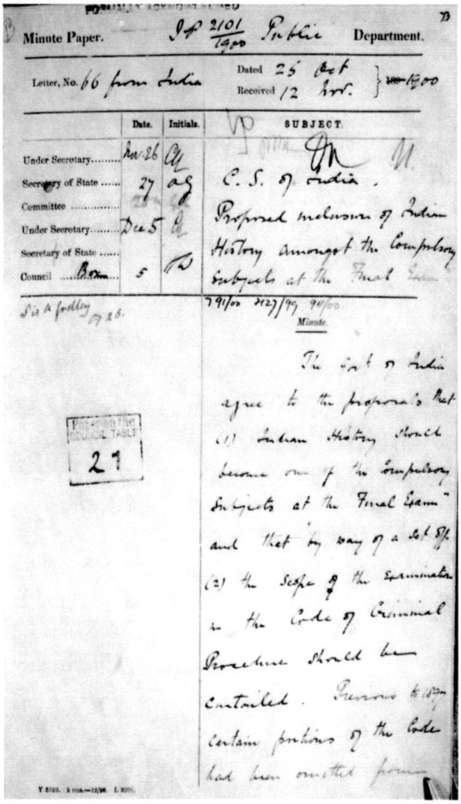
Minute Paper. J&P 2101/1900 Public Department.

Letter, No. 66 from India Dated 25 Oct Received 12 Nov. } 1900

| | Date. | Initials. | SUBJECT. |
|---|---|---|---|
| Under Secretary | Nov 26 | | |
| Secretary of State | 27 | | C. S. of India. |
| Committee | | | Proposed inclusion of Indian |
| Under Secretary | Dec 5 | | History amongst the Compulsory |
| Secretary of State | | | subjects at the Final Exam |
| Council | 5 | | |

791/00 2127/99 91/00

Minute.

The Govt of India agree to the proposal's that (1) Indian History should become one of the compulsory subjects at the "Final Exam" and that by way of a set off (2) the scope of the examination in the Code of Criminal Procedure should be curtailed. Previous to 1897 certain portions of the Code had been omitted from

Die ›Leiter‹ war ein Ordnungsinstrument in der Aktengestaltung. Um diese Funktion erfüllen zu können, musste sie mit peinlicher Genauigkeit verwendet werden. Nur dann ließ sich damit die Bewegung des Aktes von Tat zu Tag und von Person zu Person verfolgen. Sie war daher ein Steuerungselement innerhalb des umfassenden Steuerungssystems des gesamten Aktes. Ein weiteres Steuerungselement des Aktenumlaufs war die Evidenz (registry document), die als Hauptregistratur und als Registratur in einzelnen Abteilungen geführt wurde. Sie ist aus heutiger Sicht unvermeidlich und selbstverständlich, wurde jedoch erst im Laufe einer ungewöhnlich langen Zeit entwickelt. Im Fall von Akt Nummer 791 lässt sich anhand der Aktenevidenz die Bewegung von Schriftstücken und die Geschichte eines Akts in horizontaler Weise verfolgen, während die ›Leiter‹ die vertikale Bewegung nachvollzieht. Die Evidenz dokumentierte diese Bewegungen in detaillierter Form. Das *Judicial and Public Register* verfolgte den Aktenlauf von dem Eintrag in das sogenannte *sub registry* am 26. April 1900 bis zur letztendlichen Absendung nach Indien auf dem Weg durch alle Instanzen. Dadurch entstand eine Art horizontaler ›Leiter‹.

Zur Kontrolle der Bewegung von Schriftstücken wurden zusätzliche
Hilfsmittel eingesetzt, wie etwa Markierungen mit versteiftem Papier, um
auf einzelne Schriftstücke innerhalb eines Aktes hinzuweisen, oder die
Verwendung von gelben Zetteln vorne auf einem Akt, um anzuzeigen an
welche Abteilung ein Akt weitergeleitet wurde, sobald er seine ›Heimatab-
teilung‹ verließ.[44] Die Bewegung von Schriftstücken innerhalb des *India
Office* wurde von vielen solchen Hilfsmitteln organisiert. Markierungen
kennzeichneten nicht nur einzelne Seiten in Aktenkonvoluten, sondern
enthielten auch Anweisungen, die sich durch ihre jeweilige Farbgebung
unterschieden:»Action«,»Paper under Consideration«,»Draft for Approval«,»Important«,»Immediate«, um nur einige zu nennen.

Diese kleinen Hilfsmittel zur Produktion und Organisation von Wissen müssen immer zusätzlich zum ursprünglichen und leistungsfähigen
Instrument der Handschrift selbst betrachtet werden. Die Fülle von hand-
schriftlichen Elementen in der Aktenführung zeigt sich in den noch nicht
in Reinschrift verfassten und mit zahlreichen Anmerkungen versehenen
Briefentwürfen, im häufigen Gebrauch von Initialen, um den Gang der
Schriftstücke und damit deren Geschichte nachvollziehbar zu machen,
weiters in den Marginalien und schließlich in den handschriftlichen
Schreiben und Aktenvermerken. Die Handschrift stellt den individuellen
Körper in Bezug zum Schriftstück und verleiht diesem ein persönliches
Gepräge vor allem in Form der Unterschrift eines bekannten Autors.

Die Handschrift spielte eine vielschichtige Rolle in der britischen Verwaltung dieser Zeit. Ihr Gebrauch in dem hier analysierten Akt zeugt von
der Unterscheidung zwischen subalternen, mechanischen Hilfsarbeiten und eigenständigen, intellektuellen Konzeptarbeiten innerhalb des
kürzlich reformierten Beamtenapparates. Dieses Unterscheidungsmodell
war die Grundlage der späteren Informationstechnologien der britischen
Verwaltung, ja selbst für die Konstruktion der modernen Computer, wie
John Agar in seinem Buch zeigt.[45] Die Subalternbeamten mussten in der
Produktion der Akten anonym bleiben, die höheren Beamten dagegen in
Erscheinung treten. Diese Hierarchien innerhalb der Verwaltung wirkten
sich auch auf die Schaffung unterschiedlicher Selbstbilder und Rollen-
muster aus. Von besonderer Bedeutung war der Unterschied bzw. der
Übergang zwischen dem überwachten und selbst-überwachten Subjekt.
Der Subalternbeamte war Zielpunkt *direkter* Disziplinierung und Überwachung durch exakte Vorgaben in Form von Regeln und Reglementie-
rungen. Dazu gehörte auch, dass er nicht für sich selbst sprechen und als
Autor von Texten in Erscheinung treten konnte. Auf diese Weise waren
viele Praxisformen der Verwaltung, von den einfachsten Verrichtungen
aufwärts – Schreibfedern bei der Arbeit, die Art der Handschrift, das li-

---

**44** | Vgl. das Memorandum des Staatssekretärs im Außenministerium:»India
Office Procedure«, 1910, India, S. 11.
**45** | Vgl. John Agar: The Government Machine. A Revolutionary History of the
Computer, London: MIT Press 2003, S. 45-74.

nierte Papier – Mittel zur Schaffung von Räumen, in denen Fehler gemacht werden konnten, die aber Handlungsspielräume und eine gewisse Freiheit für eigenständige Initiativen eröffneten.

Wenn wir uns nun erneut dem Akt 791.2101 zuwenden, sehen wir am Beginn eine (handschriftliche) Eingabe von R. Palme Dutt, einem früheren leitenden Beamten aus der indischen Verwaltung, der zu diesem Zeitpunkt Geschichte am University College in London unterrichtete. Palme Dutt war ein bedeutender indischer Intellektueller und politischer Aktivist mit großem Einfluss auf die Entwicklung des indischen Nationalismus. In dem nachträglich erstellten Aktenkonvolut folgen auf seine Eingabe die handschriftlichen Schreiben und Aktenvermerke von führenden Beamten des *India Office*, zu denen Sir Arthur Godley und die Leiter der in den Vorgang einbezogenen Abteilungen gehörten. Auf diesem Wege berieten sich die Beamten und führten eine Unterredung, bei der sie die Eingabe von Dutt in nicht immer schmeichelhaften Begriffen beurteilten. Dabei verteilten sie ihre Initialen und handschriftliche Datumsangaben großzügig nicht nur auf ihren eigenen Schriftstücken.

Im Anschluss an diesen Austausch finden wir die handschriftliche Form eines Laufzettels, auf den häufig Bezug genommen wurde. Die Abfolge von Datumsangaben verweist darauf, dass der Akt das Begutachtungssystem der ›Leiter‹ zwischen dem 1. und 15. Mai durchlaufen hatte. Dieses rasch wachsende Aktenkonvolut – es ist bereits ziemlich umfangreich bei Erreichen des Laufzettels und enthält eine Fülle von Informationen über frühere Diskussionen über Prüfungsgegenstände im Rahmen der *Indian Civil Service* Ausbildung – dokumentiert sehr schön die tatsächliche »Geburt« eines Akts. In diesem Fall handelt es sich um eine ziemlich rasche Geburt, die auf die Eingabe von Dutt hin erfolgte. Nach dem Laufzettel enthält das Konvolut den handschriftlichen Entwurf eines langen Schreibens des Kabinettsministers George Hamilton an den Generalgouverneur von Indien im Indienrat, der sich auf die vorliegenden Informationen bezieht und diese weiter entwickelt. Die erste Seite ist geschmückt mit zahlreichen Unterschriften, Kommentaren und einer handschriftlich erstellten ›Leiter‹ am linken oberen Rand.

Für mein Argument wichtig ist die Beobachtung, dass das Aktenkonvolut keinesfalls Hinweise auf die erheblichen Anstrengungen bietet, die zur Gewinnung von Informationen aufgewandt wurden. Der Schriftverkehr, der dazu erforderlich war, wurde entweder nicht aufbewahrt oder sehr rasch skartiert, wie das bereits im Hinblick auf die Protokolle der Ausschusssitzungen festgestellt wurde. Der Akt präsentiert daher einen ganz spezifischen Ausschnitt aus einer komplexen Folge von Ereignissen, der die Diskussionen in einer bestimmten Form ›rahmt‹ und im Sinne des bereits angesprochenen ›black-boxing‹ interpretiert werden kann. Ein erheblicher Teil dieser nicht dokumentierten Tätigkeit wurde in die Produktion der gedruckten Version des Schreibens an den Generalgouverneur investiert, das den nächsten Teil des Konvoluts ausmacht. An dieser Stelle wird Akt 2101 durch Akt Nummer 791 in zwei Teile geteilt, wie man den Marginalien am handschriftlichen Entwurf entnehmen kann. Das gedruckte Schreiben blendet noch zusätzlich die vielfältigen Arbeitsschritte aus, die zur Vorbereitung des Drucks notwendig waren – vor allem die persönlichen, mündlichen wie schriftlichen Kommunikationen innerhalb der Abteilungen. Das betraf auch die Arbeit und die schriftliche Dokumentation, die der einleitenden Runde von handschriftlichen »Unterredungen« zwischen den führenden Beamten der Behörde zugrunde lag. Die Abteilungsvorstände waren ja keinesfalls die einzigen, die bei der Aktengestaltung mitwirkten. Zahlreiche Akteure waren daran beteiligt und der Vorstand nahm auch nicht unbedingt die Rolle des gebieterischen Leiters ein, wie man sich das so vorstellen könnte. Er fungierte eher als Koordinator, der die unterschiedlichen Einlassungen – die durchaus auch aus den unteren Ebenen der Hierarchien stammen konnten – kontrollierte und gegebenenfalls aus dem Diskussionsprozess herausnahm. Es gibt Belege aus der indischen Provinzialverwaltung und von britischen Regierungsstellen, die zeigen, dass trotz dauernder Anstrengungen der Behördenleitung, die Autonomie und Eigeninitiative der Subalternbeamten zu beseitigen, immer noch ein gewisser Handlungsspielraum auf den unteren Ebenen der Verwaltung vorhanden war. Dieser Spielraum wird wohl immer bestehen angesichts des Vertrauens auf eine arbeitsteilige Aufgabenbewältigung, bei der die Trennlinien zwischen höheren Beamten und Subalternbeamten sowie zwischen unterschiedlichen intellektuellen Fähigkeiten häufig verschwimmt.

In der indischen Kolonialverwaltung wurde jedes Schreiben, das an eine bestimmte Abteilung einer Provinzialbehörde gerichtet war, zuerst im Eingangsprotokoll erfasst und an einen Registraturbeamten weitergeleitet. Dieser vermerkte alle Querverweise, die in der Eingabe angesprochen waren und hob alle Akten aus, auf die Bezug genommen wurde. Die Bezüge wurden mit Einlagezettel angezeigt. Auf alle diese Formen des Verzeichnens und Registrierens, auch des Indizierens kann hier nur nebenbei hingewiesen werden. In jedem Fall gab es selbst vor der »Geburt« eines Akts ein erhebliches Maß an weitgehend undokumentierter Aktivität und Initiative seitens der Subalternbeamten. Von dem Registraturbeamten wurde die Eingabe weiter gereicht an den nächsten Beamten, der einen Aktenvermerk über die wesentlichen Punkte der Eingabe verfasste. Darin wurden die Beziehungen zu bereits vorliegenden Schriftstücken und zu früheren Vorgängen hergestellt. Es war ihm nicht gestattet, Kritik an der Eingabe zu formulieren bzw. diese zu kommentieren. Nur in einfachen Fällen durfte er eine Erledigung vorschlagen. Trotz dieser Limitierungen hatten die verschiedenen Beamten erheblichen Einfluss auf die Gestaltung der Akten. Dieser Beitrag setzte sich auf der nächsten Hierarchiestufe fort – der Übermittlung der Eingabe und der Anlage an den Bürovorsteher. Dieser leitete einen Teil einer Abteilung, war aber noch kein Konzeptsbeamter. Er las den Aktenvermerk und reichte diesen weiter, manchmal in überarbeiteter, revidierter oder gar umgeschriebener Form. So erreichte das gesamte Material schließlich die höheren Ebenen der Behörde, um letztlich beim Staatssekretär oder einer anderen Führungsfigur zu landen, nachdem es die vorgebliche Grenze zwischen Hilfsarbeiten und geistiger Arbeit überschritten hatte.[46] Sobald eine Entscheidung auf der Führungsebene getroffen wurde, setzte ein ähnlicher Prozess ein, um diese umzusetzen. Die dabei immer wieder auftauchenden Fallstricke wurden von einem angesehenen Beamten der indischen Verwaltung deutlich zum Ausdruck gebracht:

»The clerk who writes (the reply) must always reproduce the sense, and if possible the words, of the order. Occasionally he overdoes verbal fidelity with disastrous results, for notes are sometimes expressed in terms more lucid than polite; or in his anxiety to make sure that nobody can mistake the meaning, he will reiterate the same phrase again and again. He rarely uses a short word if he can use a long one; and, by the time his draft reaches the under-secretary, it is often a mass of ›grandiloquent and redundant verbiage‹ as he himself would call it.«[47]

Der Staatssekretär musste daher häufig den Erlass ergänzen, revidieren oder gänzlich neu schreiben, bevor er ausgestellt wurde.

Angesichts dieser Beobachtungen können wir Herrschaft und Verwaltung im britischen Empire in Begriffen von »kollektiver« oder »verteilter« Wahrnehmung beschreiben. Die Entwicklung von politischen Programmen war auf unterschiedliche Akteure aufgeteilt, die ihrerseits an verschiedenen Punkten und Ebenen dieser kollektiven Form von kolonialer Herrschaft angesiedelt waren.[48] Die Angehörigen der unteren Ebenen der Verwaltung hatten zweifellos einen begrenzten Handlungsspielraum, aber dieser Spielraum war vorhanden. Die mannigfaltig verteilte Handlungskompetenz produzierte innerhalb der Verwaltung gleichermaßen Kohärenz wie Inkohärenz. Innerhalb des auf Papier gebauten Empires, vor allem aber innerhalb der indischen Verwaltung waren die Ursachen von Inkohärenz systemisch, d.h. sie waren ein untrennbarer Bestandteil der Verfahren. Aus diesem Grund waren die systemischen Eigenschaften der eingangs beschriebenen Verbindungszentren ebenso dysfunktional wie funktional, wobei diese beiden Aspekte wechselwirksam miteinander verbunden waren. Ursachen für Instabilität waren dauerhaft vorhanden, weil der Anstoß für Veränderungen und für Reform sich aus dem Erfolg der Verwaltungssysteme speiste. Der wachsende Umfang des Schriftverkehrs bedrohte fortwährend die bestehende Organisation. Sobald neue Verfahren eingeführt wurden, um dieser Veränderungen Herr zu werden, stießen sie bald selbst an ihre eigenen Grenzen oder hatten unvorher-

---

**46** | Vgl. Edward Blunt: The ICS. The Indian Civil Service, London: Faber & Faber 1937, S. 158-159.

**47** | E. Blunt: The ICS, S. 159; vgl. dazu auch India Office Records, »India Office Procedure« (mit dem Vermerk »for official use only«).

**48** | Vgl. Ch. Mukherji: Impossible Engineering, S. 1-14.

gesehene Folgewirkungen, die zusätzliche Komplexität und Inkohärenz generierten. Ein passendes Beispiel dafür ist eine bedeutsame Innovation im Bereich der Aktenführung. Sie führte in den 1880er Jahren zur Aufgabe der traditionellen Form der Faltung von Eingaben und zur Einführung eines flachen Ablagesystems. Lange Zeit wurde die Eingabe zur Organisation des Akts verwendet. Sie wurde dabei zweimal gefaltet und die leere Vorderseite als Laufzettel und für Aktennotizen verwendet. Erst im Jahr 1885 begann man im Innenministerium – das *India Office* folgte den dortigen Verfahrensänderungen – die Schriftstücke eines Akts in weißen Umschlägen abzulegen, auf deren Vorderseite Notizen geschrieben wurden. Bei Bedarf ließen sich zusätzliche Blätter für weitere Vermerke hinzufügen. Dieses neue Verfahren führte langsam zu einer neuen modernen Form von Vermerken: »the illegible scrawls, which had frequently been unsigned and undated, became neater, more expansive and more clearly initialled and dated.«[49] Weil nun aber das gesamte Blatt für Kommentare und Vermerke verfügbar war und die Schriftstücke in den Aktenkonvoluten leichter zugänglich und besser aufgegliedert waren, entstand daraus eine fast unkontrollierbare Vielschreiberei in Indien.[50]

Ein ähnlich aufschlussreiches Paradox im Zusammenhang mit der verbesserten Qualität in der Verarbeitung des Schriftverkehrs lässt sich am Beispiel der Drucklegung von Verwaltungsschriften festmachen. Oberflächlich betrachtet scheint die Verwendung von gedruckten anstelle von handschriftlichen Dokumenten ein deutlicher Vorteil für den bürokratischen Apparat zu sein. In mancher Hinsicht scheint die Verfügbarkeit von zunehmend billigen Druckkapazitäten vor allem im britischen Mutterland ein Segen gewesen zu sein. In Indien führten die ziemlich geringen Kosten für den Druck zur Drucklegung selbst von obskuren Äußerungen subalterner Beamter, was wiederum zusätzliches Futter für das Korrespondenzmonster bereitstellte.

Aus diesen Paradoxien und Widersprüchen war jene beschränkte Stabilität geschmiedet, die diese neuen papierenen Welten zur kolonialen Herrschaft in Indien und im Empire beisteuerten. Diese Herrschaft kann nicht nur in den etablierten Begrifflichkeiten von Macht, Politik und Verwaltung verstanden werden. Das sollte diese Fallanalyse zum Aktenwesen deutlich gemacht haben. Der Blick auf die Aktengestaltung hat die Absicht, erneut die Bedeutung der Materialität von Verwaltung zu verdeutlichen, durch die nicht nur die Beamten und die Behörden, sondern auch die Gestalt der kolonialen Herrschaft und des kolonialen Staates mit bestimmt wurden.

---

49 | Jill Pellew: The Home Office 1848-1914, London: Heinemann Educational Books 1982, S. 97.

50 | Vgl. E.H.H.Collen, »Memorandum«, 6 June, 1899 – in EUR.F.111, Curzon, »Memorandum«.

# LITERATUR

Agar, John: The Government Machine. A Revolutionary History of the Computer, London: MIT Press 2003.

Bayly, Christopher: Empire and Information: Intelligence Gathering and Social Communication in India, 1780-1870, Cambridge: Cambridge University Press 1996.

Becker, Peter/Clark, William: »Introduction«, in: dies. (Hg.), Little Tools of Knowledge. Historical Essays on Academic and Bureaucratic Practices, Ann Arbor/London: University of Michigan Press 2005, S. 1-34.

Blunt, Edward: The ICS. The Indian Civil Service, London: Faber & Faber 1937.

Chakrabarty, Dipesh: Provincialising Europe. Postcolonial Thought and European Difference, Princeton and London: Princeton University Press 2007.

Clanchy, Michael T.: From Memory to Written Record, 1066-1307, London: Blackwell Wiley 1992.

Early Office Museum, www.earlyofficemuseum.com.

Foucault, Michel: Überwachen und Strafen. Die Geburt des Gefängnisses, Frankfurt a.M.: Suhrkamp 1976.

Feldman, Ilana: Governing Gaza. Bureaucracy, Authority and the Work of Rule, 1917-1967, London/Durham: Duke University Press 2008.

Jackson, Donald: The Story of Writing, Monmouth: The Calligraphy Centre 1981.

Joyce, Patrick: »Work«, in: Francis Michael Longstreth Thomson (Hg.), The Social History of Great Britain 1750-1950, Bd. 2, Cambridge: Cambridge University Press 1990, S. 131-194.

Joyce, Patrick: The Rule of Freedom: Liberalism and the Modern City, London and New York: Verso 2003.

Joyce, Patrick: »Postal communication and the making of the British technostate«, Centre for Research in Sociocultural Change, Working Paper No. 54, 2008 (verfügbar unter: www.cresc.ac.uk).

Joyce, Patrick: »What is the social in social history«, in: Past and Present 206 (2010), S. 213-248.

Joyce, Patrick: The Soul of Leviathan. Political Technologies of the Imperial British State (im Druck).

Kaminsky, Arnold P.: The India Office, 1880-1910, London: Mansell Publishing 1986.

Kantorowicz, Ernst: The King's Two Bodies. A Study in Mediaeval Political Theology, Princeton/London: Princeton University Press 1997.

Latour, Bruno: Science in Action: How to Follow Scientists and Engineers through Society, Cambridge/London: Harvard University Press 1987.

Latour, Bruno: Pandora's Hope. Essays on the Reality of Science Studies, Cambridge/London: Harvard Univ. Press 1999.

Latour, Bruno: Eine neue Soziologie für eine neue Gesellschaft. Einführung in die Akteur-Netzwerk-Theorie, Frankfurt a.M.. Suhrkamp 2007.

Mann, Michael: The Sources of Social Power, Bd. 2: The Rise of Classes and Nation States, 1760-1914, Cambridge: Cambridge University Press 1993.

Messick, Brinkley: The Calligraphic State. Textual Domination and History in a Muslim Society, Los Angeles/London: University of California Press 1993.

Mill, John Stuart: »The East India Company's Charter, 1852«, in: John M. Robson/Martin Moir/Zawahir Moir (Hg.), The Collected Works of John Stuart Mill, Bd. 30, Toronto/London: University of Toronto Press 1990, S. 31-74.

Mill, John Stuart: Considerations on representative government, London: Parker and Bourn 1861.

Mitchell, Timothy: The Rule of Experts: Egypt, TechnoPolitics, Modernity, Chicago and London: Chicago University Press 2002.

Moir, Martin: A General Guide to the India Office Records, London: The British Library 1988.

Mukerji, Chandra: Territorial Ambitions and the Gardens of Versailles, Cambridge: Cambridge University Press 1997.

Mukerji, Chandra: Impossible Engineering. Technology and Territoriality on the Canal du Midi, Princeton and London: Princeton University Press, 2009.

Ogborn, Miles: Indian Ink. Script and Print in the Making of the English East India Company, Chicago and London: Chicago University Press 2007.

Otter, Christopher: The Victorian Eye: A Political History of Light and Vision in Britain, 1800-1910, Chicago and London: Chicago University Press 2008.

Pellew, Jill: The Home Office 1848-1914, London: Heinemann Educational Books 1982.

Pickering, Andrew: The Mangle of Practice. Time, Agency and Science, Chicago/London: Chicago University Press 1995.

Potter, David C.: India's Political Administration, Oxford: Oxford University Press 1986.

Samuel, Raphael: »The Workshop of the World. Steam Power and Hand Technology in Mid-Victorian Britain«, in: History Workshop Journal 3 (1977), S. 6-72.

Strübing Jörg: Pragmatische Wissenschafts- und Technikforschung. Theorie und Methode, Frankfurt a.M., New York: Campus 2005.

Vernon, James: Hunger. A Modern History, Cambridge and London: Harvard University Press 2006.

Weber, Max: Wirtschaft und Gesellschaft. Grundriß der verstehenden Soziologie, 5. Aufl., Tübingen: Mohr 1980.

Yates, JoAnne: Control through Communication: the Rise of System in American Management, Baltimore and London: Johns Hopkins Press 1993.

# Orte der Produktion von Arbeitsmarkt

Arbeitsämter in Deutschland, 1890-1933

THOMAS BUCHNER

Am 15. April 1899 wandte sich der »Deutsche Kellner-Bund Union Ganymed« an das Deutsche Reichsamt des Innern und verwies auf die Vorzüge des vereinseigenen Arbeitsnachweises in Berlin:[1] Vor dem Hintergrund der laufenden Diskussionen darüber, ob bzw. in welcher Form eine Änderung der gesetzlichen Bestimmungen in Bezug auf Stellenvermittlungen nötig sei, wolle man das Interesse des Reichsamts auf den vorbildlich gestalteten Vereinsstellennachweis lenken, in der Hoffnung, dies finde Eingang in die ministeriellen Überlegungen. Zu dem beigefügten Material zählten eine Werbeanzeige für den Berliner »Haupt-Stellennachweis« und die Satzungen dieser 1878 in Erfurt gegründeten »Genossenschaft von männlichen Fachgenossen des Gastwirts-Gewerbes«. Die Mitgliedschaft bei der Genossenschaft stand dem gesamten männlichen, großjährigen Personal im Gastwirtsgewerbe, aber auch »Prinzipalen« offen und bot für eine monatliche Mitgliedsgebühr verschiedene Formen der Unterstützung, die von einer Hilfskasse bis hin zur Arbeitsvermittlung reichten. Personen, »die in verrufenen Lokalen arbeiten«, stand die Mitgliedschaft nicht offen, wie auch alle »politischen, sozialdemokratischen und anarchistischen Bestrebungen« vom Vereinsleben ausgeschlossen sein sollten.[2]

Was den Vereinsvertretern nun als Ausweis der Vorbildlichkeit ihres Arbeitsnachweises galt, war zum einen die Tatsache, dass im Gegensatz zu den weit verbreiteten gewerblichen Stellenvermittlungen der Vermittlungstarif des genossenschaftlichen Nachweises sehr gering war. Zum anderen verwiesen sie auf die räumliche Gestaltung ihrer Stellenvermittlung, weshalb auch ein Grundrissplan dieses Nachweises beige-

---

1 | Vgl. zu diesem Vorgang Bundesarchiv (=BArch) Berlin Lichterfelde, Reichsministerium des Innern (R 1501), Bd. 6194, Bl. 40-42.
2 | Ebd., Satzungen, S. 4f.

fügt war: Zu den »Geschäfts-Räumen« gelangten Interessierte über eine
Treppe, die zu einem »Entrée« führte, über das ein »Aufenthalts-Saal«
für »Stellesuchende« sowie ein deutlich kleinerer »Prinzipal-Salon« mit
»Fernsprecher« zu erreichen war. Daneben bestanden die Geschäftsräu-
me aus einem Sitzungssaal, einem »Büreau«, einer Küche und zwei Toi-
letten. Besonders betont wurde von den Vereinsvertretern, dass »unsere
Bureau-Räume streng getrennt von den Wirthschaftsräumen [sind] – ein
Umstand, für den wir seit Jahren gekämpft, u. mit großen Opfern errun-
gen haben«.[3]

Dieser Verweis auf die konkrete räumliche Gestaltung des Nachweises sollte der Abgrenzung dieser Arbeitsvermittlung von den gewerblichen
Stellenvermittlungen dienen, gegen die sich die zeitgenössische wissenschaftliche und auch öffentliche Meinung zusehends richtete. Dahinter
wiederum stand das häufig vorgebrachte Argument, dass ein zentraler
Nachteil gewerblicher Stellennachweise in ihrer Verflechtung mit anderen
Tätigkeiten und Verbindlichkeiten zu sehen sei. Viele dieser Stellenvermittlungen, so wurde argumentiert, würden von Gastwirtinnen und –wir-
ten im Nebenerwerb betrieben; die Stellenvermittlung selbst befinde sich
in den Gastwirtschaftsräumen und wäre faktisch mit Konsumtionszwang
für die Klientinnen und Klienten des Nachweises verbunden. Darüber hinaus würden Stellensuchende, besonders jene, die vom Land in die Stadt
gekommen wären, häufig gezwungen, Logis beim Vermittler bzw. der Ver-
mittlerin zu nehmen, was für sie mit der Aufbürdung großer finanzieller
Lasten verbunden wäre.[4] Ausbeutung war nach zeitgenössischer Ansicht
aber auch auf anderer Ebene festzustellen: Weibliche Stellensuchende
würden, wenn sie bei den Vermittlungsunternehmungen Unterkunft nahmen, häufig »zu fleischlichem Umgange« genötigt, was diese räumlich
undifferenzierten Konstellationen zu »Brutstätten der Liederlichkeit und
Unzucht« mache, wie das Frankfurter Polizeipräsidium bereits im Jahre
1879 in einem Bericht an das Reichsamt des Innern festgestellt hatte.[5]

---

**3** | Ebd.

**4** | Franz Ludwig vermerkte dazu 1903: »Die Dienstboten, welche, meist ohne
Bildung und Lebenserfahrung, zaghaften Schrittes das Pflaster der Grossstadt
betreten, ahnen die Gefahren nicht, die auf sie lauern, und vertrauen sich leicht,
meistens noch froh, dass sich ihrer jemand annimmt, der wortgewandten Gesin-
devermieterin an, die am Bahnhofe oder auf der Strasse den Stellensuchenden
sich unter der Maske der mütterlichen Freundin nähert, um sie – gründlich auszu-
beuten«. Franz Ludwig: Die Gesindevermittlung in Deutschland, Tübingen: Laupp
1903, S. 17. Vgl. allgemein die auf eine Enquete des Verbandes deutscher Arbeitsnachweise zurückgehende Studie von dems.: Der gewerbsmäßige Arbeitsnachweis, Berlin: Heymann 1906.

**5** | BArch Berlin Lichterfelde, Reichsministerium des Innern (R 1501), Bd. 6193,
Bl. 8v-9r. Während der Weimarer Republik wurde daher auch im Rahmen der Bemühungen zur Bekämpfung des Mädchenhandels die Rolle von Stellenvermitt-
lungsbüros diskutiert. So wurde beim internationalen Kongress zur Bekämpfung

Die negativen Folgen bestimmter Formen der Arbeitsvermittlung hatten demnach auch eine ganz elementare räumliche Dimension. Eine Separierung von Tätigkeiten, die der Vermittlung von Arbeitssuchenden oder Arbeitsstellen dienten, von Praktiken, die mit diesem Zweck scheinbar nicht in Zusammenhang standen oder diese negativ beeinflussten, schien unumgänglich, um Arbeitsvermittlung zu optimieren. Eine solche Optimierung wurde seit den 1890ern angesichts wachsender Arbeitslosigkeit als nötig empfunden. Die spezifische räumliche Ordnung von Arbeitsvermittlungsinstitutionen versprach daher in der zeitgenössischen Debatte, zur Ordnung des Arbeitsmarktes selbst beizutragen.

## DEN ARBEITSMARKT ORDNEN

Das Schreiben des Kellner-Bundes war im Kontext einer im Kaiserreich heftig geführten Debatte entstanden: Wie stark hat der Staat in bestehende Formen der Arbeitsvermittlung zu intervenieren und soll er dabei selbst Alternativen entwickeln und auf diese Weise *den Arbeitsmarkt*, eine Denkfigur, die seit dem letzten Viertel des 19. Jahrhunderts an Prominenz gewann, *ordnen*? Diese Frage stand in Zusammenhang mit Debatten, in denen verschiedene Aspekte bestehender Arbeitsvermittlungsinstitutionen als negativ für die deutsche Gesellschaft beklagt worden sind: das »regellose Suchen«[6] und die damit scheinbar verbundene Dysfunktionalität der informellen Arbeitsuche (der sogenannten *Umschau*), die hohen Vermittlungsgebühren der gewerblichen Stellenvermittlungen und die damit verknüpfte Tendenz zur Ausbeutung von Stellensuchenden und Arbeitgebenden oder das dem gewerblichen Arbeitsnachweis scheinbar inhärente Interesse an einer Destabilisierung von Arbeitskontrakten.[7] Die Teilnehmer und Teilnehmerinnen dieser Debatte, ein heterogener Kreis an Vertreterinnen und Vertretern aus Nationalökonomie, Rechtswissenschaft und Psychologie, aber auch Praktikerinnen und Praktiker aus Fürsorge und kommunaler Administration, verstanden diese Unordnung als Charakteristikum der Modernisierung. Sie zeichnete sich dabei immer als eine Unordnung aus, die entweder konkret lokalisierbar war oder, gerade im Gegenteil, durch ihre De-Lokalisierung konstituiert wurde. Einerseits

---

des Mädchenhandels, der 1927 in London stattfand, der genannte Punkt auf die Tagesordnung gesetzt. Vgl. BArch Berlin Lichterfelde, Reichsministerium des Innern (R 1501), Bd. 13739, Bl. 325r.

**6** | Georg Adler: »Arbeitsnachweis und Arbeitsbörsen«, in: Johannes Conrad u.a. (Hg.), Handwörterbuch der Staatswissenschaften, Bd. 1, 3. umgearbeitete Auflage, Jena: Gustav Fischer 1909, S. 1130-1140, hier S. 1131.

**7** | Wilhelm Lins: »Arbeitsmarkt und Arbeitsnachweis«, in: Ludwig Elster/Adolf Weber/Friedrich Wieser (Hg.), Handwörterbuch der Staatswissenschaften, Bd. 1: Abbau bis Assignaten, 4. überarbeitete Aufl., Jena: Gustav Fischer 1923, S. 824-839, hier S. 826f.

war es gerade die räumliche Verflechtung von Stellennachweis, Schank-
wirtschaft und Prostitution, die Arbeitsvermittlung, finanzielle und »sittli-
che« Ausbeutung in unheilvoller Weise miteinander verband. Es handelte
sich hierbei um Nachweisformen, die, wie ein Jurist 1898 in einer für
die zeitgenössische publizistische und wissenschaftliche Meinung kenn-
zeichnenden Art festhielt, »durchweg von fremdartigen, dem Wesen des
Arbeitsmarktes widersprechenden, Nebeninteressen beherrscht sind«.[8]
Andererseits zeigte sich Unordnung durch De-Lokalisierung in informellen Formen der Arbeitssuche, gemeinhin umschrieben als *Umschau*, bei
der Stellensuchende von Betrieb zu Betrieb gingen, um Arbeit zu finden.[9]
Im späten 19. und frühen 20. Jahrhundert war diese Form der Arbeitssuche nach zeitgenössischen Schätzungen zwar dominant, bildete nach
Ansicht von Expertinnen und Experten aber dennoch ein überkommenes,
dysfunktionales Relikt älterer Zeiten, das mangelnde Übersicht und regel-
loses Umherstreifen implizierte.[10]

All dem wurde das Idealbild eines geordneten Arbeitsmarktes ent-
gegengestellt, dessen Realisierung durch die Entwicklung und Verbreitung öffentlicher Arbeitsnachweise erreicht oder zumindest angestrebt
werden sollte.[11] Diese sollten ihre Dienste unentgeltlich anbieten, den
politischen Interessen weder der Gewerkschaften noch der Arbeitgeberverbände dienen und damit auch bei Arbeitskämpfen Neutralität bewah-
ren.[12] Seit den 1890ern wurden einschlägige Initiativen von einigen Städ-

---

**8** | [Robert] Schmölders: »Der Arbeitsmarkt«, in: Preußische Jahrbücher 83
(1896), S. 145-180, hier S. 162.

**9** | Zur Abgrenzung des öffentlichen Arbeitsnachweises von gewerblichen Stel-
lenvermittlungen und der Umschau vgl. etwas ausführlicher Thomas Buchner:
»Arbeitsämter und Arbeitsmarkt in Deutschland, 1890-1935«, in: Annemarie
Steidl u.a. (Hg.), Übergänge und Schnittmengen. Arbeit, Migration, Bevölkerung
und Wissenschaftsgeschichte in Diskussion, Wien, Köln, Weimar: Böhlau 2008,
S. 133-158, v.a. S. 139-145.

**10** | W. Lins: Arbeitsmarkt, S. 826.

**11** | Vgl. im Überblick für die Frühzeit öffentlicher Arbeitsnachweise Anselm
Faust: Arbeitsmarktpolitik im Deutschen Kaiserreich. Arbeitsvermittlung, Arbeitsbeschaffung und Arbeitslosenunterstützung 1890-1918, Stuttgart: Franz
Steiner 1986; ders.: »Arbeitsvermittlung und Arbeitslosenversorgung in Deutschland von der Mitte des 19. Jahrhunderts bis zum Ende des Kaiserreichs«, in:
Hans-Peter Benöhr (Hg.), Arbeitsvermittlung und Arbeitslosenversorgung in der
neueren deutschen Rechtsgeschichte, Tübingen: Mohr 1991, S. 105-135; Wolfgang R. Krabbe: »Die Gründung städtischer Arbeiterschutz-Anstalten in Deutschland: Arbeitsnachweis, Arbeitslosenfürsorge, Gewerbegericht und Rechtsauskunftsstelle«, in: Werner Conze/Ulrich Engelhardt (Hg.), Arbeiterexistenz im 19.
Jahrhundert. Lebensstandard und Lebensgestaltung deutscher Arbeiter und
Handwerker, Stuttgart: Klett-Cotta 1981, S. 425-445.

**12** | Diese Aspekte wurden auch als Grundsätze in das Arbeitsnachweisgesetz
von 1922 aufgenommen. Gerd Bender: »Arbeitsvermittlung und Arbeitslosenver-

ten, zunächst vor allem im Süden des Deutschen Reichs realisiert.[13] Die Debatten darüber reichten aber zumindest bis in die 1880er Jahre zurück: Die Entstehung von Arbeitsmarkt und Arbeitslosigkeit als Denkfiguren ist somit zeitlich parallel zur Entstehung von Arbeitsnachweisen als praktische politische Interventionsoption zu sehen.[14] Das Netz kommunaler Nachweise verdichtete sich bis zum Ersten Weltkrieg beträchtlich, fand bald die Aufmerksamkeit internationaler Beobachter und wurde rasch in anderen Ländern rezipiert.[15] Nach dem Ersten Weltkrieg wurden diese Arbeitsvermittlungen in zunehmendem Maße von den Kommunen gelöst und in eine Verwaltungsstruktur des Reichs integriert. Bereits vor 1914 war die Integration alternativer Formen der Arbeitsvermittlung, insbesondere von Innungsnachweisen, aber auch von Vermittlungsinstitutionen der Gewerkschaften und Arbeitgeberverbände in die öffentlichen Nachweise in Gang gesetzt worden. Zugleich verschärften sich zunächst die Kontrolle und schließlich die rechtliche Diskriminierung gewerblicher Arbeitsvermittlungen. Dieser Prozess verstärkte sich im Gefolge des Ersten Weltkriegs: Zur Arbeitsvermittlung traten nach Kriegsende damit eng verflochtene Aufgabengebiete wie die Administrierung der Erwerbslosenfürsorge und später der Arbeitslosenversicherung sowie die Berufsberatung.[16] Das 1927 erlassene Gesetz über Arbeitsvermittlung und Arbeitslosenversicherung bildete den Höhepunkt dieser rechtlichen Entwicklung und sah die Etablierung einer Reichsanstalt für Arbeitsvermittlung und Arbeitslosenversicherung vor, die dem Reichsarbeitsminister unterstellt war und die aus der Berliner Hauptstel-

sorgung in der Weimarer Republik. Ein sozialrechtshistorischer Überblick«, in: H.-P. Benöhr (Hg.), Arbeitsvermittlung, S. 137-169, hier S. 144.

**13** | G. Adler: Arbeitsnachweis, S. 1137.

**14** | Zur Entstehung von Arbeitslosigkeit als Entstehung einer sozialen Kategorie vgl. etwa Bénédicte Zimmermann: Arbeitslosigkeit in Deutschland. Zur Entstehung einer sozialen Kategorie, Frankfurt a.M., New York: Campus 2007. Zur Parallelität der Entstehung von Arbeitsmarktberichterstattung und Arbeitsvermittlung vgl. auch Gerd Vonderach: Arbeitsnachweisbewegung und erste Arbeitsmarktstatistik. Der Beginn der landesweiten Koordinierung der Arbeitsvermittlung und die Anfänge der Arbeitsmarkt-Berichterstattung in Deutschland vor hundert Jahren, Münster: LIT 1997.

**15** | Vgl. etwa E. L. Bogart:»Public employment offices in the United States and Germany«, in: The Quaterly Journal of Economics 14 (1900), S. 341-377, v.a. S. 377. William Beveridge reiste 1907 nach Deutschland u.a., um sich über die öffentlichen Arbeitsnachweise zu informieren. Vgl. William Beveridge: Power and influence, London: Hodder&Stoughton 1953, S. 61. Zur Rezeption in Skandinavien vgl. Nils Edling:»Regulating unemployment the Continental way: the transfer of municipal labour exchanges to Scandinavia 1890-1914«, in: European Review of History 15 (2008), S. 23-40.

**16** | Vgl. Karl Christian Führer: Arbeitslosigkeit und die Entstehung der Arbeitslosenversicherung in Deutschland 1902-1927, Berlin: Akademie Verlag 1990.

le, den Landesarbeitsämtern und den Arbeitsämtern bestand.[17] Zugleich mussten gewerbliche Stellennachweise, wie bereits im Arbeitsnachweisgesetz von 1922 festgehalten, ihre Tätigkeit bis 1931 einstellen.[18] 1935 wurde ein formales Monopol der öffentlichen Arbeitsämter beschlossen, das der nationalsozialistischen Arbeitslenkungspolitik dienen sollte.[19]

Dieser Prozess der Entwicklung und rechtlichen Privilegierung der öffentlichen Arbeitsnachweise, der mit einer deutlichen Verstärkung staatlicher Intervention seit dem Ersten Weltkrieg verbunden war, bedeutete auch Professionalisierung und Rationalisierung: Zwar wurde die Ausbildung der Arbeitsamtsmitarbeiterinnen und –mitarbeiter im diskutierten Zeitraum nie formalisiert, doch institutionalisierten sich in der Weimarer Republik Formen der Weiterbildung.[20] Eigene Schriftenreihen, deren Beiträge primär aus der Feder von Praktikerinnen und Praktikern der Arbeitsvermittlung stammten, informierten die Arbeitsnachweise in ganz Deutschland über Erfahrungen und neuere Entwicklungen in ihrem Bereich.[21] Darüber hinaus erfuhr insbesondere die Vermittlungstechnik mit der flächendeckenden Durchsetzung des Karteisystems in Form der Pendelkartei eine Entwicklung, die die Vermittlungstätigkeit systematisieren und die »qualitative Auslese«[22] der Stellensuchenden unterstützen sollte.[23]

---

**17** | Hans-Walter Schmuhl: Arbeitsmarktpolitik und Arbeitsverwaltung in Deutschland 1871-2002. Zwischen Fürsorge, Hoheit und Markt, Nürnberg: Verlag des IAB 2003, S. 143, 145.

**18** | Bender: Arbeitsvermittlung, S. 144.

**19** | Das Monopol der staatlichen Arbeitsvermittlung bestand bis 1994. Heribert Rottenecker/Jürgen Schneider: Geschichte der Arbeitsverwaltung in Deutschland, Stuttgart, Berlin, Köln: Kohlhammer 1996, S. 121, 191; vgl. allgemein Volker Herrmann: Vom Arbeitsmarkt zum Arbeitseinsatz. Zur Geschichte der Reichsanstalt für Arbeitsvermittlung und Arbeitslosenversicherung 1929 bis 1939, Frankfurt a.M. u.a.: Peter Lang 1993.

**20** | Vgl. Dieter G. Maier: Anfänge und Brüche der Arbeitsverwaltung bis 1952. Zugleich ein kaum bekanntes Kapitel der deutsch-jüdischen Geschichte, Brühl: Fachhochschule des Bundes für öffentliche Verwaltung 2004, S. 56f.

**21** | Zu diesen Schriftenreihen zählten etwa die »Bücherei der öffentlichen Arbeitsfürsorge«, die »Bücherei des öffentlichen Arbeitsnachweises« oder die »Fortbildungsschriften für das Personal der Arbeitsämter«. Diese in Broschürenform gedruckten Publikationen behandelten Probleme, die sich in der Regel unmittelbar auf die praktischen Probleme der Arbeitsämter bezog.

**22** | Vgl. Henschel:»Die qualitative Auslese bei der Vermittlung«, in: Oskar Nerschmann (Hg.), Der Neubau des öffentlichen Arbeitsnachweises Dresden und Umgebung. Eine Werbeschrift anlässlich der Eröffnung des neuen Gebäudes Oktober 1926, o.O.: o.V. o.J. [Dresden: Eigenverlag 1926], S. 55-66.

**23** | Vgl. Hermann Jülich: Beiträge zur Technik der Arbeitsvermittlung, 2. Teil: Die bürotechnischen Grundlagen der Arbeitsvermittlung, Stuttgart: Kohlhammer 1927.

## RÄUMLICHE ORDNUNG

Neben internen Abläufen orteten Arbeitsnachweisexpertinnen und –experten vor allem in der räumlichen Organisation der Arbeitsvermittlung Optimierungspotenzial. Dies bezog sich nicht nur, wie im eingangs zitierten Beispiel des »Kellner-Bundes« deutlich geworden ist, auf eine Abgrenzung gegenüber gewerblichen Stellenvermittlungen, sondern gewann in der Weimarer Republik als Teilbereich der Debatte über die Rationalisierung und Professionalisierung der öffentlichen Arbeitsvermittlung an Bedeutung. Die räumliche Unterbringung und der bauliche Zustand vieler Arbeitsämter in Deutschland schienen den Anforderungen einer modernen Arbeitsvermittlung und damit einer konkreten Ordnung des Arbeitsmarktes nicht zu genügen. Von vielen Seiten bereits vor dem Ersten Weltkrieg moniert, bestand in den 1920ern unter den Experten Konsens, dass der konkreten Ausgestaltung von Arbeitsämtern verstärkte Aufmerksamkeit entgegen gebracht und adäquate Gebäude realisiert werden sollten. Dies sollte durch Architekten erfolgen, die in Arbeitsämtern eine spezifische Planungsaufgabe erblickten: Im Unterschied zu herkömmlichen Amtsgebäuden standen Arbeitsämter vor der Aufgabe, um die Gunst ihrer potentiellen Klientel auch durch die Attraktivität des Gebäudes zu werben. Arbeitsamtsbauten mussten zudem auch jene bauliche Flexibilität gewährleisten, die der stark schwankenden Frequenz des Publikumsverkehrs gerecht wurde.[24]

Aus allgemeiner Perspektive lässt sich darin eine bemerkenswerte Tendenz erkennen: Parallel zur Identifizierung eines modernen Arbeitsmarktes, der sich durch *Entgrenzung* und *Entlokalisierung* auszeichnete, entstanden *konkrete Orte* der Vermittlung von Arbeit. Bei näherer Betrachtung sind darin zwei Seiten derselben Medaille zu erkennen. Ein Pionier der öffentlichen Arbeitsnachweisbewegung, der Nationalökonom und Historiker Ignaz Jastrow, sah bereits im Kaiserreich in der konkreten räumlichen Ordnung eines flächendeckenden Netzes an Arbeitsnachweisen einen notwendigen, aber erst zu schaffenden Aspekt von Arbeitsmärkten, analog zu Finanzmärkten, zu denen untrennbar Börsen gehörten.[25] Das Fehlen öffentlicher Arbeitsnachweise entsprach bei Jastrow einer »Organisationslosigkeit«, die wiederum mit einer »Störung« dieses Marktes gleichzusetzen war.[26] Erst der dergestalt ausgestattete Markt war ein geordneter Arbeitsmarkt und nur ein geordneter Arbeitsmarkt konnte überhaupt als Arbeitsmarkt bezeichnet werden; andere Formen der Erwerbsarbeitssuche liefen demgegenüber Gefahr, als Landflucht oder Vagabundage zu firmieren. Bei der konkreten Verortung von

---

**24** | Vgl. Wilhelm Bökenkrüger u.a.: Das neuzeitliche Arbeitsnachweis-Gebäude, Stuttgart: Kohlhammer 1926.

**25** | Ignaz Jastrow: »Arbeitsmarkt und Arbeitsnachweis in Deutschland«, in: Jahrbücher für Nationalökonomie und Statistik 3.F. 16 (1898), S. 289-350.

**26** | Ebd., S. 290.

Arbeitsmarkt in Form von öffentlichen Arbeitsnachweisen ging es damit weniger um die Frage der Zähmung des Marktes als vielmehr darum, der Suche nach Erwerbsarbeit und nach Arbeitenden jene Plattform zu bieten, auf der sich erst ein moderner Arbeitsmarkt konstituieren konnte, der mit Waren- oder Finanzmärkten vergleichbar war.

## VERORTETE MÄRKTE

Diese Denkfigur – den Arbeitsmarkt zu ermöglichen, indem er verortet wird – war nicht nur kennzeichnend für die Repräsentation von Arbeitsmarkt in der zeitgenössischen wissenschaftlichen Debatte, sondern ist auch vor dem Hintergrund der aktuellen Wirtschaftssoziologie analytisch anschlussfähig. Die »New Economic Sociology« hat sich seit den 1970ern entwickelt und fragt seit ein paar Jahren nach den Bedingungen für die Entstehung und das Funktionieren von Märkten.[27] Wenn auch der Schwerpunkt aktueller wirtschaftssoziologischer Untersuchungen nicht auf Arbeitsmärkten liegt, können grundlegende Ergebnisse durchaus für das vorliegende Thema herangezogen werden. Im Unterschied zur Wirtschaftswissenschaft werden Märkte nicht als gegebene und grundsätzlich stabile Entitäten verstanden, die dem ökonomischen Mainstream zufolge nur Variationen des neoklassischen Basismodells darstellen, sondern als jeweils konkret zu produzierende, fragile Phänomene.[28] Märkte sind damit kontingente soziale Phänomene, deren Zustandekommen und Funktionieren grundsätzlich als unwahrscheinlich anzunehmen ist. Entsprechend wird der Blick auf Faktoren gelegt, die Formen, Voraussetzungen und Variationen von Märkten produzieren und stabilisieren. Dazu gehören neben Institutionen wie spezifizierten Verfügungsrechten oder Vertrauen auch die jeweils konkrete räumliche Verfasstheit von Märkten.[29]

Die zur Stabilisierung des Arbeitsmarktes nötigen Faktoren lassen sich anhand der Elemente erschließen, die nötig sind, um den Transfer von Gütern zwischen ökonomischen Akteurinnen und Akteuren zu er-

---

**27** | Vgl. im Überblick Patrik Aspers/Jens Beckert: »Märkte«, in: Andrea Maurer (Hg.), Handbuch der Wirtschaftssoziologie, Wiesbaden: Verlag für Sozialwissenschaften 2008, S. 225-246.

**28** | Vgl. die Beiträge in Jens Beckert/Rainer Diaz-Bone/Heiner Ganßmann (Hg.), Märkte als soziale Strukturen, Frankfurt a.M.: Campus 2007; vgl. auch Roy Dilley: »Contesting Markets. A General Introduction to Market Ideology, Imagery and Discourse«, in: Ders. (Hg.), Contesting Markets. Analyses of Ideology, Discourse and Practice, Edinburgh: Edinburgh University Press 1992, S. 1-36.

**29** | Vgl. etwa am Beispiel der Konstruktion eines »perfekten« Erdbeermarktes Marie-France Garcia-Parpet: »The Social Construction of a Perfect Market: The Strawberry Auction at Fontaines-en-Sologne«, in: Donald MacKenzie/Fabian Muniesa/Lucia Siu (Hg.), Do Economists Make Markets? On the Performativity of Economics, Princeton, Oxford: Princeton University Press 2007, S. 20-53.

möglichen. Dieser Markttransfer beruht auf recht weitreichenden Voraussetzungen: Personen müssen in Arbeitsanbietende und Arbeitsnachfragende verwandelt werden, Arbeitskraft ist als verhandelbare Ware zu konfigurieren und zu spezifizieren. Darüber hinaus muss ein Minimum an Übereinkunft über Art und Grenzen der Verfügungsrechte und die Regeln ihres Transfers erzielt werden.[30] Damit wird ein Markt mit Grenzen produziert, die allerdings fragil und durchlässig sind. Um nun diesen Markt schaffen und angesichts der Vielfalt notwendiger Bedingungen zumindest temporär aufrecht erhalten zu können, ist die Mobilisierung von Ressourcen unabdingbar, zu denen neben beispielsweise ökonomischem Wissen, metrischen Systemen oder Expertinnen und Experten auch eine spezifische räumliche Ordnung in Form von Arbeitsämtern zählt. Arbeitsämter sind aus dieser Perspektive Orte der Produktion von Arbeitsmarkt. Arbeitsamtsbauten sind keine neutralen Hüllen für die Vermittlung von Arbeit, sondern ein wesentliches Element der Stabilisierung bzw. Routinisierung jener Prozesse, die Markttransfers erst ermöglichen.

Folgt man dem Soziologen Thomas Gieryn, der konstruktivistische Zugänge zur Techniksoziologie auf die Analyse von Gebäuden überträgt, sind drei Aspekte von Bedeutung:[31]

- Zum ersten das »heterogenous design« von Bauten: Bei der Planung müssen häufig konfligierende Elemente wie etwa soziale Interessen und technische Bedingungen (etwa statische Voraussetzungen der Stabilität eines Gebäudes) integriert werden. Planung bedeutet zudem nicht nur die Kreierung des Gebäudes, sondern auch die Festlegung von Rollen für die menschlichen Nutzerinnen und Nutzer des Gebäudes.
- Zum zweiten das »black boxing«: Ist ein Gebäude erst einmal gebaut, ist damit auch eine »black box« geschaffen, die jene sozialen Beziehungen, politischen Interessen und Kompromisse festschreibt, die in die Planung eingegangen sind. Gebäude können nun soziale Handlungen in einer Art und Weise steuern, die von den Nutzerinnen und Nutzern nicht immer bewusst wahrgenommen werden und die mit ihren Interessen nicht unbedingt konform gehen. Die stabilisierende Funktion von Gebäuden erklärt sich schon aus den Kosten einer permanenten Anpassung an neue Formen des Gebrauchs.
- Die »black box« kann jedoch auch geöffnet werden: Gebäude können umgebaut, abgerissen oder neu interpretiert, also einer alternativen

---

**30** | Vgl. Michel Callon: »Introduction: the embeddedness of economic markets in economics«, in: Ders. (Hg.), The Laws of the Markets, Oxford: Blackwell 1998, S. 1-57; Petter Holm: »Which Way Is Up on Callon? A Review of a Review: Daniel Miller's ›Turning Callon the Right Way Up‹. On Michel Callon: The Laws of the Markets«, in: Sosiologisk årbok 1 (2003), S. 125-156.

**31** | Vgl. im Folgenden Thomas F. Gieryn: »What Buildings Do«, in: Theory and Society 31 (2002), S. 35-74; vgl. auch ders.: »A Space for Place in Sociology«, in: Annual Review of Sociology 26 (2000), S. 463-496.

Nutzung zugeführt werden, wenn diese »Rekonfigurierung« als drittes Element auch die Mobilisierung umfangreicher Ressourcen voraussetzt.

Bezogen auf Märkte bedeutet dies, dass Arbeitsämter spezifische Arbeitsmärkte[32] ermöglichen und temporär stabilisieren. Welcher Art diese Märkte nun sind, hängt einerseits mit dem Design der Gebäude zusammen und den sozialen und politischen Konstellationen, die darin eingegangen sind. Die räumliche Gestaltung der Arbeitsamtsgebäude ist darüber hinaus durch ihre Routinisierung von Handlungsabläufen und Interaktionen an der Gestaltung von Arbeitsmarkt beteiligt: Die Gestaltung von Ein- und Ausgängen, von Warte- und Vermittlungsräumen sowie die Konstituierung von Arbeitsmarktparteien anhand ihrer Zuordnung zu diesen Räumen stellen unabdingbare Voraussetzungen für die Konfigurierung von Arbeitsangebot und Arbeitsnachfrage dar. Zugleich muss diese räumliche Stabilisierung beständig rekonfiguriert werden: Bei Arbeitsämtern wird dies besonders deutlich durch den extremen Massenverkehr zu Zeiten der Weltwirtschaftskrise in der Spätphase der Weimarer Republik, der eine räumliche Adaptierung zahlreicher Ämter erforderlich machte.

## RÄUMLICHE ORDNUNGEN DER ARBEITSVERMITTLUNG IM KAISERREICH

Eine Auseinandersetzung mit den räumlichen Bedingungen der öffentlichen Arbeitsvermittlung lässt sich in Deutschland bis zur Wende vom 19. zum 20. Jahrhundert zurückverfolgen. Zunächst war noch unklar, ob öffentliche Arbeitsvermittlung überhaupt eine eigens gestaltete, klar separierte räumliche Unterbringung benötigte. 1898 forderte ein Autor die Kombination von Arbeitsnachweisen mit Post- und Telegraphenämtern, da diese aufgrund ihres reichsweiten Netzes und ihrer Vorteile bei der Ausstattung mit modernen Kommunikationsmitteln für die Arbeitsvermittlung prädestiniert wären.[33] Dieser Vorschlag wurde nicht breiter diskutiert, doch ist er repräsentativ für die problematische räumliche Situation der Arbeitsämter in kleineren Gemeinden bzw. Städten. Viele Kommunen mussten erst mit mehr oder weniger großem staatlichem Druck zur Einrichtung kommunaler Nachweise bewegt werden, wofür sie nur wenig Geld bereitstellen konnten und wollten. Zudem schien die häufig als beschränkt eingestufte örtliche Nachfrage nach einem öffentlichen Arbeitsnachweis eine derartige Investition nicht zu rechtfertigen. Die finanziell angeschlagenen Kommunen ließen sich häufig nur dazu bewe-

---

**32** | Unberücksichtigt bleiben dabei natürlich jene Arbeitsmärkte, die beispielsweise in den Stuben und Büros der gewerblichen Stellennachweise produziert wurden.

**33** | R. Schmölders: Arbeitsmarkt, S. 166ff.

gen, wenige Räume in bestehenden Amtsgebäuden als Arbeitsnachweis zu deklarieren und personell nebenbei betreuen zu lassen Diese Praxis stellte in der Weimarer Republik ein nachhaltiges Problem für die Professionalisierung der öffentlichen Arbeitsvermittlung in kleineren Städten dar.[34] Selbst mittlere und größere Städte hatten lange Zeit vergleichbare Probleme. Der 1897 gegründete öffentliche Arbeitsnachweis Würzburg, immerhin Hauptstellennachweis für die Regierungsbezirke Unterfranken und Aschaffenburg, musste zunächst in räumlich äußerst beengten Verhältnissen unterhalb eines Cafés tätig werden. Beständige Raumnot und mehrfache Umzüge waren für die Tätigkeit dieses Arbeitsamtes in den darauf folgenden Jahrzehnten prägend.[35] Franz Ludwig zeichnete 1903 generell ein negatives Bild der räumlichen Unterbringung öffentlicher Arbeitsnachweise und ihrer Platzierung im öffentlichen Raum: »[...] Städte, die für prunkvolle Stadthallen, die doch hauptsächlich Vergnügungszwecken dienen, Hunderttausende von Mark ausgeben, stellen noch für den Arbeitsnachweis, eine der wichtigsten wirtschaftlichen Funktionen, erbärmliche Lokalitäten in irgendeinem abgelegenen Winkelgässchen zur Verfügung«.[36] Es gab aber seit dem frühen 20. Jahrhundert, insbesondere in größeren Städten, auch Neubauinitiativen mit Modellcharakter.

1902 wurde in Berlin der erste Neubau eines Arbeitsnachweises eröffnet.[37] Sein Träger war der Berliner Zentralverein für Arbeitsnachweis, ein 1883 gegründeter Wohltätigkeitsverein, dessen Mitglieder sich aus dem wohlhabenden Bürgertum rekrutierten. Dieser Verein setzte sich die »Hilfe zur Selbsthilfe« zum Ziel, hatte also einen stark fürsorgerischen Charakter.[38] Als Konsequenz aus der beginnenden Arbeitsmarktdebatte bemühte sich der 1890 zum Geschäftsführer bestellte Jurist Richard

---

**34** | Vgl. etwa Rieger:»Die räumliche Unterbringung eines kleineren Arbeitsnachweises«, in: W. Bökenkrüger u.a.: Arbeitsnachweis-Gebäude, S. 27-29.

**35** | Martin Blömer:»Die Geschichte des Würzburger Arbeitsamtes«, in: Ulrich Wagner (Hg.), 100 Jahre Arbeitsamt Würzburg 1897-1997, Würzburg: Schöningh 1997, S. 11-122, hier S. 26f.

**36** | F. Ludwig: Gesindevermittlung, S. 93.

**37** | Vgl. dazu Christiane Mattiesson: Die Rationalisierung des Menschen. Architektur und Kultur der deutschen Arbeitsämter 1890-1945, Berlin: Reimer 2007, S. 61-80.

**38** | Noch deutlicher lässt sich die Wurzel zahlreicher früher Arbeitsnachweise in der Armenfürsorge am Beispiel Bielefelds erkennen, wo sich der öffentliche Nachweis erst spät aus der engen Verbindung mit den Bodelschwinghischen Anstalten, die auf der Gründung von Arbeiterkolonien basierten, löste. Vgl. Karl Heinrich Pohl: Zwischen protestantischer Ethik, Unternehmerinteresse und organisierter Arbeiterbewegung. Zur Geschichte der Arbeitsvermittlung in Bielefeld, Bielefeld: Verlag des Stadtarchivs 1991.

Freund um eine Professionalisierung des Arbeitsnachweises.[39] Teil dieser Professionalisierungsbestrebungen war der Bau eines eigenen Arbeitsnachweisgebäudes, der durch den Verein, die Stadt und die Landes-Versicherungsanstalt Berlin, deren Vorsitzender ebenfalls Richard Freund war, finanziert wurde.

Dominierendes Element dieses Neubaus war der Wartesaal für männliche, ungelernte Arbeiter, der nur mit einer nach Anmeldung erhältlichen Bescheinigung betreten werden durfte.[40] Dieser Wartesaal war für bis zu 1600 Wartende konzipiert und zeichnete sich durch eine kirchenbankähnliche Sitzordnung aus. Der Mittelgang zwischen den beiden Sitzbankreihen war jenen Arbeitsnachweisangestellten vorbehalten, die Arbeitsangebote ausriefen und eine Reihe ihnen geeignet erscheinender Personen auswählten, aus denen die Arbeitgebenden auswählen konnten. Dieses System der Arbeitsvermittlung implizierte die Notwendigkeit dauerhafter Präsenz von Arbeitssuchenden. Das »Arbeitsangebot« blieb somit körperlich präsent und wurde nur rudimentär klassifiziert. Um Wartezeiten nutzen zu können, standen den Arbeitssuchenden im Gebäude neben einer Bücherei und einem Buffet auch ein Schuster und ein Schneider zur Verfügung; im Keller konnten Brausebäder genutzt werden. Zeitgenossen wie Franz Ludwig kritisierten, dass der Berliner Arbeitsnachweis dem alten Fürsorgegedanken, von dem sich die meisten Arbeitsnachweise mittlerweile lösen wollten, durch die Versorgung der Stellensuchenden mit billigem Bier und billigen Bädern doch recht nahe kam.[41] Aus architekturhistorischer Sicht wurde auf die Analogie dieser Bauausführung mit dem Typus des Börsenbaus hingewiesen, eine Analogie, die von den Proponenten des Projekts wohl durchaus angestrebt war, wurde doch der Berliner Arbeitsnachweis in seiner Frühzeit auch »Arbeitsbörse« genannt.[42] Der Vermittlungsablauf wiederum – präsentes Arbeitsangebot wird mit Hilfe des Vermittlers der Nachfrage zugeführt – erinnert an die Tradition des Gesindemarkts, wie er in Deutschland vereinzelt um die Wende vom 19. zum 20. Jahrhundert noch existent war. Insgesamt scheint diese Berliner Variante eines Arbeitsnachweises für die weitere großstädtische Entwicklung der Arbeitsnachweisbauten nicht beispielgebend gewesen zu sein, wenn auch Börsenanalogien weiterhin eine Rolle spielten. Das Börsenmotiv, dem insofern Bedeutung zukam, als es die Vergleichbarkeit des Arbeitsmarktes mit Finanz- oder Warenmärkten symbolisieren sollte, bildete einen Hintergrund für Arbeitsamtsbauten, der auch in der Weimarer Republik noch relevant war.

---

**39** | Freund wurde später auch zum Leiter des 1898 gegründeten Verbandes Deutscher Arbeitsnachweise, der sich sowohl die Propagierung öffentlicher Arbeitsnachweise im Deutschen Reich als auch die Fortentwicklung der bereits bestehenden zum Ziel setzte. Vgl. H.-W. Schmuhl: Arbeitsmarktpolitik, S. 35.

**40** | Vgl. zu diesem Gebäude Ch. Mattiesson: Rationalisierung, S. 61-80.

**41** | F. Ludwig: Gesindevermittlung, S. 93.

**42** | Ch. Mattiesson: Rationalisierung, S. 73f.

Im Gegensatz zum Berliner Modell stellte der 1914 eingeweihte Neubau des Münchner Arbeitsnachweises einen Neuanfang dar, der ein wichtiger Referenzpunkt für den Arbeitsamtsbau in der Weimarer Republik
werden sollte.[43] Zwar war die Gestaltung der Wartesäle für männliche Stellensuchende keineswegs von Grund auf anders als in Berlin, doch enthielt
das Münchner Modell Elemente, die auch in den folgenden Jahrzehnten
aufgegriffen wurden. Dies hängt nicht zuletzt damit zusammen, dass bei
der Konzeption des Arbeitsnachweises fürsorgerische Traditionen wie
beim Berliner Modell eine geringere Rolle spielten. Der Arbeitsamtsbau
wurde als Magistratsbau entwickelt. Er sollte neben dem Arbeitsnachweis
mehrere andere Ämter mit Aufgaben umfassen, die der Sozialpolitik zu-
gerechnet und als moderne Bereiche der zeitgenössischen Kommunalver-
waltung verstanden wurden.[44] Die funktionale Differenzierung kommunaler Aufgaben sollte nun auch in der Widmung eines eigenen Gebäudes
zum Ausdruck kommen. Die Konzeption des Münchner Arbeitsnachweises wurde in der zeitgenössischen Debatte als fortschrittlicher bewertet
als das Berliner Modell. Seine Fortschrittlichkeit wurde unter anderem
daran festgemacht, dass Angebote wie Buffets in München fehlten. Der
vom Stadtbaurat Hans Grässel ausgeführte Bau wies eine Reihe zukunfts-
weisender Aspekte auf: Die Bauausführung bot die Möglichkeit zu relativ
flexibler Umgestaltung, eine erste Kategorisierung des Publikums fand
durch vier Eingänge statt, die u.a. Arbeitgeberinnen bzw. -geber, männliche und weibliche Arbeitssuchende vorab voneinander trennten. Der
Eingang für männliche Arbeitssuchende führte in einen Innenhof, der
wiederum zu den Eingängen von Vermittlungsabteilungen führte, die, in
je unterschiedlicher Größe, jeweils für verschiedene Gruppen von männlichen Stellensuchenden konzipiert waren (gelernte, ungelernte, jugend-
liche und landwirtschaftliche Arbeiter, Kaufleute und Personal des Gast-
wirtsgewerbes). Obgleich zum Zeitpunkt des Baus mehr als die Hälfte
der Stellenvermittlungen weibliche Stellensuchende betraf, waren die
den Frauen vorbehaltenen Teile des Gebäudes sowohl kleiner als auch
nachrangiger platziert als jene für Männer. Die Frauenabteilung war,
dem zeitgenössischen Trend entsprechend, unterteilt in Warteräume für
Hauspersonal, einem Sprechzimmer für die »Herrschaft« mit »Sprech-
zellen« sowie kleineren Vermittlungsabteilungen für landwirtschaftliche
und gewerbliche Arbeiterinnen.[45] Damit bestand in München, wie in den
weiblichen Abteilungen vieler anderer Arbeitsnachweise auch, für »Herr-
schaften« die Möglichkeit, häusliches Dienstpersonal vor Ort und – in
vielen Fällen – in wohnlicher Atmosphäre begutachten zu können. Dies
entsprach dem in der zeitgenössischen Debatte geforderten Versuch, auf

---

**43** | Vgl. dazu ebd., S. 102-116.
**44** | Christine Rädlinger: 100 Jahre Arbeitsamt München 1895-1995. Von der
Arbeitsvermittlung zur Arbeitsförderung, München: Verlag des Arbeitsamtes
1995, S. 37.
**45** | Vgl. ebd., S. 38.

diese Weise dem vermuteten Wettbewerbsvorteil von gewerblichen Stellenvermittlerinnen zu begegnen und eine individualisierte Vermittlung zu ermöglichen. Die beiden Arbeitsnachweise in München und Berlin stehen für die Heterogenität, durch die sich der Arbeitsnachweisbau im ausgehenden Kaiserreich auszeichnete. Diese Heterogenität galt für die bauliche Gestaltung, die Konzeption der Arbeitsvermittlung und damit auch für die Konzeption von Arbeitsmarkt. In der Weimarer Republik versuchten Akteure wie die Reichsarbeitsverwaltung und der heterogene Kreis von Expertinnen und Experten, mehr Homogenität zu schaffen.

## RÄUMLICHE ORDNUNG DER ARBEITSVERMITTLUNG IN DER WEIMARER REPUBLIK

Im Jahre 1930 resümierte der Vorsitzende des Arbeitsamtes Oberhausen, Hermann Jülich, die bauliche Entwicklung der Arbeitsämter:»Wenn die Entwicklung der letzten beiden Jahre noch weitere zwei Jahre anhält, dann wird man schon in einer so kurzen Zeit nicht mehr von einer unzulänglichen Unterbringung sprechen können.«[46] Hintergrund dieser positiven Einschätzung war die Einführung finanzieller Förderungen von Arbeitsnachweisgebäuden durch einen Erlass des Reichsarbeitsministers aus dem Jahre 1925. Diese Förderungen sollten eine Lösung des Dilemmas darstellen, das seit der frühen Weimarer Republik offensichtlich wurde. Arbeitsämter wurden zum Objekt großer staatlicher Erwartungen, die sich in einer Differenzierung ihrer Aufgaben ausdrückte. Dem standen aber fehlende kommunale Möglichkeiten und teilweise auch der mangelnde Wille von Stadtmagistraten gegenüber, adäquate Räumlichkeiten für diese Ämter zur Verfügung zu stellen. Maßgeblich wurde nun eine Ansicht, wie sie Karl Gairing, Direktor des Bezirksarbeitsamtes Erfurt, im Jahre 1926 formulierte:

»Wie man den Einkauf seiner Lebensbedürfnisse nicht in jedem beliebigen Geschäft vornimmt, so kann die Ware ›Arbeitskraft‹ auch nicht in beliebigen Räumen verhandelt werden.«[47]

Die durch günstige Darlehen erleichterten Realisierungsmöglichkeiten wurden von neuen Überlegungen über die bauliche Gestaltung von Arbeitsämtern flankiert. Involviert waren darin zunächst die Praktikerinnen und Praktiker selbst. In einer Umfrage aus dem Jahre 1925 eruierte die Reichsarbeitsverwaltung Vorstellungen der einzelnen Arbeitsnachwei-

**46** | Hermann Jülich: Arbeitsvermittlung als Dienst am Menschen, Berlin: Verlag des Zentralverbandes der Angestellten o.J. [1930], S. 5.

**47** | Karl Gairing:»Die vom ANFachmann zu stellenden Forderungen«, in: W. Bökenkrüger u.a.: Arbeitsnachweis-Gebäude, S. 8-9, S. 8.

se über die ideale bauliche und räumliche Gestaltung von Arbeitsämtern. Mit der Systematisierung dieser Ergebnisse wurde der Architekt und Berliner Stadtbaumeister Martin Wagner beauftragt. Wagner galt als Vertreter des Neuen Bauens und hatte sich durch seine Tätigkeit im sozialen Wohnbau einen Namen gemacht.[48] Ziel dieser Umfrage war die Entwicklung von »Musterentwürfen« für Arbeitsamtsneubauten, doch die erhobenen Anforderungen und Vorstellungen erwiesen sich als zu heterogen, um einen Musterplan zu ermöglichen.[49] Wagner beschränkte sich demnach auf eine Prüfung und Systematisierung des vorliegenden Materials. Maßgeblich für seine konkreten Überlegungen zum »Haus der Arbeit«, wie er das Arbeitsamt bezeichnete, war für Wagner das Problem der Flexibilität, denn

»der Architekt versteinert ein gesellschaftliches Lebensbedürfnis für die Zeit des Lebensalters eines Gebäudes, d.h. für die Zeit, die mehrere Menschenalter umfaßt, und vergewaltigt damit gewissermaßen das natürliche Wachstum und das Wandlungsbedürfnis der Idee und der Zweckbestimmung des Hauses. Er ›verbaut‹ das pulsierende Leben der Idee. Für das Haus der Arbeit, dieser jungen sehr zukunftsreichen Idee sozialer Arbeitspolitik wäre die allzufrühe Einschnürung in ein Baugerüst von hundertjährigem Alter besonders tragisch und beklagenswert«.[50]

Die Flexibilität der baulichen Entwicklung war für Wagner durch den konjunkturbedingt zu- und abnehmenden Publikumsverkehr geboten: Für ihn war klar, »daß das Haus der Arbeit auch in ganz kurzfristigen Intervallen seine Zweckbestimmung ändert und, den krampfhaften Zuckungen der wirtschaftlichen Konjunktur folgend, bald einen überstarken Blutandrang, bald einen Leerlauf aufweist«.[51]

Flexibilität und Funktionalität sah Wagner idealerweise in Bauten verwirklicht, die auf freistehenden, zentrumsnahen Plätzen nahe den Wohn- und Arbeitsbezirken der Arbeiterinnen und Arbeiter zu errichten wären. Damit war einerseits die Nähe zur Klientel der Arbeitsämter gewährleistet, andererseits aber auch die Möglichkeit geboten, dem potentiellen Massenverkehr gerecht zu werden und für spätere Anbauten Platz zu bieten. Waren Bauplätze dieser Art nicht verfügbar, schien ihm die in München gefundene Lösung annehmbar zu sein: Im Innenhof des Gebäudes war jener freie Platz geschaffen, von dem aus die Arbeitssuchenden, nach gewissen Kriterien aufgeteilt, in unterschiedlichen Eingängen das Gebäude betreten konnten. Im Gegensatz zur üblichen Gestaltung

---

48 | Zu Wagner vgl. Bernard Wagner: Martin Wagner 1885-1957. Leben und Werk, Hamburg: Wittenborn 1985.

49 | Martin Wagner: »Das Haus der Arbeit«, in: Reichsarbeitsblatt 26 (1925), S. 430*-435*, hier S. 430*.

50 | Ebd., S. 431*.

51 | Ebd.

von kommunalen Verwaltungsgebäuden empfahl Wagner die Unterbringung jener Arbeitsamtsbereiche, die dem Publikumsverkehr gewidmet waren, in Flachbauten. Dies erleichtere die flexible Formgestaltung und erlaube auch, dass die Warteräume für die Stellensuchenden, jeweils bereits nach Grundkategorien differenziert, vom Eingangsbereich aus betreten werden könnten.[52] Hinsichtlich der Grundrissgliederung erschien Wagner das Arbeitsamt

»dem Bankgebäude oder besser noch der Börse verwandt. So wie der Effektenmarkt und der Produktenmarkt selbständige Abfertigungsräume verlangen, so muß auch Angebot und Nachfrage für männliche und weibliche Arbeitskräfte, und beide wiederum unterteilt nach den verschiedensten Berufen, eine räumlich getrennte Abfertigung erfahren«.[53]

Entsprechend des Grundsatzes, dass die Arbeitsräume des Arbeitsamtspersonals miteinander in Verbindung stehen sollten, die dem Publikum der Arbeitsämter zugänglichen Räume aber voneinander getrennt sein mussten, ergab sich für Wagner die ideale Form des einstöckigen Ringbaus. Dies erlaube eine rationale Abwicklung der administrativen Vorgänge und eine nahezu vollständige Trennung der Eintretenden von den bereits Abgefertigten. Zur besseren Orientierung innerhalb des Gebäudes – schließlich würde das Gebäude täglich von einer »Volksschicht« frequentiert, die »der Mechanik der Verwaltung oft ganz fremd gegenübersteht«[54], – empfahl Wagner bildliche Embleme und farbige Lichtstreifen nach dem Vorbild amerikanischer U-Bahnen.

Die Schrift Wagners wurde zunächst im »Reichsarbeitsblatt«, dem amtlichen Organ der Reichsarbeitsverwaltung publiziert. Ein Wiederabdruck seiner Ausführungen erschien 1926 im Rahmen einer in der Reihe »Bücherei des Öffentlichen Arbeitsnachweises« erschienenen, dem Arbeitsnachweisgebäude gewidmeten Schrift.[55] Damit war eine große Verbreitung in der Fachöffentlichkeit garantiert. Wagners Vorstellungen fanden in praktischer Hinsicht erstmals beim Neubau des Arbeitsamtes Dessau Anwendung. Im Jahre 1927 wurde ein Architektenwettbewerb ausgeschrieben, bei dem Wagner die Formulierung der Vorgaben mit gestalten konnte und der auch Wagners zitierten Text zu Arbeitsamtsgebäuden als Vorgabe enthielt.[56] Wagner war es auch, der in Abstimmung mit den städtischen Vertretern die drei Architekten Walter Gropius, Hugo Hä-

---

**52** | Ebd., 432*.

**53** | Ebd.

**54** | Ebd.

**55** | W. Bökenkrüger u.a.: Arbeitsnachweis-Gebäude.

**56** | Robin Krause: »Das Arbeitsamt von Walter Gropius in Dessau«, in: Zeitschrift für Kunstgeschichte 2 (2000), S. 242-268.

ring und Max Taut zum Wettbewerb einlud.[57] Verwirklicht wurde schließlich der Entwurf von Walter Gropius, der mit dem sozialdemokratischen Oberbürgermeister Fritz Hesse, der auch Mitglied der Wettbewerbsjury war, in gutem Einvernehmen stand und der mit dessen maßgeblicher Unterstützung das Bauhaus von Weimar nach Dessau verlegt hatte. Die realisierte Variante des Gebäudes zeigt deutlich den maßgeblichen Einfluss der Wagnerschen Vorstellungen:[58] Der Bauplatz entsprach den Vorgaben Wagners und bot ausreichend Platz. Der Publikumsverkehr wurde in einem halbkreisförmigen, einstöckigen Ringbau abgewickelt, wobei die Räume des Personals mit Ausnahme des Verwaltungstrakts im Zentrum des Ringbaus lagen und unmittelbar miteinander verbunden waren. Mehrere Eingänge und Warteräume differenzierten und kategorisierten den Publikumsverkehr und trugen dabei auch der Forderung Rechnung, Kontakt zwischen Frauen und Männern bzw. zwischen Eintretenden und bereits Abgefertigten durch bauliche Maßnahmen zumindest zu erschweren. Der Ringbau sah acht Eingänge für Arbeitssuchende vor, wobei zwei davon der männlichen bzw. der weiblichen Berufsberatung vorbehalten waren. Einer der verbleibenden zwei Eingänge für die weibliche Klientel führte zu Warteräumen für gewerbliche Stellensuchende und für Hausangestellte während der zweite Eingang zu einem Warteraum für weibliche Angestellte führte. Die Eingänge der männlichen Klientel führten zu den Wartezonen für Angestellte, Metallarbeiter, Stein- und Erdindustriearbeiter, ungelernte Arbeiter, Bauhandwerker und höhere Berufe. Von diesen Wartebereichen aus gelangten die nunmehr nach Stellung am Arbeitsmarkt, Geschlecht und Berufsgruppe Unterschiedenen in die Vermittlungszonen, wo sich nicht nur die Räume der Vermittlerinnen bzw. Vermittler, sondern auch Räume für Arbeitgeberinnen und Arbeitgeber befanden. Konnte keine Stellung vermittelt werden, gelangte man von diesem Bereich in jenen der kleiner dimensionierten Arbeitslosenversicherung.[59]

## GRUNDELEMENTE DER BAULICHEN HERSTELLUNG VON ARBEITSMARKT

Das Arbeitsamt Dessau wurde von Zeitgenossen als überzeugendes Beispiel gelungener, moderner Arbeitsnachweisarchitektur gefeiert. Dabei sollte aber nicht übersehen werden, dass sich gerade einige der neuartigen

---

**57** | Vgl. zur Architekturszene, denen diese Architekten angehörten Winfried Nerdinger: »Architekturutopie und Realität des Bauens zwischen Weimarer Republik und Drittem Reich«, in: Wolfgang Hardtwig (Hg.), Utopie und politische Herrschaft im Europa der Zwischenkriegszeit, München: Oldenbourg 2003, S. 269-286.

**58** | Vgl. R. Krause: Arbeitsamt.

**59** | Vgl. dazu auch die Pläne und Fotos in Walter Gropius: Bauhausbauten Dessau, München: Langen 1930 [ND Mainz: Kupferberg 1974], S. 201-216.

Elemente wie die Lokalisierung der Arbeitsvermittlung in einem einstöckigen, halbkreisförmigen Rundbau bereits im 1926 eröffneten Arbeitsamt Dresden finden lassen, das noch vor dem Erscheinen der Schrift
Wagners konzipiert worden war und auf Grundlage enger Zusammenarbeit des planenden Stadtbaudirektors und des Arbeitsnachweisleiters,
eines Juristen, zurückgegangen war.[60] Davon abgesehen waren zentrale
Elemente der baulichen Gestaltung der Arbeitsämter Dresden und Dessau ohnedies common sense in der Fachöffentlichkeit, so etwa die Lage
des Amtes, die nach Geschlecht getrennten Vermittlungsbereiche sowie
eine räumliche Unterscheidung nach Berufsgruppen.[61] All dies stellte in
zahlreichen öffentlichen Arbeitsnachweisen der Frühphase die Realität
dar und war bereits vom Vorstand des städtischen Arbeitsamtes Freiburg,
Fritz Lauer, in einer vom »Verband Deutscher Arbeitsnachweise« in Auftrag gegebenen Schrift aus dem Jahre 1908 als bauliche Voraussetzung
für eine funktionierende Stellenvermittlung formuliert worden.[62] Dieser
gemeinsame Nenner ist insofern keineswegs selbstverständlich, als bei
den Arbeitsämtern, die in den ersten Jahrzehnten des 20. Jahrhunderts
gebaut worden sind, teils höchst unterschiedliche Planungshintergründe
zu berücksichtigen waren. Die angeführten Beispiele Berlin, München
und Dessau lassen jeweils die spezifischen Interessen verschiedener Par-
teien wie Kommunen, Vereine, Architekten und Stadtbaumeister erkennen. Überdies mussten bei der Errichtung vieler Nachweise die Einsprü-
che von Nachbarn berücksichtigt werden.[63] Angesichts divergierender
Voraussetzungen ist die grundsätzliche Übereinstimmung in der Realisierung der städtischen Arbeitsnachweise umso erstaunlicher. Sie belegt
nachdrücklich, dass in den ersten Jahrzehnten des 20. Jahrhunderts einzelne Grundaspekte der Gestaltung öffentlicher Arbeitsämter nicht va-
riabel waren. Unter Arbeitsnachweisexpertinnen und -experten existierte
so etwas wie ein Konsens über Grundelemente öffentlicher Arbeitsnachweise, der sich in Kongressen und Publikationen herauskristallisiert hatte

---

**60** | Vgl. dazu O. Nerschmann (Hg.), Neubau; allgemein zur Dresdener Arbeits-
vermittlung vgl. Rudolf Forberger: Die öffentliche Arbeitsvermittlung in Dresden.
Rückblick auf eine hundertjährige Entwicklung, Dresden: Dittert 1940; Erdmann
Graack: Ein deutscher Arbeitsnachweis in seiner geschichtlichen Entwicklung,
Dresden: C. Heinrich 1915.

**61** | Vgl. etwa zu Berlin Ch. Mattiesson: Rationalisierung, S. 65.

**62** | Fritz Lauer: Die Praxis des öffentlichen Arbeitsnachweises, Berlin: Reimer
1908, S. 3f.

**63** | Vgl. etwa für Würzburg M. Blömer: Geschichte, S. 72; allg. Britt Schlehahn:
»Das Arbeitsamt«, in: Alexa Geisthövel (Hg.), Orte der Moderne. Erfahrungswelten
des 19. und 20. Jahrhunderts, Frankfurt a.M., New York: Campus 2005, S. 91-98,
hier S. 94. In München hat man sich bei der Platzwahl für den Bau des öffentlichen Arbeitsnachweises u.a. deswegen gegen das Zentrum der Stadt entschieden, weil man negative Reaktionen seitens der Touristen fürchtete. Vgl. Ch. Rädlinger: Arbeitsamt München, S. 35f.

und von den Arbeitsnachweisleitern vor Ort, die in die baulichen Planungen mit einbezogen waren, realisiert werden konnte.[64]

Zu den verbindlichen Elementen zählt insbesondere die bauliche Etablierung des Zwanges für Nutzerinnen und Nutzer des Gebäudes, die diskursiv festgelegten Unterschiede auf sich anzuwenden. Für die Umsetzung des in der zeitgenössischen Debatte häufig zitierten Grundsatzes, demzufolge es die Aufgabe des öffentlichen Nachweises sei, den »richtigen Mann an den richtigen Platz« zu stellen, kam der differenzierten Zusammenführung von Arbeitsstellen und Arbeitssuchenden die zentrale Rolle zu.[65] Entsprechend lässt sich die Produktion unterschiedlicher Kategorien von Teilnehmerinnen und Teilnehmern am Arbeitsmarkt als das zentrale Element der räumlichen Ordnung in Arbeitsämtern erkennen.

Basiskategorien waren dabei einerseits die Unterscheidung in Arbeitsuchende und Arbeitsanbietende und andererseits jene in weibliche und männliche Stellensuchende. Diese Unterscheidungen wurden als so grundlegend und selbstverständlich erachtet, dass sie in zahlreichen Arbeitsämtern bereits durch getrennte Eingänge markiert waren und damit außerhalb des eigentlichen Vermittlungsbereichs stattfanden.[66] Wer die Arbeitsvermittlung betreten wollte, musste sich einer dieser Kategorien zuordnen, in Berlin wies eine schriftliche Bescheinigung Personen als Arbeitsuchende aus. Nach Geschlechtern separierte Eingänge, Warteräume und Vermittlungsräume sollten nicht nur sexuelle Übergriffe oder Unmutsäußerungen über weibliche Stellensuchende unterbinden, sondern diese Unterscheidung wurde auch in der Raumgestaltung kenntlich: Weibliche Abteilungen, in denen ausschließlich Mitarbeiterinnen tätig sein sollten, waren in vielen Arbeitsämtern in besonderer Weise eingerichtet. Dem vermuteten stärkeren ästhetischen Empfinden der weiblichen Klientel sollte durch Blumen, Teppiche, Wandschmuck etc. ent-

**64** | Dieser Konsens lässt sich mit Rudloff als »Organisationswissen« verstehen, dessen Verbreitung und Zirkulation im Bereich der kommunalen Sozialverwaltung in den ersten Jahrzehnten des 20. Jahrhunderts zu einer Vereinheitlichung der Ämterorganisation führte. Wilfried Rudloff: »Das Wissen der kommunalen Sozialverwaltung in Deutschland: Diffusion, Formen und Konflikte 1900-1933«, in: Jahrbuch für Europäische Verwaltungsgeschichte 15 (2003), S. 59-88, hier S. 69ff.

**65** | Hermann Jülich: Öffentlicher Arbeitsnachweis und Wirtschaft, Stuttgart: Kohlhammer 1927, S. 13; F. Lauer: Praxis, S. 16; vgl. auch Henschel: Auslese, der betont, dass die vorliegenden Unterlagen über Stellensuchende so umfangreich vorzuliegen haben, dass die Auswahl geeigneter Bewerber für eine Stelle auch bei deren Abwesenheit möglich zu sein hat.

**66** | Es gibt allerdings einzelne bemerkenswerte Ausnahmen, wie der 1927 eröffnete Arbeitsnachweis Nürnberg, der nur teilweise eine konsequente Trennung von Frauen und Männern vorsah. Vgl. Ch. Mattiesson: Rationalisierung, S. 227.

gegengekommen werden.[67] Die in vielen Arbeitsämtern zu beobachtende nachrangige Behandlung der weiblichen Abteilung hinsichtlich Größe, Differenzierung und räumlicher Platzierung wurde von den Expertinnen und Experten damit begründet, dass weibliche Arbeitsvermittlung – vor allem von Hausangestellten – zwar aus dem Bereich der gewerblichen Stellenvermittlung zu lösen sei, Frauen in Arbeitsämtern jedoch nur jene Bedeutung eingeräumt werden konnte, die ihnen in offiziellen Arbeitsmarktstatistiken zukam.[68]

## ENTWICKLUNGEN DER BAULICHEN HERSTELLUNG VON ARBEITSMARKT

Die Differenzierungen nach Geschlecht und Funktion stellten in den ersten Jahrzehnten der öffentlichen Arbeitsvermittlung eine zentrale Konstante dar. Demgegenüber nahm die Bedeutung der Berufsgruppe als Kategorie der baulichen Gestaltung erst allmählich zu. In vielen Arbeitsnachweisen, insbesondere in den frühen Jahren des kommunalen Nachweiswesens, wurde die Unterscheidung in qualifizierte und unqualifizierte Arbeiter im Bauplan verankert. Damit sollte dem vermuteten Distinktionsbedürfnis von Facharbeitern Rechnung getragen werden.[69] Aber erst in größeren öffentlichen Nachweisen der Spätphase des Kaiserreichs lässt sich in der baulichen Gestaltung eine zunehmende Differenzierung erkennen, wie beispielsweise bei den Arbeitsämtern München, Dresden und Dessau deutlich wird: Die Unterscheidung in Berufsgruppen gewann an Bedeutung und wurde durch unterschiedliche Eingänge und Warteräume dem eigentlichen Vermittlungsvorgang vorgelagert. Der Verwaltungsdirektor des Arbeitsnachweises Dresden, Hoffmann, hielt dazu fest:

---

**67** | »Bei dem feinern Empfinden der Frau, bei ihrem natürlichen Schönheitsgefühl wird ein freundlich eingerichteter Raum immer eine größere Anziehungskraft ausüben, als das nüchterne kahle Aussehen eines Beamtenzimmers«: F. Lauer: Praxis, S. 6.

**68** | Vgl. zu diesem Argument etwa Gerhard Mackenroth: Die Entwicklung des öffentlichen Arbeitsnachweises unter der Verwaltung der Stadt Halle 1914-1928, Halberstadt: Meyer 1928, S. 10f, 28. Faktisch war damit eine Reduktion der weiblichen Teilnahme am Arbeitsmarkt gemeint, für die auch das Arbeitsamt Sorge zu tragen habe. Auf die aktive Rolle von Arbeitsämtern bei der Verdrängung von Frauen aus bestimmten Arbeitsmarktbereichen verweist am Beispiel Frankfurts Helgard Kramer: »Frankfurt's Working Women: Scapegoats or Winners of the Great Depression?«, in: Richard J. Evans/Dick Geary (Hg.), The German Unemployed. Experiences and Consequences of Mass Unemployment from the Weimar Republic to the Third Reich, London, Sydney: Croom Helm 1987, S. 108-141, hier S. 117.

**69** | Vgl. etwa F. Lauer: Praxis, S. 4.

»Während sich die Organisation von Betrieben und Behörden in der Regel auf das Alphabet und das Geburtsdatum aufbaut, bildet für den Arbeitsnachweis *der Beruf* den Grundstein und die Gliederung seines ganzen Verwaltungsapparates.«[70]

Diese Differenzierung trug der steigenden Inanspruchnahme, der Professionalisierung und der Rationalisierung der Vermittlung Rechnung. Da die Vermittlungsabteilungen in zunehmendem Maße angehalten waren, Stellensuchende nicht einfach als Ausübende eines Berufs oder einer Berufsgruppe zu registrieren, sondern in den Karteikarten ein differenziertes Bild ihrer tatsächlichen Qualifikationen festzuhalten,[71] diente die »Auslagerung« der Berufsgruppenzuordnung der Entlastung der Vermittlungstätigkeit. Zudem wurde damit der Aufgabe der Arbeitsämter Rechnung getragen, Material für die Arbeitslosenstatistiken zu liefern, für die Berufe bzw. Berufsgruppen Basiskategorien bildeten.[72] Darüber hinaus war mit dieser Differenzierung aber auch die Stabilisierung einer grundsätzlichen, nach Geschlecht differenzierten Unterscheidung von Berufsgruppen verbunden, die häufig die Unterscheidung in qualifizierte und unqualifizierte Tätigkeiten aufgriff. Die Vermittlungsbedürfnisse und –erfordernisse ungelernter Arbeiterinnen bzw. Arbeiter würden sich per se von dem der Fachkräfte unterscheiden.[73] Entsprechend empfahlen Arbeitsnachweisexperten die Verwendung unterschiedlicher Frageraster und Karteikarten, mit deren Hilfe die vermeintlich völlig anders geartete Qualifikationsstruktur dieser Gruppe erfasst werden sollte.[74]

Die zunehmende Differenzierung jener Kategorien, die in der Arbeitsvermittlung von Belang waren und die erkennbare Tendenz, diese Kategorien zur baulichen Strukturierung zu verwenden, verweist auf zwei Entwicklungen: Zum einen stellten Rationalisierung und Dynamisierung Leitmotive der öffentlichen Arbeitsvermittlung in der Weimarer Republik dar. Während der Berliner Arbeitsnachweis auf der dauerhaften Präsenz einer großen Anzahl von Menschen angewiesen war, setzte beispielsweise das Dessauer Arbeitsamt auf die rasche Abwicklung einer großen Zahl an Vermittlungen durch wenige Beamte.[75] Dies war aber nur möglich, wenn wiederkehrende Differenzierungsleistungen, die als tendenziell unveränderlich betrachtet wurden, in die Gebäudestruktur eingelagert und so routinisiert worden sind. Vor dem Hintergrund eines sich etablierenden Expertenwissens, das Erfahrungswerte aus den bestehenden baulichen

---

**70** | Hoffmann:»Neuzeitliche Verwaltung«, in: O. Nerschmann (Hg.), Neubau, S. 43-54, hier S. 46, Hervorhebung im Original.

**71** | H. Jülich: Beiträge, S. 11.

**72** | Das Arbeitsnachweisgesetz von 1922 verpflichtete alle nichtgewerbsmäßigen Nachweise monatlich nach vorgegebenem Muster dem Landesamt für Arbeitsvermittlung zu berichten. D. Maier: Anfänge und Brüche, S. 32.

**73** | H. Jülich: Beiträge, S. 19f.

**74** | Vgl. etwa ders.: Arbeitsvermittlung, S. 16, 18.

**75** | Vgl. auch W. Gropius: Bauhausbauten Dessau, S. 202.

Lösungen verwertete, lassen sich trotz erheblicher Unterschiede in den
Planungskonstellationen vergleichbare Tendenzen im Design der Arbeitsämter der Weimarer Republik erkennen.

## ARBEITSMARKTWISSEN UND DER
## SOZIALE RAUM ARBEITSAMT

Die differenzierte und differenzierende Arbeitsvermittlung hing mit der
Entwicklung eines spezifischen Wissens zusammen. Das Vermittlungspersonal und in steigendem Maße die zur Verfügung stehenden Hilfsmittel, insbesondere das Karteisystem, erhielten eine zentrale Rolle bei der
Produktion jenes Wissens, das für eine erfolgreiche Vermittlung unabdingbar erschien. Den Arbeitsvermittlerinnen und –vermittlern wurde in
zahlreichen Broschüren eingeprägt, den Selbstbeschreibungen der Stellensuchenden, insbesondere jeder Selbsteinschätzung von Qualifikationen zu misstrauen. Auch die geäußerten Berufswünsche sollten als nach-
rangig behandelt werden.[76] Ebenso galten die von den Arbeitgeberinnen
und -gebern vorgebrachten Wünsche als ausgesprochen ungenau und
bedurften der intervenierenden Bearbeitung durch das Vermittlungspersonal.[77] Damit wurde das als relevant eingeschätzte Arbeitsmarktwissen
von den Arbeitssuchenden und Arbeitgebenden auf die Vermittlerinnen
und Vermittler verlagert. Zugleich wurde durch bauliche Maßnahmen
eine Routinisierung von Grundkategorien dieses Wissens manifestiert:
Während in vielen frühen Arbeitsnachweisen eine Person bis zur Ver-
mittlungsabteilung gelangen konnte, ohne sich selbst einer Kategorie zuordnen zu müssen, hatte diese Person in zahlreichen Arbeitsämtern der
Weimarer Republik bereits am Eingang eine Einordnung nach Geschlecht
und Funktion am Arbeitsmarkt zu leisten. Wenn es sich um Stellensuchende handelte, war auch eine Zuordnung nach Berufsgruppen erforderlich. Die differenziertere, individuelle Selbsteinschätzung hinsichtlich
persönlicher Qualifikationen, Berufschancen und –vorstellungen wurde
demgegenüber zusehends an das Vermittlungspersonal und die Aus-
wertung von standardisierten Fragebögen delegiert. Dadurch wurde etwa
Mehrberuflichkeit als (Selbst-)Definition der eigenen Erwerbsmöglichkei-
ten erheblich erschwert.

Die wachsende Rolle von Arbeitsmarktwissen als Ressource lässt
sich in mancherlei Hinsicht auch als Bedeutungszunahme von ökonomischem Wissen interpretieren. Für Martin Wagner schien evident,
dass die Wirtschaft und damit auch die Arbeitslosigkeit konjunkturellen
Schwankungen unterlagen. Die Konjunkturtheorie an sich war zu diesem
Zeitpunkt noch neu; dass ein Charakteristikum des Arbeitsmarktes aber
darin bestand, regelmäßig wiederkehrende und damit natürliche Un-

---

**76** | Vgl. H. Jülich: Beiträge, S. 20f.
**77** | Ebd., S. 36f.

gleichgewichte zwischen dem Angebot an und der Nachfrage nach Arbeit zu zeitigen, war bereits im späten 19. Jahrhundert etablierter Teil des akademischen Arbeitsmarktwissens.[78] Dieses Wissen ging in die Gestaltung der Arbeitsämter ein und wurde baulich stabilisiert. Die auf spezifischen ökonomischen Voraussetzungen basierende Planung von Arbeitsämtern ging von einer Schwankung der Arbeitslosigkeit und damit des Publikumsverkehrs aus, die sich innerhalb einer bestimmten Größenordnung bewegen sollte. Eine gewisse Schwankungsbreite war durch die baulich flexible Gestaltung, wie sie in München, Dresden und insbesondere Dessau verwirklicht wurde, auch berücksichtigt. Diese »black box« musste nun aber vor allem in der Spätphase der Weimarer Republik in zahlreichen Fällen »geöffnet« und die Arbeitsämter rekonfiguriert werden, denn die Massenarbeitslosigkeit während der Weltwirtschaftskrise stellte diese Annahmen infrage. Beim Bau von Arbeitsämtern, etwa in Dessau, war man noch davon ausgegangen, dass die Arbeitsvermittlungsabteilungen den Großteil des Publikumsverkehrs abwickeln würden. Diese verloren aber zugunsten jener Abteilungen an Bedeutung, die für die materielle Unterstützung der Arbeitslosen zuständig waren (»Stempelstellen«), was entsprechende Umbauten nötig machte.[79] Viele Arbeitsämter, die in der Weimarer Republik mit dem ökonomischen Wissen konjunktureller Schwankungen der Arbeitslosigkeit als Prämisse gebaut wurden, waren außerdem zu klein: Lange Schlangen vor den Arbeitsämtern führten zu einer neuerlichen Entdynamisierung der Arbeitsvermittlung, zugleich förderte das lange Warten einer großen Zahl von Arbeitslosen vor den Arbeitsämtern neuerlich eine Verflechtung von Arbeitsvermittlungspraktiken mit Tätigkeiten, die dieser vorgeblich »wesensfremd« waren: Bereits in den Jahrzehnten zuvor war beständig beklagt worden, dass gewerbliche Stellenvermittlerinnen und -vermittler gerade in oder vor Arbeitsämtern Geschäfte mit Stellensuchenden oder Arbeitgebenden anbahnten[80] oder dass sich, zumal im Winter, in den Warteräumen »nur unlustige Elemente aufhalten, die allerhand Allotria treiben«.[81] Hinzu kamen Formen der Unruhe und des Protests, die besonders in der Zeit nach dem Ersten Welt-

---

**78** | Vgl. etwa Goetz Briefs:»Bevölkerungsbewegung und Arbeitsmarktentwicklung«, in: Bernhard Harms (Hg.), Strukturwandlungen der Deutschen Volkswirtschaft. Vorlesungen gehalten während des Herbst-Lehrganges 1927 der Deutschen Vereinigung für Staatswissenschaftliche Fortbildung, Bd. 1, Berlin: Reimar Hobbing 1928, S. 57-74; allg. J. Adam Tooze: Statistics and the German State, 1900-1945. The Making of Modern Economic Knowledge, Cambridge: Cambridge University Press 2001.

**79** | Vgl. etwa zu München Ch. Rädlinger: Arbeitsamt München, S. 59.

**80** | Vgl. etwa zu Berlin Ch. Mattiesson: Rationalisierung, S. 70; Thomas Lindenberger: Straßenpolitik. Zur Sozialgeschichte der öffentlichen Ordnung in Berlin 1900 bis 1914, Bonn: Dietz 1995, S. 98-105.

**81** |»Die Meinung der ANPraktiker«, in: W. Bökenkrüger u.a.: Arbeitsnachweis-Gebäude, S. 29-31, hier S. 30.

krieg in Arbeitsnachweisen beobachtet wurden. Eine bauliche Gestaltung, die Ansammlung und lange Aufenthaltsdauer von Stellensuchenden in den Arbeitsämtern durch Differenzierung und Dynamisierung des Vermittlungsgeschehens sollte dies unterbinden. In der Weltwirtschaftskrise nahmen diese überwunden geglaubten Verflechtungen wieder an Bedeutung zu.

## SCHLUSS

Vom späten 19. Jahrhundert an wurde Arbeitsvermittlung zu einem wesentlichen Thema sowohl von wissenschaftlichen und öffentlichen Debatten als auch in zunehmendem Maße von politischen Maßnahmen seitens der Kommunen, der Bundesstaaten und des Reichs. Im Kern ging es dabei um die Frage, wie Arbeitsvermittlung gestaltet werden musste, damit Einfluss auf Arbeitslosigkeit und Arbeitsmarkt ausgeübt werden konnte. Eine nicht unwesentliche Rolle spielte dabei, wie auch im eingangs zitierten Beispiel des »Kellner-Bundes«, die räumliche Gestaltung von Arbeitsvermittlungsinstitutionen, die zugleich eine Ordnung des Arbeitsmarktes versprach. Unter Bezugnahme auf Beiträge aus der »New Economic Sociology« und konstruktivistische Beiträge aus der Raumsoziologie wurde argumentiert, dass die daran anschließende Planung und reale Umsetzung öffentlicher Arbeitsnachweise nicht nur als räumliche Ordnung des Arbeitsmarktes zu verstehen ist, sondern als wesentlicher Beitrag zur Produktion dieses Arbeitsmarktes.

Die Stellen- und Arbeitskräftesuche wurde in baulicher Hinsicht schon dadurch in einen Marktkontext gerückt, als die in der nationalökonomischen Literatur seit dem späten 19. Jahrhundert übliche Analogisierung von Arbeitsmärkten mit Waren- und Finanzmärkten auch baulich angestrebt wurde, wobei das Börsenmotiv eine konstante Rolle spielte. Der bauliche Beitrag zur Produktion von Arbeitsmarkt bestand in erster Linie aus der Routinisierung und Stabilisierung jener Elemente, die jeweils konkrete Markttransfers ermöglichten. Insbesondere die Differenzierung von Eingängen und Wartebereichen sowie die teils unterschiedliche Raumgestaltung waren wesentlich für die Konstituierung und Stabilisierung von Arbeitsangebot und -nachfrage. Der Arbeitsmarkt, der in deutschen Arbeitsämtern der Weimarer Republik hergestellt wurde, war ein geschlechtlich segregierter und verberuflichter Arbeitsmarkt. Insbesondere die geschlechtsspezifische Segregation des Arbeitsangebotes bildete eine Konstante, die unhinterfragt die Gestaltung von Arbeitsämtern bestimmte. In zunehmendem Maße wurde aber auch die Unterscheidung nach Berufsgruppen zu einem nicht nur auf Ebene der Formulare und Karteikarten bestimmenden Element.

Die Produktion von Arbeitsmarkt in Arbeitsämtern rekurrierte auf Arbeitsmarktwissen als Ressource, bedeutete aber auch selbst die Herstellung von Arbeitsmarktwissen und dessen spezifischer Verteilung. Die konjunkturelle Schwankung von Arbeitslosigkeit fand ebenso Eingang in die Gestaltung der Arbeitsämter wie Rationalisierung zu einem Leitmotiv wurde. Dies implizierte zum einen die Routinisierung bestimmter Kategorisierungen (insbesondere in Berufsgruppen) durch ihre Auslagerung in die bauliche Gestaltung, und marginalisierte zum anderen das Arbeitsmarktwissen von Arbeitssuchenden und –gebenden. Über legitimes Arbeitsmarktwissen verfügten in den Arbeitsämtern in zunehmendem Maße nur mehr die Vermittlerinnen bzw. Vermittler und ihr technischer Apparat.

Nichtsdestotrotz erwies sich dieses Maß an Flexibilität der Nagelprobe des Massenverkehrs während der Weltwirtschaftskrise nicht gewachsen. Neuerliche Verflechtungen mit überwunden geglaubten Praktiken erforderte eine beständige bauliche Rekonfigurierung der Arbeitsämter und damit des Arbeitsmarktes.

## LITERATUR

Adler, Georg: »Arbeitsnachweis und Arbeitsbörsen«, in: Johannes Conrad u.a. (Hg.), Handwörterbuch der Staatswissenschaften, Bd. 1, 3. umgearbeitete Auflage, Jena: Gustav Fischer 1909, S. 1130-1140.

Aspers, Patrik/Beckert, Jens: »Märkte«, in: Andrea Maurer (Hg.), Handbuch der Wirtschaftssoziologie, Wiesbaden: Verlag für Sozialwissenschaften 2008, S. 225-246.

Beckert, Jens/Diaz-Bone, Rainer/Ganßmann, Heiner (Hg.), Märkte als soziale Strukturen, Frankfurt a.M.: Campus 2007.

Bender, Gerd: »Arbeitsvermittlung und Arbeitslosenversorgung in der Weimarer Republik. Ein sozialrechtshistorischer Überblick«, in: Hans-Peter Benöhr (Hg.), Arbeitsvermittlung und Arbeitslosenversorgung in der neueren deutschen Rechtsgeschichte, Tübingen: Mohr 1991, S. 137-169.

Beveridge, William: Power and influence, London: Hodder & Stoughton 1953.

Blömer, Martin: »Die Geschichte des Würzburger Arbeitsamtes«, in: Ulrich Wagner (Hg.), 100 Jahre Arbeitsamt Würzburg 1897-1997, Würzburg: Schöningh 1997, S. 11-122.

Bogart, E.L.: »Public employment offices in the United States and Germany«, in: The Quaterly Journal of Economics 14 (1900), S. 341-377.

Bökenkrüger, Wilhelm u.a.: Das neuzeitliche Arbeitsnachweis-Gebäude, Stuttgart: Kohlhammer 1926.

Briefs, Goetz: »Bevölkerungsbewegung und Arbeitsmarktentwicklung«, in: Bernhard Harms (Hg.), Strukturwandlungen der Deutschen Volkswirtschaft. Vorlesungen gehalten während des Herbst-Lehrganges 1927 der Deutschen Vereinigung für Staatswissenschaftliche Fortbildung, Bd. 1, Berlin: Reimar Hobbing 1928, S. 57-74.

Buchner, Thomas: »Arbeitsämter und Arbeitsmarkt in Deutschland, 1890-1935«, in: Annemarie Steidl u.a. (Hg.), Übergänge und Schnittmengen. Arbeit, Migration, Bevölkerung und Wissenschaftsgeschichte in Diskussion, Wien, Köln, Weimar: Böhlau 2008, S. 133-158.

Callon, Michel: »Introduction: the embeddedness of economic markets in economics«, in: Ders. (Hg.), The Laws of the Markets, Oxford: Blackwell 1998, S. 1-57.

Dilley, Roy: »Contesting Markets. A General Introduction to Market Ideology, Imagery and Discourse«, in: Ders. (Hg.), Contesting Markets. Analyses of Ideology, Discourse and Practice, Edinburgh: Edinburgh University Press 1992, S. 1-36.

Edling, Nils: »Regulating unemployment the Continental way: the transfer of municipal labour exchanges to Scandinavia 1890-1914«, in: European Review of History 15 (2008), S. 23-40.

Faust, Anselm: Arbeitsmarktpolitik im Deutschen Kaiserreich. Arbeitsvermittlung, Arbeitsbeschaffung und Arbeitslosenunterstützung 1890-1918, Stuttgart: Franz Steiner 1986.

Faust, Anselm: »Arbeitsvermittlung und Arbeitslosenversorgung in Deutschland von der Mitte des 19. Jahrhunderts bis zum Ende des Kaiserreichs«, in: Hans-Peter Benöhr (Hg.), Arbeitsvermittlung und Arbeitslosenversorgung in der neueren deutschen Rechtsgeschichte, Tübingen: Mohr 1991, S. 105-135.

Forberger, Rudolf: Die öffentliche Arbeitsvermittlung in Dresden. Rückblick auf eine hundertjährige Entwicklung, Dresden: Dittert 1940.

Führer, Karl Christian: Arbeitslosigkeit und die Entstehung der Arbeitslosenversicherung in Deutschland 1902-1927, Berlin: Akademie Verlag 1990.

Gairing, Karl: »Die vom ANFachmann zu stellenden Forderungen«, in: Wilhelm Bökenkrüger u.a.: Das neuzeitliche Arbeitsnachweis-Gebäude, Stuttgart: Kohlhammer 1926, S. 8-9.

Garcia-Parpet, Marie-France: »The Social Construction of a Perfect Market: The Strawberry Auction at Fontaines-en-Sologne«, in: Donald MacKenzie/Fabian Muniesa/Lucia Siu (Hg.), Do Economists Make Markets? On the Performativity of Economics, Princeton, Oxford: Princeton University Press 2007, S. 20-53.

Gieryn, Thomas F.: »A Space for Place in Sociology«, in: Annual Review of Sociology 26 (2000), S. 463-496.

Gieryn, Thomas F.: »What Buildings Do«, in: Theory and Society 31 (2002), S. 35-74

Graack, Erdmann: Ein deutscher Arbeitsnachweis in seiner geschichtlichen Entwicklung, Dresden: C. Heinrich 1915.

Gropius, Walter: Bauhausbauten Dessau, München: Langen 1930 [ND Mainz: Kupferberg 1974].

Henschel: »Die qualitative Auslese bei der Vermittlung«, in: Oskar Nerschmann (Hg.), Der Neubau des öffentlichen Arbeitsnachweises Dresden und Umgebung. Eine Werbeschrift anlässlich der Eröffnung des neuen Gebäudes Oktober 1926, o.O.: o.V. o.J. [Dresden: Eigenverlag 1926], S. 55-66.

Herrmann, Volker: Vom Arbeitsmarkt zum Arbeitseinsatz. Zur Geschichte der Reichsanstalt für Arbeitsvermittlung und Arbeitslosenversicherung 1929 bis 1939, Frankfurt a.M. u.a.: Peter Lang 1993.

Hoffmann:»Neuzeitliche Verwaltung«, in: Oskar Nerschmann (Hg.), Der Neubau des öffentlichen Arbeitsnachweises Dresden und Umgebung. Eine Werbeschrift anlässlich der Eröffnung des neuen Gebäudes Oktober 1926, o.O.: o.V. o.J. [Dresden: Eigenverlag 1926], S. 43-54.

Holm, Petter:»Which Way Is Up on Callon? A Review of a Review: Daniel Miller's ›Turning Callon the Right Way Up‹. On Michel Callon: The Laws of the Markets«, in: Sosiologisk årbok 1 (2003), S. 125-156.

Ignaz Jastrow:»Arbeitsmarkt und Arbeitsnachweis in Deutschland«, in: Jahrbücher für Nationalökonomie und Statistik 3.F. 16 (1898), S. 289-350.

Jülich, Hermann: Beiträge zur Technik der Arbeitsvermittlung, 2. Teil: Die bürotechnischen Grundlagen der Arbeitsvermittlung, Stuttgart: Kohlhammer 1927.

Jülich, Hermann: Öffentlicher Arbeitsnachweis und Wirtschaft, Stuttgart: Kohlhammer 1927.

Jülich, Hermann: Arbeitsvermittlung als Dienst am Menschen, Berlin: Verlag des Zentralverbandes der Angestellten o.J. [1930].

Krabbe, Wolfgang R.:»Die Gründung städtischer Arbeiterschutz-Anstalten in Deutschland: Arbeitsnachweis, Arbeitslosenfürsorge, Gewerbegericht und Rechtsauskunftsstelle«, in: Werner Conze/Ulrich Engelhardt (Hg.), Arbeiterexistenz im 19. Jahrhundert. Lebensstandard und Lebensgestaltung deutscher Arbeiter und Handwerker, Stuttgart: Klett-Cotta 1981, S. 425-445.

Kramer, Helgard:»Frankfurt's Working Women: Scapegoats or Winners of the Great Depression?«, in: Richard J. Evans/Dick Geary (Hg.), The German Unemployed. Experiences and Consequences of Mass Unemployment from the Weimar Republic to the Third Reich, London, Sydney: Croom Helm 1987, S. 108-141.

Krause, Robin:»Das Arbeitsamt von Walter Gropius in Dessau«, in: Zeitschrift für Kunstgeschichte 2 (2000), S. 242-268.

Lauer, Fritz: Die Praxis des öffentlichen Arbeitsnachweises, Berlin: Reimer 1908.

Lindenberger, Thomas: Straßenpolitik. Zur Sozialgeschichte der öffentlichen Ordnung in Berlin 1900 bis 1914, Bonn: Dietz 1995.

Lins, Wilhelm:»Arbeitsmarkt und Arbeitsnachweis«, in: Ludwig Elster/ Adolf Weber/Friedrich Wieser (Hg.), Handwörterbuch der Staatswissenschaften, Bd. 1: Abbau bis Assignaten, 4. überarbeitete Aufl., Jena: Gustav Fischer 1923, S. 824-839.

Ludwig, Franz: Die Gesindevermittlung in Deutschland, Tübingen: Laupp 1903.

Ludwig, Franz: Der gewerbsmäßige Arbeitsnachweis, Berlin: Heymann 1906.

Mackenroth, Gerhard: Die Entwicklung des öffentlichen Arbeitsnachweises unter der Verwaltung der Stadt Halle 1914-1928, Halberstadt: Meyer 1928.

Maier, Dieter G.: Anfänge und Brüche der Arbeitsverwaltung bis 1952. Zugleich ein kaum bekanntes Kapitel der deutsch-jüdischen Geschichte, Brühl: Fachhochschule des Bundes für öffentliche Verwaltung 2004.

Mattiesson, Christiane: Die Rationalisierung des Menschen. Architektur und Kultur der deutschen Arbeitsämter 1890-1945, Berlin: Reimer 2007.

»Die Meinung der ANPraktiker«, in: W. Bökenkrüger u.a.: Arbeitsnachweis-Gebäude, S. 29-31.

Nerdinger, Winfried: »Architekturutopie und Realität des Bauens zwischen Weimarer Republik und Drittem Reich«, in: Wolfgang Hardtwig (Hg.), Utopie und politische Herrschaft im Europa der Zwischenkriegszeit, München: Oldenbourg 2003, S. 269-286.

Pohl, Karl Heinrich: Zwischen protestantischer Ethik, Unternehmerinteresse und organisierter Arbeiterbewegung. Zur Geschichte der Arbeitsvermittlung in Bielefeld, Bielefeld: Verlag des Stadtarchivs 1991.

Rädlinger, Christine: 100 Jahre Arbeitsamt München 1895-1995. Von der Arbeitsvermittlung zur Arbeitsförderung, München: Verlag des Arbeitsamtes 1995.

Rieger: »Die räumliche Unterbringung eines kleineren Arbeitsnachweises«, in: Wilhelm Bökenkrüger u.a.: Das neuzeitliche Arbeitsnachweis-Gebäude, Stuttgart: Kohlhammer 1926, S. 27-29.

Rottenecker, Heribert/Schneider, Jürgen: Geschichte der Arbeitsverwaltung in Deutschland, Stuttgart, Berlin, Köln: Kohlhammer 1996.

Rudloff, Wilfried: »Das Wissen der kommunalen Sozialverwaltung in Deutschland: Diffusion, Formen und Konflikte 1900-1933«, in: Jahrbuch für Europäische Verwaltungsgeschichte 15 (2003), S. 59-88.

Schlehahn, Britt: »Das Arbeitsamt«, in: Alexa Geisthövel (Hg.), Orte der Moderne. Erfahrungswelten des 19. und 20. Jahrhunderts, Frankfurt a.M., New York: Campus 2005, S. 91-98.

Schmölders, [Robert]: »Der Arbeitsmarkt«, in: Preußische Jahrbücher 83 (1896), S. 145-180.

Schmuhl, Hans-Walter: Arbeitsmarktpolitik und Arbeitsverwaltung in Deutschland 1871-2002. Zwischen Fürsorge, Hoheit und Markt, Nürnberg: Verlag des IAB 2003.

Tooze, J. Adam: Statistics and the German State, 1900-1945. The Making of Modern Economic Knowledge, Cambridge: Cambridge University Press 2001.

Vonderach, Gerd: Arbeitsnachweisbewegung und erste Arbeitsmarktstatistik. Der Beginn der landesweiten Koordinierung der Arbeitsvermittlung und die Anfänge der Arbeitsmarkt-Berichterstattung in Deutschland vor hundert Jahren, Münster: LIT 1997.

Wagner, Bernard: Martin Wagner 1885-1957. Leben und Werk, Hamburg: Wittenborn 1985.

Wagner, Martin: »Das Haus der Arbeit«, in: Reichsarbeitsblatt 26 (1925), S. 430*-435*.

Zimmermann, Bénédicte: Arbeitslosigkeit in Deutschland. Zur Entstehung einer sozialen Kategorie, Frankfurt a.M., New York: Campus 2007.

# Die Organisation der binnenadministrativen Kommunikation in der preußischen Verwaltung des 19. Jahrhunderts

PETER COLLIN

## EINFÜHRENDE ÜBERLEGUNGEN

Der vorliegende Beitrag befasst sich mit der Kommunikationsorganisation der preußischen Verwaltung aus einer rechtshistorischen Perspektive. Das ist mit Konsequenzen für das Darstellungsinteresse und die Materialbasis verbunden: Die Ausführungen konzentrieren sich auf jene Grundstrukturen der Kommunikation, die durch Recht vorgegeben waren, womit gleichzeitig auch auf Regelungsdefizite aufmerksam gemacht wird.

Ausgegangen wird dabei von einem Verständnis von Kommunikation, wie es in der Systemtheorie Luhmann'scher Prägung entwickelt ist. Danach ist Kommunikation eine Synthese dreier Selektionen: die Einheit aus »Information«, »Mitteilung« und »Verstehen«, wobei »Information« die Auswahl unter verschiedenen möglichen Informationsinhalten meint, und »Mitteilung« die Auswahl unter verschiedenen Optionen der Übermittlung. Die Selektion »Verstehen« betrifft die verschiedenen möglichen Bedeutungsgehalte einer Information.[1] Damit wird auch deutlich, dass eine in diesem Sinne verstandene Kommunikation organisatorischer Gestaltung nur begrenzt zugänglich ist. Denn wie eine Information zu »verstehen« ist, lässt sich nur schwer festlegen. Natürlich können Vorkehrungen zur Vermeidung von Missverständnissen und zur Gewährleistung

---

1 | Niklas Luhmann: Soziale Systeme, 4. Aufl., Frankfurt a.M.: Suhrkamp 1993, S. 193ff. u. bes. 203ff.

von Transparenz getroffen werden,[2] allerdings handelt es sich dabei um Vorgaben an den Adressanten, die die Auswahl der Information und die Art und Weise der Übermittlung betreffen. Wenn somit in den folgenden Ausführungen von der Organisation der Kommunikation die Rede ist, sind eigentlich nur Teilsegmente der Kommunikation gemeint, nämlich jene, die Objekt der Einwirkung durch Recht sein können.

Bei der Wahl der rechtshistorischen Perspektive werden alternative Sichtweisen ausgeblendet, die ein anderes Bild von Kommunikationsstrukturen und -modi entwerfen oder das rechtshistorisch entworfene Bild modifizieren.[3] Diese Blickverengung muss in Kauf genommen. Sie erscheint allerdings weniger gravierend, wenn man bedenkt, dass sich die rechtsgeschichtliche Betrachtung von Vorverständnissen leiten lässt, die durch Erkenntnisse bzw. theoretische Vorstellungen anderer Disziplinen konturiert sind, vor allem durch die Soziologie, die Verwaltungsgeschichte und die Verwaltungswissenschaft. Welcher Art die Vorverständnisse sind, die das hier vertretene Verständnis von pluralisierter Verwaltung, Kommunikationsfunktionen und Organisation prägen, soll einleitend erläutert werden. Dem schließen sich Ausführungen zu verschiedenen Funktionsbereichen der Kommunikationsorganisation an.

## PLURALISIERTE VERWALTUNG ALS KOMMUNIKATIONSBEDÜRFTIGE VERWALTUNG – ENTFALTUNGSDIMENSIONEN BINNENADMINISTRATIVER PLURALISIERUNG IM 19. JAHRHUNDERT

Kommunikationsbedürfnisse verstärken sich mit wachsender Ausdifferenzierung der Verwaltung. Der in diesem Zusammenhang gewählte Begriff der »Pluralisierung« soll deutlich machen, dass horizontale und vertikale Segmentierungen auch Ausdruck der Herausbildung verschiedener Handlungsorientierungen sowie der Entstehung verschiedener Verständnishintergründe und divergierender Belange innerhalb eines organisatorischen Gefüges sind, die durch Kommunikation wieder zu einer Einheit zusammengefügt oder zumindest in friedliche Koexistenz

---

**2** | Z.B. in Form von Informationsdarstellungsgeboten; siehe dazu Indra Spiekker gen. Döhmann: »Das rechtliche Darstellungsgebot. Zum Umgang mit Risikoinformationen am Beispiel der Datenerhebung im Bundesinfektionsschutzgesetz (IfSG)«, in: Christoph Engel u.a. (Hg.), Recht und Verhalten. Beiträge zu Behavioral Law and Economics, Tübingen: Mohr Siebeck 2007, S. 133-164.

**3** | Siehe z.B. Stefan Haas: Die Kultur der Verwaltung. Die Umsetzung der preußischen Reformen 1800-1848, Frankfurt a.M.: Campus 2005, mit einem kulturhistorischen Ansatz der Analyse von Verwaltungskommunikation; siehe aber auch die Kritik daran bei Bernd Wunder: »Verwaltung als Grottenolm? Ein Zwischenruf zur kulturhistorischen Verwaltungsgeschichtsschreibung«, in: Jahrbuch für europäische Verwaltungsgeschichte 19 (2007), S. 333-344, insb. S. 337f. u. S. 342.

gebracht werden müssen.[4] Kommunikation beschränkt sich dann nicht auf die Weitergaben von Informationen zur Behebung von Informationsdefiziten, sondern soll auch ordnungs- und einheitsstiftend wirken.[5] Binnenadministrative Pluralität entfaltet sich in verschiedenen – wenngleich miteinander verschränkten – Dimensionen: Aufgabenwachstum und Aufgabenausdifferenzierung stehen dabei im Mittelpunkt. Aufgabenwachstum produziert einen Personalmehrbedarf, führt also tendenziell zu Personalwachstum. Personalwachstum ist verbunden mit wachsenden Koordinationsproblemen, auf die mit Schaffung von Suborganisationen reagiert wird. Es kommt sowohl zu einer horizontalen Ausdifferenzierung als auch zu einer vertikalen, denn die Anzahl der Leitungsebenen erhöht sich. Aufgabenwachstum und Aufgabenausdifferenzierung sind weiter mit einer Erhöhung des für die externe und interne Steuerung notwendigen administrativen Wissensbedarfs verbunden. Das hat wiederum personelle und organisatorische Konsequenzen. Von einem einheitlichen Amtswalterprofil kann nicht mehr die Rede sein. Spezialisten erobern das Feld. Sie sind nicht mehr Träger eines gemeinsamen Verwaltungswissens, sondern eines fachspezifischen, quasi technischen Sonderwissens.[6] Mit ihrem Sonderwissen bringen sie spezifische Handlungsorientierungen ein, eine Vielzahl divergierender Gemeinwohlvorstellungen besteht nebeneinander.[7] Weiter drängt administratives Sonderwissen zur Emanzipation von der allgemeinen Verwaltung, zu organisatorischer Verselbständigung in Fachbehörden oder in fachlich spezialisierten Behördenuntergliederungen, in denen seine Belange besser zur Entfaltung gebracht werden können,[8] und zur organisatorischen Verbindung mit staatsexternen Akteuren, beispielsweise in gemischten Gremien. Eine pluralisierte Verwaltung ist aber auch Ergebnis staatsorganisatorischer Grundentscheidungen: Administrative Dezentralität ist Strukturmerkmal eines Staatswesen mit föderaler Binnengliederung und kommunaler Selbstverwaltung.

Überträgt man nun diese abstrakten Überlegungen auf die preußische Verwaltung, so lässt sich für das 19. Jahrhundert – seit den Organisationsreformen vom Beginn des Jahrhunderts – zunächst von weitgehend unveränderten Grundstrukturen sprechen. Die Zentrale bildete die Staatsregierung mit ihren Ressorts, aufgeteilt war das Land in Provinzen mit

**4** | Zu den verschiedenen organisatorischen Pluralismusmodellen Theo Toonen, »Administrative plurality in a unitary state; the analysis of public organizational pluralism«, Policy and Politics 11 (1983), S. 247-271, hier S. 255.

**5** | Näher zu den Kommunikationsfunktionen s. unten.

**6** | Erk Volkmar Heyen: »Professionalisierung und Verwissenschaftlichung. Zur intellektuellen Struktur der deutschen Verwaltungsgeschichte«, in: Ius Commune 12 (1984), S. 235-251, hier S. 245.

**7** | Friedrich Fonk: Die Problematik der Sonderbehörden. Zum Verhältnis von allgemeiner Verwaltung und Sonderverwaltung, Köln: Grote 1969, S. 41.

**8** | Ebd., S. 11f.

Oberpräsidenten an der Spitze, innerhalb dieser gab es die Regierungsbezirke, die von der Bezirksregierung verwaltet wurden, untere staatliche
Verwaltungseinheit war der Kreis mit dem Landrat als Verwaltungsorgan.
Die Städte fungierten als Selbstverwaltungseinheiten, denen teilweise
staatliche Aufgaben übertragen waren, auf dem flachen Land gab es innerhalb der Kreise die Gutsbezirke als Verwaltungseinheiten, an der Spitze der ländlichen Gemeinden stand meist der Dorfschulze – allerdings
lassen sich hier erhebliche regionale Unterschiede verzeichnen. Soweit es
im Laufe des 19. Jahrhunderts zu organisatorischen Veränderungen kam,
war die untere Ebene hiervon noch am ehesten erfasst; zu nennen sind
beispielsweise die diversen neuen Städteordnungen und die Kreisreform
der 1870er Jahre.[9]

Pluralisierungstendenzen, die über diese noch recht übersichtliche
Struktur hinausdrängten, entwickelten sich in voller Stärke erst im Laufe
der zweiten Hälfte des 19. Jahrhunderts,[10] als mit der Aufgabenexpansion
neue mächtige Verwaltungszweige entstanden – die allerdings nach 1871
teilweise unter dem Dach der Reichsverwaltung organisiert wurden: die
Postverwaltung, die Eisenbahnverwaltung, die, wenn auch auf viele verschiedene Behörden verteilte, Sozialverwaltung seien hier nur als heraus-
ragende Beispiele genannt. Daneben bildete sich vor allem in den Bereichen des Gesundheits-, Bildungs- und Bauwesens sowie der Land- und
Forstwirtschaft, des Bergbaus und der Gewerbeüberwachung und -pflege
ein Geflecht von sonderbehördlichen Einrichtungen auf Zentral-, Provin-
zial-, Bezirks- und Kreisebene heraus, die als staatliche Behörden, unselb-
ständige Anstalten oder verselbständigte Anstalten, Körperschaften und
Stiftungen organisiert waren.[11] Hinzu trat eine interne Differenzierung
durch die Bildung von fachlich spezialisierten Ämtern oder Dezernaten
innerhalb von Behörden. So sind auf Regierungsbezirksebene die technischen Räte zu nennen: zunächst Medizinal- und Bauräte, später gesellten
sich etwa Gewerberäte, Forsträte und Wasserbauräte hinzu.

---

**9** | Dazu instruktiv für den ostelbischen Raum Patrick Wagner: »Landräte, Guts-
besitzer, Dorfschulzen. Zum Wandel der »›Basisposten‹ preußischer Staatlich-
keit in Ostelbien im 19. Jahrhundert«, in: Bärbel Holtz/Hartwin Spenkuch (Hg.),
Preußens Weg in die politische Moderne. Verfassung – Verwaltung – politische
Kultur zwischen Reform und Reformblockade, Berlin: Akademie Verlag 2001,
S. 249-283.

**10** | Dazu Tibor Süle: Preußische Bürokratietradition. Zur Entwicklung von Ver-
waltung und Beamtenschaft 1871-1918, Göttingen: Vandenhoeck & Ruprecht
1988, S. 26ff.

**11** | Einen Überblick gewinnt man beispielsweise bei Graf Hue de Grais: Hand-
buch der Verfassung und Verwaltung in Preußen und im Deutschen Reich, 1. Aufl.,
Berlin: Springer 1881.

## FUNKTIONEN DER KOMMUNIKATION IN DER VERWALTUNG

In einer derart ausdifferenzierten Verwaltung steigen die Anforderungen an eine funktionierende Kommunikation. Dabei lassen sich drei grundlegende Kommunikationsfunktionen unterscheiden: Erstens bedarf es der Information über die Tätigkeit der untergeordneten Verwaltungseinheiten, damit die vorgesetzte Stelle programmabweichendes Handeln gegebenenfalls korrigieren kann. Diese Kommunikationsfunktion lässt sich unter den Begriff der »Kontrolle« fassen, die als Instrument hierarchischer Steuerung fungiert.[12]

Verwaltungseinheiten sind jedoch nicht nur vertikal über Hierarchien integriert. Ist das Handeln von Verwaltungseinheiten, die sich nicht im Über-Unterordnungsverhältnis befinden, abzustimmen oder sind Konflikte zwischen diesen zu bewältigen, kommt zwar die Lösung in Betracht, (gemeinsame) vorgesetzte Stellen anzurufen; vorgeschaltet ist aber in vielen Fällen eine horizontal gelagerte Verständigung. Dies kann über Mechanismen gemeinsamer Entscheidungsfindung, z.B. in Form des Einvernehmens, geschehen. Nicht unüblich sind aber auch informationelle Formen, beispielsweise eine gegenseitige Beratung, eine Abstimmung oder eine Anhörung zu den Belangen der jeweils betroffenen Behörde.[13] Diese Formen der Interaktion lassen sich unter der Kommunikationsfunktion »informationelle Kooperation und Koordination« zusammenfassen.

Schließlich besteht ein Bedürfnis nach informationellem Zusammenwirken aber auch dann, wenn weder Konflikte auszutarieren noch intellektuelle Ressourcen zur aufeinander abgestimmten Bewältigung einer gemeinsamen Aufgabe zusammenzulegen sind – nämlich dann, wenn eine Verwaltungseinheit für die Erfüllung ihrer Aufgaben Informationen benötigt, über die eine andere Verwaltungseinheit verfügt. Die informierende Behörde tritt dann nicht in Kontakt mit der anderen, um im Eigeninteresse bestimmte Belange geltend zu machen, sondern weil sie Bestandteil eines Organisationsverbundes ist, der auch durch die Pflicht zur gegenseitigen Hilfe zusammengehalten wird. In diesem Fall lässt sich von »informationeller Hilfe« oder auch von »informationeller Assistenz« sprechen.

Die wesentlichen Funktionen von binnenadministrativer Kommunikation sind also Kontrolle, Kooperation/Koordination und Assistenz.

---

**12** | Siehe z.B. Niklas Luhmann: Rechtssoziologie, 3. Aufl., Opladen: Westdeutscher Verlag 1987, S. 282; Wolfgang Kahl: Die Staatsaufsicht. Entstehung, Wandel und Neubestimmung unter besonderer Berücksichtigung der Aufsicht über Gemeinden, Tübingen: Mohr Siebeck 2000, S. 355f.

**13** | Aus heutiger Perspektive siehe vor allem Torsten Siegel: Die Verfahrensbeteiligung von Behörden und anderen Trägern öffentlicher Belange. Eine Analyse der rechtlichen Grundlagen unter besonderer Berücksichtigung der Beschleunigungsgesetzgebung, Berlin: Duncker & Humblot 2000.

Sicher handelt es sich um recht grobe Raster, innerhalb derer noch Binnendifferenzierungen vorgenommen werden können. Auch lassen sich zahlreiche Verschränkungen ausmachen, so wenn Anhörungsverfahren nicht nur der Aushandlung konfligierender Behördenbelange, sondern auch der Behebung von Informationsdefiziten bei der Entscheidungsbehörde dienen. Sie können jedoch als grundlegende Organisationsmechanismen der Kommunikation gelten, mit denen auch ein neuer Blick auf historische Verwaltungen möglich wird, soweit sich diese durch ein Mindestmaß an Arbeitsteilung und daran orientierter Binnengliederung auszeichnen.

## ORGANISATION DER VERTIKALEN KOMMUNIKATION ZUR GEWÄHRLEISTUNG HIERARCHISCHER STEUERUNGSFÄHIGKEIT

Ein Grundprinzip moderner Verwaltung ist das Hierarchieprinzip,[14] welches zugleich ein Kommunikationsgrundmuster verkörpert, da es für den Anspruch auf Kontrolle der in der Hierarchieebene nachgeordneten Stellen steht. Die hierarchische Organisation einer Verwaltung lässt noch nicht auf eine bedingungslose Unterordnung und eine lückenlose Kontrolle schließen. Denn Hierarchie ist in verschiedenen Intensitätsabstufungen denkbar,[15] die einer spezifischen Gestaltung von Kommunikationsbeziehungen korrespondieren. Innerhalb der preußischen Verwaltung war die Kontrolle nachgeordneter Verwaltungseinheiten daher in unterschiedlicher Weise organisiert.

Als Modell uneingeschränkter Unterstellung war das preußische System der Staatsbehörden angelegt.[16] Es war als pyramidenförmige Organisation konzipiert. Die Subordinationsstränge nahmen ihren Ausgang bei den Ministerien, die dem Monarchen verantwortlich waren. Ihnen

---

**14** | Siehe grundlegend Horst Dreier: Hierarchische Verwaltung im demokratischen Staat. Genese, aktuelle Bedeutung und funktionelle Grenzen eines Bauprinzips der Exekutive, Tübingen: Mohr 1991.

**15** | Christoph Möllers: Gewaltengliederung. Legitimation und Dogmatik im nationalen und internationalen Rechtsvergleich, Tübingen: Mohr Siebeck 2005, S. 121.

**16** | Auch wenn es in einzelnen Bereichen eine Auflockerung erfuhr, nämlich erstens durch das für einige Behördentypen geltende Kollegialprinzip, welches aber im Laufe des 19. Jahrhunderts zurückgedrängt wurde (siehe dazu S. Haas: Kultur der Verwaltung, S. 197ff.), und zweitens durch beratende Gremien, die teilweise mit Vertretern aus dem gesellschaftlichen Bereich besetzt waren. Von durchgängiger hierarchischer Steuerung kann man auch nicht in den Kommunen sprechen, in denen bis Ende des 19. Jahrhunderts und teilweise auch darüber hinaus viele Verwaltungsfunktionen von ehrenamtlich besetzten Kommissionen wahrgenommen wurden.

unterstanden die Abteilungen des Ministerialapparats.[17] Dem Finanz- und Innenministerium waren die Bezirksregierungen[18] nachgeordnet, den Bezirksregierungen wiederum die Landräte[19] sowie die kommunalen Magistrate, soweit sie übertragene Aufgaben wahrnahmen und insofern als staatliches Organ fungierten.[20] Weitgehend entsprachen den Weisungszügen auch die Kontrollzüge – nur weitgehend deshalb, weil in die Kontrolle der Bezirksregierungen teilweise die Oberpräsidenten als Aufsichtsorgan dazwischengeschaltet waren.[21] Eine Entsprechung fand dieses streng hierarchische Kontrollmuster innerhalb der Behörden, soweit diese aufgrund ihrer Größe Raum für hierarchische Ausdifferenzierungen boten, also vor allem innerhalb der Regierungen.[22] Zusammengefasst wurde der für diese Unterstellungsrelationen geltende Kontrollmodus in der späten Monarchie unter dem Begriff der »Dienstaufsicht«.[23] Eine gesetzliche Ausgestaltung erfuhr die Dienstaufsicht nicht, es bedurfte nach zeitgenössischer Doktrin auch keiner, ergab sich die Befugnis zur Kontrolle doch schon aus dem Unterstellungsverhältnis selbst, welches sich wiederum in der Ämter- und Behördenorganisation abbildete.[24] Die nähere Ausgestaltung erfolgte über ministerielle Instruktionen.[25]

Diese legten einen Informationsmodus fest, der Vorstellungen darüber vermittelte, von welchen Steuerungsvorstellungen man ausging, aber

---

17 | Pkt. 4 Publikandum, betreffend die veränderte Verfassung der obersten Staatsbehörden, vom 16. Dezember 1808 (PrGS 1806-1810, S. 361).
18 | Pkt. 33 Publikandum, betreffend die veränderte Verfassung der obersten Staatsbehörden, vom 16. Dezember 1808 (PrGS 1806-1810, S. 361).
19 | § 44 Verordnung wegen verbesserter Einrichtung der Provinzial-Behörden vom 30. April 1815 (PrGS S. 85).
20 | Heinz-Jürgen Selling: Aufbau der preußischen Verwaltung in der Zeit von 1808 bis 1848, Diss. Mainz 1976, S. 86.
21 | Den Oberpräsidenten oblag die allgemeine Kontrolle der Regierungen (Pkt. 34 Publikandum, betreffend die veränderte Verfassung der obersten Staatsbehörden vom 16. Dezember 1808 [PrGS 1806-1810, S. 361]; siehe auch Abs. 2 Pkt. 2 der Instruktion für die Oberpräsidenten vom 23. Dezember 1808 [PrGS 1806-1810, S. 373]). Die zuständigen Fachminister übten die Kontrolle hinsichtlich der konkreten Fallbearbeitung aus; vgl. H.-J. Selling: Aufbau der preußischen Verwaltung, S. 94f.
22 | Siehe dazu S. Haas: Kultur der Verwaltung, S. 191.
23 | Walther Schoenborn: Das Oberaufsichtsrecht des Staates im modernen deutschen Staatsrecht, Heidelberg: Winter 1906, S. 55; Julius Hatschek: Institutionen des deutschen und preußischen Verwaltungsrechts, Leipzig, Erlangen: Deichert 1919, S. 376.
24 | Julius Hatschek: Lehrbuch des deutschen und preußischen Verwaltungsrechts, 5. und 6. Aufl., Leipzig: Deichert 1927, S. 77.
25 | Soweit es die innerbehördliche Kontrolle betraf, erfuhr diese ihre nähere Ausgestaltung durch behördliche Geschäftsordnungen, S. Haas: Kultur der Verwaltung, S. 191.

auch darüber, inwiefern sich diese als illusionär erwiesen: Den Aufsichtsbehörden wurde es zur Pflicht gemacht, sich umfassend über die Verwaltungspraxis in ihrem Kontrollbereich zu informieren. Die Oberpräsidenten sollten nach einer Instruktion von 1808 »sich nicht allein abwechselnd
bei den einzelnen Regierungen aufhalten und ihren Vorträgen von Zeit zu
Zeit beiwohnen, sondern auch in der Provinz selbst herumreisen, sich von
dem Zustand des Landes und der Administration durch den Augenschein
zu unterrichten suchen und die wichtigeren Gegenstände derselben an
Ort und Stelle revidieren«[26] – ein Kontrollanspruch, der sich gerade in
den weiträumigen östlichen Provinzen nur schwerlich realisieren ließ; er
wurde einige Jahre später zurückgenommen und die Kontrollpflicht auf
Teilnahme an den Sitzungen der Bezirksregierungen beschränkt.[27] Die
Pflicht zur regelmäßigen Vor-Ort-Visitation galt aber durchgehend[28] für
die Kontrolle im Regierungsbezirk – offensichtlich, weil sich die schriftliche Kommunikation als ungenügend erwies.[29] Die Regierungspräsiden-
ten und Abteilungsdirigenten mussten alljährlich einen Teil des Regie-
rungsbezirkes bereisen, »nicht nur, um sich Orts- und Personalkenntnis
zu erwerben, sondern auch, um die Dienstführung der Unterbehörden
und Departmentsräte an Ort und Stelle zu prüfen«.[30]

Daneben bestanden umfassende Berichts- und Anzeigepflichten: Anzuzeigen war die Einleitung bestimmter Verwaltungsverfahren, Berichte
waren anlassbezogen oder periodisch zu erstatten; in besonders intensi-
ver Weise waren die Landräte der Berichtspflicht unterworfen. Der (bis
1872) die Dominanz der Ritterschaft sichernde Wahlmodus machte sie
tendenziell zu Standesvertretern, was Interessenkonflikte hervorrufen
konnte, andererseits waren die Landräte mit einer Fülle an Kompetenzen
ausgestattet.[31] Das waren Faktoren, die in besonderer Weise das Bedürfnis nach Kontrolle hervorriefen, die sich jedoch nie in zufriedenstellender
Weise umsetzen ließ.[32]

Von der Dienstaufsicht über den nachgeordneten Staatsbehörden-
apparat ist die Staatsaufsicht über Selbstverwaltungseinrichtungen zu

---

**26** | Instruktion für die Oberpräsidenten vom 23. Dezember 1808 (PrGS 1806-
1810, S. 373), Abs. 1, Pkt. 2).

**27** | Instruktion für die Oberpräsidenten vom 31. Dezember 1825 (PrGS 1826
S. 1).

**28** | Die entsprechende Instruktion galt noch in der Weimarer Zeit; siehe Karl
Friedrichs: Die Gesetzgebung über die Allgemeine Landesverwaltung und über
die Zuständigkeit der Verwaltungs- und Verwaltungsgerichtsbehörden, 2. Aufl.,
Berlin: de Gruyter 1921, S. 11.

**29** | So B. Wunder: Verwaltung als Grottenolm, S. 337.

**30** | Regierungsinstruktion vom 23. Oktober 1817 (PrGS S. 248).

**31** | Umfassend dazu Reinhart Koselleck: Preußen zwischen Reform und Revolu-
tion. Allgemeines Landrecht, Verwaltung u. soziale Bewegung von 1791 bis 1848,
2. Aufl., Stuttgart: Klett 1975, S. 449ff.

**32** | Siehe z.B. P. Wagner: Landräte, S. 251.

unterscheiden. Hierzu zählten in erster Linien die Gemeinden, aber beispielsweise auch Institutionen der sozialen Vorsorge, wie gewerbliche Unterstützungskassen[33] und Knappschaftsvereine[34], oder Einrichtungen der berufsständischen und wirtschaftlichen Selbstverwaltung, wie Wassergenossenschaften[35], Handelskammern[36] oder Rechtsanwaltskammern[37] Hier war ein Bereich unterstaatlicher Selbstverwaltung entstanden, für den passende Formen der Kontrolle gefunden werden mussten. War das traditionelle staatliche Aufsichtsrecht als allgemeine Oberaufsicht über Land und Leute noch allumfassend gedacht – wenn auch nicht realisiert –, so waren mit der Einräumung von Selbstverwaltungsrechten ingerenzfreie Räume geschaffen, die nur einer limitierten Aufsicht unterliegen konnten.[38]

In der Sache waren damit auch die Grenzen der vertikalen Kommunikation angezeigt. Eine Verpflichtung zur Information der Aufsichtsbehörde konnte es nur soweit geben, wie dies zur Kontrolle eines ordnungsgemäßen Gangs der kommunalen Geschäfte oder auch zur Ausübung spezieller staatlicher Genehmigungsvorbehalte erforderlich war, nicht hingegen durfte sie der Ausübung staatlicher Sachleitungsgewalt dienen. Feste Grenzen ließen sich jedoch aus mehreren Gründen nicht ziehen. Erstens vermittelte schon die Rechtskontrolle ein gegenständlich unbeschränktes Informationsrecht, weil sämtliche Verwaltungsbereiche der Kommune auf ihre Rechtskonformität überprüft werden konnten. Zweitens waren die Kommunikationsmodi nicht eindeutig festgelegt. Die Provinzialordnung von 1875 nannte erstmals[39] bestimmte – vorher schon praktizierte – Kontrollmittel: die Auskunftseinforderung, die Akteneinsicht und die Geschäftsrevision vor Ort.[40] Drittens ging Rechtsaufsicht in der Praxis häufig in Zweckmäßigkeitskontrolle über.[41] Und viertens

---

**33** | §§ 4f. Gesetz, betreffend die gewerblichen Unterstützungskassen vom 3. April 1854 (PrGS S. 138).

**34** | § 138 Allgemeines Berggesetz für die Preußischen Staaten vom 24. Juni 1865 (PrGS S. 705).

**35** | § 49 Wassergenossenschaftsgesetz vom 1. April 1879 (PrGS S. 297).

**36** | Siehe z.B. § 34b Preußisches Handelskammergesetz vom 24. Februar 1870 in der Fassung des Änderungsgesetzes vom 19. August 1897 (PrGS S. 343).

**37** | § 59 Rechtsanwaltsordnung vom 1. Juli 1878 (RGBl. S. 177). In diesem Fall war die Staatsaufsicht an den Präsidenten des Oberlandesgerichts als Organ der Justizverwaltung übertragen worden.

**38** | Waldemar v. Grumbkow: Die Geschichte der Kommunalaufsicht in Preußen, Berlin: Heymanns 1921, S. 29f.; W. Kahl: Staatsaufsicht, S. 64.

**39** | Bill Drews: Grundzüge einer Verwaltungsreform, Berlin: Heymanns 1919, S. 63.

**40** | § 116 Provinzialordnung für die Provinzen Preußen, Brandenburg, Pommern, Schlesien und Sachsen vom 29. Juni 1875 (PrGS S. 335).

**41** | Siehe zur Kritik an dieser Verwaltungspraxis zu Beginn des 20. Jahrhunderts Hartwin Spenkuch: »Es wird zuviel regiert. Die preußische Verwaltungsreform 1908-1918 zwischen Ausbau der Selbstverwaltung und Bewahrung bürokrati

wurde das als Aufsichtsmittel allgemein anerkannte Beratungsrecht der Aufsichtsbehörden[42] oft mit Kontrolle verquickt. Dies konnte durchaus mit positiven Effekten verbunden sein, solange die Kommunen – und dies war bis zum Ende des 19. Jahrhunderts der Fall – nur unzureichend mit professionellem Verwaltungspersonal ausgestattet waren und die aufsichtsführende Staatsverwaltung in vieler Hinsicht über den besseren Sachverstand verfügte. Die Kombination von Kontrolle und Beratung konnte aber durchaus eine bevormundende und die Selbstverwaltungsgarantie überspielende informationelle Steuerung der kommunalen Praxis bewirken – ein Problem, welches als verwaltungspraktisches zwar gesehen,[43] aber erst in der Zeit der Bundesrepublik als rechtliches thematisiert wurde.[44]

Letztlich zielte die Staatspraxis auf eine umfassende Kontrolle des Handelns der Gemeinde ab,[45] die hinsichtlich des Umfangs und der Art und Weise ihrer Ausübung keiner justiziablen Limitierung unterlag. Die verwaltungsrechtliche Doktrin der späten konstitutionellen Monarchie unterstellte lediglich ein aktives staatliches Eingreifen dem Erfordernis gesetzlicher Regulierung.[46]

Festzuhalten ist somit, dass sich für das 19. Jahrhundert zwar Grundstrukturen der Kontrollkommunikation ausmachen lassen, für die rechtliche Rahmenvorgaben bestanden. Diese boten weite Freiräume, was einerseits eine flexible Handhabung begünstigte, andererseits aber zur Unsicherheit über das gebotene Kontrollvolumen führte und einer – von der Bürokratiekritik oft beklagten – »Vielschreiberei« Vorschub leistete. Denn auch auf untergesetzlicher Ebene war die Kontrolle – jedenfalls in

---

scher Staatsmacht«, in: Holtz/Spenkuch (Hg.), Preußens Weg in die politische Moderne, S. 321-356, hier S. 335.

**42** | Siehe nur Eberhard Laux: Geschichte und Systematik des Staatsaufsichtsrechts und der modernen Aufsichtsmittel über Gemeinden und Kreise in Deutschland, Diss. Kiel 1951, S. 50.

**43** | H. Spenkuch: Es wird zuviel regiert, S. 335.

**44** | In der frühen Bundesrepublik vor allem E. Laux: Geschichte und Systematik des Staatsaufsichtsrechts, S. 118 ff; jetzt siehe z.B. Anna Leisner-Egensperger: »Direktive Beratung von Gemeinden durch die Aufsicht: Gefahren für Autonomie und Rechtsschutz?«, in: Die Öffentliche Verwaltung 2006, S. 761-770.

**45** | Siehe z.B. Norbert Wex: Staatliche Bürokratie und städtische Autonomie. Entstehung, Einführung und Rezeption der Revidierten Städteordnung von 1831 in Westfalen, Paderborn: Schöningh 1997, S. 358ff.

**46** | Heinrich Triepel: Die Reichsaufsicht. Untersuchungen zum Staatsrecht des Deutschen Reiches, Berlin: Springer 1917, S. 117; ähnlich Otto Mayer: Deutsches Verwaltungsrecht, Bd. 2, 2. Aufl., München, Leipzig: Duncker & Humblot 1917, S. 715; siehe auch die Darstellung der herrschenden Rechtsprechung und Lehre der spätkonstitutionellen und Weimarer Zeit bei Hans Peters: Grenzen der kommunalen Selbstverwaltung in Preußen. ein Beitrag zur Lehre vom Verhältnis der Gemeinden zu Staat und Reich, Berlin: Springer 1926, S. 223ff.

den Augen ihrer Kritiker – nicht hinreichend berechenbar organisiert.
Zwar waren für eine Vielzahl von Einzelfällen Kontrollpflichten statuiert,
es ermangelte jedoch systematischer und transparenter Anleitung durch
Reglements, die den Bedürfnissen einer expandierenden und mit neuen
Aufgabenstellungen konfrontierten Verwaltung Rechnung trugen.[47] Inso-
fern kann man davon sprechen, dass die preußische Verwaltung, auch
was die Organisation der Kontrollkommunikation betraf, unter einem
Bürokratiedefizit litt.[48]

## ORGANISATION DER HORIZONTALEN KOMMUNIKATION ZUR SELBSTSTEUERUNG DURCH KOOPERATION UND KOORDINATION

Ein Grundproblem aller arbeitsteiligen Organisationen besteht in der
Integration der auf verschiedene Organisationseinheiten verteilten Entscheidungsprozesse.[49] Integration kann hierbei bedeuten, dass Entscheidungen derart aufeinander zu beziehen sind, dass sie der Realisierung
eines gemeinsamen Ziels dienen – dies soll hier als Kooperation bezeichnet werden. Integration kann aber auch darin bestehen, die Verfolgung
verschiedener Ziele möglichst störungsfrei zu gestalten, Zielkonflikte
also so zu moderieren, dass die Interessen der Beteiligten hinreichend gewahrt bleiben; Zieldivergenzen sollen hier also nicht aufgehoben werden,
im Falle ihres Auftretens wird aber ein Verfahren gewählt, welches die
nachteiligen Wirkungen des Aufeinandertreffens konfligierender Interessen möglichst reduzieren soll – für diesen Modus wird hier der Begriff der
Koordination gewählt.[50]
Trennscharf voneinander abgrenzen lassen sich Kooperation und Koordination in der administrativen Praxis nicht. Das hier gewählte Begriffs-
verständnis und die Unterscheidung dienen aber als Ansatz für das Verständnis verschiedener Modi des Zusammenwirkens, die mal stärker auf

---

47 | T. Süle: Preußische Bürokratietradition, S. 34ff.

48 | Ebd., S. 46.

49 | Bernd Becker: Öffentliche Verwaltung. Lehrbuch für Wissenschaft und Pra-
xis, Percha am Starnberger See: Schulz 1989, S. 659.

50 | Für eine derartige Unterscheidung von Kooperation und Koordination auch
Martin Dolp/Wilfried Connert: »Kooperation durch Koordination«, in: Die Verwaltung 24 (1991), S. 370-382, hier S. 370f.; Günter Püttner: Verwaltungslehre. Ein
Studienbuch, 4. Aufl., München: Beck 2007, S. 96. Im Übrigen lassen sich die
verschiedenartigsten Herangehensweisen und Definitionen ausmachen; siehe
nur (aus wirtschaftswissenschaftlicher Perspektive) Hans-Georg Lilge: »Zum
Koordinationsproblem«, in: Wolfgang Grunwald/Hans-Georg Lilge (Hg.), Kooperation und Konkurrenz in Organisationen, Bern, Stuttgart: Haupt 1982, S. 212-
240, hier S. 213 mit 40 teilweise voneinander abweichenden Definitionen für
›Koordination‹.

die Herstellung von Übereinkünften, mal mehr auf die Abmilderung von Interessengegensätzen abzielen. Eine arbeitsteilig organisierte Verwaltung kann es nicht dem Zufall überlassen, wie ihre Verwaltungseinheiten Interessengegensätze austragen, wenn sich bei der Aufgabenerledigung Kompetenzbereiche verschränken, überschneiden oder in sonstiger Weise in Berührung kommen. Wie schon erwähnt,[51] besteht die Möglichkeit, die Konflikterledigung an eine gemeinsame übergeordnete Stelle zu delegieren. Mit wachsender Aufgabenvielfalt und -komplexität überfordert ein solches Verfahren aber zunehmend die Informationsverarbeitungs- und Entscheidungskapazitäten der jeweiligen Verwaltungsspitze.[52] Entlastung bringt die Überweisung der Konfliktaustragung an die jeweils betroffenen Verwaltungseinheiten, wobei die Anrufung der vorgesetzten Stelle als letzter Ausweg verbleiben kann.

Dass für diese Art interner Selbstorganisation ein Gestaltungsbedürfnis bestand, war auch der preußischen Verwaltung des 19. Jahrhunderts bewusst. Von einer Gestaltung der Aufbauorganisation und der Arbeitsabläufe, die Kompetenzkonflikte und Koordinationsaufwand ausschloss, konnte für die preußische Administration nicht die Rede sein[53] – dieses Ideal, welches zuweilen in der Vorstellung von einer lückenlosen Zuständigkeitsordnung[54] mitschwang, ließ sich auch nicht erreichen, wie schon Mohl vermerkte: Arbeitsteilung produziert notwendigerweise Kommunikationsaufwand[55] – jedenfalls dann, wenn der zu administrierende Sektor der Verwaltungsumwelt Bezüge zu verschiedenen Zuständigkeitsbereichen aufweist.

Kommunikationsbedürfnisse entstanden somit durch die Überweisung von Aufgaben an verschiedene Ressorts. Vorkehrungen für gegenseitige Abstimmung mussten deshalb schon auf zentraler Ebene ansetzen: Berührte eine Angelegenheit den Kompetenzbereich eines anderen Ministeriums, hatte der Minister seinen Kollegen hiervon in Kenntnis zu setzen und sich mit ihm auf eine gemeinsame Vorgehensweise zu eini-

---

**51** | Siehe oben.

**52** | Siehe Bernulf Kanitscheider: »Chaos und Selbstorganisation in Natur- und Geisteswissenschaft«, in: Miloš Vec/Marc-Thorsten Hütt/Alexandra M. Freund (Hg.), Selbstorganisation. Ein Denksystem für Natur und Gesellschaft, Köln u.a.: Böhlau 2006, S. 66-90, hier S. 86f.

**53** | Siehe für die erste Hälfte des 19. Jahrhunderts S. Haas: Kultur der Verwaltung, S. 194ff.; für die zweite Hälfte des 19. Jahrhunderts T. Süle: Preußische Bürokratietradition, S. 46.

**54** | J. Hatschek: Lehrbuch, S. 71ff.; siehe auch Niklas Luhmann: Organisation und Entscheidung, Opladen: Westdeutscher Verlag 2000, S. 320.

**55** | Robert v. Mohl: Die Polizeiwissenschaft nach den Grundsätzen des Rechtsstaates, Bd. 2, 3. Aufl., Tübingen: Laupp 1866, S. 567.

gen.[56] Diese Regelung lässt sich als Kommunikationsgrundregel einer arbeitsteilig organisierten und gleichzeitig dem Gedanken der Verwaltungseinheit verpflichteten Administrative ansehen. Der preußische Staat bestand nicht aus verschiedenen, auf eigene Legitimation zurückgreifenden Agenturen, für die Konflikt und Konkurrenz natürlicher Bestandteil des Miteinanders waren. Konstruiert war er vielmehr als Apparat von Behörden, die einem nichtpluralistisch gedachten – wenn auch in der Verwaltungswirklichkeit fragmentierten[57] – Gemeinwohl verpflichtet waren und sich durch den Bezug zur monarchischen Spitze legitimierten.[58] Ein inkonsistentes Auftreten der verschiedenen Glieder der Verwaltungsorganisation kam nicht in Betracht, Meinungsverschiedenheiten mussten intern bewältigt werden. Man kann also sagen, dass Kooperation, also die Erarbeitung einer gemeinsamen Position als Grundmodus des Zusammenwirkens anerkannt war. Gegenseitige Abstimmung wurde gewissermaßen vorausgesetzt, nur sollte diese »auf dem möglichst einfachsten und kürzesten Wege mit Vermeidung aller unnützen Förmlichkeiten« erreicht werden.[59]

Mit dieser Vorgabe ist bereits ein anderer Aspekt horizontaler Kommunikation in einer auf Einheit hin konzeptualisierten Verwaltung angesprochen. Die Vorstellung von einem letztlich durch hierarchische Koordination zu lenkenden Verwaltungsapparat widerstrebte einer allzu starken Formalisierung der binnenadministrativen Querbeziehungen, die die Beteiligten quasi mit rechtsförmigen Garantien ausgestattet hätten. Eine umfassende gesetzliche Kodifizierung binnenadministrativer Abstimmungsprozeduren kam ohnehin nicht in Betracht, denn unter der Herrschaft der – wenn auch erst in der zweiten Jahrhunderthälfte rechtsdogmatisch ausbuchstabierten – Impermeabilitätsdoktrin erstreckte sich der Regelungsanspruch des Gesetzes nicht auf die verwaltungsinternen Relationen: Innerhalb der einheitlich gedachten Staatsperson war kein Raum für konkurrierende Rechtskreise, die einer gesetzlichen Austarierung ihrer Interessen bedurft hätten. Und noch ein anderer Gesichtspunkt spielte eine gewichtige Rolle: Formalisierung interner Kooperation

**56** | Verordnung über die veränderte Verfassung aller obersten Staatsbehörden vom 27. Oktober 1810 (PrGS S. 3) (Abschn. ›Die Staatsminister und die Departements-Chefs‹).

**57** | Siehe zum Problem des als einheitlich gedachten öffentlichen Interesses nur Michael Stolleis: »Öffentliches Interesse als juristisches Problem«, in: Verwaltungsarchiv 65 (1974), S. 1-30, hier S. 17.

**58** | Otto v. Sarwey: Allgemeines Verwaltungsrecht (Handbuch des Oeffentlichen Rechts, Bd. 1, 2. Hbd.), Freiburg i.Br.: Mohr 1884, S. 103f.; ähnlich R.v. Mohl: Die Polizeiwissenschaft, S. 567 u. 579f.

**59** | Reglement über den Geschäftsgang bei den Ministerien untereinander vom 27. März 1808; zit.n. S. Haas: Kultur der Verwaltung, S. 236; fast gleich lautend: Grundzüge zu Anordnungen über den Geschäftsverkehr der preußischen Staats- und Kommunalbehörden vom 12. August 1897 (PrMBl. S. 144).

und Koordination stand für Bürokratisierungseffekte, für Verzögerungen des Geschäftsganges und »Vielschreiberei« – also gerade für solche Phänomene, die die Verwaltung ineffizient machten.[60] Expliziter Vorgaben für die Querkommunikation bedurfte es allerdings dort, wo Konflikte zwischen Verwaltungsbehörden und die Notwendigkeit der Abstimmung absehbar waren, weil schon in der Struktur bestimmter Entscheidungslagen Interessenkollisionen angelegt waren. Dieses Erfordernis ergab sich regelmäßig bei komplexen Verwaltungsentscheidungen. Konstitutives Merkmal komplexer Verwaltungsentscheidungen ist eine Vielzahl von Entscheidungsbetroffenen, sowohl auf privater wie auch auf staatlicher Seite, deren Interessen im Entscheidungsfindungsprozess berücksichtigt werden müssen.[61] Die neuere Forschung hat herausgearbeitet, dass bei der Genehmigung von bestimmten gewerblichen Anlagen und Infrastrukturvorhaben die Anhörung eines breiten Kreises betroffener Bürger schon in der ersten Hälfte des 19. Jahrhunderts zu einem Standardmodus des Verwaltungsverfahrens gehörte.[62]

Aber nicht nur im Hinblick auf die Staat-Bürger-Kommunikation, sondern auch für den staatlichen Binnenraum waren Mechanismen des Zusammenwirkens vorgesehen, nämlich für den Fall, dass Entscheidungen wegen ihrer weitreichenden Konsequenzen regelmäßig den fachlichen Kompetenzbereich einer anderen Behörde tangierten, die Folgewirkungen sich also notwendigerweise auf verschiedene Zuständigkeitsbereiche erstreckten. Entsprechende Vorschriften finden sich vor allem seit dem Ende des 19. Jahrhunderts: So hatte die Fachbehörde vor der verbindlichen Festlegung von Plänen für Telegrafen- und Telefonlinien, Eisenbahnübergängen und Brücken die Wegepolizeibehörden anzuhören,[63] vor der Planfeststellung von Eisenbahnbauten in Quell- und Hochwasserabfluss-

---

**60** | Eberhard Laux: »Die Entwicklung des Verwaltungsbetriebs«, in: Kurt G. A. Jeserich/Hans Pohl/Georg-Christoph v. Unruh (Hg.), Deutsche Verwaltungsgeschichte, Bd. 5, Stuttgart: Deutsche Verlagsanstalt 1987, S. 1081-1111, hier S. 1085f.

**61** | Ausführlich Udo Di Fabio: »Komplexes Verwaltungshandeln und juristische Dogmatik«, in: Alexander Lorz u.a. (Hg.), Umwelt und Recht, Stuttgart u.a.: Boorberg 1991, S. 9-38, hier S. 28ff.; siehe auch Regula Kägi-Diener: Entscheidungsfindung in komplexen Verwaltungsverhältnissen, Basel: Helbing und Lichtenhahn 1994, S. 324f.

**62** | Andreas Fisahn: Demokratie und Öffentlichkeitsbeteiligung, Tübingen: Mohr Siebeck 2002, S. 16ff.; Pascale Cancik: Verwaltung und Öffentlichkeit in Preußen. Kommunikation durch Publikation und Beteiligungsverfahren im Recht der Reformzeit, Tübingen: Mohr Siebeck 2007, S. 209ff.; siehe auch Ina vom Feld: Staatsentlastung im Technikrecht. Dampfkesselgesetzgebung und -überwachung in Preußen 1831-1914, Frankfurt a.M.: Klostermann 2007, S. 40.

**63** | § 10 Wegeordnung für die Provinz Sachsen vom 11. Juli 1891 (PrGS S. 316); § 6 Wegeordnung für die Provinz Westpreußen vom 17. September 1905 (PrGS S. 357).

gebieten mussten die Eisenbahnpolizeibehörden und der Oberpräsident konsultiert werden.[64] Und waren wasserrechtliche Genehmigungen zu erteilen, z.b. für die Anlegung von Häfen, größeren Anlegestellen und Badeanstalten, bedurfte es einer vorherigen Anhörung der Wasserpolizeibehörde und der »sonst in Wahrnehmung öffentlicher Interessen beteiligten Behörden«.[65]

Diese Regelungen stehen am Anfang einer Rechtsentwicklung, die das Anhörungsverfahren zum Grundmodell des Umgangs mit potentiell divergierenden Behördenbelangen in komplexen Verwaltungsverfahren machte, ob bei der Bauleitplanung, bei der Planfeststellung größerer infrastruktureller oder industrieller Anlagen oder bei immissionsschutzrechtlichen Genehmigungen: Für die Auflösung derartiger Gemengelagen war ein Procedere nicht mitentscheidender, sondern konsultativer Partizipation vorgesehen. Und in der Regel sollte die Konsultation nicht auf die Erarbeitung einer gemeinsamen Lösung (im Sinne von Kooperation) ausgerichtet sein, sondern auf die Bewusstmachung der Existenz weiterer relevanter Gesichtspunkte, die die Entscheidungsbehörde in die Abwägung einzubeziehen hatte, damit eine störungsfreie kohärente Gemeinwohlrealisierung gewährleistet ist (Koordination).[66] Dieser Gesichtspunkt fand – wenn auch bezüglich der gesetzlichen Normierung nur punktuell –bei der Organisation der binnenadministrativen Kommunikation im 19. Jahrhundert Berücksichtigung.

## ORGANISATION VERTIKALER UND HORIZONTALER KOMMUNIKATION ZUM AUSGLEICH DEFIZITÄRER INFORMATIONSLAGEN

Vertikale Kommunikation dient nicht lediglich dem Zweck, vorgeordnete Instanzen über die Aufgabenerfüllung der aufsichtsunterworfenen Verwaltungseinheiten zu informieren, sie erfüllt also nicht lediglich Kontrollfunktionen. Die Verwaltungsspitze ist auch auf einen beständigen Informationsnachschub von unten angewiesen, um lokales Wissen abzugleichen, zusammenzufassen und in die Erarbeitung zentraler Gestaltungsprogramme einzuarbeiten oder um in die Lage versetzt zu werden, auf lokale Problemlagen mit angemessenen Anweisungen an die untergeordnete Behörde zu reagieren. In der preußischen Verwaltung wurde

**64** | § 47 Gesetz, betreffend Maßnahmen zur Verhütung von Hochwassergefahren in der Provinz Schlesien vom 3. Juli 1900 (PrGS S. 171); § 35 Gesetz, betreffend Maßnahmen zur Verhütung von Hochwassergefahren in der Provinz Brandenburg und im Havelgebiete der Provinz Sachsen vom 4. August 1904 (PrGS S. 197).

**65** | § 69 II Wassergesetz vom 7. April 1913 (PrGS S. 53).

**66** | Siehe dazu ausführlich Peter Collin: Das Recht der binnenadministrativen Informationsbeziehungen, unveröff. Manuskript 2008, S. 381ff.

diese Art von Informationshilfe über die Normierung einer Vielzahl von Berichtspflichten organisiert, wobei freilich die Kontrollfunktion und die Assistenzfunktion nicht immer trennscharf voneinander geschieden waren. Hier waren es vor allem wieder die Landräte, die als Sachwalter staatlicher Interessen auf lokaler Ebene die Informationsversorgungsfunktion zu übernehmen und in großem Umfang Berichtspflichten zu erfüllen hatten.[67] Vor allem in Zeiten politischer Spannungen waren sie es, die die übergeordneten Stellen, d.h. meist die Regierungspräsidien, auf dem Laufenden halten mussten.[68] Gegen Ende des 19. Jahrhunderts geriet das Berichtswesen zunehmend in die Kritik, weil es die Verwaltungskraft der berichtspflichtigen Stellen über Gebühr in Anspruch nahm und deren Selbständigkeit lähmte, aber auch die Informationsverarbeitungskapazitäten der übergeordneten Behörden überforderte.[69] Das in den Augen der Zeitgenossen überbordende Berichtswesen lässt sich auch als Strukturmangel einer Verwaltungsorganisation ansehen, die nach ihrer Konzeption zu stark auf hierarchische Detailsteuerung ausgerichtet war.

Allerdings verweisen diese Bemerkungen nur auf praktische Schwierigkeiten. Rechtlich warf die Organisation des Berichtswesens keine grundlegenden Probleme auf: Berichtspflichten ließen sich über das Weisungsrecht der vorgesetzten Stellen festlegen. Komplizierter gestaltete sich hingegen die Organisation der horizontalen Informationshilfe. Für einen voraussehbaren Informationsbedarf konnten untergeordnete Verwaltungsstellen entsprechend instruiert werden. So waren z.B. der Staatsanwaltschaft eine Vielzahl von Unterrichtungspflichten über eingeleitete bzw. abgeschlossene Strafverfahren gegenüber der Polizei und Fachverwaltungen auferlegt.[70]

Problematischer gestaltete sich das Zusammenwirken im Falle unvorhergesehener Informationsdefizite. Hierfür bedurfte es der Regelung durch allgemeine Vorgaben, die nicht nur Hilfersuchen der informa-

---

**67** | Thomas Ellwein: »Perioden und Probleme der deutschen Verwaltungsgeschichte«, in: Verwaltungsarchiv 87 (1996), S. 1-18, hier S. 13.

**68** | So hatten sie 1848/49 dem Regierungspräsidenten täglich Bericht über die politische Lage zu erstatten, mit Beruhigung der Lage reduzierte sich die Pflicht auf wöchentliche Berichterstattung, später – bis Ende der 1850er Jahre – waren noch monatlich Berichte abzuliefern, Christiane Eifert: Paternalismus und Politik. Preußische Landräte im 19. Jahrhundert, Münster: Westfälisches Dampfboot 2003, S. 186f.

**69** | Siehe nur Oskar v. Arnstedt: »Alte und neue Gedanken über die Reorganisation der inneren Verwaltung in Preußen«, in: Verwaltungsarchiv 12 (1904), S. 311-353, hier S. 312; v. Puttkamer: »Die Vereinfachung der preußischen Verwaltung«, in: Preußisches Verwaltungsblatt 1907, S. 41-46, hier S. 45.

**70** | Peter Collin: ›Wächter der Gesetze‹ oder ›Organ der Staatsregierung‹? Konzipierung, Einrichtung und Anleitung der Staatsanwaltschaft durch das preußische Justizministerium von den Anfängen bis 1860, Frankfurt a.M.: Klostermann 2000, S. 151ff. u. 160f.

tionsbedürftigen Stellen legitimierten, sondern aus denen sich auch eine Pflicht der ersuchten Stelle zur Hilfeleistung ableiten ließ. Im 20. Jahrhundert bürgerte sich hierfür der Begriff der »Amtshilfe« ein.[71] Erst in dieser Zeit erhielt sie feste Konturen als Rechtsinstitut. Denn rechtlich geregelt war sie im 19. Jahrhundert nur punktuell, soweit sie nämlich die Beziehungen zu Stellen betraf, die nicht zur unmittelbaren Staatsverwaltung gehörten. Den Anfang machten Festlegungen zu Amtshilfeverpflichtungen zwischen Behörden und Gerichten,[72] später auch zum Geschäftsverkehr mit anderen gerichtsähnlichen Einrichtungen,[73] gegen Ende des Jahrhunderts wurde der Amtshilfeverkehr mit teilweise verselbständigten Verwaltungseinheiten der Sozialverwaltung[74] und mit der kommunalen Ebene[75] gesetzlich geregelt.

Innerhalb der preußischen Staatsverwaltung galt das Gebot zu gegenseitiger Informationshilfe selbstverständlich auch. Nur war es nicht gesetzlich fixiert, sondern in Form von Verwaltungsvorschriften konkretisiert.[76] Einer gesetzlichen Regelung bedurfte es nicht, da der Binnenraum der Verwaltung unter dem Dogma der Impermeabilitätslehre[77] gesetzlicher Ausgestaltung nicht offen stand und der Topos von der Einheit der Verwaltung nicht nur die Ausrichtung auf ein konsistentes Auftreten nach außen, sondern auch die gegenseitige Beistandsleistung forderte.[78] Virulent wurde das Bedürfnis nach einer gesetzlichen Organisation erst mit

---

**71** | Siehe nur Bernhard Schlink: Die Amtshilfe. Ein Beitrag zu einer Lehre von der Gewaltenteilung in der Verwaltung, Berlin: Duncker & Humblot 1982.

**72** | § 38 Verordnung über die Aufhebung der Privatgerichtsbarkeit und des eximirten Gerichtsstandes [...] vom 2. Januar 1849 (PrGS S. 1).

**73** | § 20 Gesetz, betreffend die Untersuchung von Seeunfällen, vom 27.7.1877 (RGBl. S. 549), das eine Hilfeleistungspflicht der Behörden für die Seeämter anordnete; die Seeämter waren als gerichtsähnliche Behörden für die Untersuchung von Seeunfällen gebildet worden (§ 1 des Gesetzes); zu weiteren Beispielen für die Regelung von Beistandsleistungen bei Beteiligung gerichtsähnlicher Stellen (Konsulargerichte, Patentamt, Ehrengerichte für Rechtsanwälte usw.) siehe Art. »Rechtshilfe«, in: Rudolf v. Bitter (Hg.), Handwörterbuch der Preußischen Verwaltung, Bd. 2, 2. Aufl., Leipzig: Roßberg 1911, S. 355-356.

**74** | § 1860 Allgemeines Berggesetz i.d.F. des Gesetzes vom 19. Juni 1906 (PrGS S. 199) (Knappschaftskassen); § 172 Invalidenversicherungsgesetz vom 19. Juli 1899 (RGBl. S. 463) (Reichsversicherungsamt, Landesversicherungsämter, Schiedsgerichte der Invalidenversicherung, Organe der Versicherungsanstalten).

**75** | § 49 Gesetz über die Allgemeine Landesverwaltung vom 30. Juni 1883 (PrGS S. 195).

**76** | Karl Kormann:»Beziehungen zwischen Justiz und Verwaltung«, in: Jahrbuch des öffentlichen Rechts der Gegenwart 7 (1913), S. 1-19, hier S. 13.

**77** | Siehe oben.

**78** | K. Kormann, Beziehungen, S. 12; siehe auch Erich Schickedanz: Gesetzlichkeitsaufsicht durch Informationshilfe, Diss. Frankfurt a.M. 1978, S. 362ff.

der Reichseinigung, als die Hilfsverpflichtungen der Länderverwaltungen untereinander zu klären waren.[79]

## SCHLUSS:
## DIE VERWALTUNG ALS KOMMUNIKATIONSNETZWERK?

Zunächst lässt sich resümierend festhalten, dass die binnenadministrative Kommunikation der preußischen Verwaltung keineswegs nur hierarchisch organisiert war. Die Kommunikationskanäle verliefen eben nicht nur in vertikaler Richtung. Zur Austarierung kollidierender öffentlicher Partialinteressen und für den Austausch von Informationen mussten auch horizontale informationelle Verbindungen zwischen Verwaltungseinheiten sichergestellt werden. Außerdem erfolgte auch die Regulierung der Informationsbeziehungen nicht strikt hierarchisch. Zwar wurden die Grundstrukturen der Kommunikation zentral festgelegt, eine hierarchische Detailsteuerung fand jedoch nur begrenzt statt. Dies ist auch nicht verwunderlich angesichts der Tatsache, dass sich die Vielfalt der internen Kommunikationsbedürfnisse kaum ansatzweise antizipieren, geschweige denn vorausschauend regulieren ließ. Für Standardkonstellationen wurden – z.t. gesetzliche – Vorkehrungen geschaffen, auf bestimmte Einzelfälle konnte mit dem Weisungsrecht reagiert werden, im übrigen bot aber der Topos von der Einheit der Verwaltung eine legitimatorische Grundlage und einen allgemeinen Richtungsweiser für die Abstimmung von Behördenbelangen und für die gegenseitige informationelle Hilfe. Zugleich eröffnete er Freiräume für die administrative Selbstorganisation der Kommunikation und damit für die Anpassung an unterschiedliche Bedürfnisse.

Man kann also sagen, dass die preußische Verwaltung in mannigfaltiger Weise kommunikativ vernetzt war. Von einem »Netzwerk« der Verwaltungskommunikation zu sprechen erscheint allerdings nicht angebracht. Akteurszusammenhänge als Netzwerke zu beschreiben, entspricht zwar einem gegenwärtigen wissenschaftlichen Trend, der auch in der historischen Forschung zu beobachten ist.[80] In Bezug auf die Ver-

---

79 | In der Reichsverfassung von 1871 fand die Amtshilfe zwischen Verwaltungseinheiten allerdings noch keine Erwähnung; Art. 4 Nr. 11 regelte lediglich die Gesetzgebungskompetenz für die Hilfe bei der Vollstreckung von Gerichtsurteilen. Erst Art. 7 Nr. 3 der Weimarer Reichsverfassung thematisierte die Amtshilfe zwischen Behörden, indem er die Regelungskompetenz hierüber dem Reich überwies. Wie B. Schlink: Die Amtshilfe, S. 34ff., allerdings überzeugend herausgearbeitet hatte, war damit lediglich die Amtshilfe zwischen Behörden verschiedener deutscher Bundesstaaten in Bezug genommen.

80 | Siehe die Sammelbände, die sich aus historischer Perspektive mit der Netzwerkproblematik befassen: Arne Karsten/Hillard v. Thiessen (Hg.): Nützliche Netzwerke und korrupte Seilschaften, Göttingen: Vandenhoeck & Ruprecht

waltung lassen sich ebenfalls Versuche registrieren, diese als Netzwerk zu beschreiben bzw. zu konzipieren.[81] Jedoch verliert der Netzwerkbegriff an Konturen, wenn jegliche multilaterale Beziehungsstruktur zum Netzwerk aufgewertet wird. Als Netzwerk lässt sich zunächst formal die Gesamtheit der Beziehungen zwischen einer bestimmten Zahl von Knotenpunkten, den Netzwerkteilnehmern, beschreiben.[82] Die Netzwerkteilnehmer gründen ihre Mitwirkung am Netzwerk aber nicht auf die Zugehörigkeit zu einer Organisation, in der hierarchisch generierte Programmvorgaben zu realisieren sind, sondern auf Autonomie.[83] Das Bindemittel zwischen den Netzwerkakteuren ist vor allem Vertrauen.[84] Dies macht deutlich, dass sich Verwaltungsorganisationen und auch Organisationsverbünde, wie die der preußischen Verwaltung, nicht als Netzwerke beschreiben lassen. Wohl lässt sich davon sprechen, dass netzwerkartige Beziehungszusammenhänge die organisatorisch vorgegebenen Relationen ergänzen, sie überspielen oder über sie legen.[85] Dabei handelt es sich dann aber oft um Kommunikationsnetzwerke, die über den Verwaltungsapparat hinausreichen und deren Funktionsfähigkeit auf der persönlichen Autorität und der Beziehungsfähigkeit dominierender Akteure beruht.[86]

Schließlich lässt sich festhalten, dass die Kommunikationsordnung der preußischen Verwaltung über verschiedene Regelungsschichten orga-

2006; Hartmut Berghoff/Jörg Sydow (Hg.): Unternehmerische Netzwerke. Eine historische Organisationsform mit Zukunft?, Stuttgart: Kohlhammer 2007.

**81** | Karl-Heinz Ladeur: »Von der Verwaltungshierarchie zum administrativen Netzwerk?«, in: Die Verwaltung 26 (1993), S. 137-167, hier S. 137; Arno Scherzberg: Die Öffentlichkeit der Verwaltung, Baden-Baden: Nomos 2000, S. 84.

**82** | Dorothea Jansen: »Netzwerkansätze der Organisationsforschung«, in: Jutta Allmendinger/Thomas Hinz (Hg.), Organisationssoziologie (Sonderband 42 der Kölner Zeitschrift für Soziologie und Sozialpsychologie), Opladen: Westdeutscher Verlag 2002, S. 88-118, hier S. 90.

**83** | Friedhelm Hellmers/Christian Friese/Heike Krollos: Mythos Netzwerke, Berlin: Edition Sigma 1999, S. 65; Renate Mayntz: »Policy-Netzwerke und die Logik von Verhandlungssystemen«, in: dies., Soziale Dynamik und politische Steuerung. Theoretische und methodologische Überlegungen, Frankfurt a.M.: Campus 1997, S. 239-262, hier S. 244, bes. Fn. 7.

**84** | N. Luhmann: Organisation, S. 408; Walter W. Powell: »Weder Markt noch Hierarchie. Netzwerkartige Organisationsformen«, in: Patrick Kenis/Volker Schneider (Hg.), Organisation und Netzwerk. Institutionelle Steuerung in Wirtschaft und Politik, Frankfurt a.M.: Campus 1996, S. 213-272, hier S. 222 u. 255f.

**85** | Arthur Benz: Kooperative Verwaltung. Funktionen, Voraussetzungen und Folgen, Baden-Baden: Nomos 1994, S. 344.

**86** | Dazu am Beispiel Gustav Schmollers Thomas Horstmann: »Treffräume wissenschaftlicher und administrativer Kommunikation im deutschen Kaiserreich (1880-1914): Unterwegs mit dem ›Superuser‹ Gustav Schmoller«, in: Peter Collin/Klaus-Gert Lutterbeck (Hg.), Eine intelligente Maschine? Handlungsorientierungen moderner Verwaltung (19./20.Jh.), Baden-Baden: Nomos 2009, S. 137-150.

nisiert war. Die grundlegende Prägung ging von staatsorganisatorischen Grundsätzen aus, die zwar keine ausdrücklichen Vorgaben beinhalteten, jedoch ihr Erfordernis implizierten: Das Ressortprinzip versäulte die Verwaltung im Sinne verschiedener nebeneinander bestehender Fachverwaltungen[87] mit mehr oder weniger ausgeprägten Instanzenzügen, deren Kommunikationsfähigkeit untereinander sicherzustellen war. Mit der Einführung der kommunalen Selbstverwaltung waren autonome Verwaltungsträger anerkannt, deren Rückbindung an den Zentralstaat durch eine auch informationell abzusichernde Staatsaufsicht zu gewährleisten war. Die Ministerverantwortlichkeit in der Form der Verantwortlichkeit für das Handeln des ihm unterstellten Verwaltungsunterbaus[88] erforderte zu ihrer Realisierung funktionierende Kontrollzüge. Und das Prinzip der Einheit der Verwaltung[89] machte nicht nur – in vertikaler Perspektive –

---

**87** | Allerdings unterlagen die Regierungspräsidien als allgemeine, dem Innen- und Finanzministerium unterstellten Behörden der mittleren Verwaltungsebene insofern einer Mehrfachunterstellung als die anderen Ministerien im Rahmen ihrer Sachkompetenz die Regierungen mit Weisungen versehen konnten, Pkt. 33 Publikandum, betreffend die veränderte Verfassung der obersten Staatsbehörden der Preußischen Monarchie, vom 16. Dezember 1808 (PrGS 1806-1810, S. 361).

**88** | Nicht die Rede, weil im vorliegenden Zusammenhang nicht von Interesse, ist hier von der Ministerverantwortlichkeit in der Form der Verantwortungsübernahme für Handlungen des Monarchen, die vor allem über die Gegenzeichnung realisiert wurde; siehe zu beiden Ausprägungen Ernst Rudolf Huber: Deutsche Verfassungsgeschichte, Bd. 1, 2. Aufl., Stuttgart u.a.: Kohlhammer 1990, S. 150; Axel Schulz: Die Gegenzeichnung. Eine verfassungsgeschichtliche Untersuchung, Berlin: Duncker & Humblot 1978, insb. S. 27ff. u. 53ff.

**89** | Wenngleich auch dieses in verschiedenen inhaltlichen Ausrichtungen thematisiert wurde: als Leitmaxime der Behördenreform zu Beginn des 19. Jahrhunderts (Publikandum vom 16. Dezember 1808 [PrGS 1806-1810, S. 361] [Einleitung]:»Die neue Verfassung bezweckt, der Geschaeftsverwaltung die groeßtmoeglichste Einheit, Kraft und Regsamkeit zu geben...«); als Argument für die Beseitigung altständischer Reservatrechte im administrativen Bereich und die Unterstellung des Behördenapparates unter eine einheitliche Leitung (H. Dreier: Hierarchische Verwaltung, S. 55); als Argumentationsfigur gegen eine Gewaltenteilung, sofern diese auf mehr als eine Funktionentrennung abzielte (siehe z.B. Lorenz v. Stein: Die Verwaltungslehre, 1. Teil/1. Abt., 2. Aufl., Stuttgart: Cotta 1869, S. 16ff.; Carl v. Gareis: Allgemeines Staatsrecht, Freiburg i.Br.: Mohr 1883, S. 33f.; O. v. Sarwey: Allgemeines Verwaltungsrecht, S. 20f.); als Maxime der Verwaltungsvereinfachung, v.a. gerichtet auf die Beseitigung von Sonderbehörden (siehe z.B. Fritz Stier-Somlo: Zur Reform der preußischen Staatsverwaltung, Berlin: Vahlen 1909, S. 12f., 16f.; Hugo Preuß: Zur preußischen Verwaltungsreform. Denkschrift, Leipzig: Teubner 1910, S. 2f.). Im hier interessierenden Zusammenhang steht der Topos der Einheit der Verwaltung für ein Verständnis von Verwaltung, welche sich durch Gleichgerichtetheit des Willens und Fähigkeit zur

eine zentrale hierarchische Koordination und damit entsprechende Informationszüge erforderlich, sondern die einzelnen Verwaltungseinheiten mussten auch in die Lage versetzt werden, ihre Belange miteinander abzustimmen, um inkonsistentes Staatshandeln zu vermeiden. Eine rechtliche Ausformung im Sinne einer gesetzlichen Regulierung fand nur punktuell statt, in erster Linie in Bezug auf die Ausgestaltung der Beziehungen zu autonomen Verwaltungsträgern. Eine Feinsteuerung erfolgte – vor allem für den Apparat der Staatsbehörden – über das Weisungsrecht. So stellt sich die Kommunikationsordnung der preußischen Verwaltung als zwar nicht systematisch gesetzlich strukturierte, aber wesentlich durch Recht determinierte Ordnung dar.

Für die Verwaltungsgeschichte stellt sich somit die Aufgabe, Kenntnisse über Regelungsarrangements und empirische Beobachtungen administrativer Kommunikation zu integrieren. Diese Vorgehensweise verspricht in mehrerlei Hinsicht Ertrag. Dem an der Genese von normativen Strukturen Interessierten vermittelt sie Erkenntnisse über die Durchsetzungsfähigkeit des Rechts und über die Gründe für rechtliche Innovationen. Das Interesse an der die administrativen Praxis vermag über eine solche Perspektive zumindest partiell befriedigt werden, indem Aufschluss darüber gegeben wird, warum das Verwaltungspersonal in einer bestimmten Weise agierte, welchen Handlungszwängen es ausgesetzt war und welche Determinanten im Einzelfall die Praxis bestimmten. Schließlich kann sie beitragen zur Gewinnung eines Bildes von historischer Verwaltung, die sich einerseits als heterogener, durch eine Konkurrenz von Einzelinteressen auszeichnender Organisationsbestand darstellt, andererseits als durch hierarchische und kooperative Elemente zusammengehaltene Handlungseinheit.

## LITERATUR

Arnstedt, Oskar v.:»Alte und neue Gedanken über die Reorganisation der inneren Verwaltung in Preußen«, in: Verwaltungsarchiv 12 (1904), S. 311-353.

Becker, Bernd: Öffentliche Verwaltung. Lehrbuch für Wissenschaft und Praxis, Percha am Starnberger See: Schulz 1989.

Benz, Arthur: Kooperative Verwaltung. Funktionen, Voraussetzungen und Folgen, Baden-Baden: Nomos 1994.

Berghoff, Hartmut/Sydow, Jörg (Hg.): Unternehmerische Netzwerke. Eine historische Organisationsform mit Zukunft?, Stuttgart: Kohlhammer 2007.

gegenseitigen Beistandsleistung auszeichnet; zu diesem auf die monarchische Exekutive gemünzten Einheitsverständnis vor allem Christoph Möllers: Staat als Argument, München: Beck 2000, S. 234f.

Bitter, Rudolf v. (Hg.), Handwörterbuch der Preußischen Verwaltung, Bd. 2, 2. Aufl., Leipzig: Roßberg 1911.

Cancik, Pascale: Verwaltung und Öffentlichkeit in Preußen. Kommunikation durch Publikation und Beteiligungsverfahren im Recht der Reformzeit, Tübingen: Mohr Siebeck 2007.

Collin, Peter: ›Wächter der Gesetze‹ oder ›Organ der Staatsregierung‹? Konzipierung, Einrichtung und Anleitung der Staatsanwaltschaft durch das preußische Justizministerium von den Anfängen bis 1860, Frankfurt a.M.: Klostermann 2000.

Collin, Peter: Das Recht der binnenadministrativen Informationsbeziehungen, unveröff. Manuskript 2008.

Di Fabio, Udo: »Komplexes Verwaltungshandeln und juristische Dogmatik«, in: Alexander Lorz u.a. (Hg.), Umwelt und Recht, Stuttgart u.a.: Boorberg 1991, S. 9-38.

Dolp, Martin/Connert, Wilfried: »Kooperation durch Koordination«, in: Die Verwaltung 24 (1991), S. 370-382.

Dreier, Horst: Hierarchische Verwaltung im demokratischen Staat. Genese, aktuelle Bedeutung und funktionelle Grenzen eines Bauprinzips der Exekutive, Tübingen: Mohr 1991.

Drews, Bill: Grundzüge einer Verwaltungsreform, Berlin: Heymanns 1919.

Eifert, Christiane: Paternalismus und Politik. Preußische Landräte im 19. Jahrhundert, Münster: Westfälisches Dampfboot 2003.

Ellwein, Thomas: »Perioden und Probleme der deutschen Verwaltungsgeschichte«, in: Verwaltungsarchiv 87 (1996), S. 1-18.

Feld, Ina vom: Staatsentlastung im Technikrecht. Dampfkesselgesetzgebung und -überwachung in Preußen 1831-1914, Frankfurt a.M.: Klostermann 2007.

Fisahn, Andreas: Demokratie und Öffentlichkeitsbeteiligung, Tübingen: Mohr Siebeck 2002.

Fonk, Friedrich: Die Problematik der Sonderbehörden. Zum Verhältnis von allgemeiner Verwaltung und Sonderverwaltung, Köln: Grote 1969.

Friedrichs, Karl: Die Gesetzgebung über die Allgemeine Landesverwaltung und über die Zuständigkeit der Verwaltungs- und Verwaltungsgerichtsbehörden, 2. Aufl., Berlin: de Gruyter 1921.

Gareis, Carl v.: Allgemeines Staatsrecht, Freiburg i.Br.: Mohr 1883.

de Grais, Hue: Handbuch der Verfassung und Verwaltung in Preußen und im Deutschen Reich, 1. Aufl., Berlin: Springer 1881.

v. Grumbkow, Waldemar: Die Geschichte der Kommunalaufsicht in Preußen, Berlin: Heymanns 1921.

Haas, Stefan: Die Kultur der Verwaltung. Die Umsetzung der preußischen Reformen 1800-1848, Frankfurt a.M.: Campus 2005.

Hatschek, Julius: Institutionen des deutschen und preußischen Verwaltungsrechts, Leipzig, Erlangen: Deichert 1919.

Hatschek, Julius: Lehrbuch des deutschen und preußischen Verwaltungsrechts, 5. und 6. Aufl., Leipzig: Deichert 1927.

Hellmers, Friedhelm/Friese, Christian/Krollos, Heike: Mythos Netzwerke, Berlin: Edition Sigma 1999.

Heyen, Erk Volkmar: »Professionalisierung und Verwissenschaftlichung. Zur intellektuellen Struktur der deutschen Verwaltungsgeschichte«, in: Ius Commune 12 (1984), S. 235-251.

Horstmann, Thomas: »Treffräume wissenschaftlicher und administrativer Kommunikation im deutschen Kaiserreich (1880-1914): Unterwegs mit dem ›Superuser‹ Gustav Schmoller«, in: Peter Collin/Klaus-Gert Lutterbeck (Hg.), Eine intelligente Maschine? Handlungsorientierungen moderner Verwaltung (19./20.Jh.), Baden-Baden: Nomos 2009, S. 137-150.

Huber, Ernst Rudolf: Deutsche Verfassungsgeschichte, Bd. 1, 2. Aufl., Stuttgart u.a.: Kohlhammer 1990.

Jansen, Dorothea: »Netzwerkansätze der Organisationsforschung«, in: Jutta Allmendinger/Thomas Hinz (Hg.), Organisationssoziologie (Sonderband 42 der Kölner Zeitschrift für Soziologie und Sozialpsychologie), Opladen: Westdeutscher Verlag 2002, S. 88-118.

Kägi-Diener, Regula: Entscheidungsfindung in komplexen Verwaltungsverhältnissen, Basel: Helbing und Lichtenhahn 1994.

Kahl, Wolfgang: Die Staatsaufsicht. Entstehung, Wandel und Neubestimmung unter besonderer Berücksichtigung der Aufsicht über Gemeinden, Tübingen: Mohr Siebeck 2000.

Kanitscheider, Bernulf: »Chaos und Selbstorganisation in Natur- und Geisteswissenschaft«, in: Miloš Vec/Marc-Thorsten Hütt/Alexandra M. Freund (Hg.), Selbstorganisation. Ein Denksystem für Natur und Gesellschaft, Köln u.a.: Böhlau 2006, S. 66-90.

Karsten, Arne/Thiessen, Hillard v. (Hg.): Nützliche Netzwerke und korrupte Seilschaften, Göttingen: Vandenhoeck & Ruprecht 2006.

Kormann, Karl: »Beziehungen zwischen Justiz und Verwaltung«, in: Jahrbuch des öffentlichen Rechts der Gegenwart 7 (1913), S. 1-19.

Koselleck, Reinhart: Preußen zwischen Reform und Revolution. Allgemeines Landrecht, Verwaltung und soziale Bewegung von 1791 bis 1848, 2. Aufl., Stuttgart: Klett 1975.

Ladeur, Karl-Heinz: »Von der Verwaltungshierarchie zum administrativen Netzwerk?«, in: Die Verwaltung 26 (1993), S. 137-167.

Laux, Eberhard: Geschichte und Systematik des Staatsaufsichtsrechts und der modernen Aufsichtsmittel über Gemeinden und Kreise in Deutschland, Diss. Kiel 1951.

Laux, Eberhard: »Die Entwicklung des Verwaltungsbetriebs«, in: Kurt G. A. Jeserich/Hans Pohl/Georg-Christoph v. Unruh (Hg.), Deutsche Verwaltungsgeschichte, Bd. 5, Stuttgart: Deutsche Verlagsanstalt 1987, S. 1081-1111.

Leisner-Egensperger, Anna: »Direktive Beratung von Gemeinden durch die Aufsicht: Gefahren für Autonomie und Rechtsschutz?«, in: Die Öffentliche Verwaltung 2006, S. 761-770.

Lilge, Hans-Georg: »Zum Koordinationsproblem«, in: Wolfgang Grun-
wald/Hans-Georg Lilge (Hg.), Kooperation und Konkurrenz in Organisationen, Bern, Stuttgart: Haupt 1982, S. 212-240.

Luhmann, Niklas: Rechtssoziologie, 3. Aufl., Opladen: Westdeutscher Verlag 1987.

Luhmann, Niklas: Soziale Systeme, 4. Aufl., Frankfurt a.M.: Suhrkamp
1993.

Luhmann, Niklas: Organisation und Entscheidung, Opladen: Westdeutscher Verlag 2000.

Mayer, Otto: Deutsches Verwaltungsrecht, Bd. 2, 2. Aufl., München, Leipzig: Duncker & Humblot 1917.

Mayntz, Renate: »Policy-Netzwerke und die Logik von Verhandlungssys-
temen«, in: dies., Soziale Dynamik und politische Steuerung. Theoretische und methodologische Überlegungen, Frankfurt a.M.: Campus
1997, S. 239-262.

Mohl, Robert v.: Die Polizeiwissenschaft nach den Grundsätzen des
Rechtsstaates, Bd. 2, 3. Aufl., Tübingen: Laupp 1866.

Möllers, Christoph: Staat als Argument, München: Beck 2000.

Möllers, Christoph: Gewaltengliederung. Legitimation und Dogmatik
im nationalen und internationalen Rechtsvergleich, Tübingen: Mohr
Siebeck 2005.

Peters, Hans: Grenzen der kommunalen Selbstverwaltung in Preußen.
ein Beitrag zur Lehre vom Verhältnis der Gemeinden zu Staat und
Reich, Berlin: Springer 1926.

Powell, Walter W.: »Weder Markt noch Hierarchie. Netzwerkartige Or-
ganisationsformen«, in: Patrick Kenis/Volker Schneider (Hg.), Organisation und Netzwerk. Institutionelle Steuerung in Wirtschaft und
Politik, Frankfurt a.M.: Campus 1996, S. 213-272.

Preuß, Hugo: Zur preußischen Verwaltungsreform. Denkschrift, Leipzig:
Teubner 1910.

Püttner, Günter: Verwaltungslehre. Ein Studienbuch, 4. Aufl., München:
Beck 2007.

v. Puttkammer: »Die Vereinfachung der preußischen Verwaltung«, in:
Preußisches Verwaltungsblatt 1907, S. 41-46.

Sarwey, Otto v.: Allgemeines Verwaltungsrecht (Handbuch des Oeffentli-
chen Rechts, Bd. 1, 2. Hbd.), Freiburg i.Br.: Mohr 1884.

Scherzberg, Arno: Die Öffentlichkeit der Verwaltung, Baden-Baden: Nomos 2000.

Schlink, Bernhard: Die Amtshilfe. Ein Beitrag zu einer Lehre von der Ge-
waltenteilung in der Verwaltung, Berlin: Duncker & Humblot 1982.

Schoenborn, Walther: Das Oberaufsichtsrecht des Staates im modernen
deutschen Staatsrecht, Heidelberg: Winter 1906.

Schulz, Axel: Die Gegenzeichnung. Eine verfassungsgeschichtliche
Untersuchung, Berlin: Duncker & Humblot 1978.

Selling, Heinz-Jürgen: Aufbau der preußischen Verwaltung in der Zeit
von 1808 bis 1848, Diss. Mainz 1976.

Siegel, Torsten: Die Verfahrensbeteiligung von Behörden und anderen Trägern öffentlicher Belange. Eine Analyse der rechtlichen Grundlagen unter besonderer Berücksichtigung der Beschleunigungsgesetzgebung, Berlin: Duncker & Humblot 2000.

Spiecker gen. Döhmann, Indra:»Das rechtliche Darstellungsgebot. Zum Umgang mit Risikoinformationen am Beispiel der Datenerhebung im Bundesinfektionsschutzgesetz (IfSG)«, in: Christoph Engel u.a. (Hg.), Recht und Verhalten. Beiträge zu Behavioral Law and Economics, Tübingen: Mohr Siebeck 2007, S. 133-164.

Spenkuch, Hartwin:»Es wird zuviel regiert. Die preußische Verwaltungsreform 1908-1918 zwischen Ausbau der Selbstverwaltung und Bewahrung bürokratischer Staatsmacht«, in: Bärbel Holtz/Hartwin Spenkuch (Hg.), Preußens Weg in die politische Moderne. Verfassung – Verwaltung – politische Kultur zwischen Reform und Reformblockade, Berlin: Akademie Verlag 2001, S. 321-356.

Stein, Lorenz v.: Die Verwaltungslehre, 1. Teil/1. Abt., 2. Aufl., Stuttgart: Cotta 1869.

Stier-Somlo, Fritz: Zur Reform der preußischen Staatsverwaltung, Berlin: Vahlen 1909.

Stolleis, Michael:»Öffentliches Interesse als juristisches Problem«, in: Verwaltungsarchiv 65 (1974), S. 1-30.

Süle, Tibor: Preußische Bürokratietradition. Zur Entwicklung von Verwaltung und Beamtenschaft 1871-1918, Göttingen: Vandenhoeck & Ruprecht 1988.

Toonen, Theo,»Administrative plurality in a unitary state; the analysis of public organizational pluralism«, Policy and Politics 11 (1983), S. 247-271.

Triepel, Heinrich: Die Reichsaufsicht. Untersuchungen zum Staatsrecht des Deutschen Reiches, Berlin: Springer 1917.

Wagner, Patrick:»Landräte, Gutsbesitzer, Dorfschulzen. Zum Wandel der ›Basisposten‹ preußischer Staatlichkeit in Ostelbien im 19. Jahrhundert«, in: Bärbel Holtz/Hartwin Spenkuch (Hg.), Preußens Weg in die politische Moderne (2001), S. 249-283.

Wex, Norbert: Staatliche Bürokratie und städtische Autonomie. Entstehung, Einführung und Rezeption der Revidierten Städteordnung von 1831 in Westfalen, Paderborn: Schöningh 1997.

Wunder, Bernd:»Verwaltung als Grottenolm? Ein Zwischenruf zur kulturhistorischen Verwaltungsgeschichtsschreibung«, in: Jahrbuch für europäische Verwaltungsgeschichte 19 (2007), S. 333-344.

# Autorinnen und Autoren

**Peter Becker,** Historiker, derzeit Gastprofessor an der Deutschen Hochschule für Verwaltungswissenschaften in Speyer; Arbeitsschwerpunkte: Kulturgeschichte der Verwaltung, der Kriminologie und Kriminalistik; wissenssoziologische Studien zur Neurowissenschaft und ihren sozialpolitischen Einlassungen. Ausgewählte Publikationen: Dem Täter auf der Spur. Eine Geschichte der Kriminalistik. Darmstadt 2005; Verderbnis und Entartung. Zur Geschichte der Kriminologie des 19. Jahrhunderts als Diskurs und Praxis. Göttingen 2002; The Criminals and their Scientists. The History of Criminology in International Perspective. (Hg. gemeinsam mit Richard Wetzell) New York, Cambridge 2006.

**Thomas Buchner,** Dr. phil., PostDoc researcher an der Universität Wien (ERC-Projekt ›The Production of Work‹). 2003 Promotion zu einem Vergleich von Wiener und Amsterdamer Zünften in der Frühen Neuzeit. Mitarbeit in Forschungsprojekten an den Universitäten Salzburg und Wien, darüber hinaus umfangreiche Forschungstätigkeiten in den Niederlanden und Deutschland. Forschungsschwerpunkte: Geschichte der Arbeitsmärkte und der Arbeitsvermittlung im 19. und 20. Jahrhundert, vorindustrielles Gewerbe. Wichtigste Publikationen: Möglichkeiten von Zunft. Frühneuzeitliche Wiener und Amsterdamer Zünfte im Vergleich. Wien 2004; Shadow Economies and irregular work in urban Europe (16th to early 20th centuries). Münster/New York 2011, (im Druck) (Hg. mit Philip Hoffmann-Rehnitz).

**Peter Collin** ist seit 2008 als wissenschaftlicher Mitarbeiter am Max-Planck-Institut für europäische Rechtsgeschichte tätig. Nach dem Studium der Rechtswissenschaft in Berlin (1987-1991) und dem Referendariat (1991-1994) war er von 1994 bis 1997 DFG-Stipendiat am Graduiertenkolleg für europäische Rechtsgeschichte in Frankfurt a.M. 1999 wurde er zu einem strafrechtshistorischen Thema an der Humboldt-Universität zu Berlin promoviert. Von 1997 bis 1999 war er in der juristischen Praxis tätig, von 2000 bis 2008 als wissenschaftlicher Mitarbeiter und wissenschaftlicher Assistent am Lehrstuhl für Öffentliches Recht und

Europäische Verwaltungsgeschichte (Prof. Erk Volkmar Heyen) an der Ernst-Moritz-Arndt-Universität Greifswald. 2008 habilitierte er sich dort für öffentliches Recht, neuere Rechts- und Verwaltungsgeschichte und Verwaltungswissenschaft.

**Veronika Duma**, geb. 1985, studiert Geschichte an der Universität Wien mit den Schwerpunkten Wissenschaftsgeschichte und Wissenschaftsphilosophie sowie politische Theorie und Geschichte (Entwicklung moderner Staatlichkeit in Europa), schreibt ihre Diplomarbeit im Bereich Wissenschaftsgeschichte und ist Autorin bei der Zeitschrift »Perspektiven. Magazin für linke Theorie und Praxis« (online unter: www.perspektiven-online.at).

**Andreas Fahrmeir** studierte Geschichte, Geschichte der Naturwissenschaften und englische Philologien an der Goethe Universität Frankfurt und McGill University Montreal. Auf die Promotion in Cambridge 1997 folgte eine Beschäftigung als Wissenschaftlicher Mitarbeiter am Deutschen Historischen Institut London, wo er seine Habilitationschrift (Frankfurt 2001) erarbeitete. Nach einer Tätigkeit als Berater für McKinsey & Company, Heisenberg-Stipendiat der DFG und Professor für europäische Geschichte des 19. & 20. Jahrhunderts in Köln ist er seit 2006 Professor für Neuere Geschichte (Schwerpunkt 19. Jahrhundert) an der Goethe Universität. Wichtige Veröffentlichungen: Revolutionen und Reformen. Europa 1789-1850. München 2010; Citizenship: The Rise and Fall of a Modern Concept. New Haven/London 2007/8; Ehrbare Spekulanten: Stadtverfassung, Wirtschaft und Politik in the City of London 1688-1900. München 2003.

**Robert Garot** ist Assistant Professor für Soziologie am New Yorker John Jay College of Criminal Justice. Seine Publikationen setzen sich mit der Kontrolle von Emotionen, mit Verwaltungspraxis in Behörden mit Publikumsverkehr, mit Bekleidungsvorschriften in Schulen, mit Jugendbanden und ihren gewalttätigen Auseinandersetzungen und der Überwachung von illegaler Immigration in Italien auseinander. Sein aktuelles Forschungsprojekt interessiert sich für die Strategien von Immigranten in der Toskana, sich dem sozialen Ausschluss zu widersetzen. Buchveröffentlichung: Who You Claim: Performing Gang Identity in School and on the Streets. New York 2010.

**Patrick Joyce** ist Emeritus Professor für Geschichte am Department of History, University of Manchester, und Gastprofessor für Soziologie an der London School of Economics. Er hat wichtige Beiträge zur Debatte um den cultural turn geleistet, an dem er selbst mit seinen innovativen Studien beteiligt war. Weitere Informationen zu seiner Person finden sich auf seiner Internetseite: www.patrickjoyce.info. Ausgewählte Publikationen: Material Powers: History, Cultural studies and the Material Turn.

London 2010; The Rule of Freedom: Liberalism and the Modern City. London 2003; The Social in Question: New Bearings in History and the Social Sciences. London 2002; The Oxford Reader on Class. Oxford 1995.

**Barbara Lüthi** ist Historikerin, arbeitet als Oberassistentin am Historischen Seminar der Universität Basel. Arbeitsschwerpunkte: Migrationsgeschichte, Sozial- und Kulturgeschichte der U.S.A., Globalgeschichte, Geschichte und Anthropologie der Sicherheit, postkoloniale Theorie. Ausgewählte Publikationen: Invading Bodies. Medizin und Immigration in den USA (1880-1920), Frankfurt a.M., New York 2009. Zum Fall machen, zum Fall werden. Wissensproduktion und Patientenerfahrung in Medizin und Psychiatrie des 19. und 20. Jahrhunderts, Frankfurt a.M., New York 2009 (hg. mit Sibylle Brändli und Gregor Spuhler). Globalgeschichte/Histoire globale/Global History, Traverse. Zeitschrift für Geschichte 2007/3 (hg. mit Thomas David und Jérôme David).

**Klaus Margreiter**, Historiker, Lehrbeauftragter an der Universität Salzburg; Promotion am Europäischen Hochschulinstitut Florenz; Forschungsreferent am Deutschen Forschungsinstitut für öffentliche Verwaltung in Speyer bis 2010; Forschungsschwerpunkte im Bereich der Verwaltungsgeschichte und der Geschichte des Adels in der Frühen Neuzeit. Eine Monographie zu Konzept und Bedeutung des Adels im Absolutismus ist in Vorbereitung.

**Stefan Nellen**, Lehrbeauftragter am Historischen Seminar der Universität Basel, Mitherausgeber der traverse. Zeitschrift für Geschichte; schreibt an einer Dissertation über die Medien der Bürokratie. Forschungsschwerpunkte: Kulturtechniken des Verwaltens, Polizeiliche Gouvernementalität, Geschichte des Wahnsinns und der Psychiatrie, Historische Epistemologie. Ausgewählte Veröffentlichungen: Unfälle, Vorfälle, Fälle. Eine Archäologie des polizeilichen Blicks, in: Sibylle Brändli/Barbara Lüthi/Gregor Spuhler (Hg.), Zum Fall machen, zum Fall werden. Wissensproduktion und Patientenerfahrung in Medizin und Psychiatrie des 19. und 20. Jahrhunderts. Frankfurt a.M., New York 2009 (gemeinsam mit Robert Suter); Paranoia City. Der Fall Ernst B. – Selbstzeugnis und Akten aus der Psychiatrie um 1900. Basel 2007 (Hg. gemeinsam mit Martin Schaffner und Martin Stingelin).

**Florian Schui** ist Lecturer in Modern European History am Royal Holloway College der University of London. Sein Forschungsschwerpunkt ist die Geschichte politischer und oekonomischer Ideen. Zur Geschichte steuerpolitischer Debatten hat er gemeinsam mit Holger Nehring den Band Global Debates about taxation herausgegeben.

**Mario Wimmer** ist Visiting Scholar am Department of History, University of California at Berkeley. Seine noch nicht veröffentlichte Dissertation

(Archivkörper. Eine Kultur- und Wissenschaftsgeschichte des historischen Denkens. Deutschland und Österreich 1881-1941) handelt von der Geschichte von Archiven und der Leidenschaft für Geschichte. Er war Kurator der Ausstellung Das Gedächtnis von Mauthausen, wissenschaftlicher Mitarbeiter am Institut für Zeitgeschichte in Wien, und Junior Fellow am IFK Internationales Forschungszentrum Kulturwissenschaften.

# 1800 | 2000.
## Kulturgeschichten der Moderne

TOBIAS BECKER, ANNA LITTMANN,
JOHANNA NIEDBALSKI (HG.)
**Die tausend Freuden der Metropole**
Vergnügungskultur um 1900

Juni 2011, ca. 292 Seiten,
kart., zahlr. Abb., ca. 29,80 €,
ISBN 978-3-8376-1411-4

MANUEL BORUTTA,
NINA VERHEYEN (HG.)
**Die Präsenz der Gefühle**
Männlichkeit und Emotion
in der Moderne

2010, 336 Seiten, kart., 29,80 €,
ISBN 978-3-89942-972-5

RÜDIGER VON KROSIGK
**Bürger in die Verwaltung!**
Bürokratiekritik und Bürgerbeteiligung
in Baden. Zur Geschichte moderner
Staatlichkeit im Deutschland
des 19. Jahrhunderts

2010, 262 Seiten, kart., 32,80 €,
ISBN 978-3-8376-1317-9

Leseproben, weitere Informationen und Bestellmöglichkeiten
finden Sie unter www.transcript-verlag.de

# 1800 | 2000.
## Kulturgeschichten der Moderne

CHRISTA PUTZ
**Verordnete Lust**
Sexualmedizin, Psychoanalyse und
die »Krise der Ehe«, 1870-1930

Juli 2011, ca. 270 Seiten, kart., ca. 28,80 €,
ISBN 978-3-8376-1269-1

FRANZISKA TORMA
**Turkestan-Expeditionen**
Zur Kulturgeschichte deutscher
Forschungsreisen nach Mittelasien
(1890-1930)

Januar 2011, 286 Seiten, kart.,
zahlr. Abb., 34,80 €, ISBN 978-3-8376-1449-7

Leseproben, weitere Informationen und Bestellmöglichkeiten
finden Sie unter www.transcript-verlag.de

Maren Möhring, Erhard Schüttpelz,
Martin Zillinger (Hg.)

# Knappheit

Zeitschrift für Kulturwissenschaften,
Heft 1/2011

Mai 2010, ca. 111 Seiten, kart.,
8,50 €,
ISBN 978-3-8376-1715-3

## ZfK - Zeitschrift für Kulturwissenschaften

Der Befund zu aktuellen Konzepten kulturwissenschaftlicher Analyse und Synthese ist ambivalent: Neben innovativen und qualitativ hochwertigen Ansätzen besonders jüngerer Forscher und Forscherinnen steht eine Masse oberflächlicher Antragsprosa und zeitgeistiger Wissensproduktion – zugleich ist das Werk einer ganzen Generation interdisziplinärer Pioniere noch wenig erschlossen.

In dieser Situation soll die **Zeitschrift für Kulturwissenschaften** eine Plattform für Diskussion und Kontroverse über »Kultur« und die Kulturwissenschaften bieten. Die Gegenwart braucht mehr denn je reflektierte Kultur, historisch situiertes und sozial verantwortetes Wissen. Aus den Einzelwissenschaften heraus kann so mit klugen interdisziplinären Forschungsansätzen fruchtbar über die Rolle von Geschichte und Gedächtnis, von Erneuerung und Verstetigung, von Selbststeuerung und ökonomischer Umwälzung im Bereich der Kulturproduktion und der naturwissenschaftlichen Produktion von Wissen diskutiert werden.

Die **Zeitschrift für Kulturwissenschaften** lässt gerade auch jüngere Wissenschaftler und Wissenschaftlerinnen zu Wort kommen, die aktuelle fächerübergreifende Ansätze entwickeln.

### Lust auf mehr?

Die **Zeitschrift für Kulturwissenschaften** erscheint zweimal jährlich in Themenheften. Bisher liegen die Ausgaben »Fremde Dinge« (1/2007), »Filmwissenschaft als Kulturwissenschaft« (2/2007), »Kreativität. Eine Rückrufaktion« (1/2008), »Räume« (2/2008), »Sehnsucht nach Evidenz« (1/2009), »Politische Ökologie« (2/2009), »Kultur und Terror« (1/2010), »Emotionen« (2/2010) und »Knappheit« (1/2011) vor.
Die **Zeitschrift für Kulturwissenschaften** kann auch im Abonnement für den Preis von 8,50 € je Ausgabe bezogen werden.
Bestellung per E-Mail unter: bestellung.zfk@transcript-verlag.de